Taekwondo Guidebook for Children

어린이 태권도 지도서

 경기도태권도협회
GYEONG GI-DO TAEKWONDO ASSOCIATION

 재단법인 경기도태권도협회

상아기획

어린이 태권도 지도서

저　　　자 | 경기도태권도협회
편찬위원장 | 김경덕 (경기도태권도협회 회장)
프로젝트매니저 | 이송학 (전략기획위원회 위원장)
[편찬위원]
　　　　제1장. 어린이 태권도 개론
　　　　　　Ⅰ. 어린이 태권도의 이해: 강유진(서울대학교 박사)
　　　　　　Ⅱ. 어린이 태권도 수련의 효과: 오철희(경희대 겸임교수)
　　　　　　Ⅲ. 어린이 태권도 인성교육: 박종우(국기원 인성교육 교수)
　　　　　　Ⅳ. 어린이 태권도 교육과정: 신창섭(주)태권블록 대표)
　　　　제2장. 수련생 지도지침: 박남희(경기대학교 박사)
　　　　제3장. 어린이 태권도 교육심리: 임태희(용인대학교 교수)
　　　　제4장. 어린이 생활안전 지침: 정인철(국기원 철학교수)
　　　　제5장. 태권도 수련내용과 지도법: 조남도(경기도태권도협회 최우수지도자상)
　　　　제6장. 어린이의 키 성장과 태권도 수련의 영향: 구본호(경희대학교 체육대학원 겸임교수)
　　　　제7장. 어린이 태권도 교육 프로그램
　　　　　　Ⅰ. 어린이 태권도 기본동작 지도법: 이송학(국기원 품새교수, 국기원 교본 기본동작 집필)
　　　　　　Ⅱ. 어린이 태권도 품새 지도법: 서민학(국기원 품새교수)
　　　　　　Ⅲ. 어린이 태권도 겨루기 지도법: 이영모(대한태권도협회 도장경진대회 대상)
　　　　　　Ⅳ. 어린이 태권도 시범 및 격파 지도법: 김영진(경희대학교 겸임교수)
　　　　　　Ⅴ. 어린이 태권도 호신술 지도법: 고영정(경희대학교 겸임교수)
　　　　　　Ⅵ. 어린이 태권도 품새 경기 지도법: 김성기(국기원 품새교수, 대한태권도협회 품새상임심판)
　　　　제8장. 지도자를 위한 인권교육: 박종우(국기원 인성교육 교수)
　　　　제9장. 학부모 상담: 문종휴(전략기획위원회 위원-태권도, 심리학 전공)

자 문 : 김창환(용인 보정초등학교 교장), 홍승달(경기체육고등학교 감독)
사 진 · 영상 모델 : 김도하, 최정빈, 고서진, 김초희, 김연우, 신지혜, 이주영, 김태우,
　　　　　　　　 곽채민, 김동빈, 이승제, 박상욱
삽 화 : 이태진, 신은빈

초판인쇄 : 2023. 06. 10
초판발행 : 2023. 06. 30
펴 낸 이 : 문상딜
디 자 인 : 이태진, 권태궁
삽　　화 : 이태진, 신은빈
사진 영상 촬영 : 한병철, 한병기, 신창섭, 조남도
펴 낸 곳 : 상아기획
등록번호 : 제318-1997-000041호
주　　소 : 서울시 영등포구 경인로 82길 3-4, 715호 (문래동1가, 센터플러스)
대표전화 : 02-2164-3840
홈페이지 : www.tkdsanga.com
이 메 일 : 0221642700@daum.net

가　　격 : 38,000원

ISBN : 979-11-86196-29-8   13690

ⓒ 저작권은 저자에게 있습니다. 저자와 합의해 인지는 생략합니다.
* 잘못 만들어진 책은 구입하신 서점에서 교환해 드립니다.
Printed in KOREA

일러두기

본교재의 주요 독자는 태권도장에서 어린이 수련자를 지도하는 관장 및 사범이며, 어린이에게 태권도를 지도하기 위해 필요한 제반 내용을 숙지시키기 위한 직무교육용 교재로 활용하는 것을 목적으로 한다. 본 교재에서 다뤄지는 기본동작과 품새 등 실기 부문은 4품까지의 교육과정을 기준으로 하여 국기원에서 발간한 교본 및 발간물을 근간으로 하였고 교과과정과 호신술, 격파, 겨루기 등의 부문은 대한태권도협회의 저작물을 대폭 활용하였으며 추가로 설명이 필요한 부분은 보완하였다.

어린이 태권도 이해, 어린이 수련생 지도지침, 어린이 교육심리 등 어린이 관련 부문은 많은 내용을 새롭게 추가하였으며 특히 지도자를 위한 인권 교육 부문은 모든 지도자가 주의 깊게 봐야 할 내용이다.

발간사

경기도태권도협회는 2022년에 창립 60주년을 맞이하여 국기태권도 보급에 헌신해 온 관내 2,500여 개 태권도장의 지도자를 위하여 국기원 승품·단 심사의 모든 과정을 집대성한 [국기원 승품·단 심사 총론]을 발간해 보급하였습니다.

올해는 대한민국 태권도장에서 꼭 필요하지만 한 번도 출간된 적이 없는 어린이를 가르치는 지침서인 「어린이 태권도 지도서」를 출간하여 2,600여 개 회원 태권도장에 보급하게 되었습니다.

어린이는 태권도장 수련생의 대부분을 차지하지만 정작 그들을 폭넓게 이해하고 눈높이에 맞춰 올바르게 가르치려는 노력은 부족하였습니다. 특히 [국기태권도]로 법제화된 지 5년이 지났음에도 어린이를 가르치는 전문도서 하나 출간하지 못한 점은 태권도 종주국 위치에서 볼 때 매우 아쉬운 점입니다.

이번에 발간되는 [어린이 태권도 지도서]는 어린이 태권도의 이해와 수련의 효과로 시작하여 태권도 지도법과 어린이 교육심리 등 지도자에게 꼭 필요한 내용들로 가득 채웠습니다. 어린이 생활 안전과 키 성장과 태권도 수련의 영향은 관심 있게 읽어봐야 할 내용입니다. 지도자를 위한 인권교육은 특별히 다루었으며 기본동작, 품새, 시범 격파 등 다양한 실기교육 지도법을 수록했습니다. 어린이 겨루기, 어린이 호신술 지도법은 점점 약화되고 있는 태권도장의 수준을 서서히 강화시켜 줄 매우 흥미 있는 부문입니다.

지도자는 어린이를 즐겁고 쉽게 가르쳐야 합니다. 그러기에 합리적이며 체계적인 전문 서적이 필요합니다. 이것이 경기도태권도협회가 유익하고 재미있는 [어린이 태권도 지도서]를 만든 이유입니다.

본 지도서의 출간을 위해 장시간 많은 노력과 에너지를 쏟아 넣으신 집필자와 편집자, 그리고 도움을 주신 도든 분에게 감사의 말씀을 드립니다. 앞으로 본 [어린이 태권도 지도서]가 일선 태권도장 지도자에게 귀중한 자료가 될 것입니다. 어린이 수련생이 태권도를 즐겁고 올바르게 배워 미래의 태권도 동량으로 성장할 수 있기를 바랍니다.

경기도태권도협회 모든 회원의 성공과 발전을 기원합니다.

경기도태권도협회 회장 김경덕

추천사

　태권도 지도자를 위한 [어린이 태권도 지도서]의 발간을 진심으로 축하합니다.
　현대의 태권도는 그 수련 층이 다양화되면서 수련 층의 특징에 걸맞은 전문적인 지도서의 필요성이 높아지고 있습니다. 또한, 수련 층의 70% 이상을 차지하는 어린이와 청소년을 대상으로 하는 [어린이 태권도 지도서]의 발간은 일선 도장과 지도자들께 꼭 필요한 책이라고 생각됩니다.

　이번에 발간된 책은 국기원의 태권도 교본을 중심으로 기본적인 내용이 구성됐을 뿐만 아니라 어린이 교육심리, 인권교육까지 알기 쉽게 담아내 독자들의 이해를 돕고 있습니다.
　특히, 태권도뿐만 아니라 생활안전 지침, 지도자 인권교육, 학부모 상담까지 그 범위를 확대한 점은 일선 태권도 지도자들에게 있어 유용하게 활용될 수 있는 부분일 것입니다. 어린이 지도에 대한 방향과 기준점을 제시함으로써 어린이 지도에 대한 전체적인 이해를 높이며, 태권도의 가치와 직결된 인성교육에도 크게 도움이 되리라 확신합니다.

　경기도태권도협회는 지난해 [국기원 승품 단 심사 총론]을 비롯하여 이번에 출간되는 [어린이 태권도 지도서]까지 현장에 도움이 되는 실질적인 정책을 실행하고 있습니다.

　태권도 현장의 목소리에 귀 기울이는 협회의 힘찬 발걸음을 응원하며 국기원도 함께 하겠습니다.

　마지막으로 출간을 위해 수고를 아끼지 않으신 김경덕 경기도태권도협회장님을 비롯한 편찬위원회 관계자 여러분께 고마운 마음을 전합니다.

　감사합니다.

국기원 원장 이동섭

추천사

어느덧 눈을 즐겁게 해주던 형형색색의 봄꽃보다 진한 녹색 잎이 많아진 6월이 되었습니다.

지금 우리는 빠르게 변화하는 4차 산업혁명 시대 속에서 인구감소라는 큰 위기에 직면해 있습니다. 수련생 감소는 우리 태권도장에 큰 위기로 다가올 수 있다는 걱정 속에서 경기도태권도협회의 '어린이 태권도 지도서' 발행이라는 반가운 소식을 접하게 됐습니다.

경기도태권도협회는 태권도 수련생, 지도자를 위해 부단히 노력하고 있습니다. 본 지도서는 경기도태권도협회와 전문가들이 우리 어린이 수련생들을 위한 높은 관심과 열정으로 만들어진 아주 의미 있고 뜻깊은 책입니다.

본 지도서는 태권도 지도자에게 꼭 필요한 내용들로 구성되어 있으므로 태권도장이 더욱더 전문적이고 체계적인 태권도 수련 체계를 확립하고, 더 나아가 올바른 태권도 수련을 통해 건강한 어린이 수련생이 많아지기를 기대합니다.

다시 한 번 '어린이 태권도 지도서' 발간을 진심으로 축하드리며, 어린이수련생들이 이 책을 통해 대한민국의 밝은 미래로 성장할 수 있기를 바랍니다. 감사합니다.

대한민국태권도협회 양진방 회장

목 차

제1장 어린이 태권도 개론 ---------------------------- 9
Ⅰ. 어린이 태권도의 이해
Ⅱ. 어린이 태권도 수련의 효과
Ⅲ. 어린이 태권도 인성교육
Ⅳ. 어린이 태권도 교육과정

제2장 수련생 지도지침 ---------------------------- 90
1. 일선 태권도장 어린이 수련생 지도의 일반 원리
2. 일선 태권도장 어린이 수련생 수업 진행별 수련 지도
3. 일선 태권도장 어린이 수련생 효과적 지도방법
4. 일선 태권도장 어린이 수련생 바르지 못한 행동수정 지원활동
5. 어린이가 문제 행동을 일으키는 여러 원인
6. 움직임의 이해

제3장 어린이 태권도 교육심리 ------------------- 128
1. 태권도 교육심리학의 이해
2. 수련생의 발달
3. 학습이론과 태권도 수련
4. 태권도 수련생의 동기

제4장 어린이 생활안전 지침 -------------------- 153
1. 안전이란?
2. 개인 생활 안전
3. 공동체 생활 안전
4. 위급사항

제5장 태권도 수련내용과 지도법 ------------------ 168

1. 태권도 수련
2. 태권도 수련 지도법

제6장 어린이의 키 성장과 태권도 수련의 영향 ------ 213

1. 어린이 키 성장에 대한 이해
2. 태권도 수련이 키 성장에 미치는 영향

제7장 어린이 태권도 교육 프로그램 -------------- 230

Ⅰ. 어린이 태권도 기본동작 지도법
Ⅱ. 어린이 태권도 품새 지도법
Ⅲ. 어린이 태권도 겨루기 지도법
Ⅳ. 어린이 태권도 시범 및 격파 지도법
Ⅴ. 어린이 태권도 호신술 지도법
Ⅵ. 어린이 태권도 품새 경기 지도법

제8장 지도자를 위한 인권교육 ------------------ 453

1. 지도자와 인권교육
2. 수련과 성 교육
3. 인권침해 및 성 폭력 사례
4. 어린이 태권도 지도자에게 필요한 인권교육

제9장 학부모 상담 ---------------------------- 477

1. 태권도장의 상담이란
2. 태권도장에서 상담자가 지켜야 할 태도
3. 태권도 지도자가 알아야 할 상담 기법
4. 학년에 따른 발달과 주요 상담 내용

어린이 태권도 지도서

제1장

어린이 태권도 개론

Ⅰ. 어린이 태권도의 이해

Ⅱ. 어린이 태권도 수련의 효과

Ⅲ. 어린이 태권도 인성교육

Ⅳ. 어린이 태권도 교육과정

제1장 : 어린이 태권도 개론

Ⅰ. 어린이 태권도의 이해

1. 어린이 태권도의 개념
2. 어린이 태권도의 가치
3. 어린이 태권도의 방향
4. 어린이 태권도 로드맵 : 능(能)·지(智)·심(心) 소양 기르기

Ⅰ. 어린이 태권도의 이해

1. 어린이 태권도의 개념

1) 어린이의 개념

　어린이에 대한 학문적 관심은 20세기부터 시작되었다. 어린이에 대하여 역사적 시각으로 살펴본 프랑스의 필립 아리에스(Philippe Ariès, 1914~1984)에 따르면 중세시대까지 어린이는 일종의 '작은 어른'으로 인식되었으며, 근대에 들어서야 양육과 보호가 필요한 존재로 인식이 변화하였다. 『인류는 아이들을 어떻게 대했는가』의 저자이자 역사학 교수인 피터 스턴스(Peter N. Stearns, 1936~)는 어린이에 대한 인식의 변화가 어떻게 이루어져왔는지 전 세계에 걸쳐 역사적으로 특징을 살펴보았다. 그는 과거 농업사회에 어린이가 가족경제에 노동을 제공할 수 있는 존재로 보았다. 이처럼 과거에는 어린이가 노동력의 확보, 재산의 확장에 기여할 수 있는 효용성을 지녔다는 인식에 따라 출산율이 빠르게 증가하며, 어린이의 노동 가치가 높이 평가되기도 하였다. 이후 산업사회의 출현과 함께 어린이의 본분은 노동에서 학업으로 전환되기 시작하였다. 어린이들의 노동 역할이 줄어들며 노동의 몫은 성인의 것이 되었고, 어린이들의 학업을 위해 부모의 경제적 부담이 커져가는 변화를 보였다. 현대사회에 접어들며 어린이에 대한 사회적 인식은 점차 노동자의 역할에서 보호받아야 하는 존재로 바뀌며 어린이로써 가지는 권리를 인정받는 독립적인 인격체가 되었다.[1]

　우리나라에서는 오래 전부터 어린이들이 어른과 반대 의미를 지닌 '아이', '아기' 등으로 불리었다. 어린이의 존재에 대한 인식이 나타나기 시작한 것은 1920년대 초 방정환 선생(1899~1931)이 사용하면서였다. 그는 3·1 운동을 계기로 어린이들에게 민족정신을 고취시키고자 1922년에 5월 1일을 어린이날로 정하였다. 이때부터 우리나라에서도 어린이는 독립된 인격체로 존중해야한다는 인식이 형성되기 시작하였다. 1927년 노동절의 5월 1일과 중복되는 것을 고려해 5월 첫째 일요일로 어린이날을 기념하였다가, 광복 후 1946년에 5월 5일을 어린이날로 지정하게 된다.[2] 1957년 한국동화작가협회가 「어린이 헌장」을 작성한 뒤 보건사회부가 심의 및 수정 보완하여 제35회 어린이날에 발표하기도 하였다. 그 후 1988년에 개정되며 총 11개 조항을 통해 어린이를 규정하였다(국가기록원, 2023). 대한민국 어린이 헌장은 다음과 같은 의의를 지니고 있다.

<대한민국 어린이 헌장>

대한민국 어린이 헌장은 어린이날의 참뜻을 바탕으로 하여, 모든 어린이가 차별 없이 인간으로서의 존엄성을 지니고, 나라의 앞날을 이어나갈 새사람으로 존중되며, 아름답고 씩씩하게 자라도록 함을 길잡이로 삼는다.

　이와 같이 우리나라를 포함하여 세계적으로 어린이의 역할과 대중의 어린이에 대한 인식은

---

1) 장은수, 「'어린이' 개념은 19세기 와서야 뚜렷해졌다」, 문화일보, 2017.8.4.
2) 조희경, 「아동과 어린이, 뭐가 다르지?…법마다 연령기준 뒤죽박죽」, 중앙일보, 2021.6.7.

사회·문화적 현상과 함께 변화해왔다. 어린이라는 객체에 대하여 특별히 관심을 가지고 있지 않았던 과거 사회와는 달리 현대의 어린이들은 한 국가의 미래이자, 인류의 미래로 인식되고 있다. 어린이들이 지니고 있는 무한한 가능성과 때 묻지 않은 순수함에 대하여 어른들은 고귀하게 생각하며, 보다 좋은 경험과 교육을 제공하고자 노력하고 있다. 특히, 어린이만이 지닌 가장 큰 특징이라고 볼 수 있는 것은 '놀이' 개념과 가장 근접한 관련을 맺고 있다는 것이다. 이는 2015년 어린이날을 하루 앞두고 전국 시·도 교육감들이 발표한 '어린이 놀이 헌장'이 명확히 보여주고 있다.[3] 어린이 놀이 헌장은 첫째, 어린이에게는 놀 권리가 있다. 둘째, 어린이는 차별 없이 놀이 지원을 받아야 한다. 셋째, 어린이는 놀 터와 놀 시간을 누려야 한다. 넷째, 어린이는 다양한 놀이를 경험해야 한다. 다섯째, 가정, 학교, 지역사회는 놀이에 대한 가치를 존중해야 한다는 5개 항목으로 이루어져있다. 우리 사회에 어린이들이 놀면서 자라고 꿈을 꿈으로써 행복을 누리고, 가정과 학교, 지역사회에서 이러한 권리를 존중하며 놀 터와 놀 시간을 충분히 제공해주어야 한다는 인식이 보편화되어가고 있다.

　어린이의 연령에 대하여 보통 유아부터 초등학생까지를 생각하게 된다. 실제로 우리나라에서 성인들은 아동의 나이를 12~13세까지로 인식하고 있다는 연구결과[4]가 나왔다. 흥미롭게도 우리나라의 법률은 크게 아동과 어린이 두 종류에 대한 기준 연령이 다르게 규정하고 있었다. 아동복지법에 따르면 아동을 '만 18세 미만인 사람'으로 지정하고 있다. 그러나 헤이그 국제아동탈취협약 이행에 관한 법률 제2조에서는 아동을 16세 미만으로 지정하였다. 식품의약품안전처가 지정한 어린이 식생활안전관리 특별법 제2조에서는 아동복지법에 따라 어린이를 18세 미만으로 지정하고 있는 한편 행정안전부의 어린이안전관리에 관한 법률 제3조, 산업통상자원부의 어린이제품 안전 특별법 제2조, 경찰청의 도로교통법 제2조, 환경부의 환경보건법 제2조, 방송통신심의위원회의 방송심의에 관한 규정 제2조에서는 어린이의 나이를 13세 미만으로 지정하고 있다(법제처 국가법령정보센터, 2023). 국내 법률상에서 통상적으로 아동은 만 18세, 어린이는 만 13세로 보고 있다는 특성을 지니고 있음을 확인할 수 있다. 즉, 어린이의 경우 초등학생까지의 연령층을 가리킨다고 이해할 수 있다.

　어린이들은 다양한 삶의 경험과 성장과정 속에서 신체적, 심리적, 사회적으로 성숙하고 발달하는 과도기적 과정을 겪는다. 그러한 과정을 통하여 앞으로 다가올 사회의 구성원으로서 역할을 할 수 있는 준비를 하게 된다(김귀택, 2003: 1). 그야말로 우리 사회의 미래를 이끌어갈 새싹들을 바르게 교육하고 성장시킬 수 있는 가장 중요한 시기라고 볼 수 있다. 현대 사회는 어린이들을 하나의 인격체로 존중하고 그들이 더 나은 교육을 받을 수 있도록 부모와 어른들이 노력을 하고 있다. 어린이들은 마땅히 올바르고 건강한 교육을 받아야 하는 객체이며, 놀이를 만끽할 권리를 지니고 있다. 어린이에 대한 관심과 어린이 교육에 필요한 다양한 분야의 개발 및 발전은 학계의 중요한 과제일 것이다.

---

3) 이상학, 「"어린이는 놀 권리가 있어요"…놀이헌장 선포」, 2015.5.4.
4) 한국보건사회연구원(2020)

2) 어린이 태권도의 개념

오늘날 태권도의 수련층은 어린이, 청소년, 성인, 노인과 같은 다양한 연령층과 여성, 외국인, 장애인 등 다양한 속성의 수련대상을 모두 포함한다. 그 중 어린이 태권도 수련생은 가장 대중화되어 있는 생활스포츠 수요자들이다. 국내 어린이들에게 여가 활동으로써 가장 친숙하고 쉽게 접근할 수 있는 스포츠 중에서 태권도는 대표적인 생활스포츠 종목이라고 볼 수 있다(이봉, 2010: 90). 태권도가 대한민국의 국기 스포츠인 만큼 다른 어느 국가들보다 가장 많은 수련층을 보유하고 있는데, 만 15세 미만의 수련자가 승품심사를 통해 취득한 품증은 2023년 2월 기준 5백만 개를 훌쩍 넘었다. 국내 유품·단자의 인구가 약 960만 여 명인 시점에서 유품자가 절반 이상을 차지하고 있다(국기원, 2023)는 사실만으로도 어린이 태권도 수련인구가 주요한 부분을 차지한다는 것을 실감한다. 출산률이 저하되고 인구가 감소하고 있는 사회문제에 직면한 현 시점에서도 여전히 태권도 수련층의 주된 이들은 어린이들이다. 어린이의 인구수가 빠르게 줄어들고 있는 사회문제를 직면하고 있는 태권도 지도자들은 질적 성장에 대하여 고민해야 한다. 어린이가 미래 사회를 이끌어갈 주역이라고 볼 때 어린이들이 태권도를 배우는 전 과정이 삶의 전반에 긍정적인 영향을 미칠 수 있게끔 교육을 제시한다면 어린이 태권도의 미래는 충분히 밝아질 수 있다.

태권도는 '교육'이라는 근본적인 이념을 바탕으로 이루어지기 때문에 '무도 스포츠'라고 볼 수 있다(범대진, 2006: 12).[5] 그러므로 어린이들이 태권도를 배우는 주된 이유 또한 교육적 가치가 밑바탕이 되어야 한다. 어린이들은 빠르게 변화하는 신체의 발달, 가족뿐만 아니라 접하게 되는 다양한 사회 구성원들(친구, 이웃, 선생님, 태권도 지도자 등) 간의 소통을 통해 사회성 측면의 발달을 느끼는 시기를 경험한다. 또한 모방적이고 호기심이 크며, 부모에게 의존하려는 태도를 벗어나 독립적인 모습을 보이기 시작한다는 특징을 지닌다(곽성욱·임종은, 2008: 59). 이와 같은 어린이의 뚜렷한 특성을 태권도라는 콘텐츠를 통해 더 나은 방향으로 개발할 수 있도록 교육을 제공하는 것이 어린이 태권도의 목적지가 될 수 있을 것이다. 또한 '교육'의 궁극적 목적은 전인의 완성이다. 이를 전제로 본다면, 어린이 태권도 또한 어린이들이 전인으로 성장할 수 있도록 태권도를 통해 이끌어낼 수 있는 교육적 가치를 지닌다고 볼 수 있다(대한태권도협회, 1997: 22~23).

따라서 어린이 태권도는 '어린이'라는 특정 연령층을 상대로 태권도의 다양한 교육적, 수련적 가치를 이끌어낼 수 있는 영역으로 인식해야 할 것이다. 앞서 어린이에 대하여 하나의 동등한 객체로 존중해주고, 그들의 권리를 지켜주며 더 나은 교육을 제공하고, 이와 더불어 놀이를 만끽할 수 있는 환경과 시간을 만들어주어야 한다고 보고 있는 현대 사회에서 어린이 태권도 또한 발맞춤해야 할 것이다. 어린이를 성인과 다르지 않은 똑같은 인격체로 이해하고, 그들이 배움의 권리를 아낌없이 누릴 수 있게 가르치는 것, 그리고 태권도 수련을 통해 재미와 발전을 동시에 만끽 할 수 있도록 하는 것이 어린이 태권도의 주요 개념이 되어야 할 것이다.

---

5) 태권도를 논할 때 학계에서는 크게 무술(武術), 무예(武藝), 무도(武道)라는 개념을 사용해왔다. 한·중·일의 문화와 사회적 특성에 따라 어떠한 용어를 선택하여 사용하였다고 보는 입장, 술·예·도의 어원적 의미를 바탕으로 해석하는 입장 등 다양하다(국기원, 2021: 14). 본문에서는 태권도의 무도적 가치, 즉 태권도 수련과 교육을 통하여 전인교육을 실천할 수 있다고 보기에 '무도'로 표현하였다.

2. 어린이 태권도의 가치

우선 태권도 자체의 가치에 대한 이해가 선행된다면, 어린이 태권도의 가치를 논하는 데에 바탕이 될 것이다. 체육, 스포츠와 마찬가지로 가장 보편적으로 이해되는 태권도의 가치는 생리적, 심리적, 사회적 가치로 구별할 수 있다. 국기원(2021)은 태권도 수련을 통해 고통과 자아 성장, 자아 성찰과 성취감을 느끼면서 태권도의 가치를 얻어가는 반복 수련의 전 과정이 태권도의 교육이자 가치로 정의하고 있다. 또한 태권도의 고유 가치로써 신체기능적 가치, 심리적 가치, 도덕적 가치를 정의하였다. 신체기능적 가치는 태권도 기술을 반복적으로 연습함으로써 얻게 되는 실기적 능력, 유연성과 근력 등 체력적 측면의 성장을 가리킨다. 심리적 가치는 태권도 수련 과정에서 느끼는 충만감, 용기, 인내 등의 복합적인 심적 능력의 성장을 의미하며, 도덕적 가치는 태권도 수련을 통해 예의, 정의, 봉사 등의 가치를 깨닫게 되는 과정을 모두 포함한다.

신체기능적 가치	기술을 반복 연습함으로써 수련자가 얻은 능숙한 발차기, 유연성, 스피드 같은 몸의 능력과 그것의 유익함
심리적 가치	수련 과정에서 수련자가 느끼는 의미 충만감과 용기, 인내 같은 심적 능력
도덕적 가치	수련 과정에서 수련자가 체득할 수 있는 예의, 정의, 봉사 같은 도덕적 가치

표 1. 태권도의 고유 가치(국기원, 2021: 27)

이러한 가치들은 태권도를 수련함으로써 얻을 수 있는 고유한 가치이기도 하다. 따라서 어린이 태권도는 어린이의 특성을 바탕으로 태권도 수련 자체에서 얻게 되는 위의 가치들에 초점을 두어 이해해볼 수 있을 것이다. 더 나아가 어린이 태권도이기에 더욱 중요하게 인식되어야 할 가치에 대하여 논의해볼 수 있다.

또한 어린이 태권도가 지니고 있는 가치에 대하여 살펴보기 위해서는 어린이가 지닌 특성을 이해하는 과정이 선행되어야 할 것이다. 이미 어린이에 대한 학계의 관심은 오래 전부터 이루어져왔다. 가장 대표적인 것은 장 피아제(Jean Piaget, 1896~1980)의 아동의 인지 발달 단계 이론이다. 출생 직후부터 2세까지는 감각운동기로 감각과 운동기술을 이용하여 주변 세계를 경험하며 대상의 영속성을 습득하는 시기이다. 2~7세의 전조작기는 미성숙하고 논리가 부족하며, 현재 위주로 사고하고 자기중심적인 것이 특징이다. 이 때 운동 기능을 습득하게 된다. 구체적 조작기인 7~11세에 이르면 연역적 사고를 통한 논리적 조작이 가능해지고, 사건, 상황 등 다양한 면에 집중이 가능해지면서 탈중심화 되어간다. 그로 인해 규칙의 가치를 이해하고 이성적으로 판단을 할 수 있게 된다. 11세 이후의 형식적 조작기에는 추상적이고 이성적인 사고가 발달하기 시작하며 과거, 현재, 미래에 대한 사고가 가능해진다. 주로 어린이들이 태권도 수련에 참여하게 되는 구체적 조작기와 형식적 조작기는 논리적 사고를 갖게 되고, 자기중심에서 벗어나는 탈중심화,

다양한 것들에 집중을 할 수 있게 되고, 시간 개념이 형성되는 시기라는 특징을 보여주고 있다.

에릭 에릭슨(Erik Homburger Erikson, 1902~1994)은 인간의 심리사회적 발달 단계에 대하여 총 8개의 단계별 변화와 특징을 이론으로 구축하였다. 어린이의 시기라고 볼 수 있는 1~4 단계는 크게 신뢰 대 불신, 자율성 대 수치심과 의심, 주도성 대 죄의식, 근면성 대 열등감의 단계이다. 그는 모든 인간은 각 단계에서 사회적 환경과 상호작용하며 성공 또는 실패하며 성장해나간다고 하였다. 특히 태권도 수련이 가능하다고 볼 수 있는 3단계(4~6세)와 4단계(7~12세) 각각의 특징은 3단계에서 또래와의 경쟁, 자신이 원하는 것을 적극적으로 표현하는 주도성이 길러지며, 4단계에서는 초등학교에 입학하게 되는 학령기의 연령대라는 점과 함께 노력을 통해 성취감을 느끼고, 노력한 만큼 결과가 나오지 않을 때 또래집단과의 열등감이 생겨나기도 한다는 것이다. 인간의 성장과 발달을 논하는 대표적인 두 학자의 이론을 통하여 어린이 시기의 인간은 주로 또래집단, 주변 등 사회적 환경 속에서 변화하고, 이성적이며 논리적 사고가 형성되며 노력, 성취감, 열등감 등에 대한 심리상태를 겪고 발전해나가는 양상을 보인다는 것을 알 수 있다. 이처럼 어린이는 그들이 경험하는 사회적 공간 속에서 정신적, 사회적 성장과 변화를 겪게 된다. 어린이의 사회적, 심리적 변화의 특성을 바탕으로 어린이 태권도의 고유한 가치를 규정할 수 있을 것이다.

1) 신체기능적 가치

어린이들에게 운동능력과 체력을 발달시키는 가장 큰 이유는 이 시기에 경험하게 되는 운동기능의 발달이 지능과 신체의 발달, 정서 및 사회적 발달에 직접적인 영향을 미치기 때문이다. 인간의 신체적 운동기능이 발달하는 시기는 출생부터 성인이 되기까지 급속히 성장하다 그 속도가 급속히 감소하는 반복적인 과정을 거친다. 특히 어린이들은 신경근육이 성숙하면서 운동기능이 급속하게 발달한다. 손을 활용한 조작 운동의 정확도와 속도가 급속도로 발달하고, 기본적인 운동기능이 거의 완성되는 시기이다. 또한 큰 근육이 먼저 발달하고, 작은 근육이 나중에 발달하는 특성을 보인다. 이처럼 어린이는 운동신경이 빠른 속도로 발전하는 것에 반해 근력, 뼈 등의 발달이 저조하다는 점을 감안하여 태권도 수련을 통해 기초 체력을 단련할 수 있도록 해야 한다(대한태권도협회, 1997: 9~10).

어린이들이 태권도 수련을 통해 신체기능적으로 효과를 얻는가에 대하여 일부 연구를 통해 살펴볼 수 있다. 용영록·신도성(2002)은 2개월간의 태권도 수련을 통해 특히 민첩성과 유연성이 단기간의 효과를 얻어내었다는 결론을 보여주었는데, 이는 태권도가 몸을 내뻗는 스트레칭의 효과가 있기 때문이라고 보았다. 초등학교 어린이 태권도 수련생들을 대상으로 진행한 안정덕·박준동(2003)의 연구에 따르면 태권도 수련을 통해 신체적 능력감을 높이 느끼고 있으며, 이는 곧 어린이들의 자신감을 높여주고 바람직한 정서를 함양하도록 하였다. 태권도 수련의 가장 큰 특징은 급과 품·단의 위계가 체계적으로 구성되어 있어 한 단계씩 성장해 나가며 성취감을 느낄 수 있으며, 이러한 과정은 태권도 기술의 습득을 반복하며 점차 발전시키도록 한다는 것이다. 김석련·서진교(2004)는 태권도 유품자 수련생들이 유급자 수련생들보다 태권도 수련의 가치(심성발달, 정신력 향상, 신체발달, 적극성, 올바른 태도)에 대해 높게 인식하고 있는 연구 결과를 제시하기도 하였다. 오랜 세월 동안 태권도 기술을 반복적이면서 난이도를 높여가며 수련하게 됨으로써 수련자는 몸을 단련하게 되고, 건강한 체력 향상과 근력 강화 등의 변화를 몸소 느낄 수 있다. 태권도 수련을 오래하면 유연성, 순발력, 심폐지구력 등이 높아지고, 자신의 급수(또는 품)에서 수행할 수 있는 다양한 태권도 기술을 구사할 수 있게 되면 스스로 신체기능의 발달을 체험할 것이다.

이와 같이 어린이 태권도는 어린이의 신체능력의 성장과 관련하여 운동능력과 체력 두 측면에 효과적인 무도 스포츠이다. 운동신경이 빠르게 발전하는 시기의 어린이들에게 전신을 사용하여 손동작, 발차기, 발자세 등 다양한 기술을 배우는 태권도는 신체의 협응력, 유연성, 순발력, 평형성 등을 높여주는 데 도움이 될 것이다. 이러한 태권도 기술을 수행하기 위해 더욱 기초적으로 밑바탕 되어야 하는 기초체력운동을 통하여 근력, 심폐지구력 등을 기를 수 있다.

최근 사회 경제의 발전과 함께 생활의 질이 높아지고 부유해지며 어린이들은 범람하는 과자, 패스트푸드, 음료수 등 칼로리가 높고 지방 함량이 많은 식품 섭취에 쉽게 노출되어 있다. 부모는 어린이의 등하교 및 학원 등의 방과 후 활동에 자동차를 이용하여 바래다주며, 운동할 시간이 턱없이 부족한 학원 생활로 신체를 움직일 기회가 많지 않다. 여가 시간이 생겨도 전자오락, 텔레비전, 컴퓨터 등의 실내 오락으로 대부분 시간을 보내다 보니 직접 몸을 움직이며 에너지를 소비할 시간과 기회가 줄어들고 있는 실정이다. 이는 결국 소아 비만이라는 현대 사회의 새로운 사회문제를 낳았다(질병관리청, 2023). 이에 따라 어린이의 생활스포츠 활동에 대한 필요성이 대두되고 있으며, 신체기능적으로 긍정적인 효과를 가져다주는 태권도 수련이 일부분의 문제 해결에 도움이 될 수 있을 것으로 기대한다. 따라서 어린이들은 태권도 수련을 통해 기술을 습득하고 건강한 체력을 기를 수 있으며, 태권도지도자들은 다양한 놀이와 오락이 접목된 재미있는 태권도 교육을 개발하여 교육과 재미를 동시에 제공할 수 있어야 한다.

2) 심리적 가치

다양한 신체활동은 배움의 과정 속에서 정신적으로 성장하고 발전할 수 있는 기회를 제공한다. 그 중에서도 태권도를 수련함으로써 얻을 수 있는 정신적 가치는 여러 가지 형태의 심적 능력을 내포하고 있다. 이미 어린이의 태권도 수련의 가치와 관련된 선행연구들 대부분이 '심성발달', '정신력향상', '긍정적 태도', '적극성', '올바른 태도' 등에 대하여 언급해왔다(김석련 등, 2004: 145). 태권도 수련은 무수히 많은 것들에 대한 배움의 연속이다. 기본동작 각각의 개별적인 형태부터 시작하여 이를 연결하여 신체의 협응력을 높이고 암기력과 집중력을 기를 수 있게 하는 품새, 상대방의 움직임에 집중하여 신속하게 판단하고 반응할 수 있도록 심적 여유가 필요한 겨루기, 용기가 필요한 격파 등 태권도 수련에서 정신적으로 맞서고 적응하고 발전시켜야 하는 순간은 언제나 있다(국기원, 2021: 27). 태권도만이 지닌 내재적인 가치로써 자신의 마음을 컨트롤할 수 있는 능력, 상대와 상황을 파악할 수 있는 안목과 판단력, 어려운 순간에 포기하지 않고 맞서보려는 용기 등은 태권도인이라면 모두가 공감할 만한 정신적 가치이다.

이처럼 태권도를 배우는 과정 속에서 각각의 기술들을 익히고 수행하는 데에 요구되는 정신적인 능력들이 반복적으로 수련되고, 강화되어질 것이다. 어린이들은 유품자가 되기 전까지 태권도 기술의 가장 기초적인 것들부터 점차 복합적으로 배워가는 경험을 처음으로 접하게 된다. 그러므로 모든 기술을 배우는 과정은 새로운 것을 마주하며 헤쳐 나가야 할 용기와 도전의식의 훈련이기도

할 것이다. 배운 것들은 반복적으로 연습하며 근면, 성실, 끈기 등의 마음의 힘을 기르며, 점차 기능적인 수준의 향상을 이루어나갈 때 성취감과 자긍심으로 한 단계 자신감이 북돋아질 수 있을 것이다. 어렵다고 느끼거나 비교적 하기 싫은 종목에 대해서는 그럼에도 편식하지 않고 모든 기술을 고루 해낼 수 있어야 한다는 마인드 컨트롤과 노력의 마음가짐을 갖게 하고 이 모든 과정을 통해 자아성찰과 성취감을 느낄 수 있다. 이러한 긍정적인 정신의 성장은 태권도 수련을 지속하게 해줄 것이며 태권도장에서 뿐만 아니라 한 사회의 구성원으로서 삶의 태도와 인성적인 측면에도 적지 않게 영향을 미칠 것이다.

한편, 태권도지도자들 스스로가 어린이 자체의 정신, 정서적 특성을 미리 이해하고 그에 적합한 태권도 교육을 제공하고자 하는 노력을 해야 할 것이다. 어린이들은 새로운 지식을 배우고 싶어 하고 기억력이 발달하는 시기이기 때문에 언어와 문화 등에 대한 학습이 빠르게 진행된다. 학년이 올라갈수록 추상적인 생각을 할 수 있는 능력이 발달하며 주변 환경에서 경험하게 되는 다양한 현상과 자신의 기억들을 체계적으로 정리한다. 그렇기에 삶의 경험이 증가하고 인지구조가 질적으로 발달하며 정서에도 큰 변화가 나타난다. 어린이의 정서가 두드러지게 나타나는 방식은 언어표현이다. 효과적으로 어린이의 정서를 지도하기 위해서는 여러 가지 정서를 적절하게 조절해주는 역할이 필요하다(대한태권도협회, 1997: 12~13).

어린이들은 실제로 벌어지는 상황보다 더 심각하게 상황을 이해하고 받아들인다고 한다. 어른은 그들의 시선에서 이해하고, 정서 상태에 관심을 가져야 한다. 특히 어린이에게 가장 영향을 미치는 부모, 교육자들의 역할은 매우 막중하다. Z세대, 알파세대로 불리는 현대 사회의 어린이들은 코로나뿐 아니라 전쟁, 기후변화, 각종 동물의 멸종 위기 등 예측할 수 없는 불안정한 사회 현상을 함께 겪고 있다. 이럴 때일수록 어린이들의 감정을 진지하게 받아들이고 이해할 수 있는 어른의 역할이 필요하다. 어른들이 어린이들과 함께 어려운 상황을 헤쳐 나가기 위한 모범적인 액션을 취하거나(예를 들어 기부하기나 봉사하기 등의 활동), 정서적으로 불안한 순간에 함께 해주는 과정은 어린이들에게 자기 효능감을 늘려주는 데 도움이 된다고 한다.[6]

2019년부터 거의 3년 간 전 세계를 괴롭힌 코로나-19는 어린이들의 정신적인 측면에 적잖이 영향을 미쳤다. 국가정신보건위원회가 실시한 코로나-19 팬데믹의 어린이 정신 건강과 복지에 미친 영향 조사에서 어린이의 41%가 자신의 복지에 코로나-19가 부정적인 영향을 미쳤다고 응답했다.[7] 사회적 참여가 불가능해짐으로써 아이들은 지루함을 느끼고, 제한적인 상황에서 어린이들이 정신적인 측면을 개발하고 성장시킬 수 있는 기회는 많지 않았다. 또래집단과 함께 뛰어 놀며 운동할 수 도 없는 상황 속에서 개인적으로 정서를 발달시킬 수 있는 방법은 어린이의 수준에서 찾아내기 어려운 일이었을 것이다. 포스트 코로나, 앤데믹 시대를 맞이하고 있는 현 시점에서 당분간 정서적 활동과 가치 향상에 제한적인 생활을 해온 어린이들에게 태권도를 활용한 긍정적인 변화를 가져다줄 수 있는 방안을 마련해야 한다. 직접 마주보고 소통하는 방법을 배우면서 상대방을 존중하고 이해할 수 있는 마음을 기르고, 함께 격려하고 도와주며 배우는 과정에서 쌓아가는 소속감과 신뢰, 성취감 등을 정서를 쌓아갈 수 있는 곳이 바로 태권도 교육 현장이다.

---

6) 김민재,「코로나 대유행이 정신건강에 미치는 영향: 다양한 코로나 극복 사례들」, 2022.4.11.
7) SBS한국어,「코로나19 업데이트: 인권단체 "코로나19, 어린이 정신과 복지에 영향미쳐"」, 2022.8.30.

3) 도덕적 가치

고대 그리스의 철학자 아리스토텔레스(Aristotle, BC.384~BC.322)는 '인간은 사회적 동물이다'라고 말했다. 이미 2천여 년 전의 선조들도 인간이 타인과의 상호 의존적, 사회적 관계 속에서 살아가는 생명체라는 것을 알고 있었다. 인간은 서로 다른 개체 간의 상호 접촉 욕구에 의해 공동생활을 하려는 성향을 지니고 있는데, 이를 바로 '사회성'이라고 정의한다. 사회성은 인간관계를 통해 발달할 수 있으며, 특정 사회에서 관례 또는 기준으로 두고 있는 가치에 어울리도록 행동과 지식 등을 배워나간다. 어린이의 경우, 특히 초등학생의 연령대는 사회성이 발달하면서 친구, 단체 활동 등에 몰두하는 시기로, 학교를 중심으로 하여 친구들과의 교류를 통해 성장한다. 가정이라는 최초의 사회에서 벗어나 교사에 의해 지적 기능이 발달되기도 하며, 학교-친구-가정의 복합적인 상호작용에 의해 성격이 발달하게 된다. 이렇게 어린이에게 사회의 구조가 가정과 이웃 정도의 수준에서 학교로 확대되면서 큰 변화를 맞이하게 된다. 이전의 자기중심적인 성향에서 벗어나 사회화되고, 결국 개인주의에서 집단주의의 성향으로 변화한다. 어린이는 학교생활과 같은 집단생활을 통해 또래와 어울리는 방법, 사이좋게 지내는 방법 등의 인간관계를 배우고, 집단적 연대감을 얻는 동시에 도덕, 가치, 규범에 대한 의식이 뚜렷해진다. 어린이들은 스스로에 관한 권리와 의무, 소속된 사회 속에서의 역할과 책임을 이해하면서 성장한다(대한태권도협회, 1997: 11~13).

어린이가 학교라는 작은 사회로 나아가는 과정에서 개인주의적 성향이 변화하게 되는데, 이처럼 태권도 수련 또한 또래 선후배들과 함께 협동심, 책임감 등을 기를 수 있게 그룹을 구성하여 진행하는 방법이 효과적일 수 있다. 태권도 수련은 단순히 신체의 우월성을 높이는 것이 아니며, 상대를 존중하고 공동체를 중요히 여기는 전인 교육의 장이기 때문에 가능하다(국기원, 2021: 27). 어린이들이 태권도를 수련할 수 있는 가장 보편적이고 최적화된 공간은 태권도장이다. '관장님', '사범님'과 같은 지도자에게 예의를 배워 어른, 스승, 부모에게 예의바른 태도를 갖추는 것은 태권도 도덕적 가치의 첫걸음이다. 태권도 교육 공간에서 지도자와 수련생 간의 관계 외에도 또래 친구들과의 교류를 통해 사회성을 기를 수도 있다. 어린이 태권도 수련생들은 태권도가 지니고 있는 위계질서에 따라 학교의 나이 구분과 달리 선·후배 서열을 배우게 된다. 선배의 입장에서는 후배들을 챙기고 이끌어주는 선배다운 자세를 기르고, 후배는 선배의 좋은 모습을 본받고 배우는 예의바른 태도를 갖추는 일상적인 환경이 모두 사회성을 기르는 과정이다. 태권도 지도와 수련 과정은 '교육'이라는 큰 틀에서 이루어지는 행위인 만큼 올바른 교육이 이루어진다면 지향하고자 하는 방향으로 어린이 수련생이 나아갈 수 있을 것이다.

출산율이 급격하게 감소하고 있는 현대 사회는 대가족 형태라기보다 외동의 자녀를 기르는 핵가족 형태로 변화하고 있다. 사회성을 기르기 시작해야할 어린이들에게 또래와 만나고 소통할 수 있는 기회는 학교라는 공간이 전부이다. 형제, 자매가 없이 유아기를 지내오기 때문에 더욱 사회성이 형성될 수 없는 환경 속에서 자라온 어린이들에게 새로운 환경은 낯설고 어려울 수 있다. 그러나 유치원생 및 예비 초등학생들은 이러한 부분을 태권도장에서 채울 수 있다. 태권도는 개인, 단체 활동에 최적화되어 있는 기술 체계를 지니며, 선후배의 관계 속에서 질서와 협동심을 기를 수 있다.

특히 함께 뛰고 부딪치며 땀을 흘리는 활동적인 신체운동을 동반하는 교육이기 때문에 사회성을 기르는 데에 탁월하다. 다함께 소속감을 느끼며 같은 기술을 구사할 수도 있고 2인 1조, 3인 1조 등의 그룹 활동을 통해 희생정신, 협동심 등을 기를 수 있으며, 또래와의 경쟁 속에서 페어플레이, 존중, 예의 등의 도덕적인 내면의 성장을 이룰 수 있다.

4) 교육적 가치

교육의 궁극적 목적은 배움을 통하여 '전인(全人)'이 되도록 하는 것이다. 학교 교육의 가치 또한 학생을 전인으로 성장시키는 것이다. 태권도는 태권도의 기술을 익혀 체력과 기술력을 향상시키는 외형적 측면들과 태권도 수련을 통해 심리적, 도덕적으로 성장하는 내면적 측면들을 균형 있고 건강하게 배우고 발전해 나가는 교육의 과정이다. 즉, 태권도 또한 교육의 한 부분이다. 그렇기 때문에 태권도는 태권도를 통해 수련생이 전인으로 성장할 수 있도록 하는 교육이다.

교육의 분야는 다양하다. 학교 교육에서는 지식적인 부분이 중요하고 인지하는 과정이 주된 목적의 교과목이 있는가 하면, 신체를 사용함으로써 몸으로, 마음으로, 지능으로 배워야 하는 과목들도 있다. 그 중 하나가 바로 '체육' 수업이다. 학교체육은 신체활동을 매개로 하여 전인교육을 실천하는 것을 목적으로 하고 있다. 태권도 또한 다를 바 없다. 장소가 학교에서 태권도장으로 바뀌었을 뿐, 교육 콘텐츠가 다양한 스포츠 종목에서 태권도 종목으로 집중되었을 뿐 교육적인 가치는 동일하다. 태권도 교육을 통하여 수련자들이 전인으로 성장할 수 있도록 하는 곳이 태권도장인 것이다.

모든 스포츠는 크게 기술적 차원과 정신적 차원으로 구성되어 있다(최의창, 2018: 9). 태권도의 기술적 차원은 기본동작을 익히고 품새와 겨루기를 배우는 등의 실기적인 측면을 의미하며, 정신적 차원은 태권도 수련을 통해 예의, 인내, 겸손함을 배우고 존중, 용기 등의 마음의 힘을 기르며 성장하는 측면으로 볼 수 있다. 각각의 차원이 함께 갖추어질 때 태권도의 전인 교육이 이루어지는 것이다.

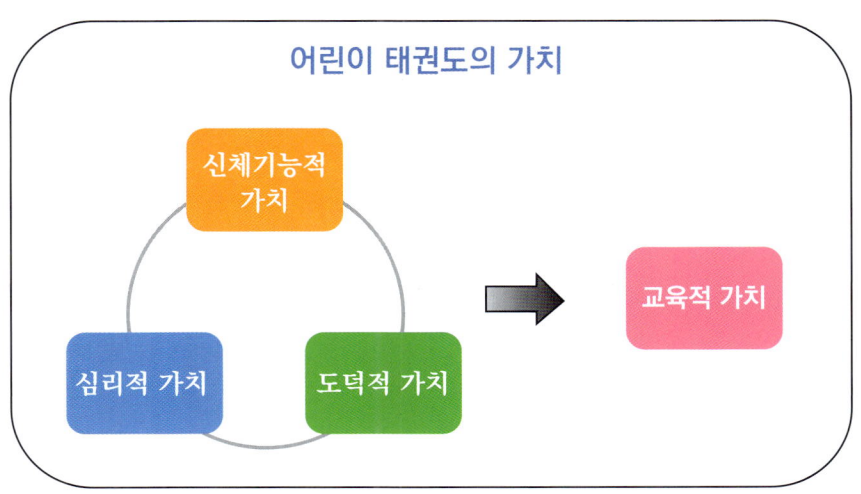

그림1. 어린이 태권도의 가치

3. 어린이 태권도의 방향

1) 전인교육으로써 어린이 태권도

태권도가 교육의 한 부분으로 역할 한다고 볼 때, 가장 다양한 변화를 경험하게 되는 어린이들에게 태권도 교육을 통하여 전인으로 성장할 수 있는 첫 단추가 될 수 있다. 학교 교육에서는 다양한 과목을 모두 가르쳐야 하며, 그 중 몸으로 배울 수 있는 유일한 과목은 체육 수업이다. 가장 활동성이 강하고 자유로워야 할 어린이들에게 체육 교과는 충분하지 않다. 그렇기 때문에 대다수의 부모들이 태권도장, 수경장 등 추가적으로 운동종목을 체험하도록 하는 것이다. 다양한 생활체육 종목들이 있지만 그 중에서도 태권도는 더욱 그 가치를 높이 평가 받아야 할 것이다. 태권도 수련을 통하여 어린이들은 기능적인 측면에서 향상됨을 느낄 수 있다. 허약했던 아이가 건강해지고, 비만이 염려되는 아이가 살이 빠지고 키가 성장하는 변화를 일으킬 수 있다. 또한, 또래집단과 다양한 활동을 통하여 협동심, 소속감, 책임감 등이 형성되고, 여러 가지 체험과 도전을 통해 용기, 인내심 등 마음의 힘이 강해지는 변화를 가져다준다. 태권도 교육은 이렇게 어린이들에게 기능적 차원과 정신적 차원의 성장을 돕는 효과적인 생활스포츠가 될 수 있다. 두 가지 측면이 균형 있게 발전한다면 어린이들은 자연스럽게 전인으로 성장하는 과정을 삶의 중요한 시기에 쌓아가는 것이다.

전인교육을 이루기 위해서는 교육자와 피교육자, 그리고 교육 콘텐츠가 필요하다. 우선, 가르침을 수행하는 교육자는 매우 중요한 위치에 놓여있다. 학교 체육 교과에서 체육 교사의 역할은 기능적인 관점에서의 교육을 넘어 규범적인 관점에서의 교육까지 함께 이루어져야 한다. 체육 수업을 통하여 단순히 운동기능을 높인다거나, 이론적 지식을 쌓게 하는 교육이 아니라, 학생의 인성 수준이 높아질 수 있는 교육이 필요하다. 그러기 위해서는 우선 체육 수업을 이끌어가는 교사들의 도덕적 자질이 요구된다(최의창, 2007: 5). 이들에게 기능적인 자질은 이미 기본적으로 갖추어져 있다. 학생들에게 체육 교과에 있는 선택된 종목을 가르칠 때 기능적, 지식적인 부분들을 잘 가르치는 것도 물론 중요하지만, 체육교사 자체가 인간적으로 본보기가 되어야 한다. 학생들을 배려하고, 가끔은 카리스마 있는 모습으로 리더십을 보여줌으로써 간접적으로 체육지도자로서의 도덕적·전인적 매력을 보여줄 수 있다. 교육자의 행실, 언행, 가르치는 모습 하나하나는 학생들로 하여금 그 수업에 대한 집중의 강도를 결정짓는 요인이 될 수 있다. 그리고 삶에 대한 태도의 방향성을 만들어가는 데 영향을 미친다. 태권도장, 태권도지도자 또한 동일한 맥락에서 이해할 수 있겠다. 태권도지도자는 수련생들이 태권도의 기능적 측면과 인성적 측면을 고루 갖출 수 있도록 가르칠 수 있어야 한다. 그러기 위해서는 태권도지도자가 도덕적으로 완성에 가까운 인간이어야 한다. 지속적으로 자신의 인성, 지도자로서의 덕목을 고민하고, 철학하며 개선해나가야 한다. 올바른 지도자로부터 올바른 제자가 만들어진다는 것을 마음에 두고 더 나은 방향으로 발전하는 태권도 교육자가 되도록 노력해야 한다.

2) 평생스포츠의 시작으로써 어린이 태권도

현대사회는 100세 시대이다. 과거의 60대는 장수의 아이콘이었지만 이제는 인생 제2막을 시작하는 중년일 뿐이다. 인생의 주기가 길어진 만큼 노후를 건강하게 대비해야 할 필요성은 점차 완고해지고 있다. 초고령화 사회에 이미 진입하였으니, 현재 어린이 연령대에 있는 이들은 건강을 철저히 관리하며 행복한 노후를 즐길 수 있도록 준비해야 한다. 건강을 관리하고 유지할 수 있는 방법에는 다양한 것들이 있지만, 그 중 단연 '운동'이 효과적인 웰빙 생활 속 필수 요인일 것이다. 여러 가지 종목을 포괄적으로 즐기는 것도 좋지만, 한 가지 종목을 깊게 해보는 것도 그것을 이해하고 배우는 데에 의미가 있을 것이다. 태권도는 오랜 시간 수련을 하며 인간 됨됨이를 완성해 나갈 수 있는 좋은 무도 스포츠이다. 초단이 되기 위해서 최소 1년 6개월의 과정이 필요하며, 지도자로 인정받는 4단이 되기 위해서는 태권도 수련을 7년 이상 해야 가능하다. 그런 뒤에도 태권도 단 위계는 9단까지 올라가며 오랜 시간 지속적으로 태권도 수련과 자기 수양에 도전할 수 있다. (그렇다고 반드시 태권도를 하면 승단을 해야만 한다는 것은 아니다.)

그러나 불안정한 사회 문제로 언제 어떻게 새로운 변화의 소용돌이가 다가올지 모르는 현대 사회에서 태권도의 주된 수련층을 유소년, 어린이에 한정하는 사고는 지양해야 할 것이다. 태권도 수련을 인간의 전반적인 생애 주기에서 오래 함께할 수 있도록 한 단계 발전시켜야 할 시기가 되었다. 그러한 견해에서 어린이들에게 태권도를 가르치는 일은, 다시 말해 어린이들이 태권도를 배우는 과정은 매우 중요한 첫 단추이다.

태권도장에 자녀를 보내는 부모의 주된 목적은 두 갈래로 나눌 수 있다. 첫째는 아이에게 긍정적인 성장을 기대하는 것, 다른 하나는 아이를 돌봐주는 곳으로써 태권도장을 인식하는 것이다. 전자에서 가리키는 성장에는 다양한 것들이 복합적으로 내재되어 있다. 신체기능적인 측면, 심리적인 측면, 도덕적인 측면을 아우르며 자녀에게 부족하다고 느끼는 부분에 대하여 태권도 수련을 통해 채워나갈 수 있기를 기대한다. 후자는 안타깝게도 태권도장이 교육적인 공간으로, 태권도지도자가 교육자로 인식된다기보다는 각박한 현실 속에서 맞벌이 부부에게 필요한 위탁 장소일 뿐이다. 앞으로 다가올 세상의 주역이 될 어린이들이 이러한 상황에서 태권도장을 다니게 된다면 태권도장과 태권도지도자, 태권도 자체의 가치는 쳇바퀴 돌 듯 제자리걸음을 할 것이다.

태권도지도자들은 현재 가르치고 있는 어린이들이 어른이 되어서도 태권도를 즐겨 할 수 있도록, 그리고 그 아이들이 부모가 되었을 때 자녀들에게 태권도 교육을 시키고 싶도록 하기 위한 고민을 해야 할 것이다.

---

8) 제1장 1절의 '4)' 항목은 20여 년 간 인문학적 스포츠 교육을 통해 다양한 소양을 기름으로써 전인(호울 퍼슨)을 만들 수 있다고 주장하고 있는 서울대학교 최의창 교수의 연구를 주요 근거로 작성하였다.

4. 어린이 태권도 로드맵 : 능(能)·지(智)·심(心) 소양 기르기

　어린이들이 태권도를 배우는 데에 있어서 운동기능적 가치, 심리적 가치, 도덕적 가치가 실현될 수 있는 변화를 통해 전인 교육을 제공받고, 평생운동으로써 태권도를 생각하도록 하기 위해서는 태권도를 온전히 총체적으로 배울 수 있는 환경이 조성되어야 한다. 또한 이를 실천할 수 있는 지도자를 필요로 한다.

　운동, 스포츠를 통하여 전인 교육을 체험하기 위해서는 그 종목에 관련된 게임과 문화를 모두 배워야 한다. 이는 '하나로 체육' 수업을 제안한 서울대학교 최의창 교수의 이론에서 이해할 수 있다. 하나로체육 수업은 단순히 신체를 움직이는 체육 수업만이 아닌, 체육과 관련된 다양한 문화와 역사, 음악, 예줄 등을 함께 가르치는 방식이다. 하나로체육 수업의 특징은 조별 활동을 통해 사회성과 협동심을 기를 수 있도록 한다. 최교수는 초·중·고등학생 시절 동안 이와 같이 하나로체육 수업을 받게 된다면 바른 인성을 기를 수 있고, 중년이 되어서도 스포츠를 삶의 일부로 즐길 수 있도록 기초를 다질 수 있다고 주장하고 있다. 이미 전국적으로 많은 학교에서 하나로체육 수업을 적용하고 있으며, 교사들과 학생의 호응이 커지고 있는 추세이다. 그의 이론의 근본에는 운동을 향유할 수 있을 때 비로소 전인으로 성장이 가능하다고 보고 있다.

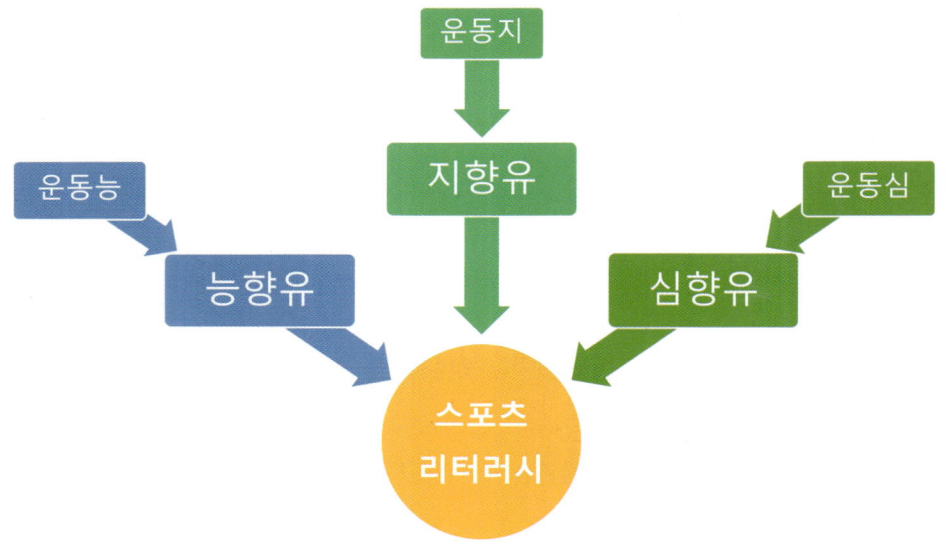

　그림2. 운동소양과 향유의 과정을 통한 스포츠 리터러시(참고_최의창, 2017:15~16)

　운동을 향유하기 위해서는 기본적으로 세 가지의 운동소양(운동능·운동지·운동심)을 쌓아야 한다. 각각의 소양 능력은 어느 한 가지에 중요성과 필요성이 기울어져 있지 않다. 각각의 측면들이 연관을 지니며, 서로 긍정적인 영향을 미칠 때 운동소양이 높아지게 된다. 운동능은 운동의 기본 동작들과 기술을 배움으로써 스스로 기능적인 역량을 발전시켜나가는 소양이고 운동지는 운동에 대한 지식적인 측면을 이해하고 적용할 수 있는 인지적(지능적) 자질이며 운동심은 운동을 하는 사람이 지니는 다양한 형태의 심성적 태도와 마음의 자질을 의미한다.

이 세 가지 소양은 '스포츠 리터러시(Sport Literacy)'로 총칭할 수 있다. 리터러시(Literacy)는 사전적 의미로 '읽고 쓸 줄 안다'는 뜻이다. 그렇다면 스포츠 리터러시는 스포츠를 신체적으로 뿐만 아니라 그 자체를 알고, 느낄 수 있는 자질을 의미한다(경향신문, 2020. 2. 2). 운동능, 운동지, 운동심은 각각 능을 향유하고(능향유), 지를 향유하며(지향유) 심을 향유하는(심향유) 방향으로 나아갈 때 운동을 즐기고, 좋아한다고 볼 수 있다.

운동능, 운동지, 운동심의 차원이 충실하게 길러지면서 운동소양이 점차 풍성해질 때, 총체적으로 그것을 이해하고 느끼며 즐길 수 있고, 스포츠 하는 삶이 행복을 가져다주게 됨으로써 삶의 일부로 지속할 수 있다. 태권도를 능지심 각각의 차원에서 적용한다면 충분히 태권능, 태권지, 태권심을 어린이들에게 향유할 수 있는 교육을 제공해볼 수 있을 것이다. 태권도 1품 승품심사에 합격한 어린이를 예로 들어본다면, 흰띠 시절에는 하지 못했던 기술발차기를 할 수 있는 자신의 실기 능력에 흥미를 느끼고 뿌듯해하는 것이 능향유, 태권도 관장님이나 사범님으로부터 태권도의 역사 일부분을 들으며, 새로운 지식을 쌓아가는 재미를 느끼는 것이 지향유, 좋아하는 아이돌 노래에 맞춰 태권도 댄스를 만들고 음과 동작의 조화를 즐기는 것이 심향유의 일부분으로 상상해볼 수 있을 것이다.

비록 태권도가 지니고 있는 기술의 체계만 해도 너무 다양하고 많은 것은 사실이다. 기본동작에는 손동작, 발차기, 발자세 기술이 있고, 체력운동 또한 근력, 순발력, 유연성, 심폐지구력 등 다양한 부분들을 길러주어야 하며 품새, 겨루기, 격파 등 연습하고 배워야할 콘텐츠들이 즐비하다. 태권도가 지니는 최대 장점이라고 생각한다면 생각의 각도는 완전히 달라진다. 배움의 양보다 질을 높이고, 그동안 운동능에 초점이 맞추어졌던 교육 방법에 지, 심의 차원에서 즐길 거리들을 개발할 필요가 있다. 어린이 태권도 수련생들이 입고 있는 도복이 예전에는 어떠한 형태였는지부터 시작해서 오늘날의 태권도가 어떠한 변천사를 거쳐 성장하였는지, 또는 '태권도의 날'이 언제이며 왜 탄생했는 지와 같은 지식적인 것들도 가르칠 수 있다. 태권도를 하고 있는 멋진 나의 모습을 그림으로 그려보는 시간을 가져보거나, 태권도를 소재로 한 만화나 영화를 다함께 관람하면서 눈과 귀를 통해 태권도를 향유할 수 있다. 이처럼 태권도 리터러시를 수행할 수 있는 방법은 무한하다. 전문성을 갖춘 태권도지도자들이 과거와 현재에 머물러있지 않고 앞으로 다가올 새로운 시대를 위해 준비되어 있어야 한다. 이제는 태권도지도자들의 시야가 더욱 넓혀져야 할 때이다. 어린이들이 태권도하는 삶을 행복하고 즐겁게 느낄 수 있게 교육한다면 태권도 전인교육의 실천이자 태권도 평생스포츠화를 이끌어낼 수 있을 것이다.

태권도는 대한민국의 국기 스포츠이자 글로벌 무도 스포츠로써 그 가치를 만인에게 인정받고 있다. 태권도 수련자 중에서 꿈과 희망이 가득한 어린이들에게 태권도 수련은 그들의 생애주기에 중요한 경험과 가치를 제공한다. 어린이 태권도는 수련자로 하여금 즐겁고 행복한 배움과 성장의 경험을 만끽하게 해주며, 도전 정신과 용기를 키우는 마음의 성장을 이끌어줄 수 있다. 어린이들은 태권도를 통해 배운 심신 수련의 가치를 그들이 성인이 되어가는 긴 시간 동안 행동 철학으로써 삶에 적용하며, 지속적으로 성장하고 발전하는 데에 좋은 영향을 받을 수 있을 것이다.

제1장 : 어린이 태권도 개론

II. 어린이 태권도 수련의 효과

1. 어린이 태권도 교육의 효과
2. 태권도와 신체발달
3. 태권도와 성장 발달
4. 태권도와 운동 기능 발달 – 운동 요소 과정과 적용
5. 태권도와 놀이학습 원리 적용

Ⅱ. 어린이 태권도 수련의 효과

　사람은 건강한 삶을 살아가기 위해 일정량의 운동과 활동이 필요하다. 특히 성장기의 아동의 경우 평소 적당한 운동과 활동을 통하여 성장과 체력을 촉진 시킬 수 있다. 성장기에 있는 아동에게 체력육성은 신체 및 성장 발달을 촉진 시키며, 운동 발달을 통하여 운동 기능을 향상하게 된다. 또한, 성장기의 아동에게 운동은 신체 및 성장 발달과 운동 기능 향상 외에도 정서적 긴장감과 불안감, 욕구 불만 등 심리적으로 불안정한 상태를 해소할 수 있게끔 도움을 주고 있다. 이러한 부분들로 하여금 성장기인 아동의 시기에 많은 부모들이 자녀의 체력 향상과 균형적인 신체 발달, 심리적 안정 상태를 위해 태권도 교육을 선택하고 있다.

　대한민국 고유의 무술인 태권도는 무도 정신을 바탕으로 한 스포츠로써 태권도 수련을 통하여 건강을 유지하고 체력과 자신감을 높이며, 특히 예의범절과 겸손함, 생활예절과 에티켓을 배우면서 안정된 정서발달과 사회성 발달을 통해 인격 형성에 큰 도움을 주고 있다. 이처럼 아동기에 행해지는 태권도 수련은 신체적, 인지적, 정서적, 사회적 발달 면에서 큰 영향을 미치는 것으로 나타났으며, 특히 신체적인 측면에서 근력, 근지구력, 심폐지구력, 순발력, 민첩성, 유연성, 평형성, 협응성, 안정성 및 체지방 개선과 적정수준 유지 등 체력 발달의 체육적 기능을 배양하고 신체의 조직력과 이에 수반되는 균형 있는 신체 발달로 이어진다. 이렇게 태권도가 아동에게 운동생리학적으로 가치가 있음을 밝히는 연구결과들은 많은 선행연구들에서 제시되고 있으며, 이 외에도 뼈와 관절 그리고 근육조직의 발달을 가져오고, 신경계 근육 및 순환계의 생물학적 기능을 촉진 시켜 준다는 연구결과들이 제시되고 있다(김영선, 2001; 김희찬, 2003; 박현미, 2006; 김용태, 2016).

　태권도 수련을 통해 얻어질 수 있는 효과는 대상과 환경에 따라 차이를 보일 수 있지만 유아기와 아동기에서 얻을 수 있는 효과는 다음과 같다.

1. 어린이 태권도 교육의 효과

1) 신체적 효과

　태권도는 유연하고 부드러운 기술과 강력한 기술을 동시에 사용하기 때문에 전신을 발달시켜 준다. 또한, 힘의 정확도와 속도, 바른 자세 등 튼튼한 몸과 강인한 체력을 향상하게 해준다.

2) 심리적 효과

　사람은 일정한 자극에 반응하는 독특한 근원적 경향성이 있다. 즉, 강한 소유욕이나 공격의 욕구 등을 그대로 표출할 경우 일상생활의 안정을 해칠 가능성이 매우 높다. 태권도는 발로 차고 주먹을 지르고 손으로 찌르는 등의 다소 난폭하고 위험한 행동으로 표출될 수 있으나 태권도장의 규칙, 지도자의 가르침, 자기 자신의 수양과 인내심 등으로 정화하여 인간 내부의 공격적 경향성을 완화 시켜 준다. 이는 인간에게 내재 되어 있는 폭력적인 경향성을 태권도 수련을 통해 정화하여 바람직한 인성 확립을 가능하게 해준다.

3) 사회적 효과

인간은 타인과의 상호작용을 통하여 사회적 관계를 형성하고 있다. 사회는 협력과 노력, 설득과 이해를 통하여 사회생활의 기본요소인 인간관계를 영위해 나간다. 태권도는 수련을 통해 규칙을 익히고 우리라는 개념 속의 구성을 이루며, 사회에서 요구하는 질서, 예의, 극기, 자제, 포용, 인내 등의 태도를 배우게 된다.

4) 도덕적 효과

태권도는 단순한 운동 또는 경쟁적 스포츠와는 달리 그 출발에 있어서 독특한 윤리적 본질을 가진 것으로 신체 단련 이전에 정신적 수양을 중시하고, 예의로 시작해서 예의로 끝나는 것이 태권도이기 때문에 전통으로 수련하는 사람은 예의범절을 잘 지키고 고상한 언행과 몸가짐을 가진다(정연택, 2002).

이처럼 아동기에 있어서 태권도 수련은 신체적인 건강증진, 정신적 능력의 향상 그리고 심리적 평온을 찾는 치료제 외에도 인격 형성과 자아실현에 많은 영향을 미친다. 그리고 예의를 바탕으로 하여 사회에 일조하고 봉사하는 긍정적이고 사회성을 높일 수 있도록 교육을 해주고 있다. 또한, 태권도 수련을 통한 운동은 중추신경 및 말초 신경계를 자극함으로써 신경 내분비 반응에 영향을 미치며, 이러한 내분비 반응은 정서적, 인지적 자극에 영향을 주어 심리적 행복감을 얻게 한다(Morgan, 1985). 따라서 아동의 태권도 수련은 체력의 향상 외에도 심리적 안정과 정서적인 면에서도 높은 효과를 가져오며, 건강에 대한 새로운 철학과 운동을 통해 얻을 수 있는 심리적 혜택을 동시에 제공하고 있다.

2. 태권도와 신체발달

1) 어린이의 신체적 특성

신체적·정신적으로 왕성한 성장 과정에 있는 아동기 시기는 평생의 건강 상태를 좌우하므로 이 시기 체력을 증진 시키는데 많은 노력을 기울여야 할 필요성이 있다. 이는 규칙적인 운동 습관 뿐만 아니라 균형 잡힌 영향 섭취를 통하여 건강한 체력을 유지 및 증진 시켜 주는 것은 건강한 인생을 살아가기 위해 매우 중요한 부분이라고 할 수 있다.

신체발달은 신체 크기의 변화와 신체적 운동 기능 발달로 구분할 수 있다. 신체 크기의 변화란 체중, 키, 머리, 뇌, 치아 발생, 흉부, 심장 및 폐, 소화기계, 비뇨생식기, 골 발육 등의 성장 속도를 의미하고, 신체적 운동 기능 발달은 완전한 기능을 가진 신경계와 내분비계를 필요로 하고 있다.

유아기를 벗어난 아동기의 신체발달은 신경 근육의 성숙으로 운동 기능에 급속한 발달과 함께 손 조작 운동의 정확성과 속도가 급속히 발달하며, 보행, 질주, 도약, 손 조작 등의 기본적인 운동

기능이 거의 완성화 된다. 이렇게 아동기의 신체발달은 신체활동을 통해 운동 기능의 각 요소들을 향상시켜 주는 촉진제 역할을 해주고 있다.

신체활동이란 어린이나 성인의 생활양식에 중요한 여러 가지 형태를 취하는데 여기에는 놀이, 운동, 학교체육, 조직적인 스포츠가 포함된다(Malina & Bouchard, 1991). 아동기와 청소년기의 규칙적인 신체활동은 일상생활의 건강에 장기적이고 유익한 영향을 미치며, 다양한 신체활동에 있어서 숙련된 운동 수행의 발달과 연마는 어린 시절의 중요한 발달적 과제라고 할 수 있다(Malin et al., 2004). 특히, 성장기인 어린이의 체격 및 운동 수행능력은 서로 관련이 밀접하며, 보다 나은 체격 수준과 운동 수행능력은 건강과 질병 예방에 도움을 주고 있다.

신체활동과 운동은 비만 및 대사중후군 발생률, 모든 암사망률, 심혈관 사망률을 감소시키며, 건강의 여러 가지 측면에서 이로운 효과가 크다고 알려져 있다(Hill, Smith, Fearn, Rydberg & Oliphant, 2007; Jee et al., 2006; Kimm et al., 2005; National Institutes of Health, 1998; Yusuf. et. al., 2004). 특히, 지능과 신체발달 사이에는 밀접한 상관이 있다는 연구결과를 토대로 신체적 성장과 발달의 시기인 아동기는 일생 중에서 지능발달의 결정적인 시기이며, 운동 발달이 단순히 신체적인 동작의 발달에 국한된 것이 아니라 시각과 지각 신경 조직의 발달은 물론 뇌 신경 발달과도 관계가 있음이 보고되고 있다(박숙희, 2001; Erickson et al., 2011; Erickson et al., 2009; Molteni, Zheng Ying, Gomez-Pinilla & Twiss, 2004).

조직적인 학습 생활이 시작되는 만 7-12세의 초등학교 시기의 아동기에는 신체적·정신적으로 성장 발달이 활발히 이루어지는 시기로써 신체적으로는 근육과 골격이 현저하게 발달하고 정신적으로는 도덕심, 책임감이 발달하여 협동심, 단체의식이 형성되어 자신이 속한 환경에 적응하려는 성향이 나타나며, 언어적 능력을 비롯하여 상상력, 수리력 등의 지적인 능력이 발달하는 시기이다.

또한, 아동기에 일어나는 중요한 신체적 발달 특징은 영·유아기에 급속한 성장을 지속하던 신체발달이 아동기에 들어 그 성장이 완만해지고 안정되며 사망률이 가장 적게 보고되고 있다. 그리고 아동기의 운동 기능 발달은 뚜렷한 변화를 거치면서 우선적으로 근육의 발달과 병행하는 힘의 증가로 이동이 점차 빨라지고, 강해지며, 민첩해진다. 뛰기와 신호에 대한 반응이나 빠른 동작의 연결 등의 운동속도도 아동기 때 점차 증가한다. 이 시기에는 춤, 놀이, 운동, 게임 등의 활동을 하는데 중요한 역할을 하는 유연성과 균형 그리고 협응 능력이 발달한다(안영진, 1997; 양태길, 2011).

아동기는 운동 기능을 발달시키기 위한 가장 이상적인 시기이다. 그 이유는 뼈가 굳기 전이라 몸이 유연하고 호기심과 모험심이 강하며, 감수성이 예민할 뿐만 아니라 비교적 충분한 시간적 여유를 가질 수 있어 다양한 기능의 학습이 가능하기 때문이다. 아동들은 각자의 운동 기능이 향상됨에 따라 각종 놀이 과정에서 그러한 기능을 더 연마하고 완벽하게 수행하려고 한다.

2) 신체 발달로써의 태권도의 기능

태권도의 수련은 다른 운동과 마찬가지로 체력을 향상시키고 신체를 건강하게 만드는 것을 주요 목적으로 삼고 있다. 태권도의 신체 기능적인 내재적 가치는 오랜 세월 동안 어떤 활동에 참여해왔을 때 몸이 얻게 되는 능력을 의미하며, 태권도를 오랜 세월 동안 수련한 사람이 얻게 되는 능숙한 몸놀림과 발차기 기술, 유연성, 스피드 같은 몸의 능력과 그것의 유익함 같은 가치를 의미한다(국기원, 2023).

태권도는 신체의 일부분만을 사용하는 운동이 아니라 신체의 각 관절, 근육 및 신경계의 대부분을 모두 사용하여 신체의 균형 있는 조화와 성장 발달을 이루려는 이상적인 전신운동이라 할 수 있다. 그리고 인간의 손과 발 그리고 전신의 근육과 관절을 움직여서 온몸의 위력과 기술로 연결시켜 신체를 강건하게 하고 심신 수련을 통해 인격을 도모하고 기술 단련을 통해 상대의 공격으로부터 자신의 몸을 방어하는 운동이다. 또한, 본격적인 수련에 앞서 준비 운동에서부터 본 운동까지 한 동작씩 기본동작이나 품새, 겨루기의 동작들을 습득해 나가고 공격과 방어를 연결하는 동작에 이르기까지 인체의 모든 에너지를 초집중하는 운동으로써 인체의 모든 기관에 에너지를 발생시켜 주며 활발하고 적극적인 신체를 소유하게 된다. 오랜 수련을 통해 강건한 신체로 바꾸어 주면서 잠자는 기를 자극하고 세포를 재생케 하여 행동능력을 배양하게 해주는 전신운동이라고 할 수 있다.

이처럼 태권도의 전신을 움직이는 동작은 밖으로 에너지를 표출시키는 운동으로써 정적이면서도 동적인 호흡을 신체 훈련과 병행하고 있으며, 그중 태권도의 품새 수련은 호흡 단련을 통해 호흡 능력을 향상케 하고 있다. 품새 수련 때 호흡과 관련된 운동은 어린이의 폐활량을 증대시키며, 흉곽의 교정과 바른 자세를 만들어 유지 시켜 줌은 물론 운동 중에 과한 긴장이나 가쁜 호흡을 할 때 심신의 평정을 유지하게 해주어 정신적으로 침착하고 냉정해질 수 있는 상태로 만들어 줄 수 있다.

특히 아동기에 행해지는 태권도 수련은 신체적, 인지적, 정서적, 사회적 발달에 지대한 영향을 미치는데 신체적인 측면에서는 근력, 근지구력, 심폐지구력, 체지방의 적정수준 유지, 유연성, 순발력, 민첩성, 협응성, 교치성 및 평형성 등의 체력요소가 발달하고, 뼈나 관절 및 근육조직의 발달에 영향을 주고 있다.

또한, 한창 성장기에 있는 어린이들에게는 태권도를 통해 골의 성장을 촉진 시키는 등 중요한 역할을 하고 있다(황정택, 2003). 그리고 태권도의 모든 동작은 국소적인 대근육 활동들로 대근육의 활동에 수반되어 이루어지고 관절과 근육의 굴신운동에 의해 동작이 이루어지기 때문에 근육이 혈액순환을 돕는 역할을 하게 된다. 따라서 태권도 수련을 통해 심장을 강하게 하고 폐활량을 높이며 지방의 연소로 비만을 예방할 수 있다. 이처럼 태권도 수련은 신체의 각 부위가 골고루 조화를 이루게 하여 성장 발달에 필요한 운동량을 공급해주고, 신체 각 부분의 기능을 발달시켜 일상생활을 영위하는 기초 체력을 향상케 하는 역할을 하게 된다. 또한, 인간의 욕구에 대한 정서적 만족과 정서적 안정 등 심리적인 기능을 조절할 수 있도록 힘을 양성하게 한다.

태권도 기술의 수련은 성장기인 어린이의 관절과 근육의 유연성을 높여주고 순발력, 지구력, 조정력, 근력과 같은 체력요소의 증강에 많은 영향을 미치고 있다(김영선, 2002). 특히, 태권도는 현대 생활에서 거의 사용하지 않는 근육군을 자주 사용하고 유연성과 신체 협응력을 필요로 하는 스포츠이기 때문에 운동 부족과 관련된 소아 비만, 체형 불균형 등을 예방해 주는 역할을 할 수 있다.

이렇듯 태권도는 수련을 통해 신체 기관의 균형적인 발달을 도모하고 건강과 체력의 발달을 꾀함으로써 운동 수행능력을 원활하게 하여 운동신경 발달에 영향을 준다(박병규, 2002). 결국 태권도를 수련함으로써 신경, 근육 및 순환계의 기능을 촉진 시켜 건강을 유지하고 증진하여 질병으로부터 자신의 신체를 보호할 수 있도록 한다. 이러한 태권도 운동은 특히 유소년 수련자에게 있어서는 생리적인 측면에서 볼 때 매우 효과적인 운동이라고 할 수 있다(국기원, 2016).

3. 태권도와 성장 발달

1) 어린이의 성장기 특성

인간은 유아기, 아동기 및 청소년기에 걸쳐서 이미 갖춰 있는 인체 기능들을 완성하고 새로운 기능들을 얻음과 동시에 점진적 변화를 지속적으로 경험하게 된다. 이러한 인체의 점진적 변화는 성장 발육 과정을 거쳐 약 25세에 완성되고 그 이후로는 성인의 상태로 안정화된다. 성장(growth)이란 태아의 9개월을 포함한 약 20여 년 동안의 중요한 생물학적 활동이라고 할 수 있으며, 성장은 신체의 부피와 길이의 증가와 더불어 근육의 질량과 골, 관절조직, 신경요소, 내장조직 등을 유지하고 재생시키는 모든 과정을 의미한다(Borer, 1995). 또한, 신체의 전체적 또는 특정 부분에 대한 크기의 증가와 신장과 체중 등 신체적이고 생리적인 양적 변화를 의미한다(이수경, 2012).

인간의 성장은 유전적인 요인뿐만 아니라 영양, 운동, 스트레스 등의 환경적인 요인에 의해 영향을 받는다. 일반적으로 유전적인 요인이 30%, 환경적인 요인이 70%가 성장에 영향을 미치는 것으로 알려졌으며, 선행연구에서도 유전보다는 사회경제적 환경, 영양, 건강관리상태 등이 성장에 훨씬 더 큰 영향을 준다고 보고하고 있다(Kuczmarski, Ogden, Grummer-Strawn, Flegal, Guo, Wei et al., 2000). 또한, 아동기의 성장을 평가하는 데 있어 가족력, 영양소의 양적·질적 수준, 활동량, 수면 양상, 성 성숙도, 스트레스도 중요한 요인으로 꼽히고 있다. 이처럼 성장에 영향을 미치는 여러 가지 요인 중 적절한 영양 공급과 운동은 대표적인 환경요인으로 알려져 있다.

성장기 동안의 뼈는 근육의 발달과 함께 성장하여 여러 가지 신체활동을 용이하게 수행할 수 있도록 한다(김창선, 박동호, 2004). 일반적으로 아동기는 만 7세에서 12세까지의 초등학교 어린이를 말하며 신체적으로나 정신적으로 발육이 왕성한 시기이다. 이 시기에 운동을 하면 발육이 급속히 증진되고 체력이 향상되며 성장호르몬의 분비에도 영향을 주는 등 다양한 연구들이 보고되어 왔다(조규권, 1994; Johannsson, Rosen, & Bowaeus, 1996; Wideman, Weltman, Shah, Story, Veldhuis, & Weltman, 1999).

뼈의 성장상태는 연령증가에 따라 일정한 과정을 거쳐 점차 성숙해져 성인의 골격형태에 이르게 된다. 신생아에 있어 골간(骨幹)은 골화(骨化)로 되어 있지만, 골단(骨端)은 연골 상태이다. 연골 부분은 연령의 증가와 함께 서서히 골화되어 가는데 각각의 뼈는 우선 일차골핵(primary ossification center)으로부터 골화하기 시작하고 연령이 증가함에 따라 일차골핵은 점차 커져 완성된 뼈의 형태를 이루어 간다. 따라서 일차골핵의 형성 유무와 크기, 형태를 관찰함으로써 아동의 성장 발달 상태를 추정할 수 있다. 그리고 성장에 따라 골단부터는 한 개 또는 몇 개의 이차골핵(secondary ossification center)이 출현하고 이차골핵이 점차 커지면서 골화하여 나중에는 골간부와 골단두가 뼈로써 융합되는 성인형의 뼈를 형성하게 된다. 이와 같은 뼈의 성장 과정은 조숙형이나 만숙형에 상관없이 각 개인에 있어 완전히 동일한 과정을 밟는 것으로 알려져 있다(윤형기, 2004).

뼈의 성장은 성장호르몬과 성호르몬 등의 내적인자 뿐만 아니라 식사와 운동 등의 외적인자에도 크게 영향을 받는다(박동호, 고병구, 김영수, 성봉주, 윤성원, 이종각 등, 2003). 성장은 유전자, 호르몬, 영양소, 그리고 영양 공급, 신체활동, 가족의 사회경제적 상태, 인종, 기후 등 여러 가지 성장환경 요소 간의 지속적인 상호작용에 의해 이루어지는 것이다(Malina & Bouchard, 1991). 특히 신장 성장은 골 길이의 성장을 의미하며, 성장기의 골은 외부로부터 가해지는 부하에 민감하게 반응하고, 어린 시절의 운동은 성인기의 높은 골량을 유지하게 해준다(Nilsson, & Westlin, 1971; Lanyon, Goodship, Pye, & Macfie, 1982).

성장기 동안 활발한 신체활동은 골격과 근육조직 그리고 심폐활성도의 정상적 성장과 발달을 위해서 필요로 하고 있다. 또한, 운동은 성장호르몬의 분비를 증가시켜 성장을 돕는데 일반적으로 신장 성장은 골 성장을 의미하기 때문에 골의 밀도와 길이 성장을 위해서는 최소한의 효과적인 자극이 필요한데 이것이 아동기에 있어서 운동이 필요한 중요한 이유이다. 따라서 성장 촉진을 위해 유·무산소적인 신체활동을 어린 시기에 적절히 하는 것은 매우 중요하다.

이렇듯 성장기의 아동들은 꾸준한 트레이닝을 통해 뼈의 성장과 골격화, 체중을 비롯한 신체 구성의 모든 요인의 개선을 가져오며, 신체활동이 증가할수록 체력 증진 및 질병 예방에 긍정적인 효과가 있는 것으로 제시되고 있다. 규칙적인 운동은 신체를 구성하는 각종 성분뿐만 아니라 그 밖의 많은 요인에서 영향을 주며 신체의 성장 발달을 돕고 있다. 특히, 성장 발달이 빠른 아동기에 일정 수준의 운동을 한 경우 발육이 급속히 증진되고 체격이 향상된다고 보고되고 있다(Edgerton & Roy, 1991).

2) 성장 발달로서의 태권도의 기능

최근 인간의 생활 수준이 향상되면서 삶은 과거보다 윤택하게 변화되었지만, 과도한 영양섭취와 신체활동의 부족에 기인하여 아동의 비만율이 증가 되고 체력이 저하되어 사회적인 문제가 발생 되고 있다(하소형, 장안현, 2014). 또한, 경제 발전과 문화수준의 향상으로 생활양식이 바뀌면서 아이들이 마음대로 뛰어놀 수 있는 환경이나 신체활동의 기회가 줄어들었으며, 이를 대체하는 것이 TV, 컴퓨터, 휴대폰 등으로 인해 운동시간이 부족하게 되어 체력이 저하되고 있는 현실이다.

체력은 일반적인 의미에서 신체활동을 의미하지만 넓은 의미에서는 건강을 위협하는 여러 가지 상황에 대한 저항력도 포함되고 있다. 저항력에는 더위, 추위, 습도, 일광, 외상 등의 물리적인 것에 대한 저항력과 세균감염, 기아, 수면 부족, 정신적 고통 등의 생리적·심리적인 것에 대한 저항력도 포함된다. 따라서 체력은 개인이 지나친 피로 없이 매일매일 생활의 업무를 수행하고 나아가 자신에게 갑작스럽게 닥쳐온 일에 대하여 만족스럽게 대처할 수 있는 유기체의 능력이라고 한다(Nixon, 1965)

체력은 신체활동을 만족스럽게 수행하는 데 필요한 능력으로서 체력의 저하는 대사기능의 저하와 함께 각종 생활습관병의 발병률을 증가시키지만, 규칙적인 신체활동을 통하여 체력이 향상될 수 있다고 보고되었다(McManus, Shlipak, Ix, Ali, & Whooley, 2007).

규칙적인 운동은 아동의 체지방률을 감소시키고 근육량을 증가시켜 신체 구성을 개선한다. 특히 아동기 때 신체 구성의 개선은 비만과 각종 생활습관병을 예방할 수 있으므로 아동기 때부터 운동을 통한 적극적인 신체 구성의 관리가 필요하다. 실제로 초등학생 어린이를 대상으로 운동을 실시한 결과, 신체 구성이 개선되었다는 연구결과가 이를 증명하고 있으며(백은진, 이만균, 2007), 태권도 수련을 통하여 BMI와 체지방률이 감소되었다는 연구결과들이 성장기에 있는 어린이에게 태권도 수련의 효과와 필요성을 제시하고 있다(고영정, 정원상, 이만균, 2018). 이 밖에도 혈중 HDL-C 증가, LDL-C 감소로 심혈관 질환, 당뇨병, 고혈압 등의 대사성 질환의 예방, 골 형성지표 및 호르몬에 긍정적인 영향을 주는 것으로 나타났으며, 장기간 태권도를 수련시킨 수련생들의 경우 신장과 체중이 증가하였다는 연구결과들이 보고되고 있다. 또한, 근육량의 증가와 신체 조성에도 긍정적인 변화를 가져오기 때문에 성장기 아동에게 태권도 수련은 매우 유익한 운동 종목이라고 할 수 있다(이왕록, 정성태, 2000; 이재수, 한종우, 지용석, 2004).

태권도는 전신의 근육과 관절을 모두 움직여야 하기 때문에 규칙적인 태권도의 수련은 신체 구성, 심폐지구력, 근력, 유연성, 평형성 등의 건강 관련 체력요소를 발달시켜 주며, 우수한 체력수준을 형성하게 하여 일상생활의 활동 범위를 넓혀주고 신체 활동량을 증가시키는 데 도움을 주고 있다(신중달, 김우규, 2009). 아동기의 어린이에게 태권도 수련을 포함한 운동은 어린이의 골 형성을 촉진하는 칼슘 침착, 골밀도 증가와 연골을 성장시켜 키 성장에 영향을 준다. 선행연구에 따른 연령에 따른 태권도 수련자와 비수련자에 대한 체격, 체구성 및 체력요인의 변화에 대한 연구를 진행한 결과, 유연성과 순발력은 태권도 수련집단이 전신반응 속도가 높은 것으로 나타났으며, 악력에서도 태권도 수련집단이 더 높은 수치를 나타냈다고 보고하였다(김형돈, 1998). 또한, 이동욱(2000)은 어린이들의 태권도 수련이 신체조성과 체력 발달에 미치는 영향을 연구하여 태권도를 24개월 이상 수련한 어린이들의 경력군과 3개월 이하로 수련한 초보군의 신체조성과 체력을 비교한 결과, 신체 조성 중 제지방량과 근육량, 총수분량에서 유의한 차이를 나타냈으며 특히 근지구력과 평형성에서는 매우 유의한 차를 나타내어 태권도 수련이 어린이들에게 제지방량 증대에 영향을 미치고 그 중 근육량과 총수분량에 많은 영향을 미치며 체력면에서도 태권도 수련이 근력과 순발력, 유연성, 근지구력, 평형성 향상에 도움을 주었다고 발표하였다.

이처럼 아동기 때의 성장 발달에 있어서 태권도 수련은 아동들의 체격과 신체 구성, 체력, 성장인자 그리고 인지기능의 개선에 매우 효과적인 것으로 나타나고 있다.

4. 태권도와 운동 기능 발달 - 운동 요소 과정과 적용

1) 어린이의 운동 기능 특성

아동기의 운동 발달은 크게 운동형태의 발달과 운동 기능의 발달로 구분할 수 있다. 운동형태란 걷거나 달리기와 같은 어떤 행위를 수행할 때 형성되는 일련의 기본적인 움직임을 말하며, 운동 기능이란 운동형태를 보다 정밀하고 정확하게 하는 능력을 말한다. 아동기에는 새로운 운동형태와 함께 보다 많은 운동 기능을 획득해 나가는 시기라고 할 수 있다(이정숙, 2004). 아동기에는 운동기술이 급속도로 증가하기 때문에 달리기, 뛰기, 걷기 등의 대근육 활동뿐만 아니라 소근육 운동 기능으로도 발달한다. 이러한 기본적인 움직임 기술들을 이동, 조작, 안정성 기술의 세 범주로 나눠 구성된다.

(1) 이동 운동능력

이동기술은 위치를 변경시키는 것으로써 외적인 공간으로 자신의 신체를 이동시키는 것을 말한다. 이러한 기술은 인간이 환경 속에서 몸을 효과적으로 움직일 수 있는 방법을 학습하는 중요한 측면이며, 몸을 한 곳에서 다른 곳으로 이동할 때 사용하는 기술에는 걷기, 달리기, 뛰기, 높은 곳에서 뛰어내리기, 멀리 뛰기, 높이 뛰기, 미끄러지기 등이 포함된다. 이러한 이동기술들은 불변하는 순서에 따라서 발달되며 나이에 의존하는 기술이다. 이동기술을 습득하는 첫 단계인 걷기는 정상적인 아동의 경우 13개월 정도에 시작되고 성숙한 수준으로 실행하는 것은 3세에서 5세 사이가 된다(Kirchner, 1992).

달리기는 두 번째로 발달하는 운동기술로써 걷기 기술의 확장이다. 달리기는 도약의 출현에 의해 걷기와 구별되며, 도약은 두 발 모두 땅에 닿지 않는 시간의 길이와 동일시된다. 달리기의 기술은 18개월에서 24개월 사이에 시작되며 4세에서 6세 사이에 성숙한 수준의 실행이 나타난다. 그리고 뛰기는 세 번째로 발달하는 이동기술로써 달리기의 도약과 보폭의 길이가 확장될 때 나타나는 것으로 뛰어넘기의 성숙 수행은 7세 정도이다(Gallahue, 1982).

(2) 조작 운동능력

조작기술은 물체와의 관계에서 이루어지는 것을 말하고 사물에 힘을 주고 사물로부터 힘을 받는 것을 뜻한다. 이런 기술적 동작은 물체를 신체로부터 멀리 떨어뜨리려고 하는 동작인 추진력 있는 동작과 신체나 신체의 일부를 이용하여 물체를 멈추게 하기 위하여 움직이고 있는 물체를 방해하는 흡수력 있는 동작으로 구분된다. 조작기술에는 던지기, 잡기, 차기, 손·발로 드리블하기, 굴리기 등이 포함된다. 아동기에 있어서 조작적 동작은 동작의 형식에 그 초점이 있기보다는 물체의 조작을 통해서 공간 속에서 움직이는 물체와의 관계를 탐색할 수 있다는 것에 중요성이 있다.

조작기술능력의 발달은 아동에게 사물을 가지고 실제로 해보고 상호작용하는 기회를 주는 환경적인 요인에 달려있다. 그러므로 조작 기술이 시작되는 시기를 모두에게 일반화할 수는 없으나 차기의 기술은 2살 정도에 시작되고 6살 정도가 되면 성숙된 차기 실력을 실행할 수 있고(Gallahue, 1993). 잡기의 시도는 34개월 정도에 나타나며 잡는 기술은 유아가 움직이는 사물을 멈추려 할 때 생긴다. 잡기의 성숙한 운동기술 수행은 6세에서 7세 사이에 나타난다.

(3) 안정성 운동능력

안정성운동능력은 몸을 축으로 하여 장소를 옮기지 않고 움직이는 동작으로 말한다. 이러한 안정성운동능력은 균형 잡기의 발달이 대표적이고 정적인 균형, 동적인 균형, 역동적인 균형의 상호작용이다.

정적인 균형은 거꾸로 서거나 똑바로 선 자세에서 균형을 유지하는 유아의 능력을 말하는 것으로 조절된 정적균형의 시작은 22개월에서 23개월 정도에 가능하다고 하였으며, 역동적인 균형은 신체가 행동하고 있는 동안에 균형을 유지하는 유아의 능력을 의미하여 24개월에 평균대에 설 수 있고 28개월에 앞으로 이동하려고 시도하고 38개월에 평균대에서 걷기 스텝을 번갈아 가면서 할 수 있다고 하였다(Bayley, 1969; Gallahue, 1993).

아동기의 신체적 성장과 발달은 자연적인 과정으로 전개되지만, 기본적인 움직임의 기술 즉, 기초운동기능의 발달은 자연적으로 이루어지는 것이 아니라 신체활동 수단으로써의 놀이가 중요한 작용을 하는 것을 알 수 있다. 많은 학자들은 유아 및 아동기에 걷기, 달리기, 던지기 등의 기본적인 운동기술을 적절하게 발달시키지 못할 경우 놀이나 활동에서 기능을 발휘하는데 제한을 받을 뿐 아니라 또래 집단에 동화되지 못하는 결과를 초래할 수 있다는데 의견을 모으고 있다.

2) 어린이의 운동 기능 발달

아동기의 운동 기능 발달은 기본 운동 기능, 일반 운동 기능, 전문화된 운동 기능의 세 단계에 걸쳐 특징적으로 나타난다. 아동의 운동능력 발달은 4, 5세에서 아동들이 많은 양의 활동으로 기본적인 운동 기능을 습득하게 된다. 이 시기에 서기, 균형 잡기, 움직이기, 주변 환경의 사물을 조작하는 등의 단순 기능을 배우게 된다. 어린이들의 뛰기, 오르기, 돌기 등의 기본적인 움직임을 언제, 어떻게 배우게 되는지는 다양하지만 모든 어린이는 운동능력에 대한 잠재적 수준에 따라 거치게 되는 공통적인 발달 단계가 나타난다(Kristina & Bengt, 1980).

운동 기능의 발달 단계는 일반적으로 7세부터 9세까지로 구분하고 있다(허정식, 2007). 이 시기에는 기본적인 운동 기능에서 일반적 운동 기능으로 그 기능이 좀 더 통합되며 세련되게 된다. 이후 단계에서 어린이들의 흥미는 개인 경기나 팀 스포츠, 무용 등의 좀 더 전문화된 기능을 요구하는 단계로 형식적이며 정확성을 띤 운동으로 발전된다.

아동기 때의 운동 기능은 자기 관리, 학업 수행, 놀이의 일상 활동을 수행하는 데 있어서 필수 요소이다. 대근육과 소근육 운동 기능은 아동의 활동 수행을 지지하며, 아동의 발달을 촉진하고 성취 경험에 영향을 준다. 아동기 때 낮은 운동 기능을 갖는 아동은 다양한 일상 활동 영역에서 어려움을 경험한다고 한다(Cermark Gubbay & Larkin, 2002).

아동은 일상 활동을 수행하는 동안 운동 기술을 사용하면서 자기효능감(self-efficacy)을 형성하게 된다. 여기서 자기효능감이란 '내가 할 수 있다는 믿음'으로 우리가 어떤 활동을 선택하고 참여하는지, 어려움과 도전이라는 과제를 만났을 때 얼마나 노력을 들여서 활동을 지속하는지에 영향을 준다(Maddux & Kleimen, 2016).

3) 운동 기능 발달로서의 태권도의 기능

지금의 현대 사회를 살아가고 있는 어린이들에게 신체활동을 적극적으로 참여시키고 건전한 동적인 신체활동을 통해 여가를 선용할 수 있도록 유도하기 위해서는 운동 기능의 습득을 통한 자기만족의 기회를 많이 갖도록 해야 하는데 오늘날 과학 문명의 발달은 신체를 사용할 수 있는 기회와 놀이 공간을 점점 감소시켰다. 이로 인하여 체력의 저하와 과잉 영양섭취 등으로 인해 소아비만 증가는 심각한 사회문제로 대두되고 있어 이들의 체력을 향상시킬 수 있는 대책이 강구되고 있다.

아동기 때는 신체 및 운동 발달을 위해 매우 중요한 시기로써 건전한 일생을 보낼 수 있는 기초체력이 만들어지는 시기라고 볼 수 있다. 따라서 성장기에 체력육성을 통하여 신체의 각 기관을 고르게 발달시키며, 조화로운 신체의 성장 발달을 촉진케 하고 운동 기능을 익혀주면 욕구 불만과 긴장, 불안 등의 압박을 해소하여 심리적 안정을 가질 수 있게 해준다(이성우, 2001).

태권도의 신체 기능적인 내재적 가치는 오랜 세월 동안 어떤 활동에 참여해 왔을 때 몸이 얻게 되는 능력을 의미하며, 태권도를 오랜 세월 동안 수련한 사람이 얻게 되는 능숙한 몸놀림과 발차기 기술, 유연성, 스피드 같은 몸의 능력과 그것의 유익함 같은 가치를 의미한다(국기원, 2023). 이처럼 태권도 수련은 신체 운동으로 태권도의 모든 기술은 방어와 공격의 동작으로 구성되어 있으며 기본동작과 품새, 격파, 겨루기 등은 태권도의 중요 요소이고, 서기, 막기, 지르기, 치기, 발차기 등의 신체 동작으로 구성되어 전신을 전후, 상하, 좌우로 균등하고 합리적으로 움직임을 갖게 해주는 신체 운동이다. 생리학적으로 전신운동으로서 신체 각 부위가 균형 있게 조화를 이루게 되며, 신체의 성장 발달과 강인한 체력유지를 가능하게 해준다.

또한, 태권도 수련을 통한 관절과 근육의 규칙적인 운동 자극은 혈액순환과 심폐 활동을 원활하게 하고 성인병 예방에도 좋은 것으로 연구되고 있다. 그리고 순발력, 민첩성, 유연성, 협응력, 근력, 지구력 그리고 평형성 등을 크게 향상하게 해주는 운동이다(오행규, 2004).

특히 태권도는 아동기 때에 또래 집단과 함께 운동할 수 있고 운동에 대한 거부감이 있거나 쉽게 포기하는 아동들에게도 흥미와 동기부여를 할 수 있는 운동이며, 요즘같이 소아비만이나 운동 부족으로 성장 발달이 더딘 아동들의 혈중지질 개선과 성장관련인자 향상에 효과적인 운동방법으로 제시되고 있다. 12주간의 비만 아동들을 대상으로 태권도 수련을 시킨 후 TC, LDL-C, TG, HDL-C를 조사한 결과 긍정적인 변화가 나타났으며(고동영, 2010; 조완주, 정재환, 2013), 정상 체중의 아동과 비만의 아동들에게 마찬가지로 12주간 태권도 수련을 시킨 결과 두 아동군에서 성장관련인자를 증가시켰으며, 비만 아동의 혈중지질에 변화를 주는 것으로 나타났다(문영환, 2013). 이처럼 많은 선행연구들의 결과에 도출할 수 있듯이 태권도 수련은 신체적인 발달과 성장은 물론 혈중 지질 개선, 성장호르몬, 성장관련인자 증가 등 생리학적인 다양한 부분에서도 긍정적인 효과를 주는 것으로 나타나고 있다.

최근들어 성조숙증의 급증으로 다양한 사회적 문제가 발생되고 있는데 이 성조숙증 및 사춘기조발증 개선에 예방학적 측면에서 운동참여가 큰 효능을 보이고 있다(박미정, 2006). 운동참여는 아동의 심리적인 안정감과 더불어 체중유지, 키성장, 성호르몬의 억제, 골 연령의 긍정적인 변화로 성조숙증 개선에 도움이 되는 것으로 나타났다(최선아, 2013). 실제로 여성 운동선수는 비운동선수보다 초경이 늦고 성장판이 늦게 닫혀 뼈가 더 오랜 기간 동안 성장하며, 꾸준한 운동을 통해 비만을 예방하고 적정 체중을 유지하여 호르몬의 균형을 유지하는 것이 성조숙증과 사춘기 조별증 예방에 도움이 된다고 보고 된다(박미정, 2010).

이와 같이 신체적으르 성장과 발달이 왕성한 아동기 때부터 규칙적인 태권도 수련과 교육을 통해 건강한 체력의 유지 및 증진과 신체 구성의 변화에 매우 효과적인 것으로 나타나고 있다.

5. 태권도와 놀이학습 원리 적용

1) 놀이학습의 정의

아동은 태어나는 순간부터 놀이를 통해 수없이 많은 여러 형태의 능력을 발달시킨다. 놀이야말로 아동기에 최고의 학습으로 놀이를 통해 신체, 인지, 정서, 사회성, 창의성을 균형적으로 발달시킬 수 있다. 이처럼 아동들에게 있어 놀이는 생활이며 학습이다.

놀이는 지적 이해를 가능케 해주며 동시에 정서적 발달과 사회적 학습의 기회를 제공해 준다. 유아기에는 구체적인 경험을 통한 학습이 효과적인데 이러한 학습원리가 놀이 활동 중에 가장 이상적으로 실현될 수 있는 것이다. 아동은 자발성에 기초한 놀이를 통해 스스로 자기 과제도 발견해 가는 것이다. 영아들의 장난감 놀이는 호기심의 대상이 된 물건을 점차 주무르고 만져보고 입에 대보는 등의 탐색 행위에서부터 놀이가 전개되기 시작한다는 것을 알 수 있다. 또한, 놀이는 신체적, 정서적, 사회적 발달에도 중요한 영향을 미치는 것으로, 아동들은 놀이를 통해 두려움, 격정적인 충동이나 불안 등을 조절하고 정복할 뿐 아니라 놀이를 통해 자신의 공격성, 파괴적 감정을 처리하는 방식을 학습할 수 있다. 나아가 아동들은 놀이를 통해 다른 사람들과 관계를 맺는다. 아이가 자연스럽게 놀 수 있다는 것은 상대방에 대한 신뢰감을 구체적으로 표현하는 것으로 놀이를 통해 사회적 경험에 대한 학습을 하며, 또래의 집단 놀이 경험을 통해 자신에 대한 개념을 획득하게 되고, 점차로 집단 안에서의 자신의 위치를 발견해 가는 것이다.

놀이는 유아 및 아동의 삶에 본질적인 요소로 자신과 주변 세계를 탐색하고 학습하는 수단이자 의사소통의 필적 매체이다(Coplan & Arbeau, 2009). 특히 아동기 때의 또래 놀이는 유아의 사회적 관계 형성과 또래와의 친밀감 형성 및 사회성 발달을 촉진한다는 점에서 가장 효과적인 아동기 또래상호작용 수단이라고 할 수 있다. 즉, 아동은 또래와 어울려 노는 방법과 놀이 집단에 참여하는 방법 등을 익히는 과정에서 또래와의 성공적이고 긍정적인 상호작용 방법을 학습할 수 있으며(Ostrosky & Meadan, 2010), 타인에 대한 배려와 이해심을 키울 수 있다. 이렇게 아동기에 확립된 또래 놀이의 상호작용 방식이 이후에는 사회적 능력 예측의 주요 요인으로 매우 중요한 부분임을 알 수 있다(정대현, 지성애, 2006; Garnner, 2006).
인간의 성장 과정에서 놀이가 하는 역할을 살펴보고 정리하면 다음과 같은 기능을 한다.

(1) 놀이 자체가 목적이다.

놀이에서는 존재 자체가 하나의 가치이며 목적이기 때문에 어린이는 자신의 존재와 역할이 존중되고 다른 어떤 것에서도 수단 시 되거나 구속되지 않는 존재 자체로서의 즐거움을 느끼는 그런 삶의 본연의 모습을 놀이를 통해서 학습하는 것이다. 놀이는 이러한 인간적인 존재 방식을 체험하게 하는 가장 자연스럽고 올바른 활동이라고 할 수 있다.

(2) 놀이는 즐거움을 추구하는 활동이다.

어린이는 놀이를 통해서 즐거움을 느끼며 이로써 삶의 본연을 체험하는 것이다. 현대에 있어서 가장 큰 문제는 삶의 보람을 상실해 가고 있다는 것이며, 인간소외는 기쁨의 상실에서 오는 것이다.

(3) 삶이란 계획적·확정적이 아닌 동적이고 우연적인 특성을 가진다는 것을 놀이를 통해 체험할 수 있다.

변화와 혁신을 요구하는 시대에 앞으로 미래의 일터와 사회를 창조해 나갈 미래 세대의 문화적 특성으로 강력한 독립성, 정서적이고 지성적인 개방성, 포괄성, 자유로운 표현과 강력한 관점, 혁신, 성숙함을 갖춘 몰두, 조사, 즉각성, 공동관심사에 대한 민감성, 증명과 신뢰를 들고 있다. 이는 현 아동 세대의 문화적 특징과도 그 맥을 같이 한다고 말할 수 있다.

놀이의 본질은 활동이며 목적은 즐거움이다. 놀이는 '즐거움을 추구하는 목적 지향적 활동'이라고 정의할 수 있다. 활동의 결과로써 인지능력을 향상케 하고 상상력을 발휘하도록 도움을 주며 긴장을 이완시킨다. 또한, 사회 및 자연탐구, 문화학습, 소통과 발달의 기능도 함께 갖고 있는데 이 활동에는 여러 가지 조건이 수반된다. 시간, 공간, 동료 등이 중요한 조건이며 좋은 도구도 조건의 하나이다. 특히, 실외에서의 놀이는 놀이시설물의 기능에 의존하는 바가 크다. 좋은 놀이시설물은 놀이의 종류에 따른 속성이 잘 반영되어 있다. 놀이 종류에 따라 필요한 시설물이 달라지며 제공하는 기능도 달라진다. 각각의 놀이에 최적화된 기능은 풍부한 경험을 어린이에게 제공할 수 있다.

일반적으로 놀이는 일(work)과는 반대되는 의미로서 강제적이고 의무적인 행위에서 탈퇴한 영역으로 자유롭고 즐거운 행위를 의미한다. 무엇보다도 놀이는 하고 싶을 때 행하여지고 놀고 싶은 장소에서 행하여지는 것이기 때문에 놀이는 자유로운 조건 아래에서만 생겨날 수 있는 것이다. 어린이들에게는 노는 것이 본능이고 생활 중에서 가장 중요한 부분을 차지하며, 자발적으로 이루어지는 것이므로 두엇보다도 자유로운 조건에서 생겨나야 한다. 일은 외부의 압력에 대한 반응이라고 할 수 있겠지만, 놀이는 내적 욕구와 희망의 표명이기 때문에 자유로운 조건 즉, 하고 싶은 놀이를 하고 싶은 장소에서 자연스럽게 행해져야 한다(김정태, 1995; 신상미, 2015).

놀이의 본질은 외부로부터 제시된 과제나 활동이 아니라 그 아이의 자발성이나 주체성으로 가득 차 있는 활동이라고 할 수 있다. 놀이의 또 하나의 본질은 무(無)목적성이라는 것이다. 놀이는 어디까지나 그 자체가 목적인 활동이기 때문에 순간순간의 즐거움이나 기쁨 그리고 만족에 의해 성립되는 활동이라고 할 수 있다. 그렇기 때문에 놀이는 타인에게 무언가 도움을 주거나 가치 있는 결과를 만들어내고자 하는 활동은 아니다.

이를 바탕으로 놀이의 개념을 다음과 같이 정의하고 있다(Caollois, 1971).

2) 놀이의 정의

(1) 놀이는 자유로운 활동이어야 한다.

놀이는 아이들이 자유롭게 선택하고 즐길 수 있는 활동이며 강제성이 있거나 다른 사람의 의도에 의해서 움직이는 활동이 아니다. 만일 강제성이 있거나 타인의 의도가 개입된다면 놀이로서의 매력을 잃게 된다.

(2) 놀이는 격리된 활동이어야 한다.

놀이는 언제, 어디서 해야 한다는 시간과 공간의 제약을 받는 활동이 아닌 일상생활의 제약에서 격리된 활동이어야 한다.

(3) 놀이는 미확정적인 활동이어야 한다.
놀이는 그 전개 과정이 사전에 결정되어 있거나 그 결과를 알 수 있는 활동이 아니며 놀이 활동자의 창작이나 연구가 허용되는 자유가 보장되어야 한다.

(4) 놀이는 비생산적인 활동이어야 한다.
놀이 활동은 어떤 이익을 추구하려는 목적이 아니기 때문에 활동을 전후로 해서 결제적 변화가 없어야 한다. 오직 순간의 즐거움을 추구하는 것이 주목적이다. 그러나 순간적일지라도 놀이 활동을 통해 성취감, 자기실현 등 인간 성장에 필요한 긍정적 요소를 많이 체험하게 된다. 하지만 이러한 요소들은 어디까지나 놀이 활동의 결과로서 얻어지는 것이며, 처음부터 놀이 활동의 목적으로서 전제된 것은 아니다.

(5) 놀이는 규칙성이 있는 활동이어야 한다.
규칙성이 있는 활동이란 게임 놀이나 집단 놀이와 같이 어떤 약속에 의해 성립되는 놀이를 말한다. 그러나 이 약속은 놀이가 지속되는 시간에만 유효하며 그 놀이 활동이 끝나면 그 효력을 상실하게 된다.

(6) 놀이는 허구의 활동이어야 한다.
놀이의 본질은 현실 생활과는 동떨어진 공상과 허구의 세계이며, 아이들은 그 세계를 현실처럼 느끼면서 즐긴다.

3) 놀이학습의 교육적 특성

놀이학습의 특성을 토대로 놀이학습의 교육적 가치를 추론하면 다음과 같이 정리 할 수 있다.

(1) 놀이학습은 인지적 발달에 효과가 있다.
놀이는 학습자가 탐구 활동을 경험할 수 있는 환경을 제공한다. 학습자는 놀이학습에서 제시되는 문제를 해결해봄으로써 어떠한 현상과 사물을 탐색적으로 사고하는 훈련을 한다. 따라서 문제 해결 능력을 기르고 이전에 습득한 지식 이상의 높은 수준의 지식을 쌓을 수 있다. 그리고 머릿속에서 이루어지는 학습이 아니라 실제적인 활동을 통해서 학습을 경험하기 때문에 학습한 내용을 단기 기억에서 장기 기억으로 전환하여 지식의 소멸을 방지할 수 있는 장점이 있다. 또한, 이전에 학습한 내용이나 다른 과목에서 습득한 지식을 서로 연결을 짓거나 통합하는데 효과가 있다(김수현, 2004).

(2) 놀이학습은 정의적 영역의 발달에 도움을 준다.
놀이학습 과정에서 학습자는 주어진 놀이 상황에 대해서 자신의 감정 세계를 외부로 표현할 수 있는 기회를 얻는다. 불안한 정서와 욕구를 놀이학습을 통해서 다스리고 해결 방법을 스스로 찾아봄으로써 정서발달에 효과가 있는 것으로 나타났다. 학습자는 놀이를 통해서 감정과 정서를 바깥으로 드러내는데 자신의 감정을 외부로 표현해봄으로써 내재되어 있는 갈등과 불만을 치료하고 놀이학습 과정 중에 즐거움을 추구하여 마음속의 유희적 욕구를 채울 수 있다.

또한, 학습이 하나의 놀이이기 때문에 학습자는 놀이학습 과정에서 적극적으로 참여할 수 있다.

학습자에게 놀이는 즐겁고 편안한 활동이며, 인간의 자연스러운 행동 가운데 하나로 인식되어 놀이학습 과정에서 심리적으로 안정된 상태를 유지할 수 있다.

(3) 놀이학습은 학습자의 창의적 사고 능력을 발달시킨다.

놀이는 자발적으로 참여하는 본질적 속성을 내포하고 있기 때문에 학습자의 적극적인 활동을 기대할 수 있다. 또한, 놀이학습은 학습자의 호기심과 흥미를 유발하는데 이러한 놀이학습의 특성은 학습자의 다양하고 유연한 사고 활동을 촉진할 수 있다.

놀이가 상상력에 근간을 둔다는 데서 출발한다.' 라는 말이 있듯이(Johan Huizinga, 2019), 놀이가 학습자의 상상력을 자극하여 창의성 개발에 효과가 있다는 사실을 확인할 수 있다. 놀이를 활용하는 학습은 학습자의 상상력과 추리적 사고를 바탕으로 하기 때문에 학습자의 창의적 사고력을 자극하여 새로운 생각을 만들어 내는 힘을 기를 수 있다.

(4) 학습자의 사회성을 발달시킨다.

놀이학습의 학습 형태는 모둠 활동을 기본으로 하여 진행된다. 모둠 활동은 다른 학습자와 함께 협력하고 서로의 의견을 조정하는 과정을 필수적으로 수반한다. 같은 모둠의 다른 학습자와 협력하는 과정에서 사회성이 신장 된다. 또한, 놀이는 1인이 할 수도 있지만 보통 2인 이상이 함께 참여했을 때 놀이의 경쟁적 요소가 명확하게 드러낸다. 다른 모둠과의 경쟁을 통해 긴장감을 갖고 놀이학습에 참여할 수 있으며, 학습 과정에서 놀이의 규칙과 기준을 준수함으로써 보다 상위의 도덕적 가치에 대해서 자연스럽게 내면화할 수 있다.

놀이학습은 둘 이상이 직접적으로 대면하여 경쟁 또는 협력하는 활동을 통해 학습의 즐거움을 만들어낸다. 그리고 놀이학습의 경쟁적 활동에서 승리했을 때 더 큰 학습 성취감을 얻는다. 상호 간의 협력과 경쟁 관계를 통해 다른 사람과의 소통 능력을 키워 하나의 사회적 존재로 성장한다.

놀이학습은 학습자의 인지적 영역과 정의적 영역을 신장하고 창의성과 사회성을 함양하는 데 효과가 있는 것으로 나타났다. 또한, 가상적 놀이 세계에서의 탐구 활동을 경험함으로써 고차원적 지식을 습득하고 감정 표현을 통한 정서를 발달시킬 수 있다. 그리고 추리적 사고 활동을 통해서 상상력을 발현하여 창의적 사고 능력을 함양하고 놀이학습의 모둠 활동을 통해 다른 학습자와의 협동심을 배양해서 사회성을 기른다.

결국, 아동기 때 어린이는 놀이학습을 통해서 놀이의 가상적 세계에 놓여있게 되고 이러한 가상적 상황에서 어린이는 놀이학습을 통해 지적 반응을 하고, 학습 과정을 통해 사회적·문화적 지식을 학습하며 문제 해결을 위한 추리적 사고와 판단 능력을 신장할 수 있다. 이 결과로 추론해보면 태권도 수련프로그램은 놀이학습의 교육적 가치를 고려했을 때 놀이학습 교육에서 얻을 수 있는 효과들을 얻어낼 수 있는 교육프로그램의 유연함을 가지고 있으므로 충분히 교육적 가치를 창출할 수 있을 것으로 생각된다.

4) 어린이 놀이와 연령별 특성

놀이는 인간의 가장 순수한 정신 활동으로 외적인 목표를 성취하기보다는 내적으로 동기화된 행동이며 전체로서의 인간생활이라 할 수 있다. 성장 단계에 있는 어린이들은 다양한 놀이 및 체험을 통해 육체적·정신적으로 성숙해 나간다. 현재 어린이들은 학습 시간의 증대, 인터넷, 휴대폰 등의 보급으로 놀이 행태가 변화하고 있으며, 어린이들의 다양한 욕구에 부응하지 못하는 획일적 형태의 놀이 환경보다는 성장 발달에 따른 다양한 형태로 지원해 줄 수 있는 놀이 환경이 필요로 하고 있다. 놀이 유형에 따라 연령대로 구분하면 다음과 같다.

표 1. 놀이 유형의 분류

명칭	연령	놀이의 유형
실천 놀이 (Practice play)	0~2세	· 징검다리, 건너뛰기, 단순한 블록 쌓기 등과 같이 감각적 기쁨을 얻기 위해 단순한 신체적 기능을 되풀이함
상징 놀이 (Symbolic play)	2~7세	· 가상(Make-Believe)과 가장(Pretend)의 요소가 첨가되어 소꿉놀이, 인형놀이 등의 다양한 역할놀이, 흉내놀이 등을 포함한다. 현실과 상상의 세계를 구별할 수 있고 가역적 조작이 가능해지면 사라지게 됨
규칙이 있는 놀이 (Game with rules)	7~11세	· 구체적 조작기의 인지 발달수준에서 하는 놀이로 규칙과 경쟁을 포함하는 놀이를 말한다. 이는 외부 세계와 사회적 규칙을 고려하는데 사회화된 제도로서의 규칙과 일시적이고 임의적인 규칙이 있음

어린이의 주된 놀이는 새로운 환경, 물체, 사람을 탐색하는 행동이며, 반복을 통하여 재미를 느낀다. 상징적 이해의 발달로 물체의 연속성을 알게 되며, 상징에 대한 이해는 언어 발달단계를 설정한다. 아이가 기고 서고 걷고 뛰는 운동 행동들을 통해 언어와 인지, 사회 기술을 발달시켜 나간다. 또한, 아동들은 놀이에서의 동화와 적응을 통해 스스로 점진적, 단계적으로 발전시켜 나가게 된다.

아동들은 놀이를 하면서 자료를 서로 나누어 갖고 양보하고 규칙을 지키며 질서를 유지하고 협동한다. 그러면서 서로를 존중하는 사회적 기술을 연습하고 숙달될 수 있도록 기회를 제공하여 사회성 발달과 도덕 발달을 조장하기도 한다. 아동은 놀이에서의 동화와 적응을 통해 스스로 점진적이고 단계적으로 발전시켜 나가게 되는데 각각의 단계의 특징을 살펴보면 다음과 같다.

표 2. 어린이 놀이와 연령별 특징

어린이 연령	특성
출생 후 18 ~ 24개월 (감각기관 발동 단계)	· 소극적 행동에서 적극적 행동으로 변함 · 분리된 행동 통합, 깊이와 공간지각, 거동하는 방법 배움 · 수단과 목적을 배움에 원하는 결과를 얻기 위해 간단한 절차를 밟을 줄 알게 됨

18개월 ~ 24개월에서 4년 (예비개념 단계) 간단한 단계를 밟을 줄 알게 됨	· 상징 창조, 다른 사람 행위 모방, 말을 배우는 시기 · 상상 속에서 상징을 이용해 새로운 상황 창조 · 상상놀이 필수 · 다른 아이에게 노출시켜 보다 높은 사회활동이 일어날 장래에 대비하는 중요한 과정
4년에서 6년 (직관 단계)	· 경험을 논리적 개념으로 조직화하는 능력 신장 · 사회적 세계가 자라나는 시기 · 다른 아이들을 의식하며 행위 모방 · 정신적으로 환상과 현실 사이, 직관과 논리적 사고 사이에 위치 · 혼자 놀이세계와 사회적 협동세계 사이의 전이 단계
7 ~ 8년에서 11 ~ 12년 (구체적 기능계)	· 어린이들의 사회적인 협동이 이루어지는 단계 · 타인의 관점을 이해, 규칙놀이, 협동심을 요구하는 놀이 기능 · 호기심이 구체적이며 여러 상황을 직접 경험으로 해결
11년~12년에서 15~16년 (형식 기능 단계)	· 개인으로서 성인의 사고관점이 나타나는 단계 · 지각과 사고 분리 이론과 가설 구체화 단계

출처 : 이서윤, 2011

(1) 출생 후 18~24개월 (감각기관 발동 단계)

유아는 본능적으로 반사 신경을 가지고 태어나는데 단순히 바라보는 소극적인 상태에서 적극적으로 더듬거려 둘건을 찾는 것으로 점점 변한다. 유아의 분리된 행동들이 이 시기에 통합되면 깊이와 공간을 자각하기 시작하여 공간 내에서 거동하는 것을 배운다. 자기의 환경 내에서 자기 행위가 변화를 일으키는 것을 느끼고 알아가며 우연성을 배우게 된다. 또한, 다른 사람들의 행위를 관찰하기 시작하고 그들의 행동을 흉내 내려고 하며 동시에 수단과 목적이 있음을 배우게 됨에 따라 원하는 결과를 얻기 위해서 일련의 단계를 밟을 줄 알게 된다.

감각기관 발동 단계는 연습 놀이라는 과정이라고 부를 수 있는 있는데 연습 놀이의 특징은 반복적이며 외적인 사건의 원인 속에 있다는 즐거움이다. 예를 들면 어떤 물건을 움직이게 했더니 바닥에 떨어진다는 것을 알게 되면 그것을 확신하고 만족할 때까지 즐거워하며 계속 반복하게 된다. 그리고 어느 정도선에서 만족하게 되면 다른 과제로 바꾸게 된다. 즉, 유아는 사건의 원인 속에 자신이 있다는 즐거움을 통해 자기 자신과 환경을 어느 정도 조종할 수 있는 능력과 자신에 대해 아이가 만족감을 표현하는 것이다.

(2) 18~24개월에서 4년 (예비개념 단계)

이 단계에서 어린이는 상징을 창조하고 다른 사람들의 행동을 모방하며 말을 배우는 능력을 발달시킨다. Piajet & Inhelder(1969).에 의하면 내적 창조된 상징에 의해서 행위나 사물을 외적으로 표현하는 것이 어린이에게 있어서 언어를 발달시키는 것에 선행하며, 사실상 언어 발달 조건의 필요조건이라고 밝히고 있다. 어린이는 자기가 직면하고 있는 환경만이 자기의 세계범위가 아니며 상상 속에서 상징을 사용하여 새로운 상황을 창조할 수 있다. 그래서 이 시기에는 상징 놀이가 어린이 활동의 필수적인 부분이다. 연습 놀이가 새로 배운 신체기술에 동화하는 수단을 제공하는 것처럼 상징 놀이는 사물을 상징(표현)하는 새로 나타난 기술에 동화하는 방법을 갖게 해준다.

아이들은 흔히 어떤 물건을 동일시하며 놀이를 하는데 소꿉장난은 무엇을 상징하는 가장 대표적인 놀이이다. 상징 놀이의 내용은 어린이의 경험에서 이끌려져 나오며 가장 깊은 곳에서 나오는 욕구를 구체화한 것이다. 상징 놀이는 일종의 성취이다. 4살까지의 어린이는 자신의 일에 몰두하기 때문에 다른 아이의 활동에 거의 신경을 쓰지 않는 편이다. 그들은 함께 놀기는 하지만 그 아이들의 존재를 즐기면서 각자 자기가 창조한 환상 세계에 빠져들며 가끔씩 상대 행위도 일어난다. 이렇게 다른 아이들에게 노출시키는 일은 보다 높은 수준의 사회활동이 일어날 장래에 대비해서 중요한 과정이라고 볼 수 있다.

(3) 4년에서 6년 (직관 단계)

이 단계의 어린이는 자신의 경험을 늘어나는 논리적 개념으로 조직하는 개념화의 능력이 성장하는 시기이다. 진정한 논리로는 부족하나 부모에게 질문을 해가면서 장래의 논리적 기능을 위한 기초를 마련한다. 어린이의 사회적 세계가 이 시기에 역시 자라나기 시작하고 다른 아이들은 의식하기 시작하면서 그들의 행위도 모방하려고 한다. 이는 순수한 개인과 완전한 사회적인 활동을 중개하는 하나의 사회적인 행동방식으로 이 시기는 하나의 전이 단계이다. 환상 세계와 현실 세계 사이에 있으며 직관의 세계와 논리적 사고의 세계 사이에 있고, 고독한 놀이의 세계와 사회적 협동 및 상호 이해의 세계 사이에 있는 전이 단계이다.

(4) 7년~8년에서 11~12년 (구체적 기능 단계)

사고가 지각이나 행동으로부터 점차 분리되며 경험을 분류하고 그 관계와 수효를 조직화하기 시작한다. 그리고 사물을 보존하고 역전(앞으로 향하던 걸음을 뒤로 하면 다시 원위치로 돌아가게 된다는 사실) 같은 개념도 알게 되는 시기이다. 이 단계는 규칙에 맞춰 놀이하는 것이 강한 관심을 보이며 다른 사람의 관점도 이해하게 되어 여러 사람의 협동심을 요구하는 작업이 가능해지고, 그것이 중요한 역할을 하게 되는 단계이다. 이 시기는 어린이가 구체적인 사물의 세계에 관심을 갖기 시작하는 단계이기도 하다. 호기심은 그 어느 때보다 구체적이며 또 그것을 직접 경험에 의해서 해결하려고 한다.

(5) 11~12년에서 15~16년 (형식 기능 단계)

소년기에는 발달하는 개인으로서 성인의 사고과정이 두드러지게 나타난다. 논리적 체계에 관심이 있으며 형이상학에도 관심을 보인다. 지각과 사고를 분리시켜 이론과 가설을 구체화할 수도 있다. 놀이에 관해서는 사고와 사건에 대한 관심이 놀이 규칙에 전념하는 것에서 나타난다. 이전과는 다르게 놀이의 규칙에만 몰두하지 않으며 놀이에서 일어나는 가능한 모든 상황을 예상하게 되고 스스로의 논리체계를 창조하면서 어른이 접한 상황의 복잡성과 경쟁적인 상황을 창조하는데서 기쁨을 얻는다(김재균, 2005).

표 3. 영아기 발달과 놀이 행태

영아기 (0 ~ 만2세)

어린이 발달특징	· 감각기관 발동 단계 · 주로 자각 - 육체 활동에 전념 · 이행 운동 : 뒤집기, 앉기, 걷기, 물건을 잡거나 들어 올리기 등 · 물체의 연속성을 알게 됨

놀이 종류	· 연습 놀이 : 지속적인 반복에 의해 만족감을 느낌
	  (ex) 물건을 떨어뜨리는 것, 통에 모래를 담는 것)
	· 장난감 가지고 놀기, 조각 맞추기
	  (사물간의 기능성과 관계성을 놀이에 반영)

놀이 특징	· 자기 주위의 사물에 흥미나 관심을 가지고 만지면서 느낌 · 놀이에 흥미, 관심이 있더라도 그 내용은 극히 간단하며 오래 지속되지 않음 · 간단한 관찰로써 놀이에 접하는 방식이 단순함 · 다분히 자기중심적이고 놀이 환경에 접하는 방식이 심층적이지 않음

표 4. 유아기 발달과 놀이 행태

유아기(만3세 ~ 만5세)

어린이 발달특징	· 사회적 형위 발달 · 아동기으 운동(놀이) / 놀이=학습과정 · 독립적이며 자신의 외부행위를 스스로 판단 결정함
놀이 종류	· 단순 기능 놀이, 협동 놀이. 규칙이 있는 게임 · 집단 놀이

놀이 특징	· 환경 인지력 발달 : 또래와의 교류가 활발하게 되고 흥미나 놀이에
	  대한 관심의 폭이 넓어지고 발달함
	· 직접적인 체험의 대상이었던 사물 범위에 한정되어 있던 흥미와 관심이
	  추상적인 상상에 대한 간접체험으로까지 발전한 물리적 현상 등에도 관심을 가짐

표 5. 아동기 발달과 놀이 행태

아동기(만6세 ~ 만11세)

어린이 발달특징	· 상징의 창조 · 다른 사람들과의 행위를 모방을 통해 언어 능력의 발달 단계를 거침 · 자기중심적 → 다른 사람을 의식, 행위 모방(사회적인 행동방식) · 전이 단계 : 직관의 세계 → 논리적 사고의 세계 고독한 놀이 시계 → 사회적 협동 및 상호 이해
놀이 종류	· 상징 놀이 / 가상 놀이(예: 소꿉놀이, 인형놀이, 흉내놀이 등) · 조작 놀이 · 병행 놀이(예: 단독행위 2인이 각기 자기행위에 전념하는 놀이)
놀이 특징	· 또래와의 교류가 활발해지고 놀이 환경에 대한 흥미나 관심이 더욱 높아짐 · 놀이를 접하는 방법이 상당히 직접적이고 복합적으로 변함 · 놀이의 형태가 여러 가지로 변화함

5) 태권도와 놀이학습의 적용 사례

태권도장에서 유아 및 아동기에 적용되는 교육을 일반적으로 유아태권도라고 칭하고 있다. 유아태권도 교육에 대한 정의는 유아교육의 개념을 찾는 것부터 시작해야 하며 다음과 같이 설명할 수 있다.

첫째, 유아태권도는 유아들의 발달과 심리에 적합한 태권도 활동이다.
둘째, 유아태권도는 유아들이 즐거워할 수 있는 태권도 활동이다.
셋째, 유아태권도는 유아 교육적 가치가 충분한 활동이다.
넷째, 유아태권도를 통해 유아들은 종합적인 발달을 전개할 수 있게 된다.
다섯째, 유아태권도를 통해 유아들은 통합적인 교육 효과를 맛볼 수 있다.

유아태권도 교육의 효과는 교사가 프로그램과 교수-학습 방법을 어떻게 이끌고 나가느냐에 따라서 달라질 수 있다. 유아들의 발달과 심리에 적합한 태권도, 유아들이 좋아하고 즐거워하는 태권도, 유아 교육적 가치가 드러나는 태권도, 유아체육 교육프로그램과 수많은 접목을 시도해 다양한 신체활동을 추구하는 태권도라면 그 교육적 효과는 유아체육 교육이 가지고 있는 전체적 효과를 들어낼 수 있다. 유아체육교육과 유아태권도교육은 형식을 유아들의 발달과 심리에 적합하게 조정한다는 점, 다양한 신체활동으로 진행된다는 점에서 그 유사성을 찾을 수 있다. 그래서 유아체육교육의 효과는 유아태권도 교육의 효과와 맞물려 의미 해석 전달이 가능하게 된다(김무진, 2005; 유종신, 2011).

유아체육교육을 통해서 유아의 정신적, 정서적, 사회적, 신체적, 언어적 발달과 건강을 유지하는 일은 너무나도 중요한 일이다. 우리 신체의 건강 원리 또한 적정한 운동을 해주면 건강을 유지해주고 과도한 운동을 하면 오히려 건강을 해치게 되고 운동을 하지 않으면 신체는 약해진다. 이렇듯 유아체육교육을 한다는 것 자체가 유아들의 다방면의 발달과 건강을 유지시켜 준다고 할 수 있을 것이다.

유아태권도 교육은 놀이를 이해하지 않고서는 유아들의 발달과 심리를 이해하기 힘든 것이다. 자연스러운 놀이처럼 다가가 유아들의 교육으로 자리 잡아야 한다. 이것은 놀이처럼 아주 자연스럽고 강제적이지 아니하면서도 적극적인 교육이 되어야 한다.

이에 따라 태권도장에서는 많은 유아체육 교육프로그램을 태권도 교육프로그램에 적용하여 시행되고 있는데 대표적인 적용 사례는 다음과 같다.

(1) 기구 활동 프로그램

가. 대도구 활동

구르고, 뛰고, 기어오르고, 바르게 걷고, 매달리고, 굽히는 것 등의 갖가지 움직임은 유·아동에게 있어서 생활이고 필요로 하기 때문에 여러 가지 대도구를 이용하여 체계적이고 효과적인 기본 운동 능력을 습득하게 하는 활동이다.

- 매트 : 모든 운동 기구의 안전 도구로써 유아의 안전사고에 대한 보조물로 사용되며, 유·아동의

놀이적인 프로그램의 기본이 되는 기구로 사용된다. 매트운동을 통해 민첩성, 순발력, 유연성, 평형성 등을 기를 수 있다.
- 뜀틀 : 몸 전체의 위치와 동작을 변형시키고 도약, 점프, 공중동작 등의 학습을 통해 순발력과 자신감을 기른다.
- 평균대 : 바르게 걷기, 뛰기, 방향전환, 중심잡기의 동적요소와 정적요소를 결합하여 근력, 지구력, 자세교정, 평형성 및 유연성 등을 기른다.

나. 소도구 활동

유아의 신체적 발달 특성에 맞는 소도구를 이용한 신체 활동 놀이로써 도구에 대한 유아의 다양한 호기심과 그에 대한 신체표현 욕구를 해소해 주고 신체의 소근육부터 대근육까지 체력적, 기능적 발달을 향상시키는 활동이다.
- 줄 : 돌리기, 흔들기, 점프하기 등을 통하여 관절의 운동 가동범위를 신장시키며 몸 전체의 중심이동에 익숙해지도록 하며, 순발력, 민첩성, 심폐지구력 등의 향상에 도움을 주며 줄에 대한 감각과 타이밍을 조절하는 기능을 배운다.
- 훌라후프 : 전신을 사용한 돌리기 놀이 및 다양한 놀이를 통하여 지구력 및 평형성을 기른다.
- 공놀이 : 공을 튕기거나 던지고 굴리면서 공의 탄성 운동과 진동 운동을 이해하고 공의 조정 능력과 정확한 힘의 분배에 의한 전달 방법 등을 익히고 공을 따라 움직이면서 전신의 기능을 향상시킨다.
- 풍선 : 공놀이와 마찬가지로 풍선의 탄성 운동과 진동 운동을 이해할 수 있으며, 풍선의 이동 방향에 따라 몸을 움직여주고 예측할 수 있는 감각을 키워준다. 무엇보다도 안전하고 자신의 목표물에 대한 집중력을 높일 수 있다.

(2) 율동 프로그램
- 맨손체조 : 준비운동과 마무리 운동으로 유아의 조화적인 발달을 도모할 뿐만 아니라 바른 자세의 유지와 교정 등의 효과 및 호흡 순환기 등의 영향을 준다.
- 태권체조 : 태권도에 대한 막연한 두려움과 거부감을 줄이며, 유아들의 지루함을 극복하기 위한 태권도와 음악을 접목시킨 장르 중 가장 대표적인 교육프로그램이다. 흥미를 유발하기 위한 장점을 잘 갖추고 있으며, 응용동작을 가미시켜 지루함이나 피로감을 덜어주면서 태권도 동작을 자연스럽게 익히게 하는 효과가 있다.

(3) 게임프로그램

다양한 스포츠를 유아의 신체적 능력에 맞게 적용하여 동작으로 표현해보고 실제 활동을 통해 규칙과 질서를 지키며 협동심과 사회성을 기르며 리더십과 자신감을 기를 수 있다.
- 무궁화 꽃이 피었습니다 / 눈 가리고 상대 찾기 / 몸으로 말해요 등 다양한 이름으로 불리는 여러 게임을 통해 협동력과 협응력을 키우고 사회성을 기를 수 있는 환경을 조성해줄 수 있다.

제1장 : 어린이 태권도 개론

III. 어린이 태권도 인성교육

1. 인성교육의 가치
2. 인성교육의 적용과 운영
3. 인성교육 프로그램
4. 어린이태권도 리더십

Ⅲ. 어린이 태권도 인성교육

1. 인성교육의 가치

1) 인성교육이 주는 의미와 가치

(1) 인성교육의 의미와 가치

부모님은 자녀가 태어나서 첫마디를 가르쳐주기 위해 엄마~~ 엄마 해봐~~라고 하셨다. 그리고 아빠는 아빠~~ 아빠 해봐~~라고 하셨다. 그리고 어느 날 자녀가 엄마하면 우리아이가 말을 해요. 라고 하시면서 기뻐하셨다. 시간이 지나서 엄마, 아빠 그리고 많은 사람이 누구인지 불러본다.

처음에는 엄마, 아빠의 호칭을 부르면서 배우고 세월이 지나서 누구인지 어떤 분인지를 알게 된다. 소중하고 귀하고 생명을 주신 부모님의 의미를 알게 된다. 부모님은 자녀의 이름을 짓는 과정에서 어떻게 성장해서 어떤 사람이 되었으면 좋겠다는 의미와 가치가 담겨 있다는 것을 알아야 하며 모든 과정에 있어서 실천과 경험으로 누적효과에 의해 성장한다.

> 인성교육에는 성장의 의미와 가치가 담겨있으며 누적효과로 인하여 뿌리가 성장해서 열매가 자란다.

인성교육은 일상생활에서 자신을 성장시켜주는 역할을 하며 대단한 가치를 내 몸 속에 저장하고 필요에 따라서 저장되어 있는 갖춰진 인성을 꺼내어서 다른 사람에게 감동을 주기도 하고 기쁨과 희망을 주기도 한다.

처음부터 의미를 알 수 없으나 실천과 적용을 하면서 조금씩 성장하면서 배움과 실천의 의미, 인성교육의 의미를 알게 된다. 지도자의 도움 그리고 실천과 적용의 다양한 과정을 통해 반복과 꾸준함으로 단계별 적용으로 인성교육이 주는 배움의 가치를 높여본다.

태권도수련 인성교육의 의미와 가치는 즐겁게 실천하면서 삶에 적용하고 새롭게 받아들이며 변하는 자신을 발견하고 성장해 간다.

나무의 열매는 뿌리의 수고함으로 얻은 결과이다. 보이는 열매는 보이지 않는 뿌리의 수고함의 덕분이며 열매는 무럭무럭 자라서 뿌리에게 감사해야 한다. 나무의 뿌리는 우리에게는 "내면인성"이며 인성교육으로 뿌리를 건강하게 성장하도록 돕는 가치는 나무의 열매도 건강하게 성장하도록 돕는다.

예를 들면 인성교육의 주제에 있어서 예의를 배우면서 우리가 할 수 있는 방법은 다양한 표현으로 느끼고 실천력을 높이는 활동을 하면서 나무의 뿌리와 같은 내면인성이 되는 의미를 배우고 실천과 행동으로 나무의 열매가 되는 다양한 프로그램으로 자신의 인성을 내적, 외적 환경에 적용해 본다.

예의를 가르치는 방법으로 인사를 다양하게 배우고 표현할 수 있다.
만나면 인사 헤어지면 인사, 집에서 나올 때 인사 들어갈 때 인사, 시작할 때 인사 마칠 때 인사, 경기를 시작할 때 인사 마칠 때 인사, 작은 무리가 큰 무리에게 인사를 한다. 그리고 다양한 인사방법으로는 눈으로 인사, 허리를 숙여서 인사, 하이파이브하면서 인사, 허그를 하면서 인사 등 상황과 행동양식에 따라서 인사를 하면서 예의범절을 배우고 실천한다.

> 인사에 대한 실천을 통해 배우는 큰 뜻이 있다면
> 인사를 통해 대접받고 싶은 대로 대접하라.
>
> **내가 가지고 있는 친절함으로 다른 사람에게 친절하게 한다.**
> **고로 나는 친절할 줄 아는 사람이다.**

예의는 무엇인가? 라고 하면 사람의 도리라고 한다. 사람의 도리에는 예의가 필요하다는 의미이다. 도리를 어떻게 표현할 것인가? 언행일치의 마음으로 배워본다.
"어린이태권도 인성교육의 의미와 가치는 언행일치의 배움과 가르침의 모범에서 시작된다."

(2) 인성교육의 개념

국어사전에는 인성(人性)이란 '사람의 성품', '각 개인이 가지는 사고와 태도 및 행동 특성'이라 말한다. 즉, 인성(personality)은 개인이 가지고 있는 성격, 성향, 성질, 성품 그리고 정서, 감정, 심리의 영향과 관계에 따른 행동양식이 개념으로 표현 된다고 할 수 있다.

교육부에서 추구하는 인성의 의미는 인성교육진흥법의 내용으로 알아본다.

제1조(목적) 이 법은 「대한민국헌법」에 따른 인간으로서의 존엄과 가치를 보장하고 「교육기본법」에 따른 교육이념을 바탕으로 건전하고 올바른 인성(人性)을 갖춘 국민을 육성하여 국가사회의 발전에 이바지함을 목적으로 한다.

제2조(정의) 이 법에서 사용하는 용어의 뜻은 다음과 같다. 〈개정 2017. 12. 19.〉

1. "인성교육"이란 자신의 내면을 바르고 건전하게 가꾸고 타인·공동체·자연과 더불어 살아가는 데 필요한 인간다운 성품과 역량을 기르는 것을 목적으로 하는 교육을 말한다.

2. "핵심 가치·덕목"이란 인성교육의 목표가 되는 것으로 예(禮), 효(孝), 정직, 책임, 존중, 배려, 소통, 협동 등의 마음가짐이나 사람됨과 관련되는 핵심적인 가치 또는 덕목을 말한다.

3. "핵심 역량"이란 핵심 가치·덕목을 적극적이고 능동적으로 실천 또는 실행하는 데 필요한 지식과 공감·소통하는 의사소통능력이나 갈등해결능력 등이 통합된 능력을 말한다.

> 어린이태권도 인성교육의 개념은 교육부에서 추구하는 개념과 함께 태권도정신과 행동특성에 따른 내면인성의 성장모델을 함께 실천하고 적용함으로써 더불어 사는 사회에 널리 이로운 사람이 되도록 하는 것이다.

연구자	인성의 개념
황응현 (1992)	환경에 대응함으로써 나타나게 되는 행동 및 태도, 동기, 경향성, 인생 과정들의 총합. 사람들에게 있어 시간과 상황에 걸쳐 지속되는 독특한 구조이며, 인성은 어떠한 경험을 하느냐에 따라 크게 변화될 수 있다는 의미 포함
이근철 (1996)	좁게는 도덕성, 사회성, 정서(감정) 등을 의미하고, 넓게는 지·덕·체 또는 지·정·의를 골고루 갖춘 전인성
한국 교육학회 (1998)	인성은 사람의 바탕이 어떠하며 사람 된 모습이 어떠한지를 말하는 개념으로, 사람의 마음과 사람됨이라는 두 가지 요소로 구성
남궁달화 (1999)	인간의 성품으로, 성품은 인간의 성질(性質)과 품격(品格)으로 구성됨. 여기서 성질은 마음의 바탕이고, 품격은 사람됨의 바탕
조난심 외 (2004)	사람이 태어나면서 가지고 있는 성격이나 특질의 개념이 아니라, 의도적인 교육이나 학습에 의해 습득하거나 변화가 가능한 인간의 성품
미 교육부 (2007, 2008)	존중, 공정성, 보살핌 등의 도덕적, 윤리적 가치와 책임감, 신뢰, 시민성 등을 망라하는 개념으로, 개인 또는 집단의 정서적, 지적, 도덕적 자질은 물론 이러한 자질들이 친사회적 행동으로 발현되는 것을 포함
조연순 (2007)	자신의 내면적 요구와 사회 환경적 필요를 지혜롭게 잘 조화시킴으로써 세상에 유익함을 미치는 인간의 특성
강선보 외 (2008)	인간이 도달해야 하는 이상적인 인간다운 성품, 인간 본연의 모습, 인간다운 품성, 인격
교육과학 기술부(2012)	더불어 살아갈 수 있는 품성과 역량으로 도덕성, 사회성, 감성
박성미 외 (2012)	인간이 개인적으로 갖추어야 할 바람직한 심성과 사회적으로 갖추어야 할 가치 있는 인격 및 행동 특성
천세영 외 (2012)	다른 사람들과 더불어 살아가는 품성과 역량
양정실 외 (2013)	인간다운 바람직한 삶을 영위하는데 필요한 도덕성과 시민 윤리를 바탕으로, 인간의 참된 본성과 전인성의 토대 위에 서 미래 사회를 위한 도덕적, 사회적, 감성적인 소양을 일상생활 속에서 실천해 낼 수 있는 역량을 갖춘 상태
박병기 외 (2014)	한 사람이 자신의 정체성 확립과 타인과의 관계 형성 과정을 잘 이끌어 갈 수 있는 원만한 성격 및 본래적으로 갖추고 있을 것으로 받아들여져 온 선한 본성
현주 외 (2014)	긍정적이고 건강한 개인의 삶과 사회 구성원으로서의 삶을 살아가기 위해 갖추어야 할 바람직한 특질과 역량
정창우 (2015)	개인의 내면을 바르고 건전하게 가꾸는데 필요한 인간다운 성품과 역량 및 타인·공동체·자연과 더불어 살아가는 데 필요한 인간다운 성품과 역량
이인재 (2016)	긍정적이고 건강한 개인의 삶과 사회 구성원으로서의 삶을 살아가기 위해 갖추어야 할 바람직한 품성과 역량

- 출처 : 김하연(2017),「교사의 인성교육 전문성에 관한 연구」, 서울대학교 대학원 윤리교육과 박사학위논문.

2) 어린이 태권도 인성교육의 방향

(1) 태권도 수련과 인성교육

태권도의 정의는 "태권도는 손과 발을 사용하여 방어와 공격에 필요한 기술을 습득하고 동작의 아름다움을 체험하며 심신을 단련함으로써 인격의 완성을 추구하는 한국 전통 무예스포츠"-국기원 홈페이지-

> 심신수련으로 인격을 완성한다는 것은 "태권도를 통해(태권도로) 자신의 내면을 바르고 건전하게 가꾸며 타인, 공동체, 자연과 더불어 사는 데 필요한 인간다운 성품과 역량을 기르는 것을 목적으로 하는 교육"으로 널리 이로운 사람이 되도록 한다.

인성[人性]에 대한 유교 철학의 정수 『중용(中庸)』의 첫 구절은 "하늘이 인간에게 부여한 것이 곧 성(性)이요, 성에 따르는 것이 도(道)이며, 도를 수양하는 것이 교(敎)"라는 뜻이다. 삶의 철리(哲理)가 '성(性)'에서 비롯된다는 얘기다.

태권도는 수련을 통해 인성을 함양할 수 있다고 말한다. 태권도에서 인성교육이라 일컬을 때의 인성은 좁게는 도덕성, 사회성 및 정서 등을 의미한다. 넓게는 인성은 인간됨 또는 인간다움으로 생각할 수 있다. 그러므로 태권도에서 인성교육은 나약한 의지를 연마하고 단련하는 문제인 동시에 오랜 반복적 실천을 통해 생활화, 습관화하는 것이 가장 중요한 과제가 된다. 다시 말해 태권도에서 인성교육은 인성 회복, 곧 인간이 가야할 올바른 길을 인도하며 나아가 전인(全人)을 목표로 하는 것이다. - 출처 [네이버 지식백과] 인성 [人性] (태권도 용어정보사전, 2011. 3. 1., 이경명)

인성에 대한 사전적 의미에서 "각각의 사고, 감정, 태도, 행동의 특성이 인간답게 지녀야 할 바람직한 성향"이라 얘기한다.

이러한 바람직한 성향을 인간성, 됨됨이, 근본이 된 사람 등 함축적으로 표현을 할 수 있는 개인의 활동공간으로 좋은 공동체가 필요하며 공동체가 건강하면 좋은 효과가 있는데 그 중에서도 좋은 에너지와 좋은 영향력의 가치가 움직인다. 교우관계, 대인관계 등 관계 형성이 되어 있는 작은 공동체에서 누군가를 통해 함께 익히고 소통하면서 서로가 서로에게 배우고 가르치는 인성학습이 성장 동력이 될 수 있는 공동체 학습의 터와 같다. 이는 개인의 발전과 공동체의 발전에 영향을 주는 잠재력이 공존한다고 할 수 있다.

도장에서 금메달 선수가 나오면 다음에도 금메달 선수가 나온다. 시범을 잘하면 다음에도 시범을 잘한다. 이와 같이 대물림되는 과정에는 공동체의 잠재적 영향력이 공존하기에 인성교육이 잘되는 도장은 지속적으로 잘 되는 인성교육모델이 다양하게 발전하고 잠재력과 영향력이 형성된다.

(2) 어린이 태권도 인성덕목

교육환경에서 준비한 인성교육 덕목과 생애주기에 필요한 인성덕목을 어린이태권도 인성교육의 장에서 적용할 수 있도록 구성하며 어린이태권도 인성덕목이 주는 메시지와 함께 자신의 삶에 적용하는 부분을 수련의 과정에서 매슬로우의 욕구의 5단계와 함께 발달의 원리를 적용한다.

인성덕목의 실천적 과정은 성장하는 어린이에게 생애주기에 건강한 경험과 사고력이 동반되는 판단력으로 자리 잡을 수 있도록 과정의 이해와 함께 바르게 알고 바르게 판단하고 바르게 행동할 수 있는 인성과정으로 문제해결능력이 향상되는 지혜로움이 빛날 수 있도록 돕고자 한다.

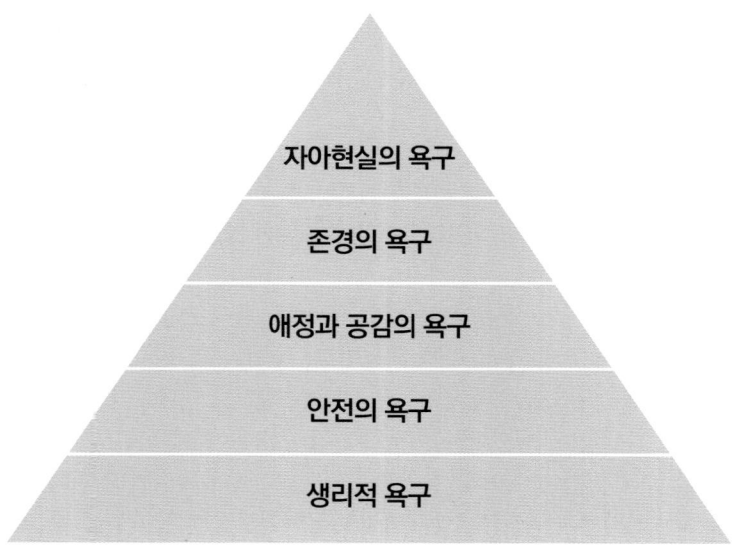

[매슬로우의 욕구 피라미드(1943)]

(3) 어린이 태권도 인성덕목의 적용방안

어린이태권도 인성덕곡이 주는 의미는 태권도를 통해 배울 수 있는 인성함양과 사회가 요구하는 인성함양을 두루 갖추그 생애주기에 필요한 인성덕목을 태권도 수련이 인성교육의 장이 되어서 어떻게 적용하며 쉽게 이해하고 배우고 가르칠 수 있는지에 대한 부분을 구성해 본다.

구분	인성교육 덕목	마음가짐과 행동
연간 인성타이틀	언행일치의 습관을 만들자	연간 인성주제에 맞는 캠페인
인성수여식	봉사	상을 받고 수여하는 돕는 사람의 마음
매월 인성주제	태권수련 인성	완성도를 높이는 지 ,덕, 체 태권도수련 인성교육
심사시 인성덕목	정직	심사에 임하는 마음가짐과 행동의 도덕성
대회 출전시 인성덕목	청결	대회 출전시 심신 준비상태의 안정성
스승과 제자	예, 효	스승과 제자의 관계와 역할
관계 학습	공감, 경청	관계성 향상을 위한 학습
도장의 일상	예	도장에서 행동과 자신의 모습을 일치
일상의 수련생	소통, 사랑	일상의 정서적 활동
수련자세	절제	태권도 수련의 자세에서 평정심
태권도기본동작	本/모범	기본이 되는 사람의 근본
품새	극기복례	시작과 끝이 동일한 결과와 과정
겨루기	겸손	승패를 겨루고 겸손함의 인간성
시범	질서	시범을 마치면 질서정연한 태도의 의식
격파	생명	생명을 얻는 고통과 같은 단련

태극1장	도전	준비를 마치고 찾아오는 도전의 기회부여
태극2장	인내	기회를 이겨내는 인내정신
태극3장	책임	책임감을 통한 배움의 동기부여
태극4장	협동	사회성 향상을 위한 학습
태극5장	존중	잠재력 향상을 위한 학습
태극6장	배려	영향력 향상을 위한 학습
태극7장	나눔	가치를 아는 마음가짐과 행동
태극8장	감사	모든 것에 감사하는 태도와 마음
고려	리더십	리더의 언행과 자신의 미래

(4) 어린이 태권도 인성덕목 학습메시지

어린이태권도 인성덕목의 언행일치와 태권도 수련에 맞는 메시지지도력에 있어서 운동은 말로 배우고 행동으로 실천하듯이 운동은 말로 배운다는 표현이 자신을 행동으로 이끌어준다. 몸이 건강하다는 표현이 마음도 건강할 수 있는 기초를 만들어주듯이 건강한 메시지 지도력이 건강한 몸과 실천을 이끄는 도구가 된다. 마음의 통에 메시지는 잠재적으로 저장된다.

구분	구분	덕목	태권도 수련과 인성교육 언행지도(예시)
1	교육부 인성교육	예	도장에 들어오고 나가면서 예를 배운다. 예를 통해 관계성이 성장하는 것을 배운다. 첫 번째로 배우는 인사는 행동으로 배우고 시간이 지나면 인사의 의미를 알게 된다. 사람의 도리를 인사로 배우자!
2		효	스승을 공경함으로 수련을 배운다. 이는 자신의 마음에 효행을 심어주는 배움이다. 집을 팔아서라도 스승을 모시라는 속담처럼 스승이 자신의 삶의 길잡이이듯 효행이 그렇다. 부모님께 존경하는 마음으로 효도하자!
3		정직	바른 사람이 되는 첫 번째 방법을 정직으로 배운다. 친구도 정직함이 있을 때 오래 함께할 수 있다. 정직하면 양심있는 행동을 하는 기초가 되기도 한다. 정직함으로 양심을 배운다. 사람이 정직해야 한다는 말은 지금부터 계속 들어야 하는 말이며 지금 꼭 실천해야 하는 바른 언행이다. 바른 성장이 되도록 자신에게 적용하는 마음의 거울이며 신뢰의 상징으로 정직을 배우자!
4		책임	책임감있는 행동과 노력은 무엇보다 약속을 지키려는 자신의 의지와 자신감을 배운다. 지도자에게는 막중한 책임감이 있듯이 성장하고 있을 때 책임감도 커진다. 책임감을 하나씩 하나씩 배우고 실천하면서 주어진 능력을 키우며 성장한다. 자신감있는 책임을 배우자!
5		존중	존중받고 싶은 대로 상대방을 존중하는 방법을 도장에서 수련하는 사람들과 함께 보고 배우면서 다른 사람을 존중하면서 자신이 존중받는 사람임을 알아간다. 친구에게 나쁜 말은 하게 되면 친구를 무시하는 언행과 같다. 자신도 나쁜 말을 들을 수밖에 없는 언행으로 존중받지 못하는 상황이 찾아온다. 상대방을 항상 위로 보며 높이는 존중을 하면 자신도 존중받는 방법이다. 수련을 그렇게 서로 높여서 대하는 존중을 배우자!

6	교육부 인성교육	배려	도장에서 수준에 따라 성장하는 모습을 보면 수준있는 친구가 배려할 줄 아는 모습을 보이는 이유는 그 만큼 성숙해 가는 과정이다. 자신도 배려할 줄 아는 사람으로 성장하고 있다는 의미이다. 배려를 수련으로 배울 수 있는 방법은 자신도 배웠듯이 다음 사람을 생각하는 마음씀씀이의 행동과 태도를 배우자!
7		소통	내 몸은 서로 유기적으로 잘 소통해서 건강하듯이 사람들과 잘 소통하는 수련을 한다. 사람과 사람이 유기적으로 소통하는 관계성과 사회성을 수련으로 따뜻한 마음이 통하는 소통을 배우자!
8		협동	내 몸은 하나이면서 여럿지체들의 결합이며 협동으로 이루어지듯이 협동을 의미있게 몸으로 행동하면서 공동체의식이 있는 하나됨을 배운다. 또한, 하나됨이 되기 위해 자신이 해야 할 부분도 충분히 배우며 한 명을 성장시키기 위해 공동체가 함께 합심을 하듯이 협동과 공동체는 배움의 공간에서 함께 성장할 수 있는 울타리와 같다. 합심해서 협동을 배우자!
9	어린이 태권도 인성교육	도전	수련은 도전을 해서 얻은 것이 무엇인지 끊임없이 반복과 꾸준함으로 도전하고 성취감과 경쟁심을 배운다. 살면서 자립하는 힘을 키우는 방법이 도전해서 얻은 스스로 일어설 수 있는 힘이다. 공동체의 능력으로 도전정신을 배우자!
10		인내	수련을 하면서 도전을 통해 얻는 과정은 인내와 신체의 의지력을 높여주는 중요한 덕목으로 현재의 모습은 과거의 총체적인 잠재력을 성장시켜준 것이며 지금 잘하는 것도 과거에 지금 잘할 수 있는 과정을 인내하며 수련했다는 의미이다. 고난도 축복의 통로이듯이 인내도 축복의 통로이다. 지나고 나면 인내한 대가가 있다. 우리는 이미 인내를 통해 더 많은 행복을 얻을 준비를 하고 있다. 행복한 인내의 누적효과를 태권도 수련으로 배우자!
11		절제	수련을 하면서 강함과 부드러움 그리고 빠르면서 천천히 하면서 호흡을 통해 배우는 절제의 미는 자신에게는 최고의 덕목이며 삶에 중요한 평정심을 배운다. 감정조절과 자기 통제력을 태권도 수련을 통해 절제를 배우자!
12		경청	수련과정에서 경청은 이해하는 습득과 터득을 배운다. 이는 수련생과 함께 기합으로 나타난다. 일치성 있는 행동을 볼 때 충분히 경청했음을 알 수 있다. 모르는 것과 아는 것을 동시에 경청하는 태도가 좋다. 일상생활에서 경청은 대화를 잘하는 기술이기에 자신이 다른 사람의 말을 듣고 있음을 알려주는 메시지와 같다. 그래서 수련하면서 경청할 때 더 가르쳐 주고 싶은 마음이 생긴다. 더 많은 것을 배울 수 있는 경청을 배우자!
13		극기 복례	수련을 하면 정말 잘하고 싶은 욕구가 많다. 나를 보고 나를 알고 나를 이해하며 나를 거울삼아 수련을 한다. 이는 매슬로우의 욕구 5단계의 과정과 같다. 생리적 욕구, 안전의 욕구, 애정과 공감의 욕구, 존경의 욕구, 자아실현의 욕구를 배운다. 모든 욕구를 만족시키기 위해 마지막 자아실현의 욕구를 처음부터 배우고 있다는 것을 명심해라. 자신을 알기 위해 태권도 수련을 하고 있다. 꼭 배워두면 용기와 함께 자신감, 자존감의 밑거름이 되며 극기복례를 통해 항상 초심을 잃지 않음을 배우자!
14		본/모범	태권도 수련을 할 때 사범이라는 대단한 자격을 갖춘 사람에게 배운다. 우리가 배우는 것이 태권도 사범을 통해 모범을 배우는 것과 같다. 보고 따라할 수 있는 좋은 언행과 수련을 사범을 통해 배운다. 특히, 언어를 통해 따라 해도 좋은 모범을 배우자! 보여주자!

15	생애주기 인성교육	공감	수준의 차이는 있어도 공감의 차이는 없다. 태권도 수련으로 서로를 이해하고 함께하는 동기부여를 배운다. 마치, 어린아이들이 함께 울고 웃는 공감하는 모습과 같다. 공감에는 동행이라는 좋은 단어가 생각난다. 지금 태권도 수련 공동체에서 공감을 나누고 배우자!
16		청결	태어나서 청결함과 위생이 안전을 도모하고 건강한 생활의 길잡이이며 수련을 통해 청결함은 지침서과 같다. 몸의 청결, 마음의 청결, 도장의 청결을 통해 집에서도 실천하는 건강한 생활을 배운다. 지금 자신의 사물과 몸가짐 그리고 몸과 마음에 대한 청결을 하나씩 하나씩 배우자!
17		질서	우리 몸은 질서가 아주 잘 잡혀있기에 혈액순환이 잘 되고 있다. 우리 몸처럼 생활의 질서가 되는 규범과 사회성을 태권도 수련으로 배운다. 질서가 없으면 혼란하다. 태권도를 배울 때 질서정연한 모습으로 수련을 하거나 유기적으로 순서있게 진행하는 모든 것이 질서와 같다. 지금 태권도 수련으로 질서의식을 배우자!
18		생명	태어날 때 모두가 기뻐하고 감동하듯이 하나를 잘 배워서 실천하는 것도 자신이 다시 태어나는 느낌처럼 보람과 긍지를 느끼게 된다. 이는 생명을 얻는 것처럼 삶의 에너지가 충만해진다. 지금 배우고 있는 태권도 수련으로 생명을 살리는 일들을 한다면 최고의 배움으로 꿈과 희망을 주는 것과 같다. 지금 최고의 배움으로 생명존중의 중요성을 배우자!
19		나눔	수련으로 나눔의 효과는 함께 성장하는 디딤돌과 자양분의 돕는 마음이 함께하는 봉사와 헌신의 잠재력과 영향력은 배운다. 잠재력은 이미 갖춰져 있으며 앞으로 더 갖춰져 가고 있다는 메시지와 같다. 태풍을 멀리서 볼 때는 작아보여도 가까이에 오면 커보이듯이 나눔은 작아보여도 엄청난 크기와 의미를 갖고 있다. 태권도 수련으로 전 세계의 나눔을 하는 분들에 의해서 태권도의 크기와 의미는 엄청나게 커졌다. 210여국가가 태권도를 하고 있다는 사실만으로 대단한 가치와 여러분이 하고 있는 태권도 수련으로 나눔의 불씨를 전 세계의 건강을 키우고 있다. 지금 태권도 수련으로 나눔을 배우자!
20		겸손	수련으로 겸손한 사람이 되는 과정은 새로운 것을 탄생시키는 힘을 얻는다. 수련으로 얻은 겸손은 최상의 덕목을 얻는 영향력을 배운다. 땅에 가장 낮은 자리에 있는 겸손한 흙이 모든 생명을 자라게 하듯이 겸손한 흙과 같은 태권도 수련으로 자신의 영향력도 성장한다는 것을 알아야 한다. 미래 지도자에게 꼭 필요한 덕목이 낮은 자세와 마음으로 겸손한 인재로 성장하도록 배우자!
21		감사	수련은 언제나 감사해야 한다. 자신의 신체와 정신을 수련할 수 있는 기회는 삶의 씨앗을 얻는 배움이다. 지금 만나고 헤어지는 모든 것이 감사할 뿐이다. 날씨가 좋아도, 좋지 않아도 감사, 기뻐도 힘들어도 감사하는 씨앗이 자라는 태권도 수련으로 감사를 배우자!
22		사랑	수련으로 사랑을 배우는 사람이 되었다면 어떻게 살아야 하는지 배운 사람이다. 이미 사랑할 줄 아는 사람이다. 부모님이 최고의 사랑을 주셨듯이 태권도 사랑을 배워서 사랑을 주는 실천을 하자! 부모님의 사랑처럼 태권도 수련으로 사랑을 실천하자!

23	생애주기 인성교육	봉사	수련으로 성장해서 얻은 것은 다시 돌려줄 수 있는 마음이 선순환이라 한다. 태권도를 통해 얻었으면 태권도를 통해 얻은 것을 다시 돌려주는 마음과 행동을 봉사로 사회에 기여하거나 널리 이로운 사람으로 성장하는 모습을 보여준다. 오늘도 우리의 이슈가 있을 때는 함께 봉사하는 마음을 갖고 있다. 태권도 수련으로 봉사를 배우자!
24		리더십	수련으로 소양을 갖추고 소질이 향상되고 자신이 어디서나 리더십을 발휘할 기회가 온다. 인재는 돈으로 갖출 수 없다. 오직 육성될 뿐이다. 지금 자신이 수련을 통해 인재육성이 된다. 위기와 기회에 자신이 갖고 있는 성품으로 자신은 물론 공동체를 이끌어간다. 그리고 이미 리더십이 있는 사람이다. 이제 사회의 지도자가 되어간다.

3) 어린이태권도 인성교육의 기능과 발견

(1) 실천적 기능

이미 훌륭한 인성을 갖춘 모습을 실천을 통해 보여주고 들려주고 느끼게 하고 깨우치게 하는 것이 바로 인성교육이며 태권도 수련을 통해 배우는 인성교육의 기능이다.

교육적으로 좀 더 깊이있는 접근과 지도를 통해 인성실천의 기능을 원활하게 하며 공동체에서 바람직한 방향의 인성모델을 각자에게 심어주고 성장하도록 도와주는 과정이 실천적 기능을 통해 더 배우고 알아가게 해주는 것이다.

사람의 몸도 각각의 실천적 기능이 있듯이 사람의 도리를 행하는 실천적 기능이 바로 인성기능이며 실력이라 할 수 있다. 공동체에서 배우고 실천하는 기능을 숙달시키는 과정이 사회에 이로운 사람으로 성장하는 바람직한 방향을 좀 더 배우고 나아가는 것이다.

(2) 인성의 발견과 도구적용

자신의 인성을 발견하면 기분이 어떨까?

인성은 내 안에 나를 발견한다는 것을 알게 되었다. 그것을 꺼내어서 어떠한 도구(배움의 도구)로 다듬어서 다시 내 안으로 들어가게 하는 과정이다. 이러한 과정을 작은 경험(끊임없는 배움의 경험)을 통해 발견하고 성장시키는 원동력이 공동체였다는 것을 알게 되었다. 이러한 과정을 인재육성 시스템에서 많이 볼 수 있다. 지식이라는 도구, 스포츠라는 도구, 예술이라는 도구들은 이렇게 궁극적인 교육도표로 가는 길에 있어서 인간완성의 도구라고 생각한다.

자신의 삶속에서 인성을 발견하고 찾아본다.

의사에게 칼은 생명을 구하는 도구이며 의사의 간절한 마음으로 생명을 살리고자 하는 깊은 의식이 들어있는 도구이다.

태권도를 하는 사람에게 태권도는 자신에게 있어서 심신수련을 통해 자신의 심성발견과 내면을 밝힐 수 있도록 심신을 건강하게 하며 태권도 수련을 통해 사회를 이롭게 하는 도구이다.

요리사에게 칼은 맛있는 요리를 통해 누구에게나 건강과 기쁨의 맛을 선물하는 도구일 것이다.

우리가 배운 것은 새로운 통로로 소통하는 지혜로운 도구이다. 우리가 어떻게 적용하고 사용할 것인가에 따라 결과는 다르게 나온다.

태권도라는 도구의 사용과 적용에 따라 자신에게 있어서 귀하고 소중한 도구가 될 수 있으며 배우고 익혀서 널리 이로운 선한 영향력으로 자신의 인성을 성장시키는 것이다.

인성[人性, personality]

인성은 discover이다. (발견은 원석이다.)
▶ 내 안에 나를 발견했습니다. 조그마한 씨앗 같은 나의 인성
　　인성은 development이다. (원석을 반복해서 다듬는 과정이다.)
▶ 내 안에 나를 발전과 성장시킬 수 있는 씨앗이 있다.
　　인성은 Community이다. (훌륭한 원석들의 모임, 공동체)
▶ 나는 공동체에서 소통하며 인성을 발견하고 발전시킬 수 있는 경험과 성장 원동력을 보았다.

공동체에서 배우고 익히며 알아가고 널리 이로운 사람으로 성장

▶ 인성에 대한 발견과 성장 그리고 공동체가 필요하다는 것을 알게 되었다.
▶ 내 안에 있는 성품과 태도의 개성을 다듬어야 할 도구가 필요하다는 것을 알게 되었으며 그것을 공동체에서 다듬었으면 한다.
▶ 보석은 세공기술자를 잘 만나야 보석도 더 보석답게 되듯이 나에게도 지도자를 만나야 하는 이유를 알게 되었다.
▶ 보석 같은 인재들은 지도자 손에서 다듬어지고 더 보석 같은 인재로 성장하는 과정이 될 것이다.
▶ 인재의 첫걸음은 자신이 보석임을 알게 해 주는 것이다.

"나는 훌륭한 사람입니다. 이미 훌륭한 사람입니다."

내 안의 가장 좋은 성품 3가지를 써 본다.

이 시대의 화두는 "인성"이다. 열매는 뿌리의 수고함의 덕분이다. 뿌리는 열매를 결정한다.
"나의 뿌리는 바로 인성이다."

나는 어떤 환경에 있는 뿌리인가?

환경(環境)은 직접·간접으로 영향을 주는 자연적 조건이나 사회적 상황이라 한다. 가정환경, 학교환경, 지역환경, 사회환경 속에서 우리는 작은 공동체(共同體)에서 일어나는 환경을 찾아본다. 아빠공동체, 엄마공동체, 청소년공동체, 학교공동체, 스포츠공동체 등 단체의 속성과 개인의 속성이 그대로 관찰하고 배우고 고치고 익혀서 적용하고 공유할 수 있는 곳에서 나의 성장뿌리를 찾으면 정말 좋다. 누구에게도 대신할 수 없는 "인성"은 좋은 에너지와 영향력으로 서로가 서로에게 행복한 자유공간을 만드는 삶의 돈동체이다.

환경(環境)은……. 변화가 일어나면 지경이 넓어진다. 한번 해보면 엄청난 변화가 있다. 썩은 땅에도 꽃이 핀다. 썩은 물도 다시 생명수가 되듯이 변화는 이렇듯 기적(miracle)처럼 나타난다고 한다.

"또 다른 발견은 변화된 환경 속에 내가 있고 그 속에 보물과 같은 인성이 있다."

- 출처: 박종기, 안재로, 김선수(2015).「인성을 키워주는 창의적 학습코칭」, 애니빅출판

2. 인성교육의 적용과 운영

1) 적용방법

(1) 적용의 의미

태권도 기술을 연습하는 일을 수련(修鍊, practice)으로 표현하는 이유는 그것이 몸의 변화를 목적으로 하는 활동일 뿐만 아니라, 수련자를 바람직한 인간으로 만들기 위해 마음의 변화도 목적으로 하는 활동이기 때문이다. 태권도 수련은 그것을 연습하는 사람의 몸과 마음을 총체적으로 변화시켜 그 사람이 더 나은 인간으로 변화되도록 만드는 전인 교육 활동이다.
- 출처: 국기원 홈페이지

수련을 통한 적용의 의미는 전인교육활동이며 더 나아가 자신의 끊임없는 변화를 통해 신체적 성장은 물론, 정신적인 부분에서 성숙한 성장을 하며 건강한 인격체로 행복한 삶을 살 수 있도록 개인적 성장을 중심으로 널리 이로운 사람이 되어 역량을 발휘할 수 있는 소양을 갖춰 나아간다. 그러기 위해 태권도인성교육이 주는 적용의 의미를 도장에서 배우고 실천하여 다른 환경에서 적용할 수 있도록 지도하여 전인교육활동에 영향을 준다.

적용하는 과정에서 수준에 맞게 다양한 구성으로 적용하면서 언어의 변화, 행동의 변화 그리고 생각의 변화를 줄 수 있는 동기부여를 통해 상대성에 따라 빠르게 변화되는 수련생이 있으며 천천히 변하는 수련생이 있다.

공동체의 변화를 통해 도장의 변화는 물론, 개인이 다른 공간에서 변화된 모습을 선보이게 된다. 특히, 가정과 도장은 다른 공간 같은 가족개념의 의미있는 교육이 이루어지며 학교와 도장은 공동체의 의미있는 교육이 이루어진다.

이것이 도장에서 배우고 익혀서 가정 그리고 학교공동체에서 충분히 함께할 수 있는 동기부여가 되는 어린이태권도 인성교육이다.

어린이태권도 인성교육의 적용은 건강한 변화를 통해 생애주기에 꼭 필요한 소양과 함께 소질을 향상시킬 수 있는 기본기를 몸과 마음에 자양분이 되어주며 디딤돌이 되어주는 아주 훌륭한 과제이며 과정이다.

모든 프로그램의 완성도는 누가 어떻게 단계별, 맞춤형 적용을 했는지에 따라 달라진다.

---

1. 왜 인성교육인가요?
　인성교육은 행복으로 가는 기초 교육입니다
인성교육은 아이들이 자라면서 건강한 삶을 꾸리고, 사회에 적극적으로 참여하고 공헌할 수 있는 성숙한 시민이 되는 기반을 닦는 교육입니다.

2. 인성교육은 세계적인 흐름입니다.
　미래형 인재는 자기관리와 원만한 대인관계, 협업을 통해 변화하는 사회에 적극적으로 대응하는 인재입니다.
2015년부터 국제학업성취도평가(PISA)에서도 '협업문제 해결능력'이 추가되어 타인과 상호작용하는 능력을 평가하고 있습니다.

3. 사회적으로도 인성교육을 강조하고 있습니다.
　2015년에 인성교육진흥법이 제정되어 학교, 가정, 사회에서 인성교육을 실시해야함에 따라 그 중요성은 더욱 강조되고 있습니다.

4. 교사, 학생, 학부모가 만족하는 인성교육
　사회정신건강연구소의 〈인성교육 프로그램〉은 1996년 개발을 시작하여, 현재 자존감향상, 친구관계향상, 시민의식 교육, 진로교육, 부모교육 등 10종 이상의 프로그램이 있습니다. 또한 2005년부터 전라남도 교육청, 대구 동부교육지원청, 부산 서부교육지원청 등과 공동 연수를
실시하여 2만2천명의 교육지도자가 배출되었고, 51만 명의 학생들이 인성교육을 받았습니다.

－출처: 삼성의료원 사회정신건강연구소 홈페이지

---

(2) 인성교육 적용과정

　태권도 수련을 통해 배운 것은 어디에 적용이 될까?
그것은 자신의 건강 또는 호신, 더 나아가서 자신감을 얻고 관계성이 좋은 사회인으로 성장하는데 적용되어 정신적으로 성숙하고 자신의 내면을 돌아 볼 줄 아는 사람이 되는데 있을 것이다.

　어린이태권도 인성교육은 어디에 적용하기 위해 배우는가? 라는 질문을 한다면 자신에게 있는 고유의 성품과 이미 좋은 인성을 갖춘 모습을 경험을 통해 깨달아 삶에 적용하는 과정이라고 할 수 있다.

　태권도장에서 어린이태권도 인성교육을 적용하는 과정은 태권도 수련을 적용하는 과정과 유사하다. 인성교육활동 과정에 따른 적응을 통해 노력과 도전으로 동기부여에 따른 성취감과 만족감을 높일 수 있다.

가. 도장에서 적용과정

　① 도장의 출입에서부터 적용하는 언행과정
　② 도장에서 수련에 적용하는 언행과정
　③ 도장에서 매월 또는 매주 주제를 정하여 적용하는 행동과정
　④ 도장에서 수련내용과 일상에서 적용하는 행동과정
　⑤ 도장에서 관계에 의해 적용하는 행동과정

나. 단계별 활동단계 적용과정

　① 자신에게 적용하는 실천단계
▶ 수련생과 수련생이 거울처럼 느껴지도록 실천 활동으로 개인 활동력 증가
　② 도장공동체 언행실천단계
▶ 인성주제별 언행실천을 통해 보고 듣고 느끼는 경험 활동으로 지정의(知情意) 인성학습
　③ 도장공동체 실천학습 높이는 단계
▶ 도장 활동 및 인성주제별 지식을 활용하는 실천 활동으로 지덕체 인성학습
　④ 가정 공동체 실천단계
▶ 도장에서 배우고 가정에서 적용하는 실천 활동으로 가족 공감 인성학습
　⑤ 학교 및 지역 공동체 실천단계
▶ 도장공동체에서 준비한 캠페인 및 이슈에 다른 실천 활동으로 선한 영향력을 배우는 실천

　말과 행동, 즉 언행을 화살이라고 한다면 그 화살은 힘의 방향에 있어서 화살을 쏘면 반드시 자신에게 돌아온다. 여러분은 어떤 화살을 쏠 것인가?
　태권도장에서 배우고 가르치는 과정에서 언행은 첫 번째 마음의 저장소에 의식과 무의식으로 터를 잡아가는 과정이다.
　욕이나 나쁜 말을 많이 하면 나쁜 말이 무의식적으로 성장하고, 좋은 말을 많이 하면 좋은 말이 무의식적으로 성장한다. 태권도를 하면 태권도를 무의식적으로 잘하는 것과 똑같다고 할 수 있다.
　그래서 올바른 언행을 배우는 과정은 스스로 성장하기 좋은 매력적인 사람으로 만들어 줄 수 있다.
　언행의 화살을 쏘면 반드시 자신에게 돌아온다. 내 마음의 밭에 씨앗이 성장해서 열매가 되고 생각이라는 아이가 열매를 꺼내어 쓴다.
　어린이 태권도 인성교육에서 도장에 들어와서 나가는 순간까지 언행 공동체의 힘이 발휘된다면 서로에게 좋은 영향력을 주는 관계로 모두가 오고 싶은 도장이 될 수 있다.
　꾸준히 하는 좋은 말씨와 행씨가 누적효과로 인해 마음의 밭에서 성장한다는 것을 명심하고 하루 한마디만 알려주어도 마음 저장소에서 의식적으로 성장하는 기회가 된다.
　행복의 화살, 사랑의 화살, 건강의 화살, 수련의 화살을 멋지게 쏘는 수련생이 도장공동체에서 캠페인으로 함께한다며 더 좋은 성장공동체가 된다.

2) 인성교육 운영방법

(1) 관훈이 있는 도장과 관훈이 없는 도장의 가치
태권도장에서 수련을 하는 수련생에게 관훈을 물어보면 관훈이 있는 도장의 수련생은 도장을

자랑스럽게 얘기한다. 저희 도장의 관훈은 행복, 우정, 도전입니다. 우리도장의 올해 목표는 언행일치를 실천하는 것이라고 관장님이 말씀하셨습니다. 라고 한다.

또한, 행복이 있는 도장, 우정이 있는 도장, 도전을 함께하는 도장입니다. 라고 얘기하기도 한다. 그리고 저희 도장은 캠페인으로 기부하는 도장입니다. 라고 얘기한다. 이렇게 수련생들은 도장에 대한 관훈이 주는 가치를 스스로 몸과 마음에 심어가고 있다. 어떻게 지도하면 관훈을 수련생의 몸과 마음에 심을 수 있을까? 한번쯤 생각해야 한다.

도장의 관훈은 회사의 사훈이며 학교의 교훈 그리고 가정에 가훈으로 어떻게 살아가며 어떻게 이어가야 하는지를 알려주는 기둥과 같다. 삶의 지표가 되기도 하고 사회에 나아가서 어떤 사람이 되어야 하는지 나침반을 주는 것과 같다.

다양한 핵심가치를 얘기할 때 기업은 인재, 기술, 성장발전, 그리고 생산과 개발의 새로운 기회창조를 위해서 살아남는 과정에 기업만의 문화를 핵심가치로 만들어간다.

기업의 예를 살펴보면,
- 사람이 기업이다. 기업은 사람이다. 인재중심의 가치를 소중히 여기는 신뢰와 믿음으로 기회의 장을 만든다.
- 열정과 도전으로 새로운 혁신의 변화를 추구하는 끊임없는 변화를 추구한다. 변화혁신을 중심으로 가치를 이어간다.
- 정성과 신뢰를 바탕으로 바른 행동과 바른 인재들의 바른 정도경영의 가치를 이어간다.
- 더불어 사는 사회의 개인의 행복, 기업의 행복을 함께 노력하여 공동의 번영을 추구한다. 행복추구의 가치를 실현한다.

수없이 많은 기업의 사훈과 핵심가치를 보면 도장에서 어떻게 관훈을 이끌어 나아가야하는지 알 수 있다.

도장에서 관훈은 어떻게 준비해야 하는가?
인성교육을 가르치고 배우는 부분은 관훈에서 시작된다.
우리 도장의 관훈은…….

첫 번째, 예의, 성실, 도전이라 한다. 바른 사람에게는 예의가 항상 몸에 익숙하고 모든 사람에게 성실한 인재로 성장하여 주어진 역할은 물론, 수련을 통한 도전정신으로 사회에서 일꾼이 되는 면모를 실현하자.

두 번째, 충효예, 봉사라고 한다. 수련을 통해서 나를 위해 우리를 위해 그리고 큰 사람이 되는 국가를 위해 충효예의 인재가 되며 더 나아가서 봉사정신이 투철한 시민의식으로 성장하는 인재가 되자.

세 번째, 행복, 건강, 사랑이라 한다. 행복을 동행하는 도장으로 건강과 사랑이 넘치는 수련생이 되자.

네 번째, 보는 힘, 듣는 힘, 말하는 힘, 행동하는 힘, 생각하는 힘이 있는 수련생이 되자!

보는 힘의 관찰력, 듣는 힘의 경청력, 말하는 힘의 판단력, 행동하는 힘의 도전력, 생각하는 힘의 사고력을 고루 갖춘 인재가 되어서 널리 이로운 정신으로 삶과 미래를 함께하는 도장수련생이 되자!

이러한 사례를 통해서 인성교육의 가치와 방향은 시작되며 도장의 관훈을 물어봐도 인성과 정신 그리고 수련철학과 방향이 그대로 나타난다.

회사에서 교육연수를 하면 회사의 창업 정신과 철학 그리고 사회에 기여하는 기업의 이미지, 신뢰도, 경쟁력, 미래비전과 함께 사원이 왜 협동하고 단결하면 미래가치를 함께 하는지 알려준다.

관훈이 있는 도장과 없는 도장의 가치는 수련생의 성장에서 나타나며 또한, 관훈을 지도하는 과정에서 수련생의 가치를 높이는 가치관이 형성되는 가르침으로 이어진다. 이는 태권도의 대물림이 되며 자신의 고귀한 삶의 대물림의 지혜가 된다.

(2) 도장 출입문에 쓰여있는 글과 정신

태권도장에 들어가는 입구에서 느끼는 분위기가 있다. 들어가고 싶은 입구를 만들어야 한다. 특별한 메시지가 없어도 들어가고 싶은 도장의 분위기와 기운은 무엇일까?

기업이 광고를 할 때 기업의 가치를 표현하기 위해서 다양하게 표현한다. 어느 회사는 사랑을 중심으로 이미지 광고를 하고 어느 회사는 도전을 핵심으로 이미지 광고를 하며 어느 회사는 개척을 중심으로 이미지 광고를 한다.

도장은 이미지를 어떻게 보여주고자 하는가?

도장입구에 모니터 또는 현수막을 준비해서 자체 이미지 광고와 함께 추구하는 방향의 메시지를 들려주고 보여주고 글로 써서 문패처럼 만들어서 익숙한 느낌으로 전달한다면 보는 사람에게는 감동이며 수련생에게도 감동일 것이다.

수련생이 함께 시범을 보이고 영상을 만들어서 이미지광고와 함께 친숙함을 표현하는 문구로 수련생이 만든 미래가 서로를 행복하게 한다. 라는 문구 한줄에 도장이 추구하는 미래와 행복을 느낄 수 있다.

회사의 입구에 들어가면서 회사를 느낄 수 있듯이 도장을 경영하는 마인드는 입구에서부터 느낄 수 있도록 준비하고 인성교육을 하고자 하는 의지와 노력 그리고 맞이하는 정신을 그대로 표현한다.

(3) 사범교육이 되어 있는 도장과 사범교육이 되어 있지 않는 도장의 인성지도법

태권도장에서 프로그램보다 중요한 것은 프로그램을 누가 운영하는 것인가? 라는 부분이다. 수없이 많은 프로그램을 사용하더라도 프로그램운영능력이 있는 지도자이어야 한다. 사범교육이 되어 있는 도장과 사범교육이 되어있지 않는 도장의 인성지도법은 너무나 다르다.

프로그램을 갖고 있는 사람이 있고 프로그램을 운영하는 사람이 있다. 도장의 사범교육이 되어 있는 도장은 프로그램을 운영하는 도장으로 거듭나고 있으나 사범교육이 되어 있지 않으면 프로그램을 갖고 있는 도장일 뿐이다.

상당히 중요한 부분에 있어서 수련프로그램은 누구나 똑같이 가지고 있다. 누가 수련프로그램을 가르치는 것인가에 따라서 수련생의 수준과 질량은 비슷하지만 달라진다.

컴퓨터에 프로그램을 갖고 있는 사람이 있고 컴퓨터에 프로그램을 활용하는 사람이 있듯이 우리에게 주어진 프로그램을 잘 활용하고 능력을 향상시키기 위해서는 주기적인 교육과 환경개선이 필요하고 요구된다.

이는 도장의 환경을 바꾸고 새로운 변화를 시도하는 정신과 같다.

사범교육과 함께 도장 인성지도법이 진행되었을 때 분위기를 생각해 보면 한 방향으로 나아가는 모습이 느껴진다.

사례를 보면 사범교육을 통해 메시지 인성지도법을 공유할 경우 최소한 수련생이 한번에서 세 번의 메시지는 들을 수 있다. 그러나 사범교육을 하지 않을 경우에는 메시지 인성지도법에서 전하고자 하는 메시지를 수련생이 듣기 어렵다. 마치, 보관용 메시지 인성지도법이 된다.

듣고 행할 수 있는 인성지도법이 사범교육에서 시작된다.

(4) 수련생의 말과 행동을 변화시켜주는 도장 인성교육의 지도자 언행

태권도장에서 수련프로그램이 수련생의 변화를 주고자 하는 힘은 어디에서 나오는가? 생각해 보면 강인하면서 부드러움을 추구하는 섬세한 품새지도법에서 변화의 힘을 전달할 수 있으며 겨루기를 통해서 도전과 열정 그리고 반복 숙달하는 과정에 느끼는 성취감과 만족감에서 또 다른 자신의 변화를 발견한다.

이렇듯 다양한 수련과정에서 성장의 변화적 측면이 있다. 수련생의 말과 행동의 변화를 주는 도장 인성교육은 어떻게 되는 것인가?

수련과정에서 말과 행동의 변화는 시작된다. 수련하는 모습을 보고 할 수 있는 언행이 좋은 사례인지 알 수 있다.

- 수련을 하는 모습을 보니 내가 기쁘다. 열심히 하고 있는 너희들은 얼마나 기쁘겠니. 부모님이 너희들에게 몸과 마음을 건강하게 성장시키라고 보내신 것 같다. 나하고 같이 해보자.
- 수련을 하면서 잘 되지 않아도 걱정하지 않아도 된다. 너희들이 잘 되지 않았을 때 가르치려고 사범님이 있다는 것을 명심해라. 모든 것을 잘할 수 없다. 그래서 사범님이 있으니 걱정하지 말고 말을 해라. 그리고 함께하자!
- 수련을 하는 목적은 건강이다. 그리고 호신이다. 이렇게 배우고 있는 도전과 열정이 너희들에게 건강과 호신은 물론, 행복한 사람으로 만들고 있다. 너희들이 행복하면 부모님도 행복하다.
- 품새를 할 때 가장 좋은 점이 있다면 한 가지씩 얘기해 봐라. 내가 먼저 얘기한다면 자신감이 성장하는 수련생의 모습을 보면 내가 더 자신감이 생겼다.
- 수련을 하는 이유는 지금 수련으로 스스로 변해가듯이 말과 행동 그리고 정신이 바르게 변해가는 것이다. 그렇게 할 수 있는 수련생은 지금 바로 손을 들어보자. 이렇게 변하는 모습을 보면 마치, 꽃이 활짝 피어나듯 성장하는 미래가 기대된다.
- 수련을 하면서 너희들을 보면 기쁘다. 성장하는 모습이 대견하고 대단하다. 함께해줘서 고맙다.

오늘도 수련을 함께 해 보자.

이러한 사례의 언행을 통해 수련으로 수련생의 말과 행동을 변화시켜주며 더 나아가서 도장 인성교육의 새로운 패러다임을 만들어갈 수 있다.

지도자의 메시지를 통한 언행일치는 수련생이 도장에서 서로 합심하는 언행과 가정에서 변화되는 언행 그리고 학교에서 더 나아져가는 모습을 관계성이 좋은 언행을 느낄 수 있다.

이렇게 도장에서 준비할 수 있다면 이미 수련생은 변하고 있을 것이다.

(5) 인성교육을 잘하는 지도자에게 찾을 수 있는 노하우

도장에 관원이 많으면 원하는 정도경영과 방향을 잘 이끌어간다. 또한, 하고자 하는 의욕과 열정도 더 높은 수준으로 올라간다.

수련생 또한, 의욕과 열정이 남다르게 성장하는 모습이 보인다. 이러한 상황에서 생기와 기운이 항상 넘치는 지도자의 모습이 좋은 콘텐츠의 시작이다.
좋은 콘텐츠를 누가 어떻게 전달하는가?
어린이태권도 인성교육콘텐츠를 누가 어떻게 전달해야 하는가?
지도자에게 찾을 수 있는 어린이태권도 인성교육콘텐츠와 지도방법의 노하우는 무엇이 있을까? 지도자 경륜에 따른 방법에 있어서 다른 부분은 분명하게 있다.
다만, 공통점의 노하우가 있다.
인성교육을 잘하는 지도자에게 노하우를 물어보면 처음에는 노하우라고 생각하지 않았으나 시간이 지나서 경륜으로 바라보니 노하우라는 것을 알았다고 한다.

첫 번째, 기본에 충실한 태권도지도와 모범이다. 태권도장은 태권도를 잘 지도하는 과정에서 모범이 되어야 한다. 다수의 지도자에게 노하우의 의미를 물어보면 차별화와 전문화 그리고 자신만의 터득한 방법이라고 한다.
경륜이 있는 지도자가 되어서 보면 기본에 충실한 지도와 모범이 되는 지도자가 필요하다는 것을 알게 된다.
지금 지도자를 선별할 때에도 기본에 충실한 모범지도자를 선별하고 싶을 것이다.
그렇다면 기본에 충실한 지도의 맥락을 이해해야 한다. 잘 배우고 가르치는 기본에 충실한 지도자는 일정한 소양을 갖추고 중점이 되는 소질과 함께 주어진 상황에 최선을 다하며 연구개발하려는 태도와 자세를 갖춘 모습에서 기본에 충실함을 찾을 수 있으며 특히, 공감할 수 있는 태도와 자세에서 언행을 하려는 노력이 보여야 한다.
한 사람의 지도자는 100명 또는 1,000명을 살리는 사람과 같다. 그러한 심정으로 어린이태권도 인성교육은 기본에 충실한 지도와 모범의 매뉴얼이 몸에 저장되어 있어야 한다.

두 번째, 도장경영 시스템을 갖춰야 한다. 중요한 시스템의 구조는 2가지이다. 하나는 교육과정에서 지도하는 인성교육이며 또 하나는 일상에서 느끼는 인성교육이 유기적으로 진행되는 것을 알 수 있다.
교육과정에서 시작과 마무리가 항상 동일한 시스템이다. 무엇을 가르치고 배웠는지 무엇을 전달하려고 했는지 메시지를 준비해서 교육이 진행된다. 인성교육의 메시지도 전달되고 실천되어야 한다.
운동 전후 스트레칭을 하듯이 인성교육의 스트레칭은 예의라는 것을 명찰하는 지도와 함께 땀을 흘리는 만큼 땀이 정직하듯이 인성교육의 땀의 결실이 정직함으로 얻어져야 한다. 라는 메시지를 전할 수 있어야 한다.
오늘 태극1장을 완성하는 모습은 처음의 모습과 마지막 모습이 같듯이 인성교육을 하면서 극기복례를 알아야 하는 이유는 처음과 마지막이 같은 모습이 되어야 한다는 언행일치의 중요성을 메시지를 통해서 전달할 수 있어야 한다. 이후 인성교육의 실천덕목을 느낄 수 있도록 해야 한다.
책으로 배우는 인성교육과 몸으로 배우는 인성교육의 다른 점은 현장에서 무엇을 도구로 배우는 것인지 명찰해야 한다.
현장체험을 하면 현장체험으로 인성교육이 되어야 한다. 일상에서는 일상에 맞는 인성교육이 되어야 한다. 이러한 모습은 관계학습에 있어서 공동체역할이 잘 이루어지고 있다는 것이다.

세 번째, 인성교육을 이끌어간다는 매력이 있는 지도자의 명확한 리더십을 볼 수 있다. 단계별 또는 대상별 인성교육지도, 시즌별 또는 체험학습 인성교육지도, 유급자과 유단자의 인성교육지도를 적용하려는 모습이 있다.

단계별 인성교육지도에 있어서 도장 출입에 대한 예의와 수련의 시작과 마무리의 예의를 시작으로 단계별 메시지를 준비하며 대상별 인성교육지도에 있어서 어린이, 성인, 또는 다른 대상에 따라서 적용의 방법을 적절하게 표현을 할 수 있다.

특히, 시즌별 상황에 맞는 인성교육이 이슈에 맞게 적용되면서 심사시 인성교육덕목, 대회 출전시 인성교육덕목, 상담시 인성교육덕목이 몸에 저장되어 있는 모습으로 인성교육 매뉴얼이 자연스럽게 나온다. 또한, 자신의 인성교육은 물론, 다른 사람이 잘하는 인성교육을 잘 소화해서 표현하는 대단한 능력도 있다.

이러한 과정이 단순하게 펼쳐지는 것 같아도 1년을 어떻게 인성교육지도를 하면서 이끌어갈 것인지 교육 커리큘럼처럼 준비한다.

(6) 인성교육이 잘 되는 도장의 운영

태권도장은 심신수련을 말과 행동 그리고 정신을 동시에 배우고 가르치는 환경으로 이끄는 도장이 인성교육이 잘 되는 도장의 운영 방향이다.

말과 행동 그리고 정신으로 동시에 진행이 되는 프로그램운영으로 전달력과 행동력이 동반되어 서로 인지하며 정신적 메시지를 잘 전달하려고 노력한다.

말을 전달하면 행동으로 나타나고 행동을 중심으로 인지하면서 실천력을 높이는 과정이 진행된다. 수련지도법과 인성교육지도법이 동시에 진행되는 모습이 좋다.

- 겨울은 겨울다워야 한다. 수련하는 사람은 수련하는 사람다워야 한다. 겨울이 와도 수련에는 변함이 없다. 이것을 도전정신이라 한다. 자신의 의지로 도전하자.

도전정신 3번 지르기 시작!
도전정신으로 태극1장 시작!
도전정신으로 마음가짐과 태도를 갖추자!
이러한 과정에서 말을 전달하고 행동으로 적극적이며 행동력을 통해 동기부여를 준다.
오늘 운동하는 모습은 맑은 날씨처럼 기분이 좋다. 수련하는 너희들의 마음도 좋았으면 좋겠다.
오늘 운동을 즐겁게 시작하자! 그렇게 할 수 있습니까? 네~~~
주춤서기 준비~~~~
이러한 과정을 수련하는 동안 기억하면서 행동과 정신을 차리고 운동하게 된다.

중요한 메시지를 수련하는 시작과 마무리에 전달할 수 있도록 준비하는 도장운영이 성장하는 도장의 모습으로 나타난다.

도장운영에 있어서 겨루기, 품새, 시범, 격파, 호신, 인성지도 등 다양한 성장모델을 도장별로 갖추고 있는 것은 대단한 결과를 얻을 수 있는 초석이 된다. 이러한 과정에서 수련생과 학부모님에게 중요한 밑거름은 인성교육 운영은 대단한 노하우로 성장의 터가 될 것이다.

가장 힘든 시기에도 인성교육은 뿌리가 되어서 자라고 있다는 것을 알 수 있다. 홍보 및 광고를 해도 인성을 근간으로 많은 내용들이 전달되고 있다.

태권도 수련을 하면 자신감, 자존감, 존중, 도전정신, 예의, 절도, 인내, 극기, 건강, 호신, 사회성, 관계성 등 좋아지며 자신을 이기는 수련생으로 부모님에게는 훌륭한 자녀의 모습을 기대해도 좋다는 메시지로 홍보 및 광고 그리고 상담을 한다.

맞습니다.

인성과 정신을 바르게 성장시키는 태권도 수련을 중요시 하는 부분에서 도장운영은 본(本)이 될 것이다.

이렇게 훌륭한 도장에 수련생이 모일 수밖에 없다.

도장의 자신감, 자존감, 그리고 도장의 정신, 의지, 지도자의 헌신, 노력, 열정, 기운이 있기에 가능한 결과이다.

도장의 기운이 학부모와 수련생에게 전달된다. 이러한 과정으로 좋은 결과로 결실을 맺는 방법이 있다.

수련생의 긍정적 변화를 통해 도장의 환경이 개선되며 지도자의 지도력이 성장하는 결과를 얻는다. 이는 미래인재육성의 초석이 되는 것과 같다.

3. 인성교육 프로그램

1) 인성교육 프로그램 구성

(1) 프로그램 구성원리

어린아이가 태어나서 걷는 과정을 보면 대단한 가르침을 받는다. 기고 앉고 서고 걷는 과정에서 수없이 넘어지고 일어나면서 걷기까지 누가 가르쳐주지 않아도 스스로 부단히 노력하고 도전해서 걷는 모습을 보여주며 부모님 이외에도 누구라도 감동을 받을 것이다.

어린이태권도 인성교육을 통해서 부단히 노력하고 도전할 수 있는 동기부여는 주변환경에서 함께하는 공동체의 힘이 필요하다.

개인의 목표는 물론, 공동체의 목표에 이르기까지 개인에게는 동기부여가 되고 공동체에서는 새로운 기대감을 주는 프로그램들을 함께 공유해야 한다.

동기부여를 주는 과정으로 성취감과 만족감을 얻을 수 있는 프로그램 구성이며 자신감과 자존감을 높이고 스스로 감동받을 수 있는 자신을 만들어본다.

이에 자신이 성장하는 모습 속에 첫 번째, 언행을 배우고 익히고 경험하고 습득할 수 있는 좋은 기회를 마련하고자 한다.

두 번째, 의식적인 활동으로 스스로 동기부여를 하며 공동체에서 서로에게 동기부여를 한다.

세 번째, 지도자의 메시지활동으로 동기부여와 감동을 나누고 실천할 수 있는 환경을 만들어본다. 3살 버릇 100세까지 가듯이 3세 인성 100세까지 간다. 언제나 지금부터 해야 할 과제이며 일상의 인성학습은 배움과 실천으로 터득할 수 있도록 기회를 제공하고 함께 공동체에서 수련과 함께 구성한다.

더 나아가서 일상의 활동이 먼 훗날 심신이 건강한 사람으로 성장하기 위한 뿌리학습이라는 것을 알게 될 것이다.

구분	프로그램 구성원리의 적용	인성교육방안	지도방법	생활백서
本(모범)	기본, 근본, 바르게	모범	시범지도	다짐하기
心身(심신)	몸과 마음의 태도	몸과 마음수련	수련지도	수련으로 습득하기
言(언어)	말의 정직	말씨	메시지지도	긍정적인 말하기
書(생각)	글의 정성	글씨	문자 및 글지도	좋은 글 나눔
行(행실)	행실의 의미	행씨	행동지도	좋은 행동 나눔
判(이치)	판단하는 사물의 이치	스토리텔링	사물과 이치	지식과 경험 나눔

(2) 프로그램 활동지도 방법

인성교육 프로그램은 전문화된 지도력으로 수련을 통해서 얻은 경험과 지식 그리고 태권도를 통해서 얻은 가치를 충분히 적용하여 전달할 수 있는 깊이있는 준비가 필요하다.

수준별, 대상별, 맞춤형으로 상대성을 갖고 있는 부분까지 생각해서 수련과 인성덕목을 행동으로 이끌고 목적의식과 동기부여를 통해 개인에게 감동과 타인에게 감동이 되는 영향력있는 잠재력을 쌓아간다.

지도력은 지도자의 전문성을 신체를 통해 가르치는 과정에서 대상에 따라 다양한 훈련 방법을 적용하듯이, 인성 교육의 활동지도 방법에 있어서도 다양성과 전문성을 고려해서 지도해야 한다.

태권도 도복을 입고 수련하는 자세와 태도를 몸으로 기억하고 훈련하듯이 몸으로 기억하고 습득할 수 있는 실천 인성 교육을 지도하여 말하는 힘, 행동하는 힘, 생각하는 힘을 키울 수 있도록 해야 한다.

따라서 보고 듣고 실천하고 느끼고 깨달음이 있는 과정을 지속적으로 반복할 때 인성의 힘이 좋아진다. 인성의 힘은 뿌리이며 뿌리가 건강한 열매를 얻기 위해 보이지 않는 뿌리에 투자를 하는 공동체에서 서로의 노력과 도전을 격려하고 칭찬하면서 선한 영향력이 있는 활동을 함께 해야 한다. 인성의 힘은 함께 긍정적인 방향으로 이끌면서 성장한다.

(3) 인성교육 프로그램

구분	인성교육덕목	태권도 수련 인성 메시지(예시)	프로그램구성(예시)
연간 인성타이틀	건강한 좋은 습관 만들기	건강한 몸은 개인의 청결함에서 시작되고 건강한 마음은 갈고 닦는 공동체에서 함께한다. 자신의 몸을 꽃과 꽃밭이라 생각하면서 좋은 습관의 물을 주고 거름을 주는 시간을 만들자!	연간계획
인성수여식	봉사	배우고 가르치고 전하는 모든 수고함에 있어서 서로의 언행과 마인드는 봉사의 근간으로 함께한다. 수여식은 모든 수고함을 위한 마음을 전하는 서비스정신과 같다. 다른 사람이 높여주는 수여식에서 봉사하는 마음을 배운다.	스페셜인성교육 ------------ 수여식 인성메시지

매월 인성주제	태권수련인성	완성도를 높이는 태권도수련 인성교육 매월 21일의 실천하는 과정이 자신의 성장이다.	매월21일의 완성
심사시 인성플랜	정직	심사를 보는 자리는 평가 이상의 의미가 있으며 정직한 심사, 정직한 실력으로 바르게 배운 당당함의 모습에서 정직을 배운다. 두려움을 이기는 첫 번째 방법을 정직으로 배우자.	스페셜인성교육 ------------ 심사인성메시지
대회 출전시 인성플랜	청결	대회를 준비하는 마음과 몸이 청결해야 한다. 청결은 맑고 깨끗한 마음으로 욕심이나 부패하지 않는 청결함을 배운다. 대회를 출전할 때마다 새롭게 다짐한다.	스페셜인성교육 ------------ 대회 출전시 인성메시지
스승과 제자	예, 효	언제나 스승과 제자간의 예를 다한다. 또한, 효는 백행의 근본이며 스승과 제자간의 관계에서 부모님을 공경하는 마음을 배운다.	
관계 학습	공감, 경청	사람과 사람은 서로 공감할 수 있는 경청이 서로 이해함을 느끼게 해준다. 이는 내 말은 듣는 너희들의 모습과 같다. 나도 공감하고 경청하며 함께하겠다.	
도장의 일상	예	사람의 도리를 배우고 가르치고 행하는 자리를 도장이라 할 수 있다. 도장의 일상에 예는 생활이다.	
일상의 수련생	소통, 사랑	수련생이 배우는 내용이 소통의 도구이며 서로 사랑을 배우고 전하는 수련과 같다. 배우는 것으로 소통을 하고 사랑을 실천한다.	
수련자세	절제	태권도 수련 자세는 갖춰진 절제된 동작을 배운다. 뛰어난 절제는 자기 수련의 가치를 높인다. 일상에서 절제력은 최고의 덕목을 실천하는 것과 같다.	
태권도 기본동작	本/모범	태권도 수련의 기본동작은 모범이 되어야 한다. 모범을 보일 수 있는 근본, 바탕, 뿌리를 얘기하는 본이다. 동작의 모범, 언행의 모범을 배운다. 운동은 말로 배운다. 언행을 배우는 방법이다.	
품새	극기복례	품새의 과정은 언제나 어려움이 있는 수많은 반복으로 극기하며 숙달한다. 그리고 시작과 끝은 언제나 동일하게 돌아온다. 품새를 통해 극기복례를 배운다.	1월 주제
겨루기	겸손	경기를 마치고 상대방의 손을 들어주면 내 손도 올리게 된다. 올라간 자리는 내려올 자리도 같다. 겨루기를 통해 겸손을 배우는 방법이 자신을 성장하게 한다.	2월 주제
시범	질서	시범을 할 때 우리는 시작부터 끝까지 질서가 있는 모습으로 이루어진다. 내 몸도 질서가 있는 흐름으로 유연하고 부드럽고 강인하고 힘차고 굴곡을 질서있게 해쳐나가듯이 시범의 모든 과정은 질서를 중심으로 계획적으로 한다.	3월 주제
격파	생명	격파는 대단한 힘이 있다. 그리고 힘으로 용기를 얻고 희망을 얻고 생명을 얻기도 한다. 그러한 동기부여의 힘을 격파를 통해 배운다. 생명은 상생이며 상생을 격파로 배우고 생명을 지켜준다.	4월 주제

태극1장	도전	태극1장을 배울 때 어떤 마음자세와 태도가 있으면 좋을까? 처음이지만 중요한 시작은 항상 도전이다. 두려움 없는 도전을 해보자!	5월 주제
태극2장	인내	태극2장을 배울 때 어떤 마음자세와 태도가 있으면 좋을까? 태극1장을 배우고 또 다른 도전으로 인내하는 과정이 있다. 인내는 참는 것과 이겨내는 것이 동시에 있다.	6월 주제
태극3장	책임	태극3장을 배울 때 어떤 마음자세와 태도가 있으면 좋을까? 인내를 통해 얻은 결실에는 항상 책임이 있다. 얻을 것에 대한 또 다른 책임감은 자신을 성장시켜준다.	7월 주제
태극4장	협동	태극4장을 배울 때 어떤 마음자세와 태도가 있으면 좋을까? 1장부터 3장에서 얻은 힘을 합하여 새로운 결과를 얻는다. 그리고 이제 자신도 협동할 수 있는 준비를 해야 한다.	8월 주제
태극5장	존중	태극5장을 배울 때 어떤 마음자세와 태도가 있으면 좋을까? 수준이 올라가면서 느끼는 마음이 다른 사람을 존중하는 능력이 대단한 능력이다. 많이 배워도 다른 대상을 존중할 때 좋은 사람으로 성장한다.	9월 주제
태극6장	배려	태극6장을 배울 때 어떤 마음자세와 태도가 있으면 좋을까? 다른 사람에게 자신의 모습을 보여 줄 수 있는 수준이 되었을 때 배려하는 능력이다. 배울수록 따뜻한 배려를 보여줄 때 능력이 향상된다.	10월 주제
태극7장	나눔	태극7장을 배울 때 어떤 마음자세와 태도가 있으면 좋을까? 배울 때는 가르치는 방법도 배운다. 내가 배운 것을 나눌 수 있는 수준은 언제나 나눔의 정신이 있다는 의미이다. 샘물에 물이 마르지 않듯이 자신의 샘물을 다른 사람에게 나눠도 샘물은 마르지 않는다. 나눔은 샘물이다. 샘물이 필요한 사람에게는 은인이 된다.	11월 주제
태극8장	감사	태극8장을 배울 때 어떤 마음자세와 태도가 있으면 좋을까? 정상에 오르면 누구나 새로운 마음가짐을 갖는다. 태극1장부터 8장의 수련하면서 목표에 도달할 때 모든 것에 감사하는 마음자세와 태도를 갖추어 나아간다. 이제 또 다른 목표를 도달하기 위해 시작해야 함을 감사해야 한다.	12월 주제
고려	리더십	태극1장부터 8장을 마치고 새로운 고려 품새를 준비하면서 이제 새로운 도약과 도달할 지점을 향해 간다. 나를 보고 따라오는 수련생에게는 모범의 리더십이 시작된다. 보는 힘, 듣는 힘, 말하는 힘, 행동하는 힘, 생각하는 힘을 리더십으로 준비하는 과정으로 두려움없이 겸손하게 자신을 배우고 이끌어간다.	스페셜인성교육 ---------- 리더십 데이

> 인성교육플랜은 생애주기에 언제나 필요한 플랫폼으로 갖춰 줘야 한다. 공동체에서 배운 인성, 학교 및 도장에서 배운 인성, 그리고 사회에서 또 인성을 강조하고 배운다. 유, 청소년 시절에 사회성, 관계성, 잠재력, 영향력, 자신감, 자아존중감, 건강과 호신을 기반으로 동기부여를 통해 연구개발하며 성취감과 만족감 그리고 경쟁심과 기대감을 주며 적용과 경험의 노하우를 통해 서로에게 칭찬과 격려가 넘치는 뿌리성장을 도모하는 바람직한 방향으로 도장에서는 인도한다. 이에 도제식 교육의 메시지와 시스템에 의한 메시지를 지도력으로 발휘할 때 도장이 원하는 방향으로 지속적으로 발전한다. 수련생에게 인성교육을 통해 사회에서 필요한 사람으로 자립할 수 있는 역량을 높여주는 과정이 도장 또한 인성교육으로 자립하는 역량을 높이는 과정이 된다.

(4) 프로그램 실제적용

가. 연간인성주제

어린이태권도 인성교육으로 연간 주제를 통해서 주기적인 메시지 전달이 되었으면 한다.
새로운 시대에 맞는 인성교육은 어떻게 해야 하는가?
먼저, 태권도의 궁극적인 목적의 건강과 호신을 어린이에게 주고자 한다면 어떻게 그릇에 담아서 줄 것인가? 이러한 생각과 행동의 과정을 연간플랜으로 주제화 하는 공동체 플랜으로 만들어서 운영한다.

① **연간인성주제운영** : 각 도장에서 관훈 또는 경영철학을 중심으로 한 해 한 해 필요한 인성주제를 통해서 동일성 있는 지도와 방향을 이어간다. 이는 공동체의 조직적인 부분에서 성장하고 있는 메시지를 주는 것과 같다.
  ▶ 주제선정(예시) : 건강한 좋은 습관 만들기
  ▶ 궁극적인 목적은 건강에 대한 메시지를 통해 성장에 도움이 되도록 하고자 한다.
② **메시지**
  ▶ 주제 메시지(예시) ; 개인의 건강한 몸은 청결함과 운동에서 시작하고 건강한 정신과 마음은 갈고 닦는 수련하는 공동체에서 함께한다.

③ **실천프로그램**

구분	활동	내용	비고
건강한 좋은 습관 발견하기	1. 건강한 좋은 습관 인터뷰	건강한 좋은 습관 인터뷰는 자신의 생각이나 행동으로 느끼는 내용을 사례를 통해서 말한다.	
	2. 건강한 좋은 습관 말씨	건강한 좋은 습관에 대한 자신이 남기고 싶은 말 또는 공동체에 도움이 되는 말 남기기	
	3. 자신이 발견한 건강한 좋은 습관의 모범	모범적인 건강한 좋은 습관을 발견하고 따라하기	

건강한 좋은 습관 코딩	1. 도장에서 건강한 좋은 습관	도장에서 나는 건강한 좋은 습관을 어떻게 했는가?	
	2. 집에서 건강한 좋은 습관	집에서 나는 건강한 좋은 습관을 어떻게 했는가?	
	3. 학교에서 건강한 좋은 습관	학교에서 나는 건강한 좋은 습관을 어떻게 했는가?	
건강한 좋은 습관 정신적 가치	1. 건강한 좋은 습관 포스트잇	주어진 일정에 공고를 해서 모두가 건강한 좋은 습관을 실천한 내용을 포스트 잇 벽에 하나씩 붙인다.	
	2. 건강한 좋은 습관 나눔	3명1조가 되어서 건강한 좋은 습관을 통해서 얻은 사례에 대해 대화를 한다.	
	3. 건강프로젝트	단체로 일주일간 실천할 수 있는 주제를 정해서 함께 실천하고 사진 및 기록을 남겨서 건강프로젝트로 만들어본다. 예시) 1.아침7시 모닝콜하기 2.아침에 거울보고 미소짓기 3.일어나서 청결하게 몸단정하기 4.집에 들어가면 손씻기	

④ 적용방법

구분	적용시기	적용시간	주제리드	지도방법	동기부여
건강한 좋은 습관 발견하기	매월 1주차 1회 도장일정	10분	발견중심	관찰을 통해서 습관을 발견	스티커
건강한 좋은 습관 모범코딩	매월 2주차 1회 도장일정	10분	실천중심	실천중심의 미션	스티커
건강한 좋은 습관 정신적 가치	매월 3주차 1회 도장일정	10분	나눔중심	실천내용을 서로 나눔	스티커
건강한 좋은 습관 만들기 시상식	2개월 단위 1회 도장일정	30분	시상식	지도자심사에 의해 동기부여시상	교육에 대한 동기부여

⑤ 시상식

▶ 2개월 단위로 진행결과에 따른 시상식으로 동기부여를 마련한다.

나. 인성수여식

① 수여식운영 : 도장에서는 지도자의 좋은 메시지가 언제나 전달되고 실천할 기회가 있다. 그 중에서도 각종 수여식은 동기부여를 줄 수 있는 최고의 기회이다. 전달하고자 하는 메시지를 상황에 따라 얘기할 수 있는 기회이며 집중도가 높은 여건을 갖추고 있다.

인성수여식이 주는 의미는 좋은 성품을 발견하고 언제나 지도자의 개인시상으로 동기부여를 줄 수 있다.

예를 들어 좋은 선행을 해서 이슈가 되는 수련생, 좋은 성품을 보여준 수련생 그리고 도장이외 집, 학교, 등 어디서나 모범이 되는 성품을 보여준 수련생에게 인성수여식을 한다. 이는 도장에 지도자의 심사에 의해서 진행된다.

② 메시지

-인성수여식메시지 : 오늘 선발된 인성수여식의 대상자는 미래가 기대되는 인재이기에 이 상을 수여한다. 자신의 좋은 성품을 올바른 방향으로 널리 이롭게 다른 사람에게 귀감이 되고 감동을 주었기에 인성수여식을 한다. 오늘의 대상자 (   ) 는 무대 앞으로 나오기 바랍니다.

③ 실천프로그램

구분	활동	내용	비고
도장	1. 도장 인성수여식	도장에서 귀감이 되고 감동을 주는 수련생을 지도자심사에 의해서 선발한다. 특히, 특정한 인성함양에 있어서 감사할 줄 아는 행동, 예의를 행할 줄 아는 태도, 협동할 줄 아는 행동, 도전하는 정신 등 구체적인 내용을 발견하여 시상	
	2. 성장하는 인성수여식	태권도 수련을 통해 모범이 되는 대상자에게 주는 시상	
공동체	3. 감동주는 인성수여식	도장 외에서 귀감이 되고 감동이 되는 수련생의 행동으로 다른 사람을 통해 미담사례가 되는 수련생에게 주는 시상	
	4. 나눔주는 인성수여식	도장 외에서 어디서나 봉사 또는 나눔 활동에 함께하는 수련생에게 주는 시상	

④ 적용방법

구분	적용시기	내용	시상	비고
도장	심사 또는 특정한 일정과 함께 구성	구체적인 평가 -성품 요소를 충분히 고려해서 준비	도장 달란트선물	
공동체	이슈에 맞게 적용	구체적인 미담사례를 만들 수 있는 널리 이로운 행동 -다른 사람의 추천 등 활동을 통해서 발견	특별한선물	

다. 매월주제 21일의 완성

① 매월주제 21일의 완성운영 : 도장에서 매월 또는 상황에 따라서 인성교육에 대한 주제를 정해서 실천하는 과정을 어떻게 하면 좋을까? 상당히 고민하면서 준비한다.

도장에서 매월주제 또는 주간 주제를 통해서 전하고자하는 메시지는 당연히 수련생에게 주고자 하는 경험과 실천력이다. 학교보다는 태권도장의 인성교육지도법의 다른 부분은 직접적인 심신수련과 함께 인성교육을 몸과 정신에 적용해서 실천적 의지를 도모할 수 있는 부분에서 환경적으로 좋은 여건을 갖고 있다.

태권도수련 자체에서 주는 건강과 호신 그리고 심신수련을 통해 널리 이로운 사람이 되고자하는 궁극적인 목적을 인성교육과 삶의 중요한 통로로 이어간다.

매월 주제 21일의 완성은 도장에서 공동체 프로젝트로 함께 이끌어가기에 좋은 완성도 높은 실천력을 높이는 동기부여의 장이 될 것이다.

② 메시지

-매월21일의 완성 : 변화를 주는 다양한 방법 중에 2가지를 소개한다. 첫 번째는 꾸준한 반복으로 스스로 변화의 기적을 일으키는 방법이며 두 번째는 새로운 것에 대해 자신에게 적용하고 방법을 찾아나간다. 매월21일의 완성은 주어진 주제를 받아들이고 알고 있는 것을 꾸준하게 반복하고 실천하며 좋은 기회로 맞이한다. 따라서 주제에 맞는 언행을 21일간 실천하고 개인기록일지에 스스로 정리해 나아간다. 도장에서는 실천스티커를 스스로 붙이면서 의지를 높이고 매월 정리해서 결과에 대한 발표 및 나눔을 한다.

③ 실천프로그램

실천프로그램의 의미는 태권도 수련으로 배우는 인성수련이 되는 최적화된 방법으로 몸을 통해 전달할 수 있는 메시지에서 동기부여와 행동유발을 할 수 있는 장점을 극대화할 수 있는 부분을 설정한 것이다. 음식을 만드는 사람은 음식을 통해 배우고 가르치고 전하고 감동을 주듯이 태권도 수련으로 인성수련이 되는 감동을 전하고 실천할 수 있는 동기부여를 제공한다.

④ 적용방법

구분	적용시기	내용	준비물	비고
21일의 완성주제 활동	매월	21일간 프로젝트를 실천하고 스스로 도장 찍기	도장 스티커 북	
나눔 활동	매월	21일간 프로젝트를 마치고 21일 이후 나눔을 통해 소통한다.	도장 달란트	

☞ 21일간의 완성 스티커 제작

21일의 완성

♥21일 동안 나의 꾸준함을 완성한다.♥

나는 21일 동안

[   ]

꾸준히 하겠습니다.

21일간의 완성(극기복례) 인사프로젝트

일	월	화	수	목	금	토

자신이 좋은 말과 좋은 행동을 할 줄 아는 사람이라는 것을 스스로 실천해 본다.

라. 심사인성메시지(스페셜인성교육)

① **심사인성운영** : 태권도장에서 장점 중의 하나는 심사이다. 심사를 준비하는 과정에서 좋은 기회가 부여된다. 승단심사는 물론 공개심사에 이르기까지 평가를 하면서 협력을 할 수 있는 동기부여가 항상 존재한다.

심사 과정을 준비하는 수련생에게는 끊임없이 노력의 대가와 열매를 통해서 동기부여를 하며 또한, 기회를 제공해서 좋은 결과를 얻으면 다음에 얻을 좋은 열매의 목적의식을 갖고 나아갈 수 있도록 한다.

지금 심사를 통해 인성교육을 할 수 있는 방향은 스페셜인성교육의 기회이다.

따라서 심사를 준비하견서 영상, 스토리텔링 그리고 시범을 함께 보여줄 수 있는 운영 방안이 필요하다.

② **메시지**

심사를 보는 자리는 평가 이상의 의미가 있으며 정직한 심사, 정직한 실력으로 바르게 배운 당당함의 모습에서 정직을 배운다.

③ **실천프로그램**

구분	활동	내용	비고
심사를 통한 정직	1. 심사준비과정 인터뷰	자신이 준비한 심사준비과정에 대한 인터뷰	
	2. 영상을 통한 준비	개인적으로 준비한 심사 영상메시지	
	3. 지도자 메시지	지도자의 스토리텔링과 정직 보드판	

④ 적용방법

구분	적용시기	내용	준비물	비고
심사준비과정 인터뷰	심사시	심사 준비하는 수련생과 심사준비의 다짐을 영상으로 준비	영상	
영상을 통한 준비		지도자의 전달하고자 하는 메시지와 영상을 준비	영상	

4. 어린이태권도 리더십

1) 태권도 리더십

(1) 수련과 리더십

태권도운동이라는 단어보다는 태권도 수련이라는 단어가 조금 더 어울린다. 태권도 수련의 어울림에 맞는 리더십이 있다.

리더십은 일정한 소양을 갖춘 리더가 소질을 발휘하여 공동체의 일원에게 목적의식에 맞게 이끌어가며 동기부여를 통해 자발적인 도전과 인내를 통해 스스로 성장하는 초석을 마련해주고 구성원에게 감동과 행복을 주는 리더십으로 몸과 마음을 함께하는 최적화된 리더십을 배우고 가르치며 전하는 과정을 함께한다.

태권도 수련을 통한 리더십은 어떻게 이해할 수 있도록 하면 좋을까?

수련의 의미는 몸과 마음을 잘 닦아서 단련함을 의미하며 궁극적으로 건강과 호신 그리고 자기성찰에 이르기까지 어떻게 수련단계를 적용하여 리더십을 육성할 것인가?

율곡 이이의 학문론을 수련(修練; 修鍊)의 단계로 이해하고, 그에 담긴 리더십(Leadership; 指導性)의 정도나 의미를 탐색하였다. 『격몽요결(擊蒙要訣)』의 경우, 모든 사람은 최고의 인간이 될 수 있다는 입지(立志)를 시작으로 혁구습(革舊習)을 거쳐 처세(處世)에 이르는 과정을 진척하면서 리더십의 수준을 조절해 나간다. 특히, 개인을 성찰하고 그에 따른 행위 측면의 지도성을 강력하게 확보하려는 열망이 녹아 있다. 『성학집요(聖學輯要)』에서는 최고지도자로서 리더십을 발휘하는 성인(聖人)을 구체적으로 고려한다. 그것은 학문 수련을 단계적으로 적용해 나가는 동시에 상황에 맞게 리더십을 장악하고 발휘하는 차원이다. 특히, 국가라는 공동체를 관리하고 경영하는 배려 측면의 지도성 실현을 강력하게 요청한다. 그 핵심이 '혈구(絜矩) 리더십'으로 표출된다. 이러한 율곡의 학문 수련은 현대 리더십 이론으로 볼 때, '집단의 과정, 인성적 특성, 복종시키는 기술, 영향력 행사, 설득, 목표성취, 상호작용, 역할분화, 구조창출' 등을 통해 가치관이나 전망, 인간관계 등 여러 요소를 고려한 수양에 해당한다. 요약하면, 자기성찰을 전제로 다양한 양식으로 공동체에 기여하는 형태로 진행되었다. 리더십의 측면에서 독해하면, 개인의 성찰과 반성을 기반으로 공동체를 배려하는 다차원적 지도성을 발휘하는 방향으로 수준을 높여 나갔다. 이를 현대적 의미의 리더십과 연관시켜 유학적 지도성으로 인식한다면, '혈구(絜矩)리더십'이자 '민본(民本)리더십'으로 이해할 수 있다. (신창호, 2019)

수련을 통해 리더십을 육성하는 과정이 학문수련과 같다.

자신을 성장시키는 수련리더십을 알아보면 배우는 과정이 이미 자신을 수련하기에 이해도가 높다는 것은 증명된 사실이다. 이러한 과정에서 어떻게 수련의 가치를 높일 것인가?

이는 수련리더십을 높이는 과정과 같다. 배우는 과정에서 모범이 되는 리더십을 몸으로 익히고 체득하면 언행일치되는 리더십으로 자신의 가치를 높일 수 있다. 자신이 배우는 것으로 가치를 높이며 자신도 가치가 높여지는 것이다. 음식의 가치를 높이면 음식의 가치를 높이는 사람도 높아진다.

태권도 리더십은 수련리더십으로 찾아볼 수 있는 것이다. 목적의식이 뚜렷한 수련리더십은 성장의 동기부여가 확실하며 가치를 높일 수 있는 효율성이 있기에 자신의 몸을 통해 리더십이 성장하는 것이다.

누군가는 책으로 리더십을 배우고 누군가는 몸으로 리더십을 배우는 것은 같다. 그리고 배움을 어디에 어떻게 적용할 것인가를 아는 것도 중요하다.

리더십을 발휘할 수 있는 환경과 여건을 조성에서 주기적인 자신의 리더십을 적용하면서 궁극적인 목적에 맞는 리더십을 발휘하게 된다.

이러한 과정을 무엇으로 만들어 줄 것인가? 태권도는 수련리더십으로 만들어준다.

(2) 3소1사와 리더십

3소1사라는 말이 있다. 소양, 소질, 소명 그리고 사명의식이라고 한다.

리더십과 어떤 관련이 있는가?

갖춰진 일정한 소양, 거인의 소질, 주어진 소명, 맡겨진 사명의식으로 리더십을 적용해 본다. 태권도 리더십은 갖춰진 일정한 소양이란 의미는 평소 닦아놓은 학문과 지식이 순화적으로 있어서 어떻게 적용할 것인지 바른 생각, 바른 마음으로 바른 판단의 중요한 역할을 한다.

소양교육이라고 하면 평소에 자주 접하는 기본교육과 같다. 공무원에게 적용하는 소양교육, 학교 선생님을 위한 소양교육, 경찰을 위한 소양교육, 등 대상과 직분 그리고 직업에 따른 소양교육의 중요성을 나타내어서 주기적으로 교육을 해야 한다.

수련생에게 소양교육은 자신의 몸과 마음을 갈고 닦는 일상이다.

소질이라 함은 타고난 능력, 기질, 성질을 바탕으로 신체적, 정신적 기능과 상태를 말하며 더 나아가서는 선천적, 본능적 경향의 태도와 결부된다.

이러한 소질은 갖고 있는 소질과 갖춰가는 소질로 육성할 수 있다.

요리사가 칼을 잘 쓰기도 하지만 다른 각도에서 보면 소 잡는 사람도 칼을 잘 쓰는 것과 같다. 어느 방향으로 소질을 적용할 것인가?

칼이라는 도구는 같아도 적용하는 방법은 다르다. 의미는 도구의 적용법이다. 태권도 수련으로 적용하는 과정이 자신의 소질이다.

소명이라 함은 소명이 있는 사람은 자신의 능력과 재능의 쓰임에 있어서 목적과 방향을 발견하여 삶의 목적과 의미를 알고 나아간다.

소명은 사전적 의미는 ㄲ-닭이나 이유를 밝혀 설명함이라 한다.

이러한 과정은 내적 동기부여와 외적 동기부여가 있으며 능력과 재능을 개발하고 발견하는 과정에서 새로운 변화의 축 또는 성장 동력을 통하여 변화된 자신의 삶과 깊은 연관성을 갖고 이끌림과 이끎이 작용한다.

이는 즐거움, 만족감, 성취감, 기대감, 행복감, 호기심, 자신감, 자존감, 등 심리적 상태와 행동적 변화와 태도에 있어서 내적으로 잠재되어 있던 능력과 표현하지 못했던 영향적 요소가 성장하면서 나타나게 된다.

소명을 찾는 방법 혹은 소명의 선행 요인에 대해 아직 많은 실증적 연구가 이루어지지 않았지만, 앨란 고반과 그 동료들(Elangovan et al., 2010)은 소명에 대한 기존 연구를 분석하여 소명을 찾기 위한 네 가지 선행 조건을 제시했다.

첫째는 삶의 의미를 찾고자 하는 욕구(An urge to find meaning in one)이다. 이 동기는 소명을 발견하고자 하는 욕구를 유지시키는 중요한 요인이다. 삶의 의미를 찾으려는 욕구는 현재의 삶에 불만족한 상태에 대한 반작용일 수도 있고, 삶에 대한 시각을 변화시키는 주요한 사건에서 비롯된 것일 수도 있다. 미국에서는 9.11 테러 이후 삶과 일에 대한 사람들의 시각이 변화되어 사회를 위해 봉사하는 소방관이나 교사와 같은 직업에 대한 관심이 늘어났으며 일에서 의미를 찾고자 하는 요구가 증가했다. 주요한 사건이나 현재 상태에 대한 불만족 외에도 종교에 대한 믿음이나 삶에 대한 긍정적인 태도에서 야기되는 호기심으로 삶의 의미가 생기기도 한다. 내부와 외부의 요구로 인해 생겨난 삶의 의미는 자율적으로 동기가 부여될 때에만 지속되어 소명으로 이어질 수 있다.

소명의 두 번째 선행 조건은 주의 깊은 태도(attentiveness)이다. 소명을 발견하기 위해서는 상황의 다양한 단서(cue)를 파악하고 반응할 수 있는 민첩함이나 주의 깊은 태도가 요구된다. 소명은 어떤 느낌이나 일시적인 깨달음과 같이 다양한 형태로 나타날 수 있는데, 주의 깊은 태도를 지닌 사람만이 이러한 기회를 포착하고 자신에게 의미 있는 형태로 만들어 낼 수 있다. 내적 성찰과 고요함, 주위 사람과의 토론은 주의 깊은 태도를 만들어 내고 소명의 신호가 왔을 때 그것을 파악하고 해석할 수 있게 한다.

세 번째 선행 조건은 새로운 길을 실험하려는 기꺼운 마음(willingness to experiment with new paths)이다. 소명을 찾기 위해서는 지속적으로 새로운 것을 시도하고 노력하는 열린 자세가 필요하다. 주의력 있는 태도로 소명의 기회를 파악했다면, 실제 행동을 통해 이 소명이 맞는지 실험하는 자세가 필요하다. 실험이 성공적이었다면 소명을 찾는 여정이 끝나지만, 그렇지 않았다 해도 새로운 소명을 찾는 데 이해의 폭을 넓힐 수 있다.

마지막으로 소명을 찾는 선행 조건은 자신에 대한 이해(growing understanding of the self)이다. 자아 정체성(self-identity)과 자아 개발(development of the self)은 소명 개념에서 주요한 요인으로, 진정한 자아를 찾는 내면의 여정은 삶과 일의 의미를 찾는 핵심적인 단계이다. 자신에 대해 이해하는 것은 삶의 경험, 역할, 사회적 소속 등 다양한 요인에 의해 영향을 받으며 지속적으로 변화하고 진화한다.

이러한 소명도 인성을 바탕으로 소명을 다한다. 자기 정체성에서 능력에 이르기까지 준비된 인성 토양이어야 열매를 맺는다.

사명이라 함은 맡겨진 임무에 책임을 다하는 사명의식은 책임이라는 부분에 무엇이 있는지 알아야 한다.
　책임은 부여된 공간과 환경에 따라서 자신의 책임은 변화되며 사명의식은 맡겨진 임무의 책임을 깨어있는 상태에서 적용하는 것이다. 책임을 주면 책임이 항상 생각나는 것과 같다.
　이러한 깨어있는 상태에서 적용함의 책임은 사명을 다하는 책임, 직분을 다하는 책임, 정직한 책임, 성실한 책임, 신뢰받는 책임, 의무를 다하는 책임에 이르기까지 지혜로운 책임이 필요하며 여기에는 자신의 삶에 대한 책임과 함께 공동체에 부여됨을 알아야 한다.
　주인을 따르는 사명에 있어서 분명한 지혜로운 책임을 알아야 한다. 주인은 누구인가?
　태권도사명은 태권도를 주인으로 볼 줄 알고 태권도의 가치를 태권도 리더십으로 발휘할 수 있어야 한다.
　3소1사의 소양, 소질, 소명 그리고 사명을 통해 어린이태권도 리더십으로 육성하며 배우고 가르치고 전하는 과정에서 훌륭한 인재육성이 될 것이다.

2) 어린이태권도 리더십 키우기

　어린이태권도 리더십은 어린이를 어린이답게 몸과 마음을 성장시켜줄 수 있는 수련과 활동이 동반되며 신체적, 정신적 건강을 기반으로 자신과 다른 사람을 지키고 보호하며 자신을 이롭게 하듯이 다른 사람을 이롭게 하는 언행과 마음씨를 배운다.

　아무리 값지다고 하는 금은보화가 많아도 건강을 잃으면 소용없다고 했다. 금은보화보다 중요한 건강과 생명이 우선이라는 것을 인식하여, 어린이태권도 인성리더십이 건강한 말과 행동을 몸에 익히는 수련으로 그 기반을 만들어 나아가길 바란다.

(1) 어린이태권도 리더십의 성장
어린이태권도 리더십에는 2가지를 우선적으로 성장시켜야 할 내용이 있다.
　첫 번째, 대인관계형성이다.
　대인관계형성에 있어서 일정한 소양을 갖추는 기회와 학습에 있어서 배우고 가르치는 방법, 전하는 방법은 유치원에서부터 소양학습을 익히면서 의사소통의 다양한 과정으로 보고 듣고 말하기, 쓰고 읽기, 따라하기, 표현하기, 생각하기, 행동하기를 배웠다.
　어린이태권도 리더십에서 다양하게 의사소통의 방법을 리더십에 적용할 수 있도록 훈련과 교육의 기회로 보여주고 해 볼 수 있도록 도와주어야 한다.
　그리기 위해 인성교육과 리더십은 자신의 소양을 함양하고 다른 사람의 소양을 함양하기 좋은 파트너와 같은 역할을 통해 인성주제를 스스로 경험하고 실천하고 주변의 다른 친구들의 생각과 언행을 들으면서 서로 성장할 수 있는 나눔의 기회로 동기부여를 마련한다.
　두 번째는 지혜로운 발달과정이다.
　성장발달과정에서 보면 모범(보여주기) - 관찰(발견) - 적용(따라하기) - 교감(수정하기) - 학습(숙달하기)의 지혜로운 발달과정을 통해 신체발달과 행동발달, 언어발달, 정서발달, 인지발달을 성장시키며 사회성, 관계성을 기반으로 영향력과 잠재력이 풍부한 자아존중감이 있는 리더십을 발휘하고 태권도 공동체에서 지혜로운 성장발달에 도움이 되는 어린이태권도 리더십 인재로 육성하는 기회가 되었으면 한다.

> 건강과 호신 그리고 더 나아가 널리 이로운 사람이 될 수 있도록 삶의 초석을 갖춘 어린이태권도 인성리더십이 태권도수련 공동체에서 함께 성장발달을 하는 기회이다.

태권도 수련으로 모범과 관찰, 적용과 교감 그리고 학습적 과정이 공감대 형성으로 함께 할 수 있는 구조적 환경을 갖추고 있기에 지도자의 지도력이 최상의 어린이태권도 리더십 인재육성 통로가 될 수 있다.

(2) 어린이태권도 리더십 키우기 5가지

첫 번째, 언행일치를 통해 말과 행동이 같은 사람

운동은 말로 배우고 몸으로 행동한다. 발달과정에서 보면 말과 글 그리고 쓰고 읽고 익히는 과정에서 생각하고 행동하면서 수정하고 학습되어간다. 이러한 과정에서 언행일치의 학습은 태권도 수련에서 배우는 좋은 장점과 같다. 언행일치의 정직함, 책임감, 준중과 도전정신이 수련을 하면서 언행일치를 배우고 익힌다.

태권도 수련을 할 때 똑같은 태극8장을 100번 할 때와 1,000번 할 때 다르다. 분명 똑같지만 다른 것을 발견한다. 지금 수없이 반복되는 좋은 언행의 단어와 행동에서도 똑같지만 다름을 알아채며 얼마나 언어의 의식과 무의식이 중요한 것인지 지도자는 일깨워줄 준비를 해야 한다.

언어의 100프로 질량에서 보면 긍정적인 말이든 부정적인 말이든 100프로를 저장해서 사용한다. 긍정적인 언어가 80프로이면 부정적인 언어는 20프로 내면에 저장되어 있다. 긍정적인 언어가 20프로이면 부정정인 언어가 80프로 내면에 저장되어 있다. 근본적인 긍정적인 언행에 있어서 방점을 찍고 언어의 등대가 되고 산 정상에 송신탑같이 중요하게 여겨야 한다.

수련생 중에서 항상 제가 하겠습니다. 어떻게 해야 하나요. 더 잘할 수 있는 준비를 하겠습니다. 라고 하는 수련생이 있다. 자신의 수준과 상관없이 해 보려는 언행일치를 볼 때마다 어떻게 성장할 것인지 대견스럽다. 청소하는 것도 제가 먼저 하겠습니다. 시범보이는 것도 제가 해보겠습니다. 서로에게 좋은 영향력의 언어를 사용하고 기꺼이 언행일치의 근본이 되는 먼저, 항상, 늘, 한결같은 도전정신이 있는 언행일치는 볼 때 마다 미래가 촉망되며 앞으로 훌륭한 사람이 되겠다는 말과 행동을 보면 건강한 인재가 될 것이라는 믿음이 생긴다.

두 번째, 심신수련으로 소양을 갖춘 건강한 사람

일정한 소양을 갖추기 위해 약 600년 전에 소학에서는 어른이 되는 과정과 방법을 하나씩 하나씩 배우고 가르치고 알려주었다. 개인의 행동규범에서 공동체 행동규범은 물론, 일상생활의 예의범절, 수양을 위한 격언, 충효예의 서적과 함께 다양하게 배웠다. 지금 시대에 배우는 소학은 태권도에서는 심신수련의 소양으로 몸건강과 마음건강을 통해 널리 이로운 사람이 되고자 하는 리더십의 소양을 인성교육덕목으로 배우고 익히고 가르치고 전하는 학습을 한다.

학문도 소양의 도구이며 몸으로 터득한 실천학습도 소양의 도구이다. 수련생이 갈고 닦아서 어디에 사용하더라도 빛나는 소양이 되도록 훈련과 교육으로 기회를 줘야 한다. 성장은 배움과 가르침에 있어서 지도자의 몫이 크며 누구에게 배웠는지 물어보게 된다. 소양을 갖추고 바람직한 훌륭한 도구로 빛나길 바란다.

세 번째, 모범의 거울

서로가 서로에게 본(本)이 되어야 한다. 자신은 자신을 보는 본이 되고 또 다른 사람에게 거울이 되는 본이 되어야 한다. 바람직한 방향의 모범이 되었으면 한다. 모범의 의미를 각자의 기준에 따라 해석할 수 있으나 언제나 이로운 방향으로 자신을 바라볼 줄 아는 것을 배워야 한다. 예를 들면, 좋은 행동과 말이 다른 사람에게 좋은 영향을 주는 모범이 되거나 태권도를 열심히 해서 금메달 또는 멋진 시범이나 잘하는 것으로 상을 받은 좋은 사례의 모범이 있다. 그리고 수련생이 싸울 때가 있고 싸우는 이유도 해결하는 방법을 배우며 싸운다. 싸움의 문제보다 해결하는 능력이 더 중요하다. 이 또한, 모범의 길이 있다.

실수 또는 어려운 고비에서도 자신이 모범이 되는 모습이 있다. 이것을 거울삼아 다른 사람에게 본이 되어준다.

다른 사람이 봐도 따라할 만한 바람직한 언행과 행실이 모범이더라. 공부를 열심히 하는 모범, 운동을 열심히 하는 모범, 건강을 항상 챙기는 모범, 부모님께 효도하는 모범, 교우관계가 항상 긍정적인 모범, 꾸준하고 성실하게 행동하는 모범, 항상 언행이 긍정적인 모범, 청결한 생활의 모범, 공동체 일상생활의 모범, 도리를 아는 모범 등 일상의 모범이 따라할 만한 모범이다.

그리고 겨울철에 우리집 앞에 빙판길을 잘 녹여서 빙판길이 없도록 하면 나도 안전하고 우리 집 앞을 다니는 사람도 안전하다. 누가 시키지 않아도 행동의 귀감이 되는 것을 모범이라 한다.

네 번째, 소통의 다리

어린아이가 아주 잘하는 것을 하나 소개하고자 한다. 병원에 가면 어린아이가 주사를 맞을 때 한 명이 울면 주변에 있는 모든 아이가 울고 있다. 한 명의 아이가 웃으면 모든 아이가 웃고 있다. 함께 울고 함께 웃고 공감하는 능력은 최고이다. 우리도 공감하는 소통을 한다면 최상의 소통방법이라 생각한다. 이러한 부분을 어렸을 때부터 일상생활에서 공감하는 대인관계의 소통을 지속적으로 했으면 좋겠다. 가족관계, 친구관계, 상하관계 등 어린이에게 주어진 관계학습을 통해 폭넓은 관계형성의 밑거름이 된다. 또한, 가장 중요한 관계의 개인이 스스로 소통할 수 있는 준비된 과정이 필요하며 일상적인 대화방법과 경청방법, 주제에 따른 토론 방법, 문제해결에 의한 의사소통 등 다하는 자세와 태도를 공감하는 소통능력이 있음을 그대로 알려줘야 한다.

소통은 자신이 먼저 열린 상태를 만들어 주는 연습이 있어야 한다. 몸도 소통하지 않으면 막히고 막히면 자신이 답답하고 병이 오고 아픔이 오고 고통이 온다. 사람과 일상생활에서 소통되지 않고 막히며 병이 오고 아픔이 오고 고통이 온다. 라는 것을 알아야 한다. 소통하는 이유는 나를 안정시키는 좋은 방법이다. 이는 다른 사람과 소통하면서 나의 소통능력을 키우는 것이며 문제해결능력을 배운다.

어린이태권도 리더십에서 소통은 관계소통과 의사소통의 다양한 경험을 해보면서 따뜻한 마음으로 대하는 소통도 배운다.

다섯 번째, 꿈과 비전의 메시지 통로

나는 훌륭한 사람이다. 다른 사람도 훌륭한 사람이다. 앞으로 미래를 이끌어갈 인재이다. 라는 꿈과 비전이 있는 자신을 볼 수 있도록 도와준다면 대단히 훌륭한 사람으로 더 발전한다.

자신이 갖고 있는 꿈과 비전만큼 다른 사람이 갖고 있는 꿈과 비전을 서로에게 응원하고 격려하고 축복할 수 있는 어린이태권도 리더십은 자신이 얼마나 대단한 사람인지 알게 해 준다.

  어린이에게도 철학적 사고와 로드맵이 있기에 꿈과 비전 안에는 용기와 도전 그리고 열정이 있으며 사랑과 희망이 함께 공존하고 다른 사람에게 비춰주는 모습이 빛과 같다.

  어린이의 빛은 때로는 자신이 무슨 꿈과 비전이 있는지 모른다. 모르는 것도 당연하고 안다고 해도 자신의 영역이 지금의 영향력과 앞으로의 영향력의 차이는 다르게 성장하는 것을 나중에 알 수 있다.

  지도자의 좋은 안내를 통해 성장하는 수련생은 앞으로 널리 이로운 사람으로 빛이 된다. 최소한 사람의 길을 밝혀주는 등불이 되거나 멀리 떠나는 배들의 등대가 된다. 언제나 꿈과 비전의 메시지 통로가 살아 움직이는 어린이태권도 리더십 키우기 도장이 되었으면 한다.

제1장 : 어린이 태권도 개론

Ⅳ. 어린이 태권도 교육과정

1. 어린이 태권도 교육과정의 이해와 원리
2. 어린이 태권도 교육과정의 적용

Ⅳ. 어린이 태권도 교육과정

　태권도장은 태권도 교육을 기반으로 태권도의 가치와 전통을 교육하는 근간이며 사회적으로 중요한 역할을 하고 있다. 남녀노소 누구나 태권도를 수련하고 있지만 그중에서도 태권도장의 주요 수련층인 어린이를 위한 태권도 교육과정은 중요한 의미를 갖는다.
따라서 어린이를 위한 태권도 교육과정의 구성과 수련 원리에 대한 이해를 통해 지도자의 수준향상을 도모하고자 한다.

　세계태권도본부 국기원에서는 태권도의 수련 단계를 18위계로 구분한다. 급은 무급에서 1급까지 9단계의 과정으로 나누고, 단은 1단부터 9단까지 승단규정을 적용하고 있으며, 10단은 심사 없이 특별한 심의나 추천에 의해 수여하며 주로 공로가 지대한 9단자의 사망 시 추서한다. 수련단계를 아홉 단계로 나누어 9라는 숫자를 최상의 경지에 둔 것은 동양사상인 역경에서 9라는 숫자를 완성수로 여기는 것과 밀접한 관계가 있다. 모든 변화는 9단계의 과정을 거쳐 마지막 10단계에 이르러 완성이 되므로 태권도 이러한 이치를 수용하여 수련체계를 9단계로 나누어 각 단계에서 배우고 익혀야할 내용을 구성하고 있는 것이다(국기원, 2017).

　대한민국에서는 대한태권도협회(KTA)에서 대한민국태권도장의 교육 표준화를 위해 노력하고 있다. 그 결과물로 대한민국 태권도장을 위한 최초의 "태권도장표준교육과정"을 개발하여 지도자 교육을 통해 태권도장에 보급하고 있다.(대한태권도협회,2018) 이 교육과정은 추후 개정과정을 거쳐서 더욱 완성도 높게 보완될 것이다. 따라서 KTA 교육과정을 중심으로 어린이 태권도 교육과정의 구성을 이해하는 것이 필요할 것이다.

1. 어린이 태권도 교육과정의 이해와 원리

1) 어린이 태권도 교육범위

　이 책에서 다루어지는 태권도 수련의 표준을 살펴보면 국기원에서 발행한 태권도 교본을 근간으로 한다. 국기원 태권도심사규정(2016.06.08. 최종개정) 제11조 1항에 표준심사과목은 실기와 이론, 면접과목으로 나뉘는데 그 중 실기는 기본동작과목, 품새과목, 겨루기과목, 격파과목으로 명시되어있다. 즉, 태권도 수련의 근간은 기본동작, 품새, 겨루기, 격파 과목으로 구성되어 있음을 알 수 있으며 일정 기간의 태권도 수련이 지속되면 심사를 통해 평가 후 승급·단을 하게 된다.
국기원은 수련의 단계 중 유급자 과정의 9단계를 거쳐 유단자 과정으로 승단할 때 15세 미만의 수련생인 경우 단(段)증이 아닌 품(品)증으로 인준하며 그 범위는 1품~4품까지로 하고 있다. 따라서 태권도장에서 수련을 시작하는 미성년 수련생이 인준 받을 수 있는 최고의 단계는 4품이라고 할 수 있다.

여기서 잠시 태권도 수련의 가치에 대해 살펴보자.

킴벌리 레이크(Kimberley D. Lakes(University of California, Irvine)) 박사의 발표 논문을 인용하면 『태권도 수련에 어린이의 성장과 발달에 매우 긍정적인 영향을 미치며, 그러한 결과는 다른 무도에 관한 선행 연구 결과와 일치하고 있다. 태권도와 같은 무도를 수련하면 체력과 조정력이 향상되고, 운동능력이 향상되며, 심리적 혜택이 증진되는 효과가 있다.』고 했다. 더 나아가 태권도와 같은 구도수련이 운동(스포츠)을 한다는 것보다 더 가치 있는 효과가 있다는 것들이 연구결과로 발표되었으며 꾸준히 연구 중이다.

위 발표 내용에서 보는바와 같이 태권도 수련이 스포츠보다 교육적 가치가 있다는 것을 알 수 있다. 한발 더 나아가 태권도 수련의 범위에서 빠질 수 없는 것이 인성교육인데 그 관계를 살펴보자.

전통 태권도 지도자인 스코틀랜드의 데이비드 하렐(David J. Harrell)이 발표한 내용에 의하면 『무예수련이 학생들의 체력증진과 더불어 자신감과 자아감 회복에 중요한 역할을 하는 것으로 밝혀졌다. 이 향상된 자아 개념은 학생들이 긍정적인 결과를 도취해 내기 위한 행동 범위를 식별하는데 충분한 확신을 가지고 다양한 상황들을 냉정하고 분석적으로 살펴볼 수 있게 한다. 이것은 학생들이 목적과 목표 설정, 문제 해결 강구 그리고 그 목표 성취 과정에서의 장애 극복 등에 도움을 준다. 이러한 능력과 특성은 창의성 개발의 기초가 되고 개인의 환경과 인생 경험은 그들의 성장과 성숙함에 영향을 준다.

이어서 발표자는 "지도자는 수련생들에게 생산성 격려, 문제해결, 상상력 사용 등을 통해 창의력과 긍정적인 가치를 양육할 수 있는 환경을 생성해 주는데 중추적인 역할을 한다. 지도자는 학생들에게 도장에서 배운 것을 그들의 개인, 직장, 또는 학업 활동에 반영할 수 있도록 도와 주는 사람으로 식별된다. 그래서 모든 지도자에게 책임의 의미는 대단히 중요하다. 지도자는 제자들이 현재 그들의 위치에 섰을 때 스승의 가르침에 대한 가치를 확신할 수 있도록 본인의 영역을 돌아봐야 한다" 고 했다. 요약해 보면 태권도 수련을 통해 수련생은 체력증진뿐 아니라 자신감 및 자아감 회복에도 중요한 역할을 하며 수련생 개인의 삶에 영향을 준다고 발표자는 말했다.(서울세계태권도지도자포럼, 2013)

태권도 수련이 수련생들에게 신체적, 정신적으로 도움이 되는 것은 이제 당연한 결과로 받아들이지만 어떤 지도자에게 배우는가에 따라 그 배움의 깊이가 달라진다는 것이다. 이제 지도자들은 태권도 수련체계 안에서 정신적 도움이 되는 부분을 인성교육이라는 체계와 융합된 구체적 의식 교육으로 그 가치를 높여야 할 것이다.

따라서 어린이 태권도의 교육범위는 입문부터 4품까지이며, 그 내용의 핵심은 기본동작, 품새, 격파(시범), 겨루기, 인성교육이라고 볼 수 있다.

2) 교육과정의 이해와 원리

교육과정의 이해를 위해 태권도장에서 수련하고 있는 수련체계에 대해 살펴보자.

먼저 커리큘럼(Curriculum)의 사전적 의미를 보면 "체계적으로 짜서 만든 교육 내용 및 학습 계획, 교육 목표를 달성하는 데 필요한 교과목 및 교육 시간 등을 설정하는 것에서 각각의 교과에 대한 교육 내용과 활동 따위를 체계적으로 조직하는 것에 이르기까지 여러 수준을 모두 포괄하는 말이다"로 정의되어 있다.

즉, 태권도장에서 태권도를 지도하기 위해서는 수련내용, 단계별 수련계획, 프로그램, 수련시간 등의 설정이 필요하다.

앞에서 언급한바와 같이 일선 태권도장에서는 어린이를 위한 교육과정의 범위는 입문에서 최대 4품까지 구성하면 된다. 또한 그 내용은 기본동작, 품새, 격파(시범), 겨루기, 인성교육을 중심으로 우리 도장의 교육과정 구성을 하면 된다.

여기서 한가지 중요한 개념이 태권도 수련체계 구성에 대한 이해가 필요하다.

그림-1에서 보는바와 같이 수련, 평가, 목표성취를 위한 수련시간, 자격, 보상에 대한 적용이 순환하며 원활히 이뤄질 때 수립한 교육과정이 원만히 적용될 것이다.

특히, 지도자는 태권도 수련체계의 순환구조에서 수련생이 그 목표를 달성할 수 있도록 꾸준한 동기부여를 줘야 한다.

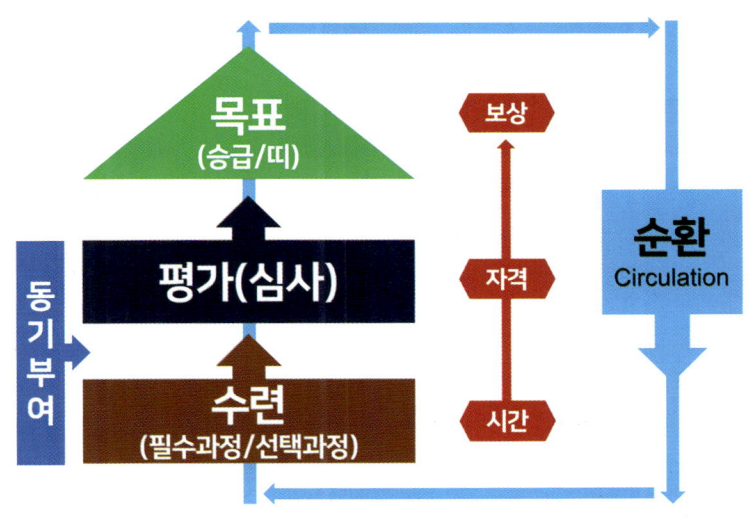

[그림-1] 태권도 수련체계 구성의 이해

3) 교육과정(커리큘럼)과 프로그램의 이해

태권도장에서는 입문부터 4품까지의 교육과정(커리큘럼)을 준비하여 수련생들에게 서비스로 제공하고 있다. 그만큼 교육과정은 태권도장의 중요한 교육상품이며 핵심이라고 할 수 있다. 그래서 태권도 지도자들이 특히 이해 해야할 것이 교육과정(커리큘럼/Curriculum)과 프로그램(Program) 개념이다.

　교육과정은 도장에서 수련생의 수련 과정을 안내하고 심사의 기준을 제시하는 중요한 의미를 갖고 있다. 교육과정은 도장에 방문한 고객을 상담할 때 신뢰를 줄 수 있는 자료로 활용되기도 하며 직원(사범) 교육 때 교육과정, 지도법 등을 교육하는 기준이 되기도 한다.
유념해야 할 부분은 프로그램과 커리큘럼의 용어에 대한 이해가 필요하다. 앞서 커리큘럼에 대한 의미는 앞에서 설명한 내용을 참고하고 프로그램의 용어에 대해 살펴보자.

　태권도장에서 지도할 때 프로그램은 매우 중요한 역할을 한다.

　쉽게 이해하기 위해서 커리큘럼은 건축을 할 때 필요한 설계도와 기초공사라면 프로그램은 그 건물의 내·외부 인테리어 역할을 한다고 볼 수 있다. 하지만 체계적인 교육과정 없이 프로그램 위주의 수련을 지도하게 된다면 모래 위에 성을 쌓게 되는 결과가 생기게 된다.

　프로그램은 교육과정에서 정해진 각 급·품별 과목에 대해 좀 더 흥미있고 이해하기 쉽도록 지도하는 방법 또는 수단이라고 할 수 있다. 예를들면 지속적인 태권도 수련을 위한 동기부여 프로그램, 품새를 재미있게 지도할 수 있는 음악품새 프로그램, 격파 기술을 체계적으로 배울 수 있는 격파 지도 프로그램, 입관을 위한 상담 프로그램 등으로 이해할 수 있을 것이다.

　교육과정(커리큘럼)은 상당기간 변화를 주지 않고 지속되며 기준이 된다. 프로그램은 교육에 필요한 수단이므로 언제든 변화를 주는 것도 가능하다.

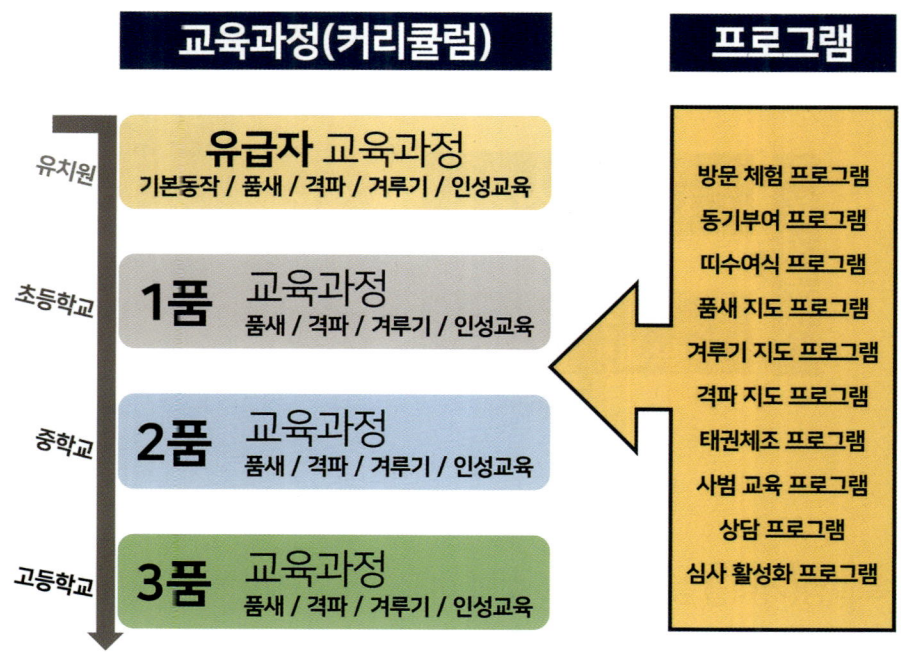

[그림-2] 교육과정(커리큘럼)과 프로그램의 이해

2. 어린이 태권도 교육과정의 적용

세계태권도본부 국기원과 대한태권도협회에서 제시한 교육범위, 내용을 살펴보면 적용대상이 어린이, 청소년, 성인을 모두 포함하고 있다. 따라서 어린이 태권도 교육과정 구성을 위해서는 어린이의 나이, 체력, 수련시간, 수련빈도 등을 고려하여 수련계획과 수련환경을 구성해야 한다.

1) KTA태권도장표준교육과정의 주요사항

대한태권도협회(KTA)의 태권도장표준교육과정의 주요사항

- ▶ 유급자 수련기간은 18개월, 360시간으로 제시함.
- ▶ 1품은 1년 240시간, 2품은 2년 480시간, 3품은 3년 720시간으로 표기.
- ▶ 4품 목표를 달성하기 위해서는 총 1,800시간을 이수해야 함.
- ▶ 이수 과목은 필수과정과 선택과정으로 구분
- ▶ 필수과정과 선택과정은 각 과정을 기본과목과 심화과목으로 구분
- ▶ 교육과정은 유급자, 1품, 2품, 3품 과정을 제시하고 있으며, 최종 목표는 4품이다.
- ▶ 교육과정의 구성은 띠, 이수시간, 수련기간, 심사차수, 필수과정, 선택과정 과목 제시

2) KTA태권도장표준교육과정의 의미

대한태권도협회에서 제시한 태권도장표준교육과정은 제시된 수련시간, 이수과목을 엄격히 반영해야하는 의미보다 그동안 일선 태권도장 마다 상이한 유급자 수련기간, 교육내용의 기준을 제시하는데 큰 의미를 두고 있다.

이수 과목은 국기원에서 규정하고 있는 심사과목인 품새(기본동작), 격파, 겨루기와 인성교육을 포함하여 필수과정으로 제시하고 있다.

선택과정은 각 도장에서 선택할 수 있도록 하여 각 도장이 차별화 된 교육과정을 구성할 수 있도록 되어 있다.

3) 어린이 태권도 교육과정의 구성

어린이를 위한 태권도 교육과정은 KTA에서 제시한 교육과정 중 필수과정을 중심으로 하여 태권도 본질교육에 기반을 두고 우리도장만의 특색과 차별화를 위해 선택과정을 구성하도록 한다. 필수과정은 기본동작, 품새, 격파, 겨루기, 인성교육으로 구성되어 있기 때문에 현재 우리도장의 교육과목에 큰 변화를 주지 않아도 가능할 것이다.

교육과정이 정해지면 그에 따른 지도 프로그램을 보완, 강화하여 태권도 수련에 동기부여가 되어 장기 수련이 될 수 있도록 지향한다.

KTA

대한태권도협회
KOREA TAEKWONDO ASSOCIATION

☑ 우리 태권도장은 대한태권도협회(KTA)와 경기도태권도협회의 등록도장으로 「KTA태권도장표준교육과정」을 준수합니다.

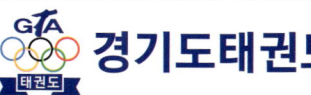

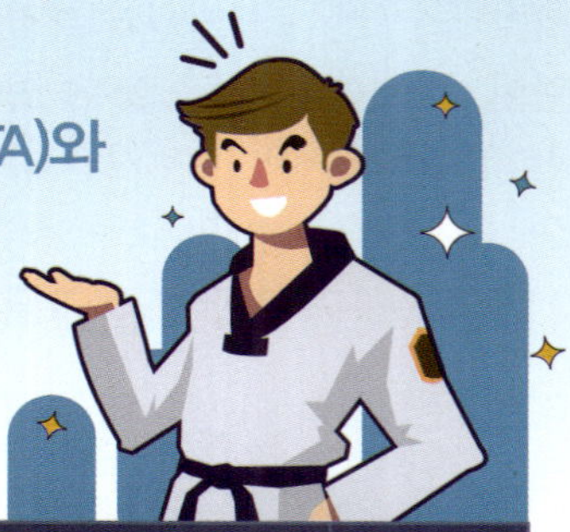

KTK 교육과정 안내

단계	띠의 체계 (예시)	급 (심사차수)	심사 기간	소요 기간 가형 (주5일/5시간)	소요 기간 나형 (주3일/3시간)
유급과정		9급	각 과정 2개월 (40시간)	360시간 (18개월/72주)	360시간 (30개월/120주)
		8급			
		7급			
		6급			
		5급			
		4급			
		3급			
		2급			
		1급			
1품·단		12-9급	각 과정 4개월 (80시간)	240시간 (1년/48주)	240시간 (20개월/80주)
		8-5급			
		4-1급			
2품·단		24-21급	각 과정 4개월 (80시간)	480시간 (2년/96주)	480시간 (40개월/169주)
		20-17급			
		16-13급			
		12-9급			
		8-5급			
		4-1급			
3품·단		36-33급	각 과정 4개월 (80시간)	720시간 (3년/114주)	720시간 (5년/240주)
		32-29급			
		28-25급			
		24-21급			
		20-17급			
		16-13급			
		12-9급			
		8-5급			
		4-1급			
총 수련 시간 (4품·단증 취득 시)			총 (1,800시간)	360주 (7년 6개월)	600주 (12년 6개월)

이수 과목 구성						심사 추천
단계	유급자용		유품·단자용 1품·단	2품·단	3품·단	공인 단증 취득은 4단 이상의 태권도 사범 자격 소지자에 의해서만 공인심사 추천을 받을 수 있습니다.
수련기간 (※ 가형 기준 소요 기간)	총 18개월 (총 360시간)		총 12개월 (240시간)	총 24개월 (총 480시간)	총 36개월 (총 720시간)	
필수과정	[기본과목] 품새 격파 겨루기 KTA인성	기본과목	품새 격파 겨루기 KTA인성	품새 격파 겨루기 KTA인성	품새 격파 겨루기 KTA인성	
필수과정		심화과목	KTA호신술 KTA실전손기술 KTA코어	KTA호신술 KTA실전손기술 KTA코어	KTA호신술 KTA실전손기술 KTA코어	우리 도장은 KTA 회원으로 지도자가 심사추천 자격을 갖추고 있습니다.
선택과정	[기본과목] KTA태권체력 KTA태권체조 KTA실전손기술 ※도장선택과목	기본과목	KTA태권체력 KTA태권체조 KTA태권도시범	KTA태권체력 KTA태권체조 KTA태권도시범	KTA태권체력 KTA태권체조 KTA태권도시범	
선택과정		심화과목	KTA태권리더십 익스트림태권도 무기술	KTA태권리더십 익스트림태권도 무기술	KTA태권리더십 익스트림태권도 무기술	

GTA 태권도 경기도태권도협회

[그림-3] KTA 태권도장표준교육과정 설명표

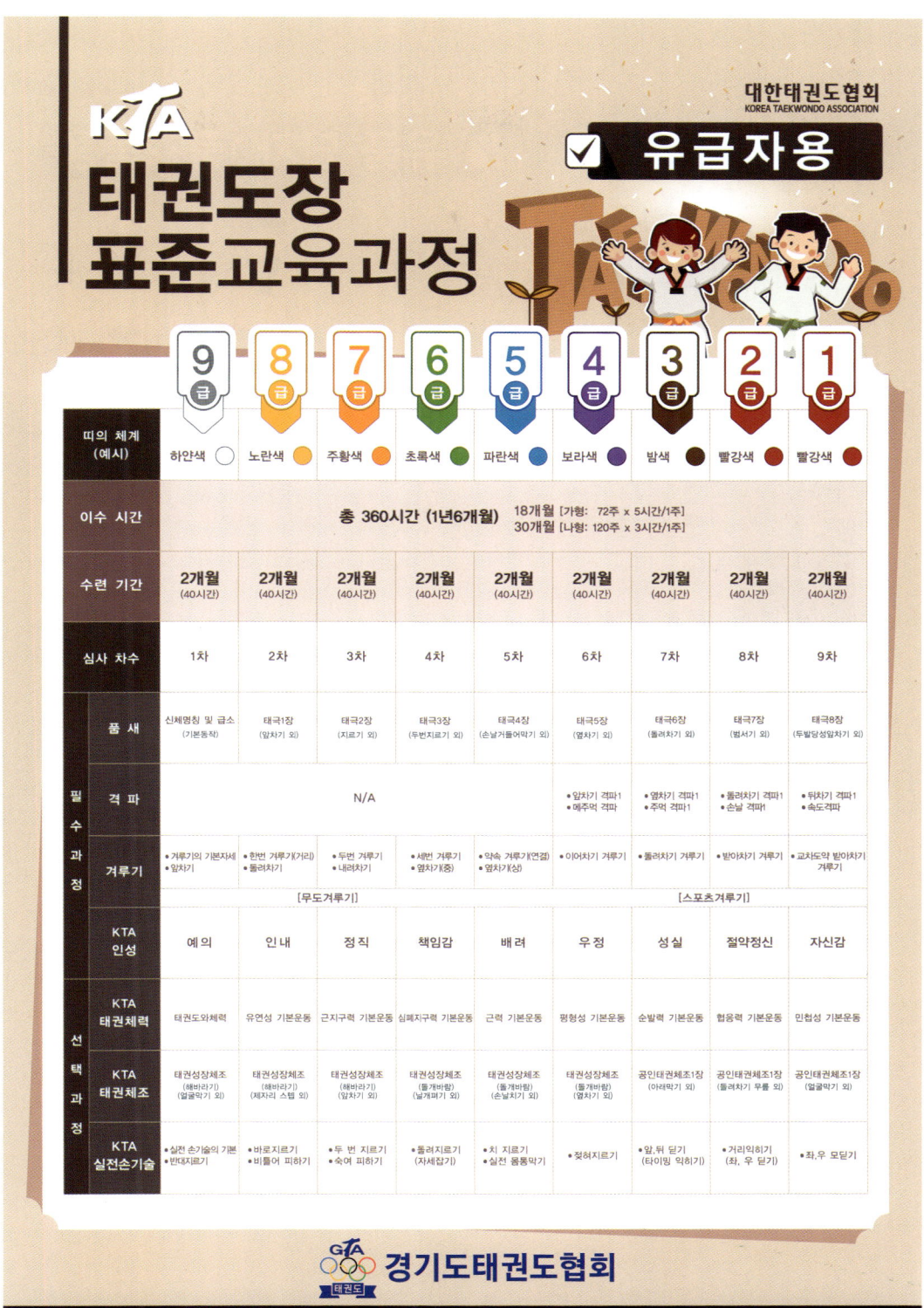

[그림-4] KTA 태권도장표준교육과정 유급자용

[그림-5] KTA 태권도장표준교육과정 유품·단자 1품, 2품용

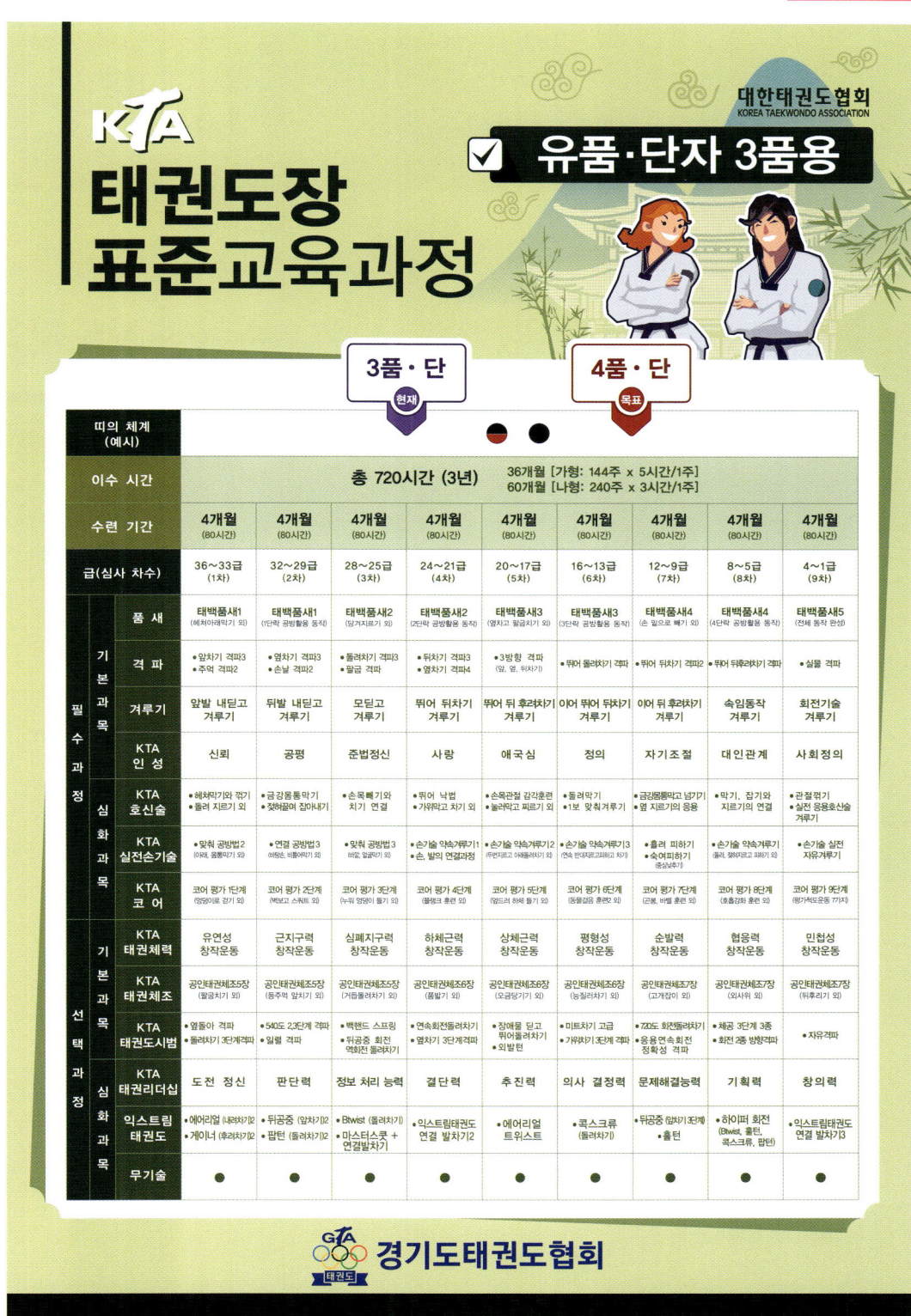

[그림-6] KTA 태권도장표준교육과정 유품·단자 3품용

어린이 태권도 지도서

제2장

수련생 지도지침

1. 일선 태권도장 어린이 수련생 지도의 일반원리
2. 일선 태권도장 어린이 수련생 수업 진행별 수련지도 방법
3. 일선 태권도장 어린이 수련생 효과적 지도방법
4. 일선 태권도장 어린이 수련생 바르지 못한 행동수정 지원활동
5. 어린이가 문제행동을 일으키는 여러 원인
6. 움직임의 이해

1. 일선 태권도장 어린이 수련생 지도의 일반원리

1) 어린이 수련생지도의 의의

지도의 사전적 의미는 어떤 목적이나 방향으로 남을 가르쳐 이끎이라 하며 더 나아가서는 지도자를 육성하는 것과 같다. 특히, 어린이 지도에 있어서는 미래를 위한 지도와 같다. 이는 교육적 관점에서 교과의 학습 활동을 지도하거나 학생들의 일상생활을 지도하여 좋은 습관이나 태도를 기르는 일이라 한다. 태권도 수련생지도는 교육적 의미를 신체와 정신을 심신수련이라는 과정으로 지도하며 목적과 방향에 알맞게 도와주고 가르치는 것이라 하겠다.

어린이 수련생에게 주어진 환경에 맞게 수련 지도를 하고 동기부여와 잠재력을 찾아주며 수련생의 변화와 나아가서 수련으로 얻을 수 있는 가치를 삶의 목적과 방향으로 이로운 배움이 되도록 도와주어야 한다.

그러므로 일선 태권도장 교육현장에서 지도 활동을 계획하는데 있어서 가장 중요한 일은 어린이 수련생의 수련능력에 따라 그들의 행동을 효과적으로 어떻게 변화시킬 것인가를 고민하여야 한다. 지도자의 바람직한 지도철학과 방향의 의도대로 어린이 수련생의 행동이 변화됨을 지도목표로 하여 지도 활동의 방향이 결정되어야 한다. 지도자와 어린이 수련생이 목표한 방향대로 행동이 변화가 일어날 때 지도자의 지도 열정은 증가 되고 어린이 수련생의 수련 활동은 더욱 왕성해질 것이다.

이는 태권도 지도자의 도제식 교육의 깊이 있는 지도와 시대적 배경을 읽고 앞서가는 태권도 교육의 체계적인 융복합 시스템을 어린이 수련생지도에 적용하고 지속적인 발전과 성숙한 어린이 태권도 지도의 준비하는 과정이 있어야 한다.

2) 어린이 수련생 지도의 원칙

어린이 수련생지도는 일선 태권도장 지도자가 그동안 습득한 지식과 경험을 가지고 어린이 수련생에게 적용하고 이끌어가는 과정이다. 어린이 수련생을 지도하고 이끌어가는 과정에는 몇 가지의 원칙을 가지고 지도해야 한다.

(1) 의식성의 원칙

의식성의 원칙은 지도자가 명확한 목표를 세우고 그 목표를 달성하기 위하여 의도적, 계획적으로 지도해야 하며 이때 일선 태권도장 지도자는 어린이 수련생에게 수련 목표와 내용, 수련과정과 방법을 차근차근 주지시켜 어린이 수련생이 적극 참여할 수 있도록 동기를 유발시켜 줘야 한다.

일선 태권도장 어린이 수련생에게 있어서 본인이 수련하고 있는 것이 어떤 것이며 어떤 목적으로 실시하는 것인지, 자기가 하고 있는 동작이 어느 정도의 수준인지 알아야만 수련을 실시함에 있어서 지루함이 없다. 따라서 지도자는 완성 목표치를 미리 수련자에게 알맞게 제시하여야 한다.

예) 옆차기 수련 시 어린이 수련생에게 어깨, 엉덩이, 발뒤축을 일직 선상을 유지하여 얼굴 높이로 차는 것을 제시하는 것이다.

수련계획은 지도자가 수련의 목표와 내용, 과정과 방법을 가지고 어린이 수련생에게 적합한지를 생각하면서 지도해야 한다. 강제적으로 하거나 무작정 한다면 효과가 없을 뿐만 아니라 어린이 수련생으로 하여금 태권도 수련에 대한 부정적인 생각을 갖게 할 것이다. 따라서 의식적이고 주체적인 수련이 되기 위해서는 수련 목표와 내용, 방법을 명확하게 제시하고 지도해야 한다.

(2) 점진성의 원칙

일선 태권도장에서 어틴이 수련생에게 급격한 수련량을 증가하면 근육이나 관절의 무리가 생겨 부상으로 이어져 운동의 효과를 기대할 수 없을 뿐만 아니라 수련에 대한 스트레스를 가지게 되어 수련을 중단하는 원인이 된다. 따라서 수련시간을 늘리고 빈도를 조절할 때는 수련생의 수련 기간, 급수, 체력, 신체적 환경 등 개개인의 능력을 고려하여 수련량을 점진적으로 증가시켜야 한다.

한편 기술에 있어서도 단순한 것에서 복잡한 것으로 쉬운 것에서 어려운 것으로 기초 동작에서 응용 동작으로 지도해야만 효율적인 수련 효과를 기대할 수 있을 것이다.

(3) 계속성의 원칙

어린이 수련생은 짧은 시기에 효과적인 성과를 거두는 것과 지속적인 배움으로 나타나는 효과적인 부분이 있다. 행동적 변화는 짧은 시기에 이끌어 줄 수 있으나 변화의 지속성은 신체적 정신적 성장을 도모하는 부분을 통해 변화를 기대하는 것이 좋으며 따라서 긴 기간의 계속되는 수련으로 바람직한 변화를 도모할 수 있다.

태권도 수련은 일정 기간 이상 지속적으로 수련해야만 수련 효과를 볼 수 있기 때문에 일정 기간 중단하지 않고 수련해야 한다. 수련을 하다가 중단하면 그동안 배웠던 동작들이 물거품이 될 수 있다. 특히 저학년 유급자시기에 중단하면 더욱 그렇기 때문에 일선 태권도장 지도자는 어린이 수련생이 유급자시기에 수련을 중단하지 않도록 특별히 신경을 써 주어야 한다.

(4) 반복성의 원칙

태권도 수련에서 수련 효과를 얻으려면 1회성으로 수련을 끝내서는 안 된다. 특히 어린이 수련생에게는 일정 기간 규칙적 반복 수련이 필요하다. 일선 태권도장 유치부, 저학년 수련생에게는 반복적 분습법으로 지도하여 태권도 동작의 충분한 이해와 익힘이 필요하고 그에 따라 체력, 정신력 향상을 꾀할 수 있다.

tip - 유치부 수련생에게는 다양한 수련프로그램 수련보다 단순한 수련프로그램을 반복적으로 실시하면 좋다.

(5) 개별성의 원칙

이 원칙은 일선 태권드장 수련생의 개인적 특성 즉 성별, 연령, 품, 급, 체력, 의욕 등을 고려하여 지도해야 한다는 것이다.

사람은 각각의 개성과 장·단점을 가지고 있기 때문에 일률적인 계획을 가지고 누구에게나 똑같이 적용해서는 안 된다는 것이다. 지도자는 흔히 자기 경험을 토대로 하여 수련생에게 같은 수련을 강요하는 경우가 많다. 이와 같은 것은 개별성을 무시한 것으로 좋은 지도방법이라 말할 수 없다.

유치부에 지도한 방법이 성공적인 수련으로 이끌어 냈다 하더라도 초등부에게 적용한다면 맞는 방법이 될 수 없다. 유치부에 지도한 성공방법이 초등부 지도에 참고는 될 수 있으나 초등부에 맞는 방법이라 할 수는 없을 것이다.

따라서 일선 태권도장 지도자는 각각의 어린이 수련생 개인적 특성을 고려하여 소그룹으로 편성 지도해야만 한다.

예) 유품자(저학년, 고학년), 유급자(저학년, 고학년) 선수부(품새, 겨루기) 운동신경 저하자 등으로 크게 분류할 수 있으며 운동신경 저하자는 주말을 이용하여 보충지도를 통해 관리 해 주어야 할 필요가 있다.

(6) 흥미(즐거움)의 원칙

일선 태권도장 어린이 입관생에게 우리 태권도장에 오게 된 동기를 물어보면 적지 않게 이렇게 대답한다. "친구들이 많아서요."라고 말한다. 비록 처음 태권도를 시작할 때는 친구 따라 강남 가는 것처럼 시작하게 되었지만 태권도를 수련하는 과정에서 흥미(즐거움)를 갖게 된다면 이것은 수련자의 내적 동기 요인으로 작용하게 되어 지속적으로 수련할 수 있는 계기가 될 것이다. 하지만 수련에 대한 흥미(즐거움)를 갖지 못한다면 퇴관으로 이어지게 될 것이다. 따라서 일선 태권도장 지도자는 수련자가 흥미(즐거움)를 가질 수 있도록 수련자의 심리를 잘 파악하여 지도해야 한다.

예) 겨루기, 품새, 격파, 놀이형 체육 등 어느 과목은 좋아하고 어느 과목은 싫어할 수 있다. 이러한 수련자의 심리를 이해하고 일간, 주간, 월간 교육계획을 잘 편성하여 지도해야 한다.

tip - 내적동기: 정신이나 마음의 작용으로 어떤 일이나 행동을 일으키게 하는 계기
예) 자기만족, 성취 욕구 (태권도 1품을 따면 부모님이 기뻐하겠지 하는 마음으로 태권도를 열심히 한다.)
- 외적동기: 외부 보상을 받기 위해서 하는 행동
예) '이번 심사에서 합격하면 관장님이 금메달 준다고 했어'

(7) 평가의 원칙

일선 태권도장에서 평가는 어린이 수련생에게있어 자기의 수련결과를 끊임없이 평가 받음으로써 적극적인 수련 의욕과 긴장감을 주어 수련 효과를 높이는 것이다. 평가를 함으로써 목표와 성장에 대한 자각과 기쁨을 줄 수 있으며 수련의 동기를 강화 시킬 수 있는 것이다.

평가의 방법에 있어서 심신수련에 맞는 변화와 성장에 기대부여를 할 수 있도록 도모한다.

예) 일선 태권도장에서 어린이 수련생이 열심히 수련하고 관장, 사범에게 승급 심사를 받고 국기원이 발급하는 품(단) 취득은 어린이 수련생에게 내적 동기를 일으키는 좋은 기회가 될 것이며 잘못된 동작 수정과 잘 된 동작 강화의 계기가 될 것이다.

2. 일선 태권도장 어린이 수련생 수업 진행별 수련 지도방법

일선 태권도장 지도자가 어린이 수련생에게 태권도 동작과 기술을 효과적으로 지도하기 위해 다양한 교육적인 방법을 적용한다. 태권도 수련 지도방법에는 수련생의 환경에 따라 전체지도, 그룹별 지도, 개별지도 등으로 나눌 수 있다. 태권도장 여건이 좋은 도장은 유급자, 유품자 수련 공간을 분리하여 지도하고 있지만 대개의 경우 전체지도를 하면서 수련단계별 품(단), 급수에 따라 그룹별, 개별지도를 할 것이다. 이때 지도자는 의도적이고 계획적인 수업을 진행하기 위해 수련 내용을 미리 충분히 숙지하고 도입, 전개, 정리 및 평가 3단계로 전개하여 수련 지도를 할 때 효과적인 수업이 진행될 수 있다.

이때의 시간 비율은 지도자나 수련 상황에 따라 조금씩 다르지만 60분 수업을 가정한다면 도입은 5~10분 전개는 40~50분 정리 및 평가는 5~10분 정도가 적당하다.

1) 도입 단계 지도(5~10분 소요)

도입 단계는 지도자와 수련생 간에 서로 마음을 교감하는 단계로 지도자는 그날의 수련 내용을 수련생에게 알려 수련 분위기를 조성하고 관심을 갖게 하는 단계이다.

효과적인 수련지도를 위해 지도자는 다음과 같은 사항에 주의하여야 한다.

첫째 - 수련내용에 대한 지도자 자신의 변명은 하지 않는다.

예) 사범님이 어제 등산을 하다가 발목을 좀 다쳐서 말이야 오늘 시범은 좀 힘들 것 같아 등과 같은 변명은 어린이 수련생들로 하여금 수련 의욕을 저하시킨다.

둘째 - 충분한 동기 부여를 한다.

예) "오늘 수련 중 기합 소리가 큰 수련생 3명을 뽑아서 집에 갈 때 선물을 줄거야" 라고 한다.

셋째 - 그날의 수련내용을 간단하게 말해준다.

예) 오늘은 월요일로 주간 수련계획안에 따라서 유연성 증가 운동, 기본동작, 인성교육을 하도록 하겠습니다.

수업내용 제시와 함께 "잘할 수 있겠습니까?"라는 약간의 강조성 기합으로 수련 분위기를 조성해 준다.

사례) 박남희(2018). 의하면 일선 태권도장 도입단계에서의 지도 활동은 다음과 같은 활동을 하고 있었다.

(1) 정렬

일선 태권도 지도자는 어린이 수련생들이 체육관에 들어서면 아직 수업 전 이기는 하지만 수련생들끼리 놀게 하거나 방치해서는 안 된다. 체육관 여건에 따라 줄넘기를 하게 하거나 안정된 음악을 틀어주어 수련에 대한 마음의 준비를 하게 하여야 한다.

어린이 수련생의 정렬은 여러 가지 방법이 있으나 대체적으로 2가지 방법으로 정렬을 시킨다.

① 띠가 높은 상급자 순으로 정렬하는 방법

장점: 초보자들에게 기준이 될 수 있어 빠른 정렬을 유도하고 동작을 따라 할 수 있다.
단점: 지도자가 신입 어린이 수련생 동작을 세심하게 관찰 지도할 수 없다.

② 초보자가 앞에 서고 뒤에 상급자가 서는 방법
장점: 지도자가 신입 어린이 수련생 파악에 용이하다.
단점: 신입 어린이 수련생이 유품자 수련생의 동작을 따라 할 수 없다.

(2) 출석체크

일선 태권도장에서 어린이 수련생 출석 체크는 어린이 수련생을 관리하는데 가장 기본적인 활동이다. 과거에는 지도자가 어린이 수련생 개개인의 이름을 부르고 체크 하였으나 오늘날은 다양한 방법으로 어린이 수련생의 출석을 체크하고 있다.
예1) 전통적인 방법으로 일일이 호명하여 출석부에 체크 하는 방법 이때에 출석부에는 1부에 왔으면 1이라 표기하고 2부에 왔으면 2라고 표기해야만 어린이 수련생이 몇 부에 오고 갔는지를 파악할 수 있다.
예2) 어린이 수련생 스스로가 출결관리 업체에서 제공하는 출결프로그램을 통한 체크 방법.
예3) 전통적인 방법과 시스템을 두 가지를 병행하는 방법.
예4) 시간 절약을 위하여 사범이 준비운동 지도시 다른 지도자는 어린이 수련생 얼굴을 확인하고 체크 하는 방법.

(3) 복장점검

도복을 입고 띠를 착용하는 것은 태권도 수련생의 예의 규범이므로 정확한 복장을 갖춘 상태에서 태권도 수련에 임할 수 있도록 지도해야 한다.

(4) 건강체크

건강 체크는 어린이 수련생의 안전한 수련 활동을 위해서 반드시 해야 하는데 다음과 같은 사항을 주의하여 체크 한다.
① 어린이 수련생의 표정이나 동작 관찰
② 부모로부터 연락을 받은 어린이 수련생("우리 아이가 발목을 살짝 삔 것 같아요")
③ 어린이 수련생에게 아픈 곳이 있는지 직접 물어보고 확인
④ 전날 결석자

(5) 수업내용 전달

오늘 수업내용과 목표를 설명하고 수업에 대한 마음가짐을 준비하게 한다.

(6) 수련의욕 고취 및 동기 유발

본 운동 들어가기 전에 어떻게 하면 상점 포인트를 받을 수 있는지를 이야기를 해 준다.
예) 힘찬 기합, 힘찬 동작 등을 했을 때 준다.

(7) 국기에 대한 경례
예) 국기에 대한 맹세문은 지도자가 먼저 "나는" 하고 자랑스러운 부터는 수련생 모두가 합동으로 한다.

(8) 지도자에 대한 경례(관장, 사범님께 경례)
복장을 잘 갖춰 입은 선임자가 구령을 넣고 수련생 모두가 합동으로 인사한다. 선임자라 하더라도 복장을 갖추지 않았다면 전체를 대표해서 인사 구령 넣는 것은 배제한다.

(9) 준비운동
준비운동은 심장에 혈액공급을 신속하고 적절하게 이루어지게 하여 체온과 근육의 온도를 높여주고, 근육, 인대, 힘줄의 장력을 키워 운동 중 부상을 예방한다.

☞ 일선 태권도장에서 주로 하는 준비운동은 다음과 같다.
- 스트레칭
- 달리기
- 줄넘기
- 코어운동
- 척추측만 예방체조
- 순환식 운동
- 방송댄스
- 국민체조
- P,T체조
- 성장체조

2) 전개 단계(40~50분 소요)

전개 단계는 본 수련에 들어가는 단계로 수련과제의 내용을 어린이 수련생에게 제시하고 다양한 수업방법을 사용하여 수업목표를 달성하는 단계이다. 수업목표를 효과적으로 달성하기 위하여 다음과 같은 유의사항이 있다.

(1) 설명
설명은 어린이 수련생의 수련 활동을 돕기 위한 것으로 설명과 함께 보조 재료를 이용하면 더욱 효과적이다.
① 지도자는 설명하고자 하는 동작의 중요성을 강조하여 어린이 수련생이 '왜 내가 이것을 꼭 해야 하는가? 를 느끼게 하여 수련에 적극적으로 참여토록 해야 한다.
② 어린이 수련생이 동작을 수련하면서 학습 되어질 때 확실한 성과에 대해 설명한다.
  예) 이 동작을 반복 수련하면 어디가 어떻게 좋아진다. 를 설명하여 동기 유발이 될 수 있도록 해야 한다.
③ 설명과 시범은 가능한 한 동시에 하여야 한다. 설명을 하면서 시범을 보여주게 되면 시청각

교육이 되어 어린이 수련생의 이해를 더 촉진 시킬 수 있다.
④ 설명이 끝난 후에 질문을 받아 지도자가 설명한 내용에 대해 어린이 수련생이 이해를 못하고 있다면 다시 한 번 더 설명하여 완전하게 이해시켜야 한다.
⑤ 설명의 순서가 일관성이 있어야 하고 다음 동작에 전이가 일어날 수 있도록 해야 한다. 동작의 급격한 변화의 설명은 학습 전이에 방해가 된다.
예) 서기 동작 설명 시 앞서기, 앞굽이, 뒷굽이 순으로 설명해야 하는데 앞서기 설명하고 지르기 설명은 서기 동작의 학습 전이를 막는다.
⑥ 친절한 태도로 원기 있고 품위 있게 설명하여 연설이나 설교식으로 하지 않도록 한다.
⑦ 사투리나 은어를 쓰지 않으며 수련생이 잘 이해할 수 있도록 쉬운 말로 명료하게 하고 간혹 유머를 섞어 어린이 수련생들의 흥미를 유발 시키도록 한다.

(2) 지도자 시범

본 운동 시 지도자는 어린이 수련생들 앞에서 지도하고자 하는 교재의 활용 및 동작 요령 등을 보여 주는데 다음과 사항에 주의해야 한다.
① 시범자의 위치를 고려해야 한다.
지도자는 어린이 수련생이 수련 활동을 하기에 앞서 수련할 동작을 시범 보일 때 수련생이 잘 볼 수 있는 위치에서 보여야 한다.
② 지도자는 어린이 수련생과 역동작으로 시범을 보여 어린이 수련생이 따라 하기 쉽게 해야 한다.
어린이 수련생과 마주보고 하기 때문에 어린이 수련생과 같은 방향의 역동작으로 하는 것이 어린이 수련생 입장에서는 훨씬 빨리 이해가 되며 수업 진행에도 혼란이 오지 않는다.
③ 분습법적인 시범을 보여야한다.
여러 개의 동작을 한꺼번에 시범을 보이지 말고 하나씩 끊어서 시범을 보여야 한다. 특히 어린이 수련생일수록 짧게 끊어서 반복적 시범을 보여야만 효과적이다.
④ 보조재료(빔 프로젝트영상, 음악, 슬라이드)등을 적절히 사용하여 어린이 수련생들의 이해를 증진 시킨다.
⑤ 어떤 기술에 지도자가 자신이 없을 때는 무리해서 시범을 보이려고 하지 말고 숙달된 수련자에게 시키는 것도 좋은 방법 중 하나이다.
⑥ 설명과 시범을 가능한 한 동시에 하여야 한다.
시범과 설명을 종합하는 것이 어린이 수련생들에 이해에 도움이 된다면 이 두 개를 동시에 하는 것이 좋으며 지도자는 설명하고 조교가 시범을 한다면 더욱 좋은 성과를 얻을 수 있다.

(3) 구령

① 구령은 예령과 동령이 명확해야 한다.
예령은 길게 동령은 짧게 해야 하는데 간혹 예령은 짧게 하고 동령을 길게 하는 지도자가 있다.
이것은 매우 잘못된 구령법이다
예) '열중 쉬어' 시 열중은 길게 하고 쉬어는 짧게 넣어 주어야 한다.
② 구령이나 기합 시에 하복부에 힘을 넣어 힘차게 한다.

③ 명확하고 어린이 수련생 전원에게 잘 들릴 수 있도록 해야 한다.

④ 구령과 기합은 장소의 크기와 인원에 따라 음성의 고저, 장단, 강약 등을 조절하고 필요 이상으로 큰 소리를 내어 어린이 수련생들로 하여금 지나친 위압감을 조성하지 않도록 주의하여야 한다.

(4) 실습

지도자의 설명과 시범이 끝나면 수련생들이 실제로 동작을 직접 해보는 실습에 들어간다.

어린이 수련생들은 지도자의 설명과 시범에서 얻은 지식과 요령을 자기 스스로 체험하고 습득하는 것으로 시간 배정에도 많이 할당되어야 한다.

어린이 수련생 실습 시 지도자는 다음과 같은 사항에 유의하여야 한다.

① 어린이 수련생이 기본동작, 품새, 겨루기, 격파 등을 실습할 때 설명과 시범에서 보여 준 것과 같이 수련하고 있는지 관찰, 감독 한다.

② 실습하기 전 실습 조편성을 해야 한다.

지도자가 한 사람일 경우 많은 인원을 통제하고 지도하기에는 어려움이 따른다. 따라서 적절한 인원을 편성하여 지도해야 안전사고 등을 예방하고 효율적인 교육이 이루어진다.

③ 주의, 집중력을 잃지 않도록 해야 한다.

어린이 수련생들은 실습을 하면서 시간이 지남에 따라 주의, 집중력이 떨어진다. 따라서 지도자는 주의, 집중력이 떨어지지 않도록 지속적인 수련 분위기를 조성해 주어야 한다.

④ 언제든지 질의 응답할 수 있도록 해야 한다.

수련생들이 수련중이라도 질문할 수 있도록 하고 지도자는 질문에 응답해 주어야 한다.

3) 정리 및 평가 단계(5~10분 소요)

정리 및 평가 단계에서는 전개 단계에서 어린이 수련생들이 수련한 동작의 내용과 지식을 전체적으로 평가하고 정리하는 단계이다.

수련 중의 수련 태도나 습관, 분위기, 수련 목표의 달성 여부, 어린이 수련생들의 미숙점 등을 코칭해서 어린이 수련생들의 이해 및 요령을 완전한 것으로 만들어 주어야 한다. 또한 열심히 수련한 어린이 수련생들에게는 칭찬과 상점 포인트를 지급하여 차시에 대한 기대와 동기를 심어 주어야 한다.

(1) 정리

① 정리운동

정리운동은 가벼운 스트레칭, 관절운동, 묵상 등을 하여 근육이나 심장 등이 운동 전 이완 상태로 돌아갈 수 있도록 한다.

② 다음수련 예고

다음날 수련할 내용을 간단하게 말해줌으로 어린이 수련생들이 마음의 준비와 함께 다음 수련에 대한 기대감을 갖게 한다.

③ 공지사항 전달

휴관, 행사, 보충수업, 특강, 시합출전, 승품(단)심사 날짜 등을 사전에 알린다.

④ 소지품 챙기기

휴대폰, 가방, 옷, 신발, 우산 등을 챙기고 바뀌지 않도록 일일이 챙겨줘야 한다.

어린이 수련생들은 유행에 따라 같은 메이커 상품을 구입하는 경우가 많아 서로 바뀔 일이 종종 일어난다. 바뀌는 것을 방지하지 위해는 각자의 소지품에 이름을 써주는 것이 좋다.

예) 우산, 신발, 똑같은 옷, 똑같은 사물

⑤ 귀가 지도

어린이 수련생들이 안전하게 귀가할 수 있도록 정신교육을 철저하게 시켜야 한다. 교통신호 지키기, 친구들과 장난치거나 싸우지 않기. 문방구, PC방 등을 들러 놀지 않기 등 간혹 어린이 수련생들 중 집으로 곧장 가지 않고 귀가 도중 친구들하고 놀다가 귀가하여 부모님을 당황하게 하는 경우가 있다. 만일 늦게 귀가할 일이 생기면 반드시 부모님께 사전 허락을 받아 부모님이 걱정하지 않도록 해야 한다.

(2) 평가

① 전체적인 평가를 해야 한다.

개개인의 평가보다는 전체적인 평가를 통하여 지도자는 어린이 수련생들이 어느 정도 기술을 익혔는가를 설명하고 앞으로 어떤 점을 유의하면서 수련하면 발전할 수 있겠다고 말해 주어야한다.

② 구체적인 평가를 해야 한다.

실습을 하면서 어린이 수련생들이 잘못된 동작 및 습관을 표준화된 동작과 비교하면서 무엇이 잘못된 것이지 인지할 수 있도록 해야 한다.

③ 수련상의 미비점을 말해준다. 평가는 잘못된 점만을 시정 해 주는 것이 아니라 지도자의 입장에서 수련환경에 미비점이 있으면 어린이 수련생들에게 솔직히 시인하고 미비한 여건에도 열심히 수련해준 어린이 수련생들에게 칭찬을 아끼지 말아야 한다.

④ 평가는 진지하고 성실하게 객관적인 태도로 해야 한다.

감정이나 선입견 또는 편견을 배제하고 온건한 언어를 사용하여 평가해 주어야한다.

3. 일선 태권도장 어린이 수련생 효과적 지도 방법

일선 태권도장 지도자는 어린이 수련생이 수련 내용을 효과적으로 습득할 수 있도록 지도방법을 끊임없이 연구하여 적용해야 한다. 어린이 수련생의 연령, 인지능력, 운동 기간 등 여러 가지를 고려하여 지도한다면 좀 더 효율적으로 지도할 수 있다. 여러 가지 요소를 내포하고 있는 태권도 기술이나 과제를 지도자가 지도하고자 할 때 그것을 하나의 단위로 묶어서 숙달을 시킬 것인가? 아니면 그 요소들을 하나하나 또는 몇 개의 묶음으로 나누어서 숙달을 시킬 것인가? 를 지도자는 결정해야 한다. 이와 같이 수련기술이나 과제를 어느 정도의 크기로 구성하여 지도하느냐의 문제는 태권도 동작이나 기술의 학습효과에 많은 영향을 미치게 된다. 어린이 수련생에게 지도할 전체의 과제를 하나의 단위로 묶어서 숙달시킬 경우를 전습법이라 하며 그 기술을 구성하고 있는 요소들을 고려하여 몇 개의 단위로 나누어 지도하는 방법을 분습법이라 한다.

1) 전습법

처음부터 전체적인 내용을 한데 묶어서 한꺼번에 몇 번이고 반복 숙달하는 것이다.
예) 품새 태극1장을 지도 시 처음 1동작부터 마지막 18동작까지 지도하고 다시 반복하는 것이다. 어린이 수련생 중 고학년이거나 지능이 높고 운동능력이 우수하다고 판단될 때 전습법을 적용하면 효과적이다.

2) 분습법

분습법은 수련할 내용을 몇 부분으로 나누어 지도하고 그 다음 전체를 지도하는 방법이다. 이때 몇 개의 부분으로 나눌 것인가의 문제는 지도자가 결정해야 할 문제이기는 하지만 과목의 복잡성, 난이도, 수련자의 능력 등을 고려하여 몇 구간으로 나눌 것인가를 결정해야 한다.
이 분습법은 다시 3가지 유형으로 나눌 수 있다.

(1) 순수 분수법

몇 개로 분할된 각 부분을 어느 정도 수준에 이를 때까지 숙달시킨 다음에 전체를 통합하는 방법이다.
예) 태극 품새 1장을 지도 시 1~4구간으로 나누고 각각 구간별로 숙달시킨 다음 전체를 통합하여 마무리 하는 방식이다.

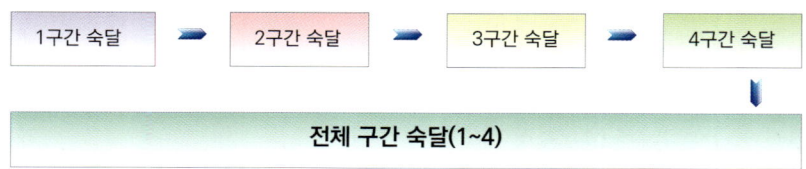

(2) 점진적 분습법

구간1를 숙달하고 다음에 구간2를 숙달, 그리고 1, 2를 통합숙달 다시 구간3을 숙달, 후 1, 2, 3을 연결 숙달 다시 구간4숙달, 그리고 1~4를 통합 숙달시키는 방법이다.
예) 태권도 품새 1장을 지도 시 1구간을 충분히 숙달한 다음 2구간을 집중적으로 숙달 후 1, 2구간을 연결하고 다시 3구간 숙달 후 1, 2, 3 연결, 다시 4구간 숙달 그리고 1~4구간을 통합 숙달 시키는 방식이다.

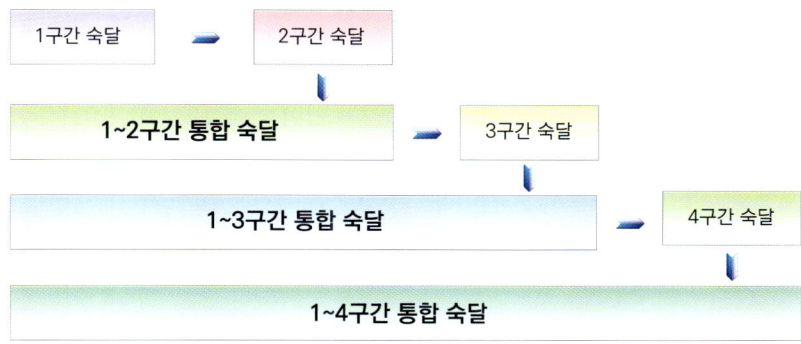

(3) 반복적 분습법

구간1을 숙달하고 다시 반복해서 1과2를 숙달하고 다시 처음부터 1과2와 3을 숙달하는 방식이다. (1→1+2→1+2+3→1+2+3+4)

예) 태권도 품새 1장을 지도 시 1구간 숙달하고 다시 1, 2구간까지 숙달한 다음 다시 처음으로 돌아가 1, 2, 3구간까지 숙달하고 다시 처음으로 돌아가 1, 2, 3, 4구간을 반복해서 숙달하는 방식이다. 이 방법은 수련자가 연소자이고 지능이 낮으며 능력이 부족한 경우, 수련 기간 중 초기에, 부별 당 수련생이 많을 경우 효과적인 지도방법이다.

4. 일선 태권도장 어린이 수련생, 바르지 못한 행동수정 지원 활동

일선 태권도장 지도자들은 경험으로 다 아는 것이지만 누구를 가르친다는 것은 정말로 어려운 일이다. 일선 태권도장을 보면 피크 타임(16시~18시)에는 어린이 수련생들이 집중되어 많게는 40~50명 더 많이 활성화된 도장은 그 이상의 어린이 수련생들이 몰려오는 경우가 있을 것이다. 그중엔 학습과 정서적 부적응문제를 가진 어린이 수련생들이 꽤 많은 인원이 포함되어 있다.

앞으로의 추세는 더 증가 되리라 생각된다. 이러한 상황에서 일선 태권도장 지도자들은 어린이 수련생지도에 많은 고민과 스트레스에 시달리게 된다. 물론 태권도 지도자들은 어린이 수련생의 학습을 향상시킬 수 있는 충분한 능력을 가지고 있지만 때로는 무엇부터 어떻게 해야 할지 암담할 때도 많을 것이다.

어린이 수련생들은 저마다 다른 환경에서 자랐기 때문에 여러 가지 문제로 지도자를 힘들게 하여 태권도 지도자의 영역을 넘어 어떨 땐 심리치료사로 어떨 때는 수련생의 부모나 보육교사로 만능 탤런트가 되어야 할 경우가 많다.

어린이 수련생들의 문제를 논하다 보면 어떤 지도자는 수련생 부모가 문제가 있다고 주장하기도 하고 어떤 분은 놀이형 체육을 하는 요일은 괜찮다가 품새를 하는 요일에만 문제가 있다고 한다.

지도자로서 어린이 수련생의 가정환경을 바꿀 수도 없고 태권도 수련을 하지 않고 게임(놀이형 체육)만 할 수도 없는 노릇이니 어쩔 수 없다고 변명 아닌 변명을 늘어 놓을수 밖에 없는 것이 현실이다.

또 어떤 지도자는 도장게서 말썽만 피우는 어린이 수련생의 경우 문제가 너무 심각해서 지도자의 능력 한계를 넘어서는 일이므로 어떻게 해볼 수 없다고 말하기도 한다. 그러나 이러한 생각들은 옳지 가않다 분명한 것은 이러한 어린이 수련생들도 지도자의 도움이 필요하고 이러한 문제 어린이 수련생들도 잘 지도하면 변화 시킬 수 있다는 점이다.

어린이 수련생을 지도하고 변화시키는 것은 적극적 과정이다. 어떻게든 되겠지 라고 하며 손을 놓아서는 안 된다. 태권도 지도자는 어린이 수련생의 변화와 성장을 도울 수 있는 방법을 연구해야 한다.

다행히 행동수정연구의 노력으로 태권도장에서 효과적으로 응용할 수 있는 많은 기법들이 있다. 그 응용범위도 문제 어린이 수련생은 물론 연령적으로도 유치원 수련생부터 고등학생 수련생에 이르기까지 폭넓게 활용할 수 있다.

어린이 수련생의 행동을 수정하려면 때로는 지도자의 행동을 조절할 필요도 있다. 그리고 어린이 수련생의 행동을 매일 기록을 해야 할 경우도 있다. 이러한 일들은 체계적으로 이루어져야 하며 실패하더라도 다시 해보려는 근기와 인내심의 노력이 필요하다.

이러한 지도자의 노력을 쓸데없는 일이라고 부정하는 부모나 동료 지도자들을 설득할 필요도 있다. 때로는 그 지도과정에서 많은 노력과 애로가 있지만 수련 부진 어린이 수련생의 그릇된 행동이 바른 행동으로 변화되고 종료 수련생들과 즐겁게 수련하는 모습을 바라볼 때 지도자의 기쁨은 가장 큰 보상이 될 것이다.

어린이 수련생의 부적응, 그릇된 행동을 수정하는데 필요한 기초 원리와 지도과정을 알아보자 행동이란 무엇인가? 행동에는 어떤 것들이 있는가? 그리고 행동수정에 필요한 기본원리들은 어떤 것들이 있는지 살펴보자.

1) 태권도장 어린이 수련생 행동의 유형

어린이 수련생 행동이란? 어린이 수련생이 활동하는 모든 것을 뜻한다. 이러한 의미는 다른 교육자들이 사용하는 말보다 좀 더 포괄적이다. 수련생의 환경에 따른 차이와 함께 성격과 행동 그리고 행동과 성향을 관찰하는 부븐에서 어떤 지도자들에게 어린이 수련생의 행동이란 성격에서 나오는 행동과 품행, 인성과 같은 뜻으로 사용된다. 예를 들면 지도자의 지시를 잘 이행하느냐 않느냐, 또는 허락 없이 수련 중에 이야기를 하거나 딴 행동을 하느냐 하는 것들이다. 여기서는 성격, 품행, 인성과 관련되는 것뿐만 아니라 준비운동, 기본동작, 품새, 겨루기, 태권도장 일상행동 등과 같은 모든 체육관 활동들도 행동에 포함된다.

Skinner(1938)는 행동을 두 종류로 나눴다.

첫째는 수동행동으로 본인의 의사와 관계없이 어떤 특정한 자극에 의하여 유발되는 행동을 뜻 한다. 다시 말하면 어떤 자극이 주어지면 자동적으로 발생하는 반응을 말하는데, 예를 들면 어두운 밤에 들어가면 눈의 동공이 자동적으로 커지는 것이라든가, 기온이 차지면 몸이 떨린다든가, 더우면 땀을 흘린다든가, 눈에 티가 들어가면 눈을 깜박거린다든가 하는 행동을 수동행동이라고 한다.

둘째는 작동 행동으로 이것은 수동행동과는 달리 행동자가 자기 의사에 따라 어떤 행동을 스스로 하는 것을 의미한다. 예를 들면 발차기를 한다든가, 품새를 한다든지, 소지품을 잘 정리한다든지 하는 등이다. 즉, 작동 행동은 어떤 자극에 의하여 자동적으로 유발되지 않고 스스로 하는 행동을 말한다.

작동 행동은 어떤 자극에 의하여 자동적으로 유발되는 것은 아니지만, 그 행동을 한 다음에 뒤 따라오는 무엇인가에 영향을 받는다는 사실이다. 이와 같이 어떤 행동에 뒤 따라 일어나는 사건을 후속 자극이라고 한다.

후속 자극에는 긍정적인 것과 부정적인 것이 있다. 어린이 수련생이 어떤 행동을 했을 때 긍정적인 후속 자극이 수반되면, 그 어린이 수련생은 앞으로 그 행동을 다시 또 할 확률이 높아지리라는 것은 짐작할 수 있는 일이다.

가령 어떤 어린이 수련생이 사범님께 "태권 효도하겠습니다."라고 인사할 때마다 사범님이 밝은 미소와 함께 엄지 척으로 답해 준다면 그 어린이 수련생은 사범님께 인사하는 것이 즐거워 앞으로도 계속 인사를 잘할 것이다.

하지만 반대로 어린이 수련생이 사범님께 인사를 할 때 마다 미소로 받아 주지 않고 어제 그 어린이 수련생이 잘못한 어떤 일을 들먹이면서 야단을 친다면 어떤 일이 벌어지겠는가? 아마 앞으로는 그 어린이 수련생은 사범님께 인사하는 것을 주저하게 될 것이다.

즉, 어떤 행동에 불유쾌한 부정적 후속 자극이 수반되면 그 행동은 앞으로 중단되고 말 것이다. 어린이 수련생의 행동에 어떤 후속 자극이 수반되느냐 하는 것은 앞으로의 어린이 수련생 행동에 큰 영향을 미치게 된다.

이와 같이 후속 자극에 의하여 어떤 행동을 더 자주 하게 되거나 또는 중단하게 되는 과정을 작동 조건화라 한다.

어린이 수련생의 행동을 효과적으로 조절하려면 그 행동에 뒤따르는 후속 자극을 체계적으로 조절하지 않으면 안 된다. 후속 자극은 반드시 어린이 수련생이 어떻게 행동했느냐에 따라 조건부로 주어져야 한다.

예를 들어 어린이 수련생들이 체육관 규칙을 잘 지켰을 때 놀이형 체육을 하기로 약속했다면 반드시 어린이 수련생들이 그런 행동을 했을 때만 상으로 놀이형 체육을 해야만 한다.

만일 규칙을 잘 안 지켰는데도 놀이형 체육을 허용한다면 어린이 수련생들은 규칙을 잘 지키거나 안 지키거나 마찬가지로 상을 받을 수 있다는 것을 알기 때문에 굳이 귀찮은 규칙을 지키려 하지 않을 것이다. 반드시 규칙을 잘 지킨다는 것을 전제로 놀이형 체육을 허용해야만 어린이 수련생들에게 규칙을 잘 지키는 행동을 가르칠 수 있는 것이다.

2) 태권도장 어린이 수련생 행동을 증강 시키는 방법

(1) 어린이 수련생 정적강화

태권도 지도자들이 일선 태권도장에서 일반적으로 어린이 수련생 행동수정의 방법은 어린이 수련생이 어떤 바람직한 행동을 할 때 보상하는 것이다.

이러한 보상을 정적강화 자극이라고 한다. 즉 미래의 행동 발생율을 향상시킬 수 있는 후속자극은 모두 정적강화 자극이라고 할 수 있다.

예) 어린이 수련생이 어떤 행동을 했을 때 지도자가 기분이 좋은 표정 짓거나 칭찬, 상점스티커를 주는 일은 행동 강도를 증강시키는 과정이다.

일선 태권도장에서 정적강화에는 칭찬, 상점스티커, 사탕, 장난감, 과자, 놀이형체육 휴식 등 다양한 것들이 있을 것이다.

예) 수련시간에 산만하게 움직이는 어린이 수련생에게 바른 자세를 할 때마다 상점스티커를 주었더니 산만한 행동이 많이 개선되었다면 위와 같은 어린이 수련생에게 달란트는 정적강화 자극이라고 할 수 있다. 반대로 산만한 행동이 조금도 개선되지 않았다면 적어도 위와 같은 어린이 수련생에게 있어서 달란트는 정적 강화 자극이 될 수 없다.

정적 강화의 효과를 높이려면 수련생이 바람직한 행동을 했을 때 즉시 강화해 주어야 한다.
예) 어린이 수련생이 바른 자세를 했을 때 지도자는 즉시 상점 포인트 얼마라고 말해주어야 한다. 이렇게 해야만 어린이 수련생과 강화 자극을 신속히 연합시킬 수 있기 때문이다.

만일 행동의 강화를 연기할 경우 그동안 다른 바람직하지 못한 행동을 할 수도 있고 본래의 바람직한 목표 행동 대신에 다른 행동을 강화하게 되는 잘못을 저지를 수도 있기 때문이다.
따라서 수련시간에 지도자는 부단하게 움직이면서 바른 행동을 하는 어린이 수련생이 눈에 보일 때 마다 그 자리에서 즉시 관심을 보여 주며 칭찬을 해주는 것이 좋다.

일선 태권도장에 정적 강화 방법을 사용해서 어린이 수련생의 행동을 성공적으로 이끄는 방법
예) 철희라는 어린이 수련생은 품새 시간에 수련을 하는 둥 마는 둥 열심히 하지 않고 있다.

다른 어린이 수련생은 각자 급에 맞는 품새를 다 외우고 있는데 철희는 자기 품새를 절반도 암기하지 않은 상태였지만 크게 신경 쓰지 않는 눈치이다. 이러한 상황을 안 박관장은 사범이 지도할 때 철희에게 다가가 "오늘 철희가 열심히 하는구나" 라고 칭찬해 주자 철희는 기분이 좋았는지 끝나는 시간까지 열심히 수련했다.

그러나 어제 박관장의 칭찬이 신통치 않았는지 다음날 다시 철희는 다른 날과 같이 집중을 못하는 것이었다. 박관장은 이 방법이 별 효력이 없음을 깨닫고 다른 방법을 고안했다.

박관장은 철희가 품새를 다 외우면 수련생 모두 놀이형 체육(게임)을 하겠다고 약속했다.
그 결과 놀라운 일이 벌어졌다. 철희는 사범의 구령에 맞춰 열심히 따라 했다. 앉아서 쉬고 있던 동료들로 철희가 동작을 틀리지 않고 따라 할 때마다 박수를 쳐 주었다. 그 결과 철희는 단 20분만에 자기 품새를 외웠다.

박관장은 철희의 품새 수련을 증강시킬 수 있는 최적의 정적강화 자극은 칭찬 보다는 놀이형 체육(게임)이라는 것을 알았다.

더 재미있는 것은 강화 자극이 철희뿐만 아니라 그 시간에 수련한 어린이 수련생들에게도 주어졌기(전체 놀이형 체육) 때문에 결과적으로 어린이 수련생들도 철희의 품새 수련을 격려하고 응원해 줌으로써 철희의 행동을 강화할 수 있는 좋은 계기가 되었다는 점이다.

그러나 한 가지 집고 넘어 갈 일은 철희가 품새를 다른 동료들하고 연습할 때 박관장이 철희 열심히 하는데 하고 칭찬한 행동수정 시도가 실패했다는 점이다.

다른 어떤 방법과 마찬가지로 행동수정의 방법도 실패할 수 있으므로 한 가지 전략이 효과를 볼 수 없을 때는 다른 방법을 써서 효과를 볼 수 있도록 새로운 강화자극 시도를 계속할 수 있는 지도자의 끈기가 필요하다.

(2) 어린이 수련생 부적강화

정적강화는 어린이 수련생이 어떤 바른 행동을 할 때 수련생이 좋아하는 것을 주는 것이지만 부적강화는 어린이 수련생이 어떤 바람직한 행동을 했을 때 어린이 수련생이 싫어하는 것을 제거해 주는 것을 말한다.

이때 제공되는 것을 부적강화 자극이라고 한다.

예) 어린이 수련생들이 수련 중 부과된 과제를 완성 하도록 하기 위하여 사범이 금요일 까지 태극1장 품새선을 다 익힌 어린이 수련생에게는 토요일 보충 수련은 참여하지 않아도 된다. 라고 했을 때 아마도 어린이 수련생들은 열심히 태극1장 품새선을 익힐 것이다. 이것이 바로 부적 강화의 작용이며 토요일 보충 수련은 부적 강화 자극이라 볼 수 있다.

정적 강화나 부적 강화나 모두 어떤 행동의 발생빈도를 증가시킨다는 점에서 동일하다. 다른 점은 정적 강화는 바람직한 행동을 함으로써 (칭찬, 상점스티커, 사탕, 장난감, 과자, 놀이형 체육, 휴식 등) 얻게 되는 것이고 부적 강화는 바람직한 행동을 함으로써 어린이 수련생이 어떤 불쾌한 것(토요일 보충 수련, 꾸중, 반성문쓰기, 생각하는 의자에 앉기, 타임아웃 등)을 피하게 되는 것이다.

따라서 일선 태권도장 지도자는 어린이 수련생의 심리 상황을 잘 파악하여 정적강화나 부적강화를 잘 적용해야 한다.

(3) 어린이 수련생 차별강화

차별강화는 여러 행동 중 어느 하나만을 선택적으로 골라 강화하는 방법이다.

예) 철희라는 수련생이 바른 자세를 할 때는 사범이 관심을 갖고 칭찬을 해 주지만 그렇지 못한 때에는 무시해 버리는 것이다.

(4) 어린이 수련생 행동형성

어린이 수련생이 잘 하지 않거나 전혀 하지 못하는 어떤 행동을 할 때마다 강화하여 가르치고자 하는 최종목표에 조금씩 접근하여 결국 최종목표 행동에 도달할 수 있게 하는 방법이다.

예) 숫기가 없어 태권도배우기를 거부하는 7세 어린이를 엄마가 태권도장에 등록 시키려 왔다면 이 어린이는 다른 어린이 수련생과 합류하여 태권도를 배우는 것이 매우 두려울 것이다. 이때 태권도장에 적응 시킬 수 있는 방법이 행동형성이다.

처음에는 사무실에 사범과 같이 있고 시간이 조금 지나면 사무실 밖에 나가 사범님과 다른 수련생이 운동하는 모습을 보게 한다. 여기까지 할 수 있었다면 강화자극(칭찬, 상점스티커, 사탕, 장난감, 과자, 놀이형 체육, 휴식)등을 해주어야한다. 다음날은 한 거름 더나가 주먹을 질러 보게 하고 다시 강화 자극해주고 다시 두 번 지르게 다시 강화 자극 다음은 발차기를 해보게 하고 강화자극 점차적으로 조금씩 형성 시키면서 시간을 늘리고 결국 전체 수련생 대열에 설 수 있도록 만드는 것이다.

경험이 없는 사범이라면 처음부터 숫기 없는 어린이를 전체 수련생 대열에 합류시킬 것이다 이렇게 되면 아마도 다음날 숫기 없는 어린이는 볼 수 없게 될 것이다.

차별강화와 행동형성의 차이점을 요약하면 차별강화의 기술은 수련생이 이미 할 수 있는 어떤 행동을 더 많이 자주 하도록 할 때 사용되고 행동 형성의 기술은 수련생이 한 번도 해본 적이 없거나 거의 하지 않는 어떤 새로운 행동을 가르치려고 할 때 효과적으로 응용될 수 있는 기법이다.

(5) 어린이 수련생 간헐강화

어떤 행동을 효과적으로 가르치려면 그 행동을 할 때 마다 빠뜨리지 않고 강화해 주는 것이 좋다. 그러나 그 행동을 한 번도 빠뜨리지 않고 강화하기는 매우 어려운 일이다. 다행이도 새로운 행동을 가르치거나 어떤 행동을 계속 유지시키기 위해 빈번히 강화할 필요는 없다. 어떤 행동이 발생할 때 마다 강화하지 않고 부분적으로 강화하는 것을 간헐강화라고 한다.

예) 일선 태권도 도장에서 사범이 철희라는 어린이 수련생이 도복을 입고 올 때마다 강화물을 주는 것이 아니라 어떤 날은 주고 어떤 날은 주지 않는 것이다. 철희 수련생은 언제 사범님이 강화물을 줄지 몰라 매일 도복을 입고 올 것이다.

3) 태권도장 어린이 수련생 바람직하지 못한 행동 감소시키는 방법

(1) 어린이 수련생 상반행동 강화법

일선 태권도장 어린이 수련생 바람직하지 못한 행동의 발생을 감소시킬 수 있는 좋은 방법 중의 하나는 그 문제행동에 상반되는 다른 행동을 찾아 적절히 강화하는 방법이다. 상반 행동을 강화함으로써 상대적으로 바람직하지 못한 행동을 감소시켜 보자는 전략이다.

예) 철희라는 어린이 수련생이 수련 중에 자꾸 산만한 행동을 한다면 산만한 행동 그 자체를 감소시키려는 것 보다 철희 수련생이 조금이라도 집중을 하거나 얌전이 행동을 할 때 그 순간을 포착해서 강화해 주는 것을 말한다.

(2) 어린이 수련생 소멸

일선 태권도장 어린이 수련생 바람직하지 못한 행동 발생율을 감소시키기 위해 사용할 수 있는 또 하나의 방법은 그런 행동이 더 이상 강화될 수 없도록 이제까지 주어지던 강화를 차단하는 일이다. 그러면 그 행동의 발생율이 낮아지다가 결국 없어지는데 이런 현상을 소멸이라고 한다.

어린이 수련생이 부적절한 행동을 할 때 사범이 신경을 쓰고 야단을 치면 부적절한 행동이 더 심해지는 경우도 있다.

어린이 수련생 입장에서 사범님께 야단맞는 일은 무시되는 것보다 낫기 때문이다. 이런 어린이 수련생에게 가장 좋은 방법은 행동을 무시하는 것이다.

사범이 어린이 수련생의 바람직하지 못한 행동을 소멸하려고 할 때 꼭 기억해야 할이 있다.

즉, 소멸과정의 초기에는 수련생의 바람직하지 못한 행동이 더 자주 강하게 나타난다는 사실이다.

예) 철희라는 어린이 수련생이 수련시간에 자꾸 장난을 친다고 하자 사범은 그의 행동이 지도자의 관심을 끌기 위한 소행이라고 판단되어 그 행동을 무시하여 소멸시키려 계획했다.

이 경우 이 어린이 수련생은 아마 그 전보다 더 자주 더 심하게 장난을 칠지 모른다. 지도자의 관심을 끌어보자는 적극적인 행동이겠지요. 이때 지도자가 마음이 약해져서 그 어린이 수련생 행동에 관여하면 절대로 안 됩니다.

그 전보다 장난이 심해진다면 마음속으로 오히려 기뻐하세요. 녀석이 내 관심을 끌어 볼려고 더 장난질을 심하게 하는군! 생각하고 계속 무시해 버려야 합니다. 초기의 고비만 잘 넘기면 그 수련생의 행동은 급속도로 떨어져 소멸 될 것입니다.

(3) 어린이 수련생 타임-아웃

어린이 수련생 타임-아웃이란? 어린이 수련생이 수련 중에 그릇된 행동을 한 다음에 받게 되는 정적 강화의 기회를 차단함으로써 그 행동이 강화되지 않도록 하는 것이다.

일선 태권도장에서는 수련 중에 그릇된 행동을 하는 어린이 수련생을 일시적으로 다른 장소에 격리 시키는 방법으로 이루어진다.

tip - 수련 중에 특정 수련생이 수련에 집중을 못 하고 산만한 행동을 한다면 다른 어린이 수련생에게도 수련에 방해가 된다.

필자의 경우 우선 그 수련생에게 주의를 주고 또 다시 산만한 행동을 하면 사무실로 들어가 있게 한다.
특별히 시간을 정해주지는 않고 본인이 차분한 마음이 생겼다고 생각하면 자율적으로 나오게 하는 방식이다. 강제적인 방법으로 오랜 시간 타임-아웃을 하게 되면 자칫 아동학대의 소지가 있을 수 있기 때문이다.

5. 어린이가 문제행동을 일으키는 여러 원인

- 출처 -Dr Dinah Jayson 편역: 신의진.어린이 문제행동. -정보인. 어린이 문제행동 지도에서 요약발췌

어린이가 문제행동을 일으키는 여러 원인은 크게 세 가지로 나눌 수 있다.
첫째, 아동 자신에게 원인이 있는 경우이다.
아동 자신에게 신체적으로 결함이 있다거나 정신 발달이 타 아동에 비해 뒤떨어질 때 문제아가 되기 쉽다. 즉, 심리학적 요인에 의해 생겨나는 것이다.
둘째, 아동의 환경이 부적당한 경우이다.
환경적인 요인으로 문제아가 발생한다. 일반 학급 내에서의 행동 지도는 주로 이 문제에 초점이 맞추어져 있다.
셋째, 교사의 인격성과 지도상에 결함이 있을 때 생겨난다.

1) 일반 어린이 문제행동 지도

아이 행동의 반 정도는 유전적, 반은 환경적인 요인이다. 잠이 부족하면 다른 행동 장애를 일으킬 수 있다. 수면 문제는 학습장애, 즉 주의력결핍 과잉행동장애(ADHD)가 있는 아이들에서 특히 흔하다.

(1) 공격

위험에 처해 있다고 느낄 때 아이는 공격적으로 반응할 수 있다. 학습장애가 있는 아이들은 보다 공격적인 경우가 많다. 자신이 해결할 수 없는 요구를 받거나 사람들이 원하는 것이 무엇인지 모르거나 다른 방식으로 반응할 수 있는 언어적, 사회적 기술이 부족하기 때문이다. 공격 반응은 취학 전 아이들에게서 주로 나타난다. 그러나 나이가 들어서도 다시 나타날 수 있는데, 특히 스트레스를 받을 때 그러하다.

위협을 받는다고 느낄 가능성이 있는 환경에 노출시키지 않도록 해야 한다. 화가 날 때는 행동을 하기 전에 생각을 하거나 열까지 세거나 현장을 피하도록 가르치고, 공격을 하지 않고도 자신의 주장

을 펼 수 있는 방법을 가르친다.
　이런 방법을 사용했음에도 불구하고 아이가 계속 파괴적인 행동을 한다면 의학적인 병 때문일 수 있다. 의사의 전문적인 의견을 구한다.

(2) 적대적 반항장애
　모든 아이들은 고집을 피우고 분노발작을 일으키는 등 기대와 다른 행동을 하는 시기가 있다. 그러나 이런 행동이 심하고 몇 개월 동안 계속된다면 적대적 반항 장애를 가지고 있는 것일 수 있다. 문제가 지속 되어 반사회적 행동, 공격적이고 파괴적인 행동, 때리기, 차기, 욕하기, 물건 던지기, 도둑질, 거짓말, 양심의 가책 없이 남을 괴롭히기 등과 연관되어 있으면 더 심한 증상인 행실 장애로 분류한다. 이런 문제를 가지고 있는 아이들은 동물을 학대하거나 불을 지르기도 한다.

(3) 행실장애
　행실장애가 있는 아이들은 자부심이 낮은 경우가 많다.
　친구를 사귀지 못하고 학교와 집에서 문제를 일으키고 부정적 행동을 통해 관심을 끌려는 악순환에 빠져들 수 있다. 약 4%의 아이들이 행실장애를 보이며, 저소득층 아이들에게서 보다 많다. 원인은 한 가지가 아니며, 다루기 힘든 기질이나 타고난 공격적 요인, 칭찬받지 못하는 적대적 환경 등 여러 인자들이 복합적으로 작용했을 수 있다.
　가족문제(지나치게 엄격한 아버지, 불화나 폭력, 우울증 같은 정신 질환), 부정적 사건(죽음, 이혼, 시험에서의 실패), 환경적 문제(나쁜 친구들, 가스나 본드, 알코올의 사용), 성적 또는 육체적 학대, 학습장애, 주의력결핍 과잉행동장애 등도 영향을 미친다.
　아주 드물게는 나이가 들어서도 이것이 계속 반복되어 십대의 비행이나 성인 범죄로 발전할 수 있다. 행실장애가 있는 청소년의 절반 정도가 성인 범죄의 길로 들어서고 나머지 반은 평범하게 성장한다. 아이와의 관계 개선에 너무 늦거나 빠른 시점이란 없다.

(4) 혼란/불안 행동
　불안을 느낄 때 아이는 특정 방식으로 행동하기를 고집하거나 사람을 포함하여 새롭고 낯선 상황을 피하려 할 수 있다. 아이가 이런 행동을 보일 때는 충분한 지원, 격려, 칭찬, 보상을 제공하며 통제할 수 있는 사회적 상황에 서서히 노출 시키는 것으로 접근해나가야 한다.
다른 아이와 짝을 지어주거나 아이가 참여할 수 있는 소모임 활동, 새로운 취미활동 등은 아이의 자부심을 높이고 불안을 줄이는 데 도움이 된다.
　불안해하는 아이에게 부모는 아이가 할 수 있는 작은 일을 맡기고, 그 일을 성공적으로 수행하면 칭찬과 보상을 함으로써 불안에 맞설 수 있도록 도와야 한다.
　아이의 불안이 생활 속의 사건이나 혼란 때문에 생길 수도 있다. 정상적인 생활을 하지 못하고 활동에 상당한 지장을 받으며, 특히 이런 상황이 장기간 지속 될 때는 반드시 전문가의 도움을 구해야 한다.

(5) 퇴행, 나이에 맞지 않는 행동
　아무 문제없던 아이가 갑자기 특정 기능을 잃어버리거나 대소변을 지리는 퇴행은 말썽을 피우기 위한 것이 아니며, 불안에 의해 발생한다. 스트레스를 받거나 혼란에 빠지면 어리광을 피우거나 칭얼

대는 아이들도 있다. 지원 격려 이해 등으로 아이를 돕고, 적절한 행동에 대해서 보상을 하면 꾸짖는 것보다 훨씬 좋은 효과를 기대할 수 있다.

(6) 원인 모를 통증
정신적 괴로움이 육체적 통증의 형태로 표면에 나타날 수 있다. 자신의 감정을 잘 표현하지 못하는 어린아이들의 경우에는 더욱 그렇다. 대화 그림 놀이 등 여러 가지 수단을 통해 자신이 괴로움을 표현하게 해주면 아이가 스트레스의 원인에 직접 맞설 수 있게 되고 증상의 해결에 도움이 된다. 아이를 나무라는 것을 피하고 서로에 대한 신뢰를 구축하게 하며, 힘들고 혼란스러운 감정을 극복하는 방법을 가르칠 수 있다.

(7) 이상한 행동
어떤 아이들은 관심을 끌기 위해 이상한 짓을 하거나 비정상적으로 행동한다.
이상한 웃음, 욕설, 기이한 몸짓이나 버릇, 비정상적 행동, 눈길 피하기, 그 밖에 사회적으로 부적절한 행동들은 무의식적인 것들일 수 있으며, 잠재 되어 있는 장애의 일부일 수 있다. 대부분의 경우 이런 행동은 상황과 아이의 나이를 고려해보는 것으로 간단하게 설명될 수 있다. 만약 아이의 행동을 설명할 수 없거나 문제가 고쳐지지 않거나 또래의 다른 아이들과 아주 다르게 행동한다면 의학적 도움이 필요하다.
약물이나 유기용매의 남용과 알코올 또한 이상한 행동의 원인이 될 수 있다. 이런 행동은 해당 물질의 효과가 떨어지면 정상으로 돌아온다. 취학 전 아이들에서는 드물었던 이런 문제가 최근 차츰 증가하고 있다.

(8) 신경발달장애
학습장애, 언어발달지연, 주의력결핍 과잉행동장애, 자폐스펙트럼 장애, 다른 희귀성 발달장애들이 여기에 속한다.
예전에는 이런 장애를 가진 아이들을 게으르거나 버릇없는 아이들이라고 생각했고, 다수의 아이들이 학교를 중도에 그만두어야 했다. 오늘날에는 이런 장애들을 쉽게 확인하고 치료할 수 있어 정상적이고 건강한 삶이 가능해졌다.

(9) 학습장애
정신질환도 심리적 장애도 아니다. 그러나 정신 건강과 행동 문제에 미치는 영향은 더 크다. 지능은 정상이지만, 듣기, 말하기, 읽기, 쓰기, 추리 또는 계산능력에 심각한 문제가 나타나는 여러 장애들을 일컫는 용어.

(10) 전체학습장애
과거에는 정신장애 또는 정신지체라고 불렀고 현재는 취학 전 어린이에서는 전체 발달지연이라 하고 학교에 다니는 아이들에서는 전체 학습장애라 한다.
전체 학습장애가 있는 아이들은 보통 발달이 느리고 지능발달검사를 해보면 학업 면에서 다른 아이들에 비해 뒤쳐진다. 뇌성마비와 신체적 장애를 동반할 수도 있다.

학습장애의 정도는 가벼운 정도(IQ 70~80)에서 심한 정도(IQ 40이하)까지 다양하다. 평균 IQ는 100±10이며 아주 뛰어난 사람은 150도 가능하다.

학습장애의 원인은 선천성 장애(다운증후군, 유약엑스증후군, 양염색체장애 등), 출산 전 또는 출산 중의 감염이나 손상에 의한 뇌성마비 등이 있다. 그러나 학습장애의 반 정도는 원인을 알 수 없다.

(11) 특이 학습장애

정상적인 지능을 갖고 있음에도 불구하고 읽기, 쓰기, 계산하기 등 한 가지 이상의 과제를 또래 아이들에 비해 어려워하며, 이해와 학교 수업에서 어려움을 갖는다.

가족 전체에서 나타나는 경향이 있으며, 여자아이보다 남자아이에서 많다.

문제가 밖으로 드러나지 않으면 문제가 있다는 사실이 간과될 수도 있다. 그 결과 아이는 게으르거나 다루기 어렵거나 모든 일에 흥미를 보이지 않는 아이로 분류되어 문제아로 취급될 수도 있다. 이런 아이들은 자신을 "어리석다"거나 '둔하다'고 믿는 등 낮은 자부심을 보인다. 이 아이들은 바보가 아니기 때문에 자신이 어떤 일을 할 수 없는지 완전히 파악하고 있으며, 그로 인해 낙담하고 사기가 떨어진다. 특히 다른 아이들이 놀리거나 상황을 알지 못하는 어른이 야단을 치면 더욱 힘들어 한다.

(12) 읽기장애

머리가 나쁜 것은 아닌데 성적이 좋지 않다면 읽기장애가 있을 수 있다.

읽기장애는 책을 읽는데 어려움이 있는 것을 의미한다. 둔함, 좌, 우측 구분의 어려움, 유아기 때의 언어발달지연, 언어 발달장애의 가족력 등을 동반하는 경우가 많다. 철자를 제대로 구분하지 못하는 경우도 있다.

(13) 협동운동장애

섬세한 운동을 하는 데 필요한 근육의 협동에 문제가 있다.

발달성 협응장애 또는 '둔함'이라고 알려진 협동 운동장애는 가장 흔한 발달장애 중 하나로서, 학교에 다니는 아이들의 6% 정도에서 나타나는데 이 아이들 대부분은 정상적 지능을 가지고 있다. 신발 끈을 묶거나 글씨를 쓰는 데 어려움이 있거나 여럿이 함께 하는 운동을 잘하지 못하거나 음료수를 엎지르는 등 사고를 잘 내는 것들이 여기에 포함된다. 연속된 것에 대해 혼란스러워하거나 정돈을 잘 못하고 물건을 잘 잃어버릴 수도 있다. 한 번에 한두 가지 이상의 지시에 제대로 대처하지 못하며 일처리가 느리며 쉽게 피곤해하는 경우가 종종 있는데 글씨를 쓸 때 더욱 그렇다. 칠판의 내용을 옮겨 적는 것을 특히 힘들어함.

아이가 할 수 없는 일에 대해 야단치는 대신 할 수 있는 일을 칭찬한다.

(14) 언어 및 소통장애

협동운동장애나 자폐증 등 다른 질환과 연관이 있을 수 있고, 행동 문제를 일으킬 수도 있다. 행동 문제가 발생하는 것은 의사소통이 불가능해 아이가 낙담하기 때문이다.

아이가 머리가 좋고 남들이 이를 알지 못할 때 행동 문제가 더 많이 발생한다.

(15) 자폐증

어린이 1000명당 1명 이하의 희귀질환으로 간주되어 왔지만, 최근 들어 어린이 1000명당 6명까지 증가했다. 뇌 발달장애이며 보통 3세 전에 시작되며, 출생 시부터 잠재적인 비정상성을 갖는 경우가 많다.

(16) 우울증
아주 흔한 병으로 초등학교에 다니는 아이들의 5%정도와 십대 청소년의 8%정도가 앓는다.

어릴 때는 남자아이와 여자아이에서 비슷한 비율로 발병 하지만 청소년기 이후에는 여성이 남성보다 많이 앓는다. 시무룩함, 짜증, 다루기 어려운 행동 등으로 나타난다.

치료될 수 있음에도 불구하고 우울증이 있는 아이들의 10%만이 치료를 받는다.

증상은 저조한 기분, 흥미부족, 풀 죽은 모습 등으로 항상 피로해 하고 짜증을 잘 내며 잠을 잘 못 잔다.

(17) 신경발달장애
운동할 때 틱을 보이고 강박적이고 경직되며 다루기 힘든 행동을 한다.

우울증을 동반하는 경우가 많으며, 우울증의 합병증일 수 있다.

야단치고 나무라는 것은 증상을 악화시킨다.

(18) 긍정적인 양육전략
- 아이의 나쁜 행동은 가능한 한 무시하고 잘한 행동에 관심을 나타낸다.
- 보상과 칭찬으로 아이의 착한 행동을 강화시켜야 한다.
- 모순 없이 일관성을 유지 한다.
- 해결책을 일관성 있게 시도하고 너무 빨리 포기해서는 안된다.
- 확고함, 일관성, 칭찬, 분명한 지시는 아이를 야단치고 나무라는 것보다 효과적이다.
- 아이의 행동에 대한 자신의 반응을 파악하고 기분에 좌우돼서는 안 되며, 항상 확고하고 긍정적이어야 한다.

(19) 친구와 싸우는 행위
싸움을 일으키는 갈등상황을 건설적인 방법으로 해소하는 문제 해결능력을 키워 주는 것이 좋다. 일단 싸우는 것을 보거나 알게 되면, 싸움에 관련된 아이 모두를 즉각적으로 고립 방법을 사용하여 벌한다. 고립 방법은 싸움으로 흥분상태에 있는 아이들의 격앙된 감정을 가라앉히고 벽을 보고 선 상태에서 움직이지 못하도록 엄하게 통제한다. 고립시간 5~10분정도. 싸움을 먼저 시작한 아이에게 추가로 벌을 준다. 이때의 처벌방법으로는 아이의 권리를 제한하는 권리 박탈 또는 반성문 쓰기 등이 적합하다.

(20) 주의 집중력 지도
집중력이 떨어지는 이유는 두 가지 중의 하나이다.

첫째 - 뇌 손상이나 체액 성분의 불균형과 같은 생물학적인 원인으로 소아정신과 전문의와 상담.

둘째 - 공부 습관이 안 되어 있고, 흥미가 없거나 내용이 너무 어려워 공부에 대한 동기를 잃었을 경우 내용을 쉽게, 짧은 시간에 할 수 있게 하여 성공의 기회를 많이 줌으로써 보상을 많이

(21) 거짓말하거나 속이는 행동

거짓말을 치료하기 위해서는 거짓말을 하는 행위를 벌하기보다는 먼저 정직한 행동을 집중적으로 보상하는 태도를 보이는 것이 중요하다.

(22) 욕하는 행동

습관적으로 별 뜻 없이 하는 경우 권리 박탈법을 사용하여 벌한다. 아이와 상의하여 특정한 욕을 할 때 권리 박탈을 사용.

화가 날 때 욕하는 경우 욕 대신에 화날 때 표현하는 대체 행동으로 치료한다.

예를 들어 '나 지금 화났어.' 또는 '난 네가 그러는 것이 싫어" 등의 욕 대신 할 수 있는 표현법의 목록을 만들어 연습 시킨다

(23) 신경질부리는 행동

소리지르기, 울기, 물건 집어 던지기, 때리기 고립법으로 치료한다.

고립시키는 방을 하나 정해놓고 그런 행동을 할 때는 즉시 고립방으로 가게하여 그치게 한다. 고립방에서 조용히 있는 아이는 약 5분으로 정한다.

울거나 떼쓰는 것 대신에 자기 의사를 표현하는 대체 행동을 가르친다.

(24) 도벽

나쁜 짓을 하고 있다는 것을 알고 있지만 자신이 원하는 일을 하고 싶은 유혹을 떨쳐버리기 어렵다. 불공평을 보충하고자 하는 심리일 수도 있다. 지나치게 억압받는 아이들이 도둑질을 하는 것은 흔히 있는 일이다. 도둑질이 자신의 기분을 나아지게 하는 유일한 방법일 수도 있다.

주변의 어른들이 자신을 이해하지 못하고 귀하게 여기지 않는다고 생각할 때 이런 일이 특히 많이 발생한다. 도둑질에 대해 어른들이 야단을 치면 사랑과 이해를 받지 못하고 있다는 아이의 생각이 더욱 공고해지고 도둑질을 더 많이 하게 된다. 아이의 도둑질을 사랑과 관심을 구하는 행동으로 보고 화를 내지 않으면 문제가 보다 쉽게 해결 될 것이다. 다만 한계를 설정하고 아이가 옳고 그름을 판단할 수 있도록 돕는 것은 여전히 중요하다. 보호를 받아 왔던 아이들에게는 이것이 특히 중요하다.

- 궁핍한 상황에서 어떤 물건이 필요하거나 갖고 싶어서 훔치는 경우

    자기가 원하는 것을 말하는 방법 또는 남의 물건을 빌리는 방법을 연습시킨다.

    거절당했을 때 어떻게 해야 하는지를 구체적으로 문구를 작성하여 연습시킨다.

    빌린 물건이 손상되었을 때는 원상회복을 시킨다. 미리 약속하여 벌을 정한 후 벌을 준다. 아이가 정직하게 털어놓으면 정직한 행동에 대해 칭찬과 함께 보상을 준다.

- 죄의식 없이 습관적으로 훔칠 때

    근본 원인이 정신적인 불안이나 갈등에 있다고 본다. 이런 경우는 심층 심리 분석에 의한 정신분석이나 놀이치료를 통해 내적인 불안이나 갈등을 치료하는 것이 바람직하다.

☞ 폭력적인 행위 (때리고 싸우기)

① 특별한 이유 없이 다른 아이를 공격할 수 있고

② 다른 아이가 먼저 때리니까 반격으로 공격할 수 있고
③ 일이 자기 뜻대로 안 된다든지
④ 참았던 화가 폭발해서 나올 수 있다.

이런 행위가 습관적으로 일어날 때 문제가 된다.

손으로 때리거나 무기(물건)를 사용하는 행위는 치료 초기부터 똑같이 벌을 주어야 한다. 무기를 사용할 때와 사용하지 않을 때를 구분하여 벌하는 것은 바람직하지 않다.

물건을 파괴하는 행위는 벌을 먼저 준 후, 반드시 원상복구를 시켜야 한다.

원인이 ①인 경우는 문제행동이 폭력 행위 하나만이 아니라 여러 가지 다른 문제가 복합적으로 얽혀 있을 가능성이 높다.

폭력의 원인이 있는 경우는 그 원인을 미리 제거해 주어 폭력을 미리 예방하는 것이고, 폭력 상황 중에서 특정 상황 하나만 골라 그 상황에서 폭력이 일어날 때만 벌을 준다. 즉, 한 번에 한 상황에 따라 치료해 나간다.

모든 벌에는 반드시 벌과 동시에 보상을 받을 수 있는 대체 행동이 있어야 하기 때문에 차등 보상법을 사용하여 좋은 행동을 할 때는 보상을 주어야 한다.

②의 경우 반격적인 폭력은 큰 문제가 안 되지만, 이때 무기가 사용된다면 이는 제재해야 한다. 자주 일어나는 경우는 먼저 때리는 아이를 찾아 두 아이를 같이 치료하는 것이 좋다.

③의 경우 일반적으로 폭력 행위가 자주 일어나는 편이며, 주로 연령이 낮은 어린아이들에게서 많이 나타난다. 이때는 고립과 원상회복법을 사용한다. 소동을 부리면 즉시 하던 일을 멈추게 한 후 아이를 구석으로 데리고 가서 벽을 향해 세우거나 못 움직이게 제재를 가한다. 부서지거나 흐트러진 물건은 고립이 끝난 후 원상회복을 시킨다.

④의 경우는 화가 나는 상황을 적절하게 푸는 방법을 가르치는 것이 필요하다. 이 경우에 적합한 방법은 자기관찰법이나 독백 훈련 방법이다.

자기관찰법은 화났을 때의 상황과 그때의 행동을 기록하게 한 후 그에 대해 얘기하고 행위에 대한 책임을 지게 한다.

독백 훈련법은 말로 하기보다는 아이의 생각을 글로 쓰게 하여 바람직한 행동으로 유도한다.

2) 미국정신과협회의 진단기준 ADHD(Attention-deficit Hyperactivity Disorder; 주의력 결핍&과잉운동 장애)의 진단기준 치료

(1) 주의력 결핍·과잉운동장애
① a 또는 b의 기준을 만족시켜야 한다.

a. 다음의 주의력 결핍의 증상들 중 적어도 6개 이상이 나타나며, 증상의 지속기간이 6개월 이상 되어야 하고, 발달수준에 비추어 적응능력에 장애가 초래되어야 한다.
〈주의력 결핍증상 (Attention-deficit)〉
- 일의 자세한 내용에 대한 주의가 부족하거나, 공부, 일 또는 다른 활동에 있어서 부주의하여 실수

를 많이 한다.
- 공부를 포함한 어떤 일이나 놀이를 할 때에 주의 집중을 하지 못한다.
- 다른 사람이 직접 이야기하는 데에도 듣지 않는 것처럼 보인다.
- 정당한 지시에 대하여도 따르지 못하는 경향이 있다.
- 일이나 활동을 조직하고 체계화하는 데에 어려움이 있다.
- 학교공부 또는 숙제 등 지속적인 정신적 노력이 필요한 일이나 활동을 싫어한다.
- 일이나 활동에 필요한 물건들을 흔히 잃어버린다.
- 외부의 자극에 대하여 쉽게 산만해진다.
- 일상생활의 활동들 흔히 잊어버린다.

b. 다음의 과잉운동-충동적인 행동의 증상들 중 적어도 6개 이상이 나타나며, 증상의 지속기간이 6개월 이상 되어야 하고, 발달 수준에 비추어 적응능력에 장애가 초래되어야 한다.

〈과잉운동증상(hyperactivity)〉
- 침착하지 못하게 손이나 발을 움직이거나, 자리에 가만히 앉아 있지를 못하고 움직인다.
- 학교 등에서 한자리에 가만히 앉아 있어야 할 상황에서 돌아다닌다.
- 상황에 부적절하게 이곳저곳 뛰어다니거나 지나치게 높은 곳에 오른다.
- 놀이에 어려움이 있거나 여가활동을 조용히 하지 못한다.
- 항상 부산하고 바쁘며, 마치 차에 의하여 운전되듯 급한 행동을 한다.
- 흔히 말을 너무 많이 한다.

〈충동적 행동(impulsivity)〉
- 질문이 끝나기도 전에 대답을 불쑥 해 버린다.
- 자신의 순서를 흔히 잘 지키지 못한다.
- 흔히 다른 사람들을 방해하거나 다른 사람의 일에 끼여든다.

② 아동에게 장애를 일으키는 이러한 과잉운동-충동적인 행동 또는 주의력 결핍 증상들이 7세 이전 부터 있어야 한다.
③ 이러한 증상으로 인한 장애가 적어도 2개 이상의 상황(학교·가정·직장등)에서 나타나야 한다.
④ 이러한 증상들로 인하여 사회적 학습적 또는 직업적인 기능에 있어서 임상적으로 뚜렷한 장애가 있어야 한다.
⑤ 이러한 증상들이 전반적 발달장애, 정신분열병 또는 다른 정신병적 장애 등의 경과 중에 나타나는 증상이어서는 안 되며 기분장애, 불안장애, 해리장애 또는 인격장애 등의 증상으로 나타나는 것이어서도 안 된다.

ADHD는 전문가의 상담을 필요로 한다.

ADHD 아이를 그대로 두면 청소년기에 가서는 학습부진, 반항장애, 비행청소년, 우울증 등의 극단적인 모습들로 나타날 수 있다. 그래서 ADHD는 꼭 치료받아야 하는 증상이다.

ADHD 치료는 기본적으로 뒤떨어진 뇌의 기능을 활성화시켜야 한다.

모든 질병은 뇌의 이상에서 발생한다. 뇌 질환은 호르몬의 불균형에서 오는 것으로 뇌에 의해 행동과 생각이 지배를 받는다.

약물복용과 운동이나 놀이요법 등을 통해 개선의 효과가 있다.

☞ 운동 종목 선택 ADHD 아동은 많은 활동량을 필요로 하며 정도에 차이가 있지만 사회성이 떨어집니다. 따라서 축구, 야구와 같은 단체 운동 보다는 혼자 할 수 있는 운동이 좋습니다. 이는 탁구, 테니스와 같은 혼자 하는 구기 종목과 예를 중시하는 태권도와 음악에 맞추어서 하는 발레를 추천합니다. 이러한 운동 특징은 계속 움직이게 하면서 승부에 대해서 혼자만의 생각을 할 수 있도록 하며 예를 중시하는 도덕심을 키우게 되고 음악 선율에 집중하면서 자신이 목적하고자 하는 예정된 동작을 하는 자신의 몸을 조정하게 되는 기회를 많이 주게 되는 것입니다.

이는 근육을 조절해 신체와 뇌의 연결 관계를 강화시키는 운동 치료로 뇌와 신체의 유기적 연결 관계를 강화시킨다.

6. 움직임의 이해

우리의 몸은 관절을 접고, 펴고, 돌리고 하는데 움직임이 일어난다. 이 움직임은 근육의 작용에 의해 일어난다. 우리가 하고 있는 태권도의 모든 동작도 움직임으로 수련이 가능하다. 따라서 태권도 지도자들은 몸의 움직임을 정확히 알고 있어야 수련생지도 시 효율적인 지도가 이루어 질 것이다.

1) 운동면과 움직임에 관한 용어

(1) 해부학적 자세

사람의 각 부위의 위치나 방향을 표현할 때 혼동을 피하기 위해 우리 몸의 기본자세를 정의할 필요가 있다. 이를 해부학적 자세라 한다.

해부학적 자세는 발을 약간 벌리고 똑바로 서있는 자세로 시선은 앞을 바라보고 팔은 몸통 옆에 내리고 손바닥이 앞을 향하게 하는 자세이다. 이 자세에서 몸의 각 위치와 상호관계를 알 수 있다. 위쪽은 머리에 가까운 곳, 아래쪽은 발에 가까운 곳, 배쪽은 앞에 가까운 곳, 뒷쪽은 등에 가까운 곳, 안쪽은 정중선에 가까운 곳, 가쪽은 정중선에서 먼 곳, 몸쪽은 몸통쪽에 가까운 곳 먼쪽은 몸통에서 먼 곳이다.

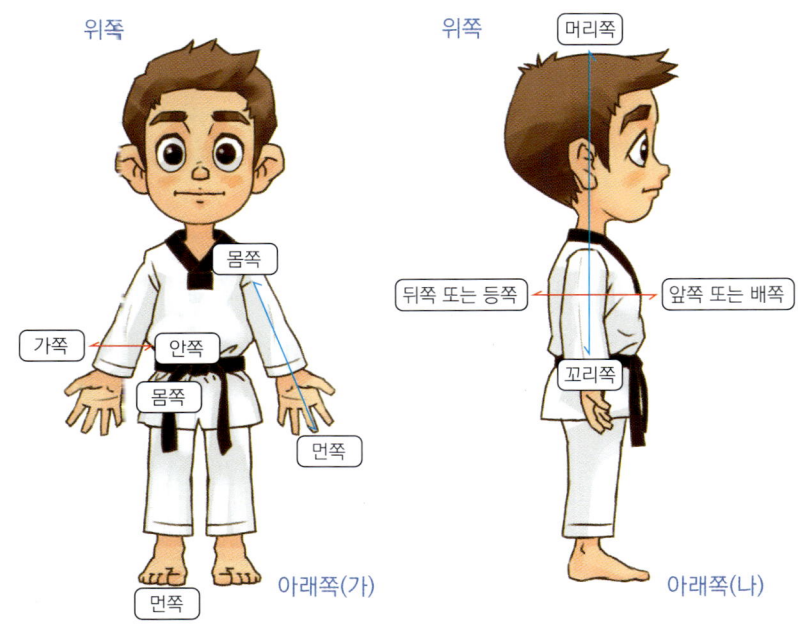

(2) 인체의 움직임 용어

① 굴곡(굽힘): 관절을 굽히는 동작(각이 작아지는 움직임)
예) 태권도 앞차기 동작 중 차고 접는 동작이다.

② 신전(폄): 관절을 펴는 동작(각이 커지는 움직임)
예) 태권도 앞차기 동작 중 접고 차는 동작이다.

③ 외전(벌림): 정중선에 멀어지는 움직임
예) 태권도 옆차기 동작 중 옆으로 벌려 차는 동작이다.

④ 내전(모음): 정중선에 가까워지는 움직임
예) 태권도 옆차기 동작 중 옆으로 벌려 차고 다시 디딤발로 모으는 동작이다.

⑤ 회전(돌림): 수평면을 수직으로 지나는 긴축을 중심으로 도는 움직임
예) 태권도 동작 중 뒤 후리기 동작이다.

⑥ 내회전: 축을 중심으로 안쪽으로 도는 움직임
예) 태권도 동작중 몸통 안막기이다.

⑦ 외회전: 축을 중심으로 바깥쪽(가쪽)으로 도는 움직임
예) 태권도 동작중 몸통 바깥 팔목 막기이다.

⑧ 회선(휘돌림): 이 동작은 굴곡(굽힘), 신전(폄), 내전(모음), 외전(벌림) 모두가 일어나는 움직임
예) 천권품새 15번째 휘들림 동작이다.

⑨ 회내(엎침): 해부학적 자세에서 엄지손가락을 안쪽으로 돌리는 움직임
예) 태권도 동작중 엎은 손날 목치기이다.

⑩ 회외(뒤침): 해부학적 자세에서 손바닥이 앞쪽으로 향하는 움직임
예) 태권도 동작중 손날 목치기이다.

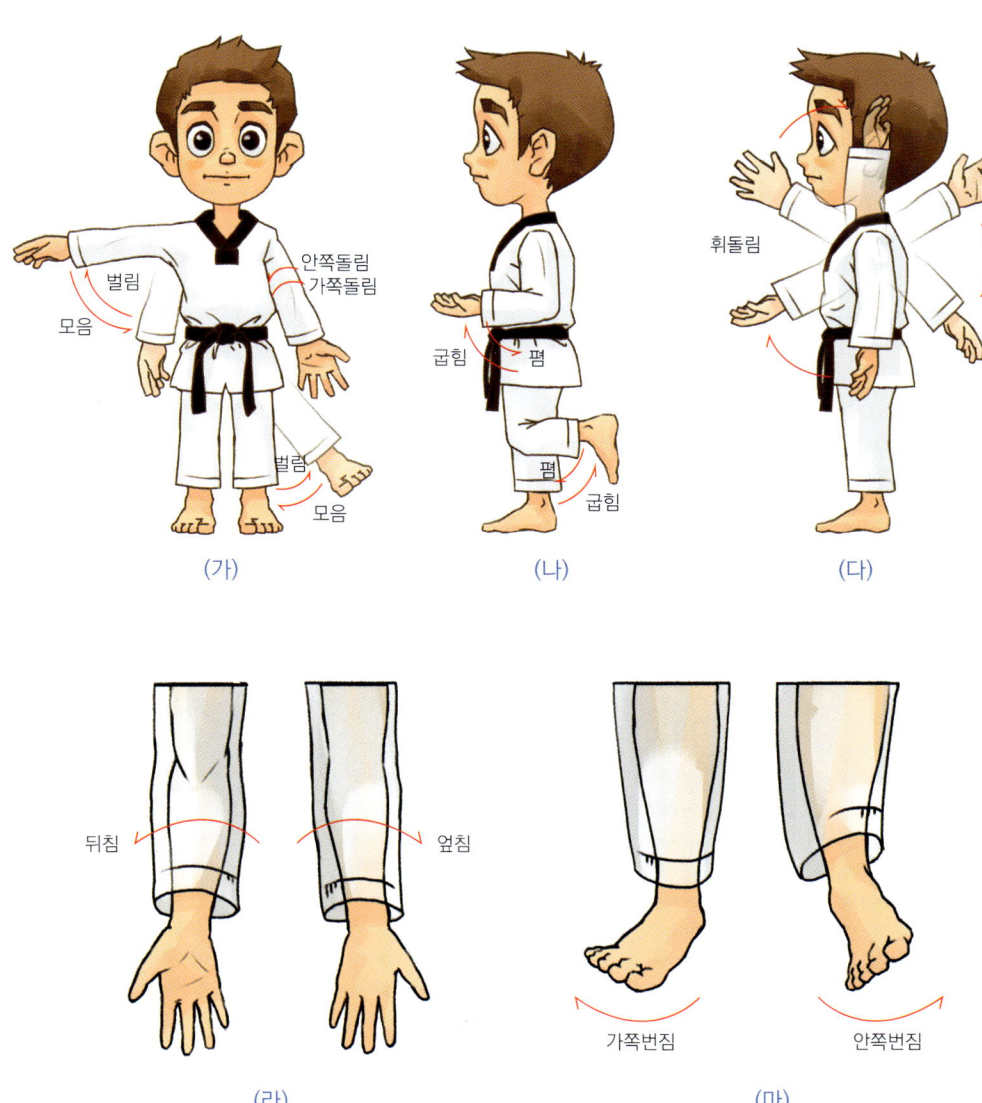

(3) 움직임을 일으키는 주 근육

일반적으로 인간에게는 대략 600여 개의 근육이 있으며 겉 근육(표층근)과 속 근육(심부근)으로 나눌 수 있다. 겉 근육(표층근)은 피부 표면과 가까운 곳에 있는 근육으로 몸에 움직임을 만드는데 쓰이는 근육이고 속 근육(심부근) 몸속 깊은 곳에서 척추와 관절뼈를 붙들고 자세를 유지시키며 겉 근육(표층근) 기능을 제대로 수행할 수 있도록 도와주는 근육이다. 그래서 겉 근육(표층근)은 활동근 속 근육(심부근)을 자세 유지 근육이라고 한다.

흔히 코어(core)불리는 근육이 속 근육(심부근)이다.

우리 몸에 움직임에 따라 주동근(주로 동작을 일으키는 근육)을 정확히 안다면 태권도장 수련생들을 지도하는데 많은 도움이 될 것이다. 인체의 근육은 크게 머리, 목, 몸통, 팔, 다리근육으로 분류할 수 있다.

① 목, 머리를 움직이는 주 근육
☞ 목에 굽힘(굴곡)작용근
 - 흉쇄유돌근(목빗근)
  이 근육은 목에 굽힘(전,좌,우) 작용을 한다.
☞ 목에 폄(신전)근
 - 두판상근(머리널판근)
 - 경판상근(목 널판근)
  이 두 근육은 목의 신전(폄, 돌림)운동을 일으킨다.

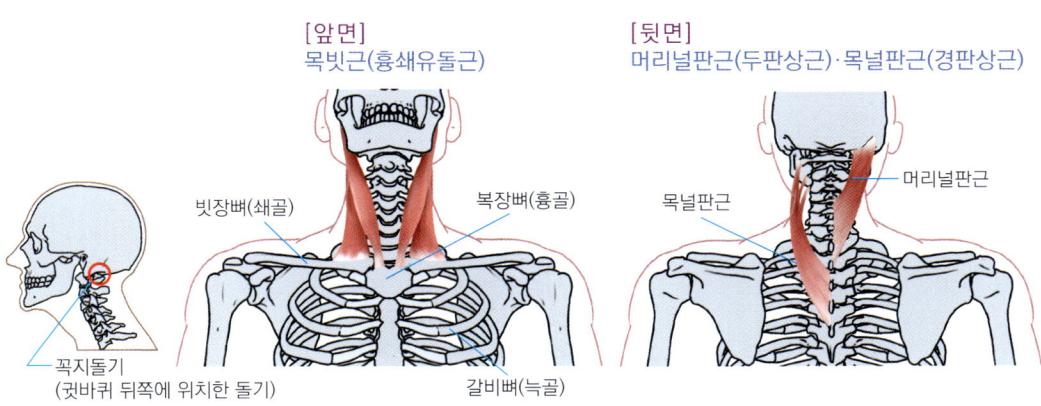

② 몸통(체간) 을 움직이는 주 근육
☞ 몸통(체간) 굽힘(굴곡)작용근
 - 복직근(배 곧은근): 몸통을 곧게 일으키는 주 작용을 한다.
 - 내복사근(배속빗근), 외복사근(배밖같빗근): 좌, 우 동시에 수축하면 굽힘(굴곡)운동이 좌우 어느 한쪽만 수축하면 동일한 방향으로는 가쪽굽힘(굴곡), 반대쪽으로는 돌림(회전)운동이 일어난다.
 tip - 태권도 동작에서 허리틀기 시 주 동작을 일으킨다.

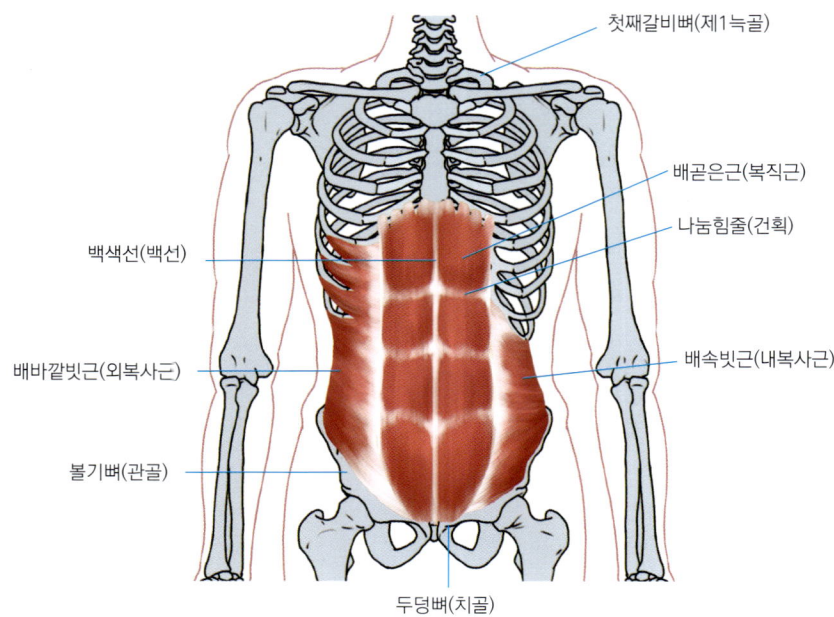

몸통(체간) 폄(신전), 척주 기립에 작용하는 근
이 근육들은 척추의 폄이나 가쪽 굽힘에 관여하며 항 중력근으로 기능을 한다.
- 극근(가시근)
- 최장근(가장긴근)
- 장늑근(엉덩이 갈비근)

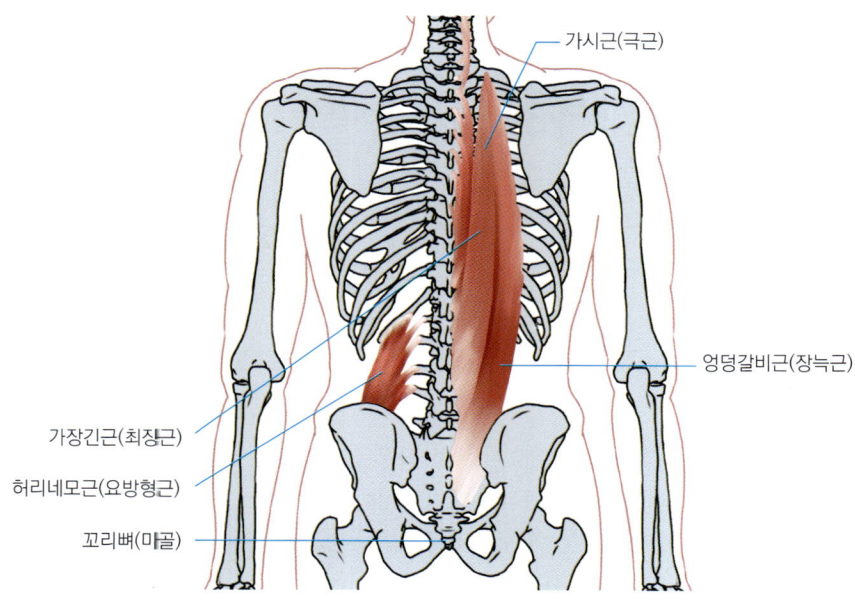

③ 어깨위 팔관절(견관절)을 움직이는 주 근육
☞ 어깨위 팔관절(견관절)굽힘(굴곡)에 작용하는 근육
- 삼각근 앞섬유(어깨세모근)
- 오훼완근(부리위팔근)
- 상완이두근 장두(위팔두갈래근 긴갈래)은 보조작용
☞ 어깨위 팔관절(견관절) 폄(신전)에 작용하는 근육
- 삼각근 뒤섬유(어깨세모근)
- 대원근(큰원근)
- 광배근(넓은 등근)

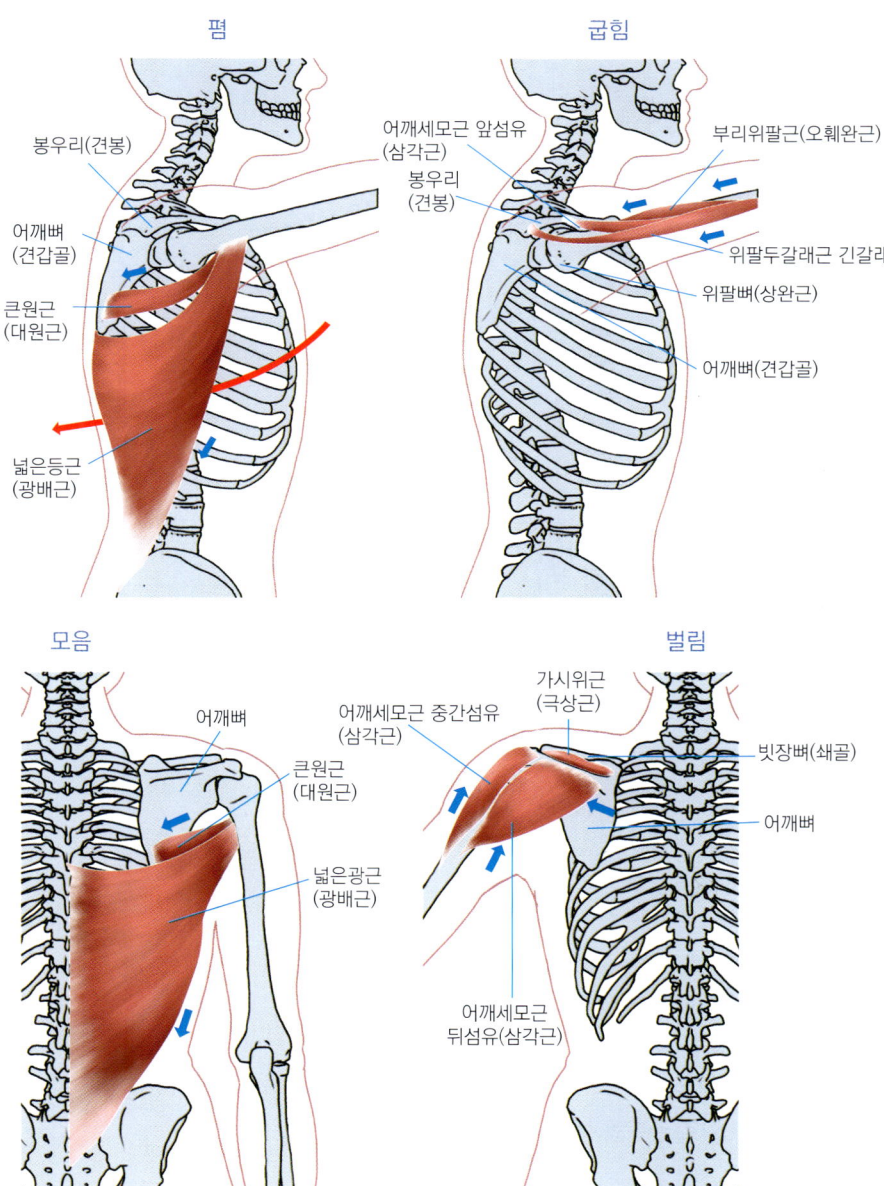

☞ 어깨 위 팔관절(견관절) 벌림(외전)에 작용하는 근육
- 삼각근 중간섬유(어깨세모근)
- 극상근(가시위근)
☞ 어깨 위 팔관절(견관절) 모음(내전)에 작용하는 근육
- 대원근(큰원근)
- 광배근(넓은등근)

④ 어깨 가슴관절(견,흉관절)을 움직이는 주 근육
☞ 어깨올림근육
- 승모근 상부(등세모근 윗부분)
tip - 태권도 동작중 얼굴막기시 주작용을 한다.
☞ 어깨 내림 근육
- 승모근 하부(등세모근 아래부분)
tip - 태권도 동작중 바깥손 안막기 시 주작용을 한다.

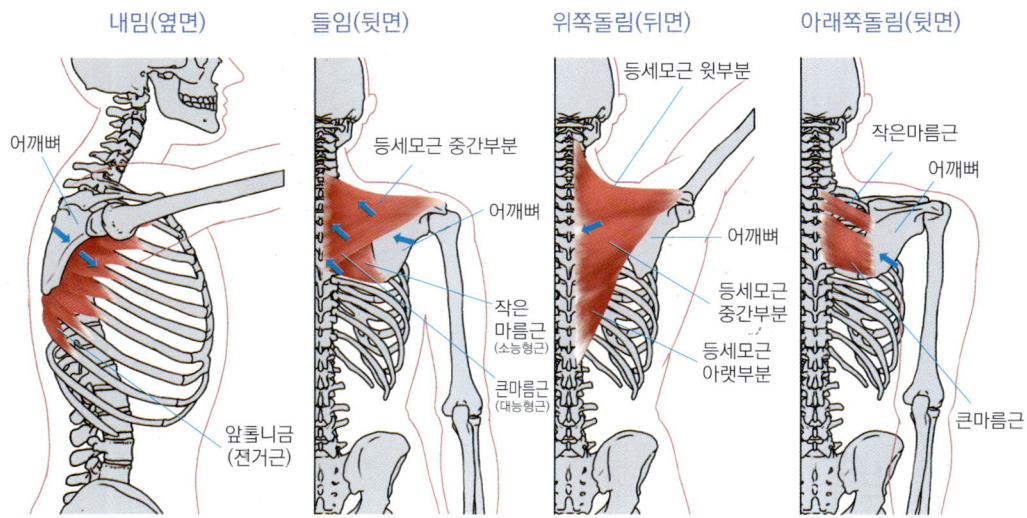

⑤ 팔꿈관절(주관절)을 움직이는 주 근육
☞ 팔꿈 굽힘(굴곡)에 작용하는 근육
- 상완이두근(위팔두갈래근)
- 상완근(위팔근)
- 완요골근(위팔노근)
☞ 팔꿈 폄(신전)에 작용하는 근육
- 상완삼두근(위팔세갈래근: 긴갈래, 가쪽갈래, 안쪽갈래)
- 주근(팔꿈치근)
tip - 태권도 동작 중 등주먹앞치기 시 주 작용을 한다.

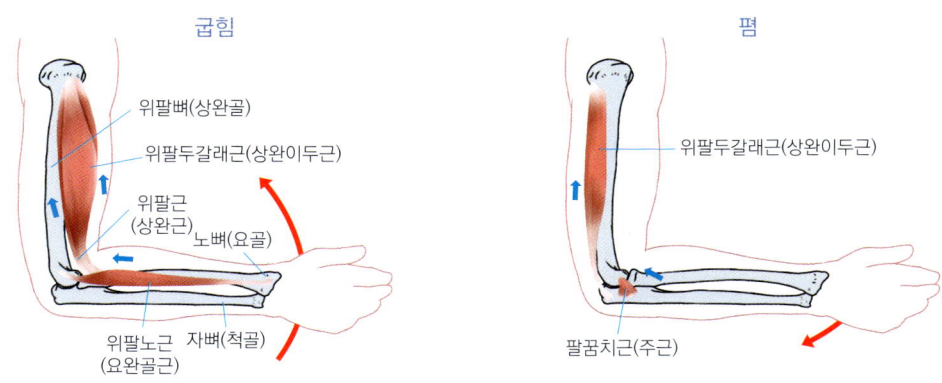

☞ 팔꿈 회내(엎침)에 작용하는 근육
- 원회내근(원엎침근)
- 방형 회내근(네모엎침근)

tip - 태권도 동작중 이 두 근육은 엎은손날 막기, 엎은손날 치기시 주 작용을 한다.

☞ 팔꿈 회외(뒤침)에 작용하는 근육
- 상완이두근 장두, 단두(위팔두갈래근 긴갈래, 짧은 갈래)

이 근육은 팔꿉관절(주관절) 굽힘근육인 동시에 아래팔을 강력하게 뒤침하는 작용을 한다. 특히 90도로 굽힘 되었을 때 효율이 가장 높다.
- 회외근(손뒤침근)

tip - 태권도 동작중 이 두근육은 손날 목 치기, 몸통 안막기 등에 주 작용을 한다.

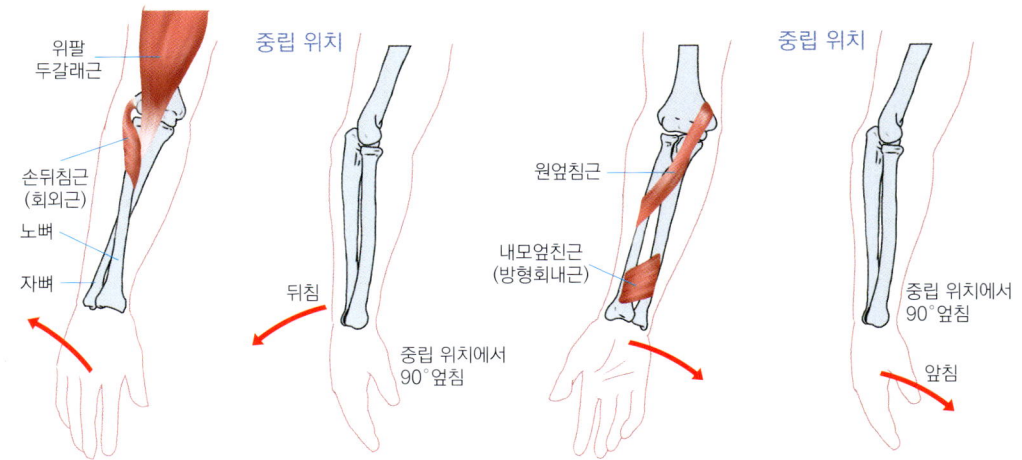

⑥ 손목관절을 움직이는 주 근육
☞ 손 바닥 굽힘(굴곡) 에 작용하는 근육
- 요측수근굴근(노쪽 손목 굽힘근)
- 척측수근굴근(자쪽 손목 굽힘근)
- 장장근(긴 손바닥근)
☞ 손등 굽힘(등쪽으로 폄) 에 작용하는 근육

- 장요측수근신근(긴 노쪽 손목 폄근)
- 단요측수근신근(짧은 노쪽 손목 폄근)
- 척측수근신근(자쪽 손목 폄근)

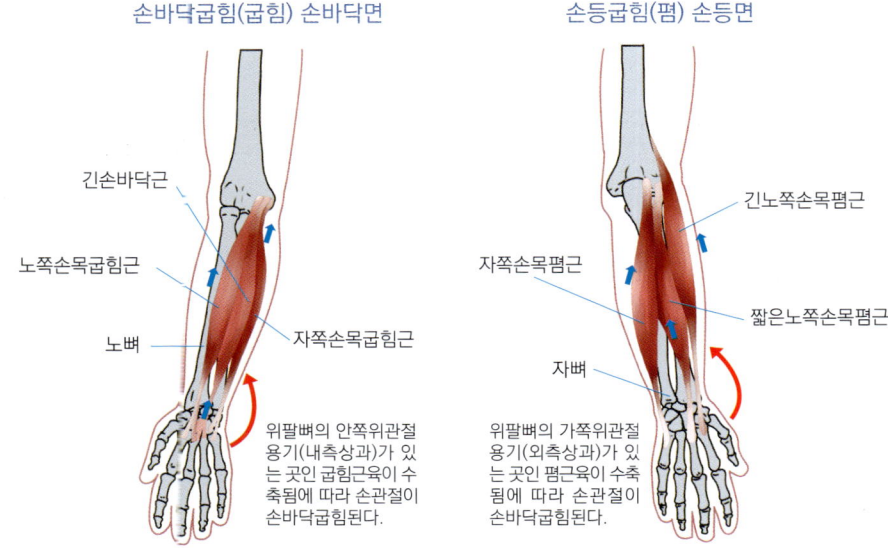

⑦ 엉덩관절(고관절)을 움직이는 주 근육
☞ 엉덩관절(고관절) 벌림(외전)에 작용하는 근육
- 중둔근(중간 볼기근)
- 대퇴근막장근(넙다리 근막긴장근)

tip - 이 근육들은 태권도 옆차기 동작 시 매우 중요한 근육이다. 차고 버티고 하는 근육들이다. 이 근육이 약하면 옆차기에 있어 매우 불리하기 때문에 옆차기가 불량한 수련생에게는 꼭 이 근육들의 근력 강화가 필요하다.

☞ 엉덩관절(고관절) 모음(내전)에 작용하는 근육
- 대내전근(큰모음근)
- 장내전근(긴모음근)
- 치골근(두덩근)
- 박근(두덩정강근)

☞ 엉덩관절(고관절) 굽힘(굴곡)에 작용하는 근육
- 엉덩허리근(대요근, 장근): 이 두근육을 합쳐 장요근이라고도 한다.

tip - 이 근육 두 근육은 태권도 동작, 발차기시 가장 중요한 근육이다.

고관절 굴곡시 주동근으로 작용하기 때문에 장요근에 문제가 있을 시 즉 장요근에 힘이 부족하거나 유연성이 떨어진다면 다리를 끌어 올리는 동작에 문제가 발생할 수 있어 장요근 근력 강화에 힘써야 한다.

- 대퇴직근(넙다리곧은근), 봉공근(넙다리빗근)

이 두근육은 무릎관절(슬관절) 굴곡이 이루어진 상태에서 엉덩관절(고관절) 굽힘(굴곡)에 효율적으로 작용한다.
☞ 엉덩관절(고관절) 폄(신전)에 작용하는 근육
- 대둔근(큰볼기근)
- 대퇴이두근(넙다리 두갈래근)
- 반건상근(반힘줄근)
- 반막근(반막상근)

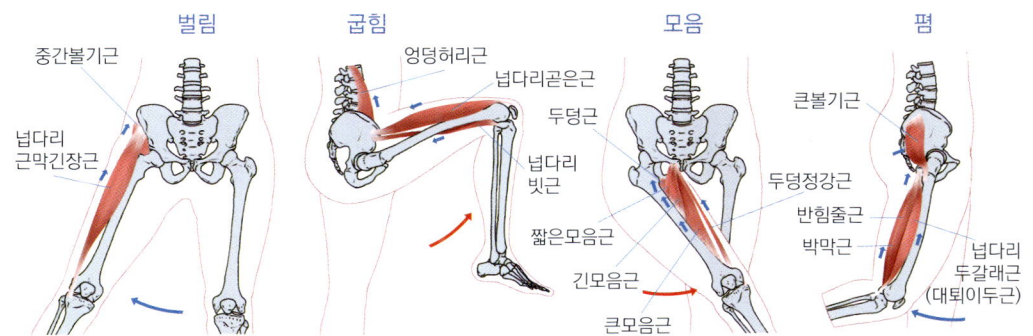

⑧ 무릎관절(슬관절)을 움직이는 주 근육
☞ 무릎관절(슬관절) 폄(신전)에 작용하는 근육
- 대퇴직근(넙다리곧은근)
- 중간광근(중간넓은근)
- 내측광근(안쪽넓은근)
- 외측광근(가쪽넓은근)

tip - 이 근육들은 태권도 동작, 앞차기시 차고 버티는데 주 작용하는 근육들이다.

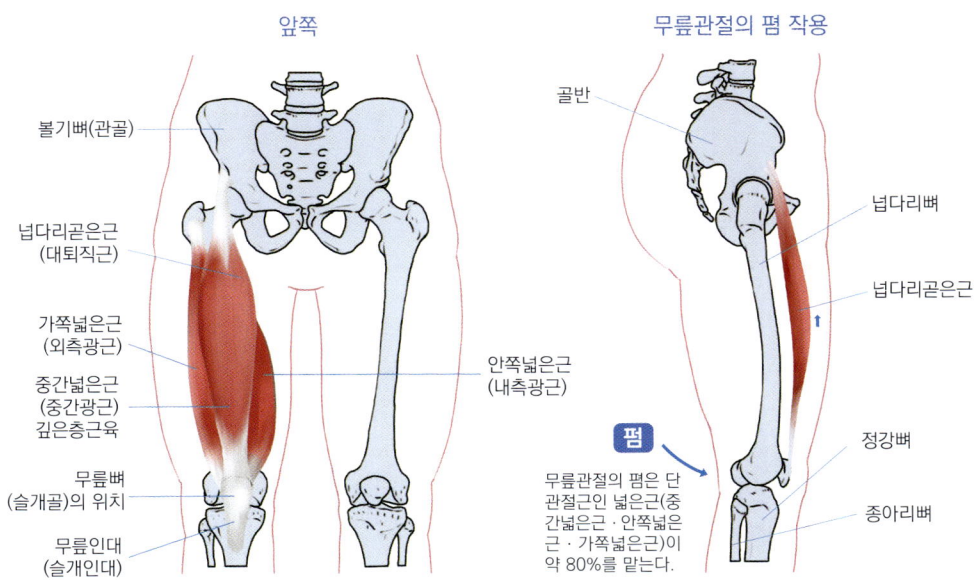

☞ 무릎관절(슬관절) 굽힘(굴곡)에 작용하는 근육
- 대퇴이두근장두, 단두(넙적다리 두갈래근 긴갈래, 짧은갈래)

- 반건상근(반힘줄근)
- 반막근

tip - 이 근육들은 태권도 동작 앞차기, 돌려차기 시 접는 동작에 주 작용하는 근육들이다.

※ 넓적다리 뒤 근육(hamstring muscle). ham(허벅지살, 오금)+string(끈, 힘줄)의 합성어

※ 반막근(semimembranosus muscle) 또는 반막양근(半膜樣筋)은 넓적다리 뒤쪽에 위치한 세 개의 햄스트링 근육 중 가장 안쪽에 있는 근육이다. 이는 곳에 납작한 힘줄이 존재하여 이런 이름이 붙여졌다. 넓적다리 뒤 안쪽에 위치하며 반힘줄근보다 깊이 위치한다. 엉덩관절을 펴며 무릎관절은 굽힌다.

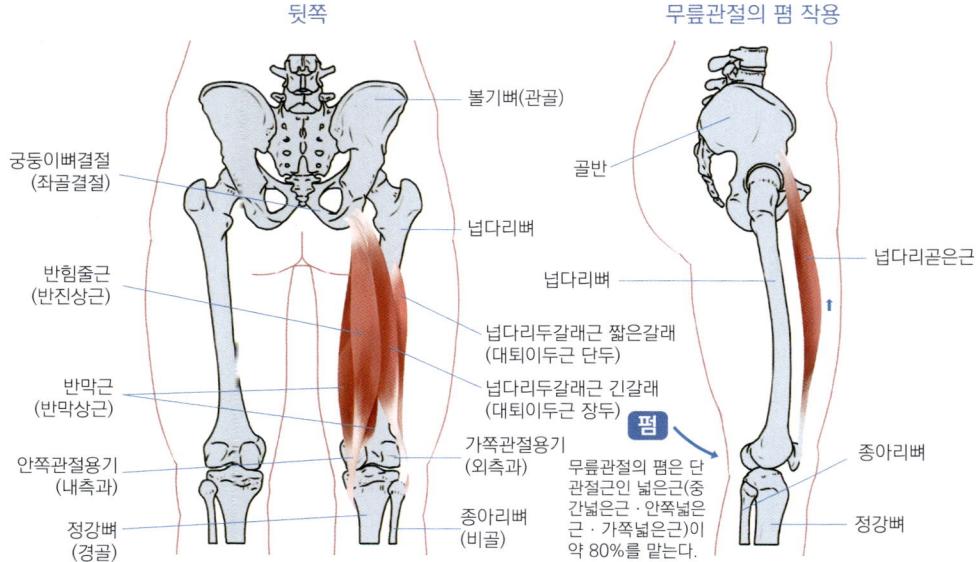

⑨ 발목관절(족관절)을 움직이는 주 근육

☞ 발목관절(족관절) 발등 굽힘(굴곡)에 작용하는 근육
- 전경골근(앞 정강근)
- 장지신근(긴 발가락 폄근)
- 제3비골근(세째 종아리근)

☞ 발목관절(족관절) 발바닥 굽힘(굴곡)에 작용하는 근육
- 비복근(장딴지근)
- 가자미근
- 족척근(장딴지빗근)

☞ 발목관절(족관절) 발바닥 안쪽돌림(내반)에 작용하는 근육
- 후경골근(뒤 정강근)
- 장지굴근(긴 발가락 굽힘근)
- 장무지굴근(긴 엄지 굽힘근)

☞ 발목관절(족관절) 발바닥 가쪽돌림(외반)에 작용하는 근육
- 장비골근(긴 종아리근)
- 단비골근(짧은 종아리근)
- 장지신근(긴 발가락 폄근)

⑩ 발가락 폄근(신전)을 움직이는 주 근육
- 단지신근(짧은 발가락 폄근)
- 장지신근(긴 발가락 폄근)
- 장무지신근(긴 엄지 폄근)

tip - 이 근육들은 태권도 동작, 앞차기 시 발가락 앞 축을 만드는데 주 작용을 한다. 이 근육들이 힘이 없거나 유연성이 떨어지면 발가락을 뒤로 젖히는 능력이 떨어져 앞 축을 만드는데 어려움이 있다. 따라서 발가락에 저항을 주는 방법으로 근력을 강화하여야 한다.

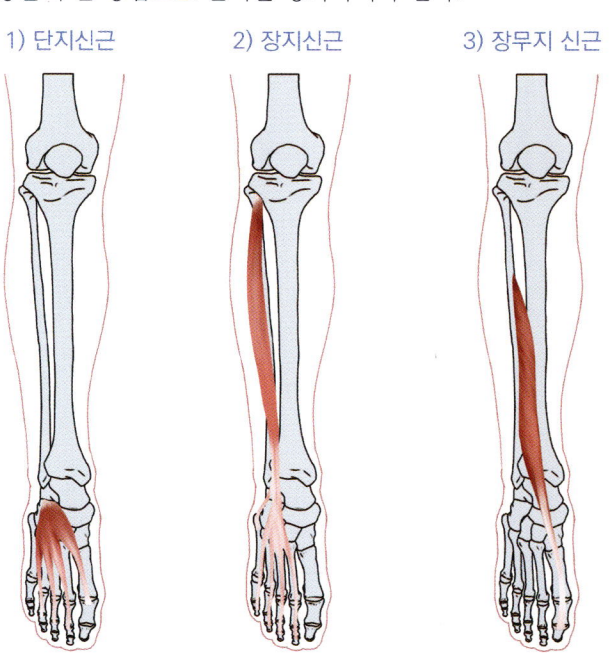

1) 단지신근   2) 장지신근   3) 장무지 신근

어린이 태권도 지도서

제3장

어린이 태권도 교육심리

1. 태권도 교육심리학의 이해
2. 수련생의 발달
3. 학습이론과 태권도 수련
4. 태권도 수련생의 동기

1. 태권도 교육심리학의 이해

1) 태권도 교육심리학의 개념

인간은 항상 무언가를 보고 느끼며 '학습'하는 존재다. 이 때문에 인간을 학습하는 존재라고 부르기도 한다. 전혀 몰랐던 정보를 새롭게 알게 되는 것, 몇 번의 실수를 반복하면서 더 완전한 미래를 준비하는 것 등이 모두 학습의 과정에 속한다. 이러한 학습의 과정 전반을 설명하고 연구하는 것이 바로 교육심리학(educational psychology)의 주요 역할이다. 이러한 역할을 위해 교육심리학은 '교육학(pedagogy)'과 '심리학(psychology)'의 이론 및 연구를 통합적으로 다룬다. 따라서 교육심리학을 이해하기 위해서는 먼저 교육학과 심리학의 특성을 이해할 필요가 있다.

(1) 교육학의 이해

교육(education)이란 효과적인 학습을 위해 지식과 기술을 가르치거나 학습자가 능력을 최대한 발휘할 수 있도록 이끌어주는 과정을 말한다. 이러한 정의를 토대로 생각해보면 교육은 단순히 학교에서만 이루어지는 것이 아니라 인간 활동이 포함된 모든 분야에서 나타날 수 있다는 사실을 알 수 있다. '교육학'은 다양하고 복잡한 교육의 과정을 과학적으로 설명하고 연구함으로써 그 내용을 체계화하는 분야로 이해할 수 있다. 예컨대 태권도장에서도 수많은 교육이 이루어진다. 태권도 기술 지도, 인성교육, 그리고 안전교육 등이 해당한다. 사범들은 이러한 교육들이 어떻게 하면 더 뛰어난 효과를 발휘할 수 있을지 고민하는데, 이것이 바로 교육학의 역할이다.

(2) 심리학의 이해

심리학은 인간의 내면에서 발생하는 과정을 다루는 분야로 마음과 행동 그리고 이 둘 사이의 상호작용을 과학적으로 탐구하는 학문이다. 심리학자들은 특정 행동에 대한 발생 원인과 기전을 과학적으로 이해하려 노력한다. 예를 들어 오랜 시간 태권도장에 다니던 수련생이 갑자기 도장을 그만둔다고 했을 때 이 아동의 마음에는 어떤 변화가 나타났고 그 결과 퇴관으로 이어졌는지를 과학적으로 탐구한다. 이처럼 사람의 모든 행동에는 마음이 따르므로 심리학의 역할은 중요해졌다. 오늘날에는 인문과학뿐만 아니라 자연과학, 예체능, 공학, 예술 등 수많은 학문과 밀접한 관련을 맺고 있어 복합학문이라고도 불린다.

(3) 교육심리학의 정의

교육학과 심리학은 개별적인 학문 분야로 전혀 다른 개념과 연구 범위를 가지고 있다(표 1. 참조). 그러나 어느 한편으로는 교육학과 심리학이 만나는 접점이 있다. 바로 교육이라는 인간 행동과 관련된 영역에서 마음을 다루는 것이다. 즉 교육심리학은 교육학이라는 넓은 영역 중 학습자의 심리와 행동적 특성을 과학적으로 탐구하고 이해하려는 학문 분야로 정의할 수 있다. 그러나 앞서 말한 것처럼 교육학과 심리학은 엄연히 다른 분야이고 '교육 상황에서 학습자의 심리와 행동 과정'을 다룬다는 접점이 있을 뿐이라는 것을 이해해야 한다. 이는 일반적인 심리학 분야의 지식과 원리를 그대로 교육학에 적용할 수는 없다는 의미이기도 하다. 이 때문에 교육학이나 심리학의 개별적인 이해를 넘어 교육활동을 통한 학습자의 심리 및 행동 변화를 이해하기 위해 제안된 학문이 바로 '교육심리학'이다.

따라서 교육심리학이란 추구하는 교육의 목표에 도달하기 위해 효과적인 이론과 실천적 방법에 관해 탐구하고 연구하는 학문으로 정의할 수 있다.

구분	교육학	심리학
목적	학습자 개인 특성 변화	인간 행동의 보편적 원리와 법칙
방법론	정밀성과 경제성이 부족하더라도 학습자 행동 변화에 주목	정밀성과 경제성을 중요시하고 일관성이 있다면 작은 변화도 고려
관점	가치지향적이고 처방적	가치중립적이고 기술적
원리와 법칙	학습 현장에서 일어나는 과정을 통해 원리와 법칙 탐색	통제된 실험실 내 원리와 법칙 확립

2) 태권도와 교육심리학

오늘날 태권도의 수련 가치는 신체 기능 개선이나 호신에만 있는 것이 아니고 수련생의 인격도야와 긍정적 발달에도 있다. 특히 태권도가 유소년 수련생에 대한 인성교육을 주요 가치로 내세우면서 '어떻게 태권도를 통해 효과적으로 인성교육을 할 것인가?'에 대한 논의가 중요해졌다. 교육심리학은 이러한 물음에 대한 해답을 어느 정도 제공할 수 있다.

앞서 교육심리학은 교육이라는 활동 속에서 학습자의 내면에서 벌어지는 일을 이해하고 효과적인 학습이 이루어지는 방법을 탐색·연구하는 학문이라고 정의하였다. 태권도 교육심리학은 '다양한 교육 목적을 추구하는 태권도 수련 환경에서 수련생의 학습과 발달이 효과적으로 이루어지도록 하는 방법을 탐색·연구'하는 것으로 정의할 수 있다. 따라서 태권도 교육심리학은 태권도 수련생들의 수련 활동이나 바람직하고 긍정적인 발달에 도움을 주고자 노력한다. 구체적으로 태권도 교육심리학은 다음과 같은 영역과 문제들을 탐구하는 데 목적을 둔다(표 2. 참조).

영역	내용
수련생에 대한 이해	수련생들의 인지·정서·지능·창의성 등과 같은 개인 변인을 탐구하고 연구함으로써 수련생에 관해 더 명확하게 이해하는 것
수련에 대한 이해	행동주의와 인지이론 등 하나의 학습 과정으로써 수련이 지니는 본질을 이해하려 노력하는 것
지도에 대한 이해	효과적인 태권도 지도가 이루어질 수 있도록 다양한 교수모형을 연구·개발하고 이를 효과적으로 적용하려 노력하는 것
지도 및 상담에 대한 이해	수련생의 인지·정서적 문제를 해결하여 효과적인 교육이 이루어질 수 있도록 지도 및 상담이론과 기법을 발전시키는 것
평가에 대한 이해	태권도 교육과 수련 과정에 대한 수련생의 성취 수준을 측정하고 그에 따른 적절한 피드백을 제공하는 것(예: 심사)

2. 수련생의 발달

1) 발달에 관한 이해

(1) 발달의 정의

교육심리학은 구체적으로 다양한 분야를 탐구하고 연구한다. 그중에서 교육과 학습 그리고 인간의 성장과 변화를 이해하기 위한 분야가 인간 발달 연구다.

일반적으로 발달(development)은 성장과 변화를 의미하지만 이 개념은 분야마다 약간씩 다르게 정의하고 있다. 그러나 인간이 태어나서 죽는 순간까지 모든 삶에서 일어나는 신체 및 심리의 양적·질적인 변화를 의미한다는 점에서는 대부분 공통점을 가지고 있다. 즉 인간의 탄생, 성장, 성숙, 그리고 노화와 같은 일생을 통틀어 발달의 개념으로 본다. 성인기 이후 노화가 진행됨에 따라 신체적 기능이 감소함에도 발달이라고 표현하는 것은, 발달이 신체, 정서, 지능 등의 복합적인 성장(growth)과 성숙(maturation)*의 개념을 모두 포함하기 때문이다. 인간은 신체 기능이 감소하더라도 정신적인 측면에서는 성숙해간다.

> ▶ 성장과 성숙의 차이
>
> 성장과 성숙은 발달의 개념과 매우 밀접한 관련성이 있다. 성장과 성숙의 개념을 혼동하는 경우가 있지만 두 개념은 전혀 다르다. 성장은 양적인 증가를 의미한다. 예컨대 체중이 늘어나고 근육의 크기와 세기가 증가하는 것 등이 성장에 해당한다. 반면 성숙은 한 사람이 유전적으로 타고난 특성에 의해 나타나는 신체·심리적 변화를 말한다. 대표적인 예로 사춘기에 나타나는 신체적 변화와 심리적 변화는 성숙에 해당한다.

(2) 인간 발달의 단계

인간의 발달이 성장과 성숙의 개념을 포함한다고 이해할 때 이는 전 생애에 걸쳐 나타나는 과정이다. 그리고 학자들은 이러한 인간의 전 생애적 발달이 특정한 단계를 거쳐 나타날 것이라고 믿었다. 사실 우리는 이미 경험적으로도 발달에 보편적인 단계가 있음을 알 수 있다. 인간 사회에서는 보편적으로 유아기, 아동기, 유소년기, 청년기, 성인기, 노년기 등과 같은 개념을 이용해 이러한 발달의 단계를 어렴풋이 구분하고 있다.

이러한 발달의 단계를 나누는 기준은 사실 불명확하다. 그 이유는 발달적 특성이 성별이나 유전적 배경과 같은 개인적인 요인뿐만 아니라 사회문화적인 영향에 의해서도 다르게 나타날 수 있기 때문이다. 그럼에도 연구자들은 오랫동안 이러한 발달의 단계를 명확하게 규정하려는 노력을 시도해왔다. 특히 파팔리아(Papalia)와 올즈(Olds)는 인간 발달의 단계와 단계별 특징을 다음과 같이 정리한 바 있다(표 3. 참조).

단계	나이	주요 특징
태내기	출생	신체구조 및 기관 형성, 신체의 성장이 전 생애 중 가장 빠름

단계	나이	주요 특징
영아기	0~2세	출생 직후 모든 감각기관 작용, 성장 및 발달이 빠름, 학습능력 및 기억력 형성, 자아개념 시작, 부모 애착
유아기	2~6세	운동기능 및 체력 증가, 자기중심적 사고, 비논리적 사고, 창의력과 상상력 풍부, 가족 애착
아동기	6~11세	신체 성장 속도 감소, 운동기능 및 체력 신장 속도 증가, 자기중심성 감소, 언어와 기억능력 증가, 자아개념 발달, 친구가 생활의 중심
청년기	11~20세	급격한 신체 변화(키, 몸무게, 체형 등) 발생, 성적인 성숙, 추상적 사고, 청소년기 자기중심성 발생, 자아정체성 확립 문제, 또래집단의 형성과 영향력 증가
성년기	20~40세	신체 기능의 정점과 동시에 점진적 퇴화, 복잡한 지적 능력, 친밀한 인간관계, 결혼과 새로운 가정, 직업 활동
중년기	40~60세	신체 기능과 건강 감퇴, 여성의 폐경, 부모 역할의 스트레스, 삶의 의미 탐색
노년기	60세 이후	신체 기능과 건강의 급격한 감퇴, 지적 능력과 기억력 감퇴, 은퇴 후 수입 감소, 여가시간 증가, 죽음에 대한 태도와 삶의 목적 탐색

(3) 아동 발달과 생태이론

아프리카 속담에 '한 아이를 키우기 위해서는 온 마을이 필요하다'라는 속담이 있다. 이를 체계적이고 과학적으로 설명하는 이론이 브론펜브레너(Bronfenbrenner)교수의 '생태이론'이다. 이 이론은 인간 사회 속에서 한 아동이 어떠한 방식으로 발달하고 서로 영향을 주고받는지를 잘 설명한다. 브론펜브레너 교수는 우리가 아동의 발달을 더 잘 이해하기 위해서는 그들에게 영향을 미치는 환경의 개념을 명확하게 정의해야 한다고 주장했다. 나아가 환경 요소들이 단방향으로 아동에게 영향을 미치는 것이 아니라 상호작용하는 것이라고 강조했다.

생태이론에서는 아동과 영향을 주고받는 환경을 '가까운 환경(미시체계)', '중간 환경(중간체계)', '먼 환경(외체계)', '문화 환경(거시체계)'으로 구분한다. 태권도를 수련하는 아동(또는 유소년) 역시 생태이론에서 언급하는 다양한 환경과 영향을 주고받으며 발달한다. 생태이론의 환경 요소들과 아동 태권도 수련생의 관계를 살펴보면 다음과 같다(그림 1. 참조).

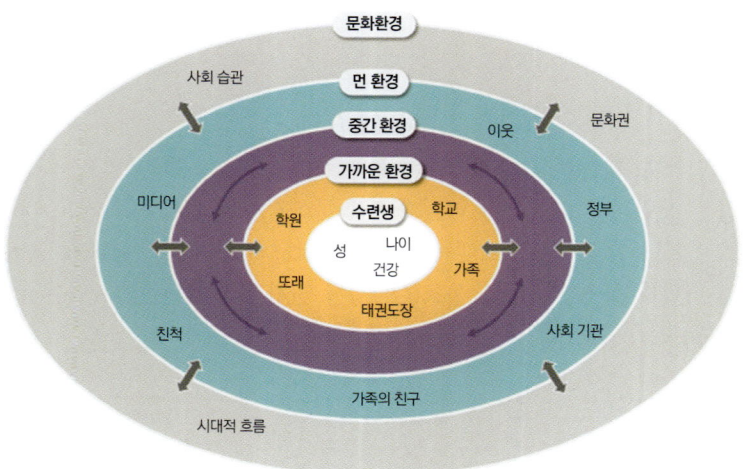

① 가까운 환경(미시체계)

　수련생을 기준으로 가장 근접한 환경이다. 이 환경에 속한 요인들은 수련생과 접촉하는 빈도가 매우 높다. 어쩌면 거의 매일 수련생과 상호작용할 수도 있다. 가정에서는 부모나 형제, 태권도장에서는 사범, 학교에서는 교사나 친구 등이 해당한다. 일각에서는 이 환경에 속해 있는 인물들을 가리켜 '주요 타자(significant others)'라고도 부른다. 그만큼 아동 수련생의 발달에 있어 중요한 인물들이라는 뜻이다. 수련생은 가까운 환경에 속한 인물들에게 영향을 받기만 하는 것이 아니라 이들에게 영향을 미치기도 하므로 상호작용한다고 이해해야 한다.

② 중간 환경(중간체계)

　중간 환경은 가까운 환경의 요인들이 서로 연결된 것을 의미한다. 예를 들어 수련생의 발달은 가정, 태권도장, 학교에서 각자 다르게 나타나지 않는다. 태권도장에서 이루어지는 학습과 발달이 가정에서의 교육에 영향을 미치기도 하고 반대로 가정 환경에 속한 부모의 태권도장 교육 참여가 학습과 발달을 좌우하기도 한다. 즉 수련생 개인은 가까운 환경의 요인들에 대해 독립적인 경험을 갖는 것이 아니라 가정-태권도장-학교-또래가 이어지는 연속적인 경험을 갖는다. 따라서 바람직한 아동발달이 이루어지기 위해서는 가까운 환경에 속한 요인들이 서로 밀접한 연계를 구축해야 한다.

③ 먼 환경(외체계)

　이 환경은 수련생과는 비교적 멀리 떨어져 있지만, 그럼에도 수련생의 발달에 간접적인 영향력을 행사한다. 예컨대 정부 기관의 다양한 정책들은 학교 교육이나 태권도장 교육의 방향에 영향을 미친다. 그리고 학교와 태권도장에 속한 수련생은 결국 정부 기관 정책의 영향을 받아 발달의 방향이 결정된다. 먼 환경은 비록 수련생과 직접적으로 상호작용하지는 않지만 바람직한 발달이 이루어지도록 하는 데 충분한 영향력을 가지고 있다. 이것이 정부 정책과 사회 지원을 중요하게 여기는 이유다.

④ 문화 환경(거시체계)

　세계는 국가라는 단위로 구분되어 있고 국가마다 특징적인 언어, 생활양식, 종교적 배경, 지리적 특성 등을 가지고 있다. 이러한 문화적 특성 또한 수련생 발달에 영향을 미치는 중요한 환경으로 볼 수 있다. 가령 A 국가는 아동 복지를 중요한 가치로 여기지만 B 국가는 그렇지 않다고 가정해보자. 이 경우 B 국가에 거주 중인 아동보다 A 국가에 거주 중인 아동이 긍정적 발달 경험을 더 많이 가질 수 있다.

2) 인지발달과 비인지발달 이론

　생태이론만큼이나 아동의 발달을 이해하기 위해서 인지발달과 비인지발달을 이해하는 것은 중요하다. 생태이론이 아동의 발달에 영향을 미치는 환경과의 상호작용에 초점을 두었다면, 인지발달과 비인지발달은 아동의 내면에 이루어지는 발달 과정을 다룬다. 인지발달은 아동의 사고 형성과 인지적 수준에 대한 발달을 설명한다. 그리고 비인지발달은 아동의 성격이나 사회성 그리고 도덕성과 같은 요소들을 다룬다.

(1) 인지발달

인지발달 이론에서 가장 크게 기여한 학자는 피아제(Piaget)와 비고츠키(Vygotsky)다. 이들의 이론은 20세기 초반에 형성되었으나 현대까지 아동의 인지발달을 잘 설명하는 체계적인 이론으로 여겨지고 있다.

① 피아제의 인지발달 이론

피아제의 인지발달 이론에서 사용되는 핵심 개념은 평형화와 도식(schema, 스키마), 그리고 동화와 조절이다. 가장 먼저 도식의 개념을 이해해야 한다. 쉽게 말해, 도식은 인간이라면 누구나 가지는 과거의 경험과 지식체계를 말한다. 어떤 측면에서는 도식을 선입견이라 볼 수도 있고 생각과 행동의 패턴, 사고방식, 개인의 관점 등 다양하게 해석할 수 있다. 인간 대부분은 이러한 도식의 영향으로 사고와 행동의 방향성이 결정된다.

평형화는 일정한 균형 상태를 유지하려는 인간의 본능적인 경향성을 말한다. 그러나 이러한 균형 상태가 항상 유지되는 것은 아니다. 새로운 정보와 환경의 영향으로 인해 변화를 경험하고 인지구조가 발달하게 된다. 이때 인지발달은 동화와 조절이라는 두 가지 기능을 토대로 이루어진다. 그리고 이 두 가지 기능은 도식과 관련된다. 동화는 새로운 정보와 경험을 기존의 도식에 적용하는 것을 말한다. 말 그대로 기존 도식과 새로운 정보를 융합하고 동화시키는 것이다. 조절은 기존의 도식을 전면 수정하는 작업이다. 이러한 두 가지 인지 기능을 통해 마침내 아동은 인지발달(도식의 확장)하게 된다.

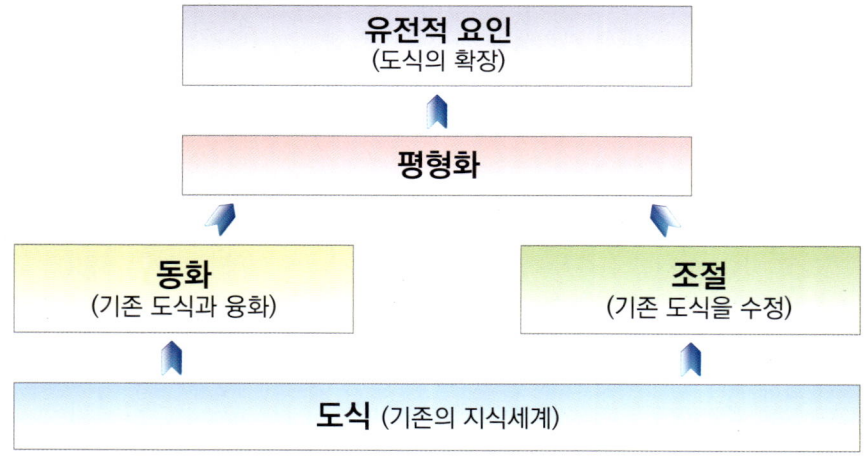

그림. 피아제의 인지발달 이론

② 비고츠키의 인지발달 이론

피아제는 아동의 인지발달을 설명하기 위해 도식과 평형화 그리고 두 가지 인지기능에 초점을 두었으나, 비고츠키는 아동의 발달이 사회적 영향력에서 기인한다고 보았다. 그는 아동의 인지적 발달이 유전적인 특질에 의해 결정된다기보다 사회와 어떻게 상호작용하는지에 따라 달라질 수 있다고 주장했다. 특히 그는 언어의 습득 과정이 인지발달에 매우 중요한 요인이라고 보았다.

또한 그의 이론에서 등장하는 핵심 개념은 근접발달영역(zone of proximal development)이다. 아직 인지발달이 완전히 이루어지지 않은 아동들은 혼자서 해결할 수 있는 문제에 한계가 존재한다. 아무리 명료한 설명과 절차가 제공되더라도 아동이 결코 혼자서는 해결할 수 없는 일들이 있다.

그러나 어떤 문제에 있어서는 아동 혼자서 해결할 수 없으나 유능한 또래의 도움 혹은 성인의 도움을 받아 학습할 때 해결할 수 있는 문제들이 있다. 이를 근접발달영역이라고 부른다. 이를 통해 비고츠키는 아동이 또래나 성인과의 사회적 상호작용을 통해 인지발달을 이룬다고 주장하였다.

그가 주장한 근접발달영역의 핵심은 바로 조력자의 역할이다. 이를 발판(scaffolding)이라고 부르는데, 아동이 이러한 발판을 인식하고 문제를 해결해나갈 때 인지발달이 이루어진다. 따라서 아동의 주변 인물 중 부모, 교사, 태권도 사범은 근접발달영역에 머물러야 하고 적절한 조력을 제공해야 한다.

(2) 비인지발달

비인지발달 이론은 아동의 사고나 생각 등 인지적 수준의 발달을 다루는 인지발달 이론과 달리 아동의 성격, 사회성, 도덕성의 개념을 다룬다. 핵심 학자로는 프로이트(Freud), 에릭슨(Erikson), 콜버그(Kohlberg) 등이 있다.

① 프로이트의 성격발달 이론

프로이트의 이론은 정신분석학이라고도 불리고 오늘날 교육학과 심리학의 발전에 많은 보탬이 되었다. 그의 이론에서 중요한 개념은 바로 원초아(id, 이드), 자아(ego, 이고), 초자아(superego, 수퍼이고)다. 원초아는 자기만족과 쾌락만을 추구하는 인간의 충동적인 본능을 의미하는데, 이를 리비도(libido, 성적 본능)라는 개념으로 설명한다. 이와 반대로 초자아는 사회의 도덕적 원칙과 이상을 따르려는 욕구 즉, 양심을 의미한다. 원초아는 지나치게 충동적이고 공격적이나 반대로 초자아는 지나치게 이상적이다. 이 두 가지 본능의 사이에서 중재 역할을 하는 것이 바로 자아다. 자아는 도덕적 원칙이나 양심에 어긋나지 않으면서 동시에 합리적으로 개인의 충동적인 쾌락을 얻으려는 것을 의미한다. 프로이트는 아동이 성장하면서 겪는 다양한 경험들과 세 가지 본능이 어떻게 상호작용하는지에 따라 성격이 달라질 수 있다고 보았다.

② 에릭슨의 심리사회적 발달 이론

에릭슨은 프로이트에 영향을 받아 이론을 발전시켰다. 그는 아동의 자아 정체감 형성과 사회화에 관심을 두었다. 그의 이론은 양극성을 가진다. 즉 인간은 성장하면서 핵심적인 위기나 심리사회적으로 중요한 문제를 겪게 되는데, 이때 그 위기와 문제를 잘 해결하는지에 따라 발달의 방향이 결정된다. 위기와 문제가 잘 해결된다면 올바른 인격 형성을 이룰 수 있게 되지만, 만약 부정적인 방향으로 해결하거나 해결하지 못했을 경우는 인격 형성이 방해되거나 발달이 지연될 수 있다.

예를 들어 6~11세의 아동은 '근면성 대 열등감' 단계에 해당한다. 이 시기 아동은 대부분 학교나 학원, 태권도장 등 다양한 학습 환경에 놓여 있다. 이때 학습 환경에서의 성취 수준이 아동의 근면성 발달에 매우 중요하다. 적절한 난이도로 이루어진 학습 환경은 아동의 성취감을 자극하고 긍정적인 자아개념 형성과 올바른 발달을 이루도록 한다. 그러나 학습 과정이 지나치게 어려워 자주 실패를 경험할 때 아동은 열등감을 경험한다. 따라서 학교의 교사나 태권도장의 사범은 아동이 더 잦은 성취를 경험할 수 있도록 적절한 난이도의 과제를 제시해야 한다.

③ 콜버그의 도덕성 발달 이론

콜버그는 인간의 도덕적 발달이 유사한 발달 단계를 거친다고 이해하였다. 콜버그는 '하인츠(Heinz)의 딜레마'라는 사례를 이용해 도덕성의 발달 수준을 평가하였다.

> ▶ **하인츠의 딜레마**
>
> 과거 유럽의 한 마을에 하인츠라는 남자가 살고 있었다. 그의 부인은 불치병에 걸려 죽어가고 있는데, 마침 그녀를 살릴 수 있는 약이 발명되었다. 같은 마을에 사는 약사가 발명한 것으로 이 약의 가격은 2,000달러로 매우 비쌌다. 하인츠는 돈을 구하기 위해 노력했지만 안타깝게도 약값의 절반인 1,000달러밖에 구할 수 없었다. 그는 약사에게 찾아가 아내가 죽기 직전이라고 설명하고 약을 외상으로 판매해달라고 부탁했다. 그러나 약사는 자신도 돈을 벌어야 한다며 거절했다. 절망에 빠진 하인츠는 고민 끝에 아내를 위해 약을 훔쳤다. 하인츠는 그가 해야 할 마땅한 일을 한 것일까?
> ☞ 당신은 하인츠의 행동을 어떻게 생각하는가?
> ☞ 그렇게 생각한 이유는 무엇인가?

위 사례를 이용해 콜버그는 도덕성의 발달 단계를 구분하였다. 그가 제시한 단계는 총 6단계로 다음 〈표 4〉와 같다. 1단계의 수련생은 도덕적 가치를 벌과 복종으로 판단한다. 가령 어떤 수련생은 물을 마시기 위해 줄을 서야 하는 상황에서 사범에게 혼나지 않기 위해 질서를 지킨다. 이것은 사범에게 혼나는 것을 피하기 위해 고의로 도덕적 행위를 택하는 것이다. 2단계의 수련생은 물물교환의 법칙에 따라 형평성을 따져 자신에게 이득이 되는 것을 도덕적 가치로 판단한다. 예컨대 어떤 수련생은 자신이 친절하게 대우받길 원해서 다른 사람을 친절하게 대한다. 3단계의 수련생은 타인과의 조화와 타인에 대한 배려 등을 도덕적 가치로 여긴다. 4단계의 수련생은 도장 내의 질서와 규칙에 따른 행위를 최고의 도덕 가치로 판단하고, 5단계 수련생은 단순히 도장 내 질서와 규칙을 지키는 행위를 넘어 유용성에 따라 합리적으로 적용되는 것을 도덕적 가치로 판단한다. 6단계의 수련생은 자신의 양심에 따라 행동하여도 도덕적 가치에 어긋나지 않는다. 그러나 현실적으로 6단계는 존재하기 어렵다.

표 . 콜버그의 도덕성 발달 단계

단계	구분	내용
1	벌과 복종에 의한 도덕성	- 도덕성을 하나의 도구로 인식 - 칭찬과 보상, 벌 등에 의한 가치 판단
2	욕구 충족 수단으로서의 도덕성	- 자신과 타인의 욕구와 필요 충족을 도덕적 가치로 판단
3	대인관계의 조화를 위한 도덕성	- 타인을 기쁘게 해주는 행위를 도덕적 가치로 판단 (착한아이 지향 단계)
4	법과 질서 준수로서의 도덕성	- 개인보다 전체를 중요하게 여기는 단계 - 사회 질서를 유지하려는 행동
5	사회 계약 정신으로서의 도덕성	- 법을 중시하지만 사회적인 유용성(융통성)에 따라 달리 적용되는 것 또한 중시 (합리적 사고)
6	보편적 도덕 원리에 대한 확신으로서의 도덕성	- 개인의 도덕적 가치에 따라 선택한 행위가 곧 도덕적 행위 - 이 단계는 극소수에게만 해당

3) 수련생의 발달적 특성

태권도 수련의 효과가 빛을 발하기 위해서는 태권도 수련에 참여하는 수련생들이 직접적이고 효과적인 변화를 경험해야 한다. 즉 수련의 참된 의미는 수련생들의 성장과 변화에서 찾아볼 수 있다. 태권도 수련의 성패에 영향을 미치는 요인들은 매우 다양하다. 그러나 무엇보다 수련의 성패를 결정짓는 것은 바로 수련생 그 자체에 있다. 지도자가 수련생에 대해 얼마나 많은 이해를 가지고 있는지에 따라 수련의 질이 달라질 수 있기 때문이다.

어린 태권도 수련생들은 언뜻 비슷하지만 사실 개별적으로 다른 특성을 가지고 있다. 그들은 태권도 수련에 직·간접적으로 영향을 미치는 신체적, 운동 기능적, 심리적·사회적 배경을 가지고 있다. 구체적으로 살펴보자. 일단 크게는 남자 수련생과 여자 수련생으로 구분할 수 있다. 조금 더 세분화해보면 유치부, 저학년, 고학년과 같은 발달 단계에 따라 구분할 수 있고, 이들의 지적 수준이나 가정의 사회경제적 수준에 따라 구분할 수도 있다. 그 밖에도 체력 수준, 목표에 대한 의식, 동기, 흥미 등으로 구분될 수 있다. 따라서 태권도 지도자는 수련생 각자의 개별적 특성을 파악하고 태권도 수련의 효과를 극대화할 수 있다. 이 장에서는 수련생의 다양한 특성 중에서 나이에 따른 보편적 발달적 특성에 관해 알아보고자 한다. 어린이 태권도 수련생이 대상이므로 아동기, 유소년기, 청소년기를 중점적으로 살펴본다.

(1) 아동기(유아기)

아동기(혹은 유아기)는 4~7세까지의 수련생을 가리킨다. 이 시기의 수련생들은 일상의 대부분을 가족과 함께 보내는 특징이 있다. 가족과 함께 보내는 시간이 누구보다 많기 때문에 아동기 수련생에게 가족은 사회의 중심이 되고 이는 곧 부모의 역할이 무엇보다 중요하다는 것을 의미한다. 이 시기에는 부모와 함께하는 활동들이 수련생의 신체·인지·정서 발달에 매우 중요한 역할을 한다. 즉 지도자는 아동기 수련생과 교감하면서 동시에 부모와 더 적극적으로 소통해야 한다.

이들에게는 복잡한 태권도의 기술보다 단순한 신체기능 운동이 적합하다. 즉 기본적인 걷기, 달리기, 던지기 등과 같은 기초 운동에 초점을 두고 점진적으로 복합 운동 기술로 확장해야 한다. 신체 조작 능력이 미숙하므로 실패를 경험하더라도 여러 번 시도할 수 있는 기회를 주어야 한다. 이 시기에 적절한 발달이 이루어지지 않으면 신체 기능적으로 제한이 생기고 또래 집단에 동화하기 어렵다.

① 신체적 발달

영아기는 크고 둥근 머리, 볼록한 배, 짧은 팔과 다리 등이 특징이지만, 아동기에 접어들면서 점점 키가 커지고 신체 비율뿐만 아니라 체중도 늘어나는 변화를 경험한다. 신체 변화와 함께 체중의 중심 역시 머리에서 배꼽 아래쪽으로 점차 옮겨간다. 체중의 중심이 변하면서 운동 기술의 수행 역시 수월해진다. 아동기 수련생은 고정된 사물이나 장난감을 사용하는 놀이에 흥미를 보이기도 하지만, 점차 신체를 활용한 놀이에 더 많은 흥미를 느낀다. 가령 높은 곳을 오르는 것, 뛰어내리는 것, 징검다리와 같은 넓은 간격을 뛰는 것과 같이 신체를 이용한 활동적인 운동을 선호한다.

② 사회적 발달

아동기 수련생은 아직 가족의 역할이 중요하지만, 동시에 또래와의 단체활동을 즐기기도 한다. 이 때문에 40~50분 정도 되는 시간 동안 태권도 수련에 참여할 수 있게 된다. 이때 또래 집단은 3~5명으로 구성하고 규칙은 간단해야 하며 가급적 경쟁적이지 않도록 정하는 것이 좋다. 이 시기의 수련생은 또래와 자주 다투기도 하지만 금방 화해하거나 다시 사이가 좋아지는 특성을 보인다. 가정의 영향뿐만 아니라 또래의 영향에 의해서 서로 언어와 행동의 기준을 만들기도 한다. 나아가 아동기 수련생들은 어른과는 다르게 독립적으로 행동하려는 성향을 보이지만 동시에 어른에 대한 관심으로 그들을 모방하기도 한다.

③ 정서적 발달

비교적 단순한 감정을 보이는 유아기와 달리 아동기는 조금 더 감정이 복잡한 구조를 가지게 된다. 또래의 정서에 쉽게 동요되고 성인들이 보이는 기분에 영향을 받기도 한다. 그러나 발달하면서 점차 정서가 안정되기 시작하고 아동기 초반에 보이는 격렬한 정서 변화는 감소하게 된다. 나아가 격렬한 정서 반응으로 유아기에 나타났던 투정도 점차 줄어든다.

④ 인지적 발달

아동기 수련생은 조금 더 고차원적인 인지적 기능이 활성화된다. 예를 들어, 원근감을 이용하여 거리를 정확하게 파악할 수 있게 되고 공간의 규모, 넓이, 특징 등에 대한 개념이 생긴다. 호기심과 모험심이 증가하여 자신이 가보지 못한 새로운 장소를 가보고 싶어 하고 질문과 상상력이 풍부해진다.

> ▶ 아동기 수련생 지도 전략
> ☞ 아직 부모의 역할이 매우 크기 때문에 부모와 정기적으로 소통하면서 수련생의 관심사와 상태를 파악해야 한다.
> ☞ 성인을 모방하려는 특성이 강하므로 특히 아동기 수련생에게는 올바른 언행을 보여주어야 한다.
> ☞ 복잡한 태권도 기술을 가르치기보다 올바른 성장에 초점을 둔 기초 운동에 더 많은 초점을 두어야 한다.

(2) 유소년기

유소년기는 흔히 말하는 초등학생, 즉 8세부터 13세까지를 의미한다. 그러나 엄밀히 따지자면 8세와 13세 수련생의 발달 수준은 상당한 차이가 있다. 그만큼 유소년기 수련생에 해당하는 8세부터 13세 사이에는 극적인 발달이 이루어진다. 지도자는 이러한 유소년기의 특성을 잘 이해해야 한다. 유소년의 범주에 속하는 수련생일지라도 신체·심리·정서적 차이를 복합적으로 고려하여 태권도를 지도해야 한다. 예컨대 유소년기 수련생들은 자신의 능력을 절대적으로 평가하지 않고 또래와 비교하여 기준을 설정하는 특징이 있다. 이 때문에 성취감을 느끼기도 하지만 반대로 좌절감도 느끼기 쉽다. 지도자는 유소년기 수련생이 또래와 비교하지 않고 자신의 과거 수행과 비교할 수 있게 지속적으로 지도해야 한다.

① 신체적 발달

아동기를 거쳐 유소년기의 수련생은 눈과 손의 미세한 조정 능력이 크게 발달하면서 운동능력 또한 급격하게 향상된다. 더 복합적인 운동을 할 수 있게 되고 수행의 정확성 또한 증가한다. 예를 들어 단순한 달리기부터 뛰기, 구르기, 차기, 지르기 등 대부분의 운동 기술을 할 수 있다. 특히 이 시기의 수련생들은 또래들과 경쟁하는 것을 즐긴다. 비록 아동기보다는 신체적 발달 속도가 느려지지만, 그에 반해 신체 통제 능력은 높아진다. 개인마다 차이가 있지만 10~11세가 되면 사춘기로 접어들면서 갑작스러운 성장을 경험하기도 한다.

② 사회적 발달
가족의 역할이 여전히 중요하지만, 교우관계의 역할도 크게 중요해진다. 이 시기의 수련생들은 친구들과의 관계, 소문, 친구들 사이에서의 자신의 위치, 명예, 친구 사이의 애정, 존경 등이 중요한 화제가 된다. 특히 또래 그룹에서는 리더가 나타나게 되는데, 리더의 말과 행동은 이들에게 큰 영향을 미친다. 또래 그룹 사이에서 도태되지 않기 위해 유소년들은 순응·조화·협력·거절 등과 같은 사회적 가치관과 신념을 학습한다. 이러한 학습 과정은 사회에서 필요한 대인관계 능력 및 기술로 발전될 수 있고 이를 통해 사회의 법칙과 타인의 관점을 이해한다.

③ 정서적 발달
주의집중 능력의 발달로 아동기보다 한 가지 일을 오랫동안 유지할 수 있는 능력이 생긴다. 이를 통해 자신이 맡은 일이나 임무를 수행할 때 계획을 세우지만 자신의 계획에 비해 충분한 만족감을 얻지 못하므로 좌절을 경험하기도 한다. 정서적인 반응도 훨씬 복잡해진다. 하나의 사건을 통해 하나의 감정을 느끼는 것이 아니라 여러 감정을 느끼게 된다. 예컨대 한 사건에서 분노와 죄책감을 동시에 느낄 수 있다는 것을 인식하고 복잡한 정서를 표현한다. 나아가 타인에 대한 이해가 있기 때문에 다른 사람의 기분을 상하게 하지 않으려 자신의 감정을 다르게 표현하거나 숨기기도 하고 반대로 공감하기도 한다. 또래 관계가 매우 중요하기 때문에 또래 집단에 자신이 수용되지 않을까 불안을 경험하기도 한다.

④ 인지적 발달
유소년기 초기인 8세 정도에는 분류 개념과 정체성 등의 인지발달이 이루어진다. 또한 모든 일과 사물에 흥미가 있으므로 호기심이 왕성해진다. 이러한 호기심을 해결하기 위해 다양한 질문을 하고 탐구하는 인지적 활동을 한다. 호기심을 해결하면서 논리적인 사고 및 문제해결 능력이 급격하게 증가한다. 이 때문에 유소년기 후기에 접어들면 수의 개념이나 어휘력이 크게 증가하여 추상적인 사고까지 가능해진다. 인지적 발달로 인해 유소년기 후기의 수련생들은 자신을 성인과 동일시하는 특성을 보이기도 한다.

> ▶ **유소년기 수련생 지도 전략**
> ☞ 유소년기는 초기, 중기, 후기에 따라 각기 다른 특징을 보이므로 이를 충분히 고려하여 지도해야 한다.
> ☞ 유소년기 수련생들은 또래 관계에 매우 민감하다. 특히 또래 그룹에서 리더의 역할이 중요하다. 도장 내에서 또래 그룹의 리더를 주목하여 바람직한 수련 분위기가 만들어질 수 있도록 한다.
> ☞ 마찬가지로 유소년 수련생은 또래 그룹 내에서 자신의 명예가 중요하므로 이를 존중해야 한다. 또래들 앞에서 꾸지람을 주는 행위, 비웃음거리를 만드는 행위 등은 위험하므로 지양한다.
> ☞ 유소년 수련생은 자신의 능력을 다른 수련생과 비교하여 결정하려는 경향이 있다. 지도자는 수련생들이 자신의 과거 수행과 발전에 목표를 둘 수 있도록 지도해야 한다.

(3) 청소년기 (14-19세)

청소년기는 아동기에서 성인기로 넘어가는 중간 단계로 14~19세를 의미한다. 중학교와 고등학교 시기에 해당한다. 중학교 시기에는 대부분이 사춘기를 경험하면서 자아정체감에 혼란을 경험하고 신체적으로도 급격한 변화가 생긴다. 이러한 신체적 변화는 고등학교 시기까지 이어진다. 고등학교 시기에는 급격한 발육 발달이 나타나면서 성인에 유사한 체력과 건강을 갖게 된다. 이 시기의 수련생들을 위해 지도자는 더 다양한 태권도 수련 프로그램을 마련해야 한다. 아동이나 유소년 수련생에 초점을 둔 태권도 수련 프로그램은 이들에게 지루함을 유발할 수 있다.

① 신체적 발달

이 시기에 수련생들은 2차 성징을 경험한다. 체모가 나기 시작하고 키와 체중이 증가한다. 구체적으로 남자 수련생의 경우 어깨가 넓어지고 근육량이 증가하며 수염이 나고 목소리가 굵어진다. 여자 수련생은 가슴과 골반이 커지고 월경을 시작한다. 그러나 역시 개인마다 발달의 정도와 시기는 차이가 있다. 어떤 수련생은 중학교 시기에 2차 성징이 나타나는 반면 어떤 수련생은 고등학교 시기에 2차 성징이 나타날 수 있다.

② 사회적 발달

이 시기의 수련생들은 부모보다 친구에 대한 의존성이 더욱 커진다. 오히려 부모의 권위에 대한 반항적인 태도가 나타나기도 한다. 이 때문에 자신을 통제하고 조언하는 부모나 어른보다 자신을 믿고 인정해 주는 부모 또는 어른을 따르려 한다. 따라서 지도자는 청소년기 수련생들의 행동을 통제하려고만 하기 보다 이들을 이해하고 공감하려는 태도를 갖출 필요도 있다.

③ 정서적 발달

2차 성징으로 인해 청소년기 수련생들은 급격한 정서 변화를 경험한다. 무엇보다 자아정체감의 혼란을 경험한다. 이들은 불안정한 정서 상태에 놓여 있기 때문에 조금이라도 곤란한 상황을 마주하면 극심한 불안 초조함, 혼란과 같은 부정적인 정서 상태에 빠진다. 나아가 이러한 부정적 정서 경험은 부적절한 행동으로 표출되기도 한다. 이와 같은 불안한 정서와 행동 때문에 청소년기를 질풍노도의 시기라고 부르기도 한다.

④ 인지적 발달

중학교 시기에 해당하는 초기에는 아동기에 비해 급격한 인지적 발달이 이루어지지만, 고차원적인 논리적 사고까지 이르지는 못한다. 그러다 고등학교 시기에 해당하는 후기에 접어들어 지식이 풍부해지고 체계적으로 정립된다. 나아가 자신의 존재에 대해 탐구하기 시작하여 미래에 자신이 어떤 일을 할지, 어떤 삶을 살아갈지 와 같은 질문의 해답을 찾기 위해 노력한다. 사회에 대해 이해하기도 하지만 반대로 사회의 규범이나 법률에 의구심을 갖기도 하고 자신만의 특별한 기준을 세워 가치관을 확립하기도 한다.

▶ 청소년기 수련생 지도 전략

☞ 청소년기 수련생들은 충분한 인지적 발달이 이루어졌으므로 기술의 원리나 과정에 대해서 과학적인 설명과 논리를 제공해야 한다.
☞ 청소년기 수련생들의 행동을 무작정 나무라기보다 이해하고 공감하려는 태도를 보여야 한다.
☞ 태권도 수련을 통해 이루고자 하는 목표와 수련 방향을 명확하게 제시해야 한다.

3. 학습이론과 태권도 수련

근본적으로 태권도 수련 과정은 학습의 과정으로 이해할 수 있다. 수련생들은 태권도를 반복 수련하면서 새로운 기술을 익히고 동시에 기술을 배우는 과정에서 인지·신체·정서적 발달을 경험한다. 이러한 태권도 수련생들의 학습 과정은 크게 행동주의적 관점과 인지이론적 관점으로 구분하여 살펴볼 수 있다.

1) 학습에 대한 행동주의적 관점

행동주의적 관점에서 학습은 크게 자극(stimulus)과 반응(response)의 연합이라는 개념으로 설명된다. 태권도 학습에서 자극은 태권도장이라는 환경에 포함되어 있는 모든 요소가 학습자에게 제공되는 것을 말한다. 가장 대표적인 예로 사범의 언어적 피드백을 생각할 수 있다. 수련할 때 수련생이 관찰하는 지도자의 말과 비언어적 메시지는 대표적인 자극에 해당한다. 한편, 반응은 수련생에게 주어진 자극에 따른 다양한 행동(생각 포함)을 의미한다. 사범의 언어적·비언어적 메시지라는 자극을 받아 수련생은 그 메시지대로 따를지 따르지 않을지 결정하고 반응하게 된다. 이 장에서는 행동주의적 관점에 기반한 '사회학습 이론'을 살펴보고자 한다.

(1) 사회학습 이론

사회학습 이론은 반두라(Bandura)에 의해 정립되었다. 파블로프(Pavlov)나 스키너(Skinner)와 같이 기존의 행동주의 학자들이 주장했던 이론의 한계를 뛰어넘기 위해 이 이론을 정립하였다. 그는 인간의 학습 과정이 단순히 조건화의 논리로만 설명될 수 없다고 판단하였고 사회와 환경의 영향에 주목하였다. 그의 이러한 주장은 보보(Bobo) 인형 실험을 통해 더욱 확고해졌다.

▶ 보보 인형 실험

〈실험 내용〉
☞ 보보라는 인형을 마구 때리는 영상을 제작하였다.
☞ 아동을 세 그룹으로 구분하고 영상을 시청하도록 하였다. 단, 그룹별로 영상의 내용은 조금씩 달랐다.
  [그룹 1]: 인형을 때린 사람이 상을 받는 영상
  [그룹 2]: 인형을 때린 사람이 벌을 받는 영상
  [그룹 3]: 인형을 때린 사람에게 상이나 벌을 주지 않는 영상

〈실험 결과〉
☞ [그룹 1]의 아동들이 가장 높은 공격성을 보였고, [그룹 2]의 아동들이 가장 낮은 공격성을 보였다.
☞ 나아가 시청한 영상 속의 인물과 같은 행동을 하며 상을 주겠다는 조건을 주자 세 그룹의 아이들은 모두 똑같이 따라 했다.

위와 같은 실험을 통해 반두라는 아동들이 단순히 어떤 행동을 관찰하는 것만으로도 학습이 이루어진다는 사실을 발견하였다. 즉 기존의 행동주의 이론들은 학습이 이루어지기 위해서 어떠한 강화(reinforcement)나 조작적인 조건화가 이루어져야 한다고 생각했지만, 반두라는 그러한 강화나 조건이 없는 단순한 관찰만으로도 학습이 발생할 수 있다고 믿었다. 이러한 학습 과정을

가리켜 그는 모델링(modeling) 혹은 관찰학습이라고 명명하였다.

모델링은 특히 태권도장에서 쉽게 발견된다. 태권도 사범이 항상 솔선수범해야 하는 이유도 바로 여기에 있다. 태권드는 근본적으로 몸을 이용해 수련한다. 몸을 이용한다는 것은 그만큼 더 쉽게 관찰된다는 의미이기도 하다. 수련생은 사범의 행동을 아주 쉽게 관찰하고 모방할 수 있다. 반두라의 이론에 따르면 사범의 행동은 쉽게 관찰되기 때문에 의도적이든 비의도적이든 수련생들의 학습에 영향을 미친다. 따라서 사범은 모델링의 주체로서 자신의 모든 말과 행동이 수련생의 학습과 발달에 영향을 줄 수 있다는 사실을 기억해야 한다.

사회학습 이론의 관점에서 태권도 수련생들의 행동 빈도를 늘리기 위한 강화는 크게 세 가지가 있다. 첫 번째는 직접적 강화다. 이는 기존 행동주의 이론에서 말하는 자극과 반응의 개념이 그대로 반영된다. 칭찬과 보상(예: 칭찬 스티커, 달란트, 포인트 등)이 대표적인 직접적 강화다. 이를 통해 행동의 빈도를 증가시킬 수 있다. 두 번째는 대리적 강화다. 수련생들은 자신과 비슷한 또래를 관찰함으로써 강화 받을 수 있다. 예를 들어, 친한 동료 수련생이 사범에게 칭찬이나 보상물을 받는 것을 보면 자신도 칭찬과 보상물을 받기 위해 노력하는 행동을 한다. 이러한 행동은 간접적인 강화가 이루어진 것이다. 세 번째는 자기강화다. 인간은 자신의 행동을 다시 생각하고 반성하는 특성을 가진다. 꼭 강화를 받지 않더라도 스스로 평가·판단하여 행동을 강화하기도 한다.

(2) 행동주의 이론과 태권도 수련

행동주의 이론에서 제시하는 학습의 원리를 이용하여 효과적인 태권도 수련 및 지도를 할 수 있다. 이 장에서는 행동주의의 핵심 원리인 강화, 소거, 그리고 벌의 개념에 대해 이해하도록 한다.

① 강화

강화는 학습자의 행동 빈도를 높이는 방법을 말한다. 보편적으로 교육 상황에서 사용된다. 사회적으로 바람직한 행동 혹은 교육의 목적과 목표를 달성하기 위해 학습자가 해야 하는 행동의 빈도를 높이는 데 사용한다. 그리고 이러한 행동 빈도를 높이는 사용되는 특정 개체를 가리켜 강화물이라고 부른다. 이러한 강화는 크게 정적 강화와 부적 강화로 구분된다.

정적 강화는 수련생들이 좋아할만한 강화물을 제공함으로써 행동의 빈도를 늘리는 것이다. 대표적인 것이 칭찬, 달란트, 포인트 점수 등이 있다. 이외에도 의도하는 행동을 했을 때 휴식 시간을 주는 것, 레크레이션 시간을 늘려 주는 것 등도 모두 정적 강화에 해당한다. 반대로 부적 강화는 수련생들이 싫어하는 것을 제거하는 것이다. 예를 들어 열심히 하는 수련생에게는 발차기의 개수를 줄여주는 것, 수련 시간을 줄여주는 것, 어떤 당번을 면제해주는 것 등이 포함된다.

② 소거

강화는 행동의 빈도를 증가시키는 것이었다. 그러나 이러한 강화나 강화물이 전혀 제공되지 않는다면 아마 수련생들은 동기를 잃을 것이다. 동기를 잃은 수련생은 운동을 대충할 가능성이 크다. 만약 수련생이 그 누구보다 열심히 운동하고 기합도 크게 넣었지만 그에 따른 어떤 강화도 없을 때 수련생은 더 이상 열심히 하려 하지 않을 것이다. 이처럼 강화가 없을 때 행동의 빈도가 줄어들거나 아예 행동을 하지 않게 되는 것을 가리켜 소거(extinction)이라고 부른다.

이러한 소거는 어느 날 갑자기 나타나는 것이 아니라 점진적으로 발생한다. 따라서 지도자는 어떤 수련생의 의욕이나 동기가 점차 사라지고 있다는 사실을 발견했을 때, 수련생에게 어떤 강화가 이루어지고 있는지 혹은 강화가 전혀 이루어지고 있지 않은지 점검해봐야 한다. 수련생의 의욕과 동기가 사라져가는 시점은 소거 폭발(extinction burst)이라는 현상을 통해 판단할 수 있다. 소거 폭발은 행동(예: 열심히 수련하는 것)의 빈도가 점차 줄어들기 전에 일시적으로 행동의 빈도가 증가하는 것을 말한다. 가령 어떤 수련생이 열심히 품새를 했지만 사범은 이를 무시한다. 수련생은 사범으로부터 강화를 받기 위해 더 열심히 품새를 수련한다. 그러나 이번에도 사범은 이를 무시한다. 이후 수련생은 더 이상 품새를 열심히 하지 않는다. 이 경우 사범의 첫 번째 무시 이후 '더 열심히 품새를 한다'는 소거 폭발이 발생한 것이다.

③ 벌

행동수정을 위해 사용하는 가장 보편적인 방법이다. 앞서 살펴보았던 강화는 행동의 빈도를 증가시키기 위해 사용하는 것이었다. 반면 벌(punishment)은 행동의 빈도를 감소시키기 위해 사용한다. 이때의 행동이란 일반적으로 바람직하지 않은 행동(예: 열심히 수련하지 않는 것)을 의미한다. 이러한 벌 역시 정적 강화와 부적 강화처럼 수여성 벌과 제거성 벌로 구분할 수 있다.

수여성 벌은 지도자가 의도하지 않은 수련생의 부적절한 행동을 감소시키기 위해 수련생들이 싫어하는 자극을 주는 것이다. 대표적으로 올바르지 못한 행동에 대한 꾸지람이나 신체적이고 물리적인 처벌(예: 청소시키기 등)이 해당한다. 인간은 본능적으로 불쾌한 경험을 좋아하지 않으므로 수여성 벌의 효과는 즉각적으로 나타난다. 그러나 오늘날 대부분의 연구자와 교육자들은 수여성 벌에 대해 부정적인 견해를 가지고 있다. 행동수정에 대한 효과는 즉각적이고 뛰어나지만 그에 따른 부작용의 위험이 크기 때문이다. 수여성 벌에 따른 부작용으로는 잘못된 습관 형성, 심리적 고통, 모욕감, 스트레스 등이 있다.

반면 제거성 벌은 수련생들이 좋아하는 것을 금지하여 행동을 수정하는 것이다. 대표적인 제거성 벌에는 타임아웃(time out)이 있다. 예를 들어 열심히 태권도를 수련한 뒤 즐겁게 레크레이션을 하는 상황에서 바람직하지 않은 행동을 한 수련생에게 레크레이션 참여 기회를 박탈하는 것이다. 이 경우 수련생은 재밌는 레크레이션에 참여하지 못하게 되면서 자신의 행동을 반성하게 된다. 이러한 제거성 벌을 부적 강화와 혼동할 수 있다. 부적 강화는 수련생들이 싫어하는 행동을 제거해줌으로써 행동의 빈도를 높이지만, 제거성 벌은 수련생들이 좋아하는 행동을 제거함으로써 행동 빈도를 감소시킨다는 차이가 있다.

구분		핵심 개념	예
강화	정적 강화	- 수련생들이 좋아하는 것을 제공하여 행동 빈도 증가	칭찬, 포인트
	부적 강화	- 수련생들이 싫어하는 것을 제거하여 행동 빈도 증가	면제
벌	수여성 벌	- 수련생의 행동 빈도 감소를 위해 싫어하는 것을 제공	꾸지람, 당번
	제거성 벌	- 수련생의 행동 빈도 감소를 위해 좋아하는 것을 제거	타임아웃

2) 학습에 대한 인지이론적 관점

행동주의는 명확한 조건과 그에 따른 반응을 토대로 학습을 설명하였다. 반면 인지주의는 수련생의 내부에서 발생하는 사고의 과정을 강조한다. 즉 이들의 머릿속에서 벌어지는 사물에 대한 인식과 그에 대한 해석과 이해 과정을 토대로 학습을 설명하려 노력한다. 가장 대표적인 이론으로는 정보처리(information processing) 이론을 살펴볼 수 있다.

(1) 정보처리 이론과 과정

인지이론의 주요 초점은 특정한 지식이 개인의 내면에 어떤 방식으로 구조화되는지에 있다. 새로운 지식을 지각하는 것부터 이를 받아들이고 기억한 뒤 다시 기억에서 꺼내 그 지식을 활용하기까지의 과정을 설명하는 것이 바로 정보처리 이론이다. 이 이론은 인간의 학습 과정을 컴퓨터 처리 과정에 비유하여 설명한다. 이를 모형으로 살펴보면 아래 〈그림 3〉과 같다. 그림에서 감각 등록기와 단기기억 그리고 장기기억은 '정보 저장소'로 불린다.

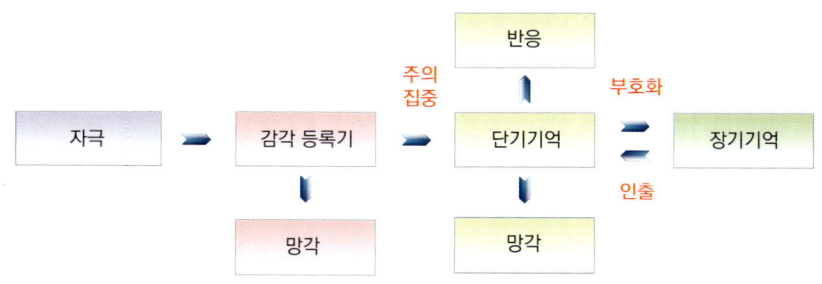

그림 . 정보처리 이론 모형

① 감각 등록기

첫 번째 정보 저장소는 감각 등록기(sensory register)다. 이는 우리 신체 중 눈, 귀, 피부 등과 같은 감각 수용기관을 의미한다. 수련생들은 이러한 감각 수용기관을 이용해 지도자의 말이나 행동 자극을 받아들이고 최초로 정보를 저장한다. 여기에서 정보는 아주 짧은 시간 머무른다. 즉 정보의 저장 시간이 매우 짧은 편이다. 감각 등록기로 전해지는 정보는 매우 정확한 정보로 들어오지만 만약 이 정보에 대한 더뎌한 처리 과정도 이루어지지 않으면 금방 사라진다(망각).

② 단기기억

감각 등록기를 통해 받아들인 정보에 대한 주의집중이 이루어지면 1차적으로 정보는 단기기억으로 저장된다. 성인을 기준으로 10개 이하의 정보가 약 20초 가량 단기기억에 저장될 수 있다. 따라서 아동 및 어린이의 경우는 더 적은 정보의 양이 더 짧은 시간동안 단기기억에 저장된다. 단기기억에서 중요한 개념은 바로 청킹(chungking)이다. 청킹은 정보의 단위와 관련이 있다. 예를 들어, '태', '권', '도'라는 세 가지 글자라는 단위로 이루어져 있지만 이를 조합하면 '태권도'라는 하나의 단위로 저장될 수 있다. 즉 청킹이 활용되면 저장할 수 정보의 단위가 늘어난다는 특징이 있다.

③ 장기기억

단기기억에서도 일정한 시간이 지나면 정보는 대부분 사라진다. 그러나 일부 정보는 장기기억으로 이동하여 더 오랜 시간 저장된다. 장기기억은 크게 일상기억과 의미기억으로 분류된다. 일상기억은 말 그대로 수련생들이 일상에서 경험하는 정보들을 기억하는 것이다. 이를 우리는 추억이라고 부르기도 한다. 이러한 일상기억은 대부분 이미지로 저장된다(부호화). 반면 의미기억은 학습 및 교육과 밀접한 관련이 있다. 의미기억은 객관화된 사실, 개념, 규칙 등을 포함하고 교육에 의해 학습 및 저장되는 것들이 대부분이다.

④ 부호화와 인출

부호화(encoding)는 장기기억으로 이동된 정보에 대한 유의미화를 의미한다. 유의미화란 장기기억에 있던 기존의 지식과 새롭게 저장된 지식 간의 연결망을 구축하는 것으로 이애할 수 있다. 기존의 정보와 유의미하게 연결되지 않으면 새로운 정보, 특히 단순히 암기를 통해 저장된 정보는 단독으로 떨어져서 저장된다.

부호화된 정보를 장기기억 속에서 탐색하는 것을 가리켜 인출(retrieval)이라고 한다. 부호화와 상당히 밀접하기 때문에 먼저 부호화가 효과적으로 되지 않으면 인출도 효과적으로 될 수 없다. 정보를 인출하기 위해서는 접근성이 중요하다. 예를 들어, 수련생이 태권도의 경기규칙이라는 정보를 장기기억에 저장했다고 가정해보자. 분명 수련생의 장기기억에는 태권도 경기규칙이 저장되어 있다. 그런데 이 정보를 다시 인출하기 위해서는 장기기억 어딘가에 있는 이 정보에 쉽게 접근할 수 있어야 한다. 태권도 경기규칙이라는 정보가 명확하고 정교하게 부호화되었다면 접근성 또한 높겠지만, 그렇지 않을 경우 접근하기가 어려워지므로 장기기억에 있더라도 인출하기가 쉽지 않다.

(2) 정보처리 과정과 태권도 수련

정보처리 이론에서 다루는 정보처리 과정을 이해함으로써 효과적인 태권도 수련 및 지도를 수행할 수 있다. 정보처리 이론과 정보처리 과정의 개념을 토대로 태권도 수련에 대한 교육적 함의를 살펴보면 다음과 같다.

① 정보 저장소와 태권도 수련

감각 등록기에는 짧은 시간 정보가 저장되므로 즉시 처리하지 못하면 금세 망각으로 이어진다. 어린 수련생들이 여러 정보에 집중하지 못하는 이유 중 하나가 바로 정보를 받아들일 수 있는 저장소의 크기가 작기 때문이다. 따라서 어린 수련생들에게 한 번에 시각, 청각, 촉각 등의 다양한 정보를 제공하면 그 정보는 금방 사라질 가능성이 크다. 따라서 어린 수련생일수록 자극의 수를 줄여야 한다.

단기기억은 감각 등록기에 비해 몇 가지 정보를 더 저장할 수 있고 시간도 길다. 그러나 종종 태권도장에서 한 번에 두 가지 작업을 수행하는 데 어려움을 겪는 수련생들이 있다. 이는 장기기억에서 인출한 정보와 단기기억으로 이동한 정보가 충돌함으로써 충분한 공간이 없는 것인지 생각해 볼 필요가 있다. 이 때문에 단기기억에서 중요한 것은 자동화의 개념이다. 어떠한 원리와 정보를 계속해서 반복 숙달하면 정보처리의 속도가 빨라지고 노력이 적게 들기 때문에 단기기억과 장기기억의 충돌을 줄일 수 있다. 이는 태권도 동작의 반복 숙달의 원리로도 이해할 수 있다.

장기기억에서는 기존의 정보와 새로운 정보가 혼합된다는 것을 기억해야 한다. 수련생들이 새롭게 배운 정보는 따져보면 결코 완전히 새로운 정보는 아니다. 과거의 경험과 융화되면서 유의미화 되기 때문이다. 따라서 지도자는 태권도 수련에 대한 개별적인 사실만을 가르쳐서는 안 된다. 개별적인 사실과 함께 기존의 다른 정보들과의 유사성도 함께 설명함으로써 수련의 효과를 극대화 해야 한다.

② 정보처리 과정과 태권도 수련

감각 등록기의 정보가 단기기억으로 저장되기 위해서는 주의집중이 필요하다. 여기서 핵심은 이 주의집중이 선택적으로 이루어진다는 것이다. 즉 수련생들은 어떤 정보에 주의를 기울일지 스스로 선택하기 때문에 제공되는 정보나 자극에 흥미가 없을 경우 단기기억으로 저장되지 않고 소실된다. 이 때문에 지도자들은 수련생들의 주의집중을 유도해야 함으로써 학습 효과를 높여야 한다. 수련생들의 주의집중을 높이기 위해 다음 〈표 6〉과 같은 전략들을 사용할 수 있다.

구분	내용
물리 전략	- 수련생들의 관심을 높이기 위해 사용하는 물리적인 교육 도구를 사용한다. (예: 영상, 수련 교구 등)
흥미유발 전략	- 수련생들의 호기심을 불러일으켜 주의집중을 유도한다. (예: 질문, 퀴즈, 문제제시 등)
감정 전략	- 수련 중에 수련생의 이름을 콕 집어 부르거나 감정과 관련된 단어들을 사용하여 주의를 집중시킨다.
강조 전략	- 간헐적으로 특정한 말과 행동을 강조함으로써 교육이 지루하지 않도록 하는 전략이다.

앞서 부호화와 인출이 장기기억의 정보를 유의하게 만들고 정보를 탐색하여 반응으로 이어지도록 하는 데 중요하다고 언급했다. 즉 무엇보다 먼저 부호화가 정교하게 이루어져야 성공적인 인출이 가능하다. 지도자는 이러한 부호화가 어떻게 잘 이루어질 수 있는지를 알아야 한다. 정교한 부호화를 위해서는 정보에 대한 의미와 가치를 높일 수 있는데, 이를 위해 능동성, 조직화, 그리고 정교화라는 수단이 필요하다.

첫째, 능동성은 학습에 대한 수련생의 능동적인 참여를 말한다. 즉 높은 수준의 내적동기를 가진 수련생일수록 부호화가 잘 될 수 있다. 수련생이 스스로 원하고 자기주도적으로 배우고자 할 때 성공적인 부호화가 이루어진다. 둘째, 조직화는 쪼개져 있는 정보들을 유사한 것끼리 범주화하는 것이다. 개별적인 정보들은 그만큼 많은 공간을 차지하므로 유사한 것끼리 명확하게 정리된 정보는 그만큼 장기기억의 공간을 절약한다. 셋째, 정교화는 기존의 정보와 새로운 정보 간의 연합을 증가시키는 것을 말한다. 기존의 정보를 수정하고 보완하면서 학습의 증진을 불러온다. 지도자는 이러한 전략들을 충분히 이해하고 효과적인 부호화와 인출이 이루어질 수 있는 지도법을 사용해야 할 것이다.

4. 태권도 수련생의 동기

1) 동기에 대한 이해

일반적인 학업 성취 상황이나 태권도 수련 상황이나 가장 중요한 것은 학생 혹은 수련생의 마음가짐이다. 이상적인 태권도 수련이 이루어지기 위해서는 수련생들이 온전히 연습과 훈련에 집중하고 나아가 스스로 기술의 원리와 과정을 밝히기 위해 탐구해야 한다. 그리고 지도자는 이러한 수련생들을 지원함으로써 올바른 지도와 수련이 이루어진다. 그러나 오늘날 태권도장에서 이처럼 이상적인 지도와 수련을 찾아보기는 힘들다. 시대적 흐름이나 환경의 문제 등 다양한 어려움이 존재하지만 그중 하나가 바로 수련생들의 동기(motivation)와 관련된다.

동기에 대한 정의부터 살펴보면, 이는 인간 행동을 촉발하는 어떠한 힘으로 이해할 수 있다. 목적을 가진 모든 인간의 행동에는 동기가 있다고 해도 과언이 아니다. 수련생들이 꾸준히 태권도장에 출석하는 것, 태권도를 열심히 수련하는 것, 품·단을 취득하는 것 등 태권도장에서 보이는 모든 행동 또한 동기가 있기에 가능한 것이다. 이러한 수련생의 동기는 행위의 방향과 강도라는 두 가지 특성을 가진다.

(1) 행위의 방향

행위의 방향은 수련생이 원하는 것, 또는 특정 상황에 대해 흥미나 매력을 느끼는 것을 말한다. 예를 들어 어떤 수련생이 TV 프로그램에서 태권도 시범을 보게 되었는데 화려한 기술과 퍼포먼스에 매력을 느끼게 되었다. 이윽고 그 수련생은 태권도를 배우고 싶다는 동기를 갖게 되고 실제로 부모를 설득하여 태권도장에 다니게 되었다. 이 경우 태권도 시범에 느낀 흥미와 매력이라는 동기적 특성이 태권도 수련이라는 행위의 방향을 결정하게 된 것으로 이해할 수 있다.

(2) 행위의 강도

특정한 동기가 유발되어 행동의 수준이 강화되는 것을 행위의 강도라고 한다. 태권도 수련 상황에서 동기에 의한 행위의 강화 효과는 자주 관찰된다. 가령 품새를 대충 하고 있는 수련생에게 꾸지람과 같은 외부적 자극을 부여함으로써 품새를 열심히 하도록 행동을 강화할 수 있다. 따라서 긍정적이든 부정적이든 어떠한 동기를 유발하는 것은 행위의 강도를 높이는 역할을 한다.

2) 동기이론과 태권도 수련의 적용

동기는 오래전부터 학자들의 많은 관심을 받아 온 분야 중 하나다. 동기를 이해함으로써 우리는 인간 행동을 이해할 수 있다. 학습자의 동기를 이해하면 학업에 관한 행위를 이해할 수 있고, 수련생의 동기를 이해하면 태권도 수련에 대한 행동을 이해할 수 있을 것이다. 이러한 동기를 설명하기 위해 학자들은 다양한 이론을 제시한 바 있다. 이 장에서는 오늘날 동기를 이해하는 데 크게 기여한 몇 가지 이론을 살펴보고자 한다.

(1) 욕구위계 이론

욕구위계(hierarchy of need) 이론은 매슬로우(Maslow)에 의해 제안되었다. 이 이론의 핵심은 인간은 누구나 내적인 욕구를 지니고 이를 만족시키기 위해 노력하면서 살아간다는 것이다. 욕구위계라고 표현하는 것은 이러한 욕구들이 피라미드 구조와 같이 위계적인 순서가 있다고 보았기 때문이다. 그에 따르면 가장 아래에 위치한 욕구는 생리적 욕구다. 이는 인간이 생존하는 데 있어 가장 근본적인 욕구들이 포함된다. 예를 들어 수면욕, 식욕, 성욕 등이 포함된다. 두 번째 계층에 있는 욕구는 안전의 욕구다. 인간은 생리적인 욕구가 어느 정도 충족이 되면 신체적으로나 심리적으로 안정을 취하려는 욕구를 가진다. 혼란과 두려움보다는 일관되고 질서정연한 것을 추구하고 불확실한 것보다 확실한 것, 생소한 것보다는 익숙한 것을 추구한다. 이러한 것을 추구하는 것이 안전의 욕구다.

세 번째 단계는 애정-소속의 욕구다. 생리적 욕구와 안전의 욕구가 충족이 되면 인간은 타인과의 관계에서 소속되고자 하는 욕구르 보인다. 이러한 욕구는 사회를 이루고 그 안에서 함께 살아가려는 인간의 습성이 반영된 것이라고 볼 수 있다. 이러한 욕구는 성인보다도 어린 아이에게서 강하게 나타난다. 네 번째 단지는 존중의 욕구다. 사람은 누구에게나 인정받고 존중받고자 하는 욕구가 있다. 왜냐하면 이러한 존중을 통해 인간은 자신의 가치를 인식할 수 있고 그에 따라 높은 자아존중감을 가질 수 있기 때문이다.

마지막 단계는 자아실현의 욕구다. 욕구위계 피라미드 구조에서 가장 상위에 위치한다. 인간은 모든 욕구가 충족되면 궁극적으로 자신의 능력과 잠재력을 실현하려는 욕구를 가진다. 이러한 자아실현의 욕구는 사람마다 다르게 나타날 수 있다. 누군가는 좋은 부모가 되는 것을 자아실현의 완성이라고 보기도 하고 누군가는 후세대에 기억될 수 있을 만한 업적을 쌓는 것을 자아실현의 완성이라고 보기도 한다. 매슬로우에 따르면 자아실현의 욕구는 모든 인간이 경험하는 것이 아니라 앞선 네 가지 욕구를 충분히 충족하고 그에 대한 성숙도 역시 높아야 한다.

이러한 욕구위계는 태권도 수련생들에게도 똑같이 적용될 수 있다. 태권도 수련생들 역시 생리적 욕구를 가장 먼저 추구할 것이다. 사실 오늘날 대부분의 아동은 생리적 욕구에 큰 위협을 받지 않는다. 다만 소외계층이나 다문화 가정 등과 같은 환경에 놓인 수련생의 경우 생리적 욕구가 온전히 충족되는지에 관해서는 개별적인 확인이 요구된다. 사범은 수련생의 안전 욕구를 충족하기 위해 도장의 위험 요소를 생각해봐야 한다. 애정과 소속의 욕구를 만족하기 위해서는 수련생이 다른 수련생들과 어떤 관계를 맺고 있는지 관찰하고 적절한 중재를 제공해야 한다. 존중의 욕구를 만족시키기 위해서 지도자는 올바른 도장 수련 분위기를 만들어야 한다. 수련생들이 서로 경쟁하고 비난하는 분위기보다 서로 응원하고 협력할 수 있는 분위기를 만들어야 한다. 끝으로 자아실현의 욕구를 위해 지도자는 수련생들에게 명확한 목표를 제시할 필요가 있다.

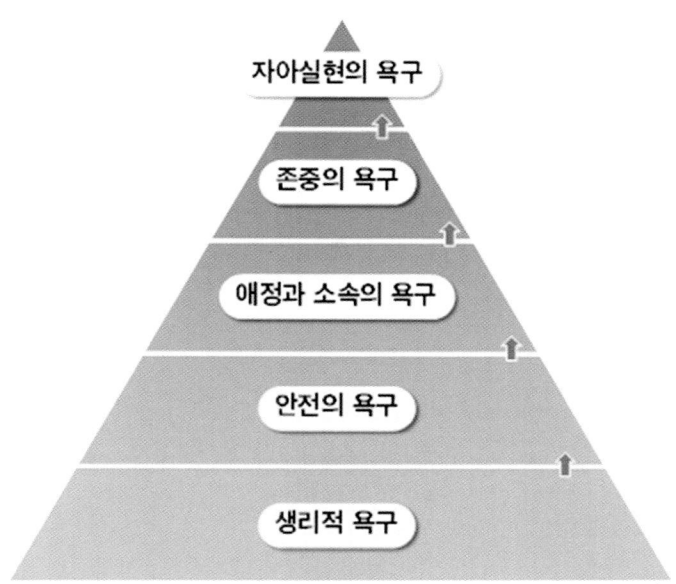

그림 . 매슬로우의 욕구위계 피라미드 모델

(2) 귀인 이론

와이너(Weiner)에 따르면 귀인(attribution)이란 어떤 성공과 실패에 대한 원인의 소재를 파악하고 귀속하려는 동기적 경향성을 말한다. 쉽게 말해, 어떤 수련생이 송판 격파에 성공했을 때 그 원인을 자신의 노력에서 찾을 수도 있고 운에서 찾을 수도 있다. 이처럼 성공과 실패 행동에 대한 원인 소재의 내용을 다루는 것이 귀인 이론이다. 행동의 원인을 파악하는 것은 뒤이어 나타나는 행동의 방향을 결정하므로 매우 중요한 일이다. 수련생의 귀인은 크게 다음과 같은 세 가지 차원으로 구분할 수 있다.

① 인과의 소재

인과의 소재(locus of causality)는 수련생이 성취 행동에 대한 원인을 자신의 내부에 두는지 혹은 외부에 두는지를 말한다. 예를 들어, 어떤 수련생이 높이 뛰어 앞차기라는 과제에 도전하고 성공하거나 실패했을 때 그 이유를 자신의 능력이나 노력에 둔다면 인과의 소재가 내적에 있는 것이다. 반면 높이 뛰어 앞차기의 성공 혹은 실패를 운이나 과제의 난이도에 둔다는 인과의 소재가 외부에 있는 것으로 볼 수 있다.

② 안정성

안전성(stability)은 귀인 요인의 변화 정도를 말한다. 어떤 귀인 요인은 쉽게 변화할 수 있으나 어떤 요인은 그렇지 않다. 예를 들어, 수련생이 쏟아붓는 노력의 양은 변화가 가능한 귀인 요인들이다. 하지만 수련생의 부족한 능력은 좀처럼 변화시키기 힘들 수 있다. 따라서 노력은 안정적인 귀인 요인에 속하지만 능력은 불안정적인 귀인에 요인에 속한다.

③ 통제성

통제성(controllability)은 행동 결과에 대한 원인을 통제 가능한 것에 두는지 혹은 통제 불가능한 것에 두는지를 의미한다. 가령, 어떤 수련생이 겨루기 대회에 참가해서 메달을 따지 못하고 탈락했다고 가정해보자. 이 수련생은 자신이 입상하지 못한 이유를 대회 당일 비가 왔기 때문이라고 생각한다. 이는 환경이라는 통제 불가능한 요인에 귀인하는 것이다. 반면 자신의 노력은 통제 가능한 요인이다.

표. 와이너가 제안한 귀인의 차원과 요소

구분	원인의 소재	안정성	통제성
노력	내적	불안	통제 가능
능력	내적	안정	통제 불가
운	외적	불안정	통제 불가
과제 난이도	외적	안정	통제 불가

▶ 귀인 이론을 적용한 태권도 지도 전략
귀인 이론은 도전 과제에 수련생의 동기를 파악하는 데 유용하다. 즉 수련생이 태권도 수련의 다양한 과제들을 성공하거나 실패했을 때 무엇에 원인을 두는지 파악하여 적절한 과제 수행이 이루어질 수 있도록 지도 전략을 마련할 수 있다.

(3) 자기효능감 이론

자기효능감(self-efficacy) 이론은 수련생이 태권도 수련 과제들을 성공적으로 수행할 수 있는 능력이 있는지 스스로 지각하는 것을 다루는 이론이다. 자기효능감은 수련생이 자기 자신에게 긍정적인 동기를 갖도록 만들기 때문에 더 어려운 상위의 과제 도전을 이어가도록 하는 데 중요하다. 실제로 학업 상황에서 수행된 많은 연구들은 자기효능감이 높은 학생들이 그렇지 않은 학생들보다 더 높은 성취율을 보인다고 보고하였다. 따라서 자기효능감은 태권도 수련생의 행동과 사고의 방향을 결정하는 데 중요한 역할을 한다.

자기효능감 모델(그림 5. 참조)에 따르면 자기효능감 증진을 위한 효능 기대는 수련생의 성공 수행, 대리 경험, 언어적 설득, 그리고 신체/정서 상태로 결정된다. 첫째, 성공 수행은 수련생이 과거에 해당 과제를 성공한 경험의 유무다. 예컨대 격파라는 과제를 과거에 해 본 경험이 있고 성공했다면 수련생은 현재의 과제도 해낼 수 있다는 효능 기대를 가질 수 있다. 만약 과거에 성공한 경험이 더 많다면 현재의 효능 기대는 더 높아질 것이다.

둘째, 대리 경험은 자신과 유사한 수준의 동료가 성공한 것을 관찰함으로써 효능 기대가 증가하는 것이다. 가령 자신과 실력이 비슷한 수준의 동료가 격파를 성공한다면 '나도 할 수 있겠는데?'라는 효능 기대가 생긴다.

셋째, 언어적 설득은 수련생에게 중요한 인물의 설득을 말한다. 대표적인 인물이 바로 사범이다. 이러한 인물들의 설득력은 수련생이 존경하거나 그 인물의 업적과도 관련이 있을 수 있다. 예컨대 태권도 국가대표가 수련생에게 해낼 수 있다고 응원하는 것은 일반 성인이 응원하는 것과 크게 달라질 수 있다.

넷째, 수련생의 신체/정서 상태 또한 효능 기대에 영향을 미친다. 대표적인 예가 컨디션일 수 있다. 격파 수행을 앞두고 감기에 걸렸거나 부상을 당한 상태라면 효능 기대는 크게 감소할 것이다.

이처럼 수련생이 가진 과거의 성공 경험, 동료의 성공에 대한 관찰, 주요 인물의 언어적인 설득과 응원, 그리고 과제를 앞둔 상황에서 신체와 정서의 상태는 효능 기대를 높이거나 감소시킬 수 있다. 그리고 이러한 효능 기대는 미래 과제 수행 지속이나 도전, 열정 등에 대한 행동과 사고에 영향을 미친다. 따라서 지도자는 유소년 수련생들의 자기효능감을 높여 수련 동기를 촉진하기 위해서는 효능 기대에 영향을 미치는 요인들을 파악하고 적절히 활용할 필요가 있다.

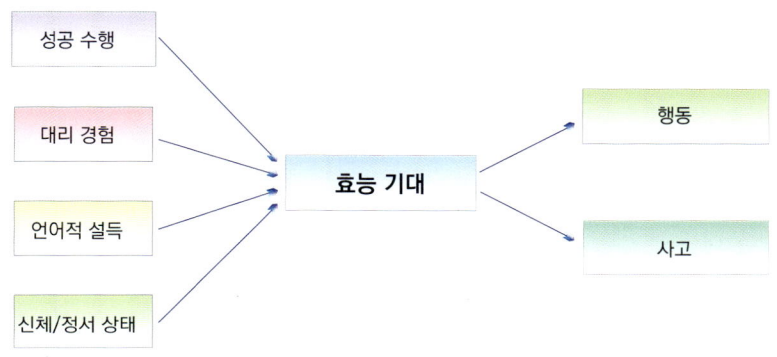

그림 . 자기효능감 모델

4) 자기결정성 이론

자기결정성(self-determination) 이론은 수련생이 자신의 행동에 대한 자기주도성이나 자율성을 가질 때 태권도 수련에 더 오랫동안 참여하고 흥미를 느낄 수 있다는 내용을 다룬다. 일반적으로 모든 인간은 스스로 선택하고 행동하려는 자율적인 성향을 가지고 있다. 그리고 이러한 성향에 따라 스스로 원해서 행동할 때 더 열정적으로 그리고 더 장기적으로 지속할 수 있게 된다. 만약 누군가의 강압이나 통제 등 지시에 따라 행동한다면 강력한 동기는 발생하지 않을 것이다. 자기결정성 이론은 이와 같은 동기적인 특성을 크게 무동기(amotivation), 외적동기(external motivation), 그리고 내적동기(internal motivation)로 구분하여 제시한다(그림 6. 참조).

그림 . 자기결정성 동기

① 무동기

무동기는 말 그대로 동기가 전혀 없는 상태를 의미한다. 무동기 상태의 수련생은 태권도에 대한 흥미를 전혀 느끼지 못한다. 그들은 태권도를 왜 참여해야 하는지, 태권도를 하면 뭐가 좋은지 등을 알지 못한다. 오히려 원치 않는 태권도를 수련함으로써 스트레스와 같은 부정적인 감정을 쉽게 경험할 수 있다. 대체로 무동기 상태의 수련생들은 명확한 목표나 태권도 수련에 대한 유의미한 가치를 찾지 못하므로 장기적으로 참여하기 어렵다. 그러나 수련생이 한 번 무동기 상태에 빠졌다고 해서 계속 무동기 상태에만 머무는 것은 아니다. 상황과 조건 등에 따라 무동기에서 외적동기로 혹은 내적동기로 변할 수 있다.

② 외적동기

외적동기는 외부의 어떤 작용이나 조건 등에 의해 동기가 생기는 것을 말한다. 태권도장에서 가장 쉽게 찾아볼 수 있는 외적동기 조건으로는 상점(예: 칭찬스티커)과 같은 물질적인 보상부터 사범의 칭찬과 같은 비물질적인 보상 등이 있다. 외적동기 상태에 있는 수련생은 어떠한 목표를 달성하기 위해 태권도를 수련하지만, 그 목표가 대부분 자신의 외부에 있다. 이 때문에 그 외부의 목표 즉, 칭찬이나 물질적 보상 등이 없어지면 동기 역시 급격하게 감소하는 경향이 있다.

대표적인 예가 태권도 입관 시 나눠주는 무료 선물이다. 학기 초 초등학생들은 학교 앞에서 도장 홍보를 보게 되고 선물을 받기 위해 태권도장에 다니고 싶어 한다. 부모님을 설득하여 태권도장에 등록하고 마침내 그 선물을 받게 된다. 그러나 선물을 받고 나니 태권도에 대한 동기는 전혀 생기지 않는다. 이는 외적동기에 의존하여 태권도를 시작했고 그 조건이 없어지자 무동기 상태에 빠지게 된 사례다. 하지만 앞서 말했듯이, 외적동기로 태권도를 시작하고 무동기 상태에 빠지더라도 새로운 강화물을 제공하여 외적동기를 이어가게 할 수도 있고 태권도 자체에 대한 흥미를 불러일으킴으로써 내적동기를 유발할 수도 있다.

③ 내적동기

내적동기는 외적동기와 달리 수련생 내부의 요인에 의해서 동기가 발생하는 것을 의미한다. 대표적인 예가 재미, 흥미, 노력 등이다. 무동기나 외적동기에 비해 매우 높은 수준의 자율성 및 자기결정성을 보인다. 즉 내적동기 상태의 수련생은 온전히 자신의 의지로 태권도에 참여하는 것이고 칭찬이나 상점 스티커와 같은 외적 보상물보다 자신의 재미나 흥미에 의한 동기 유발이 더 강력하다. 태권도 수련 내에서 스스로 가치를 찾고 재미를 느끼기 때문에 외적동기 상태의 수련생보다 훨씬 오랜 시간 태권도에 참여할 가능성이 크다. 그러나 내적동기 역시 영원히 지속되는 것은 아니고 상황과 조건에 따라 변화할 수 있다.

어린이 태권도 지도서

제4장

어린이 생활안전 지침

1. 안전(安全)이란?
2. 개인 생활 안전
3. 공동체 생활 안전
4. 위급상황

1. 안전(安全)이란?

안전은 위험이 생기거나 사고가 날 염려가 없음, 혹은 그런 상태를 뜻한다(국립국어원 표준대사전). 이는 어떠한 상황에서도 사람들이 피해를 입지 않게 보호하거나 보호받는 것을 의미하고, 사회가 추구해야 할 가치이기도 하다. 안전은 개인적 안전뿐만 아니라, 사회적, 경제적, 환경적 안전도 모두 포함한 개념이다.

1) 안전 개념의 분류

개인적 안전은 우리 개개인이 일상 생활에서 겪을 수 있는 다양한 위험으로부터 보호하는 것이다. 예를 들면, 실내에서 발생할 수 있는 낙상, 감전, 화재 등의 위험에 대비해 예방 조치를 취하거나 혹은 상황이 발생했을 때 대처하는 것 등이다. 또한, 운전 중 차량 안전 띠(Safety belt)를 착용하고, 안전운전 규정을 준수하는 것도 개인적 안전을 보호하는 방법 중 하나이다. 물론 안전운전은 경우에 따라 개인적 안전에서 사회적 안전 문제로 확장될 수도 있다(e.g.자동차 사고).

사회적 안전은 사회 전체적으로 위험요소가 예방되거나 제거된 상태를 말한다. 종종 비극적인 사건, 사고가 발생했을 때, 뉴스나 신문기사에서 '사회 안전망의 붕괴'라는 표현을 많이 봤을 것이다. 개개인의 합이 사회라는 점을 고려할 때, 사회적 안전은 상당히 중요하다고 볼 수 있다.

예를 들어, 법과 규제를 통해 범죄와 테러등을 예방하고 국가 안보를 강화하는 것 등이 사회적 안전을 보호하는 방법이라고 할 수 있다. 특별히 치안과 안보에 있어서는 최악의 상황을 가정한 상태에서 계획이 수립되어야 한다. 예를들어 CCTV없는 한 동네에 수십년간 단 한건의 강력범죄가 없었다고 하더라도, 0.001%의 범죄 가능성에 대비하여 감시카메라를 설치하고 방범활동을 하는 것, 이것이 바람직한 치안이라고 볼 수 있다.

지난 수십년간 전쟁이 없었다고 해서 국방예산을 줄이고 군사훈련을 게을리 한다면, 그런 나라는 갑작스러운 침공에 맥없이 무너질 수 밖에 없다. 러시아와 우크라이나의 전쟁이 발발한지 1년이 지나고 있지만 아직도 하루에 평균 4명의 어린 아이들이 죽어간다고 한다. 그래서 사회적 안전은 예방이 더욱 중요하고, 그 안전망이 무너질 경우 대규모의 사상자를 내는 비극적 사태로 이어진다. 서양에 이런 속담이 있다.

"Hope for the best, plan for the worst." (최선을 희망하되 최악에 대비하라)

우리가 인권을 중요시하고 평화를 추구해야 하지만, 항상 최악의 상황에 대비해 강한 군사력을 유지하는 것이 사회적 안전을 위한 핵심이라고 할 수 있다. 경호학 개론에서는, 최고의 경호는 위험지역을 통과하면서 VIP를 보호하는 것이 아니라, 안전한 경로로 가는 것이라고 말한다. 즉, 위험한 상황을 미연에 방지하는 것, 애초에 위험한 장소에 안 가는 것, 그리고 누군가로부터 공격 받을수 있는 상황을 원천봉쇄하는 것, 이런 것들이야말로 힘들이지 않고 할 수 있는 최고의 안전책이다(정인철, 2016).

경제적 안전은 재정적 안정성과 보안을 뜻한다. 이것은 개인의 경제적 안정성뿐만 아니라 국가 경제를 향한 위협을 막는 것도 포함된다. 예를 들어, 금융 사기와 같은 범죄 행위로부터 자신을 보호하거나, 은행 등의 기관에서 제공하는 보안 시스템을 이용하여 경제적 안전을 유지하는 것등이 있다. 국가 차원의 경제안전은 은행이나 기관에 대한 사이버 공격이나 금리인상등 외부 요인에 의한 경제 위기에 대비 하는 것이 대표적이라고 할 수 있겠다.

환경적 안전은 주변 환경이 보호되고 유지되는 상태를 뜻한다. 이는 대기 오염, 수질 오염, 쓰레기 처리 등과 같은 환경적 위협으로부터 개인과 주변인들을 보호하는 것을 의미한다. 대한민국은 중국발 미세먼지와 자동차 배기가스에서 비롯된 작금의 심각한 대기오염 상황을 타개하기 위해 여러 각도의 노력을 기울이고 있다. 그리고 전 세계가 기후변화에 의한 해수면 상승과 그 후과에 대한 심각성을 인지하고, 이를 해결하기 위한 여러 가지 노력을 하고 있다. 설사 개인적 안전과 경제적 안전이 보장되어도, 환경적 안전이 보장되지 않는다면 우리 인간은 생존에 직접적인 위협을 받게된다. 결국 안전을 위해서는 위험을 인식하고, 적절한 예방 조치를 취하고, 위험이 발생할 경우 신속하고 적절한 대처 방법을 찾는 것이 중요하다.

2) 안전에 관한 다양한 이론과 모델들

안전에 대한 개념과 이를 평가하고 개선하는 방법에 대한 다양한 이론과 모델이 존재한다. 여기에서는 그 중에서도 대표적인 것 몇 가지를 살펴보도록 하겠다.

"Risk Management: Principles and Guidelines" (ISO 31000)
ISO 31000은 위험을 평가하고 관리하는 방법을 안내하는 국제 표준이다. 이 표준은 위험 평가 및 관리를 위한 일반적 원칙과 구체적 지침을 제공하여 조직의 위험을 최소화하고 불확실성을 다루는 데 도움을 준다. 이 표준은 위험 평가와 관리를 위한 프로세스를 제공하고, 조직이 위험에 대해 인식하고 대처하는 방법을 향상시키기 위한 일련의 원칙과 가이드라인을 제시해준다.

"The Five-Component Model of Safety Culture" (Dekker et al., 2011)
이 논문에서는 안전 문화에 대한 다섯 가지 구성 요소를 제시하고 있다. 이 구성 요소는 리더십, 구성원 참여, 정책 및 절차, 학습 및 개선, 그리고 커뮤니케이션으로 구성된다. 본 논문은 안전 문화를 구축하고 유지하기 위해 각 구성 요소를 어떻게 개선할 수 있는지에 대한 방법을 제시한다.

"Human Factors Analysis and Classification System" (HFACS) (Wiegmann & Shappell, 2003)

HFACS는 안전 사고를 인간 요인과 조직적 요인으로 분석하는 방법을 제시하는 모델이다. 이 모델은 안전 사고의 근본적 원인을 파악하고 이를 개선하기 위해 조직이 취해야 할 조치들을 제안한다. HFACS는 인간적 요인(개인, 그룹, 조직)과 조직적 요인(관리, 교육, 규정)을 다섯 가지 수준으로 분류하며, 각 수준에서의 결함과 결함을 유발하는 인자를 분석한다.

한편 교육부가 구성한 '안전 교육 7대 표준안'(학교안전정보센터)을 살펴보면, 생활 안전, 교통 안전, 폭력·신변 안전, 약물·인터넷 중독, 재난 안전, 직업 안전, 응급 처치 등이 있다. 그리고 교육부가 구성한 '학교생활 안전 매뉴얼'(교육부)에는 학교 내 활동, 학교 밖 활동, 폭력, 교통사고,

감염 및 중독, 응급 처치, 자연 재난, 비상 대피 등이 포함되어 있다. 본 교재에서 다루는 주제는 '어린이 생활 안전'이므로, 어린이의 생활 중 개인, 공동체, 천재지변 등에 관련된 안전 내용을 집중적으로 살펴보고자 한다.

2. 개인 생활 안전

1) 가정 내 안전

(1) 낙상 사고

집에서 일어나는 사고 중 가장 흔한 사고 중 하나가 바로 높은 곳에 올라갔다가 떨어지는 것이다. 특히 어린아이, 심지어 유아의 경우도 호기심에 높은 곳에 올라갔다가 자칫 방심하는 사이 떨어져 다치는 일들이 흔하다. 만약 높은 데서 떨어져서 타박상 정도로 끝난다면 좋겠으나, 머리부터 떨어져 뇌진탕을 일으키거나, 심한 경우 베란다나 창문 등에서 떨어져 생명이 위태로운 사고를 당할 수도 있다. 운동 능력이 좋은 아이는 돌이 갓 지난 아기들도 잠시 한눈을 판 사이에 의자나 테이블 위에 올라가기도 한다. 가정 내에서 평소 부모님의 세밀한 관심과 지속적인 안전 교육이 필요한 부분이다. 낙상사고를 예방하기 위한 몇가지 방법을 소개하자면 다음과 같다.

첫째, 침대나 의자, 테이블 등 높은 곳에서 뛰어내릴 때를 대비해 바닥에 매트를 깔아놓는다.

둘째, 계단에서 발을 헛디뎌 넘어질 때를 대비해 바닥에 안전매트를 깔아놓는다.

셋째, 아이가 계단을 오르내릴 때 항상 양 손으로 지탱하여 균형을 유지할 수 있게 돕는다(Susan Scavo Gallagher and Tom Christoffel, 1999).

(2) 화상 사고

어린이 화상사고 역시 낙상 사고만큼 빈번하게 발생하는 사고이다.
가정 내 유아, 어린이 화상사고는 전기용품, 정수기나 조리도구의 뜨거운 물 등으로 인해 발생할 수 있는데, 이를 예방하기 위해 다음의 조치들을 취할 수 있다.

첫째, 전기용품이나 콘센트에 의한 감전, 화상사고를 예방하기 위해서는, 어린이의 손이 닿지 않도록 콘센트를 높은 곳에 설치하거나, 아이가 만지지 못하게 콘센트 보호대를 설치한다.

둘째, 가스렌지는 아이가 작동하지 못하도록 잠금장치를 설치한다.

셋째, 뜨거운 물은 온도를 미리 조절한 후에 아이가 다가가도록 허락하고, 정수기 온수 레버에는 안전장치를 한다(Paul S. Medland, 2012)

(3) 감전사고

가정 내 어린이 감전 사고를 예방하는 방법은 다음과 같다.

(4) 화재

가정 내에서 발생한 화재는 어린이에게 큰 위험을 초래할 수 있다. 화재가 발생하면 아이들은 빠르게 대처하기가 어려워서 평소에 예방책과 교육이 필요하다. 다음과 같은 조치가 필수적이다.

첫째, 화재 경보기를 설치한다.
둘째, 불을 사용하는 모든 물건은 어린이가 쉽게 사용할 수 없는 장소에 보관한다.
셋째, 가스 밸브 및 집 전체의 전기 설비를 정기적으로 점검한다.

(5) 중독

가정 내 많은 제품들이 중독의 위험성을 갖고 있다. 특히 어린 아이들은 제품의 유형을 이해하지 못하기 때문에 성인에 비해 중독의 위험성이 더 크다. 예를들어 어린아이가 튜브에 들어있는 손 소독제를 젤리인줄 알고 먹거나, 접착제등을 짜서 손에 바르고 놀다가 손가락이 붙어버리는 등의 사고가 생길수 있다. 이런 종류의 사고는 사후 치료보다 다음의 사전 예방책이 훨씬 더 중요하고, 어린이는 이 지침을 명심해야 한다.

첫째, 가정 내 중독 가능성이 있는 모든 제품을 아이가 손댈 수 없는 곳에 보관한다.
둘째, 아이들에게 위험한 물질과 제품에 대한 교육을 선행한다.
셋째, 최악의 사태에 대비해, 긴급 상황 대처법에 대한 교육을 한다.

2) 실외 안전

실외에서 어린이에게 발생할 수 있는 위험요소는 다양하다.

(1) 실외에서의 상처, 찰과상, 곤충 물림 등: 어린이의 야외 활동 시 가장 흔하게 발생할 수 있는 경우들이다. 이러한 위험요소를 예방하기 위해서는 어린이의 안전한 활동을 위해 관련 장소를 미리 조사 후 지정하고, 어린이들에게 충분한 사전 안전 교육을 하는 것이 중요하다.

(2) 물놀이와 관련된 위험: 수영을 하거나 물놀이를 할 때 발생할 수 있는 어린이 익사, 추락, 부상등의 위험을 예방하기 위해서는 수영장 주변에 출입금지 구역을 마련하고, 수영장 내 전반적인 안전 규칙을 안내하며, 온오프라인 상의 교육을 통해 어린이와 보호자들에게 안전한 물놀이 방법을 가르쳐야 한다.

(3) 자전거나 인라인 스케이트 등의 운동기구를 이용할 때 발생할 수 있는 위험: 어린이들이 이런 활동들을 할 때, 추락, 충돌, 부상 등의 위험도가 높아진다. 이러한 위험을 예방하기 위해서는 첫째, 안전한 운동기구를 이용하고, 둘째, 안전모, 팔보호대, 무릎보호대 등의 보호장구를 착용하도록 유도해야 한다. 특별히 자전거나 인라인 스케이트 같은 경우는 주행이 허가된 구역이나 도로에서만 타도록 교육한다.

(4) 도로에서 발생 가능한 위험
① 횡단보도 안전 위험

아이들이 횡단보도를 안전하게 건널 수 있도록 교육하는 것은 매우 중요하다. 아이들은 자동차의 특성이나 도로의 상황에 대한 인지 정도가 성인에 비해 낮다.

첫째, 횡단보도 근처에서 운전자들은 항상 서행해야 하고, 어린이가 언제든 갑자기 건널 수 있다는 사실을 염두에 두어야 한다.

둘째, 어린이들에게 횡단보도를 안전하게 건너가는 방법과 안전하게 건너려면 확보되어야 하는 최소 시간 등에 대해 교육한다.

셋째, 횡단보도에서 신호를 기다릴 때, 차량 급발진이나 사고에 의한 여파로 피해를 입지 않도록 차도에서 멀리 떨어진 체 기다린다. 그리고 쇠로된 안전봉이나 전신주등이 있다면 가급적 그 뒤에 서서 기다린다.

② 횡단보도 없는 도로에서의 안전 위험

차도와 인도가 분리되어 있지 않은 곳에서 아이들이 놀거나 보행하다가 차에 치이는 사고가 종종 발생한다. 이에 대한 예방책으로,

첫째, 어린이 보호구를 착용한다. 즉, 헬멧, 보호판(e.g.야광색 가방커버)등 어린이의 안전을 보호할 수 있는 보호구를 착용하도록 유도한다. 종종 초등학교 하교길에 아이들이 야광색 커버에 제한속도 30km 표시가 된 가방을 매고있는 것을 본 경험이 있을 것이다.

둘째, 주차된 차량 사이에서 갑자기 뛰어나가지 않도록 교육한다. 아이들은 키가 작아서 차량 사이에 있으면 운전자의 시야에서 벗어나기 쉽다. 이 경우 갑자기 나가게 되면 차와 부딪치는 사고를 당할 수 있다.

3. 공동체 생활 안전

1) 학교

(1) 상처, 부상

어린이들은 놀이, 체육시간, 식사 시간등 여러 경우에 다양한 부상 위험에 노출된다. 이를 예방하기 위해서는 전문가의 조력을 받아 학교 내외부의 위험한 장소와 물건들을 최대한 미리 보수, 혹은 제거하고, 학생들에게 적절한 안전 장비와 안전 교육을 제공해야 한다.

첫째, 교실이나 복도에서는 뛰지 않는다. 화장실에 급하게 가려다가 교실이나 복도, 그리고 계단 등에서 충돌하거나 넘어져 구르는 등의 사고가 발생할 수 있다. 특별히 계단을 오르내릴 때에는 주머니에 손을 넣지 말고 한칸씩 오르내린다.

둘째, 학용품과 소지품은 안전하게 사용한다. 날카롭게 깎은 연필, 가위, 칼, 우산 등은 경우에 따라 흉기가 될 수도 있다. 별 생각없이 장난으로 한 행동이 큰 사고를 야기할 수도 있음을 명심해야 한다. 바닥에 떨어진 압정이나 핀등에 의해 발을 다칠 수도 있으므로 주의한다.

셋째, 운동장의 놀이기구를 사용할 때 질서있게 사용하고, 정글짐 같은 곳에서 떨어지지 않도록 주의한다. 여러 다른 팀들이 동시에 공놀이를 할 때, 공으로 사람을 맞추거나 맞지 않도록 주의한다(서보현外, 2017).

(2) 학교 폭력

학교 폭력은 어린 학생들의 신체적, 정서적 안녕을 위협하는 중대하고 심각한 사안이다. 이를

예방하기 위해서는 학교 내에서 관련 주제에 대한 학생들의 행동 표준을 설정하고, 교육을 정기적으로 실시하며, 교사와 학부모, 학생들 간의 대화가 보다 자유로워야 한다. 이를 위한 몇가지 대책은 다음과 같다.

첫째, 말로 하는 폭력을 쓰지 않는다. 거의 대부분의 물리적 폭력은 처음에는 언어폭력으로 시작한다. 아무리 화가나도 친구에게 해서는 안되는 말들이 있는데, 외모를 비하하거나, 공부를 못한다고 놀리거나, 친구의 경제 수준을 가지고 기분 나쁘게 말하는 것등이 모두 듣는 이의 입장에서는 폭력적일 수 있다.

둘째, 몸으로 하는 폭력은 당연히 쓰지 않는다. 어린 아이나 청소년들이 몸으로 노는 상황을 보면 괴롭힘과 장난의 경계가 모호하여 구분이 어려운 경우가 많다. 아이마다 신체 조건과 능력의 차이가 있기 때문에 몸으로 하는 장난이 심해지면 어느 한 쪽에게는 그 장난이 위협이 될 수도 있다. 이 경우, 친구가 그만하라고 하면 장난을 즉시 멈춰야 하고, 자신이 친구의 장난으로 괴로움을 느낀다면 큰 소리로 외쳐서 자신이 느끼는 괴로움을 어필해야 한다. 친구의 물건을 직접 빼앗지 않아도, 친구의 물건을 손에 쥔 체 주지 않고 놀리거나 숨겨 놓는 행동들 역시 넓은 의미에서의 괴롭힘과 폭력에 해당된다.

셋째, 여럿이서 한 친구를 따돌리거나 괴롭히지 않는다. 여럿이 한명을 괴롭히거나 따돌리는 것은 매우 비겁한 행동이다. 다른 친구들과 무리지어 한 친구를 흉보거나, 더 나아가 저 친구와 놀지 말라고 다른 친구들에게 말하는 것 역시 일종의 학교폭력이다. 이런 경우 주변에서 그 왕따 당하는 친구를 보호하는데 동참해야 한다.

넷째, 나를 괴롭히는 친구가 있을 경우, 우선 싫다고 분명하게 말하는 것이 중요하다. 그리고 그 후 부모님과 선생님께 그 사실을 반드시 알려야 한다. 말하는 것이 어려우면 자신의 일기 등에 적어 기록으로 남겨 놓는다.

(3) 등하교길 유괴의 위험

어린이 유괴를 예방하고 안전하게 생활하기 위해 부모나 선생님이 할 수 있는 방법을 소개한다.

첫째, 어린이에게 안전한 행동법을 가르친다. '예의 바르게 행동하되 낯선 어른에 대한 경계는 유지하는 것' 같은 기본적인 지침 교육은 매우 중요하다. 이런 교육을 통해 어린이는 위험한 상황에서 스스로를 보호할 수 있다.

둘째, 어린이를 동반한 성인들은 책임감 있게 행동한다. 예를 들어, 어린이와 함께 놀이공원에 가거나 쇼핑몰에 가는 경우, 어린이가 언제나 시야 내에 있도록 하는 것이 중요하다. 이러한 최소한의 긴장감 유지가 어린이 유괴를 예방하는 데 큰 도움이 된다.

셋째, GPS 추적 기능이 있는 스마트폰이나 스마트워치를 사용한다. 어린이가 하루 24시간 내 눈앞에 있으면 좋겠지만, 그건 현실적으로 쉽지 않다. 따라서 GPS 추적 기능이 있는 스마트폰이나 스마트 워치를 사용하는 것이 도움이 된다. 이런 기기들을 사용하면 부모는 언제나 어린이의 위치를 확인할 수 있으며, 만약 어린이가 위험한 상황에 처한 경우 신속하게 대처할 수 있다.

유괴예방을 위해 어린이가 할 수 있는 방법을 소개한다.

첫째, 부모님 말그는 아무도 따라가지 않는다. 어린이들은 평소 집 주변 마트의 아주머니, 아파트 경비 아저씨, 학원 선생님들과 인사를 하며 지낸다. 그래서 낯이 익은 사람들을 위험하다고 생각하지 않는다. 그러나 유괴범들은 사실 평소 알고 지내던 사람들이 많다. 때문에 부모님이 따라가도 좋다고 미리 말한 사람 외에는 절대 따라가선 안된다. 만약 예정에 없던 사람이(평소 알던 사람이라 할지라도) 부모님께 부탁을 받았다고 함께 가자고 하는 경우, 그 자리에서 휴대 전화 등을 이용해 꼭 확인을 해야한다.

둘째, 도와주려는 마음은 좋지만, 나는 어린아이이고 내가 도울수 있는 것에는 한계가 있음을 명심한다. 유괴범들은 어린 아이들의 착한 마음씨를 이용한다. 잃어버린 강아지를 함께 찾아 달라고 부탁하거나, 길을 둘어보면서 거기까지 함께 가달라고 하는등, 착한 아이라는 평가에 익숙한 아이들의 심리를 이용하는 것이다. 이런 경우, 길을 가르쳐 주더라도 제자리에서 설명해주고, 더한 것을 요구해 온다면 이렇게 대답하는 것이 좋다. "저는 아직 아이라서 잘 모르겠어요. 다른 어른에게 도와달라고 하세요, 못 도와드려서 죄송해요!" 이렇게 말하고 얼른 그 자리를 떠나는 것이 좋다. 그 사람이 유괴범이 아닌 진짜 도움이 필요한 어른이었다고 할지라도, 이렇게 대답한다면 버릇없거나 못된 아이라고 생각하지는 않을 것이다.

셋째, 외모로 사람을 판단하지 않는다. 유괴범은 오히려 예쁜 아가씨나 힘없는 할머니 일수도 있다. 때문에 외모나 옷차림으로 판단하지 말고, 처음에는 상대가 누구든 경계하는 것이 중요하다.

넷째, 엘리베이터는 가급적 낯선 사람과 타지 않는다. 어쩔 수 없이 낯선 사람과 함께 탔다면, 비상 버튼을 누를 수 있는 자리에 서되, 몸은 돌려서 그 낯선 사람 쪽을 향해야 한다. 낯선 사람을 등지고 있다가 갑자기 뒤에서 잡히게 되면 대처하기가 어렵기 때문이다. 낯선 사람과 탄 후 내가 먼저 내려서 아무도 없는 집에 들어가는 상황이라면 집에 들어가면서 "다녀왔어요"하고 큰 소리로 외치면서 들어가는 것도 좋은 방법이다.

다섯째, "안돼요! 싫어요! 하지 마세요!"를 연습한다. 나쁜 어른들이 내 몸을 함부로 만지려고 하거나 나를 억지로 끌고가려 할 때, 평소에 연습한 것처럼 큰 소리로 외쳐서 주변 사람들에게 도움을 요청해야 한다(서보현外, 2017).

여섯째, 스마트폰에 SOS앱을 설치해 놓았다가 위험상황일 때 이 앱을 이용하여 경찰에 신고를 한다. 그래서 평소 이 앱을 빠르게 실행하는 연습을 하는 것이 중요하다(정인철, 2016).

2) 태권도장

태권도장에서 어린이 수련생이 겪을 수 있는 사고는 다양하다. 일반적으로 발생하는 사고 중 일부는 수련생 자신의 실수, 부주의 때문일 수 있고, 혹은 피(가)해자의 경험 부족으로 인한 것일 수도 있다. 이러한 사고들 중 대부분은 충분한 교육을 통해 미연에 방지할 수 있는 것들이다.

(1) 겨루기 수련 중 발생하는 부상 위험

어린이의 태권도 수련 도중 발생할 수 있는 사고 중 대표적인 것은 직접적인 타격에 의한 부상이다. 따라서 이러한 부상을 예방하기 위해서는 충분한 안전장비와 지도자의 주의가 필요하다. 안전 장비가 충분하지 않거나 부적절한 경우, 어린이들은 적극적인 움직임을 할 수 없고, 부적합한 장비로 인해 더욱 심각한 부상을 입을 수도 있다. 따라서 훈련 의도와 수련생 신체에 맞는 안전 장비를 준비하고, 처음에는 다소 불편하겠지만 어린이들로 하여금 그것을 착용하도록 유도하는 것이 중요하다.

(2) 체력훈련 중 발생하는 부상 위험

도장 내에서 왕복달리기나 엎드려 있는 파트너를 뛰어 넘는등의 체력 훈련 도중 상대와 부딪치거나 뛰어넘던 상대가 나를 밟는 등의 예기치 못한 사고가 발생할 수 있다. 항상 지도자의 안내에 따라 움직이고, 활동 시 사전에 약속한 규칙을 잘 지켜야 한다. 무엇보다도, 기본적으로 남을 배려하는 태도를 갖고 수련에 임하는 것이 중요하다.

(3) 도장 물품으로 발생하는 위험

의외로 도장에서 많이 발생하는 사고 중 하나가 바로 신발장 사고다. 지도자의 입장에서는 설마 거기에 올라가서 매달릴까 하고 생각할 수도 있겠지만, 아이들은 때로 우리의 상상을 초월하곤 한다. 그리고 유치부, 초등저학년의 경우 어딘가에 올라가거나 매달리는 것을 좋아하는 경향이 있다. 신발장이 아무리 커도 그것이 벽에 제대로 고정이 안 된 체 놓여있다면, 매달리는 아이에 의해 앞으로 넘어질 수 있고, 그것은 큰 사고로 이어질 수 있다.

그 외에 샌드백에 매달리거나 수련용 미트등으로 장난을 치다가 다치는 경우도 더러 있는데, 평소 지도자의 안전 교육이 필수적이다.

(4) 야외활동으로 발생하는 부상 위험

① 스키캠프

동절기에 수련생들을 데리고 스키캠프를 진행하는 태권도장 들이 있는 점을 감안하여 그와 관련된 안전 사항을 살펴 보려고 한다. 스키 및 스노보드는 높은 속도와 급한 방향 변화 등으로 인해 다층 골절, 두부 손상, 척추 손상 등의 심각한 부상을 유발할 수 있는, 알고보면 어린이가 하기에는 리스크가 큰 스포츠이다. 어린이는 자신의 체력과 능력을 잘 파악하지 못할 수 있기 때문에, 적절한 안전 장비를 착용하는 것이 중요하다. 그리고 초보자는 반드시 기초 교육 과정을 이수한 후에 시작해야 한다.

스키 및 스노보드를 하다가 넘어지거나 착지를 잘못하면 큰 부상을 입을 수 있다. 어린이는 성인에 비해 중심이 높아서 안정성이 부족하기 때문에 추락 위험이 더 크다. 따라서, 어린이는 반드시 인솔한 지도자가 감독하여 실력이 향상될 때까지 교육을 받아야 하고, 어느 정도 기본적인 실력이 갖춰진 후에 안전 장비를 착용하고 시작해야 한다.

한편, 스키장에서는 많은 사람들이 한 공간에서 활동한다. 스키를 타게되면 위에서 아래로 내려오면서 가속도로 인해 빨라지며 방향의 전환이 쉽지 않은 경우도 있다. 때문에 다른 스키어 또는 스노보더와 충돌할 수 있는 확률이 높다. 어린이는 주변 환경과 위험을 파악하는 능력이 미숙하므로, 부딪힘의 위험이 더 크다. 따라서, 어린이는 항상 주변 환경과 다른 사람들과의 거리를 유지하는 것이 중요하다. 비교적 한산한 공간이나 초급자 코스에서 천천히 시작하는 것이 좋다.

② 수영장

수영장은 수련생들이 가장 좋아하는 곳 중 하나이고 즐거운 장소지만, 그만큼 위험요소도 많은 곳이다. 수영장에서는 미끄러운 바닥, 깊은 수심, 머리를 부딪히는 사고등 다양한 위험이 있다. 따라서, 어린이들은 이러한 위험에 대해 인식하고, 할 수 있는 최선의 안전 대책을 배워야 한다.

예를 들면 수영장 내에서는 절대 뛰지 않는다는 규칙을 준수하는 것, 그리고 미끄럼틀을 타기 전과 타고난 후의 안전 수칙 등을 정확히 숙지해서 따르는 것이 중요하다. 한편 야외 수영장은 실내 수영장과는 다른 위험 요소가 있을 수 있다. 예를 들어, 야외 수영장에서는 강한 일광과 열이 발생할 수 있기 때문에 물놀이 전 반드시 자외선 차단제를 발라야하고, 실내수영장 보다 좀 더 자주, 오랜 시간의 휴식시간이 필요하다. 또한 수영용품은 어린이의 안전을 보장하는데 있어 매우 중요한 역할을 한다. 인식표(도장상호가 적혀있는), 구명조끼, 수영모등의 수영용품을 사용하면 안전하게 놀 수 있다. 요즘은 구명조끼 대신에 팔에 끼는 방식으로 착용하는 작은 튜브를 많이 사용하는데, 파도풀 등에서 벗겨질 위험이 있기 때문에 기본적으로 몸에 맞는 구명조끼를 착용할 것을 권장한다. 그럼에도 불구하고, 수영용품 만으로 모든 안전사고를 예방할 수 없음을 명심하고 인솔하는 지도자와 수영장의 관리자의 안내를 잘 따른다.

4. 위급상황

1) 자연재해

(1) 지진

얼마전 100년 만에 최악의 지진 피해를 입은 터키와 시리아에서는 사망자 수가 4만명이 넘었다고 한다. 그 많은 사람들은 지진이 일어나기 불과 하루 전 자신들에게 닥칠 일을 예상할 수 있었을까? 이처럼 자연재해는 그 발생 시점을 예측하기가 어렵기 때문에 더욱 공포스럽게 느껴진다. 언제, 어디서든, 그 누구에게든 일어날 수 있는 것이 자연재해이다. 그래서 자연재해는 사후처리보다는 그 예방이 중요하고, 그를 위한 교육이 필수적이다. 평소 아이들을 대상으로 재난 대비 교육을 꾸준히 실시해온 경우는 아이들이 재난 상황을 맞이했을 때 보다 안전하게 대처할 수 있도록 도와준다. 즉, 학교에서 아이들을 대상으로 재난 대비 교육을 실시하고 있는 경우, 이 교육이 재난에 대한 아이들의 지식, 자신감, 책임감, 그리고 대처 능력을 향상 시키는데 효과적인 방법이 될 수 있다(Görkem Avcı, 2022).

보호자의 경우는 집이 내진설계가 되어있는 건물인지 미리 점검하고, 비상용 출구 근처에 대피용품 상자(음식, 물, 의약품, 전화기, 라디오 등)를 준비하거나 지진 발생 시 빠르게 챙길 수 있도록 가방 안에 준비해 두는 것이 좋다. 보호자가 없는 상황에서 지진 발생 시, 어린이는 최대한 빨리 안전한 장소로 이동해야 한다. 건물 안에서는 벽과 물건으로부터 멀리 떨어져서 비상용 출구로 나간다. 만약 건물 외부에 있다면 가급적 학교 운동장 같은 텅빈 공간으로 이동해야 한다. 특히 건물과 전선, 나무, 건물 등 위험한 물체에서는 멀리 떨어져 있어야 한다.

(2) 태풍

첫째, 안전한 장소로 대피하기 - 태풍이 예상되는 지역에 있는 경우, 어린이들은 최대한 빨리 안전한 장소로 대피해야 한다. 가능하면 지진, 화재 등의 재난에 대비해 미리 안전한 대피 경로와 장소를 지정해두는 것이 좋다.

둘째, 실내에서 안전하게 보내기 - 태풍이 예상되는 경우, 어린이들은 실내에 머무르는 것이 좋다. 실외에서는 불어오는 바람, 그리고 함께 날아다니는 물건 등으로 인해 위험할 수 있다.

셋째, 음식물과 생수 준비하기 - 태풍이 예상되는 경우, 어린이들은 물과 음식물을 준비해두는 것이 좋다. 갑작스러운 대피로 인해 경황이 없는 상황에서 식량을 챙긴다는 것이 쉽지는 않으므로 미리 재난 가방을 준비해 두는 것도 하나의 방법이다. 재난 상황에서 식량과 식수의 확보는 구조될 때까지의 생존을 위해 필수적이다.

넷째, 가전제품 이용 주의하기 - 태풍이 발생한 경우, 어린이들은 가전제품을 사용할 때 특히 주의해야 한다. 누전이나 화재등의 안전사고가 발생할 수 있기 때문이다. 태풍상황에는 전기제품 사용을 자제하고 보호자인 성인의 지시에 따르는 것이 좋다.

다섯째, 학교나 보육시설 등의 안전 대책 확인하기 - 어린이들이 학교나 보육시설 등에서 지내는 경우, 해당 시설이 태풍 대비 안전 대책을 충분히 갖추고 있는지 확인해야 한다. 재난 상황에서 아이들이 이런 것들을 확인하는 것은 현실적으로 힘들다. 그럼에도 불구하고, 최악의 상황을 대비해 학교나 가정에서의 예방교육이 필요하다.

여섯째, 어린이의 심리적 안정을 유지하기 - 태풍으로 인한 대피는 어린이들에게 불안감과 두려움을 줄 수 있다. 부모나 보호자는 어린이의 심리적 안정을 유지하기 위해 가능한 노력을 해야한다. 이는 어린이가 안전한 상황에서 지낼 수 있는 분위기를 조성하고, 대피 시에도 어린이에게 안정감을 주는 것 등이 포함된다. 이 때 어린이 스스로의 마인드 컨트롤도 중요한데, 어린이는 보호자를 신뢰하고, 모든 것이 괜찮아질 것이라고 긍정적으로 생각하도록 노력한다.

(3) 쓰나미

쓰나미(Tsunami)는 지진, 해일, 바람, 해수면 변동 등의 원인으로 발생하는 해일이다. 어린이들은 쓰나미의 위험성을 이해하기 어려울 수 있다. 따라서 부모님이나 선생님은 어린이들이 쓰나미에 대한 이해를 가지도록 교육해 두어야 한다. 쓰나미의 가능성이 있는 지역이라면 비상 대피 가방을 미리 준비해 두는 것도 필요하다. 비상 대피 가방은 식수, 식량, 의약품, 비상용 라디오, 전화기, 등의 생활용품을 담아둔 가방이다. 쓰나미 위험 지역에서는 학교나 가정에서 비상 대피 가방을 준비해 두고, 어린이들에게도 언제나 준비되어 있다는 것을 알려주는 것이 좋다. 만약 쓰나미가 발생했을 때 다음의 몇가지를 염두에 둔다.

첫째, 안전한 장소로 대피한다. 쓰나미가 발생하면 제일 먼저 주변에서 가장 높은 곳으로 이동하는 것이 중요하다. 어린이들은 부모님 또는 선생님의 안내를 받아 안전한 장소로 이동해야 한다.

둘째, 쓰나미가 덮칠 때 실내에 있다면 창문이나 문을 닫고, 건물의 가장 높은 곳으로 올라가는 것이 좋다.

셋째, 대피 경보 시스템을 이용한다. 많은 지역에서는 쓰나미 대피 경보 시스템이 있다. 이를 이용해 발생 정보를 수신하고 빠르게 대처한다.

넷째, 쓰나미 보호벽을 이용한다. 일부 지역에서는 쓰나미를 막는 보호벽이 설치되어 있다. 이를 이용해 안전하게 대처할 수 있다.

2) 집단재해

(1) 군중 속 압사사고 발생상황

작년(2022) 할로윈 축제 때 이태원에서 발생한 비극적인 압사 사고를 알고 있을 것이다. 어린이가 이런 상황에 처해 있을 대의 대처방법에 대해 알아보려고 한다.

첫째, 차분하게 움직이기 - 군중 속에서는 많은 사람들이 서로 밀어서 움직이기 때문에 자신도 빠르게 움직이려는 유혹에 빠지기 쉽다. 차분하게 움직이면서 빠르게 움직이는 사람들의 흐름에 휩쓸리지 않게 주의하고, 최대한 빠르게 상황을 파악한다.

둘째, 가까운 출구나 비상구 찾기 - 군중 속에서는 비상구나 출구를 찾기 어렵기 때문에 어린이는 가까운 출구나 비상구를 찾아서 이동한다. 만약 출구나 비상구가 멀리 있을수 있고, 어린이의 신체조건상 이동하는 것이 쉽지는 않다. 이런 경우에는 제2의 대안을 찾아야 한다. 비상구나 출구가 아닌 안전한 장소, 즉 근중들의 물결에 휩쓸리지 않고 대피할 수 있는 장소로 이동한다. 지난 이태원 사고 때는 사람들의 물결에서 빠져나와 가게 문 앞이나 계단위로 대피했던 사람들은 사고를 면할 수 있었다.

셋째, 다른 사람들과 손을 잡기 - 어린이는 체중도 가볍고 힘도 약하기 때문에 다른 사람들과 손을 잡고 움직이는 것이 더욱 안전하다. 바로 옆 어른들에게 큰 소리로 도움을 요청하면서 손을 잡아달라고 말한다.

넷째, 도움 요청하기 - 압사사고의 위험을 벗어난다 하더라도, 그 과정에서 다칠수도 있고 함께 있던 보호자를 잃어버릴 수도 있다. 이런 경우, 주변의 어른들에게 큰 소리로 도움을 요청한다.

(2) 공공장소에서의 화재

첫째, 화재 경보음이 울리는 즉시 대피한다. 화재가 발생했을 때, 가장 중요한 것은 즉시 대피하는 것이다. 가능한 빨리 벽에 붙은 비상구 표지판을 따라 안전한 장소로 이동한다.

둘째, 비상계단을 통해 탈출한다. 화재 시 승강기를 사용해선 안된다. 화재로 인해 정전이 되어 멈춰버린 승강기 안에서 연기에 질식할 수 있기 때문이다. 또한 계단을 내려갈 때는 문을 닫고 내려간다. 내려가는 동안 위층 전체가 불길에 쌓이면 열린 문을 통해 화염이 비상계단으로 번질 수 있기 때문이다.

셋째, 불을 끄려고 해선 안 된다. 어린이가 불을 끄려고 하다가 화재가 더욱 심각해질 수 있다. 화재 발생 시 가까이 있는 어른에게 도움을 청하고 신속하게 대피한다.

넷째, 문을 열기 전에 문 자체를 만져본다. 대피 중 문을 열기 전 문고리나 문을 만져서 뜨거운지 확인하고, 뜨거우면 다를 문을 찾는다.

다섯째, 도움 요청을 한다. 화재 발생시, 최대한 빨리 119 등의 관할 소방서나 경찰에 도움을 요청해야 한다.

여섯째, 가정 내 화재와 달리 집단이 모인 곳에서의 화재 시 많은 사람들이 급하게 이동하려다가 큰 사고로 이어질 수도 있다. 흥분한 사람들이 무질서하게 이동하는 상황이 자칫 압사사고 같은 또 다른 사로 이어질 수 있으니 주의해야 한다.

3) 자동차사고

(1) 어린이가 도로에 있는 경우

첫째, 보행 중 항상 주의한다. 어린이는 보행 시 항상 주위를 살피고 도로에서 빠르게 달리거나 건너지 않도록 주의해야 한다.

둘째, 보행 신호를 따른다. 보행 신호가 없는 경우에는 안전한 곳에서 죄우를 살핀 후 건넌다.

셋째, 자동차에 대해 배운다. 어린이도 자동차에 대해 이해하고 알아야 한다. 자동차의 크기와 속도, 교통 신호, 간단한 보행자 보호 관련 법규 등에 대해 배울 수 있다. 예를들어 자동차는 우측통행이기 때문에 길을 건너기 전 왼쪽을 먼저 살피고 오른쪽을 살핀 후 건너는 방식을 익히는 것 등이다.

넷째, 교통 안전수칙을 준수한다. 어린이는 교육 받은대로 교통 안전수칙을 준수해야 한다. 횡단보도에서는 보행 신호를 따르고, 차에 탑승하면 안전띠를 착용한다.

다섯째, 자동차 주변에서 놀지 않는다. 어린이는 차량 주변에서 놀거나 뛰지 않도록 주의해야 한다. 차량 주변에서 놀다가 차에 부딪히거나 사고가 날 수 있다. 실제로 숨바꼭질을 하던 어린이가 트럭 뒤에 숨어 있다가 후진하던 트럭에 치이는 사고가 있었다.

여섯째, 언제나 성인의 감독 하에 있어야 한다. 어린이가 자동차와 도로에 노출되는 경우에는 언제나 보호자의 감독 하에 있어야 한다. 성인과 함께 길을 건널 때나 자동차에 탈 때 등, 항상 보호자의 안내에 따라 안전하게 움직인다.

(2) 어린이가 차에 탑승한 경우

언제나 사고 예방이 최우선이고, 어린이를 태우고 운전하는 경우에는 어린이 안전 좌석 등을 사용하여 사고를 예방하는 것이 가장 좋은 방법이다. 사고가 발생 했을 때의 대처방법은 다음과 같다.

첫째, 어린이의 안전을 확인한다. 우선, 사고 직후 어린이가 차안 어디에 있는지 확인하고, 부상이 있는 경우 즉시 응급처치를 해야 한다.

　둘째, 안전한 위치로 이동한다. 가능하면 사고 현장에서 벗어나 안전한 곳으로 이동해야 한다. 예를 들어, 교통량이 적은 측면 도로, 인근 주차장, 혹은 인근 건물로 이동하는 것이 좋다.

　셋째, 비상등 및 위험 경보등을 사용한다. 사고 차량의 비상등을 켜고, 가능한 경우 위험 경보등을 사용해 주변 차량의 운전자에게 사고 발생을 알려서 2차 사고를 예방한다.

　넷째, 구조대를 기다린다. 사고가 발생한 지역 구조대를 호출하여 도움을 요청해야 한다.

　다섯째, 어린이에게 부상이 있는 경우, 즉시 응급처치를 해야 한다. 심한 출혈이 있는 경우 출혈 부위를 압박하거나 손상된 부위를 고정해야 하며, 숨쉬기가 어려운 경우 CPR(심폐소생술)를 시도해야 한다.

　여섯째, 어린이가 부상을 입은 경우에는 가까운 병원으로 이송하여 진료를 받도록 해야 한다. 이러한 위험상황의 발생 확률을 줄이기 위해서는 어린이가 차 주변에서 놀이를 하지 않도록 교육하고, 차량 주변에 어린이가 있는지 항상 주의를 기울이도록 노력해야 한다. 또한 차량 주행 전에는 항상 주변을 확인하고, 차량 내부에서는 어린이가 창문을 열거나 문을 열지 않도록 감독하는 것이 중요하다.

(3) 어린이 통학버스 관련 사고 예방

　어린이 통학버스는 주로 어린이(13세 미만)를 교육대상으로 하는 시설에서 어린이 통학에 이용되는 자동차를 말하며 도로교통법 제 52조의 규정에 의하여 신고된 자동차를 말한다. 그러나 현실적으로 우리나라의 경우 일반 차량을 가진 운전자가 여러 학원에서 운행을 하고 있는 경우가 많다. 이 경우 과도하게 빽빽한 승하차 일정에 쫓겨 일시정지·서행·앞지르기 금지 등의 운전자 준수사항이 지켜지지 않는 경우가 많고, 어린이가 버스에 승하차 시 발생할 수 있는 안전사고에 대해 무딘 경우가 많다. 2013년 도로교통공단의 자료에 따르면 어린이 통학버스로 인한 어린이 교통사고 원인 중 가장 높은 것은 다름 아닌 가해운전자의 안전운전의무불이행이었다.

　어린이 스스로가 어린이 통학버스 교통사고를 예방할 수 있는 방법은 다음과 같다. 우선, 버스 탑승시간 최소 5분 전에 미리 도착한다. 승차 시간에 늦게 와서 달리는 버스를 잡기 위해 버스를 향해 뛰는 등의 위험한 행동은 지양해야 한다. 버스가 도착했을 때에는 버스가 완전히 멈출 때까지 기다렸다가 의자에서 일어나 하차하고, 버스를 탈 때에는 버스가 완전히 멈추어 서서 문이 열릴 때까지 차도로 내려가지 않는다. 어린이는 키가 작아서 버스 바로 앞에 서 있거나 버스 앞으로 지나가면 운전자가 볼 수 없다. 따라서 버스에 내린 후에는 버스 앞을 지나가지 않도록 주의해야 하고, 일정한 거리에 서서 손을 흔드는 등 운전자가 어린이의 위치를 알 수 있게 협조하는 것이 좋다.

　어린이 통학버스 운전자는 어린이를 버스에 태우고자 할 때에는 차가 완전히 멈출 때까지 문을 열지 않도록 하며, 어린이가 탑승할 때 같은 차선의 뒤에 오는 차량이나 반대 방향의 차선에 있는 차량에 의해 어린이들이 위험하지는 않는지 살펴보아야 한다. 또한 차량에서 내릴 때에도 차가 완전히 멈춘 후에 어린이가 하차할 수 있도록 하며, 하차한 어린이의 옷깃이나 도복 끈이 문에 끼이지 않았는지 등 어린이의 안전을 확인해야 한다.

[출처]등·하굣길, 어린이 교통사고 안전-서울대학교 의과대학 국민건강지식센터

어린이 태권도 지도서

제5장

태권도 수련내용과 지도법

1. 태권도 수련

2. 태권도 수련 지도법

1. 태권도 수련

태권도 수련이란 태권도 도장에서는 태권도를 가르치고 배우는 활동이 이루어지고 있다. 일반적으로 이러한 태권도 교육 활동을 '태권도 지도' 혹은 '태권도 수련'이라고 표현하고 있다. '지도(指導)'는 사전적으로 어떤 목적이나 방향으로 남을 가르쳐 이끌어주는 것을 의미한다. 그리고 교육적 관점에서는 교과의 학습활동을 지도하는 일을 의미한다. 그렇다면 '태권도 지도'는 '사범의 관점'에서 수련생이 태권도를 통해 추구하고자 하는 목적이나 방향으로 갈 수 있도록 태권도를 가르치는 것으로 해석될 수 있다. '수련(修鍊)'은 사전적으로 인격, 기술, 학문 따위를 닦아서 단련함을 의미한다. 이를 '태권도 수련'에 대입하면 '수련생의 관점'에서 태권도 기술 수련을 통해 신체와 정신을 단련함으로 해석될 수 있다. 따라서 태권도 지도는 사범의 관점에서 태권도를 가르치는 일, 태권도 수련은 수련생의 관점에서 태권도를 배우는 일을 의미하게 된다.

1) 표준 교육과정

태권도 수련과정과 관련된 연구는 크게 태권도 교육기관에서 지도자 교육을 위한 '지도자 교육과정', 대학에서 예비 태권도 지도자 양성을 위한 '태권도학과 교육과정', 그리고 태권도 도장에서 수련생 교육을 위한 '태권도 도장 교육과정'에 대한 연구 세 가지로 구분할 수 있다. 이 중 태권도 도장 교육과정과 관련된 연구는 태권도 도장 교육과정 운영에 대한 현황을 조사하거나, 태권도 도장 교육과정에 대한 기준 개발, 태권도 도장 교육과정 개발 및 운영 방향에 대한 연구(고문수, 2014; 고문수, 이지훈, 2013; 고영철, 정용진, 2003; 박정호, 2017)가 이루어졌다. 또한, 태권도 관련 기관 수준에서는 태권도 도장에 적용할 수 있는 표준교육과정 개발에 대한 연구(대한태권도협회, 2012; 대한태권도협회, 2019; 손천택, 2013; 유창완 외, 2013)가 이루어지기도 하였다.

이와 같은 태권도 도장 교육과정에 관한 연구는 태권도 도장 교육의 문제점을 개선하기 위해서 이루어진 연구였다. 현재 태권도 도장은 각 도장마다 교육목표, 교육내용, 교육방법 및 평가에 대해 독자적으로 개발 및 운영하고 있다(손천택, 2013). 도장별로 독자적인 태권도 교육을 실시하는 것은 태권도 교육이 다양화된다는 측면에서 긍정적일 수 있으나, 태권도 교육에 대한 합의가 이루어지지 않아 태권도 수련의 본질과는 거리가 먼 교육이 이루어지기도 하며, 그로 인해 태권도 도장이 유소년들의 놀이터나 학교체육 선행학습의 공간으로 인식되고 있는 실정이다(유창완 외, 이 2013). 하지만 태권도계에서는 태권도 도장 교육의 문제가 지속해서 발생하고 있음에도 불구하고 태권도 도장 교육의 '표준'이 될 수 있는 교육목표와 내용 체계를 마련하지 못하고 있었다(유창완 외, 2013). 즉, 태권도 도장을 위한 표준화된 교육과정이 부재함에 따라 각 태권도 도장의 지도자는 명확한 교육목표 없이 수련생을 지도하고 있는 실정이었다(박정호, 2017). 이에 2019년 대한태권도협회는 'KTA 태권도장 표준교육과정'을 공표하고 태권도장 지도자 직무교육에 표준교육과정에 대한 교육을 3시간 이상 배정하도록 하여, 교육과정이 태권도 도장에 적용될 수 있도록 환경을 구축하고 있다.

(1) 국기원 태권도 표준교육과정

국기원(KUKKIWON, World Taekwondo Headquarters)은 세계태권도본부로서 태권도 교육이 지향하는 목표를 성취하기 위해 태권도 표준교육과정을 정립하고자 하였다. 이를 위해 2013년 '태권도 표준교육과정 개발'이라 는 연구를 실시하였다. 국기원은 태권도 표준교육과정을 개발함으로써 태권도가 추구하는 인간을 육성하는데 적합한 표준 교육내용을 제시하고 이를 일선 태권도 지도자들이 교육 현장에 맞는 실천적 수준에서 재구성하여 활용하는 것을 목적으로 하였다. 국기원 태권도 표준교육과정은 기본 동작, 품새, 겨루기, 격파, 태권도 정신과 지식으로 내용 체계를 구성하였으며, 이를 수련생의 급, 품, 단별로 구분하여 세부 내용을 제시하였다. '기본동작'은 기존 공인 품새의 체계를 따르되, 추가로 기술체계를 수준별로 나누어 제시하여 새로운 동작을 수련할 때 과학적 원리를 근거로 하여, 보다 효율적으로 학습할 수 있도록 하였다. 또한, 각 단계에서 학습하는 기본동작이 해당 단계에서 종료되는 것이 아니라 상급 단계로 올라가면서 반복 수련할 수 있도록 계열성을 보여주고 있었다.

'품새'는 기존의 태권도 품새 수련 과정에 따라서 유급자는 각 급에 따라 1장~8장을 수련하도록, 유단자는 고려, 금강, 태백, 평원, 십진, 지태, 천권, 한수, 일여를 각 단에 따라 수련하도록 제시하였다.

'겨루기'는 유급자 과정에서 겨루기의 기본자세, 기술, 딛기를 수행할 수 있도록 구성하였으며, 유단자 과정에서는 유급자 과정에서 익힌 기술을 실제 경기에 적용하고 다양하게 응용할 수 있는 전술 능력을 기르도록 구성하였다.

'격파'는 사용 부위에 따라 손과 발 격파, 격파 기술 난이도에 따라서 기본 격파와 응용 기술 격파로 구분하였다. 유급자 단계에서는 실제 격파를 하기 위해 준비하는 과정으로 자세, 시선, 거리 중심, 격파의 사용 부위 이해 등을 수련하고 손기술과 발기술을 활용한 격파를 수련할 수 있도록 구성하였다. 이후 유단자 과정에서는 다양한 신체 부위와 기술을 활용하여 다방향 고정 표적 차기, 다단계 표적 차기, 위력격파, 기술격파 등 다양한 격파 기술을 수련 및 연구할 수 있도록 제시하였다.

'태권도 정신과 지식'은 태권도의 철학적 기초를 바탕으로 하여 유급자 과정에서는 태권도 수련의 본질을 초보적 수준에서 이해하고 수련을 지속할 수 있도록, 유단자 과정에서는 유급자 과정에서 강조한 기본 정신요소를 심화하고 태권도 유단자 품새에 담겨 있는 의미와 연관지어 태권도 정신을 길러 나갈 수 있도록 구성하였다.

또한, 국기원의 태권도 표준교육과정은 이러한 내용 체계를 수련하기 위한 '태권도 수련 기간'을 제시하기도 하였다. 유급자 과정은 연령과 체력 및 체격의 발달 시기를 고려하여 어린 연령의 수련자인 경우 최소 12~15개월 수련을 기본으로 하고 지도자의 판단에 따라 수련기간을 재조정할 수 있도록 하였다. 유단자 과정은 1단부터 9단까지 태권도에서 전통적으로 지켜온 유단자 수련 기간을 제시하였으며, 태권도 수련의 본질을 깨닫고 다양한 이론적 지식과 경험적 지식이 쌓이는 데는 오랜 기간의 수련이 필요하므로 수련 기간을 임의로 변경할 수 없도록 했다.

표1. 국기원 태권도 표준교육과정 '유급자' 내용 체계 (2013)

구분		흰띠	노란띠	파란띠	빨간띠
		최소 12개월 – 15개월 수련을 기본 – 재조정 가능			
기본	준비	기본준비, 두주먹허리준비, 겨루기준비, 보주먹준비			
	서기	모아서기, 나란히서기, 주춤서기, 앞서기, 앞굽이, 뒷굽이, 범서기 앞축모아서기, 안쫑서기, 옆서기, 뒤꼬아서기, 앞꼬아서기, 모서기			
	막기	내려막기, 올려막기, 바깥막기, 거들어막기, 비틀어막기, 해쳐막기 가위막기, 걸어막기, 옆막기, 외산막기			
	지르기	지르기, 세워지르기, 두 번 지르기, 내려지르기, 같은 손/발 지르기, 다른 손/발 지르기, 젖혀 지르기, 옆지르기, 당겨지르기			
	차기	앞차기, 옆차기, 안차기, 바깥차기, 거듭차기, 돌려차기, 내려차기 굴러차기, 이어차기, 뒤차기, 뒤후려차기, 낚아차기, 뛰어앞차기, 표적차기			
	딛기	내딛기, 돌아딛기, 물러딛기, 제자리딛기, 옆디기, 모딛기			
	밀기	밀어내기, 밀쳐내기			
	치기	안치기, 제비품치기, 앞치기, 바깥치기, 내려치기, 돌려치기, 표적치기, 올려치기, 거들어치기, 당겨치기			
	찌르기	세워 찌르기			
	피하기	비틀어피하기, 틀어피하기			
	뛰기	멀리뛰기, 높이뛰기			
	찍기	짓찧기, 내려찍기			
	잡기	잡아당기기			

품새	품새선(팔괘의 건과 태) 이해			
	태극 1-2장 수행	태극 3-4장 수행	태극 5-6장 수행	태극 7-8장 수행
겨루기	신체 급소와 공격부위의 이해	겨루기의 기본자세 이해	기본 공격과 방어 기술의 이해	거리조절과 타이밍의 이해
		겨루기 준비자세 기본딛기	보호대 착용법 맞춰 겨루기	딛기 겨루기 표적겨루기
격파	격파를 위한 사용 부위 이해	격파 장비의 이해	격파의 과학적 원리 이해	격파를 위한 신체부위 단련의 이해
	주먹 쥐는 법	격파 장비 다루는 방법 근력 기르기	격파의 과학적 자세 비교 체험 앞치기, 메주먹, 손날을 활용한 격파 수련	다양한 격파 부위의 단련 옆차기 주먹 팔굽돌려치기를 활용한 격파 수련
태권도 정신과 지식	예절 태권도의 띠와 도복 및 도장의 이해	인내 태권도의 유래와 역사의 이해	자신감 태권도 기술의 과학적 기초 이해	책임감 태권도의 심미적 기초 이해

표2. 국기원 태권도 표준교육과정 '유단자' 내용 체계 (2013)

구분		검은띠								
		1단	2단	3단	4단	5단	6단	7단	8단	9단
기본	준비			통밀기준비, 겸손분비, 두주먹허리준비						
	서기			곁다리서기, 학다리서기, 모아서기, 오금서기						
	막기			둘러막기, 걷어막기, 금강막기, 산틀막기, 받아막기, 걸어막기, 해쳐산틀막기 차막기, 황소막기, 끌어올리기, 표적막기						
	지르기		표적지르기, 금강지르기, 뒤지르기, ㄷ자 지르기, 돌려지르기, 치지르기, 첫다리지르기							
	차기		거듭차기, 나래차기, 발붙여차기, 돌개차기, 모둠차기, 뛰어옆차기, 뛰어뒤차기 뒤돌아옆차기, 뒤차기, 비틀어차기, 공중세비차기							
	딛기			연속내딛기, 옆딛기, 제자리딛기						
	밀기			통밀기, 바위밀기, 날개펴기, 태산밀기						
	치기		칼재비 옆치기, 옆치기, 멍에치기, 당겨치기, 두 주먹안치기							
	찌르기			젖혀찌르기, 엎어찌르기						
	피하기			젖혀피하기, 엎어찌르기						
	뛰기			뛰어돌기, 뛰어넘기						
	찍기			-						
	잡기			잡아비틀기						
	빼기			눌러빼기, 틀어빼기, 휘둘러빼기						
	넘기기			걸어넘기기, 들어넘기기						
	꺽기			눌러꺽기, 비틀어 꺽기						
	특수품			큰돌쩌귀, 작은돌쩌귀						

품새		고려	금강	태백	평원	십진	지태	천권	한수	일여
겨루기		응용 기술 이해	규칙 방법 이해	전술 이해	지도법 이해	겨루기의 고급기술 개발			겨루기 이론 연구	
		자유 겨루기 낙법 호신술	경기 겨루기	그림자 겨루기 상상 겨루기	겨루기 지도 무기술	겨루기의 고급 기술지도 특수 겨루기				
격파		기본 격파 이해	위력 격파 이해	응용 격파 이해	격파 지도법 이해	격파 방법 개발			격파 이론 연구	
		장애물 넘어 차기	위력 격파	다단계 표적 차기	격파 지도	위력격파와 기술격파의 지도				

태권도 정신과 지 식	공평 역사 철학의 이해	정직 지연 과학의 이해	극기 심미 예술적 이해	준법 지도자 태도와 자격 이해	지혜 방법 전술 심화 이해	부동심 수련 심화 이해	애국 국기 태권도 이해	창조 세계 태권도 이해	염치 지식 종합 이해

(2) 대한태권도협회 'KTA 태권도장 표준교육과정'

　대한태권도협회(Korea Taekwondo Association, 이하 KTA)는 2019년 'KTA 태권도장 표준교육과정'을 공표하였다. KTA 태권도장 표준교육과정은 우리나라 태권도 역사상 최초로 태권도 도장 교육을 위해 만들어진 표준교육과정이었다. 대한태권도협회는 KTA 태권도장 표준교육과정을 통해 전국에 있는 약 1만 개의 태권도 도장에서 체계적이고 내실 있는 태권도 교육을 실시하고 이를 통해 태권도 수련생들의 자기 계발과 더불어 국가 인재 및 글로벌 인재로 성장할 수 있도록 다양한 역량을 기르고자 하였다.

　KTA 태권도장 표준교육과정은 교육 목적을 '인간의 삶에 필요한 자기방어와 공격 기술을 습득하고, 심신의 수련과 미적 체험 활동을 통해 개인의 인격 완성을 추구하고 지역사회 및 글로벌 세계에 공헌하는 '태권도 人 양성'으로 설정하였다. 이러한 목적을 성취하기 위한 목표로는 태권도 수련을 통해 개인적 인성을 기르고 사회적 인성을 기르는 '태권도의 정신적 목표', 태권도의 과학적 기술 체계와 동작 수행 원리를 이해하고 위기 상황에 대한 합리적인 판단과 대처 능력을 기르는 '태권도의 인지적 목표', 태권도의 다양한 동작 구성 및 기술 수행 방법을 습득하고 이를 통해 자신을 보호할 수 있는 호신 능력을 기르는 '태권도의 신체적 목표', 태권도의 예술적 속성 및 움직임 표현 원리를 습득하고 창의성을 기르는 '태권도의 심미적 목표', 태권도의 규범 및 예절을 이해하고 이를 일상생활에서 실천하며, 태권도의 문화적 가치와 유산을 존중하여 사회 변화에 맞게 재창조하는 '태권도의 문화적 목표'를 제시하였다. 이러한 태권도 교육의 목적은 기존에 추상적으로 제시되었던 목적에 비해 구체적이고 다양하게 제시되었다는 점에서 의미가 있었다.

　내용 체계는 유급자와 유단자 과정을 구분하고 필수과정과 선택과정으로 교과목을 분리하여 제시하였다. 유급자는 수련 기간을 총 18개월로 설정하고 필수과정에는 품새, 겨루기, 격파, KTA인성을 제시하였으며, 선택 과정으로는 KTA태권체력, KTA태권체조, KTA실전손기술을 제시하였다. 유품·단자의 수련 기간은 1품·단 12개월, 2품·단 24개월, 3품·단 36개월로 설정하였으며, 유급자와 달리 필수과정과 선택과정을 기본과목과 심화 과목으로 구분하여 제시하였다. 필수과정의 기본과목은 품새, 겨루기, 격파, KTA인성으로 제시하였으며, 심화과목으로는 KTA호신술, KTA실전손기술, KTA코어를 제시하였다. 선택과정의 기본과목은 KTA태권체력, KTA태권 체조, KTA태권도시범으로 제시하였으며, 심화과목으로는 KTA태권리더십, 익스트림태권도, 무기술을 제시하였다. 이와 같은 내용 체계는 필수과정과 선택과정 그리고 그 안에서 기본과목과 심화과목으로 구분하여 구체적으로 제시하였다는 점에서 큰 의미가 있었다.

표1. 대한태권도협회 태권도 표준교육과정 '유급자' 내용 체계 (KTA, 2019, 요약)

급		9급	8급	7급	6급	5급	4급	3급	2급	1급
띠체계(예시)		하얀색	노란색	연한주황색	초록색	파란색	보라색	갈색	빨강색	빨강색
필수과목 기본	품새	신체 명칭, 급소	태극1장	태극2장	태극3장	태극4장	태극5장	태극6장	태극7장	태극8장
	격파						앞차기 매주먹	옆차기 주먹	돌려차기 손날	뒷차기 속도
	겨루기	기본자세 앞차기	한번 겨루기 돌려차기	두 번겨루기 내려차기	세 번겨루기 옆차기	약속겨루기 옆차기	이어차기	돌려차기	받아차기	교차 도약 받아차기
	인성	예의	인내	정직	책임감	배려	우정	성실	절약정신	자신감
선택과목 기본	체력	태권도와 체력	유연성 기본운동	근지구력 기본운동	심폐지구력 기본운동	근력 기본운동	평형성 기본운동	순발력 기본운동	협응력 기본운동	민첩성 기본운동
	태권체조	태권성장체조 - 해바라기			태권성장체조 - 돌개바람			공인태권체조 1장		
	실전 손기술	기본 반대지르기	바로지르기 비틀어 피하기	두번지르기 숙여 피하기	돌려지르기	치지르기 몸통막기	젖혀지르기	앞,뒤 딛기	거리익히기 (좌,우딛기)	좌,우 모딛기

표2. 대한태권도협회 태권도 표준교육과정 '유품자' 내용 체계 (KTA, 2019, 요약)

급			1품 → 2품			2품 → 3품				
띠체계(예시)			■■■			■■■				
필수과정	기본과목	품새	고려품새(1-4)			금강품새(1-3)				
		격파	앞차기 타점/거리	옆차기 손날 속도	돌려차기 다방향	내려차기 내려지르기	뒤차기 내려치기	뒤후려차기 등주먹	뛰어 앞차기 손날등	뛰어넘어 옆차기	뛰어 뒤차기
		겨루기	앞발	연결발차기	제자리	공격	방어	공방	발 바꿔 받아차기	물러 딛기	자유
		인성	자기존중	리더십	협동심	존경	신중	주도성	열정	용기	용서
	심화과목	호신술	호신술기본 막그 지르기 외	안팔목 헤쳐막기와 헤쳐내기	아귀손 누르기 꺾기 외	바탕손치기 손날안막고 잡기 외	헤쳐막기와 차기 연결 큰돌쩌귀 외	밀어내기 금강막기와 어깨 꺾기	아래헤쳐 막기 무릎치기 외	낙법 양바탕손 치기 외	손목틀기 치기 외
		실전 손기술	연결지르기1 두번 지르고 팔굽치기 외	연결지르기2 손기술 타이밍 겨루기	맞춰 공방법1 중심 피하기	연결 공방법 아래돌려 차기 기본	연결공방법2 연속 바로지르기 치 지르기외	앞발 아래 돌려차기	뒷발 아래 돌려차기	손기술 약속 겨루기	손기술 자유 겨루기
		코어				역근팔세 외	2단계 골반풀기 외	3단계 엉덩이 좌우 흔들기 외	4단계 엎드려 견갑골 젖히기 외	5단계 동물걸음 훈련1 외	6단계 평가척도 운동 7가지

선택과정	기본	체력	유연성 응용 운동	근지구력 응용운동	심폐지구력 응용운동	하체근력 응용운동	상체근력 응용운동	평형성 응용운동	순발력 응용운동
		태권체조	공인 태권 체조 2장			공인 태권 체조 3장			태권 체조 4장
		태권도시범	기본동작	양발 뛰어차기 외	외발 뛰어 회전발차기	낙법, 앞차기 3단계 격파	540도 회전 뒤후려차기	핸드스프링	연속 뒤후려차기
	심화	태권리더십	개방성	경청	공감	소통	상호 작용	설득	협상
		익스트림 태권도		에어리얼	게이너	뒤공중 팝턴	버터플라이 트위스트	마스터스 쿳 연결발차기	익스트림 연결발차기
		무기술							

표3. 대한태권도협회 태권도 표준교육과정 '유품자3,4' 내용 체계 (KTA, 2019, 요약)

급			3품 → 4품							
띠체계 (예시)										
기본과목		품새	태백 품새							
		격파	앞차기3 주먹2	옆차기3 손날2	돌려차기3 팔굽	뒤차기3 옆차기4	3방향 앞,옆,뒤차기	뛰어 돌려차기	뛰어 뒤차기	뛰어 뒤후려차기	실물
		겨루기	앞발 내딛고	뒤발 내딛고	모딛고	뛰어 뒤차기	뛰어 뒤 후려차기	이어 뛰어 뒤차기	이어 뒤 후려차기	속임동작	회전기술
		인성	신뢰	공평	준법정신	사랑	애국심	정의	자기조절	대인관계	사회정의
필수과정	심화과목	호신술	헤쳐막기와 꺾기 돌려지르기 외	금강몸통막기 젖혀끌며 잡아내기	손목빼기와 치기 연결	뛰어 낙법 가위막고 차기 외	손목관절 감각훈련 눌러막고 찌르기 외	돌려막기 -1보 맞춰겨루기	금강몸통 막고넘기기 옆지르기의 응용	막기, 잡기와 지르기의 연결	관절꺾기 실전 응용호신술 겨루기
		실전 손기술	맞춰 공방법2 (아래, 몸통막기 외)	연결 공방법3 (바탕손, 비틀어막기 외)	맞춰 공방법3 (바깥, 얼굴막기 외)	-손기술 약속겨루기1 -손, 발의 연결과정	-손기술 약속겨루기2 (두번지르고 아래돌려차기 외)	손기술 약속겨루기3 (연속 반대지르고 피하고 차기)	-흘려 피하기 -숙여피하기 (중심낮추기)	손기술 약속겨루기5 (돌려, 젖혀지르고 피하기 외)	손기술 실전 자유 겨루기
		코어	1단계 엉덩이로 걷기 외	2단계 벽보고 스쿼트 외	3단계 엉덩이들기	4단계 플랭크 훈련 외	5단계 엎드려 하체 들기	6단계 동물걸음 훈련2 외	7단계 곤봉, 바벨 훈련 외	8단계 호흡강화 훈련 외	9단계 평가척도 운동 7가지

2) 태권도의 지도 방향

태권도의 지도는 수련생과의 적극적인 상호 작용을 통해 태권도 교육 내용을 탐색 및 분석함으로써 태권도가 추구하는 교육 목표를 달성하는데 초점을 두어야 한다.

(1) 태권도 정신과 가치 확산을 위한 통합적 지도

태권도에는 고유한 정신과 가치가 포함되어 있다. 태권도 정신과 가치를 체득하기 위해서는 태권도를 직접 체험하는 수련 활동과 함께 간접 체험하는 수련 활동(예 : 말하기, 읽기, 쓰기, 감상하기, 조사하기 등)을 포함하여 통합적으로 지도해야 한다.

(2) 태권도 과목 내의 이론과 실기 융합 지도

태권도 표준교육과정에 제시되어 있는 모든 태권도 과목들을 지도할 때 과목 안에 있는 이론적 내용(예: 태권도 역사, 전통, 과학적 원리, 경기 규칙 등)과 실기적 내용을 모두 융합하여 지도해야 한다. 다만, 태권도 이론과 실기의 융합 지도 방향과 방식은 태권도 과목별 지도계획안(또는 과목 내 단원계획안)의 구성 진도에 따라 달라질 수 있다.

(3) 수련생의 특성을 고려한 수준별 지도

수련생들은 태권도에 대한 흥미, 운동 능력, 체력, 적성 등이 각기 다르기 때문에 다양한 수준과 유형의 태권도 수련 활동이 제공되어야 한다. 즉, 다양한 수련 과제 난이도 또는 유형이 포함된 수준별 수련 활동이 체계적으로 설계되어야 한다. 수련생의 특성을 고려한 수준별 태권도 지도는 수련생들의 태권도 참여 시간을 늘리고 성공적인 수련 경험을 가지는데 필수적인 기초 토대가 될 수 있다.

(4) IT 기술을 활용한 창의융합적 지도

태권도에서는 첨단 IT 기술을 활용한 창의융합적 지도를 실천해야 한다. 빅데이터, 인공지능, 사물인터넷 등의 고도화된 과학기술의 발달은 태권도 수련, 시범, 공연, 분석, 경기 등의 다각도적인 부문에서 활용될 수 있다. 종합적인 태권도 교육활동에 IT 기술이 활용됨으로써 시·공간적 제약을 벗어나 상상력과 창의력을 넘어선 태권도 참여와 체험이 확장될 수 있도록 지도한다.

(5) 도장과 가정 및 지역사회의 연계 지도

태권도장에서 수련한 내용이 수련생의 일상생활 속으로 연계되어 지속적으로 실천 가능한 지도가 이루어져야 한다. 일반적으로 수련생과 국내·외 부모들은 태권도를 통해서 바른인성, 대인관계 기술 및 사회 적응능력 등이 증진되기를 희망하고 있다. 따라서 태권도장에서는 수련생들이 배운 태권도 내용들을 가정 및 지역사회에서 실천할 수 있도록 지속적으로 강조해야 한다. 동시에 수련생들이 가정 및 지역사회에서 태권도 수련활동을 연계하는지에 대한 모니터링을 정기적으로 실시함으로써 태권도를 통해 건전한 시민으로 성장할 수 있도록 지도한다.

3) 태권도의 지도 계획

태권도의 지도 계획은 도장의 수련 환경을 구성하는 제반 요소(도장 규모, 수련 시간, 수련 시설 및 용·기구, 수련생의 특성 등)를 고려하여 효율성과 안전성을 높일 수 있도록 유기적으로 계획한다. 또한, 태권도의 지도 계획을 실천함에 있어 발생 가능한 우발적 상황에 대비하여 계획의 다양성과 유연성을 확보한다.

(1) 수련 지도 계획의 수립 방향

표준 교육과정에서 제공 혹은 태권도장에 실시하는 과목 구성 체계, 수련 이수 시간, 과목별 교육과정(단원계획안 및 일부 수련지도안 포함)을 참조하여 유급자 및 유품단자의 교육 내용을 수련생의 특성과 도장의 환경에 따라 자율적으로 재편성할 수 있다. 이를 위해 각 도장에서는 태권도장 표준교육과정을 토대로 태권도 교육과정 운영 계획을 급·품·단별로 수립하고, 이를 수련생 그리고 학부모에게 공개한다.

(2) 수련 지도 계획의 고려 사항

태권도의 참여와 성취도를 높이기 위해 태권도에 대한 구체적인 지도 계획을 수립하도록 한다. 지도 계획 수립 시, 교육 내용의 특성, 시간, 수련생 수, 수련생의 사전 경험 및 발달 특성, 시설 및 용·기구, 계절 등을 종합적으로 고려한다.

① 과목의 특성 및 단원 내용의 고려

태권도 과목은 각기 다른 교육적 특성과 목적을 가지고 있으므로, 각 과목 및 과목별 단원 내용에 적합한 지도 계획을 수립해야 한다. 특히 과목별 내용 체계와 단원 계획안에 제시되어 있는 중점 지도 내용을 파악하고, 파악된 결과에 맞는 수련 지도 계획을 수립한다.

② 수련생의 사전 경험 및 참여 목적 고려

태권도 수련 지도 계획을 수립할 때 태권도 수련생들의 사전 경험을 고려하는 것은 필수적인 사항이다. 수련생 개개인이 가지고 있는 사전 경험은 수련 내용과 직·간접적으로 관련되는 태권도 인식과 체험 등을 모두 의미한다. 동시에 태권도 도장에서는 수련생들의 참여 목적을 고려하여 지도 계획을 수립해야 한다. 그 이유는 태권도를 호신술이나 격투기법으로 사용하고자 하거나, 태권도를 인성교육 활동의 하나로 인식하고 참여하는 수련생들이 존재하기 때문이다. 또한, 태권도를 스포츠로 받아들이고 수련하는 수련생들도 있기 때문이다. 따라서 태권도장에 서는 수련생의 사전 경험과 참여 목적에 적합한 지도 계획을 수립하도록 해야 한다.

(3) 수련 지도 활동의 중점 사항

① 수련 활동의 효율적인 재구성

태권도 교육 활동의 공간적 규모 및 특성, 수련생의 인원수와 사전 경험, 가용 자원 등을 종합적으로 고려하여 수련 활동을 효율적으로 재구성한다. 재구성의 목적은 수련 내용의 순서 교체, 수련 내용의 비중 조정, 과제 참여 형태(개인별, 모둠별, 전체 등)의 변형 등을 실행함으로써

② 다양한 교육 환경 및 매체의 활용

태권도의 다양한 교육 환경 및 매체의 활용은 수련생의 참여 기회를 증가시키고 수련 활동의 질적 수준을 높일 수 있다. 따라서 태권도장에서는 교육에 필요한 시설과 용·기구의 수요를 파악하여 가급적 적합한 시설과 충분한 수량을 확보하고자 노력해야 한다. 부득이 수요를 확보하지 못하는 경우, 동일한 교육적 가치와 효과를 가져 올 수 있는 다른 용·기구로 대체 또는 보완하거나, 대체 시설을 이용하는 등의 대안을 사전에 마련해야 한다.

③ 수련생 관리와 안전 수칙 고려

태권도 교육을 시작하기 전에 도장 규칙을 수립하고 일관성 있게 수련생들에게 적용함으로써 수련생들의 부적절한 행동을 예방하거나 최소화하도록 한다. 또한, 수련생들의 안전사고를 예방하기 위해 안전 수칙과 절차를 마련하고 이를 수련생들 및 부모들에게 사전에 공지한다. 특히, 태권도장에서는 준비 운동 및 정리 운동을 실시하여 수련 활동에 관한 안전한 환경 조건을 갖추도록 지도하며, 교육 전·후 장비 또는 용·기구에 대한 점검을 통해 안전사고의 발생을 사전에 예방할 수 있도록 한다. 특히, 태권도 겨루기 등의 상황에서는 과도한 욕구와 지나친 경쟁심이 유발되어 상해나 사고가 발생할 수 있으므로 이에 대한 사전 교육 및 안내를 충분히 한다.

4) 수련기간

(1) 등록시 적응기간 및 평가

태권도장에서 정한 조건이나 환경 따위에 맞추어 응하거나 알맞게 되는 데 걸리는 기간을 적응기간이라고 한다. 처음 등록한 아이의 운동 진행은 통제를 하는 지도자에 의해 달리 이루어진다. 처음 등록한 수련생은 도장의 규칙과 태권도 수련의 의의 및 목적 태권도 수련에 대한 전반적인 안내가 이루어진 후 태권도 동작이 이루어져야 한다. 또한, 시설물에 대한 견학과 기존 수련생들이 수련하는 모습을 견학시키고 기본적인 예식을 알려며 도장 내에 규칙을 일러준다. 연령에 따라 지도하고 이해하는 부분이 달라지기 때문에 처음 등록하는 아이는 기존 수업에 참여시키기보다 도장에서 정한 기간 동안 지도자에 의해 위 내용들을 숙달하며 부모와 소통하며 아이의 적응상태를 지속적으로 확인해야 할 필요가 있다.

태권도장에 처음 등록하면 도복을 지급하며 띠를 메어주지만 아래와 같은 내용(예시)을 숙지시키고 간단한 평가를 통해 흰띠와 도복을 지급하면 아이들의 태권도에 대한 성취감을 향상시킬 수 있을 것이다.

표1. 신규 등록 수련생 확인사항(예시)					
1일 차	2일 차	3일 차	4일 차	5일 차
· 등록 상담 · 시설물 확인 · 수업관람	도장 기본 재식 숙달			
	· 도장 규칙 숙달 · 개인 물품 확인	· 주먹 쥐는 법 · 대답하는 방법	· 기본 손 서기 동작 숙달	· 태권도체계 전달 (띠, 유급, 유품, 품새)

(2) 수련기간

수련기간의 구성은 교육내용을 어떻게 조직할 것이냐의 문제이다. 즉, 교육과정의 구성은 배워야 할 내용의 범위를 정하고, 교육내용을 관련지어 수련의 순서를 정하는 문제이다. 범위는 수련생들이 특정 시점에 배우게 되는 태권도 교육 내용의 폭과 깊이를 가리킨다. 태권도 수련생들이 배울 내용의 폭은 급이나 품·단에 따라 다르며, 깊이는 일주일에 며칠, 하루에 몇 분 태권도를 수련하느냐에 따라 다를 수 있다. 수준이 천차만별인 태권도 수련생들을 한꺼번에 가르쳐야 하는 도장 현실에서 태권도 교육과정을 표준화하는 것이 과연 의미가 있느냐는 비판적 목소리를 내는 태권도 전문가들이 있을 수 있다. 태권도는 도장을 찾는 수련생들에게 사범이 태권도에 관한 자신의 지식을 수련상황에 맞게 재구성하여 가르치면 된다는 논리를 펴는 사람들이 있을 수도 있다. 그러나 태권도 지도 현실을 보면, 좁은 운동공간에서 많은 수련생들을 한꺼번에 가르쳐야 하고, 국기원, 대한태권도협회 교육과정이 있지만, 태권도 지도자가 교육내용을 자유재량으로 가르치고 있기에 통합적인 교육적 효과를 기대하기 어렵다. 특히, 아직 수련생에 대한 이해가 부족하고, 태권도 교육내용에 대한 전문적 지식이 부족하며, 태권도의 사회적 역할에 대한 인식이 부족한 지도자들에게는 어떤 내용을 어느 정도로 숙련해야 승급할 수 있는 있는지 등에 대한 지침서 역할을 하는 표준교육과정을 보다 적극적으로 교육할 필요성이 있다. 책무성 차원에서도 지도자가 표준교육과정을 익혀서 수련생과의 약속된 교육을 정상적으로 수행하고 있는지에 대한 점검이나 확인이 반드시 필요하다.

태권도는 발생학적으로 놀이에서 발전한 여가스포츠와 차별화되며 투쟁에 뿌리를 둔 무도성 스포츠이므로 인성교육이 불가피하며, 그래서 목표 지향적 활동이어야 하고 시대적 요구와 그 시대를 살아가는 수련생들의 특성을 반영하고 끊임없이 변화 발전하는 태권도의 새로운 기술을 반영하는 표준 태권도 교육과정을 숙지하고 지도의 기본 원칙으로 삼고, 정기적으로 그것을 개정해 나간다면 태권도의 사회 교육적 역할이 더욱 강화될 것이다.

① 국기원 유급자 수련기간

국기원의 태권도 표준교육과정은 이러한 내용 체계를 수련하기 위한 '태권도 수련 기간'을 제시하기도 하였다. 유급자 과정은 연령과 체력 및 체격의 발달 시기를 고려하여 어린 연령의 수련자인 경우 최소 12~15개월 수련을 기본으로 하고 지도자의 판단에 따라 수련기간을 재조정할 수 있도록 하였다. 유단자 과정은 1단부터 9단까지 태권도에서 전통적으로 지켜온 유단자 수련 기간을 제시하였으며, 태권도 수련의 본질을 깨닫고 다양한 이론적 지식과 경험적 지식이 쌓이는 데는 오랜 기간의 수련이 필요하므로 수련 기간을 임의로 변경할 수 없도록 했다.

② 대한태권도협회 수련기간

수련기간 체계는 유급자와 유단자 과정을 구분하고 필수과정과 선택과정으로 교과목을 분리하여 제시하였다. 유급자는 수련 기간을 총 18개월로 설정하고 필수과정에는 품새, 겨루기, 격파, KTA인성을 제시하였으며, 선택 과정으로는 KTA태권체력, KTA태권체조, KTA실전손기술을 제시하였다. 유품·단자의 수련 기간은 1품·단 12개월, 2품·단 24개월, 3품·단 36개월로 설정하였으며, 유급자와 달리 필수과정과 선택과정을 기본과목과 심화 과목으로 구분하여 제시하였다.

표1. 태권도 1품에 응심할 적정한 수련기간 투표 (2011. 무카스 설문조사) 2,092명 참여		
12개월 미만	17.02%	356명
12-13개월	21.75%	455명
13-15개월	16.68%	349명
15-17개월	11.95%	250명
17-19개월	6.07%	127명
19개월 이상	25.29%	529명
기타	1.24%	26명

③ 유급자 과정 전산화(의견)

관장님! 비슷한 시기 태권도를 시작한 ○○ 도장 길동이는 벌써 국기원을 다녀왔는데 우리 아이는 언제 국기원을 가나요? 왜 그런 거죠?

지도자라면 가끔은 부모님에게 듣는 이야기다. 특히 인접 경쟁 도장이 있으면 더욱 비교가 심해지는 경우가 있다. 일부 학부모는 고객 입장에서 실력보다 우리 아이가 빨리 승급을 하기 바라는 마음이 크다. 유급자 수련 기간에 대한 의견은 오랜 기간 의견이 분분하다. 하지만 1품 이상부터는 기간이 정해져 수련 기간을 충족하지 못하면 전산에 입력되지 않는 게 현실이다. 그래서 유급자 기간도 국기원에서 전산으로 입력할 수 있는 기틀을 만든다면 시간이 지날수록 자연스럽게 국기원, 대한태권도협회에서 제시한 유급자 수련 기간을 자연스럽게 지키고 표준교육과정에 대한 관심도 역시 높아질 것이라 생각한다. 또한, 각 도장별 수련 기간도 일정하게 유지되며 점차적으로 학부모도 이를 인지하고 각 도장에 기간에 대한 민원도 줄어드는 효과도 얻을 수 있을 것이다.

조금 다른 시각으로 유급자 기간에 대해 생각해보자. 초,중,고 학교에서 성적이 좋지 못하면 유급을 하는가에 대한 문제이다. 보통 학교의 경우 출석의 3/2를 채우지 못하는 유급 제도가 있지만, 성적이 좋지 않다고 하여 유급이 되는 일은 흔한 일이 아니다. 대부분 수업 일수를 채우지 못해 유급이 되는 경우가 대부분이다. 수업 일수를 채우지 못한 학생에 대해 다음 학년으로 올라가지 못하는 유급 제도가 있듯 태권도에서 활발하게 연구되어지는 표준화교육과정이 있지만, 제도적으로 만들어진 것보다는 유급자 기간을 대부분 일선 태권도 관장들에게 위임되는 게 현실이다. 지도자 입장에서는 깊은 교육철학이 있더라 하더라도 다른 경쟁 도장이 급수를 지키지 않는 부분에 대해 신경이 쓰이지 않을 수 없다. 물론 학교에서도 성적이 뛰어난 학생들은 월반을 하는 경우도 있지만, 특수한 경우를 제외하고는 지정된 1년(학기)이라는 기간을 채우고 다음 학년으로 올라가는 제도가 있듯 태권도에서도 일선 관장들에게 기간을 위임하기보다는 유급자 전산화를 통해 획일적인 유급자 수련 기간을 지정해두고 이사, 혹은 병가, 휴원 등 특이한 경우가 있을 경우 전산상에 기록 해두어 태권도 수련 과정을 멈추고 다시 수련한다면 전국에 태권도장에서도 아이의 수련 과정에 대해서도 쉽게 공유가 될 거로 생각한다.

표1. 유급자 태권도 수련 기간 전산화 (예시)

각 도장 신규 수련생 등록	신규 수련생 국기원 전산 입력 (이름, 성별, 주민번호, 사진, 등록일자)	지정된 기간(예:18개월) 수련 기간 후 1품 심사 등록 가능

유급자, 유품자 – 수련이 멈출 경우 전상에 등록을 통해 전국 태권도장 공유

표2. 국기원 태권도 수련 기간

구분		연한	연령		연한 및 연령 적용
			품부터 시작	단부터 시작	
1품		18개월(예시)	만 15세 미만	-	· 1-3품 자격을 보유하고 만 15세 이상이 되면 단으로 자격을 전환 가능 · 4품 자격을 보유하고 만 18세 이상이 될 경우 국기원 세계태권도 연수원 보수교육을 이수하면 4단으로 전환된다. · 품부터 수련한 조기 수련자는 5단까지 연령의 단축 혜택을 부여
T C O N 전 산 등 록	1품 -> 2품	1년	만 15세 미만	-	
	2품 -> 3품	2년	만 15세 미만	-	
	3품 -> 4품	3년	만 18세 미만	-	
	4품 -> 4단	-	만 18세 이상	-	
	4품 -> 5단	4년	만 22세 이상	만 25세 이상	

외국인의 경우 1품에 응심하기 위해서는 6개월 이상 국내에 체류하였다는 사실이 확인할 수 있어야 한다.
〈 출입국 사실 증명서, 국내 거소 신고 사실 증명서, 외국인 등록증, 재학증명서, 재직증명서, 여권 〉

표3. 대한태권도협회 태권도 수련 기간

단계	급 (심사차수)	수련 시간	소요 기간	
			가형 (주5일/ 5시간)	나형 (주3일/3시간)
유급과정	9급 8급 7급 6급 5급 4급 3급 2급 1급	각 과정 2개월 (40시간)	360시간 (18개월/72주)	360시간 (30개월/120주)
1품·단	12-9급 8-5급 4-1급	각 과정 4개월 (80시간)	240시간 (1년/48주)	240시간 (20개월/80주)
2품·단	24-21급 20-17급 16-13급 12-9급 8-5급 4-1급	각 과정 4개월 (80시간)	480시간 (2년/96주)	480시간 (40개월/169주)
3품·단	36-33급 32-29급 28-25급 24-21급 20-17급 16-13급 12-9급 8-5급 4-1급	각 과정 4개월 (80시간)	720시간 (3년/144주)	720시간 (5년/240주)
총 수련 시간 (4품·단증 취득 시)		총 1,800시간	360주 (7년 6개월)	600주 (12년 6개월)

5) 태권도 띠의 의미

허리에 묶는 띠는 도복 상의와 바지를 하나로 연결하고 허리를 감싸준다. 띠는 허리에 묶음으로써 힘을 내는 근육들을 조일 수 있다. 띠는 수련의 목표·기술의 정도·수련 기간·태권도의 지식수준·수련 단계를 나타낸다. 띠는 태권도의 수련 정도를 나타내기 위해서 그 색깔을 달리한다. 즉 위계에 따라 유급자의 색깔띠·유품자의 품띠·유단자의 검은 띠로 구분한다. 띠의 색깔을 바꿔 간다는 것은 수련생의 몸놀림과 마음이 점차 일치되어 가고 통제력을 발휘할 수 있게 됨을 뜻한다. 따라서 띠는 수련의 깊이를 상징한다.

띠의 색은 크게 다섯 가지로 나뉜다. 초보자의 하양, 유급자의 노랑·파랑·빨강과 유단자의 검정이다. 그리고 1970년대부터 국기원에서 소년단을 품으로 변경하면서 어린이나 청소년 수련생은 검은 띠 대신 품띠(검정과 빨강)를 착용하였다.
전통적으로 태권도에서 띠의 색은 오방색을 활용한다. 하지만 1970년대에 일선 사범들에 의하여 수련생에게 참여 동기를 부여하고 수련 의욕을 고취하기 위해 급마다 간색(間色) 띠를 사용하기도 하였다.

표1. 국기원 띠 안내

오방색을 활용한 띠의 예시

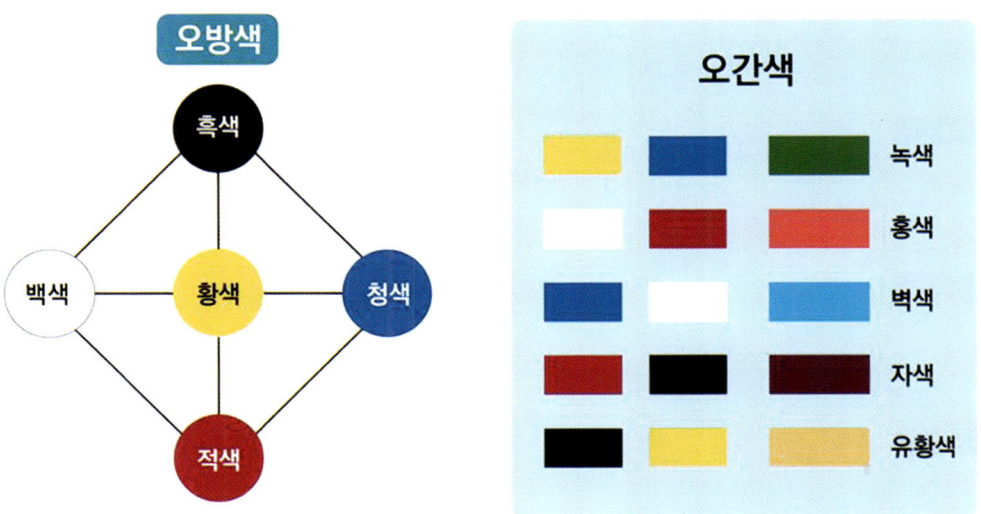

오방색과 오간색

표2. 태권도 수련 띠, 의미 안내 (예시)

띠 색상	급수	기간	
	무급	1주~1개월	
(흰색)	9급		
(노랑)	8급		
(초록)	7급		
(파랑)	6급	각 과정 2개월	품, 단
(보라)	5급		
(밤색)	4급		
(주황)	3급		
(빨강)	2급		
(진빨강)	1급(국기원)		

띠	급수	설명
	무급	태권도에서 흰띠 이전에는 별도의 띠가 사용되지 않습니다. 대부분의 태권도 도장에서는 입문생들에게 흰색 도복을 입히며, 이는 순수하고 결백한 마음가짐을 상징합니다. 처음 접하는 입문생들은 아직 어떠한 기술이나 지식도 갖추지 않았기 때문에, 학습의 시작인 초보의 단계를 나타내며 무지함과 경험 부족을 상징합니다. 이후, 흰띠를 받고서부터 태권도 기술을 학습하면서, 띠의 색상이 바뀔수록 기술적인 면에서의 발전과 성장을 나타내며, 동시에 마음가짐과 태도, 체력 등 종합적인 요소에서도 발전이 있음을 의미합니다.
(흰색)	9급	흰띠는 초보자를 나타내며, 아직 태권도의 기초를 습득하지 못한 상태를 나타냅니다. 특히, 태권도의 기본 동작과 자세, 태권도의 철학과 정신을 이해하는 데 초점을 둡니다. 또한, 흰색은 태권도 수련자가 순수하고 깨끗한 마음가짐으로 태권도를 배우기 시작한다는 상징적 의미를 담고 있습니다.
(노랑)	8급	노란띠는 기초기술의 이해와 발전, 무릎 충분한 구부리기, 허리 구부리기, 팔다리 동시에 구부리기 등의 기초기술이 점차 개선되고 발전된 것을 나타내며, 이전의 하얀띠보다 좀 더 실력이 향상된 수준을 나타냅니다. 노란띠는 또한 태권도 학생의 지속적인 노력과 열정을 상징하기도 합니다. 따라서 노란띠는 태권도 수련생이 첫 중요한 목표인 초보자 수준에서 벗어나서 더 나은 태권도 선수로 성장하는 데 중요한 단계입니다. 노란색은 자존감이 떨어진 사람들에게 자신감을 갖게 하는 색깔이며, 두뇌 활동을 자극해 창의력과 사고력을 키우는 데에도 좋다고 알려져 있다
(초록)	7급	초록띠는 기초기술에서 보다 복잡하고 정교한 기술들을 습득하고, 체력과 유연성, 균형감각 등을 개발하여 더 높은 실력을 갖춘 것을 나타냅니다. 초록띠는 태권도 수련생이 무릎, 허리, 팔다리의 관절과 근육을 더욱 발달시키고, 동작의 부드러움과 정확성, 기술의 다양성 등을 보다 높은 수준으로 개선하는 데 중요한 단계입니다. 또한 초록띠는 태권도 수련생이 기본기술에서 벗어나 조금 더 복잡한 기술들을 익히기 시작하는 시기로서, 전문적인 태권도 선수로 성장하는 데 중요한 과정입니다. 초록은 대체로 좋은 쪽이나 안전을 나타내는 색이 밝은 초록색 양호, 허가, 수용, 안정, 액식, 안정, 평화, 휴식 등을 상징한다
(파랑)	6급	파란띠는 초급단계에서 탈피하여 중급단계로 나아가는 과정을 나타냅니다. 파란띠에서는 기초기술과 중급기술을 익히고, 보다 복잡하고 다양한 기술들을 습득하여 기술의 폭과 깊이를 더욱 넓힙니다. 또한, 수련생은 파란띠에서는 자신의 기술적인 한계를 인식하고 이를 극복하고자 노력하며, 보다 세련된 기술과 기민한 움직임, 정확한 타이밍 등을 발휘하여 기본기술에 대한 완벽한 이해를 바탕으로 전문적인 태권도 선수로 성장하는 데 중요한 과정입니다. 파란색은 특히 바다를 포함한 물이나 하늘과 관련이 있다. 이러한 요소와의 연관성으로 인해 특히 하늘색과 같이 밝은 색조는 평온함과 평화로움의 상징이 된다.
(보라)	5급	보라띠는 중급단계에서 높은 수준의 기술을 습득하고, 자신의 실력을 더욱 향상시켜 전문성을 갖춘 태권도 선수로 성장하는 과정을 나타냅니다. 보라띠 단계에서는 고급 기술들을 익히고, 자신의 체력, 근력, 유연성, 기민성 등을 보다 완벽하게 발전시켜 전문적인 기술과 기술적인 폭과 깊이를 보유합니다. 보라띠는 또한 태권도 수련생이 과거의 모든 노력과 수고가 이루어진 성취감을 느끼고, 이를 바탕으로 더욱 높은 실력을 향해 노력하는 자세를 취하도록 격려하는 역할을 합니다. 보라색은 외향적 심리를 나타내는 빨강과 구심적 심리를 나타내는 파랑이 혼합된 색으로서, 색상 자체만으로 고고함, 세련됨 등의 이미지를 주며 대립되는 양면성의 감정이 혼재하는 심리를 나타내는 색이다
(밤색)	4급	밤띠는 중급 단계에서 태권도 수련생이 전문성을 발휘하기 전 마지막 중간 단계를 나타냅니다. 밤띠에서는 태권도 수련생이 고급 기술들을 더욱 세련되게 발휘하고, 체력과 근력, 유연성, 기민성 등을 더욱 향상시켜 높은 실력을 갖추게 됩니다. 또한, 밤띠는 이전까지의 노력과 수고가 이루어졌음을 상기시키며, 보다 전문적이고 성숙한 태권도 선수로서의 자세를 취하도록 격려합니다. 건강해 보이고 구조화된 보호해주는 따뜻함 과 안정적인 현실적인, 진지함, 자연 정직함, 조용한 자신감, 친근감 신뢰성

	3급	주황띠는 고급 단계를 나타냅니다. 주황띠 단계에서는 기술적인 면에서 보다 높은 수준의 실력이 요구됩니다. 이전 띠 단계에서 배운 기술들을 보다 정교하고 능숙하게 연마하며, 스피드 발차기와 같은 높은 난이도의 기술을 배우게 됩니다. 또한, 자신의 몸과 마음을 조절하며, 자기 통제력을 향상시키는데 초점을 맞추어 태권도의 정신적 가치를 깊이 이해하고 실천할 수 있도록 교육을 받습니다. 주황은 태양의 색이다. 그것은 타인에 대한 배려와 사려 깊음을 나타내는, 일반적으로 생명력 넘치고 좋은 색이다.
	2급	빨간띠는 유급자 마지막 단계를 나타내며, 이전 단계들에서 배운 기술들을 보다 섬세하게 연마하고, 근력과 유연성을 더욱 발전시켜 자신의 실력을 향상시키는 데 초점을 맞추게 됩니다. 또한, 지도자로서의 역할을 맡기도 하며, 태권도 원칙과 도덕적 가치를 보다 깊이 이해하고 실천할 수 있도록 교육을 받습니다. 빨간띠는 유급자 마지막 단계를 나타내며, 이전 단계들에서 배운 기술들을 보다 섬세하게 연마하고, 근력과 유연성을 더욱 발전시켜 자신의 실력을 향상시키는 데 초점을 맞추게 됩니다. 또한, 지도자로서의 역할을 맡기도 하며, 태권도 원칙과 도덕적 가치를 보다 깊이 이해하고 실천할 수 있도록 교육을 받습니다.
	1급 (국기원)	

2. 태권도 수련 지도법

1) 태권도 수련의 목적과 구성원리

(1) 태권도 수련의 목적

태권도는 종합무술로서, 건강과 체력, 정신력과 자기반성, 사회성 등을 개발하고 향상시키는 것을 목적으로 합니다.

태권도의 주요 목적 중 하나는 신체 건강을 유지하고 강화시키는 것입니다. 태권도 수련을 통해 근육을 발달시키고 유연성을 향상시켜 신체 능력을 높일 수 있습니다. 또한, 태권도는 심폐지구력을 향상시키고, 혈액순환을 촉진하여 대사 활동을 촉진 시키는데도 도움을 줍니다.

또한, 태권도는 정신적인 면에서도 많은 도움을 줍니다. 태권도 수련은 명상과 유사한 효과를 가지며, 훈련 중에 몸과 마음을 조절하고 집중력과 인내력을 향상시킵니다. 이는 일상 생활에서 스트레스를 완화시키고 내면의 안정감을 유지하는 데도 도움을 줍니다.

또한, 태권도는 자기반성을 향상시키는데도 도움을 줍니다. 훈련을 통해 자기 통제 능력을 향상시키고, 자신의 감정을 잘 조절하고 타인과의 소통을 원활하게 할 수 있도록 도와줍니다. 이는 태권도 수련을 통해 개인의 자기 계발과 사회적 성취를 동시에 이룰 수 있다는 것을 보여줍니다.

따라서 태권도 수련의 목적은 오로지 신체적, 정신적, 사회적 발전과 성취를 위한 것입니다.

(2) 태권도 교육 Program의 구성원리

Program을 구성하는 원리에는 자연과학에서 와같이 엄밀한 법칙에 있는 것이 아니라 일반적으로 다음과 같은 기본적인 사항들이 고려되어야 한다.

① 평등성

연령, 성별, 민족, 종교, 교육수준, 사회경제적 지위에 관계없이 모든 사람에게 Program의 개발과 실행의 참여기회가 제공되어야 한다.

② 창조성

건설적이고 창조적인 신체활동의 기회를 제공하여야 한다.

③ 일관성

Program은 그 자체가 계획성을 내포하는 것이므로, 모든 수련생에 대해 소정의 교육이 시작되면서부터 끝날 때까지 일관성 있는 원칙에 따라서 지도가 이루어질 수 있도록 해야 한다.

④ 다양성

다양한 영역의 교육Program을 제공하여야 한다.

⑤ 발전성

오늘날의 태권도 교육 Program은 수련생의 성장 발달을 촉진시키고 인격을 형성시켜 바람직한 사회, 문화적 가치를 창조해 가는 적극적인 과정으로 파악되어야 한다.

⑥ 봉사성

사회체육 Program의 일반화를 위해서는 시설과 더불어 지도자의 봉사가 요구되며 이것이 태권도 교육 Program의 성패를 좌우하게 된다.

⑦ 민주성

교육 Program을 구성할 때에는 태권도와 관련된 교육전문가뿐만 아니라 지도자, 학부모, 나아가서는 수련생 모두, 일반시민까지도 교육 Program의 구성작업에 직접 간접적으로 참여할 수 있는 기회가 주어져야 한다.

⑧ 욕구반영성

수련생 개개인의 욕구충족 요소가 어떠한 형태로든 반영되어야 한다.

⑨ 편의성

태권도 도장의 시설을 최대한 효율적으로 이용할 수 있도록 계획되어야 한다.

⑩ 전문성

태권도 교육 Program은 자격을 갖춘 전문가에 의해 개발, 운영, 감독되어야 한다.

⑪ 전달성

태권도 교육 Program이 모든 국민에게 적절한 대중매체 및 홍보수단을 통해 의미 있게 전달되어야 한다.

⑫ 평가성

태권도 교육 Program의 평가는 지속적이고 규칙적으로 이루어져야 한다.

⑬ 보완성

태권도 교육 Program의 평가와 그 결과에 따라 Program이 질적, 양적인 수정보완을 이룩함으로써 태권도 교육 Program에 대한 가치와 신선미를 제공하여야 한다.

2) 태권도 수업 스펙트럼

(1) 태권도 수업 개요

태권도 지도자에게 기대되는 가장 중요한 역할 중의 하나는 수련생들의 운동기능 학습을 도와주는 것이다. 이것은 수련생들에게 학습이 일어나고 있는지를 확인해야 할 책무가 지도자에게 있다는 것을 의미한다.

학습(learning)은 지도자의 지도로써 새로운 지식이나 기능과 행동을 습득하여 생활에 활용할 수 있는 전체적인 재 체계화의 과정이다. 학습의 결과로서 행동의 변화가 일어나는데, 이러한 학습은 연습이나 훈련의 결과로 나타나며, 성숙을 통해 일어나는 행동 변화는 제외된다. 교수(teaching)는 학습을 위한 수단, 즉 '가르쳐 주는 것'이다. 지도자에 의해 교육방법의 범주에 속하는 것으로, 지도자가 수련생과 더불어 목표와 목적을 설정하고, 목적 추구 활동을 계획. 수행하며, 목적달성도를 평가하는 일련의 과정을 총칭한다. 흔히, 수업 방법을 말할 때 교수유형(teaching style)과 교수방법(teaching method)이 라는 용어를 동일하게 쓰고 있다. 유형(style)은 개개인의 지도자에게 나타나는 특정한 양식을 나타내는 말이고, 방법(method)은 유형이 실제에서 실현되는 것을 말한다.

체육교육학자 모스턴은 수업에서 여러 사항들에 대한 '의사결정권'을 지도자와 수련생 중 누가 갖느냐에 따라서 다양하게 이루어질 수 있는 수업 진행 방식을 일목요연하게 정리하여 소개하였다. 이를 수업 스펙트럼이라고 한다. 수업 스텍트럼에서 각 스타일은 수련생의 발전에 나름대로의 독특한 공헌을 하며, 이에 따라 어떤 스타일도 다른 스타일보다 더 낫다고 주장하는 것은 옳지 않다.

표1. 모스턴의 수업 스타일

| 지도자 | 최대 | | | | | | | | | | 최소 |
| 학생 | 최소 | | | | | | | | | | 최대 |

구분	A	B	C	D	E	F	G	H	I	J	K
스타일	지시 학습	과제 학습	상호 학습	자기 점검 학습	포괄 학습	유도 발견 학습	수렴 발견 학습	확산 생산 학습	자기 설계 학습	학생 주도 학습	자기 주도 학습
유형	직접 지도 유형					간접 지도 유형					

모스톤은 이러한 결정들을 세 가지 주요 그룹으로 나누었다. 첫째, 가르칠 내용 지도자 역할, 수련생 역할 등에 관한 수업 전 결정, 둘째, 운동을 언제 시작하고 연습에 얼마나 많은 시간을 소비하고 수업을 어떻게 운영하느냐 등과 같은 수업조직과 의사소통 방식에 관련된 수업 시행에 관한 사항, 셋째, 시험 이용. 평가 기준 이용. 평가 결과 통보 등과 같은 평가와 관련된 결정이다.

교수 유형의 종류와 변화 과정은 위 그림과 같다. 지도자 중심 접근에서 지도자는 학습 환경, 수업내용, 수련생의 입문 수준, 시작 시간과 종료 시간 등의 구조와 같은 학습 내용에서 대부분의 의사결정을 한다. 연속체를 옮겨감에 따라, 의사결정 책임이 점차 수련생에게 많아진다. 수련생에 의해 가정된 결정은 움직임 문제 해결, 과제의 초보 수준 발견, 각 문제에서 소모되는 시간의 양

결정 등을 포함한다.

지도 유형은 직접 또는 간접으로 구분될 수 있는데, 직접지도유형(direct teaching style)은 재생산 유형으로 기존의 지식을 재생산해 내는 능력(모사)을 강조하며, 해당 그림의 스펙트럼에서 A~E 유형에 해당된다. 직접지도유형은 가장 전통적인 지도지중심 스타일로, 지도자는 수행에 관해 대부분의 결정을 한다. 이러한 스타일은 중증 장애를 가진 사람, 행동장애수련생에 권장된다. 또한, 고급 기능 수준에서 학습하고 있는 수련생에게도 이 방법은 유익하다. 행동주의 철학을 따르는 지도자들은 일반적으로 직접지도자 유형을 이용하는 것을 좋아한다.

간접지도유형(indirect teaching style)은 보다 수련생 중심에 가까운 수업으로 새로운 지식을 생산해 내는 능력(창조)을 강조하며, 그림의 스펙트럼에서 F~K 유형에 해당된다. 간접교수유형들은 학습자가 문제 해결, 실험, 자기 발견 등을 통해 학습 과정에서 능 동적인 역할을 수행하도록 한다. 간접교수유형은 높은 수준의 기능을 수행하는 수련생, 학령기 이전의 영유아, 기본 운동기능 학습, 정확한 반응을 요하지 않는 기능학습에 유익하다.

(2) 6가지 전제

첫째, 수업 스펙트럼의 전체 구조는 '수업 활동은 연속되는 의사결정의 과정이다.'라는 전체에서부터 시작한다. 모든 의도적인 수업행위는 이전에 행해진 의사선택의 결과인 것이다.

둘째, 수업스타일의 구성

각 스타일의 조직은 3개의 군(set)으로 묶여진 다수의 결정사항(category)들로 되어있다. 이 3개의 군은 수업 전 결정군(the preimpact set), 수업 중 결정군(the impact set), 수업 후 결정군(the postimpact set)으로 구성되어 있다. 수업 전 결정군은 수업이 실지로 일어나기 전에 반드시 행해져야 하는 결정사항들로 구성되어 있다. 수업 중 결정군은 실제 수업 상황에서 이루어지는 결정 사항들을 포함하고 있다. 그리고 수업 후 결정군은 수업의 평가와 관련된 결정사항들이 다루어지고 있다. 이같은 구조는 어떤 결정사항들이 어떤 결정 군내에서 내려져야 하는가를 자세히 나타낸다.

셋째, 의사결정자

지도자와 수련생 모두 어떤 결정사항들에 대해서 의사결정을 행할 수 있다. 결정 사항이 한 쪽에 의해서만 내려질 때는, 그 사람의 의사결정 권한은 최대이고 다른 사람은 최저이다.

넷째, 스펙트럼

'누가', '무엇에 대한', '어떤 결정을', '언제' 내리는가를 분석함으로써 11개의 수업스타일과 이들 중간에 있는 다양한 변형들을 파악해낼 수 있다. 첫 번째 스타일(스타일 A)은 교과 내용을 정확하게 따라하는 것을 주된 목표로 하며, 지도자가 모든 사항에 대한 결정을 내린다. 두 번째 스타일은 9가지의 결정 사항이 지도자에게서 수련생에게로 옮겨지고, 그에 따라 추구하는 목표도 달라진다. 뒤따르는 모든 스타일에서도 마찬가지로 학생에게로 옮겨진다. 마지막 스타일은 모든 의사결정 사항이 수련생에게로 옮겨진다.

다섯째, 클러스터

수업 스펙트럼의 구조는 인간의 2가지 기본적인 능력을 반영하고 있다. 하나는 '모사

(reproduction)'하는 능력이고 다른 하나는 '창조(production)'하는 능력이다.

스타일 A에서 E까지의 '그룹(cluster)'은 기존의 지식을 재생산해 내는 능력을 강조하는 수업방법들을 나타내고, 스타일 F부터 K까지의 그룹은 새로운 지식을 생산해내는 능력을 강조하는 수업방법들을 나타낸다. 이 두 그룹을 나누어 주는 구분선을 '발견역치(the discovery threshold)'라 한다. 발견역치는 각 무리의 경계를 구분해 주는 역할을 한다.

여섯째, 결정이란 것은 언제나 사람들에게 영향을 미치며 따라서 각 스타일도 수련생의 발달에 영향을 미친다. 수업스펙트럼은 각 스타일이 수련생의 인지적, 정의적, 사회적, 신체적, 그리고 도덕적 영역에 미치는 영향을 알아볼 수 있는 한 가지 틀을 제공한다.

3) 수업 스타일의 종류

(1) 명령식 스타일

① 특징

수업 스펙트럼의 첫 번째에 위치한 명령식 스타일(command style, A)은 모든 결정을 지도자가 내린다는 데 특징이 있다. 지도자의 역할은 수업 전, 수업 중, 수업 후 활동에 대한 모든 결정을 내리는 것이다. 수련생의 역할은 단순히 이에 따라 실행하는 것이다. 이 스타일의 핵심은 지도자의 자극과 수련생의 반응 사이에 존재하는 직접적이고 즉각적인 관계이다. 어떤 경우라도 지도자의 자극(명령 신호)은 수련생의 반응(활동)보다 선행한다. 수련생은 지도자가 제시한 방식을 그대로 따라한다. 따라서 장소, 자세, 시작 시간, 흐름과 리듬, 중지 시간, 기간, 막간 등등에 관한 모든 사항을 지도자가 내린다.

② 목적

명령식 스타일을 사용함으로써 다음과 같은 목적을 성취할 수 있다.

첫째, 자극에 대한 즉각적 반응
둘째, 통일성
셋째, 순응성
넷째, 통일된 활동 수행
다섯째, 미리 준비된 모형의 추구
여섯째, 모형의 복재
일곱째, 반응의 정확성
여덟째, 의례, 복장, 예식 등을 통한 문화적 전통의 구형
아홉째, 미적 기준의 유지
열째, 단체정신의 함양
열한째, 시간 활용의 효율성
열두째, 안전
열셋째, 기타

2) 연습식 스타일

① 특징

수업스펙트럼 가운데 두 번째인 연습식 스타일(practice style, B)은 몇 가지의 결정이 지도자로부터 수련생에게로 이양된다는 특징을 가지고 있다. 이 결정권의 이양은 다음의 9가지 항목에서 이루어진다.

 첫째, 자세
 둘째, 위치
 셋째, 과제의 순서
 넷째, 과제별 연습 시간
 다섯째, 진행 흐름과 리듬
 여섯째, 과제별 중지시간
 일곱째, 막간
 여덟째, 복장과 외모
 아홉째, 질문의 저기

수업 전 활동과 수업 후 활동에 대한 결정들은 여전히 지도자가 행한다. 수업 중 단계에서 지도자는 9가지의 결정 항목을 수련생에게 넘겨준다. 이 스타일에서 수련생의 역할은 이 9가지 결정 항목을 수업 중에 행하고, 나머지 사항들에 대하여 지도자가 결정한 내용을 따르는 것이다. 이 9가지 항목의 결정권 이전은 지도자와 수련생이 서로 다른 역할을 하도록 함으로써 수업이 개별화되도록 하는 시초 단계라고 볼 수 있다. 지도자는 반드시 매 순간마다 수련생들에게 명령을 내릴 필요는 없다. 수련생들은 지도자가 제한해 놓은 범위 내에서 어떻게 이 9가지 사항에 대한 결정권을 행사할 수 있는지를 배워야 한다. 수업 후 활동에 대한 결정에 있어서, 지도자는 활동 수행을 관찰하고 각 수련생들에게 개별적인 피드백을 제공한다.

② 목적

 가. 수련 내용 관련 목표
첫째, 시범과 설명된 대로 부과된 과제를 연습한다.
둘째, 신체적 능력이 닿는 데까지 부과된 과제를 연습한다.
셋째, 능숙한 운동 수행은 과제의 반복에 영향받는다는 것을 체험을 통해 깨닫는다.
넷째, 과제의 수행은 시간의 영향을 받는다는 것을 체험을 통해 깨닫는다.
다섯째, 능숙한 운동 수행은 결과의 지식에 영향을 받는다는 것을 체험을 통해 깨닫는다.
여섯째, 결과의 지식은 지도자에 의해 제공되는 여러 가지 형태의 피드백으로부터 얻는다는 것을 체험을 통해 깨닫는다.

 나. 역할 수행 관련 목표
첫째, 이양된 9가지의 결정 항목에 대한 결정을 내린다.
둘째, 9가지 결정의 결과에 대한 책임을 진다.
셋째, 의사 결정은 과제의 학습을 동반한다는 것을 경험을 통해 깨닫는다.
넷째, 다른 수련생의 역할과 그들의 결정을 존중한다.

다섯째, 일정 기간 혼자서 자신만의 힘으로 일함으로써 독립적 학습 과정이 시작된다.
여섯째, 다른 수련생과의 계속적 비교 없이 자신의 과제 수행 정도를 받아들일 수 있게 된다.
일곱째, 개인적 피드백을 위한 잠시 기다림이 포함된 지도자와의 일대일 관계를 체험한다.
여섯째, 다른 수련생과의 계속적 비교 없이 자신의 과제 수행 정도를 받아들일 수 있게 된다.
여덟째, 이 스타일과 명령식 스타일을 비교한다. 이 두 스타일 간 의사결정권의 이점을 배운다.

(3) 교류식 스타일

① 특징

수업스펙트럼 가운데 세 번째인 교류식 스타일(reciprocal style, C)은 연습식 스타일에서 보다 몇 가지 결정이 수련생에게로 이전된다는 특징을 가지고 있다. 특히, 수업 후 결정군에서 피드백에 관련된 결정권이 수련생에게로 넘어간다. 수련생은 자신이 어떻게 하고 있는지를 빨리 알면 알수록, 그것을 교정할 수 있는 기회는 더욱 커진다. 즉각적 피드백의 가장 효과적인 방법은 지도자와 수련생이 1대 1로 있을 경우이다. 교류식 스타일은 이 같은 수업 조건을 제공해 주는 수업 조직을 마련한다. 수련생들은 2인 1조로 짝을 지어 각각의 수련생들은 정해진 역할을 부여받는다. 한 명은 수행자(doer: d)로, 다른 한 명은 관찰자(observer: o)로 역할을 나눈다. 지도자(teacher: t)가 특정 조와 함께 있게 되면 일정 기간 이 조는 '삼각관계(triad)'가 성립된다.

이 삼각관계 내에서 각 성원은 자신에게 부과된 역할의 한도 내에서 그에 해당하는 결정 등을 내린다. 수행자는 연습식 스타일에서 수련생의 그것과 동일하며, 의사소통을 관찰자와 할 수 있다. 관찰자는 수행자에게 피드백을 제공하고 지도자와 의견교환을 한다. 지도자는 관찰자와 수행자를 관찰하고, 오직 관찰자하고만 의사소통을 할 수 있다. 이러한 점에서는 동료 교수 모형에서 지도자의 역할과 같다고 볼 수 있다.

지도자는 수업 전 결정군의 모든 사항들에 대한 결정을 내리고, 수행자는 수업 중 결정군에 포함된 9가지 사항에 대한 결정을 내린다. 그리고 수업 후 결정군에 있어서 교사의 결정권 1가지에 이전이 발생하는데, 관찰자가 피드백에 관련된 결정을 내리는 것이다.

② 목적

가. 수련 내용 관련 목표

첫째, 개별 관찰자와 함께 과제를 연습할 여러 차례의 기회를 가진다.
둘째, 친구로부터 즉각적 피드백을 받을 수 있는 조건에서 과제를 연습한다.
셋째, 과제의 특정 측면들에 관하여 친구와 토의할 수 있다.
넷째, 과제를 수행함에 있어서 그 부분 부분과 연결된 상태를 시각화하고 이해할 수 있다.
다섯째, 지도자가 피드백을 제공하지 않거나, 잘못이 언제 고쳐졌는지를 몰라도 수련생 스스로 과제를 연습할 수 있다.

나. 역할 수행 관련 목표

첫째, 이 스타일에만 독특한 상호작용 과정에 참여한다(즉, 친구와 피드백을 주고받는다).
둘째, 이 과정에 포함된 각 단계를 경험한다(즉, 친구의 활동 수행을 관찰한다. 기준에 비추어 그것을 비교하고 대조한다. 결론을 내리고 그것을 친구에게 전달한다).

셋째, 피드백을 주는 다양한 방법을 연습한다(예를 들어, 이 과정을 지속시켜 줄 교정적
　　　피드백을 어떻게 주는가를 배운다).
넷째, 이 과정을 성공적으로 수행하기 위한 인내심과 의지를 기른다.
　　　(즉, 마찰과 혼란을 처리하는 방법을 배운다.)
다섯째, 친구가 성공하는 것을 목격함으로써 얻을 수 있는 좋은 점들은 직접 체험한다.
여섯째, 과제 습득과 함께 대인 간 유대의식을 발전시킨다.

(4) 자검식 스타일

① 특징

　자검식 스타일(self-cheek style, D)은 '자기 스스로 검토'한다고 해서 붙여진 이름이다. 이 스타일에서는 수련생 개가인은 연습식 스타일에서와 같이 과제를 수행한다. 그리고 나서 자신을 위해서 수업 후 결정군의 결정들을 내린다. 스타일 C에서 사용된 비교, 대조, 결론 도출 등의 기술을 자기가 행한 활동 수행을 점검하기 위해서 사용하는 것이다. 지도자는 수업 전 결정군에 포함된 결정, 특히 교과 내용과 관련된 결정들에 대하여 모든 선택을 한다. 수련생은 스타일 B에서와 마찬가지로 과제를 수행하면서 수업 중 활동에 관한 9가지의 결정을 내린다. 그리고 자신을 대상으로 수업 후 결정들을 내린다.

② 목적

가. 수련 내용 관련 목표
첫째, 자신의 활동 수행에 대한 자각 의식을 개발한다. 특히, 운동 감각적 느낌의 개발을
　　　중시한다.
둘째, 운동 감각적 느낌의 개발은 자신의 활동을 관찰하는 방법을 배우고, 기준에 맞추어
　　　그것을 평가함으로써 성취할 수 있다.

나. 역할 수행 관련 목표
첫째, 수련생으로 하여금 자신에게 필요한 피드백의 원천을 완전히 외부에 의존하지 않도록
　　　한다. 스스로의 힘으로 피드백을 얻는 과정을 시작한다.
둘째, 자기 향상을 위하여 평가 기준을 활용한다.
셋째, 자신의 과제 수행에 대하여 객관성과 정직함을 유지한다.
넷째, 자신이 가지고 있는 능력 부족의 면을 받아들인다.
다섯째, 수련생에게 이양된 결정권들을 행사하면서 독자적 학습 과정을 계속한다.

(5) 포함식 스타일

① 특징

　앞의 4가지 스타일은 '과제의 설계'라는 측면에서 한 가지 공통점을 가지고 있다. 모든 과제들이 지도자 혼자만에 의해서 한 가지 수준으로 준비된다. 수련생의 역할은 그 수준에 맞추어 과제를 수행하는 것이다. 포함식 스타일(inclusion style, E)에서는 새로운 개념의 과제 설계 방식이 도입된다. 그것은 동일한 과제를 다양한 수준으로 준비하는 것이다. 이것은 앞의 스타일들에서는

수련생들이 내릴 수 없었던 사항에 대한 결정권이 이제 수련생들에게 새롭게 주어짐을 의미한다. 즉, 어떤 수준에서 시작할 것인지를 수련생이 결정하는 것이다. 그리하여 모든 수련생들이 수업 시간에 의도하는 학습의 과정에 포함될 수 있도록 한다.

이 포함식 스타일에서 지도자의 역할은 수업 전 결정군의 항목들에 대한 결정을 내리는 것이다. 수련생은 수업 중 활동에 대한 결정을 행사한다.

수준을 스스로 선택함으로써 교과 내용을 배우는 출발지점에 대한 결정권을 행사한다. 그리고 수업 후 결정권에서는 수련생은 자기 활동의 평가에 대한 결정을 내리고, 어떤 수준에서 다시 과제를 시작할 것인지를 결정한다.

② 목적
첫째, 수련생들은 모두 포함시키고 지속적으로 참여하도록 한다.
둘째, 수련생 개개인의 개인차를 반영하여 수업을 운영한다.
셋째, 자신의 능력에 맞는 수준에서 활동을 시작한다.
넷째, 성공적으로 활동을 습득하기 위하여 한 걸음 뒤로 물러난다.
다섯째, 자신의 희망과 자신의 현재 능력 간의 관계를 파악할 수 있도록 배운다.
여섯째, 과제마다 여러 수준으로 행해질 수 있으므로 선택의 범위가 넓어지면서 독자적 학습 과정이 보다 진척된다.

(6) 유도발견식 스타일

① 특징
지도자는 모든 수업 전 결정 사항들을 결정한다. 목표, 본시의 내용, 질문의 제작 등 이 중요한 결정사항이고 이것들이 수련생으로 하여금 그 내용을 발견하게끔 도와준다. 유도발견식 스타일(guided discovery style, F)에서는, 수업 중에 보다 많은 결정권이 수련생으로 이양된다. 해답을 발견하는 활동은 지도자가 정해준 주제 내에서 배우는 배용의 일부분에 대하여 수련생이 결정을 내릴 수 있다는 것을 의미한다. 수업 후 활동에서는, 지도자는 질문(단서)에 대한 수련생의 대답을 검토하고 확인한다. 과제에 따라서는 학생이 스스로 자신의 대답을 확인할 수 있다. 수업 중과 수업 후 단계에 수련생과 지도자가 지속적으로 서로 상호작용을 하면서 의사결정을 내리는 것이 이 스타일의 독특한 점이다.

② 목적
첫째, 수련생으로 하여금 발견의 과정에 참여하도록 한다.
둘째, 지도자가 제시한 자극(질문)과 수련생이 보이는 반응(대답)이 서로 정확히 일치하도록 한다.
셋째, 논리적으로 어떤 개념의 발견을 가져다주는 체계적인 발견기술을 개발한다.
넷째, 발견의 과정에 반드시 필요한 인내심을 지도자와 수련생 모두에게 기른다.

(7) 수렴발견식 스타일

① 특징

수렴발견식 스타일(convergent discovery style, G)에서 수련생은 논리적 규칙, 비판적 사고 및 문제해결 등과 같은 '합리적 사고과정'을 통하여 주어진 질문이나 문제에 대해 '하나'의 해결책이나 해답을 찾는다. 유도발견식 스타일과 다른 점은 이 스타일에서는 수련생이 지도자로부터 어떠한 안내나 단서도 없이 발견의 과정을 진행한다는 것이다. 학생은 발견의 과정 그 자체, 주어진 문제를 해결하기 위하여 필요한 인지적 기법의 이용, 한 가지 정답, 해답의 적정성에 대한 검토에 대해 결정을 내린다.

수업 중 수련생은 해답의 발견에 필요한 인지적 기법들을 활용하는데 관련된 결정을 한다. 수련생은 스스로에게 문제에 관련된 질문을 스스로 묻는다. 이 과정이 유도발견식 스타일과 다른 점이다. 스타일 G에서는 수련생은 해답을 찾은 과정에서나 해답을 만드는 과정에서나 상당히 자유스럽다.

수업 후 결정군에 대한 수련생의 역할은 합리적 추론의 과정과 시행착오 과정을 다시 점검하고, 때때로 해결책이 실지로 문제를 해결하는지를 눈으로 목격함으로써 구성한 해답을 확인한다.

수업 전 단계에 있어서 지도자의 역할을 문제를 준비하는 것이다. 수업 중 단계에서는 문제를 제시해 주고 난 후 수련생이 발견과정을 어떻게 진행시켜 나가는지 관찰하는 것이다. 이 역할은 인내심이 요구된다. 때로는 지도자가 그 과정에 '뛰어들어가 도와주고 싶은 마음을 갖기도 한다. 그러나 지도자는 기다려야 한다. 생각을 만들고 그것을 검토하고 다른 생각과 비교해보고, 적합한 해답을 찾는 것은 수련생의 몫이다. 이 과정은 아주 개별적인 과정이기 때문에 옆에서 끼어들어서는 안 된다. 단, 수업 후 단계에서는 해답을 확인하는 과정에 질문을 몇 가지 던짐으로써 참가할 수도 있다.

② 목적

가. 교과 내용 관련 목표

첫째, 주어진 질문이나 문제에 대하여 한 가지 정답을 발견한다.

나. 역할 수행 관련 목표

첫째, 한 가지 정답을 발견해냄으로써 발견역치를 넘는다.
둘째, 정답을 찾는 인지적 방법을 사용한다.
셋째, 문제 해결, 논리적 사고, 비판적 사고에 대한 경험을 한다.

(8) 확산생산식 스타일

① 특징

확산생산식 스타일(divergent production style, H)에서는 수련생이 처음으로 교과 내용에 대한 발견과 선택을 행한다. 이전까지는, 지도자가 교과내용에 관련된 구체적인 과제들에 대한 결정을 내렸고, 수련생은 그것을 그대로 따라하거나 주어진 문제에 대한 해답을 발견하는 일만 하였다. 스타일 H에서는 약간의 한계 내에서 수련생은 주어진 교과 내용에 관련된 세부과제에 대한 결정을 내릴 수 있게 된다.

수업 전 단계에서 지도자는 교과 내용에 관하여 3가지 결정권을 실행한다.
 첫째, 본시의 일반 내용(품새, 겨루기, 시범 등)에 관한 결정
 둘째, 본시에 중점적으로 가르칠 주제(1장, 스텝, 턴차기)에 관한 결정
 셋째, 다양한 해결책을 얻기 위한 문제의 제작에 관한 결정
이 중 세 번째의 문제를 만드는 것에 관한 결정은 이 스타일에서 지도자가 해야 할 가장 핵심적인 역할이다. 이를 위해 지도자는 가르칠 내용에서 무엇이 중요한 요소인지, 계열성은 어떻게 조직해야 하는지 등에 대하여 알고 있어야 한다.

수업 중 단계에서는 수련생이 주어진 문제에 대한 다양한 해답을 찾는 것에 관련된 결정을 한다. 수련생은 그 문제를 처리하는 여러 개의 대안적인 해답들을 발견한다. 이해 답들이 본시의 구체적인 학습 내용이 된다. 수업 전 단계에서 지도자는 일반적인 내용에 관해서만 결정을 내리고, 수업 중 단계에서 수련생이 구체적인 내용에 관해서 결정을 내리는 것이다. 수련생이 발견한 해결책이 바로 학습 내용이 되는 것이다. 수련생이 해야 할 가장 핵심적인 임무는 여러 가지 해답을 만들어 내는 것에 관련된 결정들을 잘하는 것이다. 문제가 지도자로부터 주어지면, 수련생은 인지적 혼동 상태에 들어가고, 문제에 대한 해결책을 찾는 과정에 몰입하여, 실제로 운동을 하면서 검토해 보고 최종적 답안에 대한 결정을 내린다.

수업 후 단계에서는 수련생이 발견한 해답들을 평가하는 것에 관련된 결정들을 내린다. 수련생은 내 대답이 정확한가? 문제를 해결하였는가? 등등의 질문을 던지고 만약 그렇다는 결과를 얻었다면, 수련생은 이 해답은 주어진 문제에 대한 한 가지 가능한 해결책이라는 것을 알게 된다. 만약 그렇지 않다는 결과가 나왔다면, 그 해답이 옳지 않다는 것을 알게 된다. 이때, 수련생이 해결책을 눈으로 볼 수 있다면, 다른 사람에게 확인시킬 필요가 없다. 예를 들어, 축구공을 여러 가지 방법으로 차는 문제에 대한 해답은, 수련생이 공의 경로를 바라보면서 스스로 그 해답의 정확성을 확인할 수 있다. 그러나 어떤 활동이나 기능은 수련생이 눈으로 보기 어려운 부분들이 있다. 이 경우에는 비디오 녹화를 하거나 지도자에 의한 협조가 있어야 한다. 수련생이 수업 후 단계에 보다 긴밀히 관여하면 할수록, 본 수업스타일의 목표는 더욱 더 많이 달성될 수 있다.

② 목적
 첫째, 교과 내용에 관한 문제를 설계하는 지도자의 인지적 능력을 발휘한다.
 둘째, 다양한 해결책을 발견하는 수련생의 인지적 능력을 발휘한다.
 셋째, 내용의 구조를 파악하고, 그 다양한 측면들을 발견한다.
 넷째, 지도자와 수련생으로 하여금 기존의 틀을 벗어나도록 하는 정서적 파격감을 맛보도록
   한다.
 다섯째, 해결책들을 검증하고 조직하는 능력을 개발한다.

(9) 자기설계식 스타일

① 특징
자기설계식 스타일(learner's design style, I)에서는 수련생의 독자적 결정권이 더욱 확대된다. 지도자는 일반적인 교과 내용만 정해주고, 수련생이 그에 관련된 질문이나 문제를 스스로 제작하고 그 해답을 찾는다. 그러나 이 스타일을 '원하는 대로 해라'든지, '뭐든지 가능하다'라고 생각하는

것은 오해이다. 스타일 I는 수련생의 창의적 능력을 계발하고 촉진시키고 고도로 체계화된 방법이다. 이 스타일은 어떤 이슈의 중요한 요소들은 발견하기 위하여 탐색하고 검토하는 체계적인 절차를 제공한다. 스타일 I는 스타일 A부터 H까지를 모두 성공적으로 경험한 수련생들을 대상으로 할 때 가장 효과적이다. 이는 이전 스타일에 대한 배경적 지식과 경험을 가지고 있어야 수련생들은 합리적으로 문제를 만들어내고 해답을 구해내는 과정의 어려움을 잘 헤쳐나 갈 수 있기 때문이다. 어떤 이슈와 그 요소들 사이의 관계를 이해하기 위해서는, 앞에서 배운 스타일을 활용해야 한다. 수업 전 단계에서는 지도자는 일반적 교과 내용에 관한 결정을 내린다. 수업 중 단계에서는 지도자와 수련생은 각각 다음의 결정을 내린다.

> 첫째, 수련생은 지도자에 의해 주어진 수련 내용과 관련된 질문을 만들고 다양한 해답을 고안한다.
> 둘째, 수련생은 완성될 프로그램이 어떻게 구성될 것인가를 결정한다. 이 지침들이 수업 후 단계에서 기준으로 활용된다.
> 셋째, 지도자의 역할은 수련생이 내용이나 스타일에 관련된 질문을 할 때 옆에 있어주는 것이다.
> 넷째, 지도자는 수련생이 지금 어떤 단계에 있고, 어떻게 진행하고 있는가를 확인시켜 주며, 교과 내용과 연결이 되고 있는가를 다시금 검토해 주는 등에 관해 수련생과 상의한다.

수업 후 단계에서 지도자와 수련생은 다음과 같은 결정을 내린다.
> 첫째, 수련생의 역할은 해답들을 검토하고, 문제에 비쳐 확인하고, 내용과의 연관성을 찾고, 자기가 만든 프로그램을 유지하는 것이다.
> 둘째, 지도자는 수련생의 프로그램 진전 상황, 기준의 충족, 문제점 발견, 질문의 제기 등에 대하여 수련생과 대화를 나누어야 한다.

② 목적

스타일 I의 목적은 수련생으로 하여금 특정 주제에 관하여 인지적 신체적 능력을 활용하여 자신의 힘으로 하나의 프로그램을 개발하는 기회를 갖도록 하는 것이다. 이 스타일에서 요청되는 지식과 신체적 능력은 스타일 A~H에서 쌓은 경험으로부터 나온다. 이 스타일로 여러 번의 수업을 행하기 위해서는 신체적 능력이 뛰어나야 할 뿐만 아니라 발견과 확산생산의 과정을 아주 잘 알고 있어야 한다. 수련생은 또한 정기적 프로그램을 개발하고 활용할 수 있도록 하는 정서적 능력도 지니고 있어야 한다.

(10) 수련생 주도식 스타일

① 특징

수련생 주도식 스타일(learner-initiated style, J)은 스타일 I와 그 구조와 진행이 비슷하기는 하지만 중요한 차이가 있다. 이 스타일은 처음으로 수련생이 스타일 자체를 주도한다. 수련생은 자기발전을 위하여 스스로 진도를 나가며, 탐구하며, 발견하고, 프로그램을 설계하고, 실행한다.
이 스타일의 핵심은 수련생이 전 과정을 시작하고 주도하는 것이기 때문에 학급 전체가 동시에 이 수준까지 가는 경우가 없다. 스타일 J는 언제나 개인 중심의 스타일이다. 자기 설계식 스타일에서와 마찬가지로 이 스타일도 1회의 수업만으로는 이룰 수 없고 여러 차례의 수업이 필요하다. 수련생은 다음과 같은 역할을 한다.
    첫째, 이 스타일을 시작하겠다고 건의한다.
    둘째, 자신에게 필요한 프로그램을 만든다.
    셋째, 그것을 실행한다.
    넷째, 평가한다.
    다섯째, 지도자를 어떻게 활용할 것인지를 결정한다.

지도자는 다음과 같은 역할을 수행한다.
    첫째, 자기 학습 활동을 스스로 주도하겠다는 수련생의 결정을 수락한다.
    둘째, 수련생이 계획을 수립하기 위한 일반적 조건들을 제시한다.
    셋째, 수련생이 실천한 과정과 그 결과를 받아들인다.
    넷째, 수련생이 의도한 것과 실천한 것 사이에 어떤 괴리가 생겨났는지를 수련생에게 알려준다.

② 목적
이 스타일은 학습의 설계, 실행, 평가 기회를 수련생에게 제공하는 것이다.

(11) 자기학습식 스타일

자기학습식 스타일(self-teaching style, K)에서는 수업 전, 수업 중, 수업 후 단계에서 행할 수 있는 모든 가능한 결정을 수련생이 스스로 내린다. 이 스타일은 학교에서는 존재하고 있지 않고, 수련생이 혼자서 학습을 할 경우에만 가능하다. 수련생이 동시에 지도자의 역할도 하고 수련생의 역할도 하는 것이다. 필요시 공적인 환경에서도 이 스타일을 진행할 수도 있다.

4) 태권도 수련 방식

(1) 수업 방식 선정의 맥락적 요인

'수업 스타일'과 비슷한 개념으로 수업을 행하는 다양한 방법들을 수업스펙트럼과는 다른 방식으로 구분하여 제시하는 '수업 방식'의 개념이 있다.
수업 방식은 특히, 다음과 같은, 지도자가 가르치는 상황의 맥락적 요인을 고려하여야 한다.
    첫째, '개인적 취향'은 지도자의 수업 방식 결정에 영향을 미치는 중요한 요인이다. 특히, 어떤 특정한 수업 방식의 타당성에 대한 전문가적 신념으로부터 그 취향이 나오는 경우 더욱 그러하다. 지도자는 자신이 효과적이라고 믿는 수업 방식, 자신에게 편안한 수업 방식을 사용할 때 더 나은 수업을 할 것이다. 수업 방식에 대하여 가지고 있는 지도자의 생각은 바뀔 수 있으며, 수업 목표를 성취하는 데 더 나은 수업 방식이 있다고 여긴다면 지도자는 새로운 수업 방식을 활용하려고 할 것이다. 중요한 것은 이러한 변화는 행정적인 강요에 의한 것이 아니라 개인의 전문 능력의 성장과 반성의 결과이어야 한다는 것이다.

    둘째, 수업 방식의 선택은 수련생의 특성을 민감하게 반영한 것이어야 한다. 수련생들이 선행 학습 경험이 있는 활동이라면, 그 활동을 처음 접하는 수련생을 가르치는 것과는 다른 방식을 선택할 수 있다. 장애를 가지고 있는 수련생이라면 '직접적 수업' 방식으로 가르치는 것이 필요할 것이며, 장애

수련생을 일반학급에서 함께 가르칠 경우에는 '협동 학습'이나 '동료 학습' 방식을 고려할 수 있을 것이다.

셋째, 신체 활동 가치 영역에 따라 같은 내용이라도 수업 방식에 차이가 있을 것이다. 예를 들어, 꾸미기 체조의 경우 도전 활동에서 동작 도전의 내용으로 가르칠 수 있을 것이며, 표현 활동에서는 주제에 따른 표현을 할 스 있을 것이다. 동작 도전의 경우 주어진 동작(혹은 선택한 동작)을 완벽하게 수행하는 것이 목적이기 때문에 좀 더 직접적인 수업 방식이 활용될 수 있을 것이며, 표현 활동의 경우 주제에 따라 다양한 동작을 창의적으로 구성할 수 있도록 수련생 주도식의 수업 방식이 활용될 수 있을 것이다.

넷째, 수업 환경, 특히 시설 요인이 수업 방식 결정에 중요한 영향을 미친다. 만약 강당에서 일렬로 배열된 6개의 코트에서 바드민턴 수업을 할 경우 코트를 따라 모였다가 흩어지는 문제로 인하여 지도자는 적극적 수업 방식보다 과제식 방식이나 개별화 방식을 사용하는 것이 효율적일 수 있다. 5학년 거리 도전의 투포환 수업의 경우 안전문제로 인해 지도자의 통제가 강화될 수밖에 없기 때문에 지도자는 적극적 수업 방식을 사용할 수 있을 것이다.

(2) 수업 방식의 종류와 특징

① 적극적 수업

효율적 수업 관점에서 초등수련생에게(혹은 기능이 초보적인 수준에 있는 단계) 가장 많이 사용되는 수업 방식은 '적극적 수업(active teaching)'이다. 적극적 수업은 '직접적 지도', '상호작용적 수업', '명시적 교수'라고도 불린다. 적극적 수업 방식에서는 전체 학생이나 소그룹에게 '직접적 지도(direct instruction)'를 행하고, 수련생들의 개별적 연습이 이루어진다. 이때 수련생들의 활동은 적극적으로 감독되고 지원된다. 수련생들의 활동은 교사에 의해서 통제되는데, 많은 학습기회를 얻게 되견 높은 성공률을 경험하게 된다. 적극적 수업을 선택하는 지도자는 학습 시간을 최적화하고 과제와 관련 없는 활동이나 수업방해활동을 최소화하는 관리절차를 잘 알고 있는 '노련한 관리자'라고 할 수 있다.

② 과제식 수업

경력 지도자일 경우 동시에 하나 이상의 과제를 수련생들이 학습하도록 하는 것이 유용함을 알게 된다. 이러한 과제 부여는 일반적으로 과제식 수업의 형태로 이루어진다. 과제식 수업(task teaching)'은 수련생들이 '동시에' 서로 다른 학습과제를 연습하도록 수업환경을 조직하는 것을 말한다. 과제식 수업은 '스테이션 수업(station teaching)'으로 불리기도 한다.

과제식 수업은 주로 용기구가 제한된 수업 상황이나, 동등한 수준에서 여러 가지 기능을 습득하기 위해서 활용된다. 예를 들면, 건강 체력을 증진시키기 위해 운동장 여러 곳에 근력 단련 스테이션을 만들어 놓고 수련생들로 하여금 순환하도록 하는 수업 방식을 들 수 있다.
과제식 수업에서 지도자가 각 과제의 내용을 수련생들에게 직접 전달하는 것은 효과적이지 못하다. 때로 수업의 시작 시에 각 과제를 설명하거나 시범 보여 주기는 하지만, 효과적으로 실행하기 위해서는 과제가 아주 단순하고 쉽게 암기할 수 있도록 만들어져야 한다. 새로운 과제(단순하지 않고 복잡하고 난이도가 있는 과제)를 소개하는 것은 과제식 수업방식으로는 비효과적이다. 어떤 단원을 가르치는 초기의 몇 시간에는 과제를 소개하는 적극적 수업 방식을 사용하며, 진도가 나아감에 따라 과제식 수업을 사용하기도 한다. 이렇게 하면 수련생들이 과제들을 이해하고 지도자의 긴 설명이나 시범 없이도 그것들은 혼자서 연습할 수 있게 된다.

과제식 수업을 사용하는 지도자들은 대부분 각 스테이션마다 연습을 위한 '과제카드'나 '과제포스터'를 만들어 놓는다. 카드나 포스터를 통하여 간단하고 단순한 설명만으로 과제를 전달한다. 과제포스터는 사진이나 그림을 이용할 수도 있다. 수련생은 설명을 읽거나 그림을 봄으로써 과제를 연습하기 시작한다.

과제식 수업 방식이 가지고 있는 장점 중 한 가지는 한 스테이션에서 여러 가지 다른 수준의 기능들을 한꺼번에 연습할 수 있도록 할 수 있다는 점이다(이 의미를 수준별로 스테이션을 나열하는 것으로 오해해서는 안 된다). 예를 들어 배구 수업에서 지정된 과제가 벽에다 대고 오버핸드 패스(토스)를 연습하는 것이라고 할 때 공을 맞추는 높이를 높거나 낮게 조정하거나, 벽과의 거리를 멀거나 가깝게 하거나, 종류가 다른 공을 사용함으로써 서로 다른 기능 수준을 함께 연습할 수 있도록 할 수 있다. 수련생들은 자신이 자신 있게 할 수 있는 단계에서 그 과제를 시작하여 점차 그 난이도를 높이거나 낮추면서 과제 연습을 실시할 수 있다.

과제식 수업 방식의 장점으로 공간 활용을 극대화할 수 있다는 점이다. 예를 들어, 네트형 경쟁에서 배드민턴 수업을 할 때, 수련생들이 특정 기능을 연습하는 것을 돕는 학습보조기구들을 준비할 필요가 있다. 적극적 수업 방식에서는 이 기구들은 처음에 세웠다가 다른 과제를 해야 할 경우에는 치워야 한다. 이 같은 과정이 수업 내내 반복된다. 하지만 과제식 수업 방식에서는 수련생들로 하여금 각 스테이션을 순환하게 함으로써 수업 시간 전체에 걸쳐 이 기구들을 그대로 두고 사용할 수 있다.

스테이션의 이동은 지도자의 신호에 의하거나, 과제의 수행 정도에 따라 실시할 수 있다. 후자의 경우 수련생들의 과제 순환 혹은 참여 상의 문제가 발생할 수 있다.
과제 학습의 효과를 높이기 위해서는 과제 수행의 점수가 높은 수련생에게 개별적인 상을 준다거나 합산점수를 근거로 그룹 간에 경쟁을 시키도록 한다든 가와 같이 지도자의 관리 감독 이외의 책무성 보상 체계가 활용할 수 있다.

③ 질문식 수업

'질문식 수업(teaching through questions)'은 과제가 수련생들에게 질문의 형태로 제시되는 수업방식을 말한다. 흔히 '움직임 교육'이라고 알려진 교육과정을 통하여 초등학교 저학년 수련생들을 가르칠 때 가장 많이 사용되어 왔지만, 이들에게만 한정되는 것은 아니다. 대부분의 운동 종목(혹은 신체 활동)에서 이 질문식 수업 방식을 활용하여 가르칠 수 있다.
이 방식의 특이할 만한 사항은 수련생들에게 과제가 제시되는 방식과 학습의 과정에서 수련생의 역할이 변화되는 점이다. 적극적 수업 방식에서는 과제, 성취수준의 측정 기준, 연습 활동 방법 등의 내용들이 자세하게 수련생들에게 제공되는데 반해, 질문식 수업 방식에서는 성취수준의 측정기준과 연습의 조건은 제시해주지만, 연습을 어떻게 할 것인가는 수련생들의 해석과 탐색에 맡겨 버린다. 예를 들어 '몸의 부위 세 곳을 사용하여 균형을 잡아 보자.'라는 과제가 있다면, 몸 부위 세 곳은 과제의 성공적 수행 기준을 나타내지만 수련생들은 이 방법을 다양하게 찾을 수 있다. 이 과제가 해결되면 '다른 방법은 무엇이 있을까?' 라는 후속 질문을 할 수 있다. 이 과제를 해결하기 위해서 해야 할 활동은 지도자가 설명한 것을 그대로 따라 하도록 하거나 한 가지 정답을 알려주는 대신에 수련생들에게 맡겨 버리는 것이다. 준비해 놓은 기능 목표를 성취하도록 수련생들이 점차 진도를 나아가도록 일련의 과제결문을 준비해 놓을 경우, 이 수업 방식은 모스톤이 말한 '유도발견식 스타일(the guided discovery style)'이 되는 것이다.

④ 동료 수업

학급 인원수가 적을수록 학습 성과는 높아질 수 있다. 학교에서 학급 인원수의 조정은 지도자의 권한 밖의 일이기에 학습 과정에서 동료들이 적극적인 역할을 담당하도록 하는 방법을 '동료 수업(peer teaching)' 방식이라고 한다.

동료 수업은 배우는 활동의 특성에 따라 2인 1조, 3인 1조, 혹은 소규모그룹의 형태로 행해질 수 있다. 2인 1조로 행해질 경우 이 방식은 모스톤의 '교류식 스타일 (reciprocal teaching style)'이 된다.

동료 수업 방식을 사용한다고 해서 수업 전체를 설계하고 실행해야 하는 지도자의 책임이 덜어지지는 않는다. 지도자는 수업 목표가 효율적으로 성취되고 수련생의 성장과 친구들과의 관계에 도움이 되는 방식으로 학습 환경을 계획하고 실천하는 책임은 항상 지니고 있어야 한다(그러나 이 말이 수업 지도, 시범 또는 피드백 등의 활동을 '혼자서' 혹은 많은 부분을 '몸소' 실행해야 한다는 것을 의미하지 않는다).

동료 수업 방식의 성공적 실행 여부는 배우는 수련생과 가르치는 수련생 간의 관계에 달려 있다. 이들은 친구를 서로 돕는 방법을 알아야 하며, 배우는 입장에서나 가르치는 입장에서나 서로 협동적으로 자진해서 일할 마음가짐이 있어야 한다. 가르치는 수련생은 정확한 피드백을 제공하기 위해서 활동을 분석하는 방법을 알아야 할 뿐만 아니라 격려를 아끼지 않으며, 명확하게 설명하고 피드백을 주는 방법을 알아야 한다. 대부분의 수업 방법처럼 동료 수업 방식을 사용할 경우 수업 내내 또는 한 단원동안 계속해서 이 방법만으로 수업을 진행할 수도 있고, 다른 수업 방법들을 접목시켜서 사용할 수도 있다.

⑤ 협동적 학습

'협동적 학습(cooperative learning)'은 팀은 서로 다른 기능 수준의 수련생들로 구성되어 각 팀들이 서로 운동수행 능력상 평등한 조건 속에서 학습 활동에 임하게 된다. 팀은 개인의 성취가 아니라 그룹의 성취로서 그 성공 여부가 판단된다. 즉, 성공적인 형태의 협동적 수업에서는 개개 성원의 점수를 합한 것이 팀의 점수가 되며, 따라서 각 팀은 개개 성원의 운동수행능력이 최대화될 수 있도록 노력을 기울여야 한다.

일반적으로 체육 교과에서 많이 이용되는 협동적 수업 방식은 '직소우 방식(jigsaw)', STAD, TGT 등이 있다. 3)

(3) 자세한 내용은 1부 수업 모형을 참조하기 바람,

'자기지도식 수업(self-instructional teaching)'은 지도자의 존재 없이 스스로 일련의 학습 활동을 진행해 나갈 수 있도록 하는 '스스로 학습' 방식이다. '개별화 수업', '계약 학습', '개인화 수업체계' 등이 여기에 속한다.

개별화 수업(individualized instruction) 방식은 모든 교수 활동에 자료물 (일종의 학습 카드)를 제시한다. 이 방식으로 수업을 준비하는 지도자는 자료를 개발하고 보완하며 학생의 수행 정도를 평가하기 위한 기록을 계속적으로 관리하는 데 많은 시간을 투자한다. 이 방식은 전통적인 수업을 할 때에도 사용될 수 있고, 볼링, 테니스, 골프 등과 같이 수련생이 교실과는 떨어져서 독자적으로 무엇인가를 배우려고 할 때에도 이용될 수 있다. 체육 수업 내용의 성격상 이 방식에서 학습 과제를 완료하기 위해서는 수련생들은 2인 1조, 3인 1조, 또는 소그룹으로 짝을 지어야 할 경우가 많다. 이 경우 동료 수업방식과 결합되어 이용될 수 있다. 이 방식은 준비된 수업 자료물이 수련생들에게 얼마나 적합하게 얼마나 구체적으로 제작되었는가에 따라 그리고 평가관리시스템이 수련생들로 하여금 과제를 완수하도록 얼마만큼 동기부여를 시킬 수 있느냐에 따라 그 성패가 좌우된다. 요컨대 수업용으로 제작된 자료물은 완벽하고도 명확한 형태로 만들어져서 언제나 수련생들이 스스로 도움을 받을 수 있도록 해야 한다.

계약 학습(contracting)'은 수련생이 미리 마련된 몇 가지 기준에 따라 일련의 학습과제 들을 완수해 나가겠다는 학습계획을 체결하는 개별화된 수업 방식이다. 계약 학습 방식은 학교 밖의 장소에서 지도자가 아닌 다른 사람의 감독하에 체육 수업이 이루어질 때 가장 많이 사용되는 자기지도식 학습법이다. 수련생들은 지도자의 감독 없이 골프장이 나 볼링장에서 자기 스스로 단원의 학습을 완수한다. 계약서에는 완료해야 할 학습 과제, 최소한의 연습량, 평가 기준 등이 구체적으로 쓰여져 있어야 한다.

'개인화수업체계(PSI; Personalized Systems of Instruction)' 방식은 배울 내용이 아주 작은 단원들로 나누어지고 다음 단원으로 넘어가지 위해서는 그 단원에 대한 내용이 충분히 습득되는 것을 요구하는 수업 방식이다. PSI 방식은 아주 구체적인 학습 과제가 준비되어야 하며 충분한 습득단계를 나타내는 명확한 기준이 마련되어야 한다. 수련생들은 이 기준을 성취할 때까지 제시된 과제들은 연습한다. 평가는 일반적으로 그 단원에 주어진 시간 한계 내에서 얼마나 많은 과제를 완료했는가를 기준으로 주어진다.

5) 태권도 수련 전략

(1) 수업 운영의 효율성을 높이기 위한 기법

① 초기 활동의 통제

수업의 초기 활동은 중요하다. 수업하러 올 때부터 수련생들은 수업목적을 성취하는 것에 도움을 주는 무엇인가를 해야 한다. 그것은 준비 운동이 될 수도 있고, 다른 기타 초기 연습 활동일 수도 있다. 이러한 활동들은 알림판이나 교실 뒤 칠판에 붙여놓을 수도 있다. 이는 지도자의 구체적인 설명 없이도 성공적으로 행할 수 있는 내용으로 수업에서 기본적인 집합대형이나 장소일 수도 있고, 수업 전 사전 활동일 수도 있다. 교실 수업에서 해방된 수련생은 체육 수업을 기다리고 지도자보다 미리 운동장에 나올 수 있다. 이때 수련생들이 아무것도 안 하거나 딴짓을 하기보다는 수업과 관련된 유의미한 활동 (예를 들며, 준비 운동을 하거나, 전시 학습 내용을 연습하는 것)을 한다면 수업의 효율성은 더욱 높아질 것이다.

② 수업의 정시 시작
　모든 수업은 정시에 시작되어야 한다. 수업 시작을 정확하게 함으로써 수업의 흐름과 진행이 제대로 이루어지고 수련할 내용의 중요성이 강화될 수 있다.

③ 출석 점검 시간의 절약
　메인 지도자에 의해 수련 이루어지는 경우가 많은데 이때 출석 점검 시간에 많은 시간이 허비되어서는 안 된다. 출결 상황을 수업 시작 전에 일일이 확인하는 것보다 초기 활동이 이루어지고 있는 상황에서 자연스럽게 이루어지는 것이 좀 더 효율적인 수업이 될 수 있을 것이다.

④ 절차의 훈련
　티칭모멘트를 위한 주도, 집합 등의 행동을 위한 신호와 절차를 개발한다면 수업 시간을 좀 더 효율적으로 활용할 수 있을 것이다.

⑤ 적극적 수업의 진행
　수련생들은 소극적인 지도자보다 적극적인 지도자를 좋아한다. 지도자는 수업 상황에서 보다 적극적으로 임해야 한다. "힘내자, 파이팅, 아자 아자!" 등과 같은 격려는 수련생들이 열정적으로 신속히 반응하도록 힘을 북돋아 줄 수 있다.

⑥ 높은 기대감의 전달
　'기대 (expectation) 란 지도자가 성취하기를 원하는 과정이나 결과를 기술하는 지도자의 말이다. 지도자가 어떤 기대를 가지고 있는가를 수련생들이 아는 것도 중요하며, 지도자 스스로 교육활동이 이 기대를 실현시키기 위한 방향으로 이루어지도록 해야 한다. 만약 교사가 '너희들이 연습 중간에 빨리빨리 움직이기를 기대한다.'라고 말해 놓고 실지로 학생들이 게으름을 피우도록 놓아둔다면, 수련생들은 지도자가 자기가 한 말을 그다지 중요하게 생각하지 않는다고 믿을 것이다.

⑦ 피드백과 상호작용의 증진
　절차를 가르치는 초기 단계에서는 수련생들에게 구체적 피드백을 자주 제공하고, 수련생들과의 긍정적 상호작용이 빈번히 이루어지도록 해야 한다. 구체적 피드백은 '1모둠은 스테이션을 바꾸고 열심히 하는데 9초밖에 안 걸렸다'와 같이 그 행동에 적합한 정보를 싣고 있다. 일반적 피드백은 '잘했다. 그래 그거야'와 같이 언급하는 행동을 지시하기는 하지만 그에 적합한 구체적인 정보를 담고 있지 않다. 초기 단계에서는 지도자는 절차를 잘 따르는 수련생들은 칭찬하는 것에 보다 관심을 집중해야 한다.

⑧ 수업 흐름의 유지
　수업의 흐름을 느려지게 하는 사건과 모든 활동을 완전히 정지하는 휴식은 피해야 한다. 휴식과 흐름 저하를 피하기 위해서는 '돌발 사태(intrusion event)'를 피해야 한다. 돌발 사태는 교장실로부터의 메시지, 다친 수련생, 울음보를 터트린 아이 등과 같이 지도자의 관심을 수업으로부터 떨어지도록 만드는 모든 종류의 예기치 못했던 사태를 말한다. 지도자는 이러한 돌발 상황을 해결해야 하지만 수업의 맥이 끊이지 않도록 해야 한다. 보통 진행 속도의 저하는 지도자가 불필요한 행동을 오랫동안 하거나, 설명을 너무 오래하거나, 너무 자세하게 말했을 경우에도 발생한다. 수업의 흐름은 수련생 전체가 그것을 할 수 있음에도 불구하고 한 수련생에게 어떤 것을 시켰을 때에도 끊일 수 있다.

⑨ 관리행동기록의 게시

효과적 관리에 도움이 되는 피드백과 동기유발을 위하여 좀 더 형식화된 방법은 관리시간기록을 작성하여 그 결과를 게시해 놓는 것이다.

⑩ 관리 게임의 활용

'관리 게임(management game)'이란 정해 놓은 관리 목표를 달성했을 경우 보상받는 게임 형태의 행동수정기법이다. 관리 게임은 팀 단위로 실행되는데, 시작 시간, 수업 장소로 이동시간, 5초 내 주목하기 등과 같은 관리 목표가 있다면 팀원은 관리 목표를 달성하기 위해 노력해야 한다. 하나의 관리목표가 달성될 때 마다 점수가 부여되며, 팀끼리 경쟁하는 것이 목적이 아니기 때문에 전 팀이 우승할 수 있다. 자유시간은 등을 팀에게 보상할 수 있다.

(2) 수업 분위기 형성하기

"내가 수련생들을 잘 다룰 수 있을까?"의 문제는 매우 중요한 과제이며, 어떤 측면에서는 매우 심각한 문제이다. 태권도 수련 시간이 되면 수련생들은 마구 뛰어다니고 좀처럼 지도자 말에 귀를 기울이려 하지 않는다. 결국, 이런 상황에서는 즐겁고 성공적인 수업 분위기가 마련되기 어렵기 때문에 모든 초보 지도자들은 수련생들을 질서 있게 통제하는 것을 가장 큰 문제로 생각하고 있다. 아울러, 초반부터 효율적인 학습 환경의 계획 및 시행 여부에 따라 지도자들의 평생 수련의 성패가 좌우되는 것이 공공연한 사실이기에, 초반 분위기의 형성은 매우 중요하고도 심각한 사안이 아닐 수 없다. 실제로 성공적인 지도자들은 수련 초기부터 이러한 계획을 비교적 손쉽고 체계적으로 적용하여 수련기간 내내 효과적인 태권도 수련을 진행하는 것을 쉽게 볼 수 있다. 태권도 수련 상황에서 적용되는 다양한 행동 규범은 분명 지도자 개인에 따라 다르지만, 대개 어떠한 경우든 수련생들을 자기 뜻대로 통솔하여 매끄러운 수업을 진행할 수 있기까지는 많은 시간과 연습이 요구된다. 오랜 시간을 투자해 가면서, 똑같은 내용을 반복해서 매시간 가르치는 행위는 대다수 지도자들에게 그리 유쾌한 일은 아닐 것이다. 그러나 수련 활동을 원활하게 하기 위해서는 태권도장에서 지켜야 할 행동 규범을 가르치는 것이 중요하며, 수련생들이 이러한 행동 규범을 지킬 때 지도자들의 교수 활동은 더 즐겁게 진행될 수 있을 것임을 알아야 한다. 초반 등록 후 수업 분위기는 지도자의 평생의 수련의 틀을 예측할 수 있는 지침이라는 것을 기억해야 한다.

6) 준비 운동과 정리 운동

(1) 준비 운동의 필요성

준비 운동은 사전에 체온을 높여 호흡, 순환, 신경, 근육, 관절 등을 운동에 적합한 상태로 서서히 진행되도록 하기 위한 활동이다.

① 근, 인대 등 상해의 위험을 최소화한다.

인체의 인대, 근육, 건 등은 운동에 따라 그 탄성이 변화한다. 이러한 근육이나 신체 조직은 온도가 낮으면 조직의 탄성이 저하되어 주 운동을 행할 때 근이나 건의 파열과 같은 상해의 위험이 커지게 된다. 특히, 폭발적인 힘을 발휘해야 하는 활동에서는 더욱 필요하다.

② 운동 피로의 조기 발현을 예방한다.

운동 초기에 인체는 무산소적인 ATP 생성체계에 의존하게 된다. 이는 운동으로 인한 에너지 소비의 증대에 대응하여 인체의 순환계와 호흡계가 적응하는 데 시간이 필요하기 때문이다. 산소수송체계가 정비되기 전에는 무산소성 에너지 공급에 대한 의존율이 높게 되고, 그 결과 탄수화물의 무산소성 대사산물인 젖산이 조기에 축적될 수 있어 운동 수행 시 초기의 피로 출현을 유발하여 수행력을 떨어뜨리는 요인이 될 수 있다. 적절한 준비운동은 운동 초기에 그 운동을 보다 유산소적으로 행하도록 하는 효과를 갖고 있다.

③ 심장 손상의 위험을 감소시킨다.

준비 운동 없이 본 운동에 들어가게 되면 심장에서 보내는 혈류가 부적절하게 되며, 이 때문에 심장은 운동 중에 각 조직에 필요한 혈류량(산소 포함)을 급격히 보내야 하는데 이때 심장의 위험이 뒤따르기 때문에 준비 운동은 꼭 필요하다.

④ 신경계의 통합적인 조절기능을 높여준다.

준비 운동은 인체의 조정력(coordination)을 높여준다. 이는 신경계의 통합적인 조절에 적응의 절차가 필요하다는 것을 시사하는 것으로 비록 완벽한 신경지배 경로가 형성되어 있을지라도 즉, 완전한 폼이 형성되었을지라도 수행에 앞서 행하는 일회적 연습이 필요함을 보여준다. 또한, 심리적으로 해당 운동에 대해 준비를 할 수 있으므로 심리적 안정감을 줄 수 있는 장점도 있다.

(2) 준비 운동 시 유의점

① 준비운동 선택 시 유의점
- 관절의 가동성을 높이는 운동을 포함한다. 심혈관계(심장, 폐, 혈관)가 준비하도록 하는 심박수를 높이는 활동을 포함한다.
- 근육과 그와 관련된 인대와 신체 조직이 준비하도록 하는 정적 스트레칭을 포함한다.
- 신경근계가 준비하도록 하는 활동을 포함한다.
- 모든 수련생을 위한 활동이어야 한다.
- 본 운동의 활동에 관련되어야 한다.
- 수업의 통합된 부분이어야 한다.
- 다양하고 재미있어야 한다.

준비 운동은 형성된 기능과 지식을 재생하고 수정하는 가치 있는 기회로써 이용하고 다음에 발달시킬 새로운 운동 아이디어를 소개한다. 예를 들면, 수비동작에 중점을 두는 농구수업은 준비운동에 수비동작을, 회전하기에 중점을 두는 체조수업은 준비운동에 회전하는 동작을 포함해야 한다. 준비 운동은 반 전체 혹은 모둠별로 실시할 수 있다. 모둠별로 실시할 때에는 본 수업에서 나누어야 하는 집단의 크기를 고려해야 한다.

(3) 준비 운동의 활동시간

준비 운동은 일반적으로 5~10분 정도 실시하지만, 수업시간에는 3~5분 정도 실시한다. 수련생들이 열이 나고 더워져서 옷을 벗는 것은 준비운동의 효과성 표시이다. 보통 규칙적인 운동에 익숙하지 않은 수련생들은 체력이 좋고 매우 활동적인 사람들보다 강도가 낮은 준비 운동을 해야 한다. 규칙적인 운동에 익숙해진 활동적인 수련생은 보다 강한 준비 운동이 필요하다. 엘리트 선수들은, 주요 시합 전이나 강한 트레이닝 전에 준비 운동으로 30~60분 정도 소요한다.

수업을 계획할 때, 준비 운동이 끝난 후에 너무 오래동안 앉아있거나 서 있게 하는 것은 피해야 한다. 체온은 지속적으로 떨어지고 준비 운동의 효과는 감소되거나 손실되기 때문이다. 만약 설명이 필요하다면 준비 운동 전에 하거나 조깅하거나 스트레칭을 하는 동안에 한다.

(4) 정리 운동(cooling down)

(1) 정리 운동의 필요성

주 운동 전에 준비 운동을 하는 것과 같이 운동 후에 정리 운동도 중요하다. 정리 운동의 필요성은 다음과 같다.

- 젖산 등 피로물질의 제거

   동적 휴식을 취할 때가 정적 휴식을 취할 때보다 피로 물질인 젖산의 제거율이 높다. 그것은 활동을 통해 혈류량을 어느 정도 유지함으로써 젖산의 추가 연소를 돕고, 호흡활동을 통해 인체의 산성화에 대한 호흡성 완충작용을 촉진시키기 때문이다.

- 뇌빈혈의 예방

   갑작스런 활동 정지는 근펌프 작용 소실로 인해 정맥 환류량이 감소하고, 결국 심박출량이 급격히 감소되어 뇌빈혈을 초래할 수 있다. 정리 운동은 근펌프 작용을 지속시켜 하체의 정맥 저류현상 또는 급격한 심박출량 감소 현상을 예방한다.

- 근육통이나 근 경직을 예방

   운동 시 젖산 등의 대사물질과 함께 브라디키닌(bradykinin) 등의 축적은 근육통이나 근 경직의 원인이 된다. 동적인 정리 운동은 근혈류 속도가 급격히 감소되지 않고 서서히 감소하도록 하여 이들 물질의 신속한 제거에 도움을 준다.

② 정리 운동 시 유의점

정리 운동은 수련생들이 그들의 신체를 점차로 준비해서 운동을 마칠 수 있도록 도와주어야 한다. 차의 기어를 점차로 낮추어 속력을 줄이는 것과 같이, 운동으로부터 인체를 점차 편안하게 하는 것이 필요하다. 정리 운동은 다음을 포함하여야 한다.

- 심박 수를 낮추는 활동
- 정적 스트레칭 운동

   정리 운동은 수업의 주요 요점을 재생시키고 요약하는 기회로 이용하여야 한다. 예를 들어, 무용 수업이라면 수련생들이 무용을 해보는 것으로 끝내고, 마찬가지로 영역형 경쟁 수업이라면 1대1 수비를 활용한 정리 운동을 한다.

7) 비과제 행동 최소화하기

행동 규칙을 효율적으로 가르치는 지도자라 할지라도 종종 비과제 행동을 경험하게 되며, 이를 최소화하려는 노력을 기울이게 된다. 훌륭한 지도자들은 의식적 또는 무의식적으로 그들만이 사용하는 일련의 전략을 가지고 있는 듯하다. 그 중 대표적인 것이 '벽 등지기', '밀착 통제', '상황 이해', '선별적 무시', '동시 처리', '구체적 지적' 등이다.

(1) 벽 등지기

'벽 등지기'는 체육관 벽이나 운동장의 가장자리처럼 수업 장소 경계 지역에 서 있는 것을 뜻한다. 지도자는 이러한 위치에서 수업이 진행되는 장면을 전체적으로 잘 관찰할 수 있다. 지도자가 도장 중간에 서 있으면 수련생의 50%를 볼 수 없을 것이며, 이것은 일정 시간 동안 수련생의 비과제 행동을 볼 수 없음을 의미하는 것이다. 비과제 행동을 초기에 관찰하는 능력은 성공적인 지도자의 특성으로 꼽힐 수 있다. 즉, 수련 초기의 즉각적인 관찰은 비과제 행동의 진행을 막을 수 있지만 몇 분간 방치하면 다른 몇 명의 수련생들까지 가담하게 될 것이며 결과적으로 비교적 사소한 일도 심각하게 확대될 가능성이 높다. 결론적으로, 비과제 행동의 대상과 시기를 조기에 파악할 수 있을 때 지도자들은 물결 효과를 방지할 수 있으며, 비과제 행동을 위기로 발전하지 못하게 하여 수업을 성공적으로 이끌 수 있다.

(2) 밀착 통제

밀착 통제는 비과제 행동을 하는 수련생들 옆으로 가까이 다가감으로써 자신이 비과제 행동을 하고 있다는 것을 깨닫게 하고, 지도자가 그것을 보고 있다는 것을 알게 하는 방법이다. 이때 중요한 것은 수련생들이 지도자의 의중을 이해할 수 있도록 충분히 가깝게 다가간다는 것이다. 반드시 수련생을 쳐다보지 않아도 된다. 비과제 행동을 하기 직전에 옆에 서 있기만 하여도 수련생들에게 충분한 메시지를 전달할 수 있기 때문이다. 밀착 통제는 지도자가 지속적으로 움직여야 함을 의미한다. 그러나 초임 지도자 때에는 한 장소에 가만히 머물러 있는 경향이 있는데, 비록 편할지는 모르지만, 효율적인 방법은 아니다. 분명한 것은 훌륭한 지도자는 도장 내에서 지속적으로 움직이면서 수련을 효율적이고 성공적으로 이끌어 낸다는 것이다.

(3) 상황 이해

'벽 등지기'와 '밀착 통제'는 지도자가 수업의 상황을 이해하고 있다는 느낌을 수련생들에게 전달한다. 대부분의 경우 수련생들이 일관되게 과제를 잘 수행하도록 하는 지도자는 수련생들을 무섭게 다루고 위협할 것이라고 생각할 수 있으나, 사실은 그렇지 않다. 통제에 대한 문제를 갖지 않으며, 수업 흐름을 매끄럽게 가져가는 지도자들은 항상 차분하고 용기를 북돋워 주는 방법을 사용하면서 그들이 수업이 진행되고 있는 상황을 충분히 이해하고 있음을 수련생들에게 전달한다. 즉, 비과제 행동 경향에 대해 신속하고 시기적절하게 조치함으로써 지도자들이 상황을 이해하고 있다는 것을 수련생들에게 효과적으로 확신시키고 있으며, 이러한 지도자의 상황 이해에 대한 메시지는 그 무엇보다도 효과적으로 수업의 흐름을 잡아갈 수 있다.

(4) 선별적 무시

대단히 활동적인 수련생은 지도자가 요구하는 것을 대단히 빠른 속도로 이행하는 모습을 볼 수 있다. 지도자는 분명히 그를 보았지만, 선별적으로 무시하고 있었으며, 이것은 하나의 효과적인 교수 전략이었다. 전체 수련생들이 어떤 한 수련생의 특이한 행동을 이해하도록 도울 수 있기 때문에 선별적 무시는 많은 수련에서 활용되고 있다. 비정상적으로 행동하는 수련생을 이해하는 능력은 태권도 수련에서 이룰 수 있는 큰 장점 중의 하나이다. 특별한 욕구를 지닌 수련생들과 함께 생활하면서 다른 수련생의 상황을 이해하는 능력과 그들을 도우려는 참된 마음이 생성하게 되는 것인데, 이러한 이해는 자동적으로 생기는 것이 아니라 바로 수련을 통해서 육성될 수 있다.

(5) 동시 처리

동시 처리는 연습에 의해서 터득할 수 있는 기술이다. 이것은 의도하는 수업 방향을 유지하면서 동시에 발생하는 몇 가지 일을 해결하는 능력이다. 지도자는 수련생이나 상황에 의하여 동시에 처리하기를 요구받는다. 예를 들면, 화장실에 가야 할 수련생에게 허락 하는 뜻으로 고개를 끄덕이며 "나 좀 보세요."라고 말하는 수련생에게 미소를 짓고, 지도자에게 말하기를 원하는 수련생에게 잠시 기다리란 뜻으로 어깨에 손을 얹어 놓기도 한다. 동시 처리는 경험을 통해 학습되는 수업 기술이며, 대개는 30명 이상의 수련생들을 가르칠 때 수업이 중단되지 않게 하기 위해 동시 처리가 필요할 때가 있다. 상규적 행동이나 행동 규칙의 설정으로 동시 처리를 최소화하려고 하지만, 여전히 동시 처리가 필요할 때가 발생한다. 체육 수업에서 발생하는 비과제 행동은 그 발생 빈도와 상황을 볼 때 예측 가능한 것이 거의 없고 지극히 우발적이고 동시 다발적이기 때문이다.

(6) 구체적 지적

지도자가 바람직한 행동이나 기술을 습득하도록 수업 중 수련생들을 지적하고 식별하는 것을 '구체적 지적(pinpointing)'이라고 한다. 이것은 초등학교에서 일반적으로 활용되는 전략이다. 수업에서 일탈하고 있는 수련생에게 "나는 민수와 영철이가 조용히 서 있는 것을 좋아한다."라고 말하는 것은 긍정적 지적의 좋은 예이다. 경험상으로 볼 때 이러한 긍정적 지적은 지도자에게 기쁨을 주기를 원하는 어린 수련생들의 기본적 심리를 아주 잘 파악하고 있는 것이기 때문에 비교적 효과적이다. 그러나 이것 또한 과도하게 사용하면 수련생들에게 무시될 수 있기 때문에 수련생의 유형과 사용 방법, 사용 빈도를 적절히 조절해야 한다.

8) 태권도 수업에서 규율

태권도 수업에서의 엄격한 규율의 적용은 끊임없는 논쟁에도 불구하고 일반적인 수련생 통제 방법으로 활용되고 있다. 초등 지도자들은 비교적 짧은 기간에 다양한 과목의 수업을 하게 되며, 특히 체육과 같이 야외에서 행해지는 수업에서의 엄격한 규율의 적용은 많은 도움이 됨을 인정한다.

(1) 퇴장

퇴장(time-out)은 엄격한 규율 체제의 일부로서 체육 수업에서 가장 유용하게 사용되는 기법 중의 하나이다. 먼저 한 차례 경고를 한 다음 또다시 같은 일을 반복하면 퇴장이 주어진다. 이러한 '퇴장'은 연중 수차례 받을 수 있다는 사실을 수련생들에게 인식시킬 때 가장 효과적이며, 이를 위해 연초에 명확하게 주지시켜야 한다. 한 예로, '퇴장'의 숫자를 수련 중 기록할 수 있다. 그러면 잘못 행동한 수련생은 자신의 퇴장 횟수를 알 수 있으며, 이것은 주위의 다른 수련생들에게도 동시에 각성의 계기를 마련해 줌으로써 함께 떠드는 것을 막을 수 있다.

또, 어떤 지도자들은 시계를 사용하여 퇴장 후 2분 뒤에 수업에 복귀할 수 있음을 지도하고, 어떤 지도자들은 종이와 연필을 주고 퇴장 받은 이유를 낱낱이 종이에 적게 시키거나, 직접 찾아와서 퇴장 받은 이유를 설명하도록 요구한다. 만일 같은 시간에 두 번 퇴장을 받으면 대다수의 지도자들은 나머지 시간 동안 수업을 받지 못하게 한다. 이것은 가혹하게 보일지 모르지만, 나머지 대다수 선의의 피해자를 방지하기 위해 필요악적인 조치로 볼 수도 있다.

(2) 상벌의 제공

외재적 보상에 기초한 규율 체제를 선정할 때에 보상은 수련생들에게 바람직하여야 하고 잘못된 행동에 뒤따르는 결과는 불쾌한 것이 되어야 한다. 먼저, 바람직한 행동에 대한 보상을 제공하는 데 있어서 중요한 것은 주변의 다른 수련생들에게 널리 알림으로써 충분한 가치를 심어 주는 것이다. 이것은 지도자에게 다소 준비를 요하는 귀찮은 일이지만, 매우 효과적이다. 일부 지도자들은 도장 내 다양한 물품을 이용하여 효과적인 상을 제작한다. 중요한 것은 품목의 중요성이 아니라 상에 대한 관점(idea)에 있다. 어떤 지도자들은 스티커를 이용하기도 하고, 다른 지도자들은 스탬프를 이용하여 수련생들이 좋아하는 메시지를 손등에 찍어 주기도 한다. 한편, 바람직하지 못한 행동에 대한 가장 효과적인 '불쾌한 결과'는 체육 수업에서 시간을 빼앗는 것이다. 잘못된 행동으로 지적받은 수련생은 그가 좋아하는 수업에 참가하지 못하게 함으로써 가장 서운하고 힘든 시간을 보낼 수밖에 없다.

9) 동기 유발

훌륭한 지도자는 수련생들에게 적절한 동기를 부여해 준다. 즉, 그들은 수련생들이 과제나 활동을 성취할 수 있고, 수련생들의 발달에 적합하며, 내적 동기를 유발할 수 있는 환경을 조성해 준다. 다음은 성공적인 동기 유발을 위한 세 가지 핵심적인 요소이다.

(1) 성취 지향적 학습 환경의 제공

성공을 경험하지 못한 지속적인 실패는 수련생의 시도를 포기하게 한다. 성공을 한 번도 경험하지 못한 수련생은 지속적인 노력이 발전을 가져올 것이라는 사실을 믿지 못할 것이다.

이는 수련생들이 많은 연습과 숙련도의 관계를 이해하지 못하는 전형적인 사례일 것이다. 그러므로 수련생들에게 동기 유발을 시키려면 수련생들에게 성취할 수 있는 과제를 제공하여야 한다. 상식적 차원뿐만 아니라 각종 연구 결과는 수련생들이 새로운 기능을 익힐 때 80% 정도의 성공률이 있어야 적당하다고 한다. 즉, 대부분이 그 과제를 성공했을 때, 이를 기꺼이 계속 수행하려

한다는 것이다. 대개 연륜이 쌓일수록 연습과 숙련과의 관계를 이해하기 시작한다. 만일 훌륭한 빙상 선수가 되고자 한다면 많은 연습이 필요하다. 이러한 연습 기간은 적어도 몇 개월, 몇 년이 필요한 것이다. 반면, 수련생들은 다음과 같이 생각할 수 있다. "나는 훌륭한 빙상 선수가 되고 싶다.", "오늘 하루 충분히 연습했지만, 나는 수없이 넘어졌다.", "나는 훌륭한 빙상 선수가 되기 힘들 것 같다." 이런 반응의 수련생들에게 훌륭한 체육 지도자는 수련생들의 성취율을 높이기 위해 과제를 변화하거나 새롭게 구성할 수 있어야 한다. 또한, 수련생들 스스로 자신의 능력에 알맞게 학습 과제를 조절할 수 있도록 격려해야 한다. 즉, 수련생들이 자신의 능력을 개선하기 위해 과제에 참여하고 있다는 것을 깨닫지 못하더라도 자신의 과제를 수행함에 있어 즐거움을 느낄 수 있도록 해 주어야 한다.

(2) 내재적 동기 부여

성공 지향적 환경을 만드는 것과 더불어, 효과적인 지도자는 수련생들의 내재적 동기를 유도할 방법을 찾는다. 이러한 지도자들은 수련생들이 경기에서 승리하거나, 지도자를 기쁘게 하기 위해서라기보다는 수련생들 자신을 향상시키는 데에 만족을 느낄 수 있도록 하기 위해 연습에 열심히 참여하도록 격려한다. 또한, 지도자들은 수련생들이 다른 수련생이나 절대적인 표준에 의해 비교 받지 않고 내재적 동기를 불러일으킬 수 있도록 격려한다. 따라서 이러한 지도자들의 수업에서는 누가 가장 많이 발차기를 하는지, 주먹지르기를 많이 하는지, 가장 집중하는지를 결정하는 것과 같은 경쟁적 요소를 찾아볼 수 없다. 대신에 지도자들은 수련생들이 그 자신들과 비교하기를 권장한다. 지도자는 수련생들이 현재와 과거의 수련하면서 그들이 어떻게 향상되었는지를 비교하도록 권장한다. 또한, 수련생들에게 열심히 연습하면 하면 반드시 성과를 거둘 수 있다는 것을 강조한다. 아마도 내재적 동기 부여를 강조할 수 있는 것은 조깅과 같은 대중적인 운동 종목을 통해서 잘 이해할 수 있을 것이다. 대부분의 어른들은 경주에서 이기거나 기록을 세우기 위해서 조깅을 시작하지 않는다. 그들은 체중을 감소하거나 체력을 증강시키기 위해 조깅을 한다. 만일, 그들이 위와 같은 목적으로 조깅을 통한 개인적 향상을 도표화 한다면 보다 빠른 증진을 얻을 수 있을 것이다. 그러나 경기를 하거나, 신문에 기록을 남기려고 한다면, 많은 사람들이 조깅을 그만둘 것이다. 그렇지만 가끔 경기를 목적으로 조깅을 하는 경우도 있다. 중요한 점은 성인들은 외재적 조건이 아니라 그들 자신의 내재적 동기로 인해 경기에 임한다는 것이다. 그런데 왜 수련생들은 그와 같은 선택을 하지 못하는가?

분명히 수련생들이 다른 수련생들과 서로 비교하는 것을 막을 방법은 없다. 대개 운동 기능이 우수한 수련생들이 다른 수련생과 비교하기를 좋아한다. 수련생들 스스로 성공을 격려하기 위해서 지도자는 이러한 비교 성향을 감소시키고, 수련생들의 수행을 비교하게 하는 상황을 피해야 한다.

(3) 발달상의 적합성

수련생들의 동기 유발을 위한 학습 환경의 주요 3가지 특징은, 수련생들의 연력과 관련된 신체적 차이를 반영해야 한다는 것이다. 발달 단계상 적절한 환경을 통해 수련생들은 열심히 과제에 참여하도록 유도할 수 있다. 수련생들은 서로 다른 기회와 경험을 통해 동기가 유발된다. 저학년 수련생은 지도자의 칭찬을 바라기 때문에 칭찬이나 격려로 동기 부여를 유발할 수 있다. 유치원

수업을 관찰해 보면, 지도자는 수업 내내 "사범님, 저 좀 봐주세요."라는 말을 듣는다. 더구나 아이가 한자리에 머물러 있지 않다면 지도자는 수련생이 수련하는 매 번의 시도 때마다 "잘했어!"라고 말을 해주기 위해 끊임없이 다섯 살짜리 아이들을 따라다녀야 한다.

수련생들은 학년이 올라감에 따라 지도자를 기쁘게 하려는 욕구와 동료들을 즐겁게 하려는 욕구가 동시에 수반된다. 동료들의 관심과 기대는 중간 학년 수련생들의 동기 유발을 이해하는 데 중요한 요인이다. 문제 해결이나 활동을 계획하는 일이 집단적으로 수행 될 경우 동료와 상호작용을 좋아하는 고학년 수련생들은 동기 유발이 잘된다. 그들은 다른 수련생에게 보여 줄 기회가 주어짐으로써 동기 유발이 된다.

이러한 연령에 관계된 차이와 더불어, 기능의 수준도 효과적인 동기 유발에 영향을 끼친다. 자신의 수준에 맞는 과제가 주어지더라도 겨우 성공하는 수련생들에게 지도자는 꾸준히 노력하고 연습하도록 격려와 칭찬을 해주어야 한다. 반면, 다양한 과제를 성공하는 데서 만족을 얻는 우수한 수련생들은 열심히 연습을 한다는 것보다는 과제가 수행된 방법에 중점을 두고 칭찬받는 것에 의해 동기 유발된다. 사실, 우수한 수련생들은 상대적으로 쉬운 과제를 성공한 것에 대해 지도자가 계속 칭찬을 할 때, 지도자는 무심코 태권도를 잘못하는 수련생들을 위한 것이라는 인상을 줄 수도 있다.

10) 지도와 시범

설명은 주로 언어에 의한 정보 제공 과정이다. 여러 해에 걸쳐 많은 연구를 통해 체육 수업이 분석되어 왔다. 이러한 연구는 "지도자들은 말하는 데 많은 시간을 소비하고, 수련생들은 듣고 기다리고 조직하는 데 많은 시간을 소비한다."는 아주 명백한 특성을 제기하고 있다. 그러나 태권도 수업은 말보다는 지도자와 수련생의 행동을 통해 더욱 효과적으로 진행할 수 있다는 것을 명심해야 한다.

(1) 조직 지도

태권도를 가르치는 어려움 중의 하나는 개방된 공간에서 커다란 그룹을 조직화하는 것이다. 수업을 받기 위해 수련생들은 어디로 가야 하는가? 어디에서 대기해야 하는가? 수련생들이 서로 부딪히지 않도록 하기 위하여 어떻게 해야 하는가?

조직 지도는 수련생들에게 무엇을 할 것인지, 누구와 어디서 어떤 장비를 가지고 할 것인지를 알려주는 것이다. 이것은 주로 수업의 초기 활동에서 이루어지는데, 그것이 명쾌할 때 수련생들은 쉽게 이해하고 빠르게 활동을 해 나갈 수 있다.

효과적인 조직 지도를 위해 다음과 같은 질문을 제공할 수 있다.
- 나는 어떤 장비가 필요한가? 그 장비는 어디서 찾을 수 있나?
- 나는 어디로 움직일 것인가? 경계선은 어디인가?
- 나는 혼자 또는 다른 친구와 같이 할 것인가? 나의 모둠은 어떻게 이루어질까?
- 나는 언제 시작하고, 멈출까? 나는 일찍 마친다면 무엇을 할까?
- 내가 질문이 있을 때에는 어떻게 해야 할까?

그러나 일반적으로 보다 명확하게 조직하기 위해서는 시범을 보여 주어야 하며, 이때 수련생들은 빠르게 방법을 배우게 될 것이다.

(2) 정보 제공

조직화된 설명은 무엇을 할 것인지에 대해 수련생들에게 알려 준다. 그러나 활동을 성공적으로 수행하는 방법에 대해서는 말해 주지 않고 있다. 다음 사항은 성공적인 정보 제공을 위한 네 가지의 필수 지침 사항이다.

① 한 번에 하나의 정보를

한 가지 지침은 단순화시키는 것이다. 미트를 어떻게 잡아야 하는지, 발차기에 따라 미트가 움직이는 방법, 교대는 어떻게 해야 하는지, 솔직히 수련생들은 그 많은 정보를 다 기억할 수 없다. 한 번에 하나의 생각(개념)을 설명하고, 시범을 보여 줌으로써 학습자는 그 개념을 더 잘 이해하고, 자신의 기존 지식에 통합하기 시작한다. 몇 개의 개념이 동시에 설명되었을 때, 수련생들은 연습할 때 어느 것을 생각해야 하는지를 알기가 어렵다.

② 간결하게

한 번에 하나의 정보를 제공하는 또 다른 이점은 지도가 간결하게 될 수 있다는 것이다. 수련생들은 설명이 간결하여 바로 활동으로 돌아갈 수 있다는 것을 알 때 훨씬 더 잘 들을 것이다. 이러한 지침을 지키는 데 있어서 두세 번 같은 설명을 반복하는 것을 피하는 것이 중요하다. 초임 지도자는 설명하는 단어를 찾으려고 할 때에 이러한 습관을 가지는 경향이 있다. 대부분의 경우 이러한 원인은 초보 지도자가 자신이 설명하려고 할 개념에 대해 말해 보지 않았기 때문이다. 결과적으로 수련생들은 처음 설명은 듣고, 다음 설명은 듣지 않는 경향이 있다는 것을 명심해야 한다.

③ 경구

설명은 필요에 따라 많은 단어의 사용을 요구한다. 우리가 경구를 수련생들에게 제공할 때, 그것은 수련생들이 더 쉽게 정보를 생각나게 하는 데 도움을 줄 것이다. 그러한 경구는 쉽게 기억되는 '심상(mind picture)'을 제공하는 것이다. 예를 들면, 발목을 펴서 미트를 칠 때 발목을 펴지 못하고 발가락으로 미트를 가격하는 경우가 있다. 이때. 경구로서 '발목'이라는 말은 이러한 개념을 기억하게 하는 중요한 요소이다. 이것은 또한 지도자가 피드백을 제공하는 것을 더 쉽게 한다. 왜냐하면, 피드백이 필요한 상황에서 경구로서 '발목'이라고 간단하게 말하면 되기 때문이다. 이것이 그날의 시작에서는 중요하지 않을지 모르지만, 일곱 또는 여덟 번의 수업을 한 후에는 매우 유용하게 활용될 수 있을 것이다.

④ 관찰에 의거하여

효율적인 지도자는 수업을 관찰하여 수련생들의 동작을 반영하고, 기술과 습득 방법에 대한 이해를 바탕으로 적당한 단서를 선정하고, 수련생 수준에 가장 적합한 교수 내용을 결정하는 능력을 지니고 있다. 그러나 이처럼 수업을 관찰하고 정보를 제공하는 능력은 쉽게 얻어지는 기술이 아니다. 다른 수업 기술과 마찬가지로 그것은 시간과 연습이 필요하다. 시작할 때에 마음속에 몇 가지 방법을 가지고 있는 것은 유용하며, 그 다음 수업에 도움이 되는 방법을 결정하기 위하여 수업을 자세히 관찰한다.

3) 시범

시범은 말하기보다는 움직임을 통해 보여주는 설명의 한 부분이다. 이것을 특히 어떤 개념을 이해하기 어려운 어린 수련생들에게는 중요하다. 또한, 말하지 못하거나 청각 장애인 수련생들을 수업하는 많은 학교에서는 결정적인 방법이다. 성공적인 시범을 위해 요구되는 몇 가지 요소는 다음과 같다.

① 시범의 위치

첫 번째는 다분히 상식적인 것으로 모든 수련생들이 쉽게 볼 수 있는 위치에 서는 것이다. 지도자가 실외 수업을 한다면 태양이 정면으로 비치지 않는 곳에 수련생들을 위치시켜야 한다. 이것을 매우 기본적인 사항이지만, 때때로 잊혀지고 있는 것이다.

② 전체와 부분

일반적으로 첫 번째 시범은 전체적인 동작이어야 한다. 만일 지도하려는 기술이 발차기라면 지도자 또는 숙련된 수련생은 실제로 전체적인 발차기 동작으로 보여 주면 된다. 그 다음은 발차기의 부분적인 동작을 하나하나 나누어 시범을 보이면 되는데, 수련생들이 기술의 완전한 심상을 형성할 수 있도록 하기 위하여 시범의 처음에는 전체적 기술을 보게 하는 것이 중요하다는 것을 명심해야 한다.

③ 정상 속도와 느린 속도

수련생들은 정상 속도로 기술을 보여 줄 필요가 있다. 그러나 종종 중요한 단서를 시범으로 보여 줄 때에는 천천히 하는 것도 도움이 된다. 만일 시범을 천천히 하지 않는다면 많은 수련생들이 시범 동작을 볼 수 없을 것이다. 이것은 특히 지도자가 복잡한 운동 기술을 세련되게 시키고자 할 때 보다 숙련된 수련생들에게 적용된다.

④ 지도자의 언어적 강조

만일 수련생들에게 반드시 시범이 필요한 사안이라면 지도자는 시범 전에 유심히 관찰하여야 할 부분 또는 위치를 말해 주어야 한다. 예를 들어, "디딤발을 보세요, 디딤발이 공 옆의 어디에 위치하는지 주의해서 보세요." 등의 말을 통해 수련생들의 관심을 명확하게 할 필요가 있다. 만일 이것을 하지 않는다면 발의 위치를 고려하지 않은 채 멀리 날아가는 볼의 비행을 보게 될 것이다.

⑤ 이해에 대한 점검

설명 - 시범에 대한 지도자가 사용하는 효과적인 기술 중의 하나는 수련생들이 설명과 시범 보인 것을 확실하게 이해했는지 즉시 점검하는 것이다. 이해도 점검을 위한 효과적인 방법의 하나는 움직임을 시범 보인 후 시범 동작이 정확하게 수행되었는지 혹은 부정확하게 수행되었는지를 수련생들에게 여러 가지 형태로 표현하도록 하는 것이다. 예를 들면, "이제 다른 균형 잡기를 할 것이다. 만일 균형을 잘 잡는다면, 손을 들어라." 지도자는 행해진 운동에 비추어 손을 든 숫자에 의해 수련생들이 그 개념을 이해했는지 빠르게 파악할 수 있다. 특히, 어린 수련생들일수록 이러한 형태의 평가 방법을 주로 이용한다.

어린이 태권도 지도서

제6장

어린이의 키 성장과 태권도 수련의 영향

1. 어린이의 키 성장에 대한 이해

2. 태권도 수련이 키 성장에 미치는 영향

1. 어린이의 키 성장에 대한 이해

1) 키 성장

어린이의 키 성장은 크게 유전적인 요소와 환경적인 요소가 함께 작용하여 결정됩니다. 유전적인 요소는 부모로부터 물려받은 유전자가 어린이의 키 성장에 영향을 미치는 것을 의미하며 그 외 나머지는 환경적인 요소로 구분됩니다.

일반적으로 남자 어린이는 만 16~17세, 여자 어린이는 만 14~15세쯤에 성장판이 닫히게 되며, 그 이전에는 적절한 영양 상태, 건강한 생활 습관, 충분한 수면과 신체활동 등이 영향을 미쳐 성장을 촉진할 수 있습니다.

특히, 충분한 수면은 성장호르몬의 분비를 촉진시키고, 건강한 식습관과 신체활동은 영양분 공급과 뼈의 성장에 중요한 역할을 합니다. 하지만, 스트레스, 야외 활동 부족, 고강도의 운동, 흡연, 알코올 섭취 등은 키 성장에 부정적인 영향을 미칠 수 있습니다.

이외에도 성장호르몬, 인슐린 성장 인자, 갑상선 호르몬 등 다양한 호르몬들이 키 성장에 영향을 미칩니다. 이러한 요인들이 모두 올바른 방향으로 작용할 때, 어린이는 건강하게 성장하며, 적절한 키를 유지할 수 있습니다.

(1) 키 성장의 요소

앞서 설명한 것과 같이 키 성장에는 여러 요소가 있지만, 가장 중요한 세 가지 요소는 다음과 같습니다.

- ☞ 유전자: 키는 부모의 유전자가 크게 영향을 미칩니다. 부모의 키가 크면 자녀들의 키도 클 가능성이 높습니다. 그러나 부모의 키가 작아도 다른 요소들을 통해 키를 크게 할 수 있습니다.

- ☞ 영양: 영양은 건강한 키 성장을 위해 매우 중요합니다. 어린이와 청소년의 경우, 단백질, 칼슘, 비타민 D 등의 영양소가 충분하지 않으면 키 성장이 저해될 수 있습니다. 따라서, 영양 상태가 좋지 않은 경우에는 영양소 섭취를 높이는 식습관을 갖추는 것이 중요합니다.

- ☞ 운동: 운동은 키 성장에 중요한 영향을 미칩니다. 운동은 뼈 밀도를 높이고 근육을 강화하여 키 성장을 촉진하는 데 도움이 됩니다. 따라서, 운동을 통해 적극적으로 활동적인 라이프스타일을 유지하는 것이 중요합니다.

이외에도 다음과 같은 다른 요소들이 영향을 미칩니다.

- ☞ 호르몬: 성장호르몬과 같은 호르몬은 키 성장을 촉진합니다. 이러한 호르몬의 분비는 수면 중에 가장 활발하게 일어나기 때문에 충분한 수면을 취하는 것이 중요합니다.

- ☞ 스트레스: 만성적인 스트레스는 키 성장을 저해할 수 있습니다. 스트레스는 호르몬 분비에 영향을 미치고, 이로 인해 키 성장에 부정적인 영향을 미칠 수 있습니다.

- ☞ 질병: 만성적인 질병이나 질환은 키 성장을 방해할 수 있습니다. 예를 들어, 비만은 호르몬 수준을 변화시켜 키 성장을 저해할 수 있습니다.

- ☞ 환경: 주변 환경도 키 성장에 영향을 미칩니다. 공기, 물, 음식 등 환경 요소들이 키 성장에 영향을 미칠 수 있으며, 이러한 요소들이 부적절하거나 유해한 경우 키 성장을 방해할 수 있습니다.

- ☞ 나이: 나이도 키 성장에 영향을 미칩니다. 어린이와 청소년기에는 키 성장이 가장 빠르게 일어납니다(growth spurt). 하지만 이후에는 성장판이 닫히기 전까지 천천히 성장하게 됩니다.

이러한 요소들은 모두 키 성장에 영향을 미치며, 이를 적극적으로 관리하고 개선하는 것이 건강한 키 성장을 돕습니다.

(2) 키 성장을 방해하는 요소

어린이의 키 성장을 방해하는 주요 요소는 다음과 같습니다.

- ☞ 영양 부족: 영양 부족은 어린이의 키 성장을 방해하는 가장 중요한 요인 중 하나입니다. 영양 부족은 단백질, 비타민, 미네랄 등의 영양소가 충분하지 않아 발생하는 상태입니다. 이는 신체 발달을 방해하고, 키 성장을 둔화시키는 원인이 됩니다.

- ☞ 부적절한 식습관(영양 과잉): 어린이가 건강한 식습관을 가지지 않으면, 키 성장에 부정적인 영향을 미칠 수 있습니다. 고열량 음식, 당분이 많은 음식, 지방이 많은 음식 등은 비만이나 골격 발달 부족을 유발할 수 있습니다.

- ☞ 부족한 수면: 어린이는 충분한 수면이 필요합니다. 수면 중에는 성장호르몬이 분비되며, 이는 어린이의 키 성장에 큰 역할을 합니다. 부족한 수면은 성장호르몬의 분비를 저해하여 키 성장을 방해할 수 있습니다.

- ☞ 부상: 부상은 어린이의 키 성장을 방해하는 다른 요인 중 하나입니다. 부상은 뼈나 근육 등의 조직에 손상을 입히기 때문입니다. 만약 부상 부위가 성장판을 포함하고 있다면, 성장판의 손상으로 인해 키 성장이 둔화될 수 있습니다.

위의 요인들은 어린이의 키 성장을 방해하는 주요 요인 중 하나입니다. 건강한 키 성장을 위해서는 영양상태를 유지하고, 건강한 식습관을 갖추며, 충분한 수면과 운동을 취하고, 부상을 예방하는 등의 노력이 필요합니다.

2) 뼈 나이와 성장판에 대한 이해

(1) 뼈 나이와 성장판

뼈 나이는 인체의 실제 뼈 발달 정도를 측정하여 추정한 나이를 말합니다. 이를 측정하기 위해서는 X선 이미지(x-ray image)나 초음파 등의 검사를 통해 뼈의 형태와 발달 정도를 파악합니다. 뼈 나이는 뼈의 성장판이 닫히기 시작하는 시기와 함께 증가하다가, 성장판이 완전히 닫히면 더 이상 증가하지 않습니다.

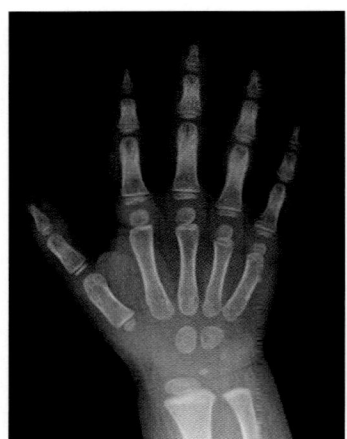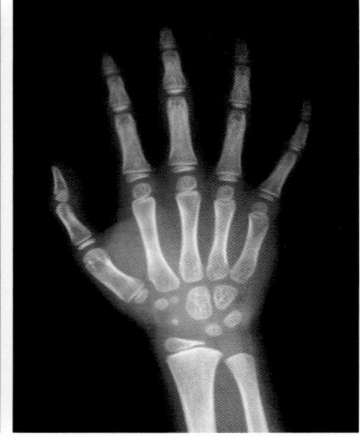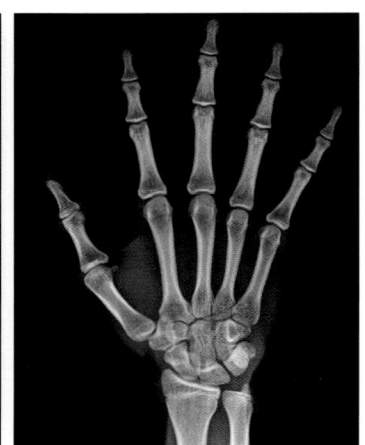

〈손의 X선 이미지, 뼈의 성숙에 따른 성장판의 변화〉

어린이의 뼈는 성장기 동안 지속적으로 성장하며, 성장판이라는 특별한 구조물이 이 과정을 지원합니다. 성장판은 뼈의 끝 부분에 위치한 연부조직으로, 새로운 뼈 세포를 형성하고 뼈의 길이를 늘리는 역할을 합니다.

성장판(physeal plate)은 다음과 같이 나뉘어져 있습니다.

▶ 예비층: 연골세포 층
▶ 증식층: 연골세포가 성장호르몬의 영향으로 빠른 세포분열을 하는 층
▶ 성숙층: 연골세포가 세포분열을 멈추고 성숙한 형태로 분화하는 층
▶ 비대층: 세포내 물질 축적을 통한 세포비대(hypertrophy)를 이루는 층
▶ 석회화층: 연골세포가 세포사하며 연골기질이 석회화되는 층
▶ 골화층: 골간 쪽의 골세포와 골모세포가 석회화된 연골을 부수고 광화(mineralized)된 뼈조직으로 교체하는 층

(※ 발췌: 나무위키, https://namu.wiki/w/%EC%84%B1%EC%9E%A5%ED%8C%90)

※성장판

성장기 어린이의 뼈에서 관절부근이나 팔, 다리의 길이 성장을 담당하는 부위를 말합니다. 주로 긴 뼈의 끝부분에 위치하고 있으며 뼈 사이에 연골판이 끼어있는 형태로 되어 있습니다. 태아시기에 모든 뼈는 연골조직으로 되어있습니다. 이런 연골조직이 발생하면서 칼슘의 침착에 의해 뼈의 성장이 이루어지는데, 뼈로 바뀌고 남은 연골 부분이 성장판이 됩니다(※ 발췌: 서울아산병원, https://www.amc.seoul.kr/asan/mobile/healthinfo/body/bodyDetail.do?bodyId=34&partId=B000016)

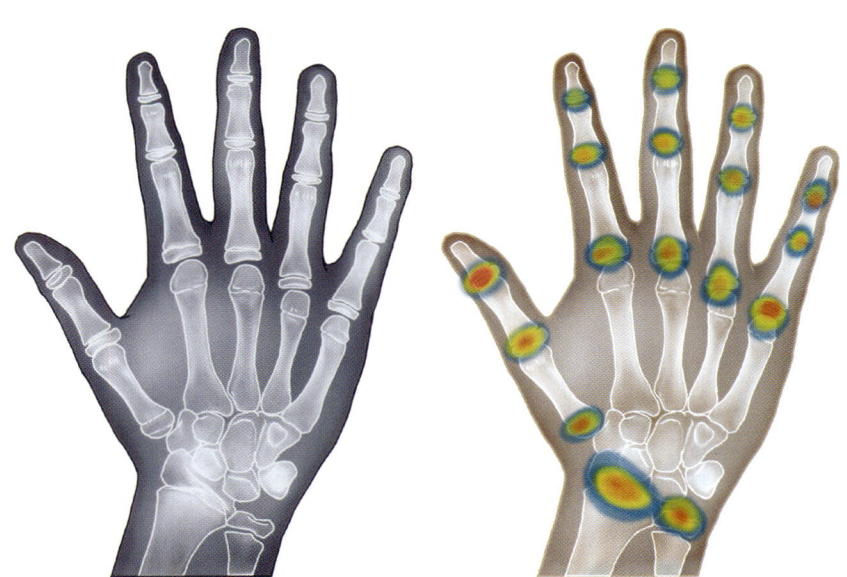

성장판은 뼈의 성장과 함께 일정한 속도로 성숙해가며, 이 과정에서 뼈의 길이와 형태가 결정됩니다. 또한, 성장판은 다양한 외부 요인에 의해 손상을 입을 수 있으며, 손상 시 성장장애나 기타 건강 문제를 야기할 수 있습니다. 따라서 어린이의 성장판을 보호하고 안전하게 성장할 수 있도록 관리하는 것이 중요합니다.

(2) 뼈 나이 검사의 필요성 및 시기

뼈 나이 검사는 실제 나이와 뼈 나이의 차이를 확인하여 성장 상태를 파악하는 검사입니다. 이 검사는 어린이의 성장 상태를 평가하는 데 매우 중요합니다.

어린이의 실제 나이와 뼈 나이가 다르다면, 이는 어린이가 실제 나이보다 성숙한 성장을 하고 있거나, 그 반대의 경우일 수 있습니다. 뼈 나이 검사는 이러한 상황을 파악하고, 적절한 치료나 관리를 위한 정보를 제공할 수 있습니다. 예를 들어, 어린이의 실제 나이보다 뼈 나이가 더 적다면, 이는 아직 성장판이 충분히 발달하지 않았다는 것을 의미합니다. 이 경우, 성장판을 자극하는 치료나 건강한 식습관과 생활습관을 갖추는 것이 필요합니다.

반대로, 어린이의 실제 나이보다 뼈 나이가 더 많다면, 이는 어린이가 이미 신체적으로 성숙한 단계에 도달했다는 것을 의미합니다. 이 경우, 과도한 성장이나 발달 문제가 발생할 수 있으므로,

적절한 관리와 치료가 필요합니다.

뼈 나이 검사는 또한 성장 진단을 위한 도구로 사용될 수 있습니다. 어린이의 키 성장이 예상보다 느리거나 빠르다면, 뼈 나이 검사를 통해 정확한 성장 상태를 파악할 수 있습니다. 따라서, 어린이의 성장 상태를 정확히 파악하고, 적절한 치료와 관리를 위해 뼈 나이 검사는 매우 중요합니다. 특히, 스트레스, 영양과잉, 운동부족, 아동비만 등에 의한 성장판의 조기 폐쇄를 예방하기 위해 생활습관을 교정하는 등의 치료적 적용이 중요합니다.

일반적으로 뼈 나이 검사는 어린이가 성장하는 중요한 시기에 진행하는 것이 가장 좋습니다. 이는 대개 이차성징이 나타나기 전인 10세 전후에 해당합니다. 이 시기는 성장판이 발달하는 시기이며, 어린이의 키 성장에 큰 영향을 미치는 시기입니다. 따라서, 이 시기에 뼈 나이 검사를 통해 어린이의 성장 상태를 정확히 파악하고, 적절한 치료와 관리를 함으로써 어린이가 성장하는 과정에서 발생할 수 있는 문제를 조기에 발견하여 조치를 취할 수 있습니다.

③ 뼈 나이를 통한 성장예측

뼈 나이를 측정하여 어린이의 성장을 예측할 수 있습니다. 뼈 나이는 실제 나이와 더불어 어린이의 성장 상태를 판단하는 중요한 지표 중 하나이기 때문입니다.

뼈 나이는 어린이가 아직 성장하지 않은 성장판의 크기와 모양을 통해 측정됩니다. 이는 어린이의 성장 속도와 성장 가능성을 평가하는 데 도움이 되는 중요한 정보를 제공합니다.

따라서, 뼈 나이를 측정하여 어린이의 성장 상태를 파악하고, 적절한 치료와 관리를 할 수 있습니다. 또한, 뼈 나이를 예측하는 데에는 성장판의 성숙도와 관련된 다양한 인자들이 고려되므로, 뼈 나이 측정은 어린이의 성장예측을 비교적 정확하게 할 수 있는 방법 중 하나입니다.

하지만 뼈 나이 측정은 성장예측에 있어서 하나의 지표일 뿐이며, 다양한 요소들이 종합적으로 고려되어야 합니다. 따라서, 전문의와 함께 적절한 검사와 평가를 진행하는 것이 좋습니다.

뼈 나이를 측정하는 방법 중 가장 많이 사용되는 두 가지 방법으로 Tanner-Whitehouse 방법과 Greulich-Pyle 방법이 있습니다. 이 두 방법은 왼 손의 X선을 이용하여 평가하는 방식이며 최근에는 초음파를 이용한 방법도 활용되고 있습니다.

④ 예상신장 계산법

다음의 공식은 논문을 근거로 부모의 키로부터 자녀의 최종 예상키(신장)를 계산하는 방법입니다. 현재 가장 많이 사용되고 있지만 그 논문에서도 오차 범위가 ±9cm로 정의할 만큼 최종신장은 환경요인에 많은 영향을 받습니다. 따라서 참고적인 자료로만 활용하시길 바랍니다.

> · 남자 어린이: (아버지의 키 + 어머니의 키 + 13) / 2 = 예상신장 (단위: cm)
> · 여자 어린이: (아버지의 키 + 어머니의 키 - 13) / 2 = 예상신장 (단위: cm)

3) 키 성장과 관련된 대표적인 질환

(1) 저신장증

어린이 저신장증(short stature, 왜소증)은 남녀로 구별해 같은 또래 어린이 백명을 순서대로 세웠을 경우 키가 작은 순서로 세 번째 안에 드는 어린이를 말합니다. 만약 키 성장 속도가 일반적인 어린이들과 비교하여 느리다면 어린이 저신장증을 의심해볼 필요가 있습니다.

일반적으로 여자의 경우 초경 2~3년 후인 14~15세, 남자는 16~17세 전후에 성호르몬의 분비량이 늘어나 성장판이 닫히게 되어 성장이 멈추게 됩니다. 이러한 저신장증은 조기 진단과 치료가 매우 중요합니다. 성장판이 닫히면 치료가 힘들어지기 때문에 적절한 시기에 병원을 찾는 것이 무엇보다 중요합니다.

저신장증은 많은 다양한 원인으로 발생할 수 있습니다. 가장 흔한 원인은 크게 두 가지로서, 병적상태가 아닌 부모의 키가 작은 가족성 저신장증, 체질적으로 성장이 지연되는 체질성 성장지연과 질병에 따른 만성 질환, 태아부전, 성장호르몬과 갑상선호르몬 결핍, 염색체 이상인 터너증후군, 뼈와 연골 이상이 있습니다.

일부 어린이들은 (선천성 생장호르몬 결핍증과 같이) 선천적인 요인으로 인함일 수 있으며, 스트레스나 불규칙한 식습관, 불규칙한 수면, 부적절한 운동 부하 등도 원인이 됩니다.

최근 어린이 저신장증은 병적인 경우에만 치료하는 경향이 있습니다. 이런 경우는 전체 저신장증의 20% 정도에 해당합니다. 성장호르몬 치료를 통하여 만성 신장 질환이나 터너 증후군, 성장호르몬 결핍에 의한 성장장애를 치료할 수 있습니다. 이는 성장호르몬 분비에 이상이 있어 키가 자라지 않는다고 판명된 경우에 시행할 수 있습니다. 사춘기로 접어들면 성장판이 닫히므로 여자는 14~16세 이전에 치료가 시행되어야 합니다. 그 시기가 지나면 성장 호르몬제를 투여한다 해도 효과를 기대할 수 없습니다.

※ 성호르몬 주사

성호르몬 주사는 성장호르몬 결핍증, 중증 신체 발육지연, 혹은 여러 가지 질병으로 인해 성장이 멈춘 어린이나 청소년에게 처방되는 치료 방법 중 하나입니다.
성장호르몬 결핍증이나 신체 발육지연 등의 경우에는 성장호르몬 부족으로 인해 키가 부족하게 발달하는 경우입니다. 이 경우 성장호르몬을 주사로 투여하면 키 성장에 도움이 됩니다.
어린이의 성장을 위해 처방되는 성장호르몬 주사의 일반적인 성분은 Somatropin입니다. Somatropin은 인체 성장 호르몬의 인공적인 형태로, 대개 인간 유전자 조작 없이 생산된 합성 호르몬입니다.

Somatropin은 대개 마이크로그램 단위로 측정되며, 일반적으로 매일 밤 자기 전에 하나의 주사를 피부 아래에 삽입하여 투여됩니다. Somatropin은 일반적으로 지속적으로 투여하여 6개월에서 2년 이내에 키 성장을 촉진할 수 있습니다.

> 연구에 따르면 Somatropin은 일반적으로 성장호르몬 결핍증과 터너 증후군의 어린이에게 흔히 사용되는 약물이며, 성장호르몬 결핍증 및 터너 증후군의 어린이에서 키 성장을 촉진하는 효과가 있는 것으로 보고하고 있습니다.
> 또한 Somatropin은 대부분의 환자에서 안전하고 효과적인 것으로 입증되어 있으며, 지속적인 투여로 인해 키 성장률을 증가시킬 수 있습니다.

(2) 성조숙증

어린이 성조숙증(precocious puberty)은 일반적으로 여자 어린이 8세 미만, 남자 어린이 9세 미만에 사춘기 현상이 발생하는 경우로 설명할 수 있습니다. 사춘기 현상은 유방 발달, 음모 발달, 고환 크기 증가 등으로 나타납니다.

〈성조숙증 원인〉

어린이 성조숙증의 원인은 정확히 밝혀지지 않았지만, 일부 경우에는 유전적인 요인이나 뇌하수체 기능 이상, 갑상선 기능 이상, 부신 기능 이상, 종양 등이 원인이 될 수 있습니다. 이러한 원인으로 인해 생식기의 성숙이 조기에 시작되어 성조숙증을 유발할 수 있습니다.

일반적으로 여자 어린이에서는 나쁜 원인 질환 없이 성조숙증이 발생하는 특발성이 80%로 가장 많고, 난소 종양이 원인인 경우가 15%, 대뇌 병소가 있는 경우가 5% 정도를 차지하는 것으로 알려져 있습니다. 그러나 남자 어린이의 경우 나쁜 원인 질환이 없는 특발성이 50%, 대뇌 자체에 병소가 있는 경우가 20%, 부신 피질 과형성 혹은 종양이 25%, 고환 종양이 5% 등의 분포를 보입니다. 그러나 이와 같은 분포도 발생 연령에 따라 달라지는 경향이 있습니다.

〈성조숙증 대표증상〉

　어린이 성조숙증의 증상은 남자 어린이의 경우에는 성기와 고환의 발달과 목소리의 변화 등이 있습니다. 여자 어린이의 경우에는 유방의 발달, 첫 생리 등이 조기에 시작될 수 있습니다.

　어린이 성조숙증은 증상이 발견되면 내원하여 전문의의 진단과 치료가 필요합니다. 치료는 성장 발달을 지연시키기 위해 사용되는 성선자극 호르몬분비 호르몬 유사체, 성장호르몬 등의 처방으로 이루어집니다. 이러한 치료는 성장 및 발달을 일반적인 수준으로 되돌려주고, 나중에 발생할 수 있는 학연, 정신건강 문제 등을 예방하는 데 도움이 됩니다.

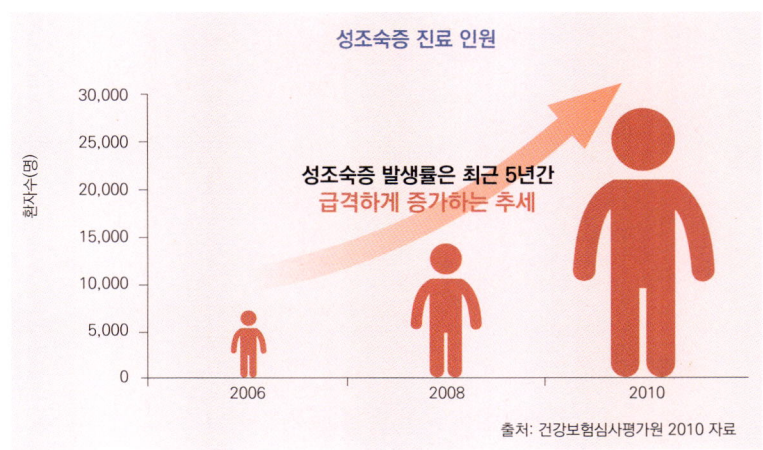

〈성조숙증 진료인원 증가추세〉

　성조숙증은 남자 어린이보다 여자 어린이에게 더 흔하게 관찰되지만, 심각한 병적 원인을 가지는 경우는 남자 어린이가 더 흔하게 나타납니다. 성조숙증의 정확한 원인을 파악하고, 적절한 치료를 받으면 완치될 수 있는 질환이므로, 어린이의 성장 발달을 지속적으로 관찰하고, 증상이 발견되면 즉시 전문가의 상담과 검사를 받아야 합니다.

(3) 소아비만

어린이의 키 성장과 체중 증가는 긴밀한 관계가 있습니다. 어린이들은 성장기에 들어가면서 매년 평균적으로 5~7cm 정도의 키 증가와 함께 체중도 증가합니다. 그러나 어린이들이 과도하게 체중이 늘어나면, 이는 소아 비만으로 이어질 수 있습니다.

〈식습관에 의한 소아비만〉

소아 비만은 어린이나 청소년이 비정상적인 체중을 가지고 있는 상태를 말하며, 이는 건강 문제뿐만 아니라 성장 발달 문제에도 영향을 미칠 수 있습니다. 소아 비만은 불규칙한 식습관, 운동 부족, 유전적인 요인 등 여러 가지 요인으로 발생할 수 있습니다.

(▲출처 : 교육부)

〈전국 초중고 비만율 증가추이〉

소아 비만은 일반적으로 키 성장에도 영향을 미칩니다. 비만한 어린이들은 일반적으로 키 성장이 늦어지는 경향이 있습니다. 이는 비만으로 인해 호르몬 수준이 변화하고, 뼈와 근육이 제대로 발달하지 못하는 등의 이유 때문입니다. 또한, 비만한 어린이들은 무게를 지탱하기 위해 다리 뼈와 척추에 부담이 많아져 키 성장에도 영향을 미칠 수 있습니다.

따라서, 어린이의 키 성장을 위해서는 정상적인 체중 유지가 중요합니다. 어린이들은 건강한 식습관과 적절한 운동 습관을 유지하고, 비만을 예방하기 위해 적극적인 노력이 필요합니다. 또한, 어린이의 성장 발달을 지속적으로 관찰하며, 필요에 따라 전문가의 상담과 지도를 받아야 합니다.

정상적인 체중 유지가 어린이의 건강한 키 성장을 위해서 매우 중요하다는 것은 여러 연구를 통해 확인되었습니다. 한 연구에 따르면 비만한 어린이들은 일반적으로 성장속도가 늦어지고, 성장이 일찍 멈출 가능성이 높아진다고 보고되었습니다. 이는 비만으로 인해 호르몬 분비가 변화하고, 뼈와 근육 발달에 영향을 미침으로써 발생할 수 있습니다.

게다가 소아기에 발생한 비만의 80%가 성인 비만으로 발전할 가능성이 있는 만큼 그 위험성은 매우 높습니다. 또한 소아 비만이 진행할수록 관상동맥 질환, 뇌혈관 질환, 고혈압 및 당뇨병 등의 만성 성인병이 증가된다는 면에서 충분히 심각하다고 평가할 수 있습니다.

따라서 비만 어린이는 잘못된 식습관, 영양소 과잉섭취, 운동 부족 등의 습관을 교정하고 행동교정요법을 조기에 시행해야 합니다.

하지만 생활 습관 교정이 쉽지 않고, 고도비만 단계라면 전문의의 진단을 통해 체계적인 관리를 받는 것이 좋습니다. 병원을 통해 신체계측, 혈액검사, 영양평가, 행동 평가 등을 통해 비만 원인을 찾고 효과적인 식단 및 운동방법 처방, 필요한 경우 약물 치료를 병행할 수 있습니다.

만약 소아비만이 의심이 되거나 발견이 된다면, 소아 청소년과 전문의의 정기적인 진찰과 함께 비만 합병증에 대해 검사하여 이를 조기에 발견하고 치료하는 것이 무엇보다 중요합니다.

※ 성장보조제

일반적으로 어린이의 키 성장을 촉진하는 효과가 입증된 보조제는 없습니다. 하지만, 일부 보조제가 어린이의 영양 섭취를 도와주는 역할을 할 수 있습니다. 예를 들어, 단백질, 칼슘, 비타민 D 등의 영양소가 충분히 섭취되지 않을 경우 키 성장에 영향을 미칠 수 있습니다.

2) 태권도 수련이 키 성장에 미치는 영향

(1) 어린이를 지도하기 위해 알아야 할 키 성장 관련 지식

자녀를 둔 모든 부모는 자녀의 건강한 성장에 대해서 관심이 많습니다. 따라서 인성, 사회성 등의 정신적인 면과 키, 체력과 같은 육체적인 면까지 종합적으로 관리가 가능한 태권도장에 관심을 가지게 됩니다.

본 장에서는 이러한 부모님들께 태권도를 수련함으로써 자녀들이 얻을 수 있는 키 성장의 유익에 대하여 과학적이고 구체적으로 설명할 수 있도록 돕습니다. 앞서 살펴본 어린이의 키 성장에 관련된 일반적인 지식을 기초로 본 장에서 다루는 내용을 숙지한다면 키 성장과 관련된 상담에 많은 도움이 될 것입니다.

① 운동과 키 성장

운동은 건강한 키 성장과 신체의 발달에 매우 중요한 역할을 합니다. 가장 직접적인 효과로 근육을 강화하고 뼈의 밀도를 높일 수 있습니다. 이는 뼈의 손상과 골절의 위험을 낮춰줍니다. 결국 뼈의 건강은 키의 성장으로 이어지게 됩니다.

운동은 성장호르몬의 분비량도 늘립니다. 성장호르몬은 뼈와 근육을 발달시키는 데 관여합니다. 약간 힘든 운동을 10분 이상 하면 성장호르몬의 분비량이 증가합니다.

그러나 과도한 운동은 오히려 성장에 부정적인 영향을 미칠 수 있습니다. 어린이의 성장판은 물리적인 자극에 의해 발달되지만 과도하면 성장판이 손상될 수 있는 취약한 상태이기 때문입니다.

또한 극단적인 체중 감량이나 이를 병행한 운동은 성장호르몬의 분비를 감소시켜 키 성장에 방해가 될 수 있습니다. 따라서, 적절한 체중을 유지하며 운동을 하는 것이 중요합니다.

어린이의 골밀도를 높이고, 뼈의 성장을 돕는 운동으로 널리 알려진 것은 점프 운동과 유산소 운동입니다. 줄넘기, 농구, 가벼운 조깅, 수영, 배구, 테니스, 농구, 단거리 달리기, 배드민턴 등이 대중에게 소개되고 있습니다. 점프 운동을 할 때는 단단한 바닥을 피함으로써 부상을 예방하고 자칫 성장판이 손상되지 않도록 주의할 필요가 있습니다.

운동의 효과를 극대화하기 위해서는 어린이의 체력 수준을 파악하는 것이 중요합니다. 이를 바탕으로 어린이들에게 적당한 강도의 운동을 할 수 있도록 도움으로서 키 성장을 촉진 시킬 수 있습니다(본 장에서는 개인의 체력수준을 측정하는 방법에 대해서는 다루지 않습니다).

다만 전문 선수를 관리하고 양성하는 것은 키 성장에 목적을 둔 태권도 수련이 아니기 때문에 다른 관점에서의 접근이 필요합니다.

특정 스포츠 종목에서 전문 선수를 위한 체력과 기술을 강화하는 것이 목적인 운동은 주의가 필요합니다. 특별히 골프, 테니스와 같이 한 쪽 방향으로 편중된 동작을 반복적으로 수행할 때는 부상과 신체균형에 대하여 보다 면밀한 관리가 필요합니다.

어린이의 키 성장에 대하여 일반적으로 알려진 운동의 효과는 다음과 같습니다.

☞ 성장호르몬 증가
☞ 성장판 자극
☞ 골밀도 증가
☞ 근육, 인대, 건 강화
☞ 적절한 체지방량 유지
☞ 정서적 안정

> ※ 성장호르몬(growth hormone, GH)
> 　성장호르몬은 아미노산을 단백질로 만들고 세포를 자라도록 하며, 간에서 지방을 분해하도록 하여 지방이 에너지로 활용되도록 합니다. 그 결과 체지방이 감소하고 신체 에너지 사용량이 증가됩니다. 또한 물과 무기질이 균형을 이루도록 조절합니다.
> 　성장호르몬은 나이와 성별에 따라 분비 형태가 달라집니다. 일반적으로 밤에 깊이 잠들었을 때 왕성하게 분비되지만 어린이는 낮시간에도 왕성하게 분비됩니다.
> 　성장호르몬의 분비는 태어나고 몇 년 동안은 미비하며 유년기에는 높은 수준으로 유지되고 사춘기가 되면 최고치로 분비되었다가 성인이 된 이후 매우 낮은 수치로 꾸준히 유지됩니다.

　개인의 최대 운동능력을 측정하기 어려운 경우에는 일주일에 3~4회, 30분 이상 땀나는 정도의 유산소 운동을 추천합니다. 운동 전후의 성장호르몬 분비량을 조사한 한 연구에 의하면 적절한 강도로 운동을 시킬 때 안정 시와 비교하여 성장호르몬이 최고 25배까지 높아지는 효과가 보고된 바가 있습니다.

　여기서 적절한 운동강도는 최대 운동능력의 50~70% 수준을 의미합니다. 그리고 가벼운 조깅을 할 때도 혈중 성장호르몬 농도가 5~6배까지 높아진다는 연구 결과가 있습니다. 따라서 지도자는 태권도 수련을 하는 어린이의 체력 수준을 파악하고 있는 것이 중요합니다.

　한편, 정밀한 검사를 통해서 운동의 강도, 시간, 방법, 시기를 어린이에게 알맞게 결정한 맞춤운동을 적용함으로써 성장호르몬의 분비가 안정시보다 25~45배까지 증가한다는 주장도 있습니다. 여기서 맞춤운동은 유산소운동, 근력운동, 유연성 운동을 기능적으로 조율하는 것인데, 이렇게 개인별 맞춤운동을 적용할 수 있다면 더욱 높은 수준의 키 성장 효과를 기대할 수 있을 것입니다.

　그리고 운동은 성장판을 자극하는 강력한 효과를 나타내고 있습니다. 운동을 통해 성장판에 적당한 물리적 자극이 가해지면 뼈가 성장을 하게 됩니다.

　운동에 따라 효과의 차이가 있지만 다리를 많이 움직여 고관절, 무릎관절, 발목관절 등의 성장판을 자극해 주고, 그 부위의 근력이 증진될 수 있게 해주는 운동이 키 성장에 도움이 되는 것으로 밝혀졌습니다. 이는 하지를 많이 사용하는 태권도가 다리 관절의 성장판 자극에 적합한 운동임을 시사합니다.

　또한, 스트레칭이 몸을 쭉쭉 늘여주고 관절과 근육을 이완시키는 효과가 있어 부상을 예방하는 것뿐만 아니라 키 성장에도 많은 도움이 되는 것으로 알려져 있습니다. 하지만 스트레칭이 키 성장에 직접적인 영향을 미치는 것은 아직 충분히 밝혀진 것은 아닙니다.

　스트레칭을 통해 근육과 관절의 유연성을 유지하고 향상시키는 것은 어린이의 건강과 체육활동 수행에 긍정적인 영향을 줄 수 있습니다.

　태권도 수련자라면 누구나 웜업(warm-up)과 쿨다운(cool-down)에 스트레칭을 경험합니다. 어떤 지도자는 수련 중에도 운동수행에 도움이 되는 스트레칭을 추가적으로 수행함으로써 수련자들에게 발생할 수 있는 운동손상을 미연에 방지하고 수련자의 신체적 부담을 덜어주기도 합니다.

이 밖에도 청소년 운동선수를 대상으로 한 성장호르몬과 인슐린유사 성장인자 1(IGF-1)의 연구를 통해 청소년 운동선수들이 키 성장이 촉진될 수 있다는 것과, 운동을 많이 하는 어린이들은 운동을 하지 않는 어린이들보다 더 큰 키와 높은 골밀도를 나타내는 등 어린이의 운동 습관이 키 성장과 뼈 건강에 긍정적인 영향을 보고한 연구들이 많이 있습니다.

② 성장판에 손상을 줄 수 있는 요인

일반적으로 성장판 손상의 원인이 될 수 있는 요인들은 다음과 같습니다. 이는 성장판 손상에 직접적인 원인이 되지 않는 내재적 요인도 모두 포함합니다. 어린이의 성장판은 성장기 동안에 집중적으로 발육하므로 성장판에 가해지는 과도한 압력이나 비틀림과 같은 부상을 통해 성장장애를 유발할 수 있기 때문입니다.

☞ 어떤 스포츠 종목의 무리한 특정 동작: 일부 격렬한 동작이 수반되는 스포츠 종목에서 강도 높은 동작을 무리하게 반복하여 연습하는 경우 성장판 손상의 원인이 될 수 있습니다.

☞ 변형된 자세: 틀어진 자세나 올바르지 않은 자세로 동작을 할 때 성장판에 과도한 압력이 가해질 수 있습니다. 특히 아령을 들거나 하는 등의 부하가 적용된 근력운동을 잘못된 자세로 수행할 경우, 성장판에 불균형한 압력이 가해져 성장판 손상을 일으킬 수 있습니다.

☞ 높은 체중: 과체중으로 인해 뼈에 가해지는 압력이 증가하여 성장판 손상의 위험이 높아집니다.

☞ 높은 곳에서 점프하거나 뛰기: 높은 곳에서 낮은 곳으로 점프를 하거나 뛰어내릴 때, 착지하며 관절이나 성장판에 매우 큰 압력을 가할 수 있으므로 지양합니다.

☞ 무거운 물건 들기: 무리하게 무거운 물건을 드는 과정, 또는 무거운 물건을 들다가 넘어지며 관절 및 성장판에 큰 충격을 줄 수 있으므로 주의해야 합니다.

☞ 경기나 트레이닝 중 다쳤을 때 즉각적인 대처를 하지 않는 것: 운동 중 성장판에 부상을 입는 경우에 즉시 조치해야 합니다. 혹 다른 부위에 부상을 입었을 때도 적절한 시일 내에 적절한 조치를 취해야 합니다. 그렇지 않으면 손상된 부위가 약해지게 됩니다. 부상으로 손상된 부위를 방치하는 경우에 약해진 부위는 잘못된 동작을 유도할 수 있고 이로 인해 성장판에 직접적인 손상을 줄 수 있는 이차적 부상의 원인이 되기도 합니다.

☞ 과도한 스트레칭: 관절의 과신전을 유도하는 과도한 스트레칭 동작은 성장판이 뼈에서 분리될 수 있게 만드는 원인이 될 수 있기 때문에 주의를 요합니다.

상기 위험 요인들 중 성장판의 손상에 직접적인 영향을 미치는 요인은 성장판에 작용하는 밀림(전단, shear stress)이나 비틀림(torsion stress)에 의해 성장판이 뼈에서 떨어져 나오게 하는 공통적인 특징이 있습니다.

예를 들어, 점프, 뛰기, 바운드, 강도 높은 스프린트와 같이 발에 큰 충격이 가해지는 운동은 하지와 발의 성장판에 밀림이나 비틀림과 같은 위험을 가할 수 있습니다. 또한, 무릎이나 팔꿈치 관절에 큰 하중이 가해지는 운동도 성장판 손상의 위험이 있습니다.

특별히 태권도는 위에 예로 든 점프, 뛰기, 바운드뿐만 아니라 자칫 높은 강도의 충격이 그대로 몸에 전달될 수 있는 다양한 요소들을 포함하고 있으므로 더욱 주의를 요합니다.

만약 성장판이 손상되어 제대로 발달하지 못하는 경우, 성장이 둔화되거나 비정상적으로 발달할 수 있으며, 심각한 경우 성장장애나 골연골병증 등의 문제가 발생할 수 있습니다.

③ 바른자세와 키 성장

최근 한국청소년정책연구원의 보고에 따르면 코로나 이후 10대 청소년 대부분이 스마트폰 이용시간이 증가했으며 그중 하루 평균 3시간 이상 스마트폰을 이용한다는 응답은 61.5%에 달했습니다. 이들 10대 청소년의 98%는 스마트폰을 보유하고 있으며 가장 많은 시간을 할애하여 즐겨한 미디어로 유튜브를 꼽았습니다.

하루평균 스마트폰 이용 시간(중고생)

스마트폰의 이용시간이 증가한 것은 비단 중·고등학생뿐만이 아닙니다. 재택근무를 하는 직장인과 어린이들도 외부활동이 제한되는 만큼 스마트폰과 PC의 사용량이 늘어나게 되었습니다.

장시간 앉아만 있거나 누워서 스마트폰을 하는 등 근육이 약화되고 자세가 변형되어 척추측만증이나 거북목증후군과 같은 근골격계의 질환을 앓고 있는 사람들을 흔히 볼 수 있습니다.

특히 성장기 어린이들이 이와 같은 근골격계 질환에 노출된 경우라면 키 성장에도 문제가 될 수 있으므로 조치가 필요합니다. PC, 스마트폰, TV 등의 전자기기 사용 시간이 높아짐에 따라 어린이들의 시력 및 근력이 약해지며 자세가 나빠지는 경우 심한 허리통증이나 근육 경직, 척추측만증 등에 노출되게 됩니다.

이러한 결과로 신체활동의 제약이 발생하여 악순환이 반복될 수 있습니다. 이는 어린이들에게 미진한 신체발달과 저성장으로 나타날 수 있으니 잘못된 자세에 대해서 주의 깊은 관찰이 요구됩니다. 특히 이차성징 전후로 어린이들의 성장 속도가 급격하게 증가하므로 시기를 놓치지 않도록 주의를 기울이는 것이 중요합니다.

OECD '방과 후 운동 학생' 비율		
순위	국가	비율(%)
1	아일랜드	77.6
2	네덜란드	76.1
3	슬로바키아	75.1
8	미국	71.0
18	독일	68.6
34	일본	49.8
35(꼴찌)	한국	42.9
	OECD 평균	66.0

〈OECD 국가별 방과 후 운동학생 비율〉

바른 자세를 유지하기 위해서는 관절의 건강과 우수한 근력이 요구됩니다. 과거부터 이어지는 태권도 수련방법은 그 대상을 불문하고 항상 올바른 자세를 유지할 수 있도록 가르치며 신체의 좌우가 고르게 발달할 수 있는 운동방법을 유도합니다.

또한 태권도는 다리를 많이 사용함에 따라 하지의 관절에 적절한 자극을 줄 수 있어 신체활동율이 낮은 대한민국의 성장기 어린이 및 청소년들이 태권도를 배우고 수련한다면 이들의 키 성장과 자세 건강에 매우 긍정적인 효과를 미칠 것으로 예상합니다.

(2) 어린이를 위한 태권도 동작

지금까지 성장기 어린이들을 지도하는 태권도 지도자들이 어린이를 지도하기 위해 알아야 할 키 성장에 대한 이론을 살펴보았습니다.

이번 장에서는 지금까지 살펴본 내용에 의거하여 태권도를 수련하는 어린이들이 성장판 손상을 예방할 수 있도록 지양해야 할 동작에 대해서 알아보도록 하겠습니다.

- ☞ 주춤서기 시 하퇴(정강이)가 정면에서 '11자' 형태가 되도록 무릎을 바깥쪽으로 벌리는 동작은 발목관절과 무릎관절에 부담을 가중시킴
- ☞ 미트 등 타겟이 없이 허공에 발차기를 하는 경우, 찬 발을 다시 회수하는 과정에서 버팀 다리의 발목관절과 무릎관절은 비틀림 스트레스를 받게 됨
- ☞ 모든 발차기 시 버팀 발의 엄지발가락은 바닥과의 마찰로 인한 골절에 유의해야 함
- ☞ 앞차기 시 차는 발의 발가락을 신전하여 무릎관절이 과신전 되는 현상을 예방할 수 있으며 특히 엄지발가락은 완전히 신전될 수 있도록 유의함
- ☞ 옆차기 시 차는 발의 발목관절은 완벽히 배측으로 굴곡시켜 발목의 유격을 없앰으로써 안정성을 확보해야 함
- ☞ 주먹지르기 시 팔꿈치를 완전히 펴는 경우 팔꿈치관절에 과신전 스트레스를 야기함
- ☞ 아래막기 시 팔꿈치관절이 완전히 펴지지 않게 주의함으로써 내외측상과의 통증과 주두와 골절을 방지함

- 공중회전 발차기 후 착지 시 몸통의 회전이 끝나지 않고 착지하는 경우 무릎관절의 인대 손상에 매우 쉽게 노출됨
- 모든 종류의 도약 발차기 시 도약 높이가 키 높이 보다 높은 경우, 착지는 매트 위에서 하는 것을 권면함
- 신체의 정렬이 바르지 못한 상태에서 무리한 반복 훈련을 지속하지 않도록 함
- 높은 위치에 목표한 목표물을 도약 없이 발차기하는 경우, 상체를 충분히 낮춰 고관절의 가동범위를 확보하여 고관절의 손상을 예방함
- 짓찧기 순간 짓찧는 발의 발목관절을 완벽히 배측굴곡하고 무릎이 내측으로 꺾이지 않도록 주의함으로써 무릎관절의 손상을 예방함

어린이 태권도 지도서

제7장

어린이 태권도 교육 프로그램

Ⅰ. 어린이 태권도 기본동작 지도법

Ⅱ. 어린이 태권도 품새 지도법

Ⅲ. 어린이 태권도 겨루기 지도법

Ⅳ. 어린이 태권도 시범 및 격파 지도법

Ⅴ. 어린이 태권도 호신술 지도법

Ⅵ. 어린이 태권도 품새 경기 지도법

제7장 : 어린이 태권도 교육프로그램

Ⅰ. 어린이 태권도 기본동작 지도법

1. 태권도 기본동작과 기본기술
2. 신체 사용 부위와 급소
3. 태권도 동작과 기술

1. 태권도 기본동작과 기본기술

1) 태권도 기본동작

태권도의 기븐이란, 태권도를 가르치고 배울 때 반드시 알아야 할 최소한의 지식, 기술, 태도와 자세 등을 말하고 기본동작이란, 태권도 기술을 분해했을 때 더 이상 나누어지지 않는 가장 작은 단위의 동작을 말하며, 태권도 기술의 바탕이 되는 실용적인 주요 자세와 동작을 포함한다.

무수히 많은 동작 중에서 기술을 발휘할 때 공통적으로 나타나는 팔과 다리의 다섯 가지 동작의 유형을 기본동작의 유형이라 정의하였다. 이 동작들은 뒤에서 앞으로 뻗는 동작과 위에서 아래로, 아래에서 위로, 밖에서 안으로, 안에서 밖으로 휘두르는 팔과 다리의 동작들로서 태권도의 움직임을 집약적으로 표현한다.

대표적인 팔 기술로는 '지르기, 아래막기, 몸통막기, 얼굴막기, 바깥치기', 발기술로는 '앞차기, 돌려차기, 옆차기 뒤차기, 뒤후려차기, 내려차기'의 11개 동작이 있다.

태권도 기본동작 선정기준은 기능성, 확장성, 대표성이다. 기능적 측면에서 태권도 기술에서 공통으로 나타나는 동작이어야 하고, 확장성 측면에서 동작·방향·사용 부위의 변화에 따라 다양하게 파생시킬 수 있어야 하며, 마지막으로 대표성 측면에서 상징성과 목표성을 띈 기술들을 선정기준으로 정하였다.

2) 태권도 기본기술

태권도 기본동작을 다양하게 활용할 수 있도록 구성된 기술 체계를 태권도의 기본기술이라고 한다. 기본기술은 동작을 숙달시킨 후 다양하게 응용하고 익숙하게 활용할 수 있는 동작을 말하며, 연속 동작과 두 동작 이상으로 만들어진 복합 동작을 포함한다. 또한 품새와 겨루기를 위한 제자리 기본기술과 겨루기와 격파를 위한 이동 기본기술로 이루어져 있다.

3) 태권도 용어 기준

태권도 용어는 「목표 + 사용 부위 + 방법 + 기술」의 차례로 구성하며 최소 단위의 기술 용어와 사용 부위 용어 외에는 모두 띄어 씀을 기본 원칙으로 한다.
단, 표적은 방법 앞에 표기한다. (예: 표적 안막기, 표적 앞치기, 표적 안차기)

4) 간결한 표현

간결한 용어 사용을 위해, '사용부위'나 '목표'를 생략해도 기술을 이해하는 데 어려움이 없고 생략한 상태로 널리 쓰이는 용어는 사용부위나 목표를 생략하여 쓸 수 있다.

▶ 사용부위
- 막기-'바깥팔목' 생략(예: 바깥막기, 아래막기)
- 지르기-'주먹' 생략(예: 돌려지르기, 옆지르기)
- 찌르기-'편손끝' 생략(예: 세워찌르기, 엎어찌르기, 젖혀찌르기)
- 차기-'앞축, 뒤축, 발등' 생략(예: 앞차기, 돌려차기)
- 거들어-'젖힌손, 젖힌주먹, 손등, 주먹등' 생략 (손바닥 거들어는 사용)

▶ 목표
- '몸통'을 독표로 할 경우 목표 생략(예: 돌려차기, 지르기)

- '아래'나 '얼굴'을 목표로 할 경우 목표 표기(예: 아래 돌려차기, 얼굴 지르기)

▶방법
- 얼굴을 올려막거나, 아래를 내려막을 경우 '올려'와 '내려'라는 방법 생략

(1) 품새 용어 표현
품새 설명처럼 정확한 목표 부위를 나타내야 할 때는 세부 목표를 활용할 수 있다.
(예: 얼굴 바탕손 앞치기, 아래 편손끝 젖혀찌르기)

(2) 겨루기 경기 용어 표현
겨루기 경기에서 쓰이는 기술 대부분은 기본 차기 기술인 '돌려차기, 옆차기, 내려차기, 뒤후려차기' 등에서 응용된 것이므로 뜻풀이에 그 활용을 나타낸다.
(예: 발붙여 내려차기, 앞발/뒷발 받아차기)

(3) 격파 용어 표현
격파 용어는 다음과 같이 표현한다.

▶ 높이와 횟수 표현
- 높이에 따른 차이는 '단계'로 표현하고 격파 횟수에 따른 차이는 '방'으로 표현한다. 너무 다양하여 표현하기 어려우면 표현하지 않거나 '다방향차기' 등으로 나타낸다.(예: 돌려차기 세 단계, 가위차기 다섯 방)

▶ 격파 기술 표현
- 용어에 '하며, 하고, 후, 단계, 방'과 같은 말이 들어 있으면 하나의 기술 용어로 보기 어려우므로 낱말 사이를 띄어 쓴다.(예: 장애물 밟고 앞차기 세 단계, 눈 가리고 540° 돌개차기)

[대표적 기본동작 지도법 (예시)]

번호	용어	기본동작의 유형	준비자세
1	주춤서 몸통지르기	뒤→앞	기본준비
2	앞서기 아래막기	위→아래	기본준비
3	앞굽이 몸통막기	밖→안	기본준비
4	뒷굽이 얼굴막기	아래→위	기본준비
5	옆서기 얼굴 등주먹 바깥치기	안→밖	기본준비
6	앞차기	아래→위	겨루기준비
7	돌려차기	밖→안	겨루기준비
8	옆차기	뒤→앞	겨루기준비
9	뒤차기	뒤→앞	겨루기준비
10	뒤후려차기	안→밖	겨루기준비
11	내려차기	위→아래	겨루기준비

※ 지르기와 막기, 치기는 '기본준비자세'에서 수행한다.
※ 차기는 '겨루기준비자세'에서 수행하며 찰 때 기합을 넣는다.
※ 손동작 훈련 중 "뒤로돌아" 구령 시, 공격동작 이면 아래막기하고, 방어동작이면 그 동작을 하며 '기합'을 넣는다.

2. 신체 사용 부위와 급소

1) 태권도에서 주로 쓰는 사용 부위 (2021, 국기원교본 요약 및 재구성)

(1) 주먹

태권도장에 무급자가 등록하면 지르기를 지도하기 전에 「단단한 주먹 만들기」를 먼저 연습해야 한다. 주먹은 다섯 개의 손가락을 말아서 단단히 쥐고 있는 모양을 말하며 주로 지르기 기술에 사용한다. 주먹을 쥘 때는, 손을 편 후 엄지손가락을 제외한 나머지 손가락을 가지런히 붙여 말아 쥔 뒤 엄지로 검지 두 번째 마디를 힘주어 누름으로써, 열쇠 집기(key pinch)와 같은 강한 근육(장무지신근, 단무지신근) 작용을 통해 손목관절을 단단하게 고정시킨다. 주먹을 쥔 상태에서 팔을 앞으로 뻗었을 때 검지와 중지 팔의 요골과 척골 등의 뼈들을 일직선으로 정렬시켜야 꺾임으로 인한 손목관절 부상을 방지할 수 있다.

바른주먹은 팔꿈치관절 중심으로 주먹을 회내시켜 주먹등이 하늘을 향하게 하여 지르는 것으로 팔 길이의 80% 정도에서 가격력이 가장 강하다. 세운주먹에서 바른주먹으로 전환하면서 가격하면 상완이두근의 수축작용이 없어 팔을 완전히 다 펼 수 있는데, 이때 상완과 전완 분절의 근육들은 유효질량을 최대로 증가시킬 수 있는 상태로 이완과 정렬을 하게 되어 이 근육 비틀림으로 목표 지점을 가격 시 큰 힘과 빠른 속도를 낸다. 젖힌주먹은 주먹등이 아래를 향하는 모양(회외)으로 매우 근접한 거리에서 사용하는데, 충분한 가속을 하지 못하기 때문에 팔 힘뿐만 아니라 몸 전체의 힘을 사용하여 지른다.

기술	사용부위	위치	설명
지르기	주먹		· 위치: 손가락을 모두 오므려 쥐었을 때 집게손가락과 가운뎃손가락의 첫 마디 앞부분 · 공격목표: 얼굴(인중, 턱, 머리, 목), 몸통(명치, 옆구리), 아래(단전)
치기	메주먹		· 위치: 지르기를 했을 때 바깥쪽을 향하는 부분. 말아쥔 새끼손가락의 첫 마디와 손목 사이의 부분 · 공격목표: 얼굴(머리), 몸통(어깨, 옆구리, 등, 팔꿈치), 아래(단전, 무릎, 발목) · 활용: 팔꿈치관절 및 어깨관절의 회전을 이용하여 태극 5장 메주먹 내려치기처럼 팔을 위에서 아래로 내려치면서 사용하는 경우와 팔을 수평으로 안 또는 바깥으로 회전시켜 사용
	등주먹		· 위치: 주먹을 쥐었을 때 말아쥔 손가락의 반대쪽 주먹등에 있는 평평한 부분. 이 중, 집게손가락과 가운뎃손가락의 첫 마디 부분 · 공격목표: 얼굴(인중, 턱, 관자놀이, 머리), 몸통(명치, 옆구리), 아래(단전) · 활용: 팔꿈치관절 또는 어깨관절의 회전을 사용하여 치기를 하는 경우에 많이 사용된다.
	밤주먹		· 위치: 주먹을 쥔 상태에서 가운뎃손가락의 관절 부분을 밀어올려 돌출되도록 하였을 때, 가운뎃손가락의 둘째 마디 부분 · 공격목표: 얼굴(인중, 눈, 턱, 목, 관자놀이), 몸통(명치, 옆구리) · 활용: 안면부의 오목한 급소 공격에 유리. 편주먹보다 사용부위가 더 작은 목표 부위를 가격할 수 있어 같은 힘으로 지르거나 친다면 압력을 더욱 크게 할 수 있다.

(2) 손

태권도에서 손은 손가락을 오므리지 않고 편 상태로 팔을 내렸을 때 손목의 아랫부분을 말하며, 공격 목표에 따라 사용부위가 달라진다. 손을 사용하는 기본적인 이유는 치기와 막기를 하기 위함이지만, 잡기, 밀기, 당기기 등의 기술과 연계하여 사용하기도 한다.「목 손날 안치기나 손날막기」를 지도하기 전에 단단한 손날 만들기부터 연습해야 한다.

기술	사용부위	위치	설명
막기	손날		· 위치: 손을 편 상태에서 손가락을 모두 붙이고 끝마디를 안으로 약간 구부렸을 때, 새끼손가락에서 손목까지의 부분 · 방어목표: 얼굴, 몸통, 아래 · 활용: 손날로 막으면 잡기로 연결시킬 수 있음. 쳐서 막기 시 반격용으로도 사용할 수 있음
	바탕손		· 위치: 다섯 손가락을 모두 붙이고 손을 뒤로 젖힌 상태에서의 손바닥 아랫부분 · 방어목표: 얼굴, 몸통, 아래 · 활용: 상대의 공격을 빠르게 쳐서막기 또는 걷어막기 할 때 사용함
치기	손날		· 위치: 손을 편 상태에서 손가락을 모두 붙이고 끝마디를 안으로 약간 구부렸을 때, 새끼손가락에서 손목까지의 부분 · 공격목표: 얼굴(인중, 턱, 목, 관자놀이, 머리), 몸통(어깨, 옆구리, 등, 팔꿈치, 팔목, 손목), 아래(단전, 무릎, 발등, 발목) · 활용: 팔꿈치관절을 굽히거나 편 채로 정면이나 측면의 상대를 가격하는데, 가격 시 손날을 수평으로 하여 안쪽으로 안치기, 바깥쪽으로 바깥치기, 위에서 아래로 내려치기 등에 다양하게 사용함
	바탕손		· 위치: 다섯 손가락을 모두 붙이고 손을 뒤로 젖힌 상태에서의 손바닥 아랫부분 · 공격목표: 얼굴(턱, 머리), 몸통(명치) · 활용: 손목관절을 중심으로 손을 약간 뒤로 젖혀 손바닥의 수근골과 전완의 요골 및 척골의 단단한 부분으로 치며, 동작 시 순간적으로 팔의 뻗는 힘을 주로 사용함
	손등		· 위치: 팔을 내렸을 때 손목의 아랫부분에 해당하며 손바닥의 반대편 부분. 엄지손가락을 제외한 네 손가락의 첫 마디와 손목 사이의 평평한 부분 · 공격목표: 얼굴(인중, 턱), 몸통(명치) · 활용: 가까운 거리에서 순간적으로 상대의 얼굴을 가격하거나 집중력을 분산시킬 의도로 사용되며 공격 시에는 손목관절에 강한 스냅을 주어 목표를 정확히 가격해야 함
	손날등		· 위치: 엄지손가락 첫 마디 시작 부분부터 집게손가락 첫 마디 시작 부분까지의 옆 부분. 엄지손가락은 손바닥 쪽으로 완전히 접고 나머지 손가락은 곧게 폈을 때 손날의 반대편 부분 · 공격목표: 얼굴(인중, 턱, 목, 관자놀이), 몸통(명치, 옆구리) · 활용: 안치기에 주로 사용하며 격파 시 내려치기에 사용할 수 있음. 팔을 완전히 편 채 팔 힘만으로 손날등 공격 시, 어깨관절과 팔꿈치관절에 부상을 입을 수 있으므로 주의해야 함.

기술	사용부위	위치	설명
치기	아금손		· 위치: 손을 곧게 편 상태에서 엄지손가락과 집게손가락 사이를 벌렸을 때, 엄지손 가락과 집게손가락 사이의 오목한 부분 · 공격목표: 얼굴(턱, 목) · 활용: 치기에 주로 사용하며, 상대방의 등 뒤에 벽이나 기둥이 있을 때 공격하면 반발력을 극대화할 수 있다.
찌르기	편손끝		· 위치: 손을 편 다음, 다섯 손가락을 모두 붙인 상태에서 가운뎃손가락을 집게손가락과 약손가락이 끝나는 선에 오도록 약간 굽힌 상태의 손끝 부분. 집게손가락, 가운뎃손가락, 약손가락을 모은 손끝 · 공격목표: 얼굴(눈, 목), 몸통(명치, 옆구리), 아래(단전, 샅) · 활용: 밤주먹, 편주먹 등에 비해 상대적으로 약하므로 눈과 같이 비교적 단단 하지 않은 곳을 공격목표로 함.
잡기	손		· 위치: 손가락이 펴져 있는 상태로 팔을 내렸을 때 손목의 아랫부분 · 공격목표: 잡을 수 있는 모든 부위 · 활용: 다섯 손가락을 곧게 편 상태를 말하며 다섯 손가락을 모두 오므린 주먹과는 구분됨

(3) 팔

태권도에서 팔목의 개념은 엄지손가락이 있는 요골쪽을 안팔목으로, 새끼손가락이 있는 척골쪽을 바깥팔목으로 정하여 사용하고 주로 막기에 사용한다.

팔꿈치는 근육이 없는 단단한 뼈 부분이기 때문에 별다른 단련 없이도 강하게 가격이 가능한 부위이다. 또한 뾰족한 형태를 취하고 있어 상대방 가격부위에 압력을 크게 할 수 있는 장점이 있다. 인체 질량 중 많은 부분을 차지하는 몸통과 어깨관절을 사이에 두고 바로 이어져 있기 때문에 무릎관절과 함께 몸의 힘을 전달하는 데 유용한 사용 부위이므로 최대한 가까운 거리에서의 치기에 주로 사용한다.

기술	사용부위	위치	설명
막기	바깥팔목		· 위치: 주먹을 질렀을 때 몸의 바깥쪽을 향하는 팔목 부분 · 방어목표: 얼굴, 몸통, 아래 · 활용: 손목에서 팔꿈치 쪽으로 네 손가락을 붙여놓은 정도의 면적을 말함. 쳐서막기 시 반격용으로도 사용할 수 있음
	안팔목		· 위치: 주먹을 질렀을 때 몸의 안쪽을 향하는 팔목 부분. 손목에서 팔꿈치 쪽으로 네 손가락을 붙여 놓은 정도의 면적 · 방어목표: 얼굴, 몸통, 아래
치기	팔꿈치		· 위치: 위팔과 아래팔이 구분되는 관절 부위. 팔을 접었을 때 단단하게 돌출되는 바깥 부분 · 공격목표: 얼굴(턱, 머리), 몸통(명치, 어깨, 옆구리, 등)
치기	팔목		· 위치: 손목 관절부터 팔꿈치 쪽으로 네 손가락 정도를 붙여 놓은 만큼의 면적 부분. 바깥팔목, 안팔목으로 구분

| 팔 | 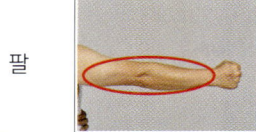 | · 위치: 팔꿈치 관절을 접거나 펴서 사용하는 어깨부터 손목 사이의 부분. 어깨와 팔꿈치 사이를 상완, 팔꿈치와 손목 사이를 전완이라 함 |

(4) 발

태권도에서 발은 발목의 아랫부분을 말하며, 방어 또는 공격 목표에 따라 사용 부위가 달라진다. 다리는 팔보다 길어 주먹으로 공격하는 상대를 견제하기 좋고, 공격의 거리가 길다는 장점이 있다. 유급자에게 앞축 공격을 강요하면 상해를 당할 우려가 있으니 주의해야 한다.

기술	사용부위	위치	설명
차기	앞축		· 위치: 발가락을 젖혀 올렸을 때 발바닥의 가장 앞쪽 부분. 발가락과 바로 맞닿아 있는 발바닥 앞쪽의 평평한 부분 · 공격목표: 얼굴(인중, 관자놀이, 머리) 몸통(명치, 옆구리) 아래(단전, 샅, 무릎, 발목) · 활용: 차기 시 몸을 회전시키기 위한 중심축으로도 사용
	발등		· 위치: 발을 땅에 딛고 서 있을 때 지면에 닿지 않는 발의 위쪽 부분. 발가락부터 발목까지의 윗부분 · 공격목표: 얼굴(인중, 머리), 몸통(명치, 옆구리, 등, 팔꿈치, 팔목, 손목), 아래(단전, 샅, 무릎, 발목) · 활용: 무릎이 갑자기 펴질 때 종아리 뒤쪽 근육(비복근, 가자미근)이 부상 방지를 위해 발목관절을 펴서 발등과 경골이 일직선이 된 상태에서 사용됨. 허리의 순간적인 비틀림(회전력)으로 강한 힘을 발휘하는 돌려 차기와 같이 빠른 차기에 주로 사용함
	뒤꿈치		· 위치: 발의 뒤쪽 모서리 부분 · 공격목표: 얼굴(관자놀이, 머리), 몸통(명치, 어깨, 옆구리, 등), 아래(샅) · 활용: 다리를 접는 동작만으로도 짧은 거리의 목표 공격이 가능하고, 발바닥보다 가격 면적이 작기 때문에 압력의 증가로 인한 충격력의 작용을 크게 할 수 있음
	뒤축		· 위치: 발을 땅에 딛고 서 있을 때 지면에 닿는 발가락과 앞꿈치 부분 등을 제외한 발바닥의 가장 아래쪽 부분. 이때, 둥그스름한 밑부분 · 공격목표: 얼굴(인중, 턱, 목, 관자놀이, 머리), 몸통(명치, 어깨, 옆구리, 등), 아래(샅, 발등) · 활용: 상대의 발등을 짓찧기 하는 경우 체중을 직접적으로 실을 수 있어 별도의 몸 움직임 없이도 좁은 공간에서 위력적인 효과를 발휘할 수 있음
	발끝		· 위치: 발을 땅에 딛고 서 있을 때 앞쪽을 향하는 발가락의 끝부분 · 공격목표: 몸통(명치), 아래(단전, 샅) · 활용: 단단한 목표 가격 시 상해를 입을 수 있으므로 비교적 부드럽거나 약한 급소 부위를 가격함. 같은 힘에 대해서 접촉 면적이 작아지므로 압력을 크게 할 수 있어 효과적인 공격이 가능함. 구두나 전투화의 끝은 단단하기 때문에 더욱 효과적임

차기	발날		· 위치: 발바닥과 발등 사이의 바깥쪽에 위치한 모서리 부분. 발의 바깥쪽 뒤꿈치부터 정강이뼈 아래부위 옆 부분 · 공격목표: 얼굴(인중, 턱, 목, 관자놀이, 머리), 몸통(명치, 옆구리), 아래(단전, 샅, 무릎, 발목) · 활용: 차기 시 발날을 잘 만들기 위해서는 발목관절을 안쪽으로 튼 상태에서 발등을 정강이 쪽으로 최대한 당기며, 발날의 뒷꿈치 부분으로 가격하여 충력을 크게 함
	발날등		· 위치: 발바닥과 발등 사이의 안쪽에 위치한 움푹 들어간 부분. 발의 앞축과 뒤축 사이에 있는 발의 옆부분 · 공격목표: 얼굴(턱, 머리), 몸통(옆구리) · 활용: 밖에서 안으로 차는 동작 시 엉덩관절 내전근의 유연성이 중요하게 작용하며 상대의 지지 다리를 걷어내는 동작으로 중심을 잃게 만들 수도 있음
	발바닥		· 위치: 발을 땅에 딛고 서 있을 때 지면에 닿는 밑바닥 부분 중 발가락을 제외한 모든 부분 · 공격목표: 몸통(명치, 옆구리, 등), 아래(단전) · 활용: 차서 밀쳐내거나 밀어낼 때 사용함

(5) 다리

정강이는 하퇴 앞쪽 뼈가 있는 부분으로 차기 또는 막기로 활용할 수 있다. 막기 시 상대방 차기의 진행 방향을 따라서 무릎 관절을 접거나 몸을 뒤로 이동하는 전략을 취함으로써 접촉 시간을 길게 하여 충격력을 흡수하거나 줄이는 받아막기로 활용하고, 단련시키면 경골의 모서리 부위의 딱딱함을 이용해 쳐 깎음으로써 반격도 가능하다.

무릎은 대퇴와 하퇴 사이에 있는 슬개골 부분을 말하고, 주로 치기에 대퇴골두가 사용된다. 엉덩관절을 사이로 골통과 인접해 있기 때문에 큰 가동범위를 얻을 수 없으므로, 가속하여 빠르게 공격하기보다는 몸의 질량을 최대한 동원할 수 있는 자세를 만들어 활용하는 것이 효과적이다. 무릎 공격 시 무릎이 몸 바깥선 안쪽에서 동작이 이루어져야 효과적인 공격을 할 수 있다.

기술	사용쿠위	위치	설명
막기	정강이		· 위치: 무릎과 발목 사이의 뼈가 있는 앞부분. 몸의 앞쪽을 향하는 아랫다리의 정강 뼈 부분 · 방어목표: 몸통, 아래 · 활용: 무릎을 접거나 몸을 이동시켜 받아막기로 주로 사용함. 쳐서막기 시 반격용으로도 사용할 수 있음
치기	무릎		· 위치: 윗다리와 아랫다리의 사이에 있는 슬개골 위 대퇴골두 부분. 다리를 접었을 때 단단하게 돌출되는 바깥 부분 · 공격목표: 얼굴(인중, 머리), 몸통(명치), 아래(단전) · 활용: 상대방과 가까운 거리에서 사용 가능하지만, 무릎의 가동범위 안에 목표가 없을 때는 목표를 잡아 끌어오거나 도약하여 공격하는 방법도 가능함

2) 급소

급소는 신경이 예민하여 외부의 작은 자극만으로도 신체의 기능에 큰 장애를 가져오는 치명적으로 약한 부분이다. 근육과 근육 사이, 뼈와 뼈 사이에 존재하고, 근육이나 뼈 안쪽에 보호되고 있어 공격하기 어려운 곳이지만, 눈, 쇄골, 고환, 정강이, 귀, 아킬레스건, 관절 등과 같이 노출된 부위도 있다. 방어하는 입장에서는 급소를 최대한 보호해야 하지만, 공격하는 입장에서는 이러한 급소의 위치를 잘 파악하여 공격한다면 작은 힘으로 상대를 쉽게 제압할 수 있다.

태권도에서 급소를 공격하는 것은 상대의 약한 부위를 공격해서 치명적인 상해를 가하는 것보다도, 위험에 처한 자신을 방어하기 위한 호신의 목적이라 할 수 있다. 위험한 급소는 주로 얼굴에 많이 분포되어 있어 발보다 손과 팔로 공격하는 것이 타당하다. 다리 급소의 공격은 손과 팔을 사용하는 대신 발로 공격하는 것이 간편하고 급소의 가격효과도 크다.

태권도 기술로 공격 및 방어해야 할 목표는 크게 얼굴, 몸통, 아래로 나눈다. 얼굴은 머리에서 목까지, 몸통은 어깨에서 허리까지, 아래는 골반에서 발끝까지로 구분한다. 얼굴, 몸통, 아래의 대표적인 급소는 각각 인중, 명치, 단전으로서 태권도 공격 및 방어의 목표 기준점 역할을 한다. 기본 수련 시에는 얼굴, 몸통, 아래를 큰 목표로서 활용하고, 품새 혹은 특정 기술 수련 시에는 보다 구체적인 세부 목표를 활용하여 정확성을 향상시킨다.

인체 급소 및 공격목표
Bodily Vital Parts and Targets of Attack

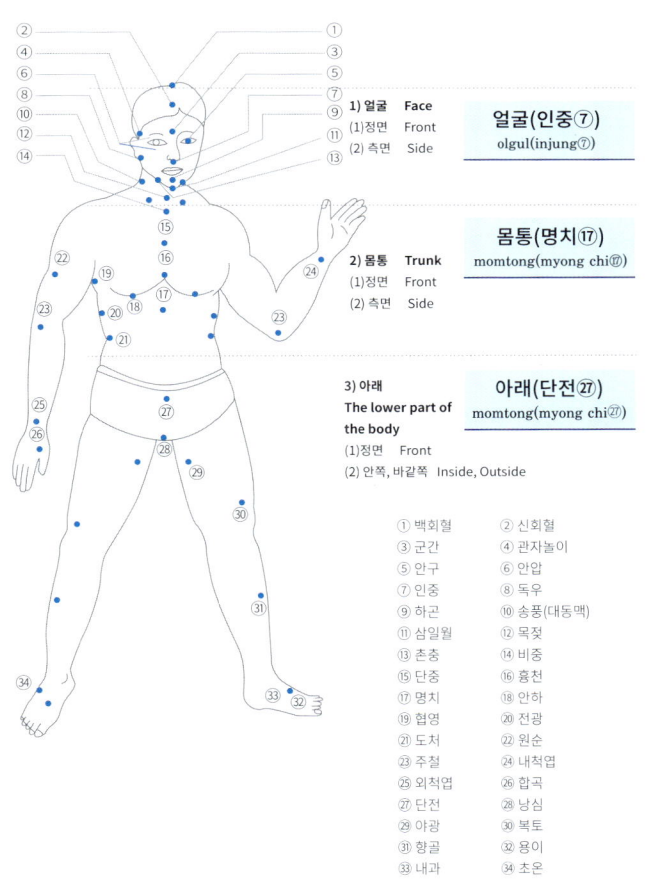

3. 태권도 동작과 기술

1) 자세

(1) 제자리 서기

서기란 태권도의 공격 및 방어 동작을 수행하기 위해 지면을 발로 딛고 서는 여러 자세를 말한다. 서기에서 안정성은 기저면의 너비와, 몸 중심의 높낮이에 따라 변화한다. 두 발을 넓게 벌리면 기저면이 넓어지고 무릎을 굽혀 몸을 낮추면 몸의 중심이 낮아진다. 이는 견고하고 안정성 있는 자세를 만들어 준다. 드 발을 모으거나 좁히면 기저면이 좁아지고, 무릎을 펴면 중심 높이가 올라가기 때문에, 운동성이 높아지고 중심의 이동이 빨라지며 순발력을 발휘할 수 있다.

사람마다 가진 신체조건이 각각 다르기 때문에 길이의 단위를 본인 신체에 맞게 크게는 '걸음', 작게는 '발바닥 길이'로 한다. 즉, 앞으로 내디뎌 설 때는 '한 걸음' 또는 '한 걸음 반'으로 하고, 옆으로 벌려 설 때는 '한 발', '한 발 반', '두 발'식으로 표현한다. 또 두 발이 땅에 닿는 발바닥의 각도를 말할 때는 시선과 몸의 방향을 기준으로 삼아 각각 오른쪽과 왼쪽을 구별하여 표시한다.

다양한 상황에 대처하기 위한 능동적인 수련과 신체조건에 따른 효율적인 수련을 위하여 전, 후 거리와 좌·우 간격은 좁거나 큰 서기로 활용할 수 있다.

> **제자리 서기의 종류**
> 모아서기, 나란히서기, 주춤서기, 학다리서기

① 모아서기(차려자세)

	설명과 지도법
자세 및 동작 설명	- 기본동작과 품새 등을 시작하고 마칠 때 정신을 집중하고 몸의 바른 자세를 유지하며 긴장을 풀어 취하는 자세이다.
지도법	- 두 발날등을 모아 맞대고 두 무릎을 곧게 펴고 허리를 바르게 펴고 서게 한다. - 어깨에 힘을 빼고 두 팔을 편하게 늘어뜨리고 주먹을 가볍게 쥐어서 대퇴의 옆에 주먹등이 바깥을 향한 채로 두게 한다. - 발바닥의 중앙 부위가 바닥을 누르듯이 하며 발가락을 조여 땅을 움켜쥐듯 서야 한다.

	유의점
지도상의 유의점	- 두 발이 좌우로 벌어지지 않도록 한다. ※ 차려자세: 모아서기에서 시선은 정면을 바라보고 턱을 약간 당기며 아랫배는 몸 안쪽으로 끌어당기듯 힘을 주고 가슴은 펴며 양어깨는 자연스럽게 내린다. 이때 상체는 곧게 세우고 양팔은 펴며, 주먹을 가볍게 쥐어 몸의 측면에 '주먹등'이 바깥을 향한 채 붙인다.

② 나란히서기

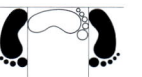

설명과 지도법	
자세 및 동작 설명	- 모아서기에서 왼발을 한 발 길이로 넓혀 옆으로 벌려 선다.
지도법	- 발의 안쪽(발날등)은 서로 나란히(마주 보도록) 되게 한다. - 두 다리의 무릎을 펴고 체중을 두 다리에 똑같이 나눠 실어 중심을 한가운데 놓도록 한다. - 주로 '준비자세'에서 사용되는 서기이다.

유의점	
지도상의 유의점	- 발 간격이 너무 넓거나 좁게 서지 않도록 하며 좌·우 균형이 무너지지 않도록 한다.

③ 주춤서기

설명과 지도법	
자세 및 동작 설명	- 두 발의 간격은 두 발 간격 정도로 선 자세를 말하며 유연함과 굳건함이 배어 있는 서기로 허리의 사용법과 중심을 유지하는 방법을 숙련시키는 효과가 크다.
지도법	- 두 무릎을 굽혀서 서서 바닥을 내려 봤을 때 무릎과 발끝이 일치되도록 하고 정강이를 반듯하게 세우도록 한다. - 이때 두 발날등을 서로 나란히 하여 두 무릎을 서로 조이듯 서야 한다. - 발바닥의 중심 부위로 바닥을 누르듯이 발가락을 조여 바닥을 움켜쥐듯 서도록 한다. - 척추의 형태를 바르게 유지하고 가슴에 힘을 주거나 앞으로 내밀지 않으며 아랫부분에 힘을 모아 기력과 근력을 키울 수 있다. - 무릎을 구부리는 모든 서기의 높이는 주춤서기의 높이와 동일하게 지도한다.

유의점	
지도상의 유의점	- 상체가 앞으로 쏠리거나 배를 내밀지 않도록 한다. - 두 발의 간격이 지나치게 넓게 벌어지지 않도록 한다.

④ 학다리서기(오른)

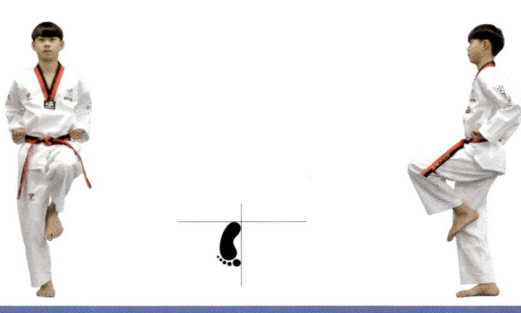

설명과 지도법	
자세 및 동작 설명	- 한 발을 들고 한 발로 서있는 모습이 학이 서 있는 모습과 유사하다고 하여 붙여진 서기이다. - 최고의 서기라 할 수 있을 정도로 집중력, 자신감, 균형감이 요구된다.
지도법	- 오른 다리 무릎을 주춤서기와 같이 굽혀 낮추고 왼발을 들어 올려 발날등을 오른 다리 무릎 안쪽에 대도록 한다. - 들어 올린 왼발의 무릎은 앞을 향하도록 조여야 한다. - 전신의 긴장되고 버티는 힘보다는 지지한 발 쪽으로 편안하게 힘을 기울이도록 하면서 양 무릎은 앞을 향하도록 한다. - 나의 신체 상태, 나의 수련 정도를 진단 할 수 있는 방법이기도 하다.

유의점	
지도상의 유의점	- 지지 발의 높이는 주춤서기 높이로 하며 상체는 곧게 세운다. - 들어 올린 발날등을 무릎 안쪽이 아닌 종아리에 대면 안 된다.

(2) 준비자세

준비자세는 **태권도** 기술을 수행하기 전 신체의 과도한 긴장을 풀고 호흡을 조절하며 정신을 집중하는 자세이다.

준비자세의 종류
기본준비, 통밀기준비, 겹손준비, 보주먹준비, 겨루기준비, 호신준비, 격파준비

① 기본준비자세(기본바로자세)

	설명과 지도법
자세 및 동작 설명	- 준비자세는 흐트러진 마음을 가다듬고 새로움을 시작하기 위한 준비의 의미이며 모든 것을 끝마치고 난 후 정리의 뜻도 내포하는 '바로자세'와 같다.
지도법	- 모아서기에서 왼발을 한발 간격으로 벌리고 손을 편 상태로 단전앞에서 위를 향하게 하여 숨을 들이마시며 두 손을 몸 앞을 지나서 명치 앞까지 끌어 올리게 한다. - 두 손은 명치 앞에서 손가락을 말아 쥐면서 주먹을 틀어 천천히 아래로 향한다. - 두 발에 중심이 실리는 순간 아랫배(단전)앞에 두 주먹을 멈추고, 호흡은 코로 하며 약 ⅔ 정도 내 쉬면서 단전에 힘을 주어 선다. - 주먹과 주먹 사이 그리고 몸통과 주먹 사이는 한 주먹 정도 간격으로 띄우게 한다.

	유의점
지도상의 유의점	- 숨을 들이마실 때 뒤꿈치나 어깨를 들지 않도록 한다. - 어깨와 팔꿈치, 손에 힘을 빼고 자연스럽게 수행하도록 한다.

② 통밀기준비

	설명과 지도법
자세 및 동작 설명	- 준비자세에 사용하며, 기운과 정신을 통에 담아 목숨을 상징하는 목 앞으로 운용하는 자세이다.
지도법	- 모아서기에서 왼발을 한발 간격 정도 벌리어 나란히서기를 한다. - 두 주먹을 펴서 손날을 만들어 숨을 들이쉬면서 단전에서 가슴 위로 끌어 올린다. - 두 손을 앞으로 밀 때 손의 모양은 둥그런 통을 마주 잡은 것 같이 해야 한다. - 두 손날을 앞으로 천천히 밀어 올리며 숨을 내쉰다. - 시선은 정면을 향한다. - 양쪽 손바닥은 자신의 얼굴 너비 정도로 벌리어 마주 보게 한다. - 양쪽 손끝의 높이는 인중선 위치와 수평을 이룬다. - 팔꿈치는 아래를 향하고 굽힌 각은 120° 정도를 유지한다.

	유의점
지도상의 유의점	- 두 손끝의 높이가 인중 높이보다 많이 올라가거나 내려가지 않도록 하며 마주 보는 손바닥이 너무 많이 벌어지거나 열리지 않도록 해야 한다.

③ 겹손준비

설명과 지도법	
자세 및 동작 설명	- 겹손의 의미는 왼 손바닥과 오른 손등을 겹쳐서 양쪽으로 갈라져 있는 것을 하나로 이으며 흩어진 정신을 모은다는 것이다.
지도법	- 허벅다리 바깥쪽에서 주먹을 펴서 단전 앞에서 왼손바닥 위에 오른손등을 대각선(×) 형태로 겹쳐놓아 위를 향하도록 한다. - 겹친 손을 명치 앞까지 들어 올렸다가 단전 앞에까지 내린다. - 오른손등과 왼손바닥은 겹쳐져 대각선 형태를 이룬다. - 단전과 오른손바닥의 간격은 주먹 하나 정도 사이를 유지한다. - 손가락이 단전쪽으로 구부리지 않도록 곧게 편다. - 손이 오를 때 숨을 들이마시고 손을 내릴 때 숨을 내뱉는다.
유의점	
지도상의 유의점	- 겹손은 명치선 이상 올라가거나 몸통에서 지나치게 멀어지지 않도록 한다.

④ 보주먹준비

설명과 지도법	
자세 및 동작 설명	"준비자세"에 사용하며 호흡을 가다듬고 흐트러진 마음을 단전 앞에서 모아, 인중 앞으로 끌어 올려 몸과 마음의 하나 됨을 표현한다. "보주먹준비"라 하며 역시 "준비" 때 큰 소리로 동령이 되도록 한다.
지도법	- 두 발은 모아서기로 천천히 5초 정도 수행한다. - 모든 몸가짐은 '기본준비서기' 때와 같다. - 단전 앞에서 왼손으로 오른 주먹을 감싼 다음 가슴 앞까지 올린 다음 인중 앞까지 밀어 올리게 한다. 이때 왼손은 엄지손가락을 제외한 네손가락을 붙이고 엄지손가락을 벌려 둥글게 손가락을 말아 오른 주먹을 감싸게 한다. - 왼 엄지손가락은 오른 엄지손가락의 손톱 위를 둥글게 감싸며 두 팔의 팔꿈치는 굽혀 원을 만들어 들어 올리게 한다.

유의점	
지도상의 유의점	- 팔꿈치가 위로 지나치게 들려서는 안 된다. - 하단전 앞에서 인중 앞으로 올라올 때 경직되어서는 안 된다.

⑤ 겨루기준비

겨루기 전 두 선수가 취하는 준비자세이다. 왼발이 앞에 있으면 '오른 준비자세', 오른발이 앞에 있으면 '왼 준비자세'이다. 상대와 맞선 상태에서는 '엇서기와 맞서기 자세'가 있다. 구령은 '겨루기 준비'라고 한다.

⑥ 호신준비

아주 근접한 거리의 실전 상황에서 효율적이고 다양한 기술을 자유롭게 연습하고 사용하기 위해 취하는 자세이다. 두 발을 한 발 길이의 간격으로 나란히 하고, 두 주먹을 가볍게 쥐고 양팔을 세워 어깨높이에 둔다. 팔꿈치를 아래로 향하게 하고 어깨와 팔 근육을 이완시키는 것이 핵심이다. 구령은 '호신준비'라고 한다.

⑦ 격파준비

격파 전 취하는 기본격파자세를 의미한다. 왼발이 앞에 있으면 '오른 준비자세' 오른발이 앞에 있으면 '왼 준비자세'이다. 두 주먹은 가볍게 말아쥐며 '오른 준비자세'일 경우 왼손은 가슴높이 앞으로 내밀어 팔꿈치는 120° 정도 굽히고 오른손은 왼쪽 가슴 앞에 약간 띄어 위치한다. 구령은 '격파 준비'라고 한다.

2) 이동기술

(1) 서기

서기 시 앞·뒤 거리와 좌·우 간격은 신체조건에 따라, 효율적인 기술 수행을 위해 약간의 허용 범위를 둘 수 있다.

서기의 종류
앞서기, 앞굽이, 뒷굽이, 옆서기, 꼬아서기, 범서기 ※돌아딛기

 앞서기

	설명과 지도법
자세 및 동작 설명	- 앞으로 한 걸음 내디뎌 선 자세를 말한다. (앞뒤 거리 한 발)
지도법	- 한발을 앞으로 한 걸음 내디뎌 서며 두 발날등 사이는 반 발 이내로 벌린다. - 두 무릎을 펴며 체중은 두 다리에 균일하게 실어야 한다. - 몸통을 반듯하게 세우고 가슴을 자연스럽게 정면을 향하게 한다. - 뒷발의 내각은 30° 이내 각으로 중심을 잡을 수 있도록 자연스럽게 벌리게 한다. - 왼발이 앞으로 나와 있을 때는 왼 앞서기라 한다.
	유의점
지도상의 유의점	- 이동 시 갈 지(之)자 형태의 보법은 잘못된 것이다. - 품새의 첫 동작이 앞서기일 경우 앞뒤 거리가 한발이 되도록 강조해야 한다.

 앞굽이

	설명과 지도법
자세 및 동작 설명	- 한발을 앞으로 한걸음 반 내디뎌 서게 한다. (앞뒤 거리 두 발 반) - 앞발의 발끝이 앞을 향하도록 하며 두 발날등 사이는 반 발 간격 정도를 유지하게 한다. - 중심이 앞에 있으므로 공격과 방어 시 큰 힘을 낼 수 있다.
지도법	- 몸을 반듯하게 하고 서서 바닥을 내려다 봤을 때 앞에 있는 무릎과 발끝이 일치하도록 무릎을 굽혀 몸을 낮추도록 한다. 앞무릎 오금의 각이 약 120° 정도를 이루게 하여 체중의 2/3를 앞에 두게 한다. - 뒷발의 발바닥 전체가 바닥에 닿게 하고 30° 이내 각으로 벌리어 중심을 잡아 준다. 또한 뒷무릎을 자연스럽게 펴서 몸의 축을 바로 세우게 한다. - 골반이 틀어진 만큼 몸통도 자연스럽게 앞쪽으로 30° 정도 틀어지게 한다. - 왼발이 앞으로 나와 있을 때는 왼 앞굽이라 한다.

	유의점
지도상의 유의점	- 뒤에 있는 발의 뒤축이 들려지거나 무릎(오금)이 굽어지지 않도록 한다.

③ 뒷굽이

	설명과 지도법
자세 및 동작 설명	- 체중을 뒷다리에 많이 실은 자세를 말하며 뒤로 이동하는데 편리하여 방어에 많이 사용하는 동작이다.
지도법	- 모아서기에서 오른 뒤축을 축으로 앞축을 90° 되게 발을 벌려 선다. - 오른발 90° 벌려 선 상태에서 왼발 한걸음 길이로 (두 발 정도의 사이) 앞으로 내디디며 몸을 반듯하게 세우고 두 무릎을 굽혀 몸을 낮추어 서게 한다. - 몸을 낮출 때 오른 다리 무릎은 오른발 끝 방향으로 지면과 60~70° 되게 굽히고 왼 다리 무릎은 정면(왼발 끝 방향)으로 지면에서 100~110° 가량 되게 약간 구부리게 한다. - 체중은 뒷발에 2/3 정도가 있어야 한다. - 오른발이 뒤에 있을 때는 오른 뒷굽이라 한다.

	유의점
지도상의 유의점	- 엉덩이가 뒤로 빠지면 안 되고 몸의 균형이 무너지지 않도록 하며 몸통은 45° 정도 틀어준다. - 뒷발의 무릎이 몸의 안쪽이나 바깥쪽으로 틀어지지 않게 한다.

④ 옆서기

설명과 지도법	
자세 및 동작 설명	– 나란히 서기에서 오른발이나 왼발을 직각으로 튼 자세를 말한다.
지도법	– 나란히 서기와 모두 같으나 다만 왼발이나 오른발을 틀어 앞축을 90°로 돌려 딛게 한다. – 두 발의 각은 90°가 되게 한다. – 두 발의 간격은 한 발 정도 벌어지게 선다. – 왼발을 돌려 딛는 경우는 왼서기, 오른발을 돌려 딛는 경우는 오른서기가 된다.
유의점	
지도상의 유의점	– 두 발의 간격이 너무 넓거나 좁지 않도록 하며 두 발의 각도가 90° 이내이거나 이상이 되지 않도록 한다.

⑤ 꼬아서기

오른 앞꼬아서기   왼 앞꼬아서기   왼 뒤꼬아서기

설명과 지도법	
자세 및 동작 설명	· 앞꼬아서기 – 좌우로 이동 시 사용되는 서기 동작이다. · 뒤꼬아서기 – 앞뒤로 이동 시 사용되는 서기 동작이다.
지도법	· 오른 앞꼬아서기 – 왼발을 축으로 오른발이 왼발등을 넘어 왼발 새끼발가락 옆에 오른발을 딛으며 왼발은 뒤축을 들어 앞축만 닿게 한다. – 양 무릎은 주춤서기의 높이만큼 구부리고 양 무릎 사이에 주먹 하나가 들어갈 정도로 벌리고 정강이와 장딴지를 붙여 중심을 잡도록 한다. · 왼 뒤꼬아서기 – 오른발이 앞으로 나가는 순간 왼발이 뒤따라와서 오른발 발날쪽에 왼발 발가락이 가까이 하며 왼발 앞으로 제동을 걸면서 멈추어 서기를 한다. – 꼬아선 형태는 앞꼬아서기와 거의 같으나 상대의 발등을 짓찧기를 하거나 가깝게 접근하면서 2차 공격에 사용한다.

유의점	
지도상의 유의점	- 지지되는 발의 뒤꿈치와 딛는 발 앞축 사이의 간격이 주먹 하나 정도의 간격보다 크거나 작지 않도록 한다. - 두 발이 서로 교차할 때 정강이와 종아리를 살짝 붙여야 한다.

⑥ 범서기 (오른 범서기)

설명과 지도법	
자세 및 동작 설명	- 모아서기 자세에서 한 발을 앞으로 내딛어 앞축을 바닥에 대고 무릎을 구부려 낮추어 선 자세이다.
지도법	- 모아서기에서 오른발을 30도 정도의 각으로 넓혀 서며 왼발을 오른발 끝에서 한발 길이로 내딛게 한다. - 체중을 뒷발에 싣고 뒷발을 내려다 봤을 때 무릎과 발끝이 일직선이 되게 한다. - 앞에 있는 왼발의 발목을 펴고 앞축만 가볍게 딛고 무릎을 약간 안으로 틀어준다. - 아랫배에 힘을 주며 체중은 뒷발에 90%~100% 싣는다. - 왼발이 앞에 나온 경우는 왼 범서기, 오른발이 앞에 나온 경우는 오른 범서기가 된다.

유의점	
지도상의 유의점	- 상체를 뒤로 젖히거나 엉덩이가 뒤로 빠지지 않도록 하며 앞발의 발목이 굽혀지지 않도록 한다.

⑦ 돌아딛기

설명과 지도법	
자세 및 동작 설명	- 오른발 들어서 180° 회전하여 옮겨 돌아 디딜 때 왼발 발가락과 나란하게 디뎌 앞축으로 회전하며 온몸을 회전시킨다.

지도법	- 돌아딛기 할 때 이루어지는 팔의 형태는 왼 큰돌쩌귀에서 오른 큰돌쩌귀로 전환 시킨다. - 뒤축을 들어 세우거나 무릎을 펴서 돌아서는 안 되며 허리의 수평 회전으로 온몸을 옮겨야 한다. - 앞축과 뒤축이 지면에 닿아 있지만 신체의 중심축의 기울기는 앞축으로 하는 것이 편리하다. - 시선은 진행 방향을 향하도록 한다.

유의점

지도상의 유의점	- 몸을 돌면서 서기의 높이에 변동이 없도록 지도해야 한다.

3) 방어기술

(1) 막기

막기는 상대의 공격으로부터 신체의 중요 부위를 보호하는 기술이다.

만약 상대의 강하고 빠른 공격을 전부 다 막아낼 수 있다면 좋겠으나, 상대가 세차게 연속 공격을 해오는 경우 그 공격에 밀려 막기에 실패할 수도 있다. 그러므로 태권도의 막기는 단순히 막는 것이 아니라 단련된 신체부위로 상대의 신체를 쳐냄으로써 큰 충격을 주어야 한다. 막을 때 후속 공격을 차단하는 적극적 방어여야 하는 것이다. 따라서 막기 기술도 공격 기술에 못지않게 사용부위를 단련하면서 수련하여야 한다.

태권도에서는 오므려서 단단하고, 펴서 날카로운 신체부위는 공격 기술에 많이 사용하고, 단단하고 긴 신체부위는 주로 막기 기술에 사용한다. 또한 막기는 중심이 안정된 자세로 막아야 효과가 크다. 다리와 발로 막는 것은 막는 부위가 튼튼하여 좋지만, 한 다리로 중심을 유지하게 되므로 균형이 불안정할 수 있다. 때문에 다리나 발로 막을 때는 언제나 두 팔이 보조역할을 바로 할 수 있게 준비가 되어 있어야 한다. 따라서 일반적으로 두 다리는 중심 유지에 사용하고 두 팔은 막기 기술에 사용한다.

팔목 막기는 한쪽 팔목만 사용하여 막는 것을 원칙으로 하고, 안팔목과 바깥팔목 중 주로 바깥팔목으로 막는 것을 기본으로 한다. 팔목 막기는 한쪽 팔목으로 막는 것이 원칙이지만 보조로 다른 한 팔목이 따라올 때는 거들어 준다는 뜻으로 '거들어막기'라고 한다.

막는 방법에는 몸 바깥에서 안으로 막을 때를 안막기라 하고, 몸 안에서 밖으로 막을 때를 바깥막기라고 정한다. 이러한 막기를 할 때 기준으로 삼고 있는 사항은 다음과 같다.

◆ 신체 기준 명칭

■
- ※ 막기의 끝나는 지점을 다음과 같이 정한다.
  - 아래막기(팔목 사용, 손날 사용)는 하단전 앞을 지나 허벅다리 중앙 안쪽에서 멈춘다.
  - 바깥에서 안으로 막는 안막기는 인체 중심선에서 멈추어 막는다.
  - 안에서 바깥으로 막는 바깥막기는 몸 바깥선을 끝나는 지점으로 하여 막는다.
  - 보조 손은 장골능 위 허리선으로 막기와 동시에 당기되, 젖힌주먹 형태로 옆구리에 붙인다.

■
- ※ 막기의 위치와 높이는 다음과 같이 정한다.
  - 주먹을 쥐고 몸통을 막는 경우는 팔목이 명치 높이에 오게 막는다.
    (주먹의 최대 허용 높이는 어깨선이다.)
  - 손날로 몸통을 막는 경우는 손날이 명치 높이에 오게 막는다.
    (손끝의 최대 허용 높이는 어깨선이다.)
  - 팔목이나 손날로 얼굴을 올려 막는 경우는 인중을 목표로 막는 것이다.
    (팔목과 손날의 최대 허용 높이는 얼굴 끝선이다.)

■
- ※ 막기의 시작점을 다음과 같이 정하며 가동 범위를 크게 하여 막는다.
  - 아래 부위를 막을 때는 메주먹이나 손날이 어깨선 앞에서 내려오기 시작한다.
  - 몸통 부위를 막을 때는 막기에 사용되는 부위가 허리선과 어깨선 내에서 수평동작을 크게 하여 막는다.
  - 얼굴 부위를 막을 때는 막기에 사용되는 부위가 허리선에서 올라가기 시작한다.
  - 단, 막기에 사용되는 부위는 높낮이에 있어서 약간의 허용 범위를 두어 상황에 맞게 활용할 수 있다.

막기의 종류 (평원품새까지 나오는 기술)

아래막기, 몸통막기, 얼굴막기, 손날 바깥막기, 손날 거들어 바깥막기, 바깥막기, 아래 헤쳐막기, 얼굴 손날 비틀어 바깥막기, 얼굴 바깥막기, 바탕손 안막기, 아래 손날 거들어막기, 바탕손 거들어 안막기, 가위막기, 헤쳐막기, 아래 엇걸어막기, 손날 옆막기, 거들어 바깥막기, 외산틀막기, 아래 거들어막기, 손날 아래막기, 안팔목 헤쳐막기, 바탕손 눌러막기, 손날 안막기, 학다리서기 금강막기, 산틀막기, 아래 손날 헤쳐막기, 안팔목 금강 바깥막기, 얼굴 안팔목 거들어 옆막기, 헤쳐 산틀막기

 아래막기

설명과 지도법	
자세 및 동작 설명	- 상대방의 공격을 팔목으로 위에서 아래로 내려막는 기술이며 주 방어 목표는 하단전이지만 허벅다리도 막을 수 있는 기술이다.
지도법	- 막는 팔의 메주먹은 어깨를 향하고 주먹 바닥 부분이 얼굴을 향하게 한다. - 반대 팔은 '주먹등'은 위를 향하여 막는 팔꿈치 아래쪽으로 펴준다. - 막는 팔은 어깨 앞에서 아래로 반대 팔을 따라서 내려오게 한다. - 막는 팔의 팔꿈치가 들리지 않도록 지도한다. - 막는 팔의 주먹은 팔꿈치를 구부려 단전 앞을 지나 허벅다리 위에서 약간 안쪽에 멈추도록 한다. - 보조 손은 허리 쪽(장골능 위)으로 팔꿈치를 당겨 주먹을 붙인다. - 상대방의 공격이 단전을 공격하여 올 때 자세를 낮추어 피하며 바깥팔목을 이용하여 방어하도록 한다. - 상대의 차기 공격은 무릎이 다 펴지기 전에 무릎 위를 막거나 정강이 보다는 발목이나 발등을 막을 수 있다. 또한 피하며 막거나 발 바깥쪽을 (비골) 막는 것이 효율적이다.

유의점	
지도상의 유의점	- 예비동작에서 막는 팔의 팔꿈치가 들리거나 몸 밖으로 나가지 않도록 지도한다. - 예비 동작에서 어깨에 많은 힘이 들어가거나 어깨가 위로 올라가지 말아야 한다.

② 몸통막기

	설명과 지도법
자세 및 동작 설명	- 상대방의 공격을 몸의 바깥쪽에서 안쪽으로 막는 기술이다. - 막는 팔은 어깨높이 정도로 들어 올리며 힘을 빼고 팔꿈치를 구부린 각도에서 손목을 바깥으로 회전시켜 준비자세를 취한다. 이때 보조팔은 주먹등이 대각선 위를 향하게 가볍게 앞쪽으로 펴준다.
지도법	- 어깨를 축으로 뒤에 있는 팔을 당겨와서 팔꿈치를 축으로 바깥팔목을 이용하여 안으로 막아준다. - 막은 팔목이 신체 중앙선에 위치하고 목표는 명치 높이 이기에 주먹이 어깨높이 위로 올라가지 않게 한다. - 보조 팔은 짝힘을 내는 역할을 하기 위해 막는 것과 동시에 장골능위 허리선으로 당겨주어야 한다. - 골반과 허리가 먼저 안으로 틀어져 들어가고 팔꿈치에 이어서 팔목이 들어가도록 한다.
	유의점
지도상의 유의점	- 막는 팔목의 위치는 명치 앞이며 높이는 명치 높이이다. - 주먹이 어깨높이까지 올라가는 것은 허용하지만 더 높이 올라가면 팔목으로 명치를 막을 수가 없다.

③ 얼굴막기

	설명과 지도법
자세 및 동작 설명	- 상대방의 얼굴 공격을 바깥팔목을 이용하여 위로 올려 쳐서 막는 기술이다.
지도법	- 막는 팔의 주먹 바닥은 반대 팔(보조 팔)의 팔꿈치 밑에 오게한다. - 막는 팔은 위로 올라가고 반대 팔은 아래로 내려오며 막기를 한다. - 막는 팔은 어깨 앞을 지나갈 때 손목을 점차적으로 회전하여 인중앞을 막아 올리며 이마 위에 세운주먹 하나 간격을 두고 멈추어 위치하게 한다. 이때 팔목은 신체 중앙선에 오게 한다. - 보조 팔은 짝힘을 내기 위한 역할을 하기 위해 막는 것과 동시에 장골능 위 허리선으로 당겨주도록 한다.

유의점	
지도상의 유의점	- 막는 팔목의 중심선이 얼굴의 중심선 바깥으로 벗어나거나 팔목이 이마를 지나서 얼굴 끝선 위로 올라가서는 안 된다.

④ 손날 바깥막기

설명과 지도법	
자세 및 동작 설명	- 상대방의 공격을 손날로 몸의 안쪽에서 바깥쪽으로 막는 기술이다. - 막는 손날은 손등이 대각선 형태를 취하며 '몸통 바깥팔목 바깥막기'와 같은 형태에서 주먹을 손날로 바꾼 모양이다.
지도법	- 막는 손날의 바닥이 위로 향하게 하여 반대쪽 허리선이나 팔꿈치 밑에서 시작을 하여 허리를 틀어 감으며 두 팔이 충분히 교차를 하면서, 막는 손을 반대쪽 어깨높이 정도로 올려 안쪽에서 바깥쪽으로 틀어주면서 쳐내도록 한다. - 막는 손날의 높이는 명치 높이이고 손끝 높이는 어깨선 정도까지 허용하며 먹는 손날이 멈추는 위치는 몸의 바깥선이고, 반대 손은 막는 동시에 당겨 장골능 위 허리선에서 주먹의 등이 바닥을 향하게 하여 힘주어 멈추도록 한다.

유의점	
지도상의 유의점	- 손목이 심하게 뒤로 구부러지지 않도록 하며 손날의 각도는 대각선 방향이다.

⑤ 손날 거들어 바깥막기

설명과 지도법	
자세 및 동작 설명	- 한 손날로 막기를 할 때 다른 손날로 거드는 기술이다.

지도법	- 막는 손날은 거드는 팔 어깨 앞에 다다르며 거드는 팔은 어깨 뒤로 뻗어 가동범위를 크게 하며 팔꿈치를 자연스럽게 구부린 상태에서 한 방향으로 회전하여 막도록 한다. - 막는 팔의 손날은 45° 정도 틀어져 막아야 하며 높이는 명치 높이이나 손끝이 어깨높이까지 허용하며, 거드는 팔의 팔목은 명치 앞에 닿을듯 말 듯 떨어져 위치하게 한다. - 골반을 먼저 틀고 어깨를 당겨주며 팔꿈치를 축으로 손목을 회전하여 막도록 하며 이때 거드는 손은 막는 방향쪽으로 움직이며 힘을 보태어 주도록 하고 다음 상황을 대비하게 한다.

유의점	
지도상의 유의점	- 거드는 손의 팔목이 명치 앞에 위치하고 손날과 몸통 사이는 약간 띄워 주도록 한다. - 막는 손목이 안쪽으로 꺾어져 들어가서는 안 된다.

⑥ 바깥막기

설명과 지도법	
자세 및 동작 설명	- 상대방의 공격을 바깥팔목으로 몸의 안쪽에서 바깥쪽으로 막는 기술이다.
지도법	- 막는 팔이 반대 팔의 팔꿈치 밑에 위치하게 한다. - 막는 팔목이 허리를 틀어 감으며 반대팔 어깨쪽으로 올라왔다가 어깨를 축으로 바깥으로 펴지며 팔꿈치를 축으로 막도록 해준다. 이때 다른 손은 장골능 위 허리선으로 당겨주도록 한다. - 막은 팔의 팔목은 명치 높이이며 주먹은 어깨높이까지 허용하기에 너무 올라가지 않게 하여 몸 바깥선에 위치하도록 한다.

유의점	
지도상의 유의점	- 바깥 막는 팔의 팔꿈치가 들리지 않도록 하며 손목이 꺾이지 않도록 한다.

아래 헤쳐막기

설명과 지도법	
자세 및 동작 설명	- 두 팔목을 가슴 앞에서 엇걸어 교차 후 내리며 헤쳐막는 기술이다. - 느리게 내려 막는 동작을 통해 숨 고르기와 느린 동작이 추구하는 표현을 담은 기술이다.
지도법	- 내려 막는 손은 어깨높이에서 시작하여 가슴 앞에서 교차하여 헤쳐 내리며 허벅다리 바깥쪽에 한 뼘 (두 주먹) 정도 벌려 위치하게 한다. - 메주먹은 허벅다리 앞쪽과 같은 선상에 오게 하고 양쪽의 주먹등은 옆을 향하는게 아니고 대각선 형태가 되도록 지도해야 한다.
유의점	
지도상의 유의점	- 동작을 지나치게 늦게 하거나 빠르게 하지 않도록 한다. (5초 정도) - 헤쳐 막는 손은 단전 앞에서 가위표(×) 형태로 교차하며 한주먹 이상 벗어나지 않도록 하여 벌어져야 한다.

⑧ 얼굴 손날 비틀어 바깥막기

설명과 지도법	
자세 및 동작 설명	- 앞에 있는 발의 반대 손날로 몸을 비틀어 얼굴을 막는 기술이다. - 몸을 안쪽에서 바깥쪽으로 상체를 45° 정도 비틀어 막는다.
지도법	- 비틀어 막는 것은 왼발이 앞쪽에 있을 때 오른손으로 곡선 동작을 크게 하여 막고, 오른발이 앞쪽에 있을 때는 왼손으로 곡선 동작을 크게하여 막는 것이며 허리를 충분히 비틀어주어야 한다. - 막는 손의 손날은 인중 앞을 지나가며 막도록 해야 하며 인중 높이에서 멈추도록 해야 한다. - 손날이 멈추는 위치는 몸 바깥선이다.
유의점	
지도상의 유의점	- 비틀어 막기를 할 때 몸통을 똑바로 세우고 허리를 안쪽으로 충분히 비틀어서 막는다.

⑨ 얼굴 바깥막기

설명과 지도법	
자세 및 동작 설명	- 상대방의 얼굴 공격을 바깥팔목으로 몸의 안쪽에서 바깥쪽으로 쳐내어 막는 기술이다.
지도법	- 막는 팔은 젖힌 주먹이 위를 향하게 하여 반대팔 팔꿈치 근처를 지나가며 허리를 틀어 감으며 어깨선까지 올라오며 바깥팔목으로 몸 바깥선까지 쳐내어 막도록 한다. - 교차하여 당기는 팔은 막기가 끝나는 팔과 동시에 장골능 위 허리선으로 힘차게 당기도록 한다. - 막는 팔의 팔목은 인중 앞을 지나가며 막도록 해야 하며 인중 높이에서 멈추도록 해야 한다.

유의점	
지도상의 유의점	- 얼굴 바깥막기가 몸 바깥선을 벗어나지 않도록 한다.

⑩ 바탕손 안막기

설명과 지도법	
자세 및 동작 설명	- 몸통막기와 같은 방법으로 하되 몸통으로 들어오는 공격을 바탕손으로 쳐내어 막기 기술이다.
지도법	- 상대방의 손이나 발이 명치를 공격하여 올 때 바탕손을 이용하여 끊어쳐 막도록 한다. - 허리를 뒤로 틀어 감으며 바탕손을 어깨높이로 올려 뒤로 젖혔다가 명치 앞으로 오며 막도록 한다. - 막는 손의 높이는 명치 높이이며 신체 중심선까지 오도록 한다.

유의점	
지도상의 유의점	- 바탕손 안막기는 허리 회전을 이용하여 쳐내어 막아야 한다.

⑪ 아래 손날 거들어막기

	설명과 지도법
자세 및 동작 설명	- 상대방이 아래를 공격하여 올 때 한 손날로 거들며 다른 손날로 내려쳐 방어하는 기술이다.
지도법	- 막는 손은 손날 바깥막기와 같은 방법의 동작이기는 하나 어깨선에서 시작하여 아래를 향해 내려 막도록 한다. - 막는 손은 앞에 둔 다리의 허벅다리 안쪽 위에 한 뼘 정도 간격을 두고 막도록 한다. - 거드는 손은 손등이 바닥을 향하게 하여 팔목이 명치 앞에 있으며 아래막기 하는 동작의 힘을 거들어 주며, 손날이 몸통에 닿을 듯 말듯 두게 한다. - 상대방의 단전 공격을 한 손날로 힘차게 내려쳐 막으며 다른 한 손날은 힘을 보태어 거들어 주고 다음 상황을 대비한다. - 상대방의 차기 공격일 경우는 정강이 방어보다는 바깥쪽의 비골을 방어하는 것이 효율적이다.
	유의점
지도상의 유의점	- 막는 손이 단전 앞을 힘차게 지나치며 막아야 하며 앞에 둔 다리의 허벅다리를 지나서 몸 바깥으로 나가지 않도록 한다.

⑫ 바탕손 거들어 안막기

	설명과 지도법
자세 및 동작 설명	- 반대 팔의 거드는 기능을 활용하여 힘을 보태어 막는 기술이다.
지도법	- 거드는 손은 상대를 잡아끌듯이 당기며 안막기 하는 팔꿈치 아래에 위치하여 받침대 역할을 하며 거들어 주어야 한다. - 막는 바탕 손은 어깨높이로 올려 뒤로 젖혔다가 명치 앞으로 쳐 막아야 하는데 상대방의 명치 공격을 보조 손의 주먹 등으로 받쳐 거들며 바탕손으로 정확하고 강하게 막아야 한다. - 막기 후 등주먹 앞치기 같은 다음 동작으로 연결할 때 거들은 팔을 받침대 역할로 이용하여 효율적인 공격으로 전환해야 한다.
	유의점
지도상의 유의점	- 바탕손 거들어 안막기는 가슴 높이가 아닌 명치 높이이다. - 바탕손 거들어 안막기 시 허리를 사용하지 않고 팔만 사용해서는 안된다.

⑬ 가위막기

설명과 지도법	
자세 및 동작 설명	- 가위의 움직임을 본 떠와서 붙인 용어로 내려막기와 안팔목 바깥막기를 동시에 하는 기술이다.
지도법	- 내려막는 팔은 반대팔 어깨 앞에 위치시키고 몸통 올려막는 팔은 팔꿈치를 구부려 내려막는 팔의 팔꿈치 밑에 주먹을 위치시킨 뒤 두 팔을 동시에 교차시켜서 막아야 한다. - 상대방의 두 가지 공격을 내려막기와 안팔목 바깥막기로 동시에 막거 나 한 가지 공격을 내려막기와 올려막기를 동시에 하여 꺾거나 부러뜨릴 수 있다.

유의점	
지도상의 유의점	- 가위막기를 등주먹 앞치기처럼 하면 안 된다.

⑭ 헤쳐막기

설명과 지도법	
자세 및 동작 설명	- 상대방의 두 가지 공격에 대해 두 팔목을 가슴 앞에서 가위표(×) 형태로 엇걸었다가 바깥팔목으로 바깥쪽으로 헤치며 막는 기술이다.
지도법	- 두 주먹의 밑 팔목 부분을 가슴을 향하게 교차한 다음 바깥막기와 같은 형태로 막도록 한다. - 두 팔의 팔꿈치가 가까이 붙을 정도로 교차하여 부채살을 펴듯이 힘차게 밖으로 헤쳐 내어 막으며 주먹의 높이는 어깨선 정도로 하여 몸통의 바깥선까지 막아야 한다.

유의점	
지도상의 유의점	- 왼 앞굽이 시 왼팔이 바깥쪽에서 가위표(×) 형태로 교차하여 헤쳐 막고 오른 앞굽이 시 오른팔이 바깥쪽에서 가위표(×) 형태로 교차하여 헤쳐 막으며 두 팔의 바깥팔목이 몸통의 몸 바깥선을 지나서 몸 밖으로 벗어나지 않도록 한다.

⑮ 아래 엇걸어막기

	설명과 지도법
자세 및 동작 설명	- 한쪽의 등팔목으로 내려막기를 하며 다른 팔의 등팔목을 마주 보게 하여 힘을 보태어 막는 기술이다.
지도법	- 내려막기이지만 어깨높이에서 시작하는 것이 아니라 반대쪽 옆구리에서 내려막기를 하면서, 다른 팔로 내려 막는 팔에 힘을 더해서 엇걸어 눌러 내려 막는다. - 손등이 마주 보게 하며 팔목을 교차시킨다. - 상대방의 공격을 미리 차단하는 기능이 있다. - 몸통이 정면을 보고 있을 때는 두 주먹이 양쪽에서 나올 수 있다.
	유의점
지도상의 유의점	- 왼 앞굽이 시 왼팔이 바깥쪽에서 가위표(×) 형태로 교차하여 엇걸어 막고 오른 앞굽이 시 오른팔이 바깥쪽에서 가위표(×) 형태로 교차하여 엇걸어 막으며 엇걸어 막는 부위가 떨어지지 않도록 한다.

⑯ 손날 옆막기

	설명과 지도법
자세 및 동작 설명	- 상대방이 옆에서 공격해 올 때 주춤서기 자세에서 손날로 막는 기술이다.
지도법	- 막는 손의 바닥이 위로 향하게 하여 반대쪽 팔꿈치 근처를 지나가며 큰 동작을 만들면서 어깨높이 정도로 올려 안쪽에서 옆쪽으로 쳐내야 한다. 이때 교차한 다른 한 손은 장골능 위 허리선으로 힘차게 당기도록 한다. - 막는 손날의 높이는 명치 높이로 막아야 하나 손끝 높이는 어깨선까지 허용한다.
	유의점
지도상의 유의점	- 두 팔이 가슴 앞에서 교차하여 막도록 해야 하며 주춤서기한 두 다리가 많이 움직여서는 안된다.

⑰ 거들어 바깥막기

설명과 지도법	
자세 및 동작 설명	- 한 손으로 거들며 다른 손으로 밖으로 막는 기술이다. - 막는 팔목이 명치를 바깥으로 막을 때 주먹의 높이는 어깨선을 넘어서지 않으며 몸 바깥선에 위치해야 한다.
지도법	- 주먹을 쥐고 손날 거들어 바깥막기처럼 하며 거드는 손의 위치는 팔목이 명치 앞이며 팔목은 인체의 중심선에 두어야 한다. - 거드는 팔의 어깨에 힘을 주지 않으며 겨드랑이와 몸통과의 간격은 닿을 듯 말 듯 편하게 늘어뜨린다.

유의점	
지도상의 유의점	- 거드는 팔은 몸통에 붙이지 않도록 하며 막는 팔의 팔꿈치 높이를 따라가지 않는다.

⑱ 외산틀막기(팔목 외산막기)

설명과 지도법	
자세 및 동작 설명	- 얼굴과 몸통 측면 또는 아래로 동시에 들어오는 공격에 대하여 한쪽 손은 얼굴 측면, 다른 손은 아래로 내려 막는 기술이다.
지도법	- 한 팔은 바깥팔목 내려막기를 하고 한 팔은 얼굴 측면을 방어 목표로 하여 안팔목 바깥막기를 하도록 한다. - 내려 막는 팔은 주먹이 대퇴부 측면으로부터 주먹 두 개 높이로 막으며 얼굴을 막는 팔은 팔목이 인중 높이에 위치해야 한다.

유의점	
지도상의 유의점	- 두 발은 일직선상에 서며 두 발의 모양은 모앞굽이 자세이다.

⑲ 아래 거들어막기

설명과 지도법	
자세 및 동작 설명	- 아래를 목표로 공격되어 오는 상대방의 기술을 바깥팔목으로 거들며 바깥팔목으로 내려막는 기술이다.
지도법	- 막는 손은 내려막기와 같은 방법으로 어깨선에서 시작하여 내려막기를 하며, 거드는 손은 동작을 크게 하여 팔목이 명치 앞으로 오며 힘을 거들어 주어야 한다. - 막는 팔목은 단전을 지나쳐 앞에 있는 허벅다리 안쪽에서 위로 한 뼘 정도 떨어진 위치까지 막도록 한다.

유의점	
지도상의 유의점	- 막는 두 손을 어깨선보다 지나치게 높거나 낮은 위치에서 내리지 않도록 한다.

⑳ 손날 아래막기

설명과 지도법	
자세 및 동작 설명	- 상대방의 공격을 위에서 아래로 손날로 내려 막는 기술이다.
지도법	- 온 손날을 오른 어깨 부위에서 손바닥이 얼굴을 향하게 한다. - 몸통을 회전하여 손날 내려막기를 한다. - 막은 손날은 허벅다리 안쪽 위에서 한 뼘 정도의 간격을 유지한다.

유의점	
지도상의 유의점	- 몸통의 회전 없이 손날만 사용하여 막지 않도록 한다.

㉑ 안팔목 헤쳐막기

설명과 지도법	
자세 및 동작 설명	- 상대가 두 손으로 가슴을 잡거나 밀치는 등의 공격을 할 때, 두 안팔목을 바깥쪽으로 동시에 헤치며 벌리는 힘으로, 상대의 팔을 쳐내어 막는 기술이다.
지도법	- 두 팔을 가슴 앞에서 충분히 교차해야 하며 교차되고 모아진 힘을 나 누어 주면서 팔목을 빠르게 틀어 안팔목을 바깥쪽으로 틀어서 막도록 한다. - 기술 수행의 마지막 지점에서 두 안팔목이 몸 바깥선을 벗어나지 않도록 하며 주먹의 끝이 어깨선을 넘지 않도록 하고 두 팔꿈치가 안으로 모여지지 않게 자연스럽게 아래로 향하게 한다. - 두 안 팔목으로 상대의 공격을 바깥쪽으로 헤쳐 막은 후 바로 이어서 주먹이나 바탕손을 이용하여 상대를 가격할 수 있다.
유의점	
지도상의 유의점	- 막기 시 양손을 앞으로 등주먹으로 치는 듯이 하면 안 되며 양쪽 안팔목으로 몸통 밖으로 쳐 내듯이 막아야 한다.

㉒ 바탕손 눌러막기

설명과 지도법	
자세 및 동작 설명	- 상대방이 자신의 복부나 명치를 공격하여 올 때 바탕손을 사용하여 가슴 위에서부터 아래로 눌러 막는 기술이다.
지도법	- 눌러 막는 바탕손은 팔꿈치를 명치 높이로 올리며 눌렀을 때 바탕손이 명치 앞에 오도록 한다. - 이때 보조손은 힘차게 장골능 위 허리선으로 당겨 협응력을 발휘하도록 한다. - 바탕손으로 상대의 공격을 실제로 눌러 막을 때는 아래 방향으로 눌러막기보다는 누르며 밖으로 제치는 형태로 막는게 효율적이다.
유의점	
지도상의 유의점	- 눌러 막는 바탕손이 명치 아래로 내려가거나 눌러막기를 사선으로 밀쳐내듯이 하면 안 된다.

㉓ 손날 안막기

설명과 지도법	
자세 및 동작 설명	- 상대방이 앞쪽에서 공격하여 올 때 손날을 사용하여 안쪽으로 막는 기술이다.
지도법	- 오른손은 가슴 앞에서 보조하고 왼 손날은 바깥쪽 어깨 옆에서 신체 안쪽으로(중심) 명치를 막도록 한다. - 막은 손 팔꿈치는 아래를 향하고 굽힌 각은 120° 정도를 유지하도록 하며 손날은 명치 앞을 막지만 손끝은 어깨선 높이까지 허용한다. - 막는 방법은 팔목으로 막는 몸통막기와 동일하나 손날로 막는 이유는 막은 다음에 상대를 잡아채려는 의도가 포함되어 있기 때문이다.

유의점	
지도상의 유의점	- 막는 손날이 몸의 중심선을 벗어나서 막지 않도록 한다. - 손을 높이 올려서 목을 막는 것처럼 해서는 안 되며 손목을 꺾어서 목치기처럼 해서도 안 된다.

㉔ 학다리서기 금강막기

설명과 지도법	
자세 및 동작 설명	- 금강역사상의 모습을 따 와 붙인 기술로써 상대방이 얼굴 전면과 몸통 옆, 아래를 동시에 공격하여 올 때 얼굴막기와 내려옆막기로 막는 기술이다.
지도법	- 왼팔은 어깨부위에서, 오른팔은 팔꿈치 아래에서 천천히(5~8초 정도) 위와 옆을 막도록 한다. - 이때 부드럽게 움직이고 두 팔은 견고하게 주먹을 쥐어야 한다. - 왼, 오른팔이 교차하여 아래, 위로 움직일 때 시선도 동시에 왼쪽으로 향하며 학다리서기는 이미 되어 있어야 한다. - 서기는 자연스러운 속도로 하고 팔은 천천히 동작을 하도록 한다. - 상대가 주먹으로 얼굴과 돌려차기로 옆을 동시에 공격할 때 빠르게 금강막기로 얼굴과 아라를 동시에 방어해야 한다.

유의점	
지도상의 유의점	- 품새에서의 금강막기는 천천히 하는 기술과 빠르게 하는 기술을 연습하지만 실전에서는 빠르게 하는 기술이다.

㉕ 산틀막기(=태산막기)

설명과 지도법	
자세 및 동작 설명	- 상대방이 앞, 뒤 양쪽에서 얼굴을 공격해 올 때 두 팔로 동시에 얼굴 양쪽을 막는 기술이다.
지도법	- 주로 금강 품새에 나오는 동작으로 안팔목과 바깥팔목으로 동시에 휘둘러서 막도록 한다. - 두 팔목은 얼굴의 인중선이며 지나치게 팔을 위로 올려서는 안 된다. - 한쪽 팔은 안팔목으로 바깥으로 막고 한쪽 팔은 바깥팔목으로 안쪽으로 동시에 막아야 한다. - 상대가 양쪽에서 내 어깨를 잡거나 얼굴을 공격할 때 안 팔목과 바깥 팔목을 크게 휘둘러 쳐내어 막을 수 있다.

유의점	
지도상의 유의점	- 두 팔을 휘두르며 어깨 위로 올릴 때 상체와 하체를 비틀어야 한다. - 허리를 틀며 올린 두 팔을 휘두르며 바깥쪽과 안쪽을 동시에 막는다. 이때 균형 잡힌 주춤서기를 동시에 해야 한다.

㉖ 아래 손날 헤쳐막기

설명과 지도법	
자세 및 동작 설명	- 양 손날을 몸 아래로 내리며 바깥으로 벌리는 힘으로 아래 높이에서 양쪽으로 공격해 오거나 감싸고 있는 상대의 팔을 쳐내는 기술이다.
지도법	- 왼 범서기 시 왼 팔목이 바깥에서 교차하여 두 팔을 가슴 앞에서 X자 형태로 교차하도록 한다. - 두 손목을 회전하여 상대의 양쪽 공격을 아래로 헤쳐 막는다. 이때 허벅다리에서 한 뼘 정도의 간격을 띄운다. - 상대가 나래차기로 공격 시 양쪽 아래와 몸통 부위까지 방어할 수 있다.

유의점	
지도상의 유의점	- 헤치며 내릴 때 팔꿈치가 먼저 벌어지지 않도록 한다. - 손등이 앞이나 옆을 향하지 않도록 비스듬히 내려쳐서 막는다.

㉗ 안팔목 금강 바깥막기

설명과 지도법	
자세 및 동작 설명	- 위에 있는 팔은 안팔목으로 바깥을 막고 아래에 있는 팔은 바깥팔목으로 얼굴 올려막기를 동시에 수행하는 기술이다.
지도법	- 왼 주먹 지르기에서 방향 전환을 하며 막기 동작을 크게 하기 위하여 막는 방향의 반대쪽으로 허리를 틀어 감으며 두 손을 큰 돌쩌귀 형태를 취하며 연이어 안팔목 금강 바깥막기를 하도록 한다. - 한 팔은 상대의 몸통 공격을 안에서 밖으로 쳐 내어 막으며 다른 한 팔은 상대의 얼굴 공격을 위로 올려 막아야 한다.

유의점	
지도상의 유의점	- 몸의 회전력을 이용하여야 하며 허리의 움직임과 양손이 멈춘 상태에서 하는 금강 바깥막기는 바람직하지 않다.

㉘ 얼굴 안팔목 거들어 옆막기

설명과 지도법	
자세 및 동작 설명	- 상대가 얼굴 측면을 공격해 올 때 한 손으로는 얼굴 측면을 막고 다른 한 손은 좀 더 강한 힘을 내기 위해 거들며 막는 기술이다. - 거드는 손은 옆은 주먹 형태로 가슴 앞에 두며 막는 팔의 팔꿈치 쪽으로 힘을 보태기 위한 돌려지르기 형태를 취한다.

지도법	- 오른 뒷굽이 아래 손날 거들어막기에서 양손을 뒤로 빼며 큰 동작으로 막기 위하여 허리를 틀어 감아야 한다. - 이때 왼발을 주춤서기로 옮겨 디디며 동시에 거들어 옆막기를 한다. - 한 손은 안팔목을 밖으로 쳐 내어 얼굴을 막으며 다른 한 손은 큰 힘을 내기 위한 거드는 역할을 위해 가슴 앞으로 힘차게 밀어준다.

유의점

지도상의 유의점	- 몸통의 회전과 안팔목의 회전이 동시에 이루어져야 하고 막는 동작은 중간에 멈춰서는 안 되며 주춤서기와 동시에 이루어져야 한다.

㉙ 헤쳐 태산막기(=헤쳐 산틀막기)

설명과 지도법

자세 및 동작 설명	- 산(山)의 형상을 본떠 이름을 붙였으며 두 팔의 안팔목을 사용하여 안에서 바깥으로 얼굴 옆막기를 하는 기술이다.
지도법	- 두 팔목이 허리선에서 가위표(×) 형태로 교차하여 어깨 앞으로 올리며 얼굴 앞에서 양옆으로 헤치며 상대를 부러쳐 내듯이 양쪽으로 나누어 막는 기술이다. - 막은 순간 두 팔목을 회전시켜 주고 두 팔목이 인중 높이에 위치해야 하며 양쪽의 팔은 어깨선과 나란히 위치하고 팔꿈치의 각도는 90° 정도를 유지하여 직각으로 막도록 한다. - 자신의 양쪽에서 얼굴 측면을 향하여 공격하여 올 때 양팔의 안팔목을 안에서 밖으로 크고 강하게 벌리며 옆막기 해야 한다.

유의점

지도상의 유의점	- 양쪽의 안팔목이 얼굴을 지나서 헤쳐 막아야 강하게 막을 수 있다. - 팔목의 높이가 너무 높거나 낮으면 얼굴 방어가 어렵다. - 막았을 때 산(山)의 형상이 깨지면 안 된다.

4) 공격기술

(1) 지르기

팔을 이용하여 공격을 가할 때 힘은 몸통의 회전력, 즉 원심력을 이용하는데, 이때 팔꿈치를 뻗으며 주먹이 일직선 형태로 움직여 목표 지점을 가격하는 것을 지르기라 한다.

①장골능 위 허리선에 팔목을 붙인다.
②허리 회전과 함께 젖힌주먹으로 출발한다.
③세운주먹으로 전환된다.
④팔꿈치관절을 구부려 바른주먹으로 가격한다.
⑤팔꿈치관절을 뻗어 깊숙이 지른다.

▶ 지르기 방법

- 상체를 바로 세우며 어깨를 자연스럽게 편 상태에서 지르는 주먹은 손등을 아래로 하고 장골능 윗부분에 갖다 대며, 반대편 보조 주먹은 손등이 대각선 형태로 위로하고 목표 앞에 팔꿈치를 즈금 구부려 위치시킨다.
- 보조 주먹을 장골능 위로 빠르게 당기는 동시에 허리의 반동을 최대한 이용해 직선으로 양어깨의 정가운데 목표 높이로 지른다.
- 지르는 동시어 주먹을 안쪽으로 틀어 손등이 아래에서 위를 향하게 하며 구부렸던 팔꿈치를 펴면서 뻗는 힘으로 지른다.
- 목표 부위를 정확하게 주먹으로 직각이 되도록 가격한다.
- 측면에서 봤을 때 어깨는 서기의 형태에 따라 약간 앞으로 나가도 된다.

지르기의 종류

| 몸통 바로지르기 | 몸통 반대지르기 | 얼굴지르기 | 두 주먹 젖혀지르기 |
| 옆지르기 | 턱 당겨지르기 | 표적지르기 | |

① 몸통 바로지르기, 몸통 반대지르기

	설명과 지도법
자세 및 동작 설명	– 주먹을 앞으로 질러 상대의 명치를 가격하는 기술이다.
지도법	– 지르는 주먹은 팔꿈치를 앞으로 밀어내며 나선형의 비틀리는 힘을 직선으로 발휘하며 앞으로 지르기를 하게 한다. – 지른 주먹은 몸통지르기이므로 명치를 향해야 한다. – 앞에 위치해 있던 보조 손은 팔꿈치를 당기듯 주먹을 허리로 가져오게 한다. – 바로지르기는 손과 발이 반대 선상에 위치하고 반대지르기는 손과 발이 같은 선상에 위치할 때를 말한다.

	유의점
지도상의 유의점	– 지르기 전에 단단한 주먹 만들기부터 연습해야 한다. – 지르는 팔꿈치가 옆으로 벌어지거나 들어 올려서 지르면 안 된다. – 한번 지르기 연습은 지르기 준비 상태에서 지도를 해야 효율적이다.

② 얼굴 지르기

	설명과 지도법
자세 및 동작 설명	– 얼굴의 인중을 향해 주먹으로 질러 가격하는 기술이다.
지도법	– 주먹은 장골능 위 허리선에서 시작하여 목표를 가격할 때 회전이 완성된 상태에서 가격하도록 해야 한다. – 가격 시 팔꿈치가 조금 굽혀져 있어야 하며 손목이 구부러지지 않도록 해야 한다. – 가격 후 깊숙한 공격을 위하여 팔꿈치를 쭉 뻗도록 한다. – 상대방의 인중을 기본 목표로 하지만 상황에 따라 턱을 가격할 수 있다.

유의점	
지도상의 유의점	- 지르는 팔꿈치가 몸의 바깥 부분을 스치며 나가고 들어와야 한다.

③ 두 주먹 젖혀 지르기

설명과 지도법	
자세 및 동작 설명	- 두 주먹을 장골능 위에서 엎은 상태에서 앞에 있는 목표를 향해 젖혀 지르는 공격 기술이다.
지도법	- 장골능 위 허리선에서 엎어진 주먹으로 시작을 하여 앞쪽으로 조금 올라가며 갈비뼈 앞쪽을 젖혀 지르도록 한다. - 비교적 가까이 있는 상대의 늑골 아랫부분을 올려 지르듯이 짧은 시간에 힘차게 가격하도록 한다. ※ 한 손으로 하는 젖혀 지르기부터 지도해야 한다.

유의점	
지도상의 유의점	- 젖혀지르기 한 팔의 팔꿈치가 펴지지 않도록 하며 구부린 각도가 120°이내로 유지해야 한다.

④ 옆지르기

설명과 지도법	
자세 및 동작 설명	- 지르기 동작을 주춤서기(옆으로 나란히 선) 자세에서 옆의 방향으로 지르는 공격 기술이다.
지도법	- 몸통의 회전력을 이용하여 몸을 옆으로 틀며 주먹을 일직선으로 던지듯이 지르도록 한다. - 몸통의 회전력과 이동하는 발을 딛는 순간에 지면의 반동력까지 최대한 주먹에 실어 지르도록 한다.

유의점	
지도상의 유의점	- 몸통의 회전력을 이용하여 틀어 지르며 지르는 주먹의 높이는 명치 높이로 한다.

⑤ 턱 당겨지르기

설명과 지도법	
자세 및 동작 설명	- 한쪽 손으로는 상대를 잡아당기며 다른 한 손으로 턱을 향해 서서히 젖혀 지르는 기술이다.
지도법	- 한 손은 '주먹등'을 위로하여 가슴 옆에서 젖히며 지르도록 하고 다른 한 손은 지르기와 동시에 힘을 주어 천천히 당기도록 한다. - 잡아끄는 손은 어깨높이에서 당기듯이 하고, 지르는 손은 편하게 가슴 옆에서 시작을 하여 턱 높이로 앞쪽을 향해 젖혀지르도록 한다. - 상대방의 저항이나 제지로 인하여 빨리 지를 수 없는 상황의 기술이다.

유의점	
지도상의 유의점	- 턱 당겨지르기는 천천히 5초 정도 하며 수련 정도에 따라 늘리거나 줄일 수 있다. - 지르기와 당기기는 동시에 마무리가 되어야 한다.

⑥ 표적 지르기

설명과 지도법	
자세 및 동작 설명	- 손바닥으로 자신의 옆에 표적을 만들어 주먹으로 지르는 기술이다.
지도법	- 손목을 안쪽으로 꺾어서 표적을 만들고 장골능 위 허리선에서 출발한 주먹은 팔꿈치를 펴 직선 형태로 지르도록 한다. - 표적의 위치에 따라 허리의 회전을 통해 짧게, 또는 길게 지를 수 있다.

유의점	
지도상의 유의점	- 주춤서기가 흐트러지지 않도록 중심을 잡아주며 유연한 허리 회전력을 이용하여 지르도록 해야 한다.

⑦ 돌쩌귀

큰 돌쩌귀 　　　　작은 돌쩌귀 　　　　학다리서기 작은 돌쩌귀

설명과 지도법	
자세 및 동작 설명	- 돌쩌귀는 공격과 방어의 기능을 효율적으로 돕거나 사물의 모습 등을 모방한 특수한 보조 ㅈ·세이다. 또한 다음 기술을 이어서 하기 위한 일종의 예비동작이며 보조 동작이다. 주로 주춤서기, 학다리서기와 함께 수행한다.
지도법	※ 큰 돌쩌귀 - 돌려지르기가 끝난 후의 자세이자 품명이다. - 장골능 위 허리선에 있는 주먹의 바닥 부분이 위를 향하게 하여 붙이도록 한다. - 돌려지른 주먹은 엎은 주먹 형태로 명치선을 지나 허리에 붙인 주먹과 마주보는 형태를 취하며 돌려 지른 주먹은 몸통과 한 뼘 정도 이내의 간격을 두도록 한다.

유의점	
지도상의 유의점	- 몸을 돌면서 이동할 때는 한발 간격으로 옮겨 딛고 이어서 주춤서기 자세로 지를 때 중심을 잘 잡도록 해야 한다.

(2) 치기

몸의 회전력을 이용해 팔로 공격을 할 때 신체의 단단하거나 뾰족한 부위로 상대의 급소를 가격하며 팔꿈치를 굽히거나 뻗은 채로 손이나 주먹을 이용하여 목표를 가격하는 것을 말한다. 무릎관절을 굽힌 채로 공격할 때도 차기라 하지 않고 치기라 한다.

▶ **치기의 종류 (평원품새까지 나오는 기술)**

목 손날 안치기, 목 제비춤 안치기, 메주먹 내려치기, 얼굴 등주먹 앞치기, 얼굴 팔꿈치 거들어 돌려치기, 팔꿈치 표적 앞치기, 무릎 올려치기, 얼굴 등주먹 바깥치기, 얼굴 팔꿈치 돌려치기, 목 손날 바깥치기, 목 아금손 앞치기, 팔꿈치 거들어 옆치기, 아래 메주먹 표적 안치기, 턱 바탕손 앞치기, 턱 팔꿈치 올려치기, 턱 등주먹 당겨 거들어 앞치기, 멍에치기, 앞치기
　　　　　　　　　　　※ 무릎 눌러꺾기(쳐서 꺾는 기술)

① 목 손날 안치기

설명과 지도법	
자세 및 동작 설명	- 공격의 목표를 목으로 하며, 손날로 바깥에서 안쪽(신체 중앙선)으로 치는 공격 기술이다.
지도법	- 젖힌 손날로 큰 포물선을 만들어 동작을 크게 하여 목을 치도록 한다. - 보조 손은 앞으로 자연스럽게 뻗었다가 목을 칠 때 장골능 위 허리선으로 빠르게 당기도록 한다. - 목을 가격할 때 손날은 수평이 아닌 손끝이 조금 올라가야 하며 팔꿈치가 힘을 낼 수 있도록 조금 구부러져야 한다.

유의점	
지도상의 유의점	- 목을 치는 손이 밀거나 찌르는 모양이 되면 안 되며 손목이 구부러지지 않도록 주의한다.

② 목 제비품 안치기

설명과 지도법	
자세 및 동작 설명	- 제비품이라 함은 두 손을 벌려 날개와 같은 형태를 만들었을 때를 말하며 제비처럼 빠른 방향 전환이 요구되는 동작이다. - 목 안치기의 동작을 하면서 다른 쪽의 손날로 얼굴 올려 막기를 동시에 하는 복합 기술 동작이다.
지도법	- 얼굴 막는 손날의 손바닥이 위를 향하게 하여 반대편 장골능 위 허리선에 위치 시키고, 안으로 치기 할 손은 손등이 얼굴 높이에서 어깨쪽을 향하게 한 후, 한 손날 얼굴막기와 한 손날 목치기를 동시에 하도록 한다. - 허리를 틀며 공격하는 쪽 어깨와 팔꿈치가 들어가고 손날이 따라 들어가며 마지막에 손목을 틀어치도록 한다.

유의점	
지도상의 유의점	- 손날 얼굴막기와 목 손날 안치기가 서기의 완성과 동시에 이루어져야 한다.

③ 메주먹 내려치기

설명과 지도법	
자세 및 동작 설명	– 메주먹으로 위에서 아래로 원을 그리며 내려치는 공격 기술이다.
지도법	– 어깨를 축으로 하여 팔을 반대 팔 겨드랑이 안쪽을 지나 크게 회전하여 메주먹을 어깨 부위나 쇄골, 머리 위 등을 향해 힘이 위에서 아래로 작용할 수 있게 목표에 수직으로 내려치도록 한다. – 앞치기와 마찬가지로 반대쪽의 팔은 바깥에서 몸통 가까이 잡아 당기듯이 하여 장골능위 허리선으로 들어오게 한다.
유의점	
지도상의 유의점	– 메주먹이 어깨선보다 지나치게 높거나 낮지 않도록 친다.

④ 얼굴 등주먹 앞치기

설명과 지도법	
자세 및 동작 설명	– 등주먹으로 앞에 있는 목표물을 가격하는 기술이다. – 치는 팔의 팔꿈치를 굽힌 채로 반대편 겨드랑이 안쪽을 지나가며 인중을 목표로 치기를 한다. 이때 보조하는 팔은 자연스럽게 앞으로 향한 후 장골능 위 허리선으로 당긴다
지도법	– 치는 등주먹을 주먹등이 위로 향하게 하여 반대편 겨드랑이를 스치며 올려 앞으로 회전하며 인중 높이로 치게 한다. – 등주먹이 앞으로 나오며 상대방의 코나 인중, 턱등을 가격할 수 있다. 이때 보조하는 반대손은 허리선으로 당기도록 한다.
유의점	
지도상의 유의점	– 등주먹으로 칠 때 팔이 대각선이 아닌 목표에 수직 형태로 쳐야 하며 손목이 구부러지지 않도록 한다.

⑤ 얼굴 팔꿈치 거들어 돌려치기

	설명과 지도법
자세 및 동작 설명	- 몸의 중심을 축으로 회전력을 충분히 이용하여 팔꿈치를 접어 거드는 손과 같이 수평으로 턱을 목표로 밖에서 안쪽으로 돌려치는 공격 기술이다.
지도법	- 거드는 손바닥이 가슴 앞으로 와서 팔꿈치로 돌려치는 순간에 주먹에 대어 정확성과 큰 힘을 내도록 도와주어야 한다. - 상황에 따라 옆구리를 가격할 수도 있다.

	유의점
지도상의 유의점	- 팔꿈치 거들어 돌려치기 시 팔꿈치가 아래에서 위로 올라가며 치지 않도록 한다. - 거드는 손에 힘이 과도하게 들어가지 않도록 한다.

⑥ 팔꿈치 표적 앞치기

	설명과 지도법
자세 및 동작 설명	- 자신의 손바닥을 표적으로 만들어 팔꿈치를 앞으로 틀어치기를 하는 기술이다. 실제에서는 표적을 만드는 손으로 상대방을 감싸고 팔꿈치로 가격을 하는 것이다.
지도법	- 표적이 되는 팔을 앞으로 뻗는다. - 표적이 되는 손을 가슴 앞으로 당기며 앞으로 치는 팔꿈치의 손등이 위를 향하게 하여 가슴 앞에서 표적을 치도록 한다. - 표적을 만드는 손의 엄지손가락은 붙이며 표적을 칠 때 허리를 틀어주도록 하고 표적의 손가락은 구부리지 않도록 한다. - 몸통의 회전력을 이용하여야 하며 표적을 만드는 손을 팔꿈치로 칠 때에는 손가락을 제외한 손바닥을 쳐야 한다.

	유의점
지도상의 유의점	- 팔목이 허리에서 위로 올라와서 돌려치기가 되어서는 안 되며 팔꿈치를 손가락으로 감싸 쥐지 않도록 한다.

⑦ 무릎 올려치기

설명과 지도법	
자세 및 동작 설명	- 헤쳐진 양 팔로 상대의 머리나 어깨를 잡아 내리며 무릎으로 올려치는 공격 기술이다.
지도법	- 한 다리로 지지하며 무릎을 굽혀 들어 올려 쳐야한다. - 양손은 주먹을 쥔 상태에서 아래로 끌어내리며 무릎치기를 하는 다리의 정강이뼈 아래 쿠위까지 내리도록 한다. - 올려 치는 무릎을 높이 올려 상대방의 얼굴을 강하게 치거나 상황에 따라 명치를 가격할 수도 있다.
유의점	
지도상의 유의점	- 쿠릎치기는 몸통 헤쳐막기를 한 팔을 손을 펴서 뻗어 상대방을 잡듯이 주먹을 쥐며 아래로 끌어 내린다. 상대방을 잡아 내릴 때 팔꿈치가 벌어지거나 완전히 펴지지 않도록 한다.

⑧ 얼굴 등주먹 바깥치기

설명과 지도법	
자세 및 동작 설명	- 어깨와 팔꿈치를 축으로 바깥쪽을 향해 세운 등주먹으로 인중을 목표로 치는 기술이다.
지도법	- 치기하는 등주먹의 팔이 앞치기와 달리 반대편 어깨 위에서 팔꿈치를 접어 몸 앞에서 옆 방향으로 원을 그려 나가며 쳐야 한다. - 반며 팔의 주먹은 치는 팔 쪽 팔꿈치 아래에서 허리로 당기도록 한다. - 반대쪽 어깨 위에서 어깨의 외 회전의 힘과 팔꿈치 신전의 힘을 이용하여 힘차게 바깥쪽으로 던지며 반대쪽의 팔도 교차하여 당겨 장골능위로 들어온다.
유의점	
지도상의 유의점	- 두 팔은 교차하여 몸통의 회전력을 이용하여야 하며 치는 주먹은 얼굴의 인중 높이에 위치하고 보조 팔은 장골능 위 허리선으로 당긴다.

⑨ 얼굴 팔꿈치 돌려치기

설명과 지도법	
자세 및 동작 설명	- 팔꿈치를 접어 몸통을 수평으로 돌리며 턱을 목표로 밖에서 안쪽으로 돌려치는 공격 기술이다.
지도법	- 돌려치는 팔꿈치의 손등이 위로 향하게 하고 팔꿈치를 최대한 돌려서 어깨 앞쪽으로 오도록 한다. - 몸통의 회전과 동시에 팔꿈치를 돌려 상대의 턱을 치며 상황에 따라서 얼굴의 다른 급소를 칠 수도 있다.

유의점	
지도상의 유의점	- 허리를 틀어주지 않고 어깨만 돌려서 치면 안 된다.

⑩ 손날 바깥치기

설명과 지도법	
자세 및 동작 설명	- 손날을 몸 안에서 교차하여 바깥쪽으로 회전하며 공격하는 기술이다.
지도법	- 오른손은 어깨위에서, 왼손은 가슴앞에서 교차하고 왼팔목과 오른등팔목으로 교차하면서 가격하도록 한다. - 몸통이 미리 앞을 향하면 회전력을 얻을 수 없으니 측면에서부터 몸을 회전하여 바깥치기 해야 한다. - 상대가 주로 측면이나 후면에 있을 때 상대의 목을 바깥으로 치며 옆차기 하고 몸통이 안쪽으로 틀어져 있는 상태에서 상대를 공격하려고 할 때 손날 안치기보다는 손날 바깥치기가 용이하다.

유의점	
지도상의 유의점	- 손날로 목을 가격하므로 목보다 높게 치지 않도록 하며 허리를 30°이상 비틀지 않아야 한다.

⑪ 아금손 앞치기(= 칼재비)

	설명과 지도법
자세 및 동작 설명	- 상대방과 정면으로 마주하고 있을 때 아금손으로 상대의 목을 앞으로 가격하는 기술이다.
지도법	- 앞에 있는 팔을 장골능 위로 힘차게 당기며 반대쪽 장골능 위에 있던 아금손은 팔꿈치가 벌어지지 않도록 하여 상대의 목을 앞으로 쭉 뻗어 가격해야 한다. - 아금손으로 목을 치거나 조르고 턱을 내려칠 수 있다. - 현 손으로 상대의 발이나 종아리를 받치면서 무릎관절을 꺾을 수 있다.

	유의점
지도상의 유의점	- 손목은 위로 또는 아래로 꺾여서는 안 되며 곧게 뻗어져야 한다.

⑫ 팔꿈치 거들어 옆치기

	설명과 지도법
자세 및 동작 설명	- 팔꿈치로 옆에 있는 목표물을 가격할 때 다른 손바닥으로 주먹을 밀어 거들어 치는 기술이다.
지도법	- 한 손은 옆치기 할 팔꿈치를 만들고 다른 한 손바닥은 주먹을 밀어서 힘을 더욱 증가시켜 주도록 한다. - 팔꿈치는 명치를 가격하며 가격하는 팔의 등팔목과 팔꿈치는 수평을 이루어야 한다. - 체중을 실어서 치며 거드는 손은 치는 팔꿈치 쪽 가슴 앞까지 밀어준다.

	유의점
지도상의 유의점	- 주춤서기의 균형이 깨져서는 안 되며 허리를 틀어서 치며 거드는 손바닥이 주먹을 잡아서는 안 된다.

⑬ 아래 메주먹 표적 안치기

설명과 지도법	
자세 및 동작 설명	- 모아서기에서 숨을 들이쉬며 두 손은 겹쳐서 위로 올린 후 천천히 원을 이루어 내리며 단전 앞에서 가볍게 안으로 치는 기술이다.
지도법	- 두 손을 천천히 내릴 때 어깨 선상에서 왼손은 주먹으로 전환 시키며 아래쪽 신체 가까이에서는 메주먹으로 표적을 약하게 치도록 한다. - 단전과 주먹의 간격은 주먹 하나 정도가 적당하며 속도는 천천히 8초 정도로 한다. - 팔을 아래로 내릴 때 숨을 서서히 내 쉰다. - 허리춤이나 도복 띠를 상대에게 잡혔을 때 오른손으로 상대의 팔목을 잡고, 왼발을 뒤로 빼면서 왼 메주먹으로 상대의 팔목 안쪽을 강하게 치는 기술로 응용할 수 있다.

유의점	
지도상의 유의점	- 메주먹으로 칠 때 팔꿈치가 완전히 펴지지 않도록 하며 가볍게 친다.

⑭ 턱 바탕손 앞치기

설명과 지도법	
자세 및 동작 설명	- 바탕손을 사용하여 앞에 있는 목표를 치는 기술이며, 주로 상대의 턱을 공격하는 기술이다.
지도법	- 보조하는 왼 주먹은 가슴 앞에서 허리선으로 힘차게 당기며 오른 주먹은 허리선에서 바탕손으로 뻗어 힘차게 턱을 목표로 치도록 한다. - 바탕손 손끝을 약간 구부리어 손목을 등팔목 쪽으로 젖히어 바탕손으로 45° 틀어서 가격한다. - 상황에 따라 늑골, 인중을 가격할 수 있다.

유의점	
지도상의 유의점	- 바탕손으로 칠 때 손목이 충분히 젖혀져야 하며 바탕손 아래 부위로 가격하지 않으면 충격량이 크지 않고 손목 부상을 입을 수 있다.

⑮ 턱 팔꿈치 올려치기

설명과 지도법	
자세 및 동작 설명	- 팔꿈치로 위쪽의 목표를 올려치는 기술로써 상대의 턱 등을 가격하는 기술이다.
지도법	- 보조하는 교차한 손을 명치 앞으로 뻗어주고 치는 주먹은 젖혀서 장골능 위 허리선에 붙이도록 한다. - 팔꿈치로 가격하기 위하여 허리 회전을 해야 한다. - 상대가 가까이 있을 때 사용이 용이하며 앞굽이 시 뒷무릎을 바르게 펴서 앞으로 밀어내는 힘을 증가시켜야 한다. - 쳤을 때 밑팔목이 얼굴 뺨에 오고 젖힌 주먹이 귓전에 마주하도록 한다.

유의점	
지도상의 유의점	- 고개가 옆으로 기울어지지 않도록 주의한다. - 팔꿈치가 밖으로 벌어지지 않도록 수직으로 올려 가격한다.

⑯ 턱 등주먹 당겨 거들어 앞치기

설명과 지도법	
자세 및 동작 설명	- 상대가 움직이거나 도망가지 못하게 한 손으로 상대를 잡아가며 다른손의 등주먹으로 턱을 가격하는 기술이다.
지도법	- 치는 팔은 허리를 뒤로 틀며 등주먹 부분이 뒤쪽을 향하게 하여 어깨 측면에 두도록 한다. - 앞으로 뻗은 보조 손으로 상대의 어깨나 가슴 등을 잡아당기며 주먹을 틀어 앞으로 쳐야 한다. - 당긴 주먹은 손등이 위로 향하게 하여 치는 팔의 팔꿈치 밑에 두어 정확성을 높이고 큰 힘이 들어가도록 거들어 주어야 한다.

유의점	
지도상의 유의점	- 등주먹 앞치기를 안막기 동작처럼 대각선 형태로 표현하면 안 된다.

⑰ 멍에치기(=두 팔꿈치 옆치기)

	설명과 지도법
자세 및 동작 설명	- 두 팔꿈치로 양옆의 목표를 동시에 가격하는 기술이다.
지도법	- 가슴 앞에서 양팔의 주먹등을 위로하여 두 주먹을 몸 바깥선을 향하여 많이 교차하여 힘차게 양쪽으로 벌리며 치도록 한다. - 주먹과 가슴 사이에는 미세한 간격을 두며 어깨가 위로 오르지 않도록 한다. - 팔꿈치는 명치선 높이고 이동 시 시선은 이동하는 쪽을 본다.
	유의점
지도상의 유의점	- 양쪽에 있는 상대의 명치를 가격하는 동작이므로 가슴을 활짝 펴고 자신의 양 팔꿈치가 상대의 명치를 가격할 수 있도록 뒤쪽으로 당겨져서는 안 된다.

⑱ 무릎 눌러꺾기

	설명과 지도법
자세 및 동작 설명	- 상대방이 앞차기 시 한 손은 상대의 발목을 밑에서 움켜잡아 당기며 다른 한 손의 아금손으로 무릎을 치며 눌러 꺾는 기술이다.
지도법	- 발목을 잡은 손바닥은 위를 향하고 아금손으로 꺾는 손도 손바닥이 위를 향하여 가슴 위로 올려 회전하며 아금손으로 내려치도록 한다. - 무릎을 꺾는 아금손 손목은 곧게 펴져야 한다. - 발목을 잡은 손바닥은 무릎을 꺾은 손의 팔꿈치 부위와 마주 보는 형태가 되어야 한다.
	유의점
지도상의 유의점	- 상체가 앞으로 기울지 않도록 하며 손바닥과 팔꿈치 사이는 주먹 하나 간격을 유지한다.

(3) 찌르기

찌르기는 손끝으로 상대의 급소를 가격하는 기술로써 지르기 기술과 같이 손끝과 팔목을 일직선으로 만들어 상대의 급소에 강한 충격을 주는 기술이다.

편 손끝, 한 손끝, 두 손끝, 세 손끝 등을 활용하여 눈이나 목 등을 가격할 수 있으며 강하게 상대를 공격할 수도 있고 목젖이나 눈과 같이 상대적으로 매우 약한 주요 급소 부위를 빠르고 정확히 가격할 수도 있다.

① 세워찌르기 (거들어 세워찌르기)

설명과 지도법	
자세 및 동작 설명	- 편 손끝을 세워서 주로 몸통의 명치를 찌르는 공격 기술이다. - 거들어 세워찌르기는 한 손의 손등을 팔꿈치 아래에 받치고 찌른다.
지도법	- 찌르는 동작은 지르기를 하는 것처럼 허리선에 들어왔다가 앞으로 찌른다. - 거드는 손은 상대의 지르기 공격을 눌러 막는 형태를 취하며 찌르는 손의 팔꿈치 아래에 손등을 대고 받쳐주듯이 거든다.

유의점	
지도상의 유의점	- 눌러 막는 동시에 거들어 세워찌르기를 해야 한다. - 손목과 팔꿈치는 곧게 펴서 힘을 전달해야 충격량을 크게 할 수 있다.

② 젖혀찌르기

설명과 지도법	
자세 및 동작 설명	- 손바닥을 뒤집은 형태로 상대의 아랫배 등을 가격하는 기술이다.
지도법	- 한 손은 상대를 잡아당기는 손등이 위를 향한 형태이며 허리 위 옆구리에서 찌르는 손 역시 손등이 위를 향하도록 한다. - 상체를 바르게 세우고 끌어당긴 손날은 어깨 앞에 붙이도록 한다. - 공격하는 손바닥을 젖혀서 손끝으로 상대의 단전, 살을 찌른다. - 상황에 따라 명치를 찌를 수도 있다.

유의점	
지도상의 유의점	- 찌르는 손끝은 손등이 위를 향하여 허리선이 아닌 명치 높이의 옆구리에서 시작하여 젖혀 찌른다.

(4) 차기

발을 접거나 끌어올려 상대의 목표를 가격하는 것을 차기라 한다. 이때 무릎을 접었다가 펴는 힘 또는 펴져 있는 다리의 무릎을 굽히는 힘으로 차기도 하고, 또 편 채로 다리를 돌리거나 몸의 회전력을 이용하여 다리를 휘두르는 힘으로 상대를 가격하기도 한다.

▶ 차기의 종류

올려차기, 앞차기, 돌려차기, 옆차기, 얼굴 표적 안차기, 두발당성앞차기, 뛰어 앞차기
, 거듭 옆차기, 짓찧기(내려차기) 뒤돌아 옆차기

① 올려차기 (앞 뻗어 올려차기)

설명과 지도법	
자세 및 동작 설명	- 무릎을 편 상태로 전면의 상대를 아래에서 얼굴까지 가격할 수 있도록 앞축으로 힘차게 차올리는 기술이다.
지도법	- 상체는 힘을 빼고 두 주먹은 가볍게 쥐고 가슴 앞에 위치하도록 한다. - 무릎관절은 뻗으며 앞축으로 상대의 무릎부터 살을 거쳐 턱을 올려 차듯이 높이 올려 찬다. - 숙련자는 등 뒤의 상대를 가격할 수 있을 정도로 허벅지가 차는 발과같은 쪽 측면 가슴에 닿도록 힘차게 차올린다.

유의점	
지도상의 유의점	- 차는 발은 무릎을 곧게 펴서 올려 차도록 하며 지지하는 발의 무릎을 지나치게 굽히지 않도록 한다.

② 앞차기

설명과 지도법	
자세 및 동작 설명	- 발르 앞에 있는 목표물을 가격하는 기술로써 발등이나 앞축 또는 뒤축으로 상대방의 턱이나 명치, 복부 등을 가격하는 기술이다.
지도법	- 겨루기준비 자세에서 발을 올릴 때는 무릎을 접었다가 차는 순간 목표를 향해 곧게 뻗어 차도록 해야 한다. 상황에 따라 상대방의 낭심을 차거나 뒤축으로 배를 찰 수도 있으며 상대방과의 거리를 조절하기 위해 밀어 찰수도 있다. - 앞차기 하는 순간 딛고 있는 발의 뒤축이 안쪽으로 틀어지며, 차는 발을 따라가거나 발바닥이 안쪽으로 회전할 수 있게 지도한다.

유의점	
지도상의 유의점	- 지지발의 뒤꿈치가 안쪽으로 45°이상 틀어지지 않도록 한다.

③ 돌려차기

설명과 지도법	
자세 및 동작 설명	- 차는 발의 무릎을 접어 지지발을 안쪽으로 돌리며 목표물을 가격하는 기술이다.

지도법	- 차는 발의 무릎을 접어 올리며 지지하는 발을 틀어 엉덩이를 완전히 넣어주고 앞축 또는 발등으로 목표물을 가격하도록 한다. - 앞축은 주로 상대방의 관자놀이나 늑골 등의 급소를 찰 때 사용하며 발등은 주로 차기를 수련할 때나 겨루기 시 사용부위의 면적을 넓혀 부상을 방지하기 위해 사용한다. - 찰 때 몸의 회전력과 무릎을 펴는 힘을 함께 이용하여 앞축이나 발등으로 목표물을 차야 효율적이다.

유의점

지도상의 유의점	- 돌려차기 시 직선으로 찔러 차는 형태가 되지 않도록 해야 하며 발이 곡선을 그리며 목표에 직각으로 차도록 해야 한다.

④ 옆차기

설명과 지도법

자세 및 동작 설명	- 무릎을 접어 올려 몸을 옆으로 틀며 목표물을 가격하는 기술로 발날, 뒤축 등으로 상대방의 얼굴이나 몸통 등을 가격하는 기술이다.
지도법	- 겨루기 자세에서 발을 올릴 때는 무릎을 앞으로 접어들어 몸을 옆으로 틀면서 곧게 뻗어 차도록 한다. - 차는 순간 어깨와 골반, 발 날을 일자 형태로 만들며 시선은 목표를 향해야 한다. - 몸의 중심이 뒤쪽에서 앞쪽으로 이동하며 허리를 틀어 시선은 어깨너머로 상대방을 향하고 지지하는 발의 뒤꿈치는 차는 쪽으로 향하도록 완전히 틀어준다.

유의점

지도상의 유의점	-지지 발의 뒤축이 차는 방향으로 돌아가야 하며 차기 시 엉덩이가 뒤로 빠지지 않도록 한다.

⑤ 얼굴 표적 안차기

	설명과 지도법
자세 및 동작 설명	- 몸의 바깥쪽에서 안쪽을 향해 발날등으로 목표물을 가격하는 기술로써 손바닥으로 표적을 만들어 가상의 목표를 설정하고 그곳을 표적 손의 반대쪽 발로 무릎을 접어 올려 돌리며 간차기한다.
지도법	- 발을 바깥쪽에서 안쪽으로, 무릎은 위를 향한 채 돌리며 발날등으로 목표를 가격하도록 한다. - 가상의 표적을 만든 이유는 다양한 위치의 목표를 설정하여 차기를 연습함으로써 기술의 정확성을 높이기 위함이다. 또한 실전에서는 표적이 된 손으로 상대방의 머리나 옷깃 등을 잡아당기면서 반대쪽 발로 차서 상대방에게 큰 충격을 줄 수도 있다.
	유의점
지도상의 유의점	- 표적 안차기 시 표적이 아래로 움직이지 않도록 하고 시선은 목표를 향해야 하며 다른 한 손은 허리선에서 움직이면 안 된다.

⑥ 두발당성앞차기

	설명과 지도법
자세 및 동작 설명	- 두 발을 공중에서 연이어 앞을 차는 기술로써 몸통과 얼굴을 찬다.
지도법	- 첫 번째 발로 뛰어서 앞차기를 차며 그 탄력을 잃지 않고 연결하여 다음 발도 체공 상태에서 앞차기를 힘차게 차도록 한다. - 첫 번째 발은 몸통을 차고 이어서 다음발은 얼굴을 차는데 양손은 가슴 앞에서 아래로 내려가지 않고 자연스럽게 움직여야 한다.
	유의점
지도상의 유의점	- 강한 힘을 내기 위해서는 다리를 교차하는 힘을 이용하여 찬다. - 첫 번째 발을 몸통 아래로 차지 않도록 한다.

⑦ 뛰어 앞차기

설명과 지도법	
자세 및 동작 설명	- 높이 있는 목표물을 향해 뛰어서 보조하는 발의 도움을 받아 뛰어올라 차는 기술이다.
지도법	- 한쪽 다리 무릎을 위로 접어 높이 올려진 상태에서 지지발로 뛰어서 그 발로 앞차기를 차도록 한다. - 앞차고 뛰어 앞차기는 찬 발이 바닥에 닿기 전에 이어서 다른 발로 뛰어 앞차기 해야 한다. - 디딤발을 이용하여 제자리에서 높이 뛰어 차도록 한다.

유의점	
지도상의 유의점	- 차기 시 앞축으로 얼굴 높이 이상으로 차야 하며 양손은 아래로 내려 오지 않고 가슴 앞에서 자연스럽게 움직여야 한다.

⑧ 거듭 옆차기

설명과 지도법	
자세 및 동작 설명	- 한쪽 발로 같은 차기 기술을 두 번 하는 기술로써 제자리에서 딛고 있는 한쪽 발을 떼지 않은 채 상대의 무릎 부위를 차고 연속 동작으로 몸통 또는 얼굴을 빠르게 가격하는 기술이다.
지도법	- 무릎을 접어 올리며 몸을 옆으로 틀면서 발날의 뒤쪽으로 앞에 있는 상대의 무릎을 가격하도록 한다. - 이어서 빠르게 무릎을 접어 올려 어깨와 골반, 발날을 일자 형태를 만들어 목표를 바라보며 가격하도록 한다. - 아래차기는 상대의 시선을 흐트러지게 하는 수단이기도 하지만 무릎에 강한 충격을 줄 수도 있고 이어서 몸통이나 얼굴을 가격하는 것이다.

유의점	
지도상의 유의점	- 무릎 차기가 바닥을 차거나 돌려차기 형태로 해서는 안 된다.

⑨ 짓찧기(내려차기)

	설명과 지도법
자세 및 동작 설명	- 상대방이 움직이거나 도망가지 못하게 발로 발등을 밟거나 내려쳐 짓이기는 기술이다.
지도법	- 발뒤축과 발날로 위에서 내려오며 지면에 짓찧기하도록 한다. - 진행 방향으로 무릎을 접어 올려서 발목과 무릎을 안쪽에서 회전시켜 짓찧기해야 한다. - 발을 들어 올릴 때 상체는 뒤로 틀어 허리의 회전력을 이용해야 하며 자신의 발을 직각으로 내려찍는 기술과 비틀며 내려찍는 기술이 있다. - 상황에 따라 뒤축과 발날, 발바닥을 사용하며 상대방 발등의 약한 곳인 아래쪽을 짓찧어야 효율적이다.

	유의점
지도상의 유의점	- 발의 힘만을 이용해서는 안 되며 자신의 체중을 발에 실어서 중심을 잡아가며 짓찧기해야 한다.

⑧ 뒤돌아 옆차기

	설명과 지도법
자세 및 동작 설명	- 상대가 자기 앞에 있을 때 몸을 뒤로 반 바퀴 정도 돌리며 무릎을 접었다가 펴며 뻗어 차는 기술이다.
지도법	- 겨루기준비자세에서 앞발의 뒤축이 상대를 향하게 앞축을 돌려 디디며 차는 발 무릎을 접어 올려 몸의 회전을 이용하여 목표를 향해 시선과 몸통을 틀며 곧게 뻗어 차도록 한다. - 시선이 먼저 상대를 향하고 이어서 뒤돌아옆차기를 해야 한다.

	유의점
지도상의 유의점	- 시선이 먼저 돌아가고 뒤따라서 몸의 회전을 통해 뒤돌아 옆차기가 되어야 하며 양손은 가슴 앞에 자연스럽게 있어야 한다.

제7장 : 어린이 태권도 교육프로그램

Ⅱ. 어린이 태권도 품새 지도법

1. 품새 이론
2. 품새 실기

1. 품새 이론

1) 품새의 이해

(1) 품새의 정의

품새란 무엇일까?

어린 시절에 태권도를 수련할 때 많이 하는 품새의 의미를 정확히 알아야 한다. 그래야 수련의 의미를 찾을 수 있고, 나이 들면서도 태권도 수련이 지속적으로 이루어질 수 있다.

품새란 태권도의 기본기술을 바탕으로 혼자서 가상의 상대와 공격과 방어의 기술을 수련하는 것이다.

달리 말해 품새는 공격과 방어의 기술을 규정된 형식에 맞추어 혼자 수련할 수 있도록 이어 놓은 동작이다. 품새를 함으로써 덕분에 기초적 겨루기 기술과 동작응용 능력을 배양하고 기본동작에서 보다 더 발전된 태권도기술을 연마할 수 있다.

이와 같이 품새를 수련할 때 가장 중요한 것은 동작의 의미를 이해하는 것이다. 자신이 무엇을 하는지 먼저 알고 수련해야 한다. 품새를 수련할 때는 지속적으로 동작을 연습하고 똑같은 동작을 수백 번 반복해야 한다. 의미를 이해해야 오래 동안 반복하며 수련할 수 있다.

품새를 이해한다는 것은 수련하는 동작에 마음이 있다는 의미이다. 행동의 의미를 알아야 영혼을 넣어서 움직일 수 있다. 즉 품새의 수련은 올바른 태권도 기술의 사용과 수련생의 마음가짐, 바른 자세(姿勢)가 하나가 되어 수련해야 한다.

품새를 통해 내면적으로 태권도의 정신과 외면적으로 태권도의 모든 기법을 수련할 수 있어야 한다.

그러므로 품새는 태권도의 정신과 기술의 정수를 모아 심신수련과 공격과 방어의 원리를 반복 수련을 통해 몸으로 익히며 올바른 동작을 직접 또는 간접적으로 나타낼 수 있도록 자기 수련에 노력해야 한다.

2) 어린이 품새 수련의 목적

태권도의 기술적인 측면에서 보면 기본동작을 바탕으로 기술적인 동작을 연결해 만든 것이 품새이므로 품새에는 태권도의 많은 것이 담겨 있다. 그래서 기본동작 및 겨루기와 더불어서 품새는 태권도를 대표하는 분야이다.

품새의 수련은 제일 먼저 신체기능을 향상시키고, 그 다음에는 호신기술을 체득하며 강건해진 신체를 바탕으로 정신수양을 하는 것을 목적으로 한다. 이 과정을 통해서 품새의 수련은 전인적인 성장을 추구한다. 달리 말해 인격 완성이라고도 할 수 있다.

그 밖에도 도장에서는 태권도의 다양한 수련 과정 중의 하나로 품새를 지도하고 있다. 또한 각 도장 별로 어린이가 품새를 수련하는 이유를 더 다양하게 나누어서 추구한다.

(1) 승급심사와 승품심사를 위한 수련

태권도를 수련하면서 일정한 기간이 지나면 자신의 수련수준을 확인하고 자신의 실력을 평가를 받기 위해서 승급심사 또는 승품심사에 임하게 된다.
승급심사나 승품심사의 평가방법에는 기본동작, 겨루기, 품새 등을 평가하기 때문에 반드시 품새를 수련 한다.

(2) 태권도기술과 호신기술을 위한 수련

품새는 가상의 상대를 대상으로 태권도 기술을 숙달하는 과정으로 태권도의 모든 기술은 자신을 방어하고 공격하는 호신기술이기 때문에 어린이는 품새 수련을 통해 가상의 상대와 마주하는 공격과 방어의 기술을 이해하고 겨루는 기술과 방법을 이미지 트레이닝을 통해서 스스로 연습하다.

(3) 품새선수로 경기력 향상을 위한 수련

태권도의 다양한 기술이 경기화 되면서 겨루기경기, 품새경기, 격파경기, 시범경기 등의 태권도경기가 많이 있다.

품새경기의 품새는 승급심사나 승품심사의 품새에서 사용하는 품새와 비슷하지만 품새경기의 경기규칙에 의해 정확한 동작을 해야 하고 기술을 바르게 표현해야 하는 경기이기 때문에 차이점이 있다.

품새경기에 출전하는 품새선수는 경기규정에 맞게 훈련하고 경기력 향상을 위해 수련한다.

(4) 건강한 신체활동을 위한 수련

품새수련은 체육활동의 일환으로 전신을 움직이는 다양한 신체활동으로 체력을 단련할 수 있다. 품새를 통해 근력, 지구력, 유연성, 순발력, 민첩성 등을 발달시키며, 품새의 동작들은 성장기 어린이의 성장판을 자극하여 성장에 도움 주고 건강한 신체를 만들어 준다.

품새동작은 좌우대칭으로 되어있고 올바른 서기와 정확한 동작을 사용하기 때문에 바른 자세와 바른 체형을 만들어 준다.

3) 어린이 품새 수련의 장점

(1) 수련의 편리성

품새의 수련은 체득을 통해 혼자서 수련할 수 있다는 편리성이 있다. 혼자서 수련할 수 있으므로 마음만 먹으면 언제 어디서든 수련이 가능한 것이다.

상대방과 직접적으로 맞서서 겨루는 방식이 아닌 가상의 상대를 대상으로 신체의 접촉이 없이 수련하므로 체득을 통해 익힌 동작과 기술을 지도자 없이 혼자서 수련할 수 있는 편리성이 있다.

(2) 수련의 안전성

품새는 상대방과 겨루기를 하면서 직접적으로 공격하거나 방어하는 것이 아니기 때문에 상해나 부상에 대한 두려움이 없고 다치지 않기 때문에 안전하다.

태권도를 수련하면서 크고 작은 부상들이 발생 하지만 품새를 수련 할 때는 신체를 보호하는 장비나 특별한 수련도구가 필요 없고 상대와 직접적인 신체의 접촉이 없기 때문에 부상이 발생하지 않는다. 품새는 공간과 시간에 구애받지 않고 스스로 안전하게 수련할 수 있다.

(3) 수련의 기능성

품새의 모든 동작과 기술은 위기상황에 사용하는 공방의 기술이며 호신기술의 기능이 있다. 어린이는 품새의 수련을 통해 가상의 상대를 대상으로 위기상황에 대처하기 위한 공격과 방어의 기술을 체득하고 혼자서 스스로 수련할 수 있다.

태권도의 기술은 상대방과 직접적으로 겨루며 기술을 습득해야 하지만 품새는 가상의 상대를 대상으로 태권도의 기술을 스스로 체득할 수 있는 기능성이 있다.

4) 어린이 품새 수련 시 유의사항

(1) 시선
자신을 중심으로 전후좌우에 있는 가상의 상대와 겨루는 상태에서 시선은 매우 중요하다.
시선은 방향을 전환하거나 이동할 때 신체의 균형을 잡아주고 바른 자세(姿勢)를 만들어 준다. 공격과 방어의 기술을 사용할 때 한곳을 집중해서 보는 것이 아니라 가능하면 전체를 바라볼 수 있어야 하며 상대방과 마주설때는 눈을 통해 상대방의 기선을 제압할 수 있어야 한다.

(2) 몸의 중심이동
자신의 상체를 반듯하게 세우고 하체를 단단하게 하여 동작을 하거나 전환 할 때는 올바른 서기를 바탕으로 몸의 무게중심을 낮게 하여 방향을 전환하고 중심이동을 해야 한다.
방향을 전환하거나 이동할 때는 신체의 중심이 기울어지거나 무너지지 않도록 바른 자세를 유지하고 공방의 기술을 사용할 때도 바른 자세를 유지하도록 해야 한다. 몸의 중심이동과 바른 자세는 성장기 어린이에게 도움이 된다.

(3) 속도와 완급
몸에 과도하게 힘을 주면 근육이 경직되고 움직임이 딱딱해져 동작의 바른 힘과 속도를 내는 것에 한계가 있다.
특히 품새를 수련할 때 지나친 긴장감으로 몸이 경직되어 다소 부자연스럽고 딱딱하게 움직이거나 과도한 힘을 사용하는 것은 바람직하지 못하다.
적당한 긴장감과 집중력으로 정신과 신체의 반응 속도와 완급을 유지할 수 있어야 한다.
동작을 할 때 처음에는 힘을 약하고 부드럽게 시작하여 점차적으로 강하고 빠르게 사용할 수 있어야 하며 각 품새의 특징에 따라서 사용기술의 강약과 완급조절을 하고 느림과 빠름을 조화롭게 효과적으로 조절해야 한다.

(4) 힘의 강유
품새의 동작을 할 때 단순하게 힘을 주어 빠르게 하거나 느리게 한다는 의미가 아니다.
품새에서 강유란 동작과 호흡을 일치시키고 의식을 집중해서 기운과 기세를 표현해야 하고 동작은 부드럽게 움직이지만 힘을 집중해야 한다.
수련할 때 몸에 과도한 힘을 주거나 몸이 경직되면 바르고 정확한 동작을 할 수 없다.
몸에 불필요한 힘을 빼고 자연스럽게 동작의 특성에 맞게 연결해야 한다.

(5) 호흡
수련할 때 동작의 움직임과 호흡은 일치해야 하고, 큰 힘을 내거나 정신을 집중할 때는 자신에게 맞게 호흡을 조절해야 하기 때문에 호흡은 매우 중요한 역할을 한다.
호흡은 들이마실 대 몸을 펴고, 내실 때 몸을 움추린다.
품새를 수련할 때 숨을 내시는 것은 몸에 과도한 힘을 빼고 동작을 자연스럽고 부드럽게 할 수 있게 하며, 타격할 때 숨을 멈추는 것은 힘과 정신을 집중하기 위함이다.
품새의 수련에서 호흡은 단순한 숨쉬기가 아니다. 호흡조절을 통해 정신을 집중하고 공격과 방어를 함으로 호흡은 매우 중요하다.
과도한 동작과 움직임으로 과호흡을 하거나 호흡을 조절하지 못해 불규칙 호흡을 할 경우 공격과 방어의 기술을 바르게 사용하지 못하게 된다.

5) 어린이 품새 지도방법

품새 지도방법의 기본은 몸으로 익히는 체득(體得)이 제일 중요하다.

품새를 효과적으로 지도하기 위해서는 수련의 양과 시간을 늘려야 한다. 어린이를 지도할 때는 수련생의 연령, 수련기간, 수준별 품새, 품새의 난이도를 고려해서 지도하고, 정확한 서기와 동작으로 품새를 반복숙달해서 지도한다. 품새를 지도하는 방법에는 전습법과 분습법이 있다.

(1) 전습법

전습법이란 하나의 품새를 처음부터 끝까지 다하는 것을 말한다.

준비에서 시작하여 바로까지 지도하는 것으로 하나의 품새를 완성하는 것이다.

전습법은 많은 인원을 지도할 수 있고, 짧은 시간에 함께 지도할 수 있는 장점이 있는 반면에 수련생을 개인별로 지도하는 것에는 제한적이라는 단점이 있다.

① 구령에 맞추어 지도하기
   하나의 품새를 지도자의 구령에 맞추어 수련생 전원이 한 동작, 한 동작 하는 지도 방법이다.

② 구령없이 지도하기
   하나의 품새를 지도자의 지시에 따라 준비에서 시작하고 바로까지 전체 동작을 끝까지 마무리하는 지도 방법이다.

(2) 분습법

분습법이란 하나의 품새를 일정한 구간별로 나누거나 특정한 동작을 집중적으로 지도하는 것을 말한다.

하나의 품새를 구간별로 나누어 지도하거나 특정 동작을 세분화하여 지도하기 때문에 동작의 정확성과 기술의 이해도가 높고 개인의 특성에 맞게 지도할 수 있는 장점이 있다.

반면에 많은 인원을 함께 지도하는 것에는 제한적이라는 단점이 있다.

① 구간별로 지도하기
   하나의 품새를 일정한 구간으로 나누어서 구간별로 지도하는 방법이다.
   수준별로 구분하여 지도할 수 있고 기술과 동작에 대한 이해력이 높다.
   그러나 수련기간과 수련수준이 다른 인원을 함께 지도하는 것에는 제한적이다.

② 특정한 동작 지도하기
   각 품새에 있는 특정한 동작이나 기술만을 집중적으로 지도하는 방법이다.
   수련생의 신체적 특성과 각 품새의 특징에 맞게 맞춤형 지도가 가능하다.

2. 품새 실기

1) 품새의 종류

(1) 유급자 품새의 개요

품새명	품새진행선	의미
태극 1장 (18동작)	☰	팔괘의 건(乾)은 하늘과 양(陽)을 뜻함. 건이 만물의 근원되는 시초를 나타낸 것과 같이 태권도에서도 맨 처음의 품새임.

태극 2장 (18동작)		팔괘의 태(兌)는 속으로 단단하고 겉으로 부드럽다는 뜻임. 태극2장을 수련하면 품새에 대한 알찬 마음이 생겨 기초적인 막기와 차기를 할 수 있음.
태극 3장 (20동작)		팔괘의 리(離)는 불을 나타내고 뜨겁고 밝음을 지님. 태권도 품새 수련을 통한 불 같은 정의심과 수련 의욕이 생겨남.
태극 4장 (20동작)		팔괘의 진(震)은 우레를 나타내고 큰 힘과 위엄 있는 뜻을 지니고 있음. 약간 차원 높은 기술과 동작이 많음.
태극 5장 (20동작)		팔괘의 손(巽)은 바람을 나타내고 바람의 강약에 따라 위세와 고요의 뜻을 지님. 힘의 강약을 조절할 수 있는 수련단계라 할 수 있음.
태극 6장 (19동작)		팔괘의 감(坎)은 물을 나타내고 끊임없는 흐름과 유연함을 뜻함. 만물의 생명원인 물의 특성처럼 기술의 연결이 물 흐르듯 해야 함.
태극 7장 (25동작)		팔괘의 간(艮)은 산을 나타내고 육중함과 굳건하다는 뜻을 지님. 7장의 수련으로 흔들리지 않는 수련의식과 기술 습득으로 인한 힘의 무게를 지닐 수 있음.
태극 8장 (27동작)		팔괘의 곤(坤)은 음(陰)과 땅을 나타내고 뿌리와 안정 그리고 시작과 끝의 뜻을 지님. 유급자의 마지막 품새임.

(2) 유급자 품새 방향선

품새를 시작점을 행하는 본인이 서있는 곳이므로 "나"로 표시하고 "나"의 위치에 대해 전방을 "가"로 표시한다. 또 왼쪽방향을 "다", 오른쪽을 "라"로 표시한다.

※유급자 태극품새(1장~8장)의 품새

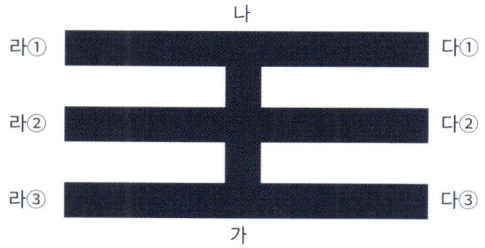

 **태극1장**

순서	위치	시선	동 작	서 기	품 명
준비	나	가		나란히서기	기본준비서기
1	다1	다1	왼발 내디뎌	왼 앞서기	아래막기
2	다1	다1	오른발 내디뎌	오른 앞서기	몸통반대지르기
3	라1	라1	오른쪽 뒤로 돌아	오른 앞서기	아래막기
4	라1	라1	왼발 내디뎌	왼 앞서기	몸통반대지르기
5	가	가	왼쪽 돌아	왼 앞굽이	아래막기
6	가	가	서기 그대로	왼 앞굽이	몸통바로지르기
7	라2	라2	오른쪽 옮겨 디뎌	오른 앞서기	몸통막기
8	라2	라2	왼발 내디뎌	왼 앞서기	몸통바로지르기
9	다2	다2	왼쪽 뒤로 돌아	왼 앞서기	몸통막기
10	다2	다2	오른발 내디뎌	오른 앞서기	몸통바로지르기
11	가	가	오른쪽 돌아	오른 앞굽이	아래막기
12	가	가	서기 그대로	오른앞굽이	몸통바로지르기
13	다3	다3	왼쪽 옮겨 디뎌	왼앞서기	얼굴막기
14	다3	다3	오른발 앞차고 내디뎌	오른 앞서기	몸통반대지르기
15	라3	라3	오른쪽 뒤로 돌아	오른 앞서기	얼굴막기
16	라3	라3	왼발 앞차고 내디뎌	왼 앞서기	몸통반대지르기
17	나	나	오른쪽 왼발 옮겨 디뎌	왼 앞굽이	아래막기
18	나	나	오른발 내디뎌	오른 앞굽이	몸통반대지르기 "기합"
바로	나	가	왼발 끌어 왼쪽으로 돌아	나란히서기	기본준비서기

준비   1   2   3

17(측면)　　　18　　　18(측면)　　　바로

주요동작

준비서기

▶ 설명

모아서기에서 왼발을 어깨너비 정도로 옮겨 디뎌 나란히서기로 서고 두 주먹을 말아쥐고 준비를 한다. 모아서기에서 나란히서기를 서면서 두 손을 펴고 단전으로부터 기를 서서히 끌어올린다는 생각으로 두손을 가슴앞에서 말아쥐고 천천히 내려 단전 앞에서 자연스럽게 멈춘다. 말아쥔 두 주먹사이는 세운 주먹 하나 간격이며 배와 주먹 사이는 주먹 한 개 정도로 간격을 둔다. 온몸에 과도한 힘을 주거나 두 주먹을 단전 앞에서 순간적으로 멈추지 않도록 한다.

아래막기 이어서 몸통반대지르기

▶ 설명

왼앞서기 아래막기에서 오른발을 한 걸음(앞뒤 거리 한발) 내디디며 몸통 반대지르기를 한다.
앞서기 아래막기에서 두 무릎을 펴고 체중은 두 다리에 균일하게 두고 몸의 중심을 가운데 둔다. 몸통은 반듯하게 세우고 자연스럽게 정면을 향하게 한다. 오른발을 앞으로 옮겨 디디며 반대지르기를 할 때 왼손은 자연스럽게 몸통 앞으로 올렸다가 장골능위로 당기며, 오른손은 몸통의 회전력을 이용하여 반대지르기를 한다.

얼굴막기 이어서 앞차고 몸통반대지르기

▶ 설명

왼앞서기 얼굴막기 0 에서 오른앞차기를 하고 무릎을 접고 오른앞서기를 하며 몸통 반대지르기를 한다.
왼앞서기 얼굴막기에서 오른앞차기를 찰 때 두 주먹은 자연스럽게 가슴 앞에 모아준다. 앞차기를 하고 무릎을 접고 몸을 세우며 오른손은 자연스럽게 가슴 앞으로 뻗어 주고 오른손을 장골능위에서 붙여 지르기를 준비한다. 그리고 오른발을 앞으로 내딛고 오른앞서기와 동시에 몸통반대지르기를 한다.

② 태극2장

태극2장 품새 요약 설명

순서	위치	시선	동 작	서 기	품 명
준비	나	가		나란히서기	기본준비서기
1	다1	다1	왼쪽으로 왼발 내디뎌	왼 앞서기	아래막기
2	다1	다1	오른발 내디뎌	오른 앞굽이	몸통반대지르기
3	라1	라1	오른발 오른쪽으로 뒤로 돌아 내디뎌	오른 앞서기	아래막기
4	라1	라1	왼발 내디뎌	왼 앞굽이	몸통반대지르기
5	가	가	왼발 왼쪽으로 돌아 내디뎌	왼 앞서기	몸통막기
6	가	가	오른발 내디뎌	오른 앞서기	몸통막기
7	다2	다2	왼발 왼쪽으로 옮겨 디뎌	왼 앞서기	아래막기
8	다2	다2	오른발 앞차고 내디뎌	오른 앞굽이	얼굴반대지르기

9	라2	라2	오른발 오른쪽으로 뒤로 돌아 내디뎌	오른 앞서기	아래막기
10	라2	라2	왼발 앞차고 내디뎌	왼 앞굽이	얼굴반대지르기
11	가	가	왼발 왼쪽으로 돌아	왼 앞서기	얼굴막기
12	가	가	오른발 내디뎌	오른 앞서기	얼굴막기
13	라3	라3	오른발 축으로 왼발 왼쪽으로 돌아 내디뎌	왼 앞서기	몸통막기
14	다3	다3	두 발 제자리 오른쪽으로 돌아 디뎌	오른 앞서기	몸통막기
15	나	나	왼발 왼쪽으로 옮겨 디뎌	왼 앞서기	아래막기
16	나	나	오른발 앞차고 내디뎌	오른 앞서기	몸통반대지르기
17	나	나	왼발 앞차고 내디뎌	왼 앞서기	몸통반대지르기
18	나	나	오른발 앞차고 내디뎌	오른 앞서기	몸통반대지르기 "기합"
바로	나	가	왼발 끌어 왼쪽으로 돌아	나란히서기	기본준비서기

태극2장

준비   1   2   3   4   5

6   7   8-1   8-2   9   10-1

어린이 태권도 지도서

10-2　　11　　12　　13　　14　　15

15(측면)　16-1　16-1(측면)　16-2　16-2(측면)　17-1　17-1(측면)

17-2　17-2(측면)　18-1　18-1(측면)　18-2　18-2(측면)　바로

주요동작

아래막기 이어서 오른앞굽이 몸통반대지르기

▶ 설명

왼앞서기 아래막기에서 오른발을 앞으로 한걸음 반(앞뒤거리 두발반) 내딛고 오른앞굽이 몸통 반대지르기를 한다. 왼앞서기에서 오른앞굽이로 이동 할 때 몸을 반듯하게 세우고 무릎을 굽혀 몸의 중심을 낮춘다. 뒷발의 무릎은 자연스럽게 펴고 체중의 2/3를 앞에 둔다. 몸의 균형을 잘 유지하고 몸통의 회전력을 이용하여 몸통 반대지르기를 한다. 이때 왼손은 자연스럽게 앞으로 뻗어 주고 오른손은 장골능위에 붙여 몸통반대지르기를 한다. 앞굽이와 지르기는 동시에 해야 한다.

아래막기 이어서 앞차고 얼굴 반대지르기

▶ 설명

왼앞서기 아래막기에서 오른발 앞차고 무릎을 접으며 오른발 한걸음 반 내딛고 오른앞굽 얼굴 반대지르기를 한다. 아래막기에서 오른발 앞차기를 할 때 두손은 주먹을 가볍게 말아 쥔 상태에서 가슴 앞에 모아주며 왼발에 중심이동을 하고 몸의 균형을 유지한 상태에서 무릎을 접고 왼손을 가슴 앞으로 뻗어주고 오른손은 장골능위에 붙여 얼굴 반대지르기를 준비한다. 이어서 오른발을 앞으로 내디디며 오른앞굽이와 동시에 얼굴 반대지르기를 한다.

얼굴막기 이어서 몸통막기

▶ 설명

오른앞서기 얼굴막기에서 오른발의 앞축을 이용하여 몸을 회전하며 왼발을 270도 옮겨 뒤로 돌아 왼앞서기 몸통막기를 한다.
오른앞서기에서 오른발에 중심을 이동하며 뒤로 돌아 왼앞서기를 한다. 이때 몸의 균형을 유지하고 오른손은 어깨높이에서 몸통막기를 준비하고 왼손은 진행 방향 앞으로 뻗어 몸의 회전력을 이용하여 몸통막기를 한다. 서기와 막기는 동시에 해야 한다.

③ 태극3장

태극3장 품새 요약 설명					
순서	위치	시선	동 작	서 기	품 명
준비	나	가		나란히서기	기본준비서기
1	다1	다1	왼쪽으로 왼발 내디뎌	왼 앞서기	아래막기
2	다1	다1	오른발 앞차고 내디뎌	오른 앞굽이	몸통두번지르기
3	라1	라1	오른발 오른쪽으로 뒤로 돌아 내디뎌	오른 앞서기	아래막기
4	라1	라1	왼발 앞차고 내디뎌	왼 앞굽이	몸통두번지르기
5	가	가	왼발 왼쪽으로 돌아 내디뎌	왼 앞서기	목 손날 안치기
6	가	가	오른발 내디뎌	오른 앞서기	목 손날 안치기
7	다2	다2	왼발 왼쪽으로 옮겨 디뎌	오른 뒷굽이	몸통손날 바깥막기
8	다2	다2	왼발 약간 앞으로 밀고 나가 내디뎌	왼 앞굽이	몸통바로지르기
9	라2	라2	오른발 오른쪽으로 뒤로돌아 약간 끌어들여	왼 뒷굽이	몸통손날 바깥막기
10	라2	라2	오른발 약간 앞으로 밀고 나가 내디뎌	오른 앞굽이	몸통바로지르기
11	가	가	왼발 왼쪽으로 옮겨 디뎌	왼 앞서기	몸통막기
12	가	가	오른발 내디뎌	오른 앞서기	몸통막기
13	라3	라3	왼발 왼쪽으로 돌아 내디뎌	왼 앞서기	아래막기
14	라3	라3	오른발 앞차고 내디뎌	오른 앞굽이	몸통두번지르기
15	다3	다3	오른발 오른쪽으로 뒤로 돌아 내디뎌	오른 앞서기	아래막기
16	다3	다3	왼발 앞차고 내디뎌	왼 앞굽이	몸통두번지르기
17	나	나	왼발 왼쪽으로 옮겨 디뎌 아래막고	왼 앞서기	몸통바로지르기
18	나	나	오른발 내디뎌 아래막고	오른 앞서기	몸통바로지르기
19	나	나	왼발 앞차고 내디뎌 아래막고	왼 앞서기	몸통바로지르기
20	나	나	오른발 앞차고 내디뎌 아래막고	오른 앞서기	몸통바로지르기 "기합"
바로	나	가	왼발 끌어 왼쪽으로 돌아	나란히서기	기본준비서기

태극3장

어린이 태권도 지도서

304_제7장 - 2.어린이 태권도 품새 지도법

주요동작

아래막기 이어서 앞차고 두번지르기

▶ 설명

왼앞서기 아래막기를 이어서 오른발앞차기를 하고 무릎을 접고 오른발을 앞으로 내 디디며 오른앞굽이 몸통 두 번 지르기를 한다.
왼앞서기 아래막기에서 오른발 앞차기를 하고 무릎은 접고 몸통은 바로 세우고 왼손을 가볍게 앞으로 뻗어주며 오른손은 장골능위에 붙이고 지르기 준비를 한다. 오른발을 앞으로 내디디며 중심을 낮춰 오른앞서기에서 몸통반대지르기를 하고 이어서 바로 지르기를 빠르게 연결한다. 두 번 지르기를 할 때 어깨와 몸통을 부드럽게 하여 두번 지르기를 연결한다. 몸에 힘을 주거나 몸이 경직된 상태에서 지르기를 하지 않도록 한다.

뒷굽이 손날바깥막기 이어서 몸통지르기

▶ 설명

오른뒷굽이 손날바깥막기에서 왼발을 앞으로 옮겨 딛고 왼앞굽이 몸통지르기를 한다.
오른뒷굽이에서 오른발은 제자리에서 앞축을 진행 방향으로 틀어주고 왼발을 앞으로 반걸음 옮겨 딛는다. 이때 오른발은 무릎을 구부린 상태로 앞굽이로 전환하고 몸통을 바로 세운다. 왼손은 손날바깥막기 형태에서 조금 더 앞으로 밀어주며 왼앞굽이로 서면서 왼손은 주먹을 쥐고 당기는 동시에 오른손으로 몸통지르기를 한다.

지르고 앞차기 이어서 아래막고 지르기

▶ 설명

오른앞서기 몸통지르기에서 왼발앞차기를 하고 발을 앞으로 내디디며 왼앞서기 아래막기를 하고 몸통지르기를 한다. 왼발앞차기를 할 때 무릎을 접은 상태에서 아래막기 준비를 하고 왼앞서기와 동시에 아래막기를 한다. 아래막기 했던 왼손은 자연스럽게 당겨 장골능위에 붙이고 오른손은 몸통의 회전을 이용하여 몸통지르기를 한다.

④ 태극4장

			태극4장 품새 요약 설명		
순서	위치	시선	동 작	서 기	품 명
준비	나	가		나란히서기	기본준비서기
1	다1	다1	왼쪽으로 왼발 내디뎌	오른 뒷굽이	손날 거들어 바깥막기
2	다1	다1	오른발 내디뎌	오른 앞굽이	편손끝 거들어 세워찌르기
3	라1	라1	오른발 오른쪽으로 뒤로 돌아 내디뎌	왼 뒷굽이	손날 거들어 바깥막기
4	라1	라	왼발 내디뎌	왼 앞굽이	편손끝 거들어 세워찌르기
5	가	가	왼발 왼쪽으로 돌아 내디뎌	왼 앞굽이	목 제비품 안치기
6	가	가	오른발 앞차고 내디뎌	오른 앞굽이	몸통바로지르기
7	가	가	왼발 옆차기 하고		자연스런 겨룸새
8	가	가	오른발 옆차고 내디뎌	왼 뒷굽이	손날 거들어 바깥막기
9	라3	라3	왼발 왼쪽으로 돌아	오른 뒷굽이	몸통바깥막기
10	라3	라3	오른발 앞차고 제자리 물러 디뎌	오른 뒷굽이	몸통막기
11	다3	다3	두 발 제자리 오른쪽으로 돌아 내디뎌	왼 뒷굽이	몸통바깥막기
12	다3	다3	왼발 앞차고 제자리 물러 디뎌	왼 뒷굽이	몸통막기
13	나	나	왼발 옮겨 디뎌	왼 앞굽이	제비품 안치기
14	나	나	오른발 앞차고 내디뎌	오른 앞굽이	등주먹 앞치기
15	라2	라2	왼발 왼쪽으로 옮겨 디뎌	왼 앞서기	몸통막기
16	라2	라2	두 발 제자리 서기 그대로	왼 앞서기	몸통바로지르기
17	다2	다2	두 발 제자리 오른쪽으로 돌아 내디뎌	오른 앞서기	몸통막기
18	다2	다2	두 발 제자리 서기 그대로	오른 앞서기	몸통바로지르기
19	나	나	왼발 옮겨 디뎌	왼 앞굽이	몸통두번지르기
20	나	나	오른발 내디뎌	오른 앞굽이	몸통두번지르기 "기합"
바로	나	가	왼발 끌어 왼쪽으로 돌아	나란히서기	기본준비서기

태극4장

어린이 태권도 지도서

| 18 | 19-1 | 19-1(측면) | 19-2 | 19-2(측면) | 19-3 | 19-3(측면) |

| 20-1 | 20-1(측면) | 20-2 | 20-2(측면) | 20-3 | 20-3(측면) | 바로 |

주요동작

준비서기 이어서 손날 거들어 바깥막기

▶ 설명

준비서기에서 왼발을 왼쪽으로 90도 옮겨 디뎌 오른뒷굽이를 하면서 손날 거들어 바깥막기를 한다.
막는 손의 손날은 명치 높이로 몸통 바깥선까지 가고 손날의 끝은 어깨선까지 오게 한다. 거드는 손은 명치 높이와 같게 하고 팔목은 명치 앞에 오며 손날은 몸통을 치거나 손목이 꺾이지 않도록 주위하고 몸에 붙이지 않는다. 거드는 손날의 힘이 막는 손날에 힘을 더하게 거들어주는 역할을 해야 한다.

편손끝 거들어세워찌르기 이어서 목 제비품안치기

▶ 설명

왼앞굽이 편손끝 거들어세워찌르기에서 왼발을 정면으로 옮겨 딛고 왼앞굽이로 전환하면서 오른손날로 목 안치기와 동시에 왼손날로 얼굴막기를 하는 복합기술 동작을 한다.
왼앞굽이에서 몸의 중심을 오른다리로 이동시켜 오른발을 축으로 왼발을 정면으로 옮겨 디딜 때 왼손날은 오른쪽 장골능위에서 얼굴막기를 준비하고 오른손날은 오른어깨 높이에서 안치기를 준비한다. 왼발을 정면으로 옮겨 디디며 왼앞굽이와 동시에 목 제비품 안치기를 한다.

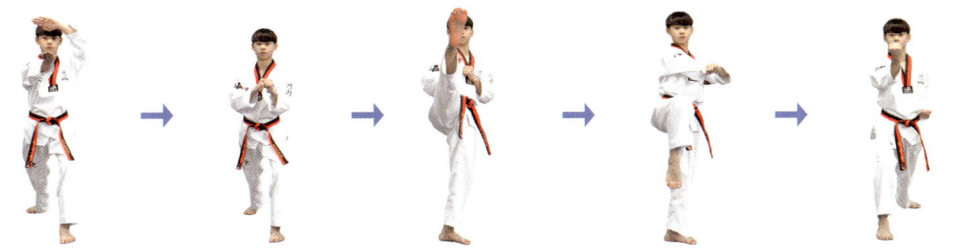

제비품 안치기에서 앞차기 이어서 얼굴 등주먹앞치기

▶ 설명

왼앞굽이 목 제비품안치기에서 오른발앞차기를 차고 앞으로 내 디디며 오른앞굽이 등주먹 앞치기를 한다.
왼앞굽이 목 제비품안치기에서 왼발에 중심이동을 하고 앞차기를 찬 후 무릎을 접은 상태에서 몸통을 바로 세우고 몸의 균형을 잡는다. 오른팔꿈치를 굽힌 채로 왼팔의 겨드랑이 안쪽에서 등주먹치기를 준비하고 왼팔은 구부려 가슴 앞에서 교차하며 오른앞굽이와 동시에 구부린 왼손은 가슴 앞에서 왼쪽 장골능위로 당기고 오른손은 인중 높이로 오른등주먹앞치기를 한다.

⑤ 태극5장

순서	위치	시선	동 작	서 기	품 명
			태극5장 품새 요약 설명		
준비	나	가		나란히서기	기본준비서기
1	다1	다1	왼쪽으로 왼발 내디뎌	왼 앞굽이	아래막기
2	다1	다1	왼발 끌어 들여	왼서기	메주먹 내려치기
3	라1	라1	오른쪽으로 방향 바꾸어 오른발 내디뎌	오른 앞굽이	아래막기
4	라1	라1	오른발 끌어 들여	오른서기	메주먹 내려치기
5	가	가	왼발 왼쪽으로 내디뎌	왼 앞굽이	몸통막기
6	가	가	오른발 앞차고 내디뎌 등주먹 앞치고	오른 앞굽이	몸통막기
7	가	가	왼발 앞차고 내디뎌 등주먹 앞치고	왼 앞굽이	몸통막기
8	가	가	오른발 내디뎌	오른 앞굽이	등주먹 앞치기
9	라3	라3	왼발 왼쪽으로 돌아 내디뎌	오른 뒷굽이	손날 바깥막기
10	라3	라3	오른발 내디뎌	오른 앞굽이	팔굽 거들어 돌려치기
11	다3	다3	오른발 오른쪽으로 뒤로 돌아 내디뎌	왼 뒷굽이	손날 바깥막기
12	다3	다3	왼발 내디뎌	왼 앞굽이	팔굽 거들어 돌려치기
13	나	나	왼발 왼쪽으로 돌아 내디뎌 아래막고	왼 앞굽이	몸통막기
14	나	나	오른발 앞차고 내디뎌 아래막고	오른 앞굽이	몸통막기
15	라2	라2	왼발 왼족으로 옮겨 디뎌	왼 앞굽이	얼굴막기
16	라2	라2	오른발 옆차고 내디뎌	오른 앞굽이	팔굽 표적치기
17	다2	다2	오른발 오른쪽으로 뒤로 돌아 내디뎌	오른 앞굽이	얼굴막기
18	다2	다2	왼발 옆차고 내디뎌	왼 앞굽이	팔굽치 표적 앞치기
19	나	나	왼발 왼쪽으로 돌아 내디뎌 아래막고	왼 앞굽이	몸통막기
20	나	나	오른발 앞차고 뛰어 내디뎌	오른 뒤꼬아서기	등주먹 앞치기 "기합"
바로	나	가	왼쪽으로 돌아	나란히서기	기본준비서기

준비　　1　　2　　3　　4　　5-1　　5-2

6-1　　6-2　　6-3　　7-1　　7-2　　7-3　　8

9　　10　　11　　12　　13-1　　13-1(측면)　　13-2

13-2(측면)　　14-1　　14-1(측면)　　14-2　　14-2(측면)　　14-3　　14-3(측면)

어린이 태권도 지도서

| 15 | 16-1 | 16-2 | 17 | 18-1 | 18-2 | 19-1 |

| 19-1(측면) | 19-2 | 19-2(측면) | 20-1 | 20-1(측면) | 20-2 | 20-2(측면) | 바로 |

주요동작

준비서기 이어서 아래막고 메주먹 내려치기

▶ 설명

준비서기에서 왼발을 왼쪽으로 옮겨 디디며 왼앞굽이 아래막기를 하고 이어서 왼발을 뒤로 밀어 물러 딛기를 하며 왼서기 메주먹 내려치기를 한다.
왼앞굽이에서 왼발 물러 딛기를 할 때 오른발에 중심이동을 하면서 두 발 모양이 'ㄴ'자가(앞뒤거리 한발) 되도록 왼서기로 서고 두 무릎을 곧게 펴고 몸의 중심은 두 발의 가운데 둔다. 왼아래막기에서 왼손은 왼어깨를 축으로 몸 안쪽으로 당기며 팔을 크게 회전하면서 메주먹으로 위에서 아래(어깨선 위)로 내려친다. 오른손은 가슴 앞에서 구부려 교차하고 장골능위로 당긴다. 왼서기와 메주먹 내려치기는 동시에 한다.

얼굴막기 이어서 옆차고 팔꿈치 표적앞치기

▶ 설명

왼앞굽이 얼굴막기에서 오른발옆차기를 하고 왼팔꿈치 표적앞치기를 한다.
얼굴막기에서 오른발옆차기와 동시에 오른손은 오른메주먹형태로 바깥을 치듯이 힘차게 뻗는다. 이때 오른다리와 오른손은 서로 평행하게 뻗는다. 옆차기를 하고 무릎을 접을 때 오른손은 그대로 두고 몸을 바르게 세워 중심을 잡는다. 오른발을 앞으로 내딛고 앞굽이와 동시에 오른손은 펴서 표적을 만들고 왼손팔꿈치로 표적앞치기를 한다.

몸통막기 이어서 앞차고 뒤꼬아서기 얼굴 등주먹앞치기

▶ 설명

왼앞굽이 몸통막기에서 오른발앞차기를 하고 한걸음 뛰어나가며 오른뒷꼬아서기와 동시에 얼굴 오른등주먹앞치기를 한다.
오른발앞차기를 하고 무릎을 접어 등주먹앞치기를 준비하고 이어서 한걸음 뛰어나가며 발날로 짓찧듯이 내디디며 오른뒤꼬아서기와 동시에 얼굴 오른등주먹앞치기(기합)를 한다. 이때 짓찧는 오른발 끝은 약 45도 측면으로 딛고 왼발은 앞축만 딛는다. 두 무릎은 붙지 않도록 하며 다리의 모양이 마름모꼴이 되도록 구부려야 한다.

⑥ 태극6장

			태극6장 품새 요약		
순서	위치	시선	동 작	서 기	품 명
준비	나	가		나란히서기	기본준비서기
1	다1	다1	왼쪽으로 왼발 내디뎌	왼 앞굽이	아래막기
2	다1	다1	오른발 앞차고 물러 디뎌	오른 뒷굽이	몸통바깥막기
3	라1	라1	오른쪽으로 돌아 오른발 약간 내디뎌	오른 앞굽이	아래막기
4	라1	라1	왼발 앞차고 물러 디뎌	왼 뒷굽이	몸통바깥막기
5	가	가	왼발 왼쪽으로 내디뎌	왼 앞굽이	얼굴손날 비틀어 바깥막기
6	다2	다2	오른발 돌려차고 내딛고 이어 왼발 왼쪽으로 내디뎌 얼굴 바깥막고	왼 앞굽이	몸통바로지르기
7	다2	다2	오른발 앞차고 내디뎌	오른 앞굽이	몸통바로지르기
8	라2	라2	오른발 오른쪽으로 뒤로 돌아 내디뎌 얼굴 바깥막고	오른 앞굽이	몸통바로지르기
9	라2	라2	왼발 앞차고 내디뎌	왼 앞굽이	몸통바로지르기
10	가	가	왼쪽으로 왼발 옮겨 디뎌	나란히서기	아래 헤쳐막기
11	가	가	오른발 내디뎌	오른 앞굽이	얼굴손날 비틀어 바깥막기
12	다3	다3	왼발 돌려차기 "기합" 내디뎌 이어 오른발 오른쪽으로 돌아 옮겨 디뎌	오른 앞굽이	아래막기
13	다3	다3	왼발 앞차고 물러 디뎌	왼 뒷굽이	몸통바깥막기
14	라3	라3	왼쪽으로 돌아 왼발 약간 내디뎌	왼 앞굽이	아래막기
15	라3	라3	오른발 앞차고 물러 디뎌	오른 뒷굽이	몸통바깥막기
16	가	가	오른발 오른쪽으로 옮겨 디뎌	오른 뒷굽이	손날 거들어 바깥막기
17	가	가	왼발 뒤로 물러 디뎌	왼 뒷굽이	손날 거들어 바깥막기
18	가	가	오른발 뒤로 물러 디뎌 바탕손 안막고	왼 앞굽이	몸통바로지르기
19	가	가	왼발 뒤로 물러 디뎌 바탕손 안막고	오른 앞굽이	몸통바로지르기
바로	나	가	오른발 끌어 들여	나란히서기	기본준비서기

준비   1   2-1   2-2   3

어린이 태권도 지도서

주요동작

몸통바깥막기 이어서 얼굴 손날 비틀어 바깥막기

▶ 설명

왼뒷굽이 몸통바깥막기에서 왼발을 앞으로 옮겨 딛고 왼앞굽이 얼굴 손날비틀어바깥막기를 한다.
왼뒷굽이에서 오른다리에 중심을 옮기면서 오른손날은 가슴 앞에서 왼손과 교차하고 왼발을 앞으로 옮겨 딛어 왼앞굽이와 동시에 몸통을 왼쪽으로 비틀어주며 오른손날은 인중높이로 한 상태에서 팔꿈치가 지나치게 위로 들리지 않도록 하여 얼굴 손날비틀어바깥막기를 한다.

얼굴돌려차고 얼굴바깥막기 이어서 몸통바로지르기

▶ 설명

오른발 얼굴돌려차기를 하고 왼발을 진행 방향으로 옮겨 딛고 왼앞굽이에서 얼굴바깥막고 이어서 몸통지르기를 한다.

오른발 얼굴돌려차기를 하고 오른발을 앞으로 앞굽이 거리만큼 자연스럽게 내딛는다.
이때 두 무릎은 펴고 몸통을 세우고 몸의 중심은 가운데 둔다. 이어서 오른발에 중심을 이동시키고 왼발을 진행 방향으로 옮길 때 왼손은 가슴 앞에서 교차하면서 얼굴바깥막기를 준비한다. 왼발을 옮겨 디뎌 왼앞굽이와 동시에 팔목을 인중높이로 왼손얼굴바깥막기를 한다. 얼굴바깥막기를 한 왼손은 당겨 장골능위에 붙이고 오른손은 몸통의 회전을 이용해서 몸통지르기를 한다.

몸통지르기 이어서 아래헤쳐막기

▶ 설명

왼앞굽이 몸통지르기에서 왼발을 뒤로 물러 딛으면서 정면을 바라보고 나란히서기를 하며 아래헤쳐막기를 한다.

나란히서기에서 두 주먹은 동시에 어깨높이로 가슴 앞에서 교차(왼팔목은 앞, 오른팔목은 뒤)하여 천천히 호흡을 고르면서 아래헤쳐막기를 한다. 이때 아래헤쳐막은 두 주먹은 한 뼘 정도의 간격을 두고 대퇴의 바깥쪽에 위치한다. 나란히서기를 먼저하고 아래헤쳐막기를 한다. 신체에 과하게 힘을 주지 않고 자연스럽게 천천히 아래헤쳐막기를 한다.

태극7장

순서	위치	시선	동 작	서 기	품 명
준비	나	가		나란히서기	기본준비서기
1	다1	다-1	왼쪽으로 왼발 내디뎌	왼범서기	바탕손 안막기
2	다1	다-1	오른발 앞차고 제자리 물러 디뎌	왼범서기	몸통막기
3	라1	라-1	두 발 제자리 오른쪽 뒤로 돌아 내디뎌	오른범서기	바탕손 안막기
4	라1	라1	왼발 앞차고 제자리 물러 디뎌	오른범서기	몸통막기
5	가	가	왼발 왼쪽으로 옮겨 디뎌	오른뒷굽이	손날 거들어 아래막기
6	가	가	오른발 내디뎌	왼뒷굽이	손날 거들어 아래막기
7	다2	다2	왼발 왼쪽으로 옮겨 디뎌	왼범서기	몸통바탕손 거들어 안막기
8	다2	다2	두 발 제자리 서기 그대로	왼범서기	턱 등주먹 앞치기
9	라2	라2	오른쪽 뒤로 돌아	오른범서기	몸통바탕손 거들어 안막기
10	라2	라2	두 발 제자리 서기 그대로	오른범서기	턱 등주먹 거들어 앞치기
11	가	가	왼발 끌어 모둠발로	모아서기	보주먹
12	가	가	왼발 내디뎌 반대로 가위막기하고	왼앞굽이	가위막기
13	가	가-	오른발 내디뎌 반대로 가위막기	오른앞굽이	가위막기
14	라3	라3	왼발 왼쪽으로 돌아 내디뎌	왼앞굽이	몸통헤쳐막기
15	라3	라3	무릎치기 하고 오른발 뛰어나가	왼뒤꼬아서기	두 주먹 젖혀지르기
16	라3	라3	왼발 물러 디뎌	오른앞굽이	엇걸어 아래막기
17	다3	다3	오른발 오른쪽으로 뒤로 돌아 내디뎌	오른앞굽이	몸통헤쳐막기
18	다3	다3	무릎치기 하고 왼발 뛰어나가	오른뒤꼬아서기	두 주먹 젖혀지르기
19	다3	다3	오른발 물러 디뎌	왼앞굽이	엇걸어 아래막기
20	나	나	왼발 왼쪽으로 돌아 내디뎌	왼앞서기	얼굴 등주먹 바깥치기
21	나	나	오른발 표적 안차고 내디뎌	주춤서기	팔꿈치 표적앞치기
22	나	나	몸 일으키며 오른발 제자리 옮겨 딛고 왼발 약간 끌어	오른앞서기	얼굴 등주먹 바깥치기
23	나	나	왼발 표적 안차고 내디뎌	주춤서기	팔꿈치 표적앞치기
24	나	나	두 발 제자리	주춤서기	손날 옆막기
25	나	나	오른발 내디뎌	주춤서기	몸통 옆지르기"기합"
바로	나	가	왼발 끌어 왼쪽으로 돌아	나란히서기	기본준비서기

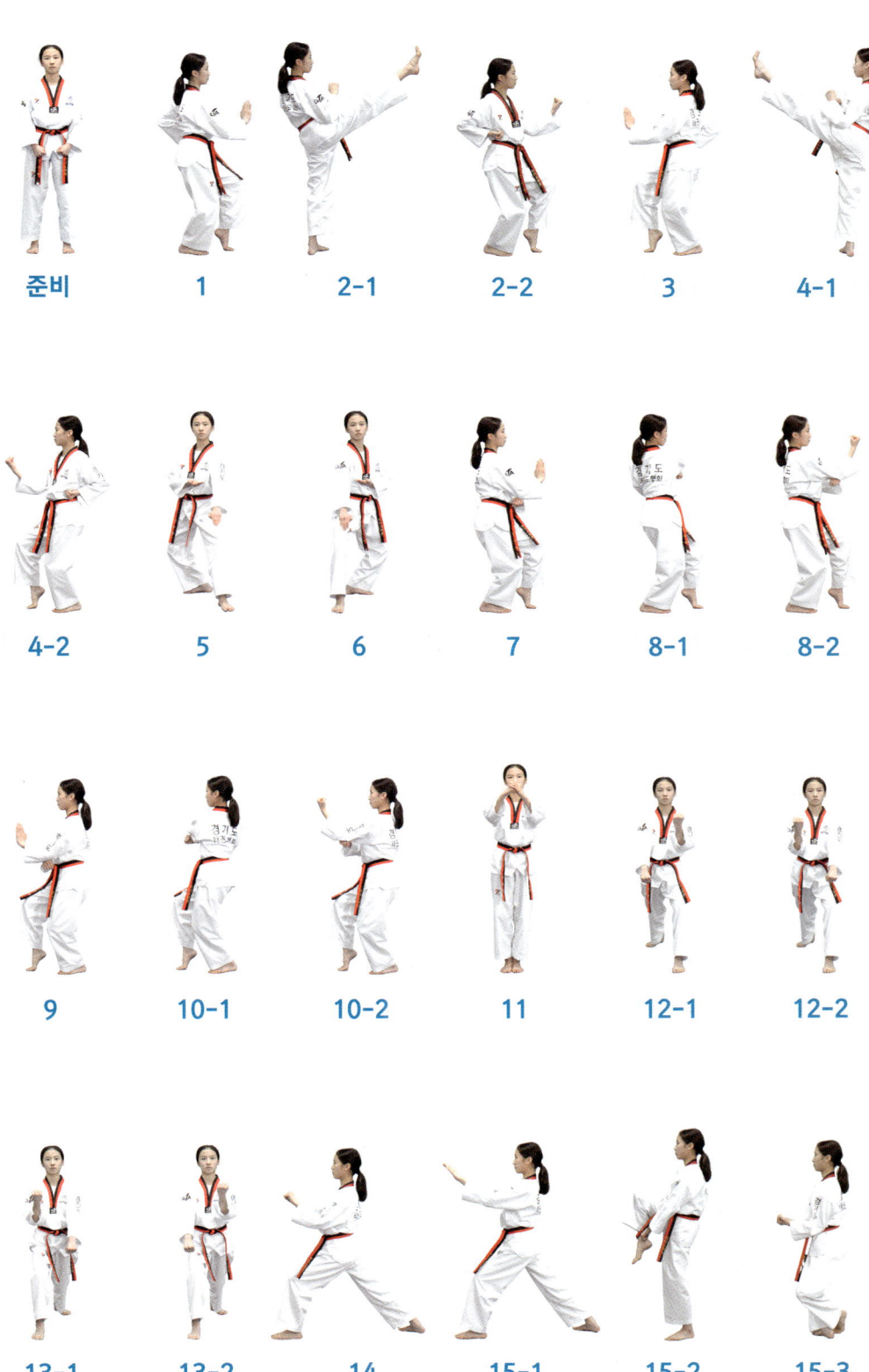

어린이 태권도 지도서

| 16 | 17 | 18-1 | 18-2 | 18-3 | 19 | 20 |

| 20(측면) | 21-1 | 21-1(측면) | 21-2 | 22 | 22(측면) | 23-1 |

| 23-1(측면) | 23-2 | 24 | 24(측면) | 25 | 25(측면) | 바로 |

주요동작

바탕손안막기 이어서 앞차고 몸통막기

▶ 설명

왼범서기 바탕손안막기에서 오른발앞차기를 하고 오른발을 제자리에 딛고 왼범서기 몸통안막기를 한다. 오른발 앞차기를 하고 무릎을 접어 상체를 세우며 오른손을 가슴 앞으로 뻗어 주고 왼손은 어깨높이에서 몸통막기를 준비한다. 오른발을 뒤로 당기며(처음 위치) 왼범서기와 동시에 몸통막기를 한다. 왼범서기에서 무릎이 밖으로 벌어지지 않도록 하고 몸이 앞으로 기울거나 뒤로 젖혀지지 않도록 한다. 바탕손안막기는 명치 높이로 막기를 한다

손날아래거들어막고 바탕손거들어안막기 이어서 등주먹거들어앞치기

▶ 설명

왼뒷굽이 손날아래거들어막기에서 왼발을 왼쪽으로 옮겨 디뎌 왼범서기에서 오른바탕손 거들어안막기를 하고 이어서 오른등주먹거들어앞치기를 한다.
왼뒷굽이에서 왼발을 왼쪽으로 옮겨 디딜 때 오른발에 중심이동을 하고 왼손은 가슴 앞으로 뻗어 주고 오른손은 어깨높이에서 바탕손안막기를 준비한다. 왼범서기와 동시에 오른바탕손거들어안막기를 할 때 바탕손의 높이는 명치로 하고 왼등주먹은 오른팔꿈치 밑에 붙인다. 이어서 왼등주먹이 오른팔꿈치 밑에 붙은 상태에서 몸통을 왼쪽으로 비틀어주면서 오른손은 주먹을 쥐고 왼쪽 어깨 위에서 회전하며 오른등주먹거들어앞치기로 정면을 향해 친다.(인중높이) 거드는 등주먹과 팔꿈치가 떨어지지 않도록 주의한다.

헤쳐막고 무릎치기 이어서 젖혀지르고 엇걸어아래막기

▶ 설명

왼앞굽이 몸통헤쳐막기에서 헤쳐막은 두 손은 펴서 상대방의 머리나 어깨를 잡아 아래로 내림과 동시에 오른무릎 올려치기 하고 뛰어나가며 왼뒷꼬아서기에서 두 주먹젖혀지르고 왼발을 뒤로 물러 딛고 오른앞굽이 엇걸어아래막기를 한다.
오른무릎치기를 할 때 두 주먹은 다리의 정강이뼈 아래까지 내리고 이어서 두 주먹을 당겨 장골능 위에서 엎은 상태로 붙인다. 오른발을 앞으로 뛰어나가 왼뒷꼬아서기와 동시에 젖혀지르기를 한다. 이때 오른발의 발끝은 45도로 측면으로 딛고 왼발은 앞축만 딛는다. 몸통은 세우고 정면을 바라본다. 이어서 몸통을 왼쪽으로 비트는 동시에 왼옆구리 위쪽에 오른밑팔목과 왼등팔목을 교차해 붙인 상태로 왼발을 뒤로 물러 딛고 오른앞굽이와 동시에 엇걸어아래막기를 한다. 오른안팔목은 아래에 왼바깥팔목은 위에 엇걸어서 아래막기를 한다.

⑧ 태극8장

			태극8장 품새 요약 설명		
순서	위치	시선	동 작	서 기	품 명
준비	나	가		나란히서기	기본준비서기
1	가	가	왼발 내디뎌	오른뒷굽이	거들어 바깥막기
2	가	가	왼발 약간 내디뎌	왼앞굽이	몸통바로지르기
3	가	가	왼발 두발당성앞차고 "기합" 왼발 내딛고 몸통막고	왼앞굽이	몸통두번지르기
4	가	가	오른발 내디뎌	오른앞굽이	몸통반대지르기
5	라3	라3	왼쪽으로 돌아 왼발 옮겨 딛고	오른 모앞굽이	외산틀막기
6	라3	라3	왼발 왼쪽으로 옮겨 딛고	왼앞굽이	턱 당겨지르기
7	다3	다3	왼발 앞꼬아서기로 옮겨 딛고 다시 오른발 내디뎌	왼모앞굽이	외산틀막기
8	다3	다3	오른발 오른쪽으로 옮겨 딛고	오른앞굽이	턱 당겨지르기
9	나	가	오른발 옮겨 디뎌	오른뒷굽이	손날 거들어 바깥막기
10	나	가	왼발 약간 내밀어 디뎌	왼앞굽이	몸통바로지르기
11	나	가	오른발 앞차고 제자리 물러 딛고 왼발 한걸음 물러 디디며 오른발 끌어 당겨	오른범서기	바탕손 안막기
12	다2	다2	왼발 왼쪽으로 옮겨 디뎌	왼범서기	손날 거들어 바깥막기
13	다2	다2	왼발 앞차고 내디뎌	왼앞굽이	몸통바로지르기
14	다2	다2	왼발 끌어	왼범서기	바탕손 안막기
15	라2	라2	오른발 오른쪽으로 뒤로 돌아 내디뎌	오른범서기	손날 거들어 바깥막기
16	라2	라2	오른발 앞차고 내디뎌	오른앞굽이	몸통바로지르기
17	라2	라2	오른발 끌어	오른범서기	바탕손 안막기
18	나	나	오른쪽으로 오른발 옮겨 디뎌	왼뒷굽이	거들어 아래막기
19	나	나	왼발 앞차고 이어 오른발 뛰어 앞차고 "기합" 오른발 내디뎌 몸통막고	오른앞굽이	몸통두번지르기
20	다1	다1	왼쪽으로 돌아 왼발 내디뎌	오른뒷굽이	손날 바깥막기
21	다1	다1	오른발 제자리 왼발 약간 내디뎌	왼앞굽이	팔굽 돌려치기
22	다1	다1	두 발 제자리 서기 그대로	왼앞굽이	등주먹 앞치기
23	다1	다1	두 발 제자리 서기 그대로	왼앞굽이	몸통반대지르기
24	라1	라1	오른발 오른쪽으로 돌아 내디뎌	왼뒷굽이	손날 바깥막기
25	라1	라1	왼발 제자리 오른발 약간 내디뎌	오른앞굽이	팔굽 돌려치기
26	라1	라1	두 발 제자리 서기 그대로	오른앞굽이	등주먹 앞치기
27	라1	라1	두 발 제자리 서기 그대로	오른앞굽이	몸통반대지르기
바로	나	가	왼발 끌어	나란히서기	기본준비서기

태극8장

주요동작

몸통지르기 이어서 두발당성앞차기

▶ 설명

왼앞굽이 몸통지르기에서 앞으로 뛰어나가며 두발당성차고 왼앞굽이 몸통막기를 한다.
왼앞굽이 몸통지르기에서 두발당성차기를 할 때 두 손은 자연스럽게 가슴 앞에 두면서 오른발앞차기로 몸통높이까지 차고 그 탄력을 잃지 않고 연결하여 오른발이 땅에 떨어지기 전에 왼발앞차기로 얼굴 높이까지 차고 무릎을 접으며 오른손을 앞으로 가슴높이로 뻗어주고 동시에 왼손은 어깨높이에서 몸통막기를 준비한다. 왼발을 앞으로 내디뎌 왼앞굽이와 동시에 몸통막기를 한다. 두발당성차기에서 몸이 앞으로 기울어지거나 제자리에서 뛰어차기를 하지 않도록 한다.

몸통반대지르기 이어서 외산틀막기(외산막기)

▶ 설명

오른앞굽이 몸통반대지르기에서 뒤로 돌아 왼발 옮겨 딛고 오른모앞굽이 외산틀막기를 한다.
오른앞굽이 몸통반대지르기에서 뒤로 돌아 왼발을 왼쪽으로 옮겨 디딜 때 오른발에 중심을 이동하고 왼손은 오른어깨 앞에서 아래막기를 준비하고 오른손은 왼쪽장골능위에서 젖힌등주먹으로 얼굴 안팔목바깥막기를 준비한다. 오른발을 축으로 하여 왼발을 왼쪽으로 옮겨 디디며 두 발을 평행하게 오른모앞굽이를 한다. 모앞굽이와 동시에 두 팔을 교차하면서 오른손의 팔목이 인중높이로 얼굴 안팔목바깥막기를 하고 왼손은 왼다리와 나란하게 아래막기를 한다.

손날거들어바깥막고 앞차고 몸통지르기 이어서 바탕손안막기

▶ 설명

왼범서기 손날거들어바깥막기에서 왼발앞차기를 하고 앞으로 내딛고 몸통지르고 이어서 왼발 뒤로 물러 딛고 왼범서기 왼바탕손간막기를 한다.

왼범서기 손날거들어바깥막기에서 왼발앞차기를 하고 무릎을 접은 상태에서 몸통을 세우고 왼손을 자연스럽게 앞으로 뻗고 오른손은 장골능위에 붙이고 지르기를 준비한다. 왼발을 앞으로 내디디며 앞굽이와 동시에 몸통지르기를 한다. 이어서 왼발을 뒤로 물러 딛으며 오른발에 중심이동을 하고 오른손은 뻗은 그대로, 왼손은 왼쪽 어깨높이에서 바탕손안막기를 준비한다. 왼범서기와 동시에 왼바탕손안막기를 한다. 몸통지르기와 바탕손안막기는 중간에 끊어짐 없이 자연스럽게 연결해야 한다.

(3) 유품(단)자- 품새의 개요

품새명	품새선	의미
고려 (30동작) 선비사	士	고려품새는 선배를 의미하며, 선배는 강력한 상무정신과 곧은 선비정신을 나타내고 고구려-발해-고려로 이어지는 선배(선비)의 얼을 바탕으로 품새를 엮음.
금강 (27동작) 뫼산	山	금강이란 더할 수 없이 강함과 무거움을 의미하며, 강함과 무거움은 한반도의 정기가 모인 영산인 금강산과 부처의 호법으로 두 신장(伸張)이며 무술이 가장 세다는 금강역사 가운데 더욱 용맹하고 파괴되지 않으며, 남성을 상징하는 금강을 나타내고 이 두 가지 요소가 한데 어울려 품새가 됨.
태백 (26동작) 지을공	工	태백은 한민족의 고대국가인 단군이 개국한 아사달(아씨땅)의 성산인 붉메(밝은 산)을 의미하며 밝은 산은 얼과 전통의 근원, 신성함 그리고 홍익인간의 사상을 나타냄. 태백은 수없이 다른 위치와 말로 나타나 있지만 그 가운데 대표적인 것이 민족의 태반이고 상징인 백두산이며 단군의 높은 이상을 바탕으로 품새가 생겨남.
평원 (21동작) 한일	一	평원은 아득한 사방으로 넓게 펼쳐진 큰 땅을 의미하며, 큰 땅은 생물의 모체로의 생명 보존과 만물의 영장인 사람으로 인한 삶의 터전을 나타내고 본디(本)와 쓰임에 따른 평화와 투쟁을 바탕으로 품새가 이루어짐.

① 고려품새

고려품새 요약 설명

순서	위치	시선	동 작	서 기	품 명
준비	나	가		나란히서기	통밀기준비서기
1	다1	다1	왼쪽으로 왼발 내디뎌	오른뒷굽이	손날 거들어 바깥막기
2	다1	다1	오른발 거듭 옆차기 하고 내디뎌	오른앞굽이	손날 바깥치기
3	다1	다1	두 발 제자리 서기 그대로	오른앞굽이	몸통바로지르기
4	다1	다1	왼발 제자리 오른발 약간 끌어	왼뒷굽이	몸통막기
5	라1	라1	오른쪽으로 오른발 옮겨 뒤로 돌아	왼뒷굽이	손날 거들어 바깥막기
6	라1	라1	왼발 거듭 옆차기 하고 내디뎌	왼앞굽이	손날 바깥치기
7	라1	라1	두 발 제자리 서기 그대로	왼앞굽이	몸통바로지르기
8	라1	라1	오른발 제자리, 왼발 약간 끌어	오른뒷굽이	몸통막기
9	가	가	왼쪽으로 왼발 옮겨 돌아 왼손날 아래막기	왼앞굽이	아금손 앞치기
10	가	가	오른발 앞차기 하고 내디뎌 왼손날 아래막기	오른앞굽이	아금손 앞치기
11	가	가	왼발 앞차기 하고 내디뎌	왼앞굽이	아금손 앞치기 "기합"
12	가	가	오른발 앞차기 하고 내디뎌	오른앞굽이	무릎꺾기
13	나	나	왼발 내딛고 오른쪽으로 돌아	오른앞굽이	안팔목 헤쳐막기
14	나	나	왼발 앞차기 하고 내디뎌	왼앞굽이	무릎꺾기
15	나	나	오른발 제자리 왼발 약간 끌어	왼앞서기	안팔목 헤쳐막기
16	다2	다2	왼발축 몸 오른쪽으로 돌려 디뎌	주춤서기	손날 옆막기
17	다2	나2	두 발 제자리 서기 그대로	주춤서기	표적지르기
18	다2	라2	오른발 앞꼬아서기로 옮겨 딛고 왼발 옆차기 하고 내딛어	오른 앞굽이	편손끝 젖혀찌르기
19	다2	라2	왼발 제자리 오른발 약간 끌어	오른앞서기	아래막기
20	라2	라2	왼발 한걸음 내딛어 왼바탕손눌러 막기 하고 오른발 내디뎌	주춤서기	팔굽 옆치기
21	라2	라2	두 발 제자리 서기 그대로	주춤서기	손날 옆막기
22	라2	라2	두 발 제자리 서기 그대	주춤서기	표적지르기
23	라2	다2	왼발 앞꼬아서기로 옮겨 딛고 오른발 옆차기 하고 대딛어	왼앞굽이	편손끝 젖혀찌르기
24	라2	다2	오른발 제자리 왼발 약간 끌어	왼앞서기	아래막기
25	라2	다2	오른발 한걸음 내딛어 오른바탕손 눌러막기 하고 왼발 내디뎌	주춤서기	팔굽 옆치기
26	가	가	왼발 제자리, 오른발 끌어 모둠발	모아서기	아래 메주먹 표적 내려치기
27	나	가	오른발 제자리 왼쪽으로 돌아 왼손날 바깥치기	왼앞굽이	손날 아래막기
28	나	가	오른발 내디뎌 오른손날 안치기	오른앞굽이	손날 아래막기
29	나	가	왼발 내디뎌 왼손날 안치기	왼앞굽이	손날 아래막기
30	나	가	오른발 내디뎌	오른앞굽이	아금손 앞치기 "기합"
바로	나	가	왼쪽으로 돌아 왼발 끌어	나란히서기	통밀기준비서기

어린이 태권도 지도서

328_제7장 - 2.어린이 태권도 품새 지도법

주요동작

손날거들어바깥막고 거듭옆차기 이어서 손날바깥치기

▶ 설명

오른뒷굽이 손날거들어바깥막고 오른발거듭옆차고 이어서 오른앞굽이 목 손날바깥치기를 한다.
오른뒷굽이 손날거들어바깥막기에서 두 손은 자연스럽게 가슴 앞에 모으며 왼발에 중심이동을 하고 오른발옆차기로 무릎높이까지 차고 바로 무릎을 접어 올려서 다시 오른발옆차기로 몸통 또는 얼굴 높이 정도로 차고 무릎을 접는다. 몸통을 바로 세우며 오른손은 왼쪽 어깨 위에서 손날 바깥치기를 준비하고 왼손은 가슴 앞으로 구부려 준비한다. 오른발을 앞으로 내디뎌 오른앞굽이와 동시에 목 높이로 오른손날바깥치기를 한다. 거듭옆차기를 할 때 발가락끝이 위로 올라가지 않도록 하고, 무릎을 편 상태로 발을 끌어 올려 차지 않도록 주의한다.

앞차기 이어서 무릎눌러꺾기

▶ 설명

오른발앞차기를 하고 무릎을 접고 몸의 균형을 유지하면서 오른발을 앞으로 딛고 무릎눌러꺾기를 한다.
오른발앞차기를 하고 무릎을 접고 몸의 균형을 유지하면서 오른손은 손바닥을 펴서 가볍게 앞으로 내밀고 왼손은 왼옆구리에서 아금손의 손바닥이 위로 향하게 하여 무릎눌러꺾기를 준비한다. 오른발을 앞으로 내디디며 오른앞굽이와 동시에 왼손은 아금손으로 가슴 앞에서 회전하며 아래로 무릎눌러꺾기를 하고, 오른손은 아금손으로 상대의 발목을 잡아당기듯이 하여 왼팔꿈치 아래에 떨어트려 손바닥이 위를 향하게 한다. 무릎을 눌러 꺾는 아금손의 손목이 꺾이지 않도록 하고 당기는 손은 눌러 꺾는 손의 팔꿈치를 잡거나 겨드랑이 아래로 가지 않도록 한다.

표적지르기 이어서 옆차고 편손끝젖혀찌르기

▶ 설명

주춤서기 손날옆막기에서 표적지르기를 하고 오른발 앞꼬아서기로 옮겨 딛고 왼발옆차기 이어서 왼편 손끝 젖혀찌르기를 한다.
추춤서기 왼손날옆막기에서 왼손은 표적이 되고 오른손으로 주먹지르기를 한다. 손의 모양은 그대로 두고 오른발을 옮겨 딛어 오른발앞꼬아서기를 한다. 이어서 왼발무릎을 접어 올려 옆차기 준비를 한다. 옆차기를 할 때 오른발에 중심이동을 한 상태에서 표적과 지르기한 손을 잡아당기며 오른쪽 장골능위에서 작은 돌쩌귀를 함과 동시에 옆차기를 한다. 옆차기를 하고 무릎을 접으며 시선은 반대 방향을 보고 오른손을 펴서 아래로 뻗어주고 왼손은 가슴높이에서 젖힌편손끝으로 손바닥이 아래를 향하게 하여 찌르기 준비를 한다. 왼발을 딛고 오른앞굽이와 동시에 오른손을 당겨 왼쪽 어깨 앞에 손날을 붙이고 왼손은 젖힌편손끝을 회전하며 손바닥이 위로 향하게 단전 높이로 찌르기를 한다.

② 금강품새

금강품새 요약 설명

순서	위치	시선	동 작	서 기	품 명
준비	나	가		나란히서기	기본준비서기
1	가	가	왼발 내디뎌	왼앞굽이	안팔목 헤쳐막기
2	가	가	오른발 내디뎌	오른앞굽이	바탕손 앞치기
3	가	가	왼발 내디뎌	왼앞굽이	바탕손 앞치기
4	가	가	오른발 내디뎌	오른앞굽이	바탕손 앞치기
5	나	가	오른발 뒤로 물러 디뎌	오른뒷굽이	왼손날 안막기
6	나	가	왼발 뒤로 물러 디뎌	왼뒷굽이	오른손날 안막기
7	나	가	오른발 뒤로 물러 디뎌	오른뒷굽이	왼손날 안막기
8	나	다	오른발 제자리 왼발 끌어 올려	오른학다리서기	금강막기
9	다	다	왼발 내려디디며 돌려지르기	주춤서기	큰 돌쩌귀
10	다	다	몸 왼쪽으로 돌며 오른발 옮겨 딛고 이어 왼발 옮겨 디디며 돌려지르기	주춤서기	큰 돌쩌귀
11	가1	가1	오른발 들어 내려 짓찧으며	주춤서기	산틀막기 "기합"
12	가1	라	몸 으른쪽으로 180° 돌아 왼발 옮겨 디뎌	주춤서기	안팔목 헤쳐막기
13	가1	라	왼발 약간 끌어 몸을 일으키며	나란히서기	아래 헤쳐막기
14	다	다	몸 오른쪽으로 180° 돌아 왼발 들어 내려 짓찧으며	주춤서기	산틀막기
15	다	라	몸 오른쪽으로 돌아 오른발 끌어 올려	왼학다리서기	금강막기
16	나	라	오른발 내려디디며 돌려지르기	주춤서기	큰 돌쩌귀
17	나	라	몸 오른쪽으로 돌려 왼발을 옮겨 딛고 이어 오른발 옮겨 디디며 돌려지르기	주춤서기	큰 돌쩌귀
18	나	라	왼발 제자리 오른발 끌어 올려	왼학다리서기	금강막기
19	라	라	오른발 내려디디며 돌려지르기	주춤서기	큰 돌쩌귀

20	라	라	몸 오른쪽으로 돌며 왼발 옮겨 딛고 이어 오른발 옮겨 디디며 돌려지르기	주춤서기	큰 돌쩌귀
21	가2	가2	왼발 들어 내려 짓찧으며	주춤서기	산틀막기 "기합"
22	가2	다	몸 왼쪽으로 180° 돌아 오른발 옮겨 디뎌	주춤서기	안팔목 헤쳐막기
23	가2	다	오른발 약간 끌어 몸 일으켜	나란히서기	아래 헤쳐막기
24	라	라	몸 왼쪽으로 180° 돌아 오른발 들어 내려 짓찧으며	주춤서기	산틀막기
25	라	나	몸 왼쪽으로 돌려 왼발 끌어 올려	오른학다리서기	금강막기
26	나	나	왼발 내려디디며 돌려지르기	주춤서기	큰 돌쩌귀
27	나	다	몸 왼쪽으로 돌며 오른발 옮겨 딛고 이어 왼발 옮겨 디디며 돌려지르기	주춤서기	큰 돌쩌귀
바로	나	가		나란히서기	기본준비서기

금강품새

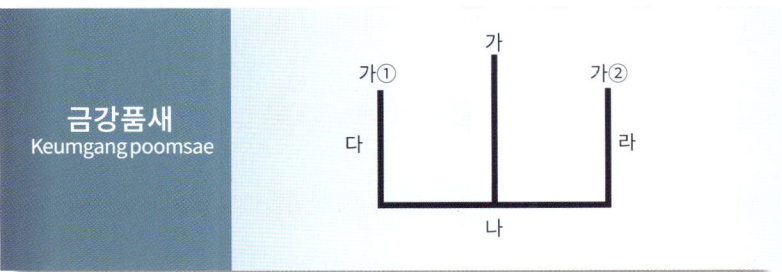

금강품새
Keumgang poomsae

준비 1 2 3 4 5

6 7 8 9 10-1 10-2

어린이 태권도 지도서

334_제7장 - 2.어린이 태권도 품새 지도법

주요동작

손날안막기 이어서 학다리서기 금강막기

▶ 설명

오른뒷굽이 손날안막고 오른다리로 중심이동을 하며 오른학다리서기 금강막기를 한다.
오른뒷굽이 손날안막기에서 무릎의 높이는 같게 하고 오른발의 앞축을 정면으로 틀어 두 무릎이 정면을 향하게 한다. 오른발에 중심을 이동하면서 왼발의 발날등을 오른발의 무릎 안쪽에 자연스럽게 붙여 오른학다리 서기를 한다. 동시에 왼손은 오른쪽 어깨 앞에서 아래막기를 준비하고 오른손은 왼쪽장골능위에서 얼굴막기를 준비한다. 두 손은 동시에 천천히 교차하여 오른손은 이마 앞에서 얼굴막기를 하고 왼손은 왼허벅지옆에 한 뼘 간격을 두고 아래막기를 하여 금강막기를 한다. 이때 얼굴막기와 아래막기는 동시에 끝나야 하며 시선은 진행방향을 향한다.

큰돌쩌귀 앞돌아 딛고 큰돌쩌귀

▶ 설명

주춤서기 큰돌쩌귀에서 앞돌아 딛고 주춤서기 큰돌쩌귀를 한다.
주춤서기에서 오른발을 왼쪽으로 옮겨 180도 회전하여 앞 돌아딛기를 할 때, 한 발 너비로 옮겨 딛고 오른발의 앞축으로 회전을 하며, 무릎은 구부려서 주춤서기의 높이를 유지하고 자연스럽게 중심이동을 하며 돌아딛기를 한다. 큰돌쩌귀 상태에서 이어서 오른발에 중심이동을 하고 왼발을 오른쪽으로 옮겨 180도 회전하며 주춤서기를 한다. 이때 오른손은 왼쪽장골능위로 당기고 왼손은 돌려지르기로 오른큰돌쩌귀를 자연스럽게 하고 추춤서기와 동시에 왼손을 왼쪽장골능위로 당기고 오른손은 돌려지르며 왼큰돌쩌귀를 한다. 시선은 진행 방향을 본다. 이때 돌려지르는 오른주먹의 높이는 명치 높이로 팔과 가슴은 한 뼘 이내의 간격을 두고 주먹은 몸통바깥선까지 지른다. 왼주먹은 장골능위에 있으며 두 주먹의 간격은 한 뼘이며 두 주먹은 위 아래로 마주 보는 형태로 한다.

큰돌쩌귀 이어서 헤쳐산틀막기

▶ 설명

주춤서기 큰돌쩌귀에서 오른발을 앞으로 옮겨 디디며 주춤서기 헤쳐산틀막기를 한다.
주춤서기에서 오른다리는 굽힌 채로 정면으로 올리고 왼발에 중심이동을 한다. 이때 발목을 비틀어 오른발날등이 정면을 향하게 하고 몸통은 오른쪽으로 비틀고 왼손은 젖힌주먹으로 오른쪽 어깨앞에서 얼굴 옆안팔목바깥막기를 준비하는 동시에 오른손은 오른쪽 어깨높이에서 얼굴 옆바깥팔목막기를 준비한다. 오른발목을 안쪽으로 회전시키며 발뒷축과 발날로 지면을 짓찧으며 주춤서기와 동시에 왼손은 오른쪽 얼굴을 지나 얼굴 옆안팔목바깥막기를 하고 오른손은 위로 올리며 얼굴 옆바깥팔목막기를 하면서 헤쳐산틀막기를 한다. 막는 두 팔의 팔목은 인중높이와 같고 시선은 진행방향을 바라 보도록 한다.

③ 태백품새

순서	위치	시선	동 작	서 기	품 명
준비	나	가		나란히서기	기본준비서기
1	다1	다1	왼쪽으로 왼발 내디뎌	왼범서기	아래 손날내려헤쳐막기
2	다1	다1	오른발 앞차기 하고 내디뎌	오른앞굽이	몸통두번지르기
3	라1	라1	오른쪽으로 뒤로 돌아 오른발 내디뎌	오른범서기	아래 손날내려헤쳐막기
4	라1	라1	왼발 앞차기 하고 내디뎌	왼앞굽이	몸통두번지르기
5	가	가	왼쪽으로 돌아 왼발 옮겨 디뎌	왼앞굽이	제비품 안치기
6	가	가	오른손목 제쳐 내며 오른발 내디뎌	오른앞굽이	몸통바로지르기
7	가	가	왼손목 제쳐 내며 오른발 내디뎌	왼앞굽이	몸통바로지르기
8	가	가	오른손목 제쳐 내며 오른발 내디뎌	오른앞굽이	몸통바로지르기 "기합"
9	라2	라2	왼쪽으로 돌아 왼발 옮겨 내디뎌	오른뒷굽이	금강 몸통막기
10	라2	라2	두 발 제자리 서기 그대로	오른뒷굽이	턱 당겨지르기
11	라2	라2	두 발 제자리 서기 그대로	오른뒷굽이	몸통지르기
12	라2	라2	오른발 제자리 왼발 끌어 올려	오른학다리서기	작은 돌쩌귀
13	라2	라2	왼발 옆차기 하고 내디뎌	왼앞굽이	팔굽치 표적 앞치기
14	다2	다2	왼발 끌어 모둠발 이어 오른발 내디뎌	왼뒷굽이	금강 몸통막기
15	다2	다2	두 발 제자리 서기 그대로	왼뒷굽이	턱 당겨지르기
16	다2	다2	두 발 제자리 서기 그대로	왼뒷굽이	몸통지르기
17	다2	다2	왼발 제자리 오른발 끌어 올려	왼학다리서기	작은 돌쩌귀
18	다2	다2	오른발 옆차기 하고 내디뎌	오른앞굽이	팔굽치 표적 앞치기
19	가	나	오른발 끌어 모둠발 이어 왼발 내디뎌	오른뒷굽이	손날 거들어 바깥막기
20	나	나	왼손 눌러막기 하며 오른발 내디뎌	오른앞굽이	편손끝 거들어 세워지르기
21	나	나	몸 왼쪽으로 돌아 밑으로 빼기 하고 왼발 내디뎌	오른뒷굽이	등주먹 바깥치기

22	나	나	오른발 내디뎌	오른앞굽이	몸통반대지르기 "기합"
23	다1	다1	왼쪽으로 돌아 왼발 옮겨 내디뎌	왼앞굽이	가위막기
24	다1	다1	오른발 앞차기 하고 내디뎌	오른앞굽이	몸통두번지르기
25	라1	라1	오른쪽으로 뒤로 돌아 오른발 내디뎌	오른앞굽이	가위막기
26	라1	라1	왼발 앞차기 하고 내디뎌	왼앞굽이	몸통두번지르기
바로	나	가	왼쪽으로 왼발 끌어 들여	나란히서기	기본준비서기

태백품새
Taebaek poomsae

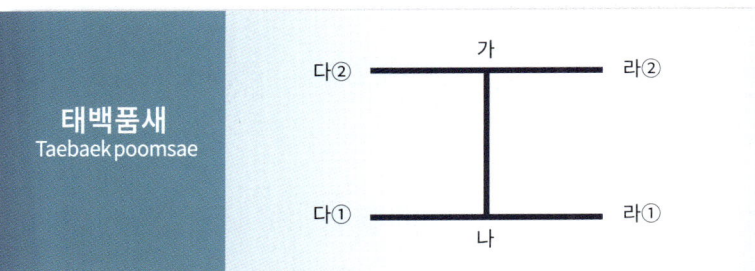

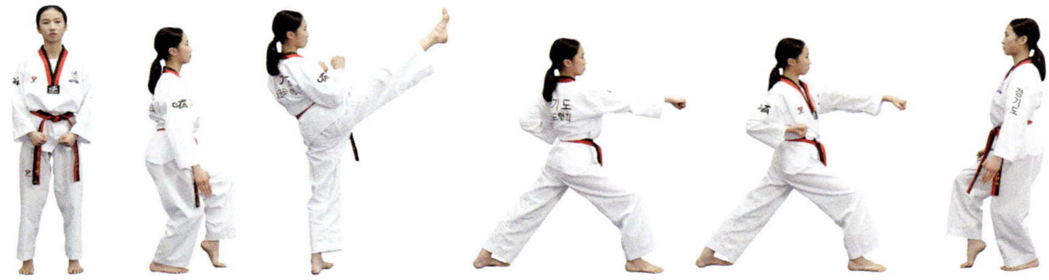

준비　1　2-1　2-2　2-3　3

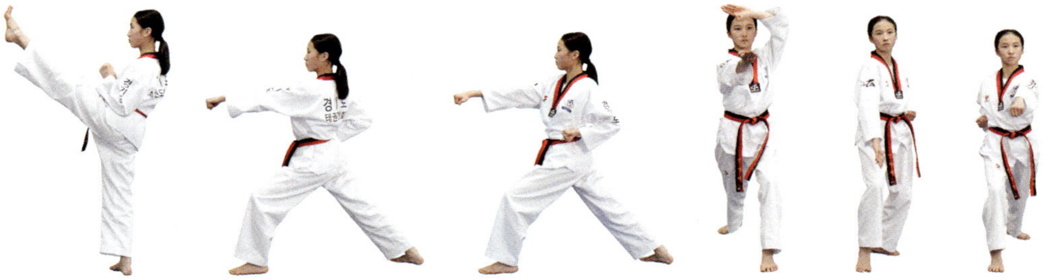

4-1　4-2　4-3　5　6-1　6-2

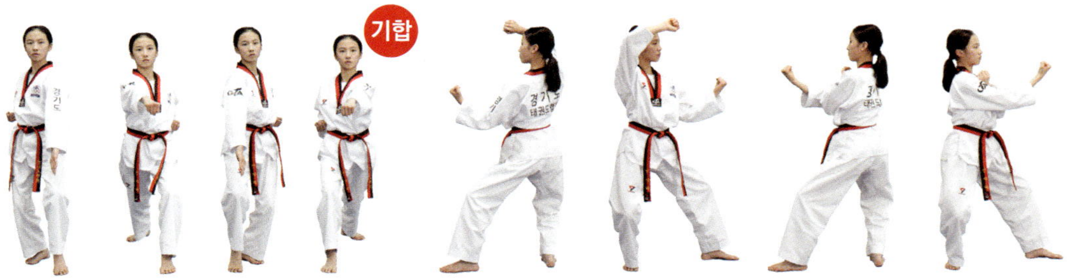

7-1　7-2　8-1　8-2　9　9(측면)　10　10(측면)

어린이 태권도 지도서

338_제7장 - 2.어린이 태권도 품새 지도법

주요동작

몸통지르기 이어서 목 제비품안치고 몸통지르기

▶ 설명

왼앞굽이 몸통지르기에서 왼발을 정면으로 옮겨 딛고 왼앞굽이 목 제비품안치기를 하고 오른발 내딛으며 오른손목으로 제쳐 내고 오른앞굽이 몸통지르기를 한다.

왼앞굽이 몸통지르기에서 왼발을 뒤로 물러서며 오른발에 중심이동하고 오른손은 오른어깨 높이에서 손날안치기 준비를 하고 왼손은 오른쪽 장골능위에서 손날얼굴막기를 준비한다. 왼발을 정면으로 내디디며 왼앞굽이와 동시에 목 제비품안치기를 한다. 이어서 왼발에 중심이동을 하며 오른발을 앞으로 내딛는 동시에 오른손의 팔꿈치를 축으로 손바닥으로 상대방의 팔을 밖으로 제쳐 내듯 아래로 제쳐 내는 동시에 왼손은 왼쪽장골능위에 붙여둔다. 이때 손목만으로 제쳐 내지 않도록 한다. 오른발을 앞으로 내딛어 오른앞굽이와 동시에 오른손은 상대방의 팔을 잡아당기듯이 주먹을 쥐고 당기며 오른쪽 장골능위에 붙인다. 왼손은 몸통의 회전력을 이용해서 몸통지르기를 한다.

금강몸통막고 턱당겨지르고 몸통지르기 이어서 학다리서고 옆차고 팔꿈치표적앞치기

▶ 설명

왼뒷굽이에서 금강몸통갖막고 턱당겨지르기를 하고 몸통지르기 이어서 오른발을 당겨 왼학다리서기 작은돌쩌귀에서 오른발옆차기를 하고 오른발 내딛고 왼팔꿈치표적앞치기를 한다.

왼뒷굽이 금강몸통막기에서 얼굴막기한 왼손은 젖힌주먹으로 가슴높이로 내리고 동시에 바깥막기한 오른손은 앞으로 펴고 이어서 왼손은 턱 높이까지 올려 지르는 동시에 오른손은 왼쪽 어깨 앞으로 당겨 턱지르기를 한다. 이어서 왼손을 앞으로 뻗고 동시에 몸을 오른쪽으로 비틀어 오른손을 오른장골능위에 붙인 다음 몸통지르기를 한다. 왼뒷굽이에서 무릎을 구부린 상태로 오른발날등을 왼무릎 안쪽으로 당겨 왼학다리서기를 하는 동시에 오른손을 왼쪽으로 당겨 작은돌쩌귀를 한다. 오른발옆차기와 동시에 오른손을 메주먹치기 형태로 뻗어 주고 왼손은 장골능위에 그대로 둔다. 옆차기한 오른발은 무릎을 접고 진행방향으로 오른발을 내딛어 오른앞서기와 동시에 오른손을 펴서 표적을 만들고 왼팔꿈치로 표적앞치기를 한다.

편손끝거들어세워찌르고 이어서 잡힌 손목 밑으로 빼고 얼굴 등주먹바깥치기

▶ 설명

오른앞굽이 편손끝거들어세워찌르기에서 몸을 돌려 왼앞굽이 잡힌 손목 밑으로 빼기를 하고 이어서 왼발 앞으로 옮겨 디디며 등주먹바깥치기를 한다.

오른앞굽이 편손끝거들어세워찌르기를 하고 몸을 왼쪽으로 돌려 왼발을 옮겨 딛고 왼앞굽이와 동시에 왼손은 구부린 상태로 가슴앞에 손바닥이 아래로 향하게 두고, 오른손은 회전시켜 밑으로 빼기와 동시에 손등을 등허리에 붙여 잡힌 손목 밑으로 빼기를 한다. 이때 시선은 그대로 둔다. 이어서 무릎을 굽힌 상태로 자연스럽게 오른발게 중심이동하며 몸을 왼쪽으로 회전하고, 왼손은 오른쪽 어깨위에 두고 오른손은 가슴 앞으로 뻗어 양손이 교차한 상태에서 왼발을 앞으로 디뎌 오른뒷굽이와 동시에 상대방의 관자놀이 높이로 왼등주먹바깥치기를 한다. 잡힌 손목 밑으로 빼기와 얼굴 등주먹바깥치기 동작을 부드럽게 연결하도록 한다.

④ 평원품새

평원품새 요약 설명

순서	위치	시선	동 작	서 기	품 명
준비	나	가		모아서기	겹손준비서기
1	다	가	왼쪽으로 왼발 내디뎌	나란히서기	아래손날내려헤쳐막기
2	다	가	두 발 제자리 서기 그대로	나란히서기	통밀기
3	라	라	오른쪽으로 오른발 내디뎌	왼뒷굽이	손날 아래막기
4	라	다	두 발 제자리 몸 왼쪽으로 돌아	오른뒷굽이	손날 바깥막기
5	다	다	왼발 약간 앞으로 내밀어	왼앞굽이	팔굽 올려치기
6	다	다	오른발 앞차기 하고 내딛고 이어 왼발 뒤돌아 옆차기 하고 내디뎌	왼뒷굽이	손날 거들어 바깥막기
7	라	라	두 발 제자리 서기 그대로	왼뒷굽이	손날 거들어 아래막기
8	나	가	왼발 제자리 오른발 옮겨 디뎌	주춤서기	얼굴 안팔목 거들어 옆막기
9	다	가	오른발 들어 짓찧으며	주춤서기	등주먹 당겨 거들어 앞치기 "기합" 이어 등주먹 당겨 거들어 앞치기
10	나	라	왼발 오른쪽으로 옮겨 디뎌	왼앞꼬아서기	멍에치기
11	라	라	왼발 제자리 오른발 옮겨 디뎌	주춤서기	안팔목 헤쳐 산틀막기
12	나	라	오른발 끌어 올려 금강옆막기	왼학다리서기	작은 돌쩌귀
13	라	라	오른발 옆차기 하고 내디뎌	오른앞굽이	팔굽 올려치기
14	라	라	왼발 앞차기 하고 내딛고 이어 오른발 뒤돌아 옆차고 내디뎌	오른뒷굽이	손날 거들어 바깥막기
15	나	다	두 발 제자리 서기 그대로	오른뒷굽이	손날 거들어 아래막기
16	나	다	오른발 제자리 왼발 옮겨 디뎌	주춤서기	얼굴 안팔목 거들어 옆막기
17	나	가	왼발 들어 짓찧으며	주춤서기	등주먹 당겨 거들어 앞치기 "기합" 이어 등주먹 당겨 거들어 앞치기
18	나	다	오른발 왼쪽으로 옮겨 디뎌	오른앞꼬아서기	멍에치기
19	나	다	오른발 제자리 왼발 옮겨 디뎌	주춤서기	안팔목 헤쳐 산틀막기
20	나	다	왼발 끌어 올려 금강옆막기	오른학다리서기	작은 돌쩌귀
21	나	다	왼발 옆차기 하고 내디뎌	왼앞굽이	팔꿈치 표적 앞치기
바로	나	가	오른쪽으로 왼발 끌어 들여	모아서기	겹손준비서기

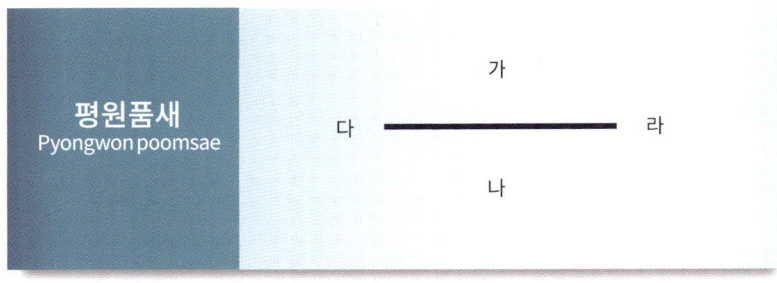

평원품새
Pyongwon poomsae

주요동작

팔꿈치 올려치기 이어서 앞차고 뒤돌아 옆차고 손날거들어바깥막기

▶ 설명

왼앞굽이 오른팔꿈치올려치기를 하고 오른발앞차기 이어서 뒤돌아 왼발옆차고 왼뒷굽이 손날거들어바깥막기를 한다.
왼앞굽이 오른팔꿈치올려치기에서 오른발앞차기를 할 때 주먹은 자연스럽게 가슴 앞에 두고 오른발앞차기를 하고 무릎은 접고 오른발 앞축을 돌려 디뎌 회전하면서 뒤돌아서고 오른발에 중심이동을 하며 왼발무릎을 접어 올려 옆차기를 한다. 왼발옆차기를 하고 무릎은 접고 몸은 세우며 시선은 빠르게 반대 방향을 바라본다. 이때 오른손은 왼쪽장골능위에 두고 왼손은 어깨높이에서 손날거들어바깥막기를 준비한다. 왼뒷굽이와 동시에 손날거들어바깥막기를 한다. 앞차고 뒤돌아 옆차기는 연결 동작으로 멈추지 않고 자연스럽게 걷듯이 내디디며 한다.

아래 손날거들어막기 이어서 얼굴 안팔목거들어옆막기

▶ 설명

왼뒷굽이 아래손날거들어막기를 하고 오른발 옮겨 디디며 주춤서기 얼굴 안팔목거들어옆막기를 한다.
왼뒷굽이 아래손날거들어막기에서 두 무릎의 높이는 같게 하고 왼발에 중심이동을 하면서 오른발은 지면을 스치듯이 정면으로 돌려 주춤서기와 동시에 오른손의 안팔목이 왼쪽어깨 앞을 지나도록 크게 휘돌리며 인중 높이로 얼굴 안팔목거들어옆막기를 하고, 거드는 왼손은 가슴높이로 몸 끝선까지 힘차게 돌려지르기를 한다.

얼굴 안팔목거들어옆막기 이어서 턱 등주먹당겨거들어앞치기

▶ 설명

주춤서기 얼굴 안팔목거들어옆막기에서 턱 오른등주먹당겨거들어앞치기 하고 이어서 턱왼 등주먹 당겨 거들어 앞치기를 한다.
주춤서기 얼굴 안팔목거들어옆막기에서 오른발을 안쪽으로 들어 올리고 왼손은 펴서 가슴 앞으로 뻗어주고 오른손은 어깨 위에서 등주먹앞쳐기 준비한다. 들어 올린 오른발을 제자리에 짓찧으며 주춤서기와 동시에 오른등주먹은 어깨위에서 앞으로 회전하며 인중 높이로 앞치기(기합)를 하면서 왼손을 잡아당겨 왼등주먹을 오른팔꿈치 밑에 붙인다. 이어서 주춤서기 상태에서 몸통을 왼쪽으로 비틀며 등주먹거들어앞치기한 오른손을 가슴 앞으로 뻗어주고, 왼손은 어깨 위에서 앞으로 회전하며 인중 높이로 왼등주먹앞치기와 동시에 오른손을 잡아당겨 오른등주먹을 왼팔꿈치 밑에 붙인다. 거드는 등주먹은 팔꿈치 밑에 떨어지지 않게 붙인다.
등주먹거들어앞치기를 몸통안막기처럼 하지 않도록 한다.

제7장 : 어린이 태권도 교육프로그램

Ⅲ. 어린이 태권도 겨루기 지도법

1. 어린이 겨루기 정의
2. 어린이 겨루기 수련의 종류와 지도법

1. 어린이 겨루기 정의

1) 어린이 겨루기란?

어린이란 보통 만 4세 ~ 13세까지의 연령대를 의미하며, 어린이 겨루기는 일선도장에서 수련하고 있는 보편적, 일반 수련생들을 대상으로 지도하는 겨루기를 의미한다.

2) 어린이 겨루기 수련의 필요성

태권도 겨루기는 손과 발을 이용하여 상대방을 공격하거나 상대방의 공격을 방어하고 역습하는 수련이며, 그 기술의 공,방에는 과학적인 기술체계의 공식과 다양한 심리적 요인들이 내포되어 있는 수련이다.

성장기 어린이에게 다양한 딛기와 발차기, 그리고 유산소 운동을 통한 신체의 각 부위를 균형있게 발달할 수 있는 신체적 발달, 상대방과 겨루는 긴장감 속에 형성되는 자심감과 용기 등의 심리적 발달, 그리고 심오한 기술적 체계로 이뤄진 겨루기 공,방을 통한 인지적 발달, 스포츠맨십을 통한 윤리적, 도덕적 의식 발달의 다양한 긍정적 발달을 기대할 수 있다.

Lakes(2013)의 연구에 의하면 태권도 수련이 어린이의 성장과 발달에 매우 긍정적인 영향을 미친다는 연구가 이를 밑바탕하고 있으며, 어린이 수련생에게 겨루기 수련은 성장기에 필요한 수련이라 할 수 있다.

이와같이, 겨루기 수련의 긍정적 요인은 다양한 연구를 통하여 발표되었으나, 아쉽게도 일선 태권도장에서는 여러 부정적 인식으로 인한 겨루기 기피 현상이 나타나고 있다.

겨루기 수련의 기피현상 원인 중 하나는 부상에 대한 우려이다. 겨루기는 상대방과의 직접적인 타격에 의한 기술의 공격과 방어가 이뤄지는 수련이다. 이에따라, 신체접촉이 동반되는 수련과정으로 부상의 우려가 높은 것은 사실이다.

하지만, 태권도장에서 겨루기 수련에 대한 지도자 인식 개선으로 부상의 빈도를 낮출 수 있으며, "겨루기를 하는 것" 만이 겨루기 수련이 아니라는 개념을 바탕으로, 어린이 수련생들이 쉽게 이해하며, 즐겁게 배울 수 있는 영역별, 단계별 겨루기 지도법이 필요하다.

3) 어린이 겨루기 수련의 효과

    (1) 겨루기를 통한 호신능력 배양
    (2) 전신의 근육과 관절을 움직이는 전신운동으로 신체의 조화로운 발달
    (3) 자신감 함양
    (4) 민첩성, 순발력, 유연성 등 신체적 발달
    (5) 스트레스 해소

4) 어린이 겨루기 수련의 유의 사항

    (1) 충분한 스트레칭과 웜밍업으로 부상을 예방한다.
    (2) 기초 몸놀림과 딛기 등의 기초 기술을 익히며 겨루기를 병행한다.
    (3) 반복적인 단순한 수련 형태보다. 단계를 제시하여 목표의식을 높인다.
    (4) 지속적인 피드백과 격려로 동기를 만들어준다.

(5) 인성교육과 스포츠맨십을 함께 지도한다.
(6) 보호장비의 중요성을 수시로 설명한다.

2. 어린이 겨루기 수련의 종류와 지도법

1) 수련 종류

2) 지도법

(1) 무릎 올리기

① 2도약 무릎 올리기

	설명과 지도법
자세 및 동작 설명	- 이동하며 숙련된 발차기를 구사할 수 있는 기초 몸놀림으로, 축이되는 발의 이도약 움직임을 익히는 지도법이다.
지도법	- 띠를 일자로 펴 놓고, 보조발(축발)을 띠에 가깝게 놓는다. - 도약을 하며, 수행발의 무릎을 접어 가슴 높이로 올린다. - 한번 더 도약을 하며, 보조발(축발) 옆에 내려 놓는다. - 16박자에 맞춰 이도약 움직임으로 무릎을 올렸다 내렸다하며, 박자감을 익힌다.
	유의점
지도상의 유의점	- 발과 발 사이가 넓어지지 않도록 주의한다. - 속도보다 높이와 박자에 중점을 둔다. - 지지발의 움직임(이도약)의 중점을 둔다.

② 무릎 접어 올리기

	설명과 지도법
자세 및 동작 설명	- 무릎을 최대한 접어 띠를 무릎 뒤에 끼어, 띠가 무릎 뒤쪽 사이에서 빠지지 않도록 한다. - 무릎을 최대한 접어 올리는 지도법이다.

지도법	- 띠를 무릎 뒤쪽에 끼고, 무릎을 접는다. - 땅에 발이 닿지 않도록 가슴 높이까지 올린다. - 무릎을 올리고 내리고를 박자에 맞춰 보조발(축발)의 연습과 병행한다.

유의점	
지도상의 유의점	- 상체가 숙여지지 않도록 주의한다. - 팔을 들어 반동을 만들지 않도록 한다. - 발목을 내려 올리도록 주의한다. - 띠가 떨어지지 않도록 집중한다.

③ 발목 내려 올리기

설명과 지도법	
자세 및 동작 설명	- 지면을 차고 나가 순발력을 극대화 시킬 수 있으며, 돌려차기 동작의 기초 몸놀림 연습이 될 수 있도록 발목을 내려 무릎올리는 지도법이다.
지도법	- 보조자가 띠를 접어 수행자의 무릎올리기 시 발목 높이에 맞게 잡아준다. - 무릎을 가슴높이까지 올려주며, 올릴 때 띠에 발목이 걸리지 않도록 한다.

유의점	
지도상의 유의점	- 띠와 거리가 멀어지지 않도록 주의한다. - 시선이 내려가지 않도록 주의한다. - 발목부분이 뒤로 혹은 옆으로 올리지 않도록 한다.

④ 무릎을 가슴 높이 올리기

설명과 지도법	
자세 및 동작 설명	- 무릎올리는 높이를 높게 설정하여, 순간 차오르는 순발력을 향상시키고, 발차기의 높이 중단, 상단의 수월함을 높이기 위한 지도법이다.

지도법	- 보조자가 띠를 접어 가슴높이에 잡아준다. - 수행자는 발목을 내리고 무릎을 띠에 닿도록 올려준다.

유의점	
지도상의 유의점	- 상체가 크게 움직이지 않도록 주의한다. - 무릎을 최대한 접으로 올리는지 집중한다.

⑤ 무릎 모아 올리기

설명과 지도법	
자세 및 동작 설명	- 무릎과 무릎이 벌어져 돌려차기의 동작이 커지지 않고, 간결한 동작이 될 수 있도록 무릎과 무릎사이를 모아 올리는 지도법이다.
지도법	- 보조자가 띠를 양손으로 간격을 두고 잡아 준다. - 띠와 띠 사이공간으로 무릎올리기를 양발 번갈아가며 올린다.

유의점	
지도상의 유의점	- 무릎이 띠 양옆에 닿지 않도록 주의하며, 높게 올린다.

(2) 딛 기

① 내딛기

설명과 지도법	
자세 및 동작 설명	- 내딛기 후 브폭이 좁아지거나 멀어지지 않도록 중간에 띠를 놓고 이동한 후에도 준비자세가 정확하게 되어 있도록 하는 지도법이다.

지도법	- 띠를 바닥에 옆으로 펴 놓고 준비자세를 잡는다. - 구령에 맞춰 뒷발로 지면을 밀어주며, 앞발을 앞으로 나간다. - 뒷발이 띠에 닿지 않도록 준비자세 보폭을 유지한다.

유의점	
지도상의 유의점	- 보폭이 좁아지지 않도록 주의한다. - 시선이 땅을 보지 않도록 정면을 주시한다. - 상체의 준비자세가 흐트러지지 않도록 주의한다.

② 물러딛기

설명과 지도법	
자세 및 동작 설명	- 물러딛기 시 앞발을 많이 당겨 자세가 좁아지거나, 덜 당겨 자세가 너무 넓어지지 않고, 물러딛기 후 모든 받아차기 기술이 자유자재로 나올 수 있는 자세를 만들기 위한 지도법이다.
지도법	- 띠를 바닥에 옆으로 펴 놓고 준비자세를 잡는다. - 구령에 맞춰 앞발로 지면을 밀어주며, 뒷발을 뒤로 물러준다. - 앞발이 띠에 닿지 않도록 준비자세 보폭을 유지한다.

유의점	
지도상의 유의점	- 보폭이 좁아지지 않도록 주의한다. - 시선이 땅을 보지 않도록 정면을 주시한다. - 상체의 준비자세가 흐트러지지 않도록 주의한다.

③ 옆딛기

설명과 지도법	

자세 및 동작 설명	- 직선의 전, 후 움직임 외의 측면으로의 이동을 위한 지도법이다.
지도법	- 띠를 일자로 놓고 준비자세를 잡는다. - 구령에 맞춰 뒤발을 띠 반대 공간으로 넘어간다. - 구령에 맞춰 앞발을 띠 반대 공간으로 넘어간다. - 반대로 한번 더 진행한다.

유의점

지도상의 유의점	- 발을 높이 들어 이동하지 않도록 주의 한다. - 옮겨 딛은 후 보폭이 좁아지지 않도록 주의한다.

④ 속임동작(모션) 후 45도 옆물러딛기

설명과 지도법

자세 및 동작 설명	- 직선(전,후) 움직임 외 측면으로의 이동을 위한 지도법이다.
지도법	- 띠의 가운데를 앞으로 더 내밀어 "ㅅ" 모양을 만들고 준비자세를 잡는다. - 구령에 맞춰 내딛기로 띠의 앞쪽 공간까지 나간다. - 구령에 맞춰 45도 옆물러딛기를 한다. - 구령에 맞춰 뒷발부터 옆딛기로 원래 자리로 이동한다.

유의점

지도상의 유의점	- 내딛기 시 상체가 앞으로 쏠리지 않도록 주의한다.

⑤ 뒷발 내딛고 45도 옆물러딛기

설명과 지도법	
자세 및 동작 설명	- 직선(전,후) 움직임 외 측면으로의 이동을 위한 지도법이다. - 뒷발 공격의 속임동작 후 받아차기를 위한 준비동작의 지도법이다.
지도법	- 띠의 가운데를 앞으로 더 내밀어 "ㅅ" 모양을 만들고 준비자세를 잡는다. - 구령에 맞춰 뒷발 내딛기로 띠의 앞쪽 공간까지 나간다. - 구령에 맞춰 45도 옆물러딛기를 한다. - 구령에 맞춰 뒷발부터 옆딛기로 원래 자리로 이동한다.

유의점	
지도상의 유의점	- 45도 옆물러딛기의 방향을(배쪽) 이해할 수 있도록 수시로 설명한다.

6 앞발 모딛기

설명과 지도법	
자세 및 동작 설명	- 앞쪽 측면으로 이동하는 딛기로 근거리의 이동 및 방어를 위한 지도법이다.
지도법	- 띠의 v자 모양으로 만들고 준비자세를 잡는다. - 구령에 맞춰 앞발을 45도 앞쪽으로 내딛는다. - 구령에 맞춰 물러딛는다. - 구령에 맞춰 뒷발부터 옆딛기를 통해 준비 자리로 이동한다.

유의점	
지도상의 유의점	- 모딛기 이동 시 상대방의 위치가 어느 곳에 있을 지 상황을 설명하며 지도한다.

⑦ 뒷발 모둠기

설명과 지도법	
자세 및 동작 설명	– 앞쪽 측면으로 이동하는 딛기로 근거리의 이동 및 방어를 위한 지도법이다.
지도법	– 띠를 v자 모양으로 만들고 준비자세를 잡는다. – 구령에 맞춰 뒷발을 45도 앞쪽으로 내딛는다. – 구령에 맞춰 물러딛는다. – 구령에 맞춰 앞발부터 옆딛기를 통해 준비 자리로 이동한다.
유의점	
지도상의 유의점	– 모둠기 기동 시 상대방의 위치가 어느 곳에 있을 지 상황을 설명하며 지도한다. – 근거리의 기술도 함께 설명한다.

⑧ 돌아딛기(90도)

설명과 지도법	
자세 및 동작 설명	– 근거리에서의 공격 거리 및 방어 움직임을 위한 지도법이다.
지도법	– 띠를 o자 모양으로 만든다. – 앞발을 c자 가운데 놓고 준비자세를 잡는다. – 구령에 닺춰 뒷발을 90도 시계반대 방향으로 옮겨딛는다. – 구령에 닺춰 4방향을 이동하여, 준비자세로 돌아온다. – 같은 방법으로 90도 시계반대 방향으로 옮겨딛는다.
유의점	

지도상의 유의점	- 90도 이동 시 시선을 빠르게 돌려준다. - 옮겨딛고 발차기 자세에 신경쓴다.

(3) 발차기

① 돌려차기

설명과 지도법	
자세 및 동작 설명	- 돌려차기는 겨루기 상황에서 많이 사용되는 기술로서 위치나 거리에 상관없이 공격 및 받아차기로 사용되기 때문에 가장 많이 사용되는 발차기이다.(국기원 승,품단 심사 총론)
지도법	- 띠를 "T" 자 모양으로 만들어 자세를 잡는다. - 뒷발이 앞으로 나갈때, 돌아나가는 것을 방지하고, 앞발을 한번 구르는 동작을 방지하기 위해 띠의 모양을 "T" 자 모양으로 구성하였다. - 보조자가 띠를 한번 접고 무릎이 나오는 각도에 맞춰 기울여 잡는다. - 무릎이 벌어지지 않도록 하여 무릎을 접어 올리며 띠를 무릎으로 맞춘다. - 보조자가 띠를 한손으로 잡아주고, 수행자는 발들으로 띠를 찬다. 띠를 타격할 때, 발등에 한번 감길 수 있는 파워로 뻗어준다. - 뒷발을 바닥에 있는 띠 앞으로 내보낸 후, 그대로 다리를 들어 띠 높이까지 올린다. - 순간적으로 무릎을 접어 띠가 발목위치에 감기도록 접어준다. - 띠를 한번 더 접어 잡아주며, 한동작으로 무릎 스냅을 사용하여 돌려차기를 찬다.

유의점	
지도상의 유의점	- 바닥에 놓은 띠를 건들지 않도록 주의한다. - 보조자의 손이 맞지 않도록 정확도에 중점을 둔다. - 띠를 접을 때엔 아래쪽이 트여있는 방향으로 잡아 발이 걸리지 않도록 주의한다.

② 발붙여차기

설명과 지도법

자세 및 동작 설명	- 발붙여 돌려차기는 상대와같은 자세인 상황에서 앞발을 이용하여 주로 상대의 배 부위를 가격하는 기술이다.(국기원 승.품단 심사 총론)
지도법	- 띠를 다리와 다리 사이에 놓고 자세를 잡는다. - 두발이 동시에 움직이는 발붙여차기의 발놀림 연습으로 점프를 뛰어 발다박 박수를 친다. - 바닥에 놓인 띠 뒤로 서, 뒷발이 앞쪽발 방향으로 이동하며 띠를 넘어 자세를 잡는다. - 전과 동일 한 자세에서 무릎을 접어 올린다. - 띠를 활용하여, 발붙여내딛기의 발놀림과 무릎을 사용한 스냅발차기로 띠를 찬다.

유의점

지도상의 유의점	- 뒷발이 앞발을 교차하여 나가지 않도록 주의한다. - 수직 점프도다 앞으로 나아가는 발붙여내딛기의 진행 방향을 설명한다. - 시선이 바닥에 있는 띠를 보며 고개가 내려가지 않도록 정면 주시를 수시로 설명한다.

③ 나래차기

설명과 지도법

자세 및 동작 설명	- 나래차기는 몸을 띄우면서 공중에서 양발을 번갈아 돌려차는 기술로써 받아차기는 물론 공격 기술로도 사용된다.(국기원 승,품단 심사 총론) - 나래차기는 발붙여나래차기, 받아차기 나래차기, 앞발 받아차기 나래차기 등 다양하다.
지도법	- 띠를 두줄로 놓고 앞으로 나아가면서, 무릎올리기를 한다. - 들고 있는 무릎의 발이 땅에 닿기 전에 앞으로 나가면서 반대발의 무릎을 올린다. - 보조자가 띠를 활용하여 타격할 수 있도록 잡아준다. - 구분동작에서 자연스러운 연결동작으로 지도한다. - 나래차기가 원활하게 이뤄지면, 띠 한줄을 추가하여 3단 나래차기로 상향 조정한다. - 발붙여차기 동작을 첫동작으로 바꿔 발붙여 나래차기도 함께 연습한다.

유의점

지도상의 유의점	- 점프를 위로 높이 뛰지 않도록 한다. - 첫동작의 무릎 높이는 두번째 무릎 높이보다 낮게 하여, 첫동작 후 상체가 뒤로 넘어가지 않도록 주의한다.

④ 뒤차기

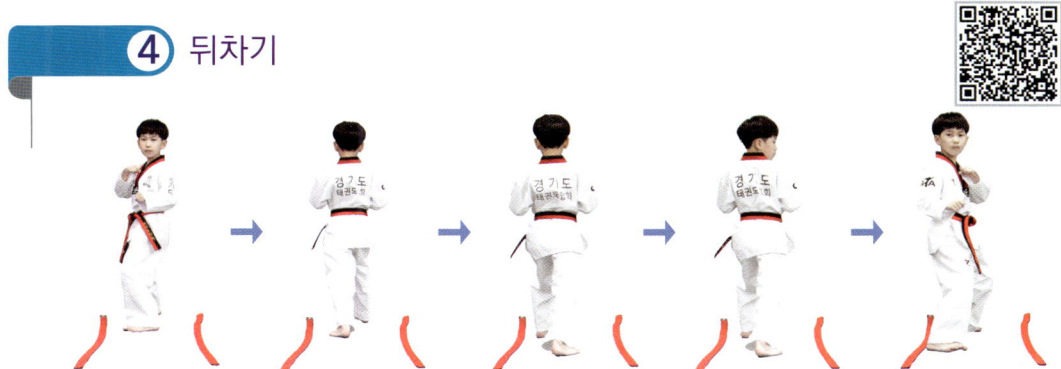

어린이 태권도 지도서

설명과 지도법

자세 및 동작 설명	- 상대가 붙는 상황, 또는 서있거나 제자리 받아차는 상황에서 사용되는 기술로, 몸을 돌려 직선으로 강하게 뻗어 차는 위력적인 발차기이다.
지도법	- 띠를 두줄로 놓고 차는 발이 직선을 나갈 수 있도록 한다. - 구분동작으로 어깨오· 골반이 돌아가지 않도록 한다. - 동작이 익숙해지면 띠의 모양을 "ㅅ" 모양으로 만들어 발을 더 길게 차도록 한다. - 발의 높이를 명치 높이로 올린다. - 목표물을 설정하여, 타격하는 연습을 하며, 구분동작에서 한동작으로 진행한다.

유의점

지도상의 유의점	- 어깨와 골반이 회전이 의해 돌아가지 않도록 주의한다. - 팔이 벌어지지 않도록 몸쪽으로 모아준다. - 준비자세 시 뒷발이 등쪽으로 넘어가지 않도록 기존 준비자세와 동일하게 한다.

⑤ 뒤후려차기

358_제7장 - 3. 어린이 태권도 겨루기 지도법

설명과 지도법

자세 및 동작 설명	- 뒤후려차기는 고관절을 이용하여 무릎을 펴면서 후리 듯 원 회전을 하면서 발바닥이나 뒤꿈치로 머리부위를 차는 발차기이다.
지도법	- 띠를 활용하여 발이 수평으로 넓게 찰 수 있도록 교정한다. - 보조자가 띠를 한번 접어 잡아주며, 그 띠를 맞추면 수평으로 발을 이동시킨다. - 보조자가 띠를 더 짧게 잡아주어 집중력을 높여준다. - 보조자가 띠를 얼굴 높이로 잡아주며, 구분동작에서 한동작으로 진행하며 수행한다.

유의점

지도상의 유의점	- 어깨가 열리지 않도록 주의한다. - 시선은 목표물을 타격하기 전에 확인한 후 타격이 되는 순간은 발차기 방향과 반대방향으로 시선이 옮겨지며, 감각적으로 타격하는 연습을 한다. - 시선이 목표물에 계속 고정되어 있으면 어깨가 열리며, 몸의 중심이 앞으로 쏠리게 되어 정확성과 위력 모두 불안정적으로 되기에 시선처리에 집중한다.

⑥ 돌개차기

어린이 태권도 지도서

	설명과 지도법
자세 및 동작 설명	- 돌개차기는 뒤로 뛰어 도는 회전력을 이용하여 돌려차는 발기술이다. - 겨루기 상황에서는 길게 들어가며 차는 기술이며, 시범의 점프를 높게하며 회전하는 돌개차기와는 다른 성격의 회전 발차기이다.

지도법	- 띠를 바닥에 일직선으로 놓고 앞발을 띠 끝에 맞춰 자세를 잡는다. - 구분동작으로 앞손을 몸쪽으로 당기며 회전한다. - 지지발의 무릎이 가장 먼저 바닥의 띠를 넘어간다. - 점프를 뛰어주며 차는 발의 무릎도 띠를 넘겨준다. - 보조자가 띠를 활영하여 정면에서 잡아준다. - 무릎이 보조발, 차는 발의 순서로 띠를 무릎으로 치며 넘어간다 - 보조자가 띠를 한번 더 접어 회전 후 돌려차기의 정확도를 높여준다. - 동작이 익숙해지면, 차는 발을 뒤로 빼서 한발 주고 돌개차기로 진행한다. - 구분동작에서 자연스럽게 한동작으로 이뤄지도록 수행한다.

유의점	
지도상의 유의점	- 회전이 다 돌아가지 않은 상태에서 발차기가 미리 나오지 않도록 주의한다. - 충분한 구분동작으로 무릎의 이동 순서를 숙지시킨다. - 회전 후 돌려차기를 후려차지 않도록 간결한 동작에 집중한다. - 회전은 앞으로 전진하며, 이뤄지도록 지도한다. - 발을 차고 난 후 마무리 자세를 잘 잡는다.

(4) 가상 겨루기

	설명과 지도법
자세 및 동작 설명	· 다양한 딛기와 발차기로 구성되어 있는 다방향의 가상겨루기 지도법이다. · 1단락 - 내딛기-폼바꿔-돌려차기-돌려차기 얼굴 - 물러딛기 - 물러딛기 - 연속물러딛고 돌려차기 · 2단락 - 앞발모션 후 90도 옆딛기 - 돌려차기 - 돌려차기 얼굴 - 물러딛기 - 연속물러딛고 돌려차기 얼굴 · 3단락 - 앞발모션 후 45도 옆딛기 - 발붙여차기 - 돌려차기 얼굴 - 물러딛기 앞발 돌려차기 - 연속물러딛고 돌려차기 얼굴 · 4단락 - 앞발모션 후 90도 옆딛기 - 발붙여차기 - 돌려차기 얼굴 - 물러딛기 앞발 돌려차기 - 연속물러딛고 돌려차기 얼굴
지도법	· 초급 - 제자리 딛기 없이 한동작씩 구령에 맞춰 지도 · 중급 - 제자리 딛기를 하며 구간별 연결동작으로 지도 · 상급 - 딛기를 하며, 구령 없이 지도
	유의점
지도상의 유의점	- 앞발을 한번 구르고 동작을 하지 않도록 주의한다. - 겨루기 형태의 스냅찰차기와 무릎을 접어 차도록 한다. - 동작이 마무리되면 시작위치에서 마무리 되도록 딛기와 발차기의 거리를 신경쓴다.

(5) 겨루기

태권도의 기술을 효과적으로 구사하기 위해서는 속도, 정확성, 타이밍, 적응력, 거리 조절 능력, 예측 심리적 전술 등이 조화를 이루어야 한다. 기본적인 발기술과 고난도의 발놀림이 조화를 이루어 몸의 움직임을 부드럽고 자연스럽게 하여 힘을 전달하고 적시에 상대를 타격하는 것이 이상적인 겨루기 기술이다.(국기원 승,품단 심사 총론)

(6) 겨루기 종류

가. 무릎 겨루기

실제 발차기를 타격하지 않는 무릎접어 올리기의 방법으로 진행되는 겨루기이다. 실제적인 타격이 이뤄지지 않아 어린이 수련생들에게 부담감이 적고, 부상에 대한 우려가 낮다. 앞서 수련 종류에 언급한 다양한 무릎올리기와 딛기를 무릎겨루기를 통하여 수행하며, 실제 상대와의 거리와 움직임을 파악할 수 있는 지도방법이다.

-주안점-
- 무릎올리기 시 무릎으로 상대를 가격하지 않도록 충분한 설명을 하며, 무릎올리기의 적합한 거리는 발을 뻗을 수 있는 공간이 마련되는 거리가 적합한 거리라는 것을 알려주어야 한다.
- 실제 타격이 없는 겨루기로 수련생들의 실제 수련모습이 장난스럽거나 어수선해지지 않도록 기술의 성공적인 타이밍과 거리에 대하여 인지 시켜주어야 한다.

나. 약속 겨루기

약속 겨루기는 약간의 타격은 있으나, 강력한 타격은 자제하는 서로간의 배려 겨루기와 같은 지도방법이다.

무릎 겨루기보다 긴장감이 다소 높으며, 배운 발차기 기술을 약속겨루기를 통하여 사용해보고, 맞춰보며 성취감과 자심감을 향상 시킬 수 있는 겨루기 지도방법이다.

- 주안점-
- 타격의 강도가 점점 높아지지 않도록 지도자가 수시로 확인하여 조율한다.
- 체격과 나이를 고려하여 상대방을 선정해준다.

다. 경기 겨루기

태권도경기의 득점, 감점 규정을 토대로 실제 타격하는 겨루기이다. 상대방과 직접적인 신체적 충돌이 많이 발생하기에 몸통, 얼굴, 팔, 다리 등의 안전 보호장비를 착용하여, 부상예방에 각별하게 신경써야 한다.

또한, 순간 스피드와 파워가 높기 때문에 지도자의 각별한 주의가 필요하며, 수련생의 체급을 고려하여, 상대방을 선정해야한다. 실제 경기 겨루기에서는 남자부 여자부가 나눠져 있는 것을 경기의 원칙으로 한다.

제7장 : 어린이 태권도 교육프로그램

Ⅳ. 어린이 태권도 시범 및 격파 지도법

1. 태권도 시범 격파의 이해
2. 태권도 격파의 구분 및 지도법
3. 격파수련의 유의 사항
4. 태권도 격파 경기 규정 요약

1. 태권도 시범 격파의 이해

태권도 시범은 대한민국과 태권도의 우수성을 전 세계에 알리는 목적으로 수행되어왔다. 이러한 노력은 태권도가 2000년 올림픽 정식종목으로 채택되는 데 크게 기여하였으며, 예술의 장르로써 문화 상품적 가치를 인정받는 공연화를 위한 노력이 지속되고 있다. 또한, 2022년 태권도 격파가 정식 경기종목으로 인준되며, 격파대회에 참가하는 선수가 증가하였다. 기존의 태권도 시범, 격파는 대학생 선수층이 대다수였다. 하지만 최근 태권도 시범, 격파가 대학 입시와 직결되며, 초등학생부터 고등학생까지의 수련인구가 증가하였다. 그러나 어린이를 위한 태권도 시범 및 격파의 지도법 교재는 전무하다. 따라서 현장에 필요한 지식으로 구성된 지도서는 시범과 격파의 관심이 있는 수련생과 일선 지도자들에게 태권도 시범과 격파의 의미, 태권도 기술격파의 구분 및 지도법, 격파수련의 유의 사항, 격파 경기 규정 등의 부분으로 구성되어있다. 더불어 빠르고 쉽게 시범과 격파를 이해하는 데 도움이 될 것이다. 태권도 격파의 경기화 과정에서 나타난 선수들의 신체 소외 현상과 승리 지상주의와 같은 역기능을 최소화하고 태권도가 가지고 있는 무도적 가치를 태권도 시범과 격파 수련을 통해 배양하기를 소망하며 지도서를 작성한다.

1) 태권도 시범의 정의

시범(示範)은 사전적으로 "모범적 틀을 보여줌으로써 기준을 삼는다"라는 의미가 있다. 태권도 교본에 따르면 태권도 시범은 태권도를 수련한 사람이 태권도 기술과 묘기를 보임으로써 보는 사람이 태권도가 무엇인가를 알게 해주고 신기함과 흥미를 자아내게 하여 배우고자 하는 의욕을 불러일으켜 주는 것이라 명시되어 있다. 따라서 태권도 시범이란 태권도를 수련한 사람이 태권도의 전반적인 신체적 능력과 강인한 정신력을 발휘하게 하여 기술과 정신을 표현함으로써, 관중들에게 태권도가 무엇인지를 알려주고, 신기함과 흥미를 자아내게 하여 배우고자 하는 의욕을 불러일으켜 주는 것이라 할 수 있다(이규형, 1987). 태권도 시범은 주로 연합 동작, 품새, 기술격파, 위력격파, 호신술, 태권체조, 겨루기 등으로 구성되어있으며, 2000년대 초반부터 태권도 시범에 스토리텔링(storytelling)이 더해져 공연예술로도 발전하고 있다. 이러한 태권도 시범은 어떠한 것보다도 가장 한국적인 것으로 널리 알려진 태권도 시범은 전 세계 태권도 인구의 저변확대와 발전은 물론 국위선양도 도모하였다(배영상, 송형석, 이규형, 2001). 짧은 기간에 세계적인 스포츠 경기로 자리 잡을 수 있게 하였으며, 현재의 태권도가 발전할 수 있게 중요한 역할을 하였다. 이상의 내용을 종합할 태권도 시범은 태권도가 가지고 있는 기술체계를 통하여 흥미, 외교, 보급, 발전, 예술의 목적을 두고 태권도의 전반적인 내용을 일정한 틀에 맞추어 표현하는 수단이라 할 수 있다(노정환, 2006).

2) 태권도 격파의 정의 및 현황

격파는 목표물을 타격하는 기술로써 태권도 기술과 위력의 수련 정도를 측정할 수 있는 평가 기준이다(곽택용, 2020). 즉, 단련된 신체의 한 부분을 이용하여 격파물에 충격을 가하고 이러한 충격량의 전달 결과, 격파물이 파괴되는 것과 같은 형체 변화가 나타나게 되는 현상이다. 주로 태권도 시범에서 보였던 격파는 2022년 대한태권도협회에서 인준되면서(대한태권도협회, 2022) 공식적인 경기화를 이룩하였다. 태권도의 경기화를 보면 겨루기(1962년), 품새(2004년), 격파(2022년) 순으로 발전하였으며, 격파는 대한태권도협회에서 주최한 1992년 태권도 한마당을 시작으로 2009년 정관장배 격파왕 대회를 거쳐 2014년 한국체육대학교 총장기, 2015년 경희대학교 총장기, 용인대학교 총장기에서 격파 부문을 신설하면서 수련인구가 증가하였다. 앞서

서술하였듯 이러한 과정을 거쳐 2022년 대한태권도협회 정식종목으로 인준되면서 수련인구의 증가, 고난도 기술의 다양화와 평준화, 상임 심판 선발, 경기규칙 강습회 등 다양한 발전을 이룩하였다. 현재는 대한태권도협회가 승인하는 격파대회가 연간 15회에서 20회 정도의 많은 대회를 진행되고 있다. 이처럼 태권도가 다양한 경기화가 될 수 있었던 것은 태권도 시범의 역할이 큰 비중을 차지했기 때문이라고 해도 과언이 아니다. 또한, 태권도 시범이 양적, 질적으로 많은 발전을 해오면서 태권도장의 교육적, 경영적인 측면에서도 효과가 있다는 여러 선행 연구 논문들이 설명해주듯이 태권도 시범이 터권도 교육의 한 영역이 되었으며, 앞으로도 태권도 교육적인 부분에 많은 영향을 줄 것이다.

2. 태권도 격파의 구분 및 지도법

격파를 경기종목으로써 격파를 구분한다면 크게 위력격파와 기술격파로 구분할 수 있다. 위력격파는 신체 부위를 사용하여 가장 큰 힘을 발휘할 수 있는 곳을 단련하여 격파하는 것을 말하며, 주먹, 손날, 앞축, 뒤축 등과 같은 단련된 손과 발 등의 관절 부위 끝단을 이용하여 비교적 낮은 자세에서 힘과 기를 모아 타격하는 행위이다. 또한, 기술격파는 태권도가 가지고 있는 여러 가지 기술들을 응용하여 보여주는 격파 기술로 경기종목으로는 체공 도약 격파, 수직축 회전격파, 수평축 회전격파, 종합 격파로 구분할 수 있다. 종합 격파는 딛고 격파를 포함하여 체공 도약, 수직축 회전, 수평축 회전 격파 기술을 한가지씩 시연하는 종목이다. 각 부문의 정의와 지도법을 하나씩 알아보자.

*KTA국가대표시범공연단과 1군 사령부태권도시범단의 기술격파 모습

1) 체공 도약 격파 ㄱ 초훈련법

체공 도약 격파란 일정한 거리를 두고 뛰어올라 공중에서 손과 발을 이용하여 격파하는 기술을 말한다(대한태권도협회, 2023). 높이뛰어격파, 멀리뛰어격파, 체공 다단 격파로 분류할 수 있다. 체공 도약 격파를 시행하기 전 도약에서 큰 힘을 받기 위해서는 손과 발의 활성화가 매우 중요하다. 점프

하기 위하여 우리는 발 구름 시 팔의 스윙과 무릎의 스윙 동작이 조화를 이루어야 한다. 따라서 우리는 상체와 하체의 협응력을 기르기 위한 훈련을 시행할 것이다.

ex. 뛰어앞차기, 돌려차기 3단계 가위차기 5단계, 모둠발 앞차기

(1) 제자리 어깨 활성화 훈련

앞굽이 자세에서 상체를 숙인 후 어깨를 크게 교차해준다. 이러한 훈련은 도약 시 필요한 팔의 스윙을 위한 것으로 어깨를 활성화해줌으로써 점프 동작에 효과를 볼 수 있다. 팔을 '빠르게'가 아닌 '크게' 스윙하는 것에 초점을 맞추어 훈련한다.

(2) 발을 제자리에서 교차하며 어깨 활성화 훈련

달리기를 연상시키는 이 훈련은 상체와 하체의 협응력을 길러 도약 시 유기적인 몸 쓰임을 위한 훈련이다. 이때 팔과 다리를 동시에 교차하는 것을 생각하며, 상체를 내린 뒤 훈련해주는 것이 좋다. 앞서 서술했듯 팔을 '빠르게'가 아닌 '크게' 스윙하는 것에 초점을 맞춰 훈련한다.

(3) 판 미트를 활용한 제자리 무릎 치기 훈련

(무릎 미트 치기 1~5)

보조자는 수행자에 가슴 위치에 판 미트를 잡아주고 수행자는 상체를 45도 숙인 뒤 뒷 발을 위로 차올린 후 상체와 어깨를 교차해준다. 이때 상체를 들면서 팔과 다리의 힘을 받은 점프를 통해 앞에 있던 발의 무릎을 판 미트에 맞추어 준다. 이는 점프 시 팔 스윙과 발의 스윙의 타이밍을 맞추어 주는 연습이다.

(4) 도움닫기 도약하여 판 미트 무릎치기 훈련

(도움닫기 도약하여 무릎 판 미트 치기 1~5)

조금 전 수행한 훈련에서 도움닫기 도약을 추가하여서 하는 훈련으로 마지막 발 구름 시 힘을 막아주어 앞으로 힘이 전달되는 것이 아닌 위로 전달될 수 있도록 훈련한다. 발 스윙은 판 미트가 있는 지점까지 올려준 뒤 교차해주는 것이 높은 점프를 할 수 있는 중요한 요소이다. 이는 높이 뛰어 앞차기를 수행하기 위한 전 단계이며, 모든 체공 도약 격파에서 필요한 요소이다. 이러한 도약 훈련과정을 마친 뒤 각 격파 기술에 따른 기초훈련법을 알아보자.

(5) 앞차기 3단계 훈련법

① 무릎 피칭

체공 도약 격파의 경우 불안정한 착지 시 무릎과 발목의 부상을 당할 수 있다. 따라서 무릎 피칭을 통해 몸의 체온을 상승시켜주고 관절의 가동범위를 증가시켜 부상을 방지한다. 또한, 무릎피칭은 어깨와 무릎의 협응력을 기를 수 있는 훈련으로 앞차기 3단계 훈련 시 꼭 필요한 훈련이다.

② 도약하여 무릎 손바닥 치기 훈련

앞차기 3단계에서 요구되는 구름 올리기를 쉽게 연습할 수 있는 훈련법이다. 손바닥은 명치에 위치한 뒤 도약하여 무릎을 세 번 교차하여 무릎으로 손바닥을 치는 훈련법으로 첫 번째 무릎을 올리고 두 번째 무릎이 올라오는 상황에서 교차하여 내려가야 하는 것이 훈련 포인트이다.

③ 제자리 미트(타겟) 세 번 차기 훈련

(앞차기 3단계 지면 1~4)

보조자는 앞차기 3단계를 보조해주고, 수행자는 팔과 다리를 교차하며, 하나씩 차기 동작을 진행하며, 앞으로 나아간다. 첫 번째 차기 동작은 다리를 스윙하는 것을 인지하고 나머지 발을 차며, 팔을 교차해준다.

④ 도움닫기 도약 후 앞차기 3단계 수행 훈련

실제 앞차기 3단계 격파 훈련으로 보조자는 무릎 높이로 앞차기 3단계를 보조하고 수행자는 도움닫기 도약하여 앞차기 3단계를 수행한다. 차기 동작은 스냅 발차기로 빠른 접고 차기가 요구되며, 앞으로 힘을 전달하고 팔을 교차하는 것을 인지하며 훈련한다. 수행자의 수준을 맞추어 착지 매트를 준비한 뒤 실시하는 것이 부상을 방지할 수 있다. 수행자가 익숙하게 훈련을 진행할 수 있을 경우 첫발의 스윙을 차기가 아닌 스윙에 초점에 맞추어 점프를 앞이 아닌 위로 향하게 실시하며, 2번과 3번 미트(타겟)의 높이를 올라가면서 수행한다. 착지 시 체중이 뒤에 있을 경우 부상을 당할 수 있으니 중심은 항상 앞을 향하도록 실시하는 것이 바람직하다.

⑤ 앞차기 3단계 보조법

(앞차기 3단계 보조법)

(6) 돌려차기 3단계 훈련법

① 돌려차기 3단계 지면 차기 훈련
 보조자는 돌려차기 3단계를 잡아주고 수행자는 지면에서 팔과 발을 교차하며, 돌려차기 3단계의 몸 쓰임을 이해한다. 이때 1번 발은 앞서 서술한 바와 같이 차기가 아닌 스윙으로 인식하고 시행한다. 돌려차기와 비틀어차기를 찰 때는 상체가 뒤로 눕지 않도록 주의하며, 엉덩이가 뒤로 빠지지 않도록 연습한다.

② 도움닫기 도약하여 1번 발 스윙 후 무릎 교차 훈련
 보조자는 돌려차기 1번 미트(타겟)을 잡아주고, 수행자는 도움닫기 도약 후 1번 발 스윙 후 무릎과 팔을 2회 교차한다. 이때 1번 발의 스윙 각도는 45도이며, 달려가는 힘을 위로 전달될 수 있도록 한다.

③ 도움닫기 도약 후 비틀어차기 훈련
 보조자는 돌려차기 2번 미트(타겟)을 잡아주고, 수행자는 도움닫기 도약 1번 스윙을 허공에 한 뒤 2번 미트(타겟)을 비틀어차기로 맞추는 연습을 진행한다. 상체는 눕지 않고, 시선은 앞을 응시한다. 이때 팔은 교차되는 것을 인식하여 실제 격파의 표현과 파워를 향상시켜준다.

④ 도움닫기 도약 후 비틀어 차고 돌려차기 훈련
 보조자는 돌려차기 3단계 중 2번과 3번 미트(타겟)을 잡고, 수행자는 도움닫기 도약하여 1번 스윙을 마친 뒤 2번 비틀어차기와 3번 돌려차기를 맞추는 연습을 진행한다. 이때 상체는 눕지 않고 팔의 교차를 인식하며, 엉덩이가 빠지는 것을 조심한다. 3번 미트(타겟)을을 타격 후 착지하는 과정에서는 발목과 무릎 부상을 방지하기 위해 수행자의 착지발 뒷축이 진행방향을 향하도록 하여 착지하도록 지도한다.

⑤ 돌려차기 3단계 수행 훈련

　돌려차기 3단계를 실제 수행한다. 1번 발은 차기가 아닌 스윙임을 인지하고 점프 시 힘이 앞으로 전달되는 것이 아닌 위로 전달될 수 있도록 한다. 또한, 팔과 다리를 표적을 차는 타이밍에 맞추어 교차한다. 3번 표적을 타격 후 착지하는 과정에서는 발목과 무릎 부상을 방지하기 위해 수행자의 착지발의 뒷축이 진행방향을 향하도록 하여 착지한다.

⑥ 돌려차기 3단계 보조법

(돌려차기 3단계 보조법 대각, 정면, 측면)

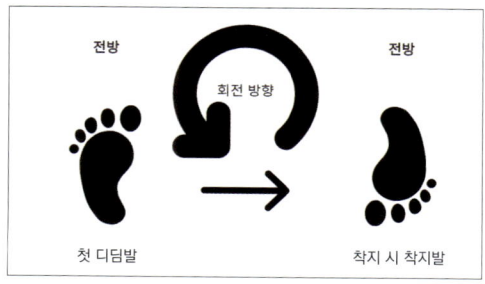

돌려차기, 옆차기 종류의 체공 및 회전발차기 착지 시 해당

(7) 가위차기 3단계 훈련법

① 판 미트를 활용한 지면 가위차기 훈련

(지면 가위차기 1~2)

　판 미트 위에서 가위차기 준비 자세를 취한다. 이때 상체를 열어주고, 정면을 응시하여 준비한다. 이후 구령에 맞추어 가위차기를 실시한다. 가위차기를 하며, 어깨를 닫아주는 것을 인지하며 수행한다.

② 도약 후 가위차기 접기 훈련

(가위차기 준비 정면, 측면)

지면에서 연습한 가위차기 준비 자세를 도약하여 만든다. 이때 발은 45도로 스윙해주며, 어깨를 열고 최대한 작게 만들어준다.

③ 판미트를 활용한 가위차기 훈련법

가위차기를 가깝게 보조해주고, 수행자는 도움닫기 도약 후 다리를 접은 상태에서 지나간다. 어깨를 닫으며, 살짝 발로 판 미트를 터치한다.

④ 도움닫기 도약 후 가위차기 훈련

도움닫기 도약하여 가위차기를 수행하면서 가위차기를 차는 것보다 접는 것에 더욱 집중한다. 차기 동작을 시행하며, 차기 동작에서 어깨를 닫아준다. 상체는 눕는 것이 아닌 세워주는 것이 바람직하다.

⑤ 도움닫기 도약 후 가위차기 3단계 수행 훈련

도움닫기 도약하여 가위차기 3단계를 실시한다. 가위차기를 차며, 닫은 어깨를 다시 열어주며 돌려차기를 한다. 상체가 눕지 않도록 주의한다.

⑥ 가위차기 3단계 보조법

(가위차기 3단계 보조법)

(8) 옆차기 3단계 훈련법

① 도움닫기 도약 후 장애물 넘어 뛰어 옆차기 자세 만들기 훈련

도움닫기 도약하여 뛰어 옆차기 자세를 만들어 장애물을 넘어준다. 이때 힘은 위가 아닌 대각선 위로 향하게 하며, 아래 보조 발을 최대한 올려준다.

② 판 미트를 활용한 지면 옆차기 3단계 훈련

판 미트 위에 앉아 뛰어 옆차기 준비 자세를 한다. 이후 옆차기 3단계를 지면에서 실시한다. 3번 발을 찰 때 어깨를 잡아주는 것을 인지한다.

③ 벽을 활용한 옆차기 3단계 훈련

도약하여 벽에 발바닥을 세 번 맞추는 옆차기 3단계 훈련을 시행한다. 힘의 전달은 앞으로 향하게 하며, 마지막 발을 찰 때 어깨를 닫아준다.

④ 도움닫기 도약 후 옆차기 3단계 밟기 훈련

(옆차기 3단계 밟기 1~3)

보조자는 옆차기 3단계를 잡아준다. 이때 1번과 2번은 수행자가 지나치며, 밟을 수 있도록 위를 향해 보조한다. 수행자는 도움닫기 도약하여 1번과 2번을 밟고 3번 옆차기를 시행한다.

⑤ 옆차기 3단계 수행 훈련

옆차기 3단계를 실시한다. 힘의 전달은 앞으로 향하게 하며, 빠르게 옆차기 준비 자세를 만드는 것이 중요하다. 1번 발이 미트(타겟)을 찰 수 있도록 거리를 조절하여 너무 가깝게 점프하지 않도록 한다. 3번 옆차기를 찰 때 어깨를 닫아준다.

⑥ 옆차기 3단계 보조법

(옆차기 3단계 보조법 대각, 정면, 측면)

2) 수직축 회전 격파 기초훈련법

수직축 회전 격파란 격파자가 수직축으로 회전하여 목표물을 격파하는 기술을 말한다(대한태권도협회, 2023). 돌개차기부터 360도 돌려차기, 540도 뒤후려차기 등이 있다. 회전각이 증가할 때마다 격파할 수 있는 발차기가 함께 증가하는 것이 특징이다. 수직축 회전격파의 경우 자유 품새 필수 기술이기도 하다.
  ex. 돌개차기 1단계, 뛰어 540도 돌려차기 1단계, 540도 뒤후려차기 1단계, 720도 돌려차기 1단계

(1) 돌개차기 훈련법

① 구분 동작 훈련법

(돌개차기 구분동작 1~4)

1-1. 축이 되는 발을 딛고 체중을 실어준다.
1-2. 축이 되는 발을 기준으로 가상의 벽에 등을 기대주며, 보조발은 따라온다.
1-3. 시선이 먼저 미트(타겟)을 확인한 뒤 보조발과 팔을 동시에 올려주며, 점프를 수행한다.
1-4. 보조발이 미트(타겟)에 위치했을 때 돌려차기를 수행한다. 차기 동작이 수행될 때 팔을 아래로 막아 돌개차기의 회전을 막아준다.
* 구분 동작으로 숙련되었을 경우 1-1에서 1-3을 연결하며, 구분동작의 수를 점차 줄여준다.

② 제자리 점프 훈련

(돌개차기 구분동작 정면 1~3)

　돌개차기의 점프를 향상하게 시키기 위한 훈련으로 반복적 학습이 필요하다. 미트(타겟)을 바라본 뒤 팔은 내리고 보조발을 꼬아주며, 준비한다. 이후 구령에 맞추어 보조발을 45도 위로 양팔을 위로 올리는 연습을 반복한다.

③ 밴드를 활용한 돌개차기 점프 훈련

(돌개차기 밴드)

　①에서 제시한 1-1 딛기 자세에서 보조발에 밴드를 착용한다. 이후 회전 동작을 시행하며, 점프하지 않고, 미트(타겟)을 확인하고, 보조발과 손을 올려주는 연습을 한다. 이는 보조발을 수행 동작에서 강하게 올리기 위한 훈련으로 수직축 회전 격파 시 필요한 체공을 만드는 데 효과적이다.

④ 돌개차기 수행 훈련

　돌개차기 연속동작을 시행한다. 이때 인지해야 할 것은 딛는 발에 체중을 실어주는 것과 미트(타겟)을 확인하고 점프를 수행하는 것이다. 점프의 타이밍이 빠르거나 늦게 된다면 점프가 좌, 우의 방향으로 진행될 수 있다.

2) 540도 뒤후려차기 훈련법

① 지면 회전 연습 1

(540도 구분동작 1, 2, 3, 5)

제자리에서 축이 되는 발에 중심을 두고 회전 후 미트(타겟)을 확인한 뒤 스윙 발과 팔을 위로 올리며, 시선을 넘겨 한 번 더 회전하여 미트(타겟)을 확인한다. 이때 차는 발은 뒤후려차기 준비 자세가 바람직하다.

② 지면 회전 연습 2

(540도 구분동작 1~6)

지면 회전 연습이 숙련된 후에 진행한다. 회전 후 미트(타겟)을 확인한 뒤 스윙하는 발을 45도로 손은 아래에서 위로 올려주며, 점프한다. 이때 점프와 회전이 분리되지 않게 연결해야 하며, 점프 후 시선은 미트(타겟)을 확인하고 후려차기 동작을 추가한다.

③ 지면 무릎 접기 연습

(540도 1~6)

지면 회전 연습이 숙련되었을 경우 진행한다. 축이 되는 발을 딛고 점프를 하며, 회전할 때 돌개차기를 차는 시점에 무릎을 접어준다. 이때 시선과 회전은 진행하고 있어야 한다.

④ 540 뒤후려차기 수행 훈련

스텝을 추가하여 진행한다. 보조발의 스윙과 팔을 높게 던져주는 것을 인지하고, 상체가 눕지 않도록 주의한다. 보조발의 스윙이 끝나면 차기를 준비하면서 접어준다. 무릎을 접을 때 회전이 끊어지지 않도록 주의한다. 타격 후 착지하는 과정에서 무릎 부상을 방지하기 위해 수행자의 착지발의 발날등이 타겟 방향을 향하도록 하여 착지하여야 한다.

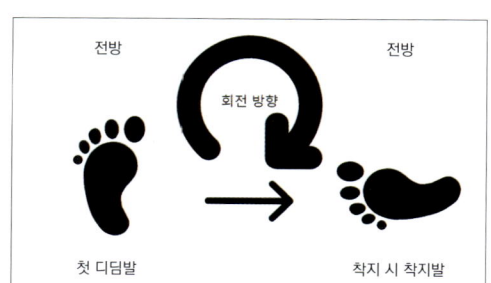

마지막 발차기가 후려차기 종류의 체공 및 회전발차기 해당

3) 수평축 회전 격파 기초훈련법

수평축 회전 격파란 격파자가 수평축으로 회전하여 목표물을 격파하는 것을 의미한다(대한태권도협회, 2023). 수평축 회전 격파는 제자리 뒤 공중 몸돌아 앞차기, 측전 뒤 공중 몸돌아 앞차기 등으로 분류할 수 있으며, 초등부의 경우 안전상의 문제로 수평축 회전 격파가 제한되어 있다(대한태권도협회, 2023).

ex. 뒤 공중 몸돌아 앞차기 1단계, 역회전 몸돌아 앞차기 1단계 측전 몸돌아 차기 1단계

(1) 백핸드 훈련법

① 백핸드 점프 훈련

착지 매트를 띠 높이로 쌓아둔 뒤 백핸드 점프 연습을 시행한다. 점프의 진행 방향은 위가 아닌 뒤로 진행하며, 시선은 손을 따라간다. 이때 팔은 구부러지지 않도록 고정하며, 손은 안쪽으로 모아준다. 허벅지는 붙이고 발목은 앞으로 뻗는다.

② 기구를 활용한 백핸드 훈련

보조기구가 있을 때 가능한 훈련법으로 매트를 쌓아두고 연습했던 방법과 동일하게 뒤로 점프한다. 이때 시선은 손을 따라가며, 팔은 구부러지지 않도록 한 뒤 허벅지를 붙이고 발목은 앞으로 뻗는다. 수행자의 수준을 맞추어 착지 매트를 준비한 뒤 실시하는 것이 부상을 방지할 수 있다.

③ 보조의 도움 받아 백핸드 훈련

(백핸드 1~5)

보조자가 띠를 잡고 백핸드 동작을 수행한다. 점프의 방향은 위가 아닌 뒤로 전달할 수 있도록 한다. 브릿지 형태로 허리를 구부리는 것이 아닌 다리를 뒤로 미는 것을 의식하며, 백핸드를 실시한다. 보조자는 띠를 위로 올려줌과 동시에 허리를 받쳐주며, 수행자를 보조한다. 수행자의 수준에 따라 착지 매트를 준비한 뒤 실시하는 것이 부상을 방지할 수 있다.

④ 백핸드 수행 훈련

백핸드를 수행한다. 이때 허리를 구부리지 않고 다리를 밀어 물구나무서기를 만들어준다는 생각을 하며 실시한다. 팔은 구부러지지 않고, 손목은 부상 방지를 위해 안쪽으로 모아준다. 시선은 손을 보는 것이 좋다.

2) 제자리 뒤 공중 돌아 앞차기 훈련법

① 지면 구분 동작 훈련

제자리 뒤 공중 돌기를 하기 전 지면에서 필요한 연습 방법으로 4가지의 구분 동작으로 구성되어 있는 훈련법이다.

(뒤공중 지면 구분동작 1~4)

1-1. 땅에 누워 앞으로나란히 올린다.
1-2. 무릎을 접으며, 손을 아래로 내려준다(서전트 점프 준비).
1-3. 무릎을 펴며, 손을 위로 올린다(서전트 점프).
1-4. 무릎을 손까지 올려주며, 손으로 무릎을 잡아당겨 몸을 작게 만들어준다(회전 동작).

② 보조받아 점프 훈련

(뒤공중 보조 1~3)

뒤 공중 돌기를 위한 서전트 점프와 회전 연습이며, 수행자는 실제 뒤 공중 돌기를 하듯 위로 점프하고, 무릎을 손위로 올려준다. 보조자는 수행자가 넘어가지 않도록 뒤에서 보조해주며, 점프와 회전을 의식하며 훈련한다.

③ 기구를 활용한 제자리 뒤 공중 훈련

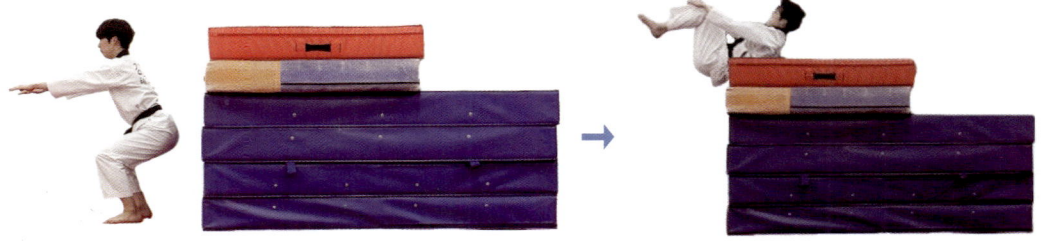

(뒤공중돌기 기구 보조 1~2)

기구를 활용한 제자리 뒤 공중 훈련 방법이다. 서전트 점프 후 무릎을 손까지 올려준다. 이후 손으로 무릎을 잡아 몸을 작게 만들어주며, 수행자는 기구에 몸을 기대 뒤구르기 하여 땅이 보일 때까지 회전한다.

④ 보조 도움받아 제자리 뒤공중돌기 훈련

(뒤공중돌기 1~4)

앞서 서술한 연습 방법이 익숙해졌을 때 보조자에 도움을 받아 제자리 뒤 공중 돌기를 연습한다. 수행자는 서전트 점프 후 무릎을 잡아당겨 몸을 작게 만들어주고, 보조자는 띠를 올려주면서 허리를 쳐 회전을 도와준다. 초보자의 경우 착지 매트를 사용하는 것이 부상 예방에 좋다.

⑤ 제자리 뒤 공중 앞차기 수행 훈련

제자리 뒤 공중 돌기를 혼자 수행할 수 있을 경우 미트(타겟)을 놓고 돌면서 보는 연습을 한다. 이후 안정적으로 보고 착지할 수 있을 때 보는 타이밍에 차기 동작을 한다. 이때 차기 동작 후 회수를 빠르게 하여 회전을 돕는 게 효과적이다. 초보자의 경우 착지 매트를 구비하여 부상을 방지해야 할 것이다.

4) 딛고 격파 기초훈련법

딛고 격파란 딛음 보조자를 딛고 도약하여 격파하는 기술이다. 대한태권도협회 경기규칙에 따르면 초등부와 중등부의 딛고 격파는 제한되어 있다. 그러나 고등부로 진학하기 전 중등부 3학년의 경우 딛고 격파를 안전하게 연습하는 것이 중요하다. 따라서 본 딛고 격파 기초훈련법에서는 기술격파의 노하우보다는 장애물을 안전하게 딛고 착지하는 방법을 다룬다.
ex. 딛고 앞차기, 딛고 돌려차기, 딛고 뒤 공중 몸돌아 앞차기, 딛고 모회전 비틀어차기

(1) 딛기 훈련법

① 의자 딛기 훈련

(장애물 의자 1~2)

딛고 격파에서 도움을 주는 보조자와 같은 높이로 의자와 판 미트를 준비한다. 이후 도약하여 의자를 딛고 일어선다. 장애물을 디딜 때 점프를 해서 밟고 최대한 엉덩이가 빠지지 않도록 주의한다. 장애물을 딛는 발은 무릎을 구부린 상태에서 빠르게 편다. 상체는 세우고, 무릎과 팔은 교차하면서 올려준다.

② 실제 보조자 딛기 훈련

(장애물 딛기 1~2)

실제 보조자를 딛는 훈련으로써 의자를 밟는 것과 동일하게 점프하여 장애물을 딛고, 무릎을 펴주며, 다른 보조자와 손을 잡는다. 엉덩이가 빠지지 않도록 주의한다. 착지 시 땅을 보며, 두 발이 동시에 주춤서기 넓이로 바깥을 향하도록 착지한다.

③ 보조자 딛고 점프 후 착지 훈련

(장애물 딛고 도약 1~4)

실제 보조자를 딛고 점프를 한다. 보조자를 딛는 것을 수행자는 확인한다. 무릎을 펴면서 상체를 들고, 팔과 보조 무릎을 높게 올린다. 이때 엉덩이가 뒤로 빠지지 않도록 주의한다. 착지 시 땅을 응시하며, 두 발이 동시에 착지하도록 하고 충격을 최소화 할 수 있도록 무릎을 굽히며 안전하게 착지하도록 지도한다.

(2) 딛고 돌려차기 차기 훈련법

① 딛고 준비 자세 만들기 훈련

(장애물 밟고 돌려차기 딛기 1~3)

보조자를 딛고 점프와 착지가 숙련되었을 경우 실시한다. 장애물을 딛고 점프를 하지 않고 차기 동작에 준비 자세를 취한다. 이때 수행자는 보조자에 올라 중심잡고 팔과 무릎을 높게 교차한다.

② 딛고 점프 후 준비 자세 유지 훈련

(장애물 밟고 돌려차기 도약 1~3)

보조자를 딛고 표적을 바라보며, 점프한다. 점프 시 돌려차기 전 무릎과 팔을 올리는 준비 자세를 유지한다. 점프가 끝났을 경우 땅을 보며, 두 발이 동시에 착지하도록 하고 충격을 최소화 할 수 있도록 무릎을 굽히며 안전하게 착지하도록 지도한다. 안전을 위해 착지 매트를 준비하여 연습하는 것을 권장한다.

③ 딛고 돌려차기 수행 훈련

(장애물 밟고 돌려차기 1~3)

보조자를 딛고 돌려차기를 한다. 이때 수행자는 준비동작과 착지에 집중한다. 숙련되었을 경우 표적과 점프를 조정하여 훈련한다. 안전을 위해 착지 매트를 준비하여 연습하는 것을 권장한다.

(3) 딛고 앞차기 차기 훈련법

① 의자를 딛고 앞으로 넘어가기 훈련

(장애물 밟고 앞차기 의자 1~4)

기존에 연습한 딛기 동작과 다르게 앞으로 넘어가기 위하여 의자를 딛고 앞으로 넘어가는 훈련을 한다. 의자를 딛고 빠르게 무릎을 펴며, 보조 무릎과 어깨를 올려주는 준비 자세를 취하면서 넘어간다. 착지 시 두 발이 동시에 착지하도록 하고 충격을 최소화 할 수 있도록 무릎을 굽히며 안전하게 착지하도록 지도한다. 안전을 위해 착지 매트를 준비하여 연습하는 것을 권장한다.

② 딛고 점프 후 준비 자세 유지 훈련

(장애물 밟고 앞차기 공중동작 1~3)

보조자를 딛고 표적을 바라보면서 앞으로 점프한다. 점프 시 앞차기 전 무릎과 어깨를 올리는 준비 자세를 유지하고, 점프가 끝났을 경우 두 발이 동시에 착지하도록 하고 충격을 최소화 할 수 있도록 무릎을 굽히며 안전하게 착지하도록 지도한다. 안전을 위해 착지 매트를 준비하여 연습하는 것을 권장한다.

③ 딛고 앞차기 수행 훈련

보조자를 딛고 앞차기 한다. 이때 수행자는 준비동작과 착지에 집중한다. 숙련되었을 경우 표적과 점프를 조정하여 훈련한다. 안전을 위해 착지 매트를 준비하여 연습하는 것을 권장한다.

④ 딛고 격파 보조법

수행자의 높은 점프를 위해 보조자의 역할은 매우 중요하다. 주로 딛고 격파에서 보조자는 2명으로 정형화되었다. 2023년 태권도 격파 경기규칙에 따르면 딛고 격파 시 디딤 보조자는 2명을 초과할 시 실격이며, 디딤 보조자가 주춤서기 이하 아래로 굽힐 경우 5점을 감점한다고 명시되어 있다. 따라서 올바른 딛고 격파의 보조법을 알아보자.

(장애물 보조법 1~4)

3. 격파수련의 유의 사항

1) 태권도 시범 격파의 발전

태권도 격파 종목은 태권도의 꽃이라 불리면서 태권도 보급 발전에 큰 영향을 미쳤다. 또한 새로 떠오르는 화려한 태권도 경기종목으로 인간의 경지를 뛰어넘는 기술을 선보이며, 관객들에게 큰 감동을 주고 있다. 이러한 격파 종목이 경기화 되면서 현재 공중에서 4바퀴 회전하면서 송판을 격파하는 등 화려한 기술이 등장하였다(방인주, 안근아, 2022).
또한, 한국체육대학교, 용인대학교, 경희대학교를 비롯한 여러 대학교 총장기 태권도대회의 격파대회가 신설되면서 입상자들을 대상으로 대학 입시 특기자를 선발하기 시작했다(이승진, 2022). 그로 인해 중·고등학생들을 대상으로 한 태권도 시범의 활성화가 활발히 이루어지고 있다(김영진, 2018).

2) 태권도 시범 격파의 문제점

태권도 격파의 경우 엘리트 스포츠에 포함되지 않지만, 태권도 시범 격파를 위해 오랜 기간의 태권도 수련과 고난도의 발차기 기술 등의 훈련이 요구된다(송민규, 2023). 이 과정에서 더 좋은 퍼포먼스를 수행하기 위해 더 멀리, 더 높이, 더 많이 몸을 회전하는 기술을 시도하는 중 십자인대 파열과 발가락 골절 등 다양한 부상이 발생하고 있다(서성원, 2021. 05. 24).

최근까지 개최되고 있는 태권도 격파대회에 참가하는 중·고등학교 선수들이 주를 이루고 있다 보니, 이에 따른 우려와 비판이 나타나고 있다(하제현, 김종수, 신영애, 2022). 격파대회에서 선보이는 공중회전 기술, 아크로바틱 동작 등의 난도가 점차 높아짐에 따라 청소년인 선수가 가지는 부담과 불안이 증가해 실패나 부상으로 이어질 수밖에 없다는 의견이 제기되고 있다(김영진, 2018; 정진호, 2022). 이에 김영진(2018)은 행정적, 운영적인 면에서 안전사고 예방의 제도화가 필요하다고 제시한 바 있다.

3) 격파 수련 시 영역별 유의 사항

태권도 격파 대회를 통한 대학 입시가 가능해졌다. 이에 따라, 경쟁이 심화되는 과정에서 고난도의 발차기 기술이 등장하였다. 또한 복합적이면서도 상상 이상의 화려함을 보여주는 회전 격파의 신기술들이 대거 개발됨에 따라 격파 기술은 독창적인 정통성과 전문성을 갖게 되었다(곽애영, 이현정, 2015). 이러한 고난도 기술을 성공적으로 수행하기 위해서는 사전의 많은 양의 기술연습(예-격파 관련 근력 향상, 격파 신체 부위 단련, 근육 이완, 격파 기술, 정신집중력 등)이 요구된다(고재옥, 김승재, 차지환, 2012). 또한 화려한 발차기 기술과 태권도의 위력을 보여주기 위해, 사전에 격파 관련 근력 향상, 격파 신체 부위 단련, 근육 이완, 정신집중력의 기술연습이 요구된다(유동현, 최천, 2019). 따라서, 본 지도서에서는 격파 수련 시 영역별 유의 사항을 신체적 측면, 심리적 측면, 사회적 측면으로 나누어 설명하고 한다.

(1) 신체적 측면

현대 스포츠 과학의 진보는 선수의 훈련 환경을 체계적으로 발전시킴에 따라 경기력을 향상시켰다. 최근 활성화되고 있는 스포츠 과학지원은 역학, 생리학, 영양학적 등의 자연 과학적 접근을 전제로 시행되고 있다. 이러한 자연 과학 중심의 다학제적 접근은 운동 장비의 개발과 종목별 운동 기술의 고도화에 기여하였다(송긴규, 2023).

하지만, 태권도 격파의 경우 격파 기술에 대한 발전이라는 순기능에 비해, 이로 인해 나타나는 학생 선수들에 대한 신체 소외 현상과 같은 역기능에 대한 개선점이 부족한 실정이다. 상당수의 지도자는 상해를 당한 선수의 시합 출전을 허용하고 있다. 또한 전문 지도자로서 선수가 상해를 당했을 시 선수가 수행해야 할 재활프로그램 도입의 필요성 인식이 부족하며, 간혹 선수들에게 입상을 위하여 무리한 기술을 수행하도록 요구하고 있는 실정이다(정진호, 전정우, 2021). 지도자는 단순히 운동만 가르치는 것이 아니라 선수를 돌보는 역할을 해야 한다(유용준, 이우만, 정구인, 2016). 선수의 전반적인 신체적 능력과 선수의 컨디션을 항상 파악해야 하며, 선수의 장점을 극대화하고 단점을 줄일 수 있는 방안을 강구해야 한다. 또한 격파 선수에게 자주 나타나는 무릎과 발목 부상에 대한 전반적인 지식을 습득해야 하며, 부상 시 기초적인 대처 방안에 대한 지식을 습득하여야 한다.

(2) 심리적 측면

여러 스포츠 종목의 신체적 움직임에 관한 과학적인 연구와 과학적 장비가 널리 보급된 현재, 운동선수의 경기력을 결정짓는 것은 경기 상황에서 동작 수행 시 발생하는 여러 상황에 대한 순간 대처 능력과 심리기술이 중요한 요소라고 할 수 있다(신호철, 김종수, 차영남, 2021). 전문가들은 신체적 능력과 더불어 심리적 기술들이 더해져야 최상의 동작 수행이 가능해진다고 보고하고 있다(김영옥, 2011).

태권도 격파의 고난도 기술로 인해 선수들은 격파의 성공과 실패, 신체적 부상 등 시합이라는 경쟁 상황에서 불안정한 감정을 호소하고 있다. 선수의 신체적 능력, 역학, 생리학과 같은 자연과학적 훈련 방법만을 통해서는 좋은 경기력을 보장할 수 없다. 선수의 격파 기술 수행 시 불안을 극복하기 위한 수단으로 기술훈련, 심상 훈련을 통한 자기조절 등 다양한 훈련 방법을 강구해야 한다(차영남, 김종수, 신호철, 2020).

(3) 사회적 측면

운동 기술의 발전에 대한 메커니즘은 자연과학적 방법뿐만 아니라 사회 내 개인과 개인, 개인과 집단, 집단과 집단의 교섭 과정에서 발생한다는 측면에서 사회적 힘과 개인의 관계에서 접근할 필요가 있다(송민규, 2023).

스포츠 상황에서는 혁신적인 기술을 수행할 수 있는 동력으로 긍정적 일탈을 제안한다(박보현 외, 2018). 이러한 긍정적 일탈은 정상적으로 여겨지는 사회적 규범을 벗어난 행동이지만, 기존의 관습에서 벗어난 창조적 기술 수행으로 이어진다(송민규, 2023).

또한 집단성이 강조되는 곳은 집단의 규범이 강조된다(강유원 외, 2011). 시범 격파의 경우 개인이 혼자서 하는 것이 아니라 단체로 하는 운동이다. 따라서 시범단 내에서는 우리나라 학교 운동부 문화에서 나타나는 위계적 서열 관계, 집단주의, 군대식 문화가 형성되어 있다(김동현 외, 2020). 태권도 격파는 엘리트 스포츠가 아님에도 불구하고 이러한 문화가 나타나는 이유는, 기술 실패는 큰 부상으로 이어질 수 있기 때문이다(이용주, 신민영, 2014). 따라서 지도자의 리더십에 선수들은 큰 영향을 받는다.

지도자의 리더십은 조직을 이끌며, 많은 단원이 활동하는 태권도 시범단을 지도하는 데 있어서 필수 요소라고 할 수 있다(송준한, 이승진, 전정우, 2018). 하지만, 태권도의 종목 특성상 예를 중요시하기 때문에, 스승과 제자 간의 상·하 관계가 뚜렷하다. 이러한 상황이 지속될수록 지도자와 선수 간의 거리는 더 멀어지게 되며, 이는 결국 대화의 단절로 이어질 수 있다. 중요시하는 무도적 특성이 더 강한 위계질서를 형성한다(김동현 외, 2020). 따라서 창의적인 기술 수행과 앞서 설명한 신체적, 심리적 측면을 제대로 파악하기 위해서는 지도자와 선수 간의 경계가 허물어져야 한다. 또한 선수들 사이의 소통이 중요하다. 지도자와 선수, 선수와 선수 간의 경계가 허물어진다면, 팀의 경기력과 수행력에도 긍정적인 영향을 미칠 수 있을 것으로 판단된다.

4) 격파 수련 시 유의 사항

격파 능력이란 경기장에서 표출되는 격파대회에 참가하는 선수의 능력으로써, 각 격파 기술을 표현할 수 있는 근력과 유연성 그리고 기술적 숙련도를 기본으로 장시간의 수련을 거쳐 얻을 수 있는 신체적, 정신적 능력이라 할 수 있다(박태승, 2016). 지도자는 격파 수련에 앞서 전반적인 격파의 종류를 파악해야 하며, 각 격파 별 메커니즘을 파악한 후 지도해야 한다.

본 지도서는 앞서 설명한 태권도 격파의 분류에 따라 각 격파(체공 도약, 수직, 수평, 딛고) 메커니즘에 벗어날 경우 발생할 수 있는 부상과 이를 방지할 수 있는 수련 시 유의 사항을 설명하고자 한다.

(1) 체공 도약 격파

체공 도약 격파는 일정한 거리를 두고 뛰어올라 공중에서 손과 발을 이용하여 격파하는 기술이다(장권, 곽택용, 2021). 체공 도약 격파의 경우 도약을 하는 과정보다 발차기를 찬 후 착지 과정에서 부상이 자주 발생한다. 따라서 지도자는 올바른 착지 방법에 대하여 지도해야 한다. 착지 과정에서 무릎의 방향이 도약을 한 방향 그대로 착지하거나, 살짝 옆으로 틀어져서 착지하는 경우 무릎 부상에 위험도가 증가한다. 따라서 착지를 할 때는 무릎이 도약하는 방향의 반대 방향을 바라볼 수 있게 착지를 해야 한다.

(2) 수직축 회전 격파

　수직축 회전 격파는 한번 도약으로 수직축으로 회전하면서 뒤후려차기 또는 돌개차기로 격파하는 기술이다(장권, 곽택용, 2021). 수직축 회전 격파의 경우 점프를 하는 동시에 몸을 회전하기 때문에, 무릎과 발목과 같은 관절의 부상을 유의하며 지도해야 한다. 하지만 대다수의 대회에서 회전을 많이 해야 입상을 할 수 있을 것이라는 강박에 의해 선수들은 제대로 된 회전 방법을 익히지 못한 채, 고회전 발차기를 수행하는 경우가 많다. 따라서, 지도자는 일방적인 고회전 훈련이 아닌 선수가 기본적으로 회전하는 방법부터 단계별 지도를 해야 한다.

(3) 수평축 회전 격파

　수평축 회전 격파는 수평축을 기준으로 하여 제자리 및 뛰어 몸을 돌아 체공 상태에서 몸을 앞으로 굴곡시켜 격파하는 기술이다(장권, 곽택용, 2021). 수평 회전 격파의 경우 아크로바틱 한 동작을 수행하므로, 지도자는 선수의 행위에 대해 각별히 예의 주시하여야 한다. 수평 회전 격파의 경우 한순간의 실수로 큰 부상이 발생할 수 있기 때문이다.
　따라서 수평 회전 격파 지도에 앞서 아크로바틱 동작을 수행할 수 있는 환경을 조성하여 선수가 심적으로 안정이 된 상태에서 수평 회전 격파 지도를 해야 한다. 또한, 아크로바틱 동작이 완벽히 수행되지 않은 선수는 항상 지도자가 옆에서 보조해주어 부상을 미연에 방지해야 한다.

(4) 딛고 격파

　딛고 격파는 격파자가 도움닫기에 이어 보조자의 가슴을 밟고 높이 도약하여 격파하는 기술이다(장권, 곽택용, 2021). 딛고 격파의 경우 앞서 설명한 격파보다 체공 상태가 굉장히 높으므로 체공 도약 격파와 마찬가지로 착지를 하는 과정에서 부상의 발생률이 높다. 따라서 딛고 격파를 수행하기 전 가장 우선으로 착지하는 방법을 지도하여야 한다.
　또한 딛고 격파는 다른 격파 기술과는 달리 보조자와 합이 맞아야만 수행할 수 있다. 따라서 보조자와 합을 맞출 수 있도록 분위기를 조성해야 한다. 따라서 격파자와 보조자가 상호작용이 일어날 수 있도록 해야 한다.
　각 격파(수직 회전 격파, 수평 회전 격파, 딛고 격파)별 지도 시 유의 사항을 설명했다. 모든 격파에 있어서 착지하는 방법이 가장 중요하다. 착지할 때는 발목, 무릎, 허리가 항상 같은 방향을 바라보고 있는 상태로 착지해야 한다. 또한 착지 시 충격 완화를 위해 발바닥이 땅에 닿았을 때 무릎을 스쾃 하듯 살짝 구부려 충격을 완화해야 한다.
　어린이의 경우 시범 발차기 지도 시 들뜬 마음 때문에 자칫 분위기가 어수선해질 수 있다. 어수선한 분위기는 곧 부상으로 이어진다. 따라서 지도자는 어린이의 재미 추구를 위한 시범 발차기도 역시 중요하지만, 무엇보다도 안전에 유의하여 시범 발차기를 지도해야 한다.

5. 태권도 격파 경기 규정 요약

　대한태권도협회는 2021년 12월 격파 심판 자격 연수를 통하여 전문 심판의 선발과 함께 심판에 대한 보수 교육을 시행하고, 기술 전문위원회에 격파심판위원회를 설치하여 격파대회에 대한 기구와 제도를 정비하였다(대한태권도협회, 2021). 또한, 2022년부터 각 대학과 단체별로 이뤄지던 시범경기를 "격파대회"라는 용어로 통일하여 대한태권도협회 자체 격파대회의 개최와 함께 각종 격파

대회에 참가하는 선수에 대한 선수등록과 입상실적을 관리하게 되면서 공식 대회로 인정되어 대회가 치러지고 있다(장권, 방인주, 2022). 따라서, 본 교재는 태권도 경기를 담당하고 있는 대한태권도협회의 경기규칙을 토대로 2023 태권도 격파 경기 규정을 요약하고자 한다.

1) 경기장

경기장은 12m × 12m 넓이의 수평 정방향으로 탄력성 있는 매트 바닥이어야 한다. 경기장 바닥 매트의 경우 매트의 탄력성, 강도, 재질, 색상 등 적합성은 대한민국태권도협회에서 승인된 공인 매트를 사용해야 한다. 경기장의 규격 및 심판 배치는 다음과 같다.

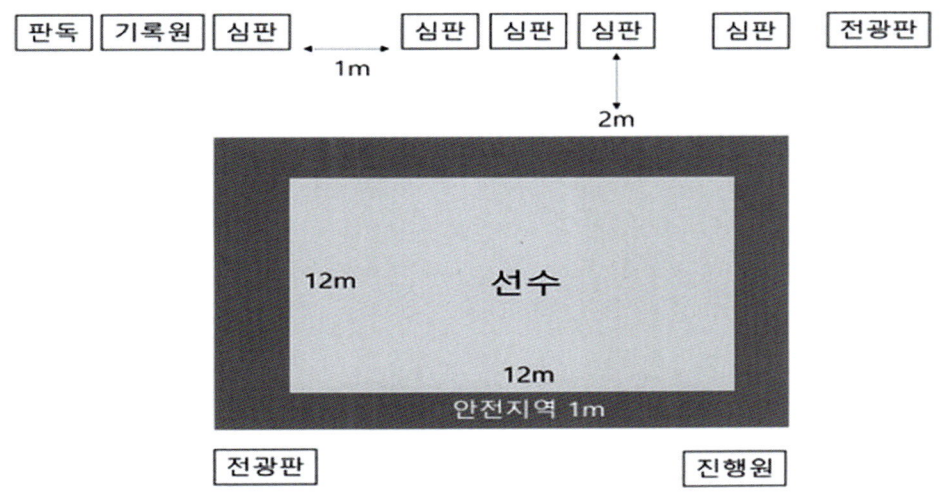

(1) 자격

격파 경기에 참여하기 위해서는 국기원 품·단증 소지자로서 당해 연도에 선수등록을 맞춰야 한다. 선수등록의 경우 협회에서 등록된 소속과 같아야 하며, 학생 선수는 소속 학교로 일반 선수는 소속 도장으로 등록할 수 있다.

(2) 복장

경기에 참여하는 선수는 대한태권도협회가 공인한 도복을 착용해야 하며 이를 위반 할 시 실격 처리된다. 중학교 2학년까지는 나이와 관계없이 품 도복과 품 띠를 착용하여야 하며, 중학교 3학년부터는 나이와 관계없이 단 도복과 단 띠를 착용해야 한다.

3) 의무

대한태권도협회가 주최, 주관 또는 승인 대회 시 한국도핑방지위원회(KADA)가 금지하는 약물을 사용 또는 복용해서는 안 된다. 대한태권도협회는 필요에 따라 약물복용 여부를 검사할 수 있다. 검사에 불응하거나 금지하는 약물을 복용한 사실이 확인되면, 스포츠공정위원회에 회부되며, 입상자의 경우 등위가 박탈된다. 또한, 경기 중 선수는 경기에 불필요하거나 방해가 될 수 있는 부착물이나 휴대품을 착용하거나 지닐 수 없다. 테이핑을 허용하되 붕대 및 깁스는 허용되지 않는다.

(4) 지도자

지도자는 문화체육관광부 발급 2급 전문 스포츠지도사 자격증을 소지하여야 한다. 또한 당해 연도 경기규칙 강습회 교육을 수료하여야 한다. 팀당 감독 1인, 코치 2인까지 등록할 수 있으며, 상임 심판 선발자는 해당 연도 다음 연도부터 지도자로 등록할 수 있다. 또한 경기장 출입 시, 대한태권도협회에서 발급한 지도자 등록증을 항상 착용하여야 한다.

(5) 종목

격파 경기의 종목은 크게 위력격파와 기술격파로 구분되며, 기술격파의 세부 종목은 체공 도약 격파, 수직축 회전 격파, 수평축 회전 격파, 종합 격파로 나눈다.

(6) 부문 및 세부 종목

대회 참여 연령은 초등부, 중등부, 고등부로 나누며 각 부별 세부 구분은 다음과 같다.

부 별		개인 격파
초등부	중학년 부	초등 3~4학년 재학생
	고학년부	초등 5~6학년 재학생
중등부	1학년부	중학교 1학년 재학생
	2학년부	중학교 2학년 재학생
	3학년부	중학교 3학년 재학생
고등부	1학년부	고등학교 1학년 재학생
	2학년부	고등학교 2학년 재학생
	3학년부	고등학교 3학년 재학생

대한태권도협회가 공인하는 모든 대회는 4명 이상 참가해야 대전이 가능하며, 4명 이상 참가하지 않은 경우 대표자 회의 시 폐지 결정한다. 또한 경기를 포기할 경우 반드시 경기 포기각서를 제출해야 한다. 승인 없이 경기를 프기할 경우 관련 규정에 따라 징계받을 수 있다.

6) 경기 방식

(1) 높이 뛰어 차기

일정 거리의 도움닫기를 진행한 후 도약하여 발로 목표물을 격파하는 기술로 가장 높은 격파물을 완파한 순서에 따라 순위를 정하는 경기를 말한다. 경기 방식은 컷오프 방식으로 진행되며, 경기 시간은 20초 이내이다. 격파는 격파 시작의 구령 후 20초 이내에 격파가 이루어져야 하며, 도약거리 10m 이내이어야 한다. 격파물이 완파되었을 때 격파 성공으로 인정되며, 격파는 체공 상태에서 격파가 이루어져야 한다. 격파 시간(20초)을 초과했을 때 10초당 1.0점을 감점하며, 감점 1.0점은 격파물 높이 10cm로 한다.

2) 체공 도약 격파

체공 상태에서 3개의 목표물을 순차적으로 격파하는 경기를 말한다. 경기 방식은 컷오프로 진행되며, 경기 시간은 40초 이내이다. 격파는 격파 시작의 구령 후 40초 이내에 격파가 이루어져야 한다. 격파 순서는 초등부의 경우 앞차기 3단계, 돌려차기 3단계, 남자 중등부, 고등부의 경우 돌려차기 3단계, 가위차기 3단계, 옆차기 3단계, 여자 중등부의 경우 뛰어 뒤차기 1단계, 앞차기 3단계, 돌려차기 3단계, 여자 고등부의 경우 앞차기 3단계, 돌려차기 3단계, 옆차기 3단계 순으로 반드시 실시해야 한다. 결선의 경우 남자 고등부는 돌려차기 4단계, 가위차기 4단계, 옆차기 4단계, 여자 고등부는 옆차기 3단계, 고공 4단계, 돌려차기 4단계의 순으로 반드시 실시해야 한다.

(3) 수직축 회전 격파

수직축 회전 격파란 격파자가 수직축으로 회전하여 목표물을 격파하는 경기를 말한다. 경기 방식은 컷오프로 진행되며, 경기 시간은 40초 이내이다. 격파는 격파 시작의 구령 후 40초 이내에 격파가 이루어져야 한다. 격파 순서는 남자 중등부의 경우 외발 돌개차기 1단계, 540도 돌려차기 1단계, 540도 뒤 후려차기, 여자 중등부의 경우 뛰어 뒤 후려차기 1단계, 뛰어 540도 돌려차기 1단계, 540도 뒤 후려차기 1단계, 남자 고등부의 경우 뛰어 540도 돌려차기 1단계, 720도 돌려차기 1단계, 540도 뒤 후려차기 3단계, 여자 고등부의 경우 뛰어 540도 돌려차기 1단계, 540도 뒤 후려차기 1단계, 720도 돌려차기 1단계 순으로 반드시 실시해야 한다. 결선의 경우 남자 고등부는 540도 돌려차기 2단계, 540도 뒤 후려차기 3단계, 720도 돌려차기 3단계, 여자 고등부는 뛰어 540도 돌려차기 1단계, 720도 돌려차기 1단계, 540도 뒤 후려차기 3단계 순으로 반드시 실시해야 한다.

(4) 수평축 회전 격파

수평축 회전 격파란 격파자가 수평축으로 회전하여 목표물을 격파하는 경기를 말한다. 경기 방식은 컷오프로 진행되며, 경기 시간은 40초 이내이다. 격파는 격파 시작의 구령 후 40초 이내에 격파가 이루어져야 한다. 격파 순서는 남자 중등부의 경우 제자리 뒤 공중 돌아 앞차기 1단계, 제자리 뒤 공중 돌아 앞차기 2단계, 측전 뒤 공중 돌아 앞차기 1단계, 여자 중등부의 경우 제자리 뒤 공중 돌아 앞차기 1단계, 측전 뒤 공중 돌아 앞차기 1단계, 남자 고등부의 경우 제자리 뒤 공중 돌아 앞차기 1단계, 뛰어 뒤 공중 돌아 앞차기 1단계, 측전 뒤 공중 돌아 앞차기 2단계, 여자 고등부의 경우 제자리 뒤 공중 돌아 앞차기 1단계, 측전 뒤 공중 돌아 앞차기 1단계 순으로 반드시 실시해야 한다. 결선의 경우 남자 고등부는 제자리 뒤 공중 돌아 앞차기 2단계, 뛰어 뒤 공중 돌아 앞차기 2단계, 측전 뒤 공중 돌아 앞차기 3단계, 여자 고등부는 제자리 뒤 공중 돌아 앞차기 1단계, 측전 뒤 공중 돌아 앞차기 2단계 순으로 반드시 실시해야 한다.

(5) 종합 격파

종합 격파는 체공 도약 격파, 수직축 회전 격파, 수평축 회전 격파, 딛고 격파를 종합적으로 격파하는 경기를 말한다. 초등부의 경우 딛고 격파와 수평축 회전 격파와 딛고 격파를 제한하며, 중등부의 경우 딛고 격파 기술을 제한한다. 경기 방식은 컷오프로 진행되며, 경기 시간은 60초 이내이다. 격파는 격파 시작의 구령 후 60초 이내에 격파가 이루어져야 하며 격파의 순서는 자유롭게 실시할 수 있다. 또한 딛고 격파의 경우 보조자가 두 명을 초과하면 실격이다.

제7장 : 어린이 태권도 교육프로그램

VI. 어린이 태권도 품새 경기 지도법

1. 어린이 품새 경기
2. 어린이 품새 경기의 중점사항 및 지도체계
3. 어린이 품새 경기의 기준점 및 지도법

1. 어린이 품새 경기

1) 품새 경기

품새 경기란, 태권도 품새의 전반적인 기술을 토대로 경기 규칙·규정집에 따라 상대와 기술 수준을 겨루는 것을 말한다. 품새 경기는 태권도 품새의 기술 체계를 깊이 있게 수련하고, 창의적인 기술 발전을 실현함으로써 정서적, 심리적, 사회적, 신체적으로 온전한 무도인상을 추구한다.

2) 어린이 품새

대한민국의 아동복지법 제3조 1항에서도 '아동은 만 18세 미만인 사람을 말한다.'라고 규정함으로써 만 17세까지를 어린이로 본다. 그러나 환경보건법 제2조는 '13세 미만인 사람', 어린이 식생활안전관리 특별법은 '18세 미만인 사람', 아이돌봄 지원법 제2조는 '만 12세 이하 아동' 등 어린이의 기준이 각 소관 부처에 따라 다르게 정의하고 있다. 현 세계태권도연맹은 12세~14세를 유소년부, 15세~17세를 청소년부로 규정하고 있으며, 대한태권도협회는 초등 1~2학년 재학생을 초등 저학년부, 초등 3~4학년 재학생을 초등 중학년부, 초등 5~6학년 재학생을 초등 고학년부로 규정하고, 중등부와 고등부는 각 학년부를 하위로 두고 있다. 이외에도 보편적인 하위 품새 경기의 경우 각 주관 단체에서 별도의 지침을 두고 있다. 본 어린이 지도서는 초등학생의 보편적인 지침을 기준으로 작성하였다.

따라서 어린이 품새 경기는 초등학생의 태권도 품새 기술을 기준으로 각 품새가 갖는 고유의 의미와 기법의 특징과 동작의 연결 및 공격과 방어의 특성을 자격을 부여받은 심판에게 평가받음으로써 상대방이나 혹은 자아와 겨루는 형태를 말한다.

2. 어린이 품새 경기의 중점사항 및 지도체계

1) 어린 수련자의 특성

Bernstein(1967)은 움직임 구성 수준의 결정은 장력(tone), 근육과 관절의 연결(muscular-articular link), 공간(space), 동작(action)에서 형성된다고 보았다. 즉, 어린 수련자의 신체적, 심리적, 정서적, 사회적 성장 발달 특성을 고려하여 지도해야 한다.

2) 품새 수련 시 중점사항

(1) 시선
- 시선은 가상의 정면을 주시하도록 지도한다.
- 지침 : 공방 기술을 교환하는 가상의 상대방과 진행 방향을 바로 보아야 함.

- 평가 : 진행 방향을 바라보지 않으면 감점함.

(2) 몸의 중심이동
- 몸의 중심이동은 딛기와 돌기에 따라 중심이 먼저 이동할 수 있도록 지도한다.
- 지침 : 품새 경기 채점에서는 개별 동작 수행 과정과 동작과 동작 간의 연결과정에서 나타나는 중심이동의 안정성, 자세의 균형을 평가한다. 또한, 기술 동작을 통하여 목표점에 힘을 발출하는 과정에서 중심을 잃지 않으면서 체중을 실어 동작을 수행하는 능력을 평가한다.
- 평가 : 균형이 잡히지 않고 불안정할 때 감점함.

(3) 속도의 완급
- 속도의 완급은 가속 궤도가 빠르게 하며, 기술의 시작점부터 끝점까지 끊김이 없이 연속될 수 있도록 지도한다.
- 지침 : 완급은 동작과 동작 간의 연결과 품새 전반의 흐름을 조절하는 것을 의미한다.
- 평가 : 동작 간의 완급이 이루어지는가를 채점함.

(4) 힘의 강유
- 힘의 강유는 최대 파워를 위해 근육의 힘을 풀어 최대 속도를 만들어 내며, 가격 시에는 최대 강도로 기술의 파괴력을 높일 수 있도록 지도한다.
- 지침 : 유는 예비동작에서 중심축과 몸이 함께 움직여 힘과 기운을 응축하는 몸의 순응 상태를 말하며, 강은 동작과 호흡. 의식 등이 일치되어 기운과 기세가 발현됨을 의미한다.
- 평가 : 몸의 순응 상태인 유에서 기운이 발현되는 강으로 이루어지는가를 채점함.

(5) 호흡
- 호흡은 들숨과 날숨으로 탁한 기운을 내보내고, 맑은 기운을 받아들여 모든 기술마다 에너지를 만들어 낼 수 있도록 지도한다.
- 지침 : 깊은 호흡을 하되 자신에게 맞는 편안한 호흡을 하며, 소리를 내지 않아야 함.
- 평가 : 입으로 의식적인 소리를 내면 표현력에서 감점함.

(6) 허리사용(몸통틀기)
- 허리사용은 기술의 시작점과 중간점, 끝점마다 가장 먼저 움직이며, 모든 기술에 한 번에 사용할 수 있도록 지도한다.
- 지침 : 허리사용은 단순한 공격(지르기, 찌르기, 차기 등), 방어(막기 등)가 아닌 허리 회전을 통한 힘의 표출이 발현됨을 의미한다.
- 평가 : 허리 회전을 통한 힘의 발현이 동작으로 표현 되어지는가를 채점함.

3) 품새의 지도체계

(1) 교육적 지도체계

인지적 단계-고정화 단계-자동화 단계

수련생이 동작을 훈련하는 과정에서 인지적 단계와 고정화 단계, 자동화 단계를 거쳐 동작을 완전히 습득하게 된다. 인지적 단계에서는 배워야 할 동작의 정보를 알아가는 과정을 말하며, 시범을 보거나 설명을 듣거나 동작을 몸으로 흉내를 내보는 등이 여기에 속한다. 다음으로 고정화 단계에서는 동작을 이해하고 훈련하는 과정에서 일정한 퍼포먼스가 나올 수 있도록 동작의 정확성이나 일관성을 높이는 단계이다. 마지막으로 자동화 단계에서는 다양한 상황이나 환경에서도 언제든지 동작의 퍼포먼스가 가능할 수 있도록 훈련하여 완전히 습득되는 단계를 말한다.

(2) 품새의 수련과정

품새의 수련과정은 하나의 품새를 수련하여 완전하게 성취하는 것을 말한다.

첫째, 모양 - 품새 수련의 첫 과정은 모양을 배우는 데 있다. 기합, 시선, 구성, 각도가 중점사항이며 동작의 정확성이 목표이다.

둘째, 뜻 - 모양을 알고 난 다음 뜻을 배우는 과정으로 중점사항은 중심, 강약, 완급, 숨쉬기, 품새선이다. 동작의 뜻, 품과 품의 연결된 기법의 뜻, 전체 품새의 뜻을 배운다.

셋째, 실용 - 뜻으로 풀은 동작과 기법을 실전 사용이 가능하게 수련하여 직접적으로 실전에 적용한다.

넷째, 자기류 - 실전에 쓰여진 기술의 효과 정도를 자기의 체격과 체력(근력, 지구력, 순발력, 유연성 등)에 맞게 기술을 변화시켜 가장 효과가 있는 기술을 알아내어 자기화 시키는 과정이다.

다섯째, 완성 - 자기류에서 발전하여 태권도의 참 정신을 알고 태권도 기법 자체를 완전히 소화하여 종합적으로 완성하는 태권도의 최고 경지이다.

(3) 연습법 지도체계

전습법-분습법-전습법

분습법은 동작을 나누어 지도하는 것을 말한다. 분습법은 동작을 지도하는 데 있어서 수련생이 이해하기 어려운 정도의 동작, 복잡한 동작, 빠르게 이루어지는 동작이나 위험성이 높은 동작 등을 지도할 때 사용하게 된다. 나누는 과정에는 한 방향으로 나누거나 하나의 품으로 나누게 되며, 이해가 어려운 과정에는 발 동작과 팔 동작, 허리 및 몸통틀기의 동작으로 나누게 된다. 동작의 진행과정에서 시작점과 중간점, 끝점으로 나누어 설명하기도 한다. 분습법의 주의사항으로는 너무 세세하게 나누어 지도하다 보면 수련생이 오히려 과도하거나 불필요한 동작으로 이해할 수 있으며, 하나의 품새가 갖는 온전한 뜻과 완성도에 맞지 않게 수련할 수 있다. 전습법은 하나의 품새를 온전히 수련하는 것으로서 품새의 완성도를 확인하거나, 품새가 지니는 리듬이나 특징의 이해도를 수련할 때, 하나 이상의 품새 수련을 할 수 있는 체력을 기를 때 등에 사용하게 된다. 전습법의 방법으로는 기본적으로 수련생이 하나의 품새를 수련하는 방법과 다른 수련생과 번갈아 하나의 품새를 수련함으로써 수련생의 수련 이외에 다른 수련생의 품새를 보고 배우는 방법이 있다. 따라서 지도자는 효율적인 지도를 위해 분습법과 전습법을 수련생에 맞게 적용하여 지도하고 최적의 효과를 목표로 해야한다.

3. 어린이 품새 경기의 기준점 및 지도법

① 3장. 앞차고 몸통 두 번 지르기

	채점기준		
앞차고 몸통 두 번 지르기	〈기준점〉	〈표현력〉	〈주요 감점사항〉
	- 앞차기 후 지르기를 연속으로 한다. - 앞차기는 탄력적으로 이루어져야 한다.	- 앞차고 몸통 두 번 지르고 뒤 돌아 앞차고 몸통 두 번 지르기까지	- 앞축으로 차지 않을 경우 - 지지발을 틀어놓고 차는 경우 - 주먹이 젖혀졌을 경우

지도법

1. 왼 앞서기 아래막기
2-1. 무릎 올리기
   - 두 주먹은 가슴 앞에 겨룸새를 갖추어야 하며, 수련자에게 겨룸새를 설명한다.
   - 동시에 무릎은 지면반력을 기용하여 가슴 앞쪽에 탄력적으로 끌어올리도록 연습한다.
     (미트나 판미트로 목표물을 만들고 무릎을 빠르게 끌어올려 치는 동작을 연습한다)
   - 무릎을 끌어올린 높이에 따라 앞차기의 높이는 결정 되지만, 과도한 높이는 관절과 근육에 무리를 주어 부상으로 연결될 수 있다.
2-2. 앞차기
   - 지면반력으로 무릎을 올려 탄력적으로 찰 수 있도록 앞차기를 연습한다.
   - 수련자의 체력(근력, 순발력, 유연성 등)의 조건에 따라 낮은 높이에서 익숙해질 때까지 정확하게 앞차기를 연습하고 점진적으로 높이 찰 수 있도록 지도한다.
   - 수련자의 부족한 근력이나 유연성 등 체력 요소는 별도의 훈련을 계획한다.
   - 탄력은 다리 근력과 몸통 코어의 힘을 이용하여 허리, 고관절, 무릎, 발목, 앞축으로 전달되는 느낌으로 차야 한다.
   - 앞차기는 앞축으로 차야하며, 어린 수련생이 익숙해질 때까지 보조운동을 통해 익힐수 있도록 지도한다.
     (앞축 걷기, 앉아서 앞축 차기, 발가락 스트레칭 등)
2-3. 무릎 접기
   - 앞차고 접는 동시에 가슴에 있던 겨룸새에서 왼 주먹은 가슴 앞으로 가볍게 내밀고, 활시위를 당기듯 오른 주먹은 허리로 당기도록 지도한다.
   - 이때 몸의 중심은 지지발인 왼발에 두고 지르기를 하기 위한 두 손의 교차 동작을 리듬 있게 연습해야 한다.
2-4. 오른 앞굽이 몸통 두 번 지르기
   - 앞굽이시 앞축이 먼저 닿고, 뒷축이 닿는 동시에 왼주먹은 장골능 위 허리로 당기고, 오른 주먹 지르기로 교차하면서 표현할 수 있도록 연습하고 두 번 지르기까지 빠르게 연결한다.
   - 두 번 지르기는 한 호흡에 빠르게 지르는 연습을 시킨다.
   - 강하게 지르는 과정에서 상체나 어깨에 필요 이상의 힘을 주어 몸의 중심이 흐트러지거나, 뒷축이 들리지는 않는지 살펴보면서 지도한다.
   - 왼 앞서기 아래막기에서 앞차고 두 번 지르기까지 허리를 이용하여 빠르게 연결할 수 있도록 지도한다.

② 3장. 손날 바깥막고 지르기

채점기준

손날 바깥막고 지르기	〈기준점〉	〈표현력〉	〈주요 감점사항〉
	- 막는 손끝의 높이는 어깨 높이로 한다. - 막고 지르기는 연속으로 한다.	- 한 손날 바깥 막고 지르고 뒤 돌아 한 손날 바깥 막고 지르기 - 몸의 중심을 이동하면서 앞발을 이동할 때 뒷발의 무릎을 펴면서 추진력을 이용하여 지르기가 이루어져야 한다.	- 몸통 지르기 시 손날 막은 팔이 펴지는 경우 - 뒷굽이에서 앞굽이로 전환 시 앞발이 제자리에 있거나 옆으로 벌어지는 경우 - 앞발을 먼저 들고 중심이동을 나중에 하는 경우 - 앞발이 아닌 뒷발을 이동하는 경우

지도법

6. 오른 앞서기 목 손날 안치기
7-1. 가슴 앞에 두 손의 교차 동작
   - 오른 뒷굽이로 딛기 위해 몸의 중심을 뒷굽이 높이로 낮추며, 오른발에 몸의 중심을 둔다.
   - 한 손날 바깥막기를 위해 가슴 앞에서 활시위를 당기듯 두 손을 교차한다.
   - 오른 안팔목은 왼 어깨로, 왼 손날은 오른 팔꿈치 앞에서 교차한다.
7-2. 손날 바깥막기
   - 왼 손날은 오른 팔꿈치에서 손끝이 인중선을 지나 돌려 쳐내는 동작으로, 오른 주먹은 장골능 위로 당기며 한 손날 바깥막기를 연습한다.
     (미트로 목표점을 만들고 안에서 밖으로 회전하여 손날로 쳐내듯이 치는 동작을 연습한다)
   - 한 손날의 회전과 허리의 회전을 동시에 사용하도록 연습한다.
   - 손날의 형태를 갖추었는지 주의하여 살펴본다.
8. 왼 앞굽이 몸통 바로지르기
   - 오른 뒷굽이에서 왼 앞굽이로 몸의 중심을 이동시키며, 동시에 왼 손날은 장골능 위로 당기고, 오른 주먹은 체중을 실어 지르기가 이루어지도록 연습한다.
   - 뒷굽이 중심에서 앞굽이의 중심으로 빠르게 이동시켜야 한다.
     (높이의 변화 없이 오른발이 틀어지면서 왼발은 직선으로 반발을 이동시킨다)
   - 반발 이상 앞굽이의 보폭이 과도하게 벌어지지 않았는지 주의하여 살펴본다.
   - 하체는 오른 무릎을 펴면서 이동되는 딛기이며, 상체는 허리의 회전에서부터 시작되는 힘으로 표현하도록 지도한다.
   - 목 손날 안치기에서 한 손날 바깥막고 지르기까지 멈추는 동작이 있는지 주의하여 살펴보고 지도한다.

③ 4장. 눌러막고 편손끝 거들어 세워찌르기

채점기준			
눌러막고 편손끝 거들어 세워찌르기	〈기준점〉	〈표현력〉	〈주요 감점사항〉
	- 손날 거들어 바깥막고 편손끝 세워찌르기를 동시에 한다. - 단, 편손끝 세워찌르기는 장골능에서 시작한다.	- 손날 거들어 바깥막고 편손끝 세워찌르기 뒤돌아 손날 거들어 바깥막고 세워찌르기 까지	- 눌러 막는 동시에 찌르기를 하지 않는 경우 - 손날등이 팔꿈치 아래에 위치하지 않을 경우

지도법

1. 오른 뒷굽이 손날 거들어 바깥막기
2-1. 오른 뒷굽이에서 오른 앞굽이로 딛기 위한 두 발의 교차 동작
   - 오른 뒷굽이에서 오른 앞굽이로 이동하는 동안 몸의 높낮이가 유지 되는지 주의하여 살펴본다.
   - 오른 뒷굽이에서 오른 발을 이동하여 두발이 교차하는 동시에 왼 손날은 명치 앞을 눌러막기 위해 살짝 세운다. 활시위를 당기듯 거들었던 오른 손날은 세워찌르기 위해 장골능 위 허리로 당긴다.
   (왼 손날은 어깨에 힘을 빼고 가볍게 올리도록 연습한다)
2-2. 오른 앞굽이 편손끝 거들어 서워찌르기
   - 오른 앞굽이와 동시에 왼 손날로 눌러막으면서 편손끝 거들어 세워찌르기를 연습한다.
   - 눌러막기가 생소하기에 지도자는 눈높이를 맞추고 몸통 지르기를 직접 눌러 막도록 설명하여 이해시키고 연습한다.
   - 두 발의 교차 동작에서 미리 왼발이 틀어지지 않는지 주의하여 살펴본다.
   - 앞굽이와 눌러막기, 편손끝 세워찌르기가 동시에 일어나도록 반복 연습한다.
   - 거드는 손등은 세워 찌른 오른 팔꿈치 아래에 위치하며, 손날의 손가락이 벌려지지는 않았는지 주의하여 살펴본다.
   - 준비서기에서 허리 회전을 이용하여 손날 거들어 바깥막고 편손끝 거들어 세워찌르기까지 연결할 수 있도록 살펴보고 지도한다.

④ 4장. 목 제비품 안치기

	채점기준		
	〈기준점〉	〈표현력〉	〈주요 감점사항〉
목 제비품 안치기	- 한 손날 올려 막기와 손날 안치기는 동시에 이루어져야 한다. - 손날 안치기의 높이는 목 높이로 한다.	- 목 제비품 안치고 앞차기 후 찌르기 까지	- 목 치는 손이 밀거나 찌르는 경우 - 팔꿈치를 완전히 편 경우

지도법

4. 왼 앞굽이 편손끝 거들어 세워찌르기
5-1. 왼 앞굽이에서 왼쪽으로 90°를 틀며, 왼 앞굽이를 딛기 위한 두 발의 교차 동작
   - 세워 찔렀던 왼 손날은 오른 허리로 당기고, 거들었던 오른 손날은 목 안치기를 준비한다.
   - 두 발의 교차 동작에서 오른발이 먼저 틀어지지는 않는지 주의하여 살펴본다.
5-2. 왼 앞굽이 목 제비품 안치기
   - 왼 앞굽이와 동시에 허리를 이용하여 목 제비품 안치기를 연습한다.
   - 왼 앞굽이에서 왼 앞굽이로 이동할 때 몸의 높낮이를 유지하고, 오른발 중심에서 왼 앞굽이로 몸의 중심을 이동시키며 연습한다.
   - 오른발로 밀어주는 힘이 필요하므로 충분히 중심이동을 연습시킨다.
   - 허리의 회전 힘을 충분히 사용하여 목 안치기를 하는지 살펴보고 지도한다.
   - 목 안치기와 동시에 손날 얼굴막기를 해야 하기에 힘의 방향을 충분히 이해시켜야 한다.
   - 방향이 다른 두 동작은 분습법으로 이해와 연습의 효과를 높일 수 있다.
   - 목 안치기나, 손날 얼굴막기의 목표점에서 손날이 벗어나지는 않았는지 주의하여 살펴본다.
   - 왼 앞굽이 편손끝 거들어 세워찌르기에서 왼 앞굽이 목 제비품 안치기시 허리를 이용하여 날렵하고 빠르게 힘을 실어 할 수 있도록 지도한다.

⑤ 4장. 이어옆차기 + 손날 거들어 바깥막기

	채점기준		
	〈기준점〉	〈표현력〉	〈주요 감점사항〉
이어옆차기	- 옆차기하고 한 걸음 내딛음과 동시에 옆차기를 찬다. - 차기 시 양손은 가슴에 붙이지 않고 자연스럽게 모은다. (겨룸새)	- 옆차고 이어 옆차고 거들어 바깥막기 까지	- 첫 옆차기 후 한 걸음 내딛지 않는 경우 - 차기 시 양손을 가슴 아래에 붙이는 경우 - 차기 시 고관절을 누르는 경우

지도법

6. 오른 앞굽이 몸통 바로지르기
7-1. 두 손은 겨룸새
   - 오른 앞굽이에서 왼발을 끌어딛겨 상체를 세우며 왼발 무릎 올리기를 연습한다.
7-2. 왼발 옆차기
   - 오른발의 앞축을 중심으로 뒤축을 회전하며, 접어 올린 왼발의 무릎을 빠르게 펴며 발날로 옆차기를 연습한다.
   - 기본 옆차기를 충분히 연습해야 한다.
     (앞서기에서 옆차기 연습 후 앞굽이에서 옆차기로 점진적으로 연습시킨다)
   - 옆차기의 높이는 수련자의 실력에 따라 점진적으로 난이도를 고려하여 지도한다.
  (상해 예방을 위해 수련자의 체형고· 체력(근력, 유연성 등), 고유감각 등을 고려하여 지도)
   - 왼발 옆차기에서 고관절을 손으로 밀면서 차거나, 골반이 빠지지 않도록 하고 발날이 잘 표현되었는지 주의해서 살펴보면서 지도한다.
   - 옆차기 이후 무릎을 접고 상체를 세워 몸의 중심을 잡는지 주의하여 살펴본다.
   - 왼발 옆차기 이후 한 걸음 내디디며 오른발 옆차기를 준비한다.
   - 왼 무릎을 내리는 동시에 지지발인 왼발에 중심을 두고 오른 무릎을 당겨 올려 연습시킨다.
8-1. 오른발 옆차기
   - 왼발의 앞축을 중심으로 뒤축이 회전하는 동시에 접어 올린 오른발의 무릎을 바르게 펴며 발날로 옆차기를 연습한다.
   - 오른발 옆차기 이후 무릎을 가슴으로 당기는 동시에, 왼발에 중심을 두고 왼 손날은 어깨 선상에 오른 손목은 명치 앞에서 손날 거들어 바깥막기 를 준비한다.
8-2. 왼 뒷굽이 손날 거들어 바깥막기
   - 왼 뒷굽이와 동시에 허리와 손목을 회전하며 손날 거들어 바깥막기를 연습한다.
   - 이어옆차기의 리듬을 지도하기 위해 몸통 높이의 낮은 옆차기와 중심 잡기를 충분히 연습시키고 점진적으로 높이를 올릴 수 있도록 한다.
   - 몸통 바로지르기에서 옆차고 이어옆차기 이후 손날 거들어 바깥막기까지 중심이동과 리듬 있게 연결할 수 있도록 살펴보고 지도한다.

6 5장. 메주먹 내려치기

채점기준

	〈기준점〉	〈표현력〉	〈주요 감점사항〉
메주먹 내려치기	- 메주먹으로 내려치는 손은 주먹이 겨드랑이를 지나 당기는 손 안쪽에서 행한다. - 내려치는 주먹등이 반대쪽 얼굴 바깥선을 지나 둥글게 머리 위에서 메주먹으로 내려친다. - 팔과 어깨가 수평이 되어야 한다. - 서기는 오른 서기와 왼 서기다.	- 메주먹 내려치고 뒤돌아 메주먹 내려치기까지	- 당기는 손 바깥에서 내려치기를 하는 경우 - 나란히서기나 모아서기로 하는 경우 - 메주먹이 어깨선보다 높거나 낮을 경우 - 등주먹 바깥치기로 하는 경우

지도법

1. 왼 앞굽이 아래막기
2-1. 메주먹 내려치기 위한 두 주먹의 교차 동작
   - 왼 앞굽이에서 오른발로 중심을 이동하며 왼발을 오른발 쪽으로 빠르게 당겨 왼서기를 연습시킨다.(왼서기의 내각은 90° 이며 발날등이 직각이 되게 연습한다)
   - 왼 메주먹은 겨드랑이 안쪽으로, 오른 주먹은 가슴 앞에 두어 두 주먹이 교차하여 준비한다.
   - 왼 앞굽이에서 왼 서기로 당기는 시간이 짧으므로 왼 메주먹과 오른 주먹의 교차를 먼저 시작한다.
   - 수련자에게 왼 메주먹은 내려치는 형태의 공격임을 충분히 이해시킨다.
   - 과도한 허리 사용이 없는지 주의하여 살펴본다.
2-2. 왼 서기 메주먹 내려치기
   - 왼 앞굽이에서 왼 서기와 동시에, 오른 주먹은 장골능 위로 당기고, 왼 주먹은 겨드랑이에서 시작하여 얼굴 위에서 아래(어깨 높이)로 메주먹으로 내려치도록 연습시킨다.
   - 왼 메주먹 내려치기의 목표점과 높이를 충분히 설명하고 지도한다.
   - 왼 앞굽이에서 왼 서기로 빠르게 당기면서 정확한 서기를 연습한다.
   - 왼 서기와 왼 메주먹 내려치기가 동시에 완성될 수 있도록 충분히 연습시킨다.
   - 준비서기에서 왼 앞굽이 아래막고 왼 서기 메주먹 내려치기까지 공.방의 원리를 이용하여 연결할 수 있도록 살펴보고 지도한다.

⑦ 5장. 옆차고 팔꿈치 표적앞치기

채점기준

옆차고 팔꿈치 표적 앞치기	〈기준점〉	〈표현력〉	〈주요 감점사항〉
	- 표적이 되는 손은 가슴 옆에서 교차하여 메주먹 바깥치기 형태로 팔을 옆차기와 평행선상으로 격준다. - 허리를 틀며 팔꿈치로 드적의 손바닥의 부위를 친다.	- 옆차고 팔꿈치 표적 앞치기까지	- 등주먹으로 돌려치거나 주먹을 지르는 경우 - 허리는 틀지 않고 표적만 당기는 경우 - 팔꿈치를 손으로 감싸 쥐는 경우 - 옆차기 시 한 손이 장골능(허리) 아래로 내려가는 경우

지도법

15. 왼 앞굽이 얼굴막기

16-1. 옆차기
  - 왼 앞굽이에서 오른발을 끌어당겨 상체를 세우며 오른발 무릎 올리기를 연습한다.
  - 이어 표적이 되는 동작을 위해 두 주먹은 가슴 앞에서 교차하며 메주먹 바깥치기 형태를 준비한다.
  - 왼 주먹은 왼 장골능 위로, 오른 주먹은 왼 어깨에서 메주먹 바깥치기 형태로 펴주며 동시에 옆차기를 연습한다.
  - 옆차기와 오른 메주먹 바깥치기 형태가 동시에 완성되는지 주의하여 살펴본다.
  - 몸통 높이로 낮게 옆차기와 오른 메주먹 바깥치기 형태를 리듬 있게 연습시키고 점진적으로 높이 찬다.
  - 오른 옆차기에서 왼 주먹으로 지지발의 왼 골반 옆을 누르며 지지하지는 않는지 주의하여 살펴본다.

16-2. 옆차고 무릎 당기기
  - 옆차고 무릎 당기며 상체를 세워 균형을 잡을 수 있도록 연습한다.
  - 무릎 당기기와 동시에 오른 메주먹은 바탕손으로 가슴 높이에 위치하도록 지도한다.
  - 팔굽 표적치기에 허리를 충분히 사용할 수 있도록 상체는 세워 균형을 잡되, 자세는 그대로 유지하도록 지도한다.

16-3. 팔꿈치 표적 앞치기
  - 수련자에게 팔굽 표적치기는 오른 바탕손으로 상대를 감싸는 형태이며, 왼 팔꿈치를 사용하여 목표점인 명치를 표적 치는 공격임을 이해시켜야 한다.
  - 옆차고 당겼던 오른 무릎을 날 앞굽이로 내딛으면서 팔꿈치 표적치기를 연습한다.
  - 옆차기 이후 허리를 충분히 사용하여 팔꿈치 표적치기를 하는지 주의하여 살펴본다.
  - 왼 팔꿈치는 표적 치는 명치선에서 벗어나지 않도록 지도한다.
  - 왼 팔꿈치가 바탕손의 한가운데에 위치하는지, 표적인 오른 바탕손은 팔꿈치를 감싸 쥐지는 않았는지, 과도하게 허리가 돌려졌거나, 상체가 앞으로 기울여지지는 않았는지 주의하여 살펴보고 지도한다.
  - 왼 앞굽이 얼굴막기에서 옆차고 팔굽 표적치기까지 균형이 무너지지 않게 연결하여 연습한다.

⑧ 5장. 앞차고 등주먹 앞치기

	채점기준		
	〈기준점〉	〈표현력〉	〈주요 감점사항〉
앞차고 등주먹 앞치기	- 발날로 내려 짓찧고 뒤꼬아서며 동시에 등주먹을 친다. - 짓찧는 발에 각도는 45°로 유지하고, 짓찧는 소리가 나야 하며, 차고 난 뒤 한걸음 반만큼 앞으로 나아가 짓찧는다.	- 앞차고 등주먹 앞치기까지	- 뒤꼬아선 앞발의 발끝이 직선상에 있거나 두 발의 뒤축이 들려있는 경우 - 짓찧는 소리가 나지 않거나, 발날의 각도가 45°가 유지되지 않는 경우 - 뒤꼬아 서기 시 주먹 하나 간격이 유지되지 않거나, 두 발이 동시에 착지하는 경우

지도법

19. 왼 앞굽이 몸통막기

20-1. 앞차기
- 지면반력을 이용하여 무릎을 가슴 앞에 탄력적으로 끌어 올리는 연습을 한다.
- 지면반력으로 올렸던 무릎을 탄력적으로 펴서 찰 수 있도록 앞차기를 연습한다.
- 앞차기 이후 무릎을 접으며 자세를 유지시켜 짓찧기를 위해 준비한다.

20-2. 짓찧기 위한 두 주먹의 교차 동작
- 앞차기 이후 무릎 접기와 동시에 등주먹 앞치기를 위해 왼 주먹은 가슴 앞으로, 오른 등주먹은 겨드랑이 안으로 교차하여 준비한다.
- 등주먹 앞치기의 효율적인 허리를 사용할 수 있도록 무릎 접기와 두 주먹의 교차에서 허리를 왼쪽으로 감아주듯 준비한다.
- 앞차기 후 접은 상태에서 짓찧기와 등주먹 앞치기의 준비동작을 리듬 있게 연습시킨다.

20-3. 오른 뒤꼬아서기 등주먹 앞치기
- 한 걸음 내디뎌 짓찧기와 동시에 등주먹 앞치기를 하면서 뒤꼬아서기를 연습한다.
- 짓찧기는 앞차고 접은 발날의 높이에 세워진 상체의 체중을 실은 공격임을 이해시킨다.
- 오른발 짓찧기에 이어서 바로 왼발이 따라오는 동작을 지도한다.
- 짓찧기는 체중을 실어 한 걸음을 충분히 내디뎌 공격할 수 있도록 지도한다.
- 짓찧기에서 위로 뛰어오르지는 않는지 주의하여 살펴본다.
- 뒤꼬아서기는 형태만 갖추지는 않았는지, 정강이와 장딴지가 견고하게 지지하고 있는지 주의하여 살펴본다.
- 왼 앞굽이 아래막고 몸통막기에서 앞차고 체중을 실어 중심이동 하며 짓찧기와 동시에 등주먹 앞치고 뒤꼬아서기를 연결할 수 있도록 지도한다.

❾ 6장. 얼굴 손날 비틀어 바깥막기 + 얼굴 돌려차기 + 얼굴 바깥막고 몸통 지르기

채점기준

	〈기준점〉	〈표현력〉	〈주요 감점사항〉
얼굴 손날 비틀어막기	- 앞굽이 비틀어막기는 팔을 교차하여 손날이 얼굴 높이가 되어야 하며 어깨선은 45°정도 된다.	- 얼굴 손날 비틀어 막고 돌려차고 뒤돌아 아래 내려막기까지	- 비틀어막기를 몸통이 충분히 틀어지지 않고 한 손으로만 하는 경우 - 한 손날 막기가 몸의 끝선(바깥선)을 넘어가는 경우
얼굴 돌려차기	- 얼굴 돌려차기 후 한걸음 반 앞으로 내딛는다. - 돌려차기 후 내려 딛는 발은 다음진행 방향으로 딛는다.		- 돌려차기를 한 후 내려 딛는 발을 모으는 경우 - 회전 시 발이 꼬여서 가는 경우
얼굴 바깥막고 몸통 지르기	- 얼굴 바깥막기는 몸끝선 정도로 맞추며 몸통 지르기와 연결 동작으로 이루어져야 한다.		- 얼굴 바깥막기가 몸끝선으로 벗어나는 경우

지도법

4. 왼 뒷굽이 오른 바깥막기
5-1. 오른 바깥막기에서 얼굴 손날 비틀어 막기 위한 두 손의 교차 동작
   - 왼 뒷굽이에서 왼발을 오른발 쪽으로 당기며 몸의 중심을 오른발로 이동시키며 준비한다.
   - 동시에 얼굴 손날 비틀어막기를 위해 왼 주먹은 오른 어깨 쪽으로, 오른 손날은 허리를 틀어 왼쪽 팔꿈치 아래쪽으로 당기며 준비한다.
   - 수련자에게 얼굴 손날 비틀어막기는 손날이 얼굴(인중)의 공격을 막는 것임을 이해시킨다.
5-2. 왼 앞굽이 얼굴 손날 비틀어막기
   - 왼 앞굽이와 동시에 왼 주먹과 오른 손날이 교차하며, 왼 주먹은 장골능 위 허리로 당기고 오른 손날은 오른쪽 몸의 끝선(바깥선)까지, 허리는 정면에서 왼쪽으로 비틀면서 오른 손날로 비틀어 막기를 연습한다.
   - 손날이 인중선을 지나 충분히 막아내고 있는지 주의하여 살펴본다.
   - 다음 동작인 돌려차기를 위해 지지 발을 돌리면서 무릎을 대각선상 가슴 앞으로 빠르게 올리며 준비한다.
6-1. 얼굴 오른 돌려차기
   - 지지발의 앞축 회전과 동시에 가슴 앞으로 끌어올린 무릎을 펴면서 돌려차기를 연습한다.
   - 돌려차기는 오른발 앞축 또는 발등으로 돌려차는 형태의 공격임을 이해시킨다.
   - 돌려차고 상체를 세워 중심잡기를 연습한다.
   - 돌려차고 균형을 유지한 상태에서 한걸음 내딛으며 중심이동을 연습시킨다.
   - 오른발 돌려차고 무릎을 접어 한 걸음 내딛고 왼발을 오른발 쪽으로 중심을 이동 시킨 후 두 주먹은 얼굴 바깥막기를 위해 몸통 선상에서 교차한다.
6-2+3. 왼 앞굽이 얼굴 바깥막고 몸통 지르기
   - 왼 앞굽이와 동시에 교차한 왼 주먹은 얼굴 바깥막고 오른 주먹은 장골능 위 허리로 당겼다가 이어서 지르기로 빠르게 연결하여 연습한다.
   - 수련자에게 얼굴 바깥막기에서 바깥 팔목으로 인중의 공격을 막아내는 것임을 이해시킨다.
   - 얼굴 바깥막기에서 바깥 팔목이 인중 선상에 위치하는지, 왼쪽 몸 끝선(바깥선)은 벗어나지 않았는지 주의하여 살펴본다.
   - 얼굴 바깥막기와 몸통 지르기는 한 호흡에 이루어질 수 있도록 지도한다.
   - 왼 앞굽이 얼굴 손날 비틀어막기에서 돌려차고 얼굴 바깥막고 몸통 지르기까지 연결할 수 있도록 지도한다.
   - 왼 뒷굽이 오른 바깥막기에서 손날 비틀어 바깥막고 돌려차고 바깥막고 지르기까지 순차적으로 허리를 이용하여 연결할 수 있도록 지도한다.

⑩ 6장. 바탕손 안막고 몸통지르기

채점기준			
바탕손 안막고 몸통 지르기	〈기준점〉 - 바탕손 안막기와 몸통 지르기는 연결동작으로 이루어져야 한다. - 바탕손 안막기의 팔의 각도는 90°~120°로 한다. - 손목은 젖혀서 바탕손으로 막고 명치에 위치한다.	〈표현력〉 - 손날막기부터 바탕손 막고 지르기 (반복)까지	〈주요 감점사항〉 - 바탕손 안막기를 눌러막기 동작으로 하는 경우 - 바탕손 안막기를 하는 손목이 펴지는 경우 - 바탕손 안막기를 하는 팔이 120°이상으로 팔꿈치를 펴서 막는 경우

지도법

17. 왼 뒷굽이 손날 거들어 바깥막기

18-1+2. 왼 앞굽이 바탕손 안막고 몸통지르기
- 왼 뒷굽이에서 오른발을 살짝 당겨 몸의 중심을 왼발에 두고 오른 주먹은 가슴 앞으로, 왼 바탕손은 어깨높이로 허리를 틀어 당기며 준비한다.
- 왼 앞굽이와 동시에 허리를 이용하여 왼 바탕손 안막고 오른 주먹은 허리로 당겼다가 빠르게 지르기로 연결하여 연습한다.
- 뒷굽이에서 앞굽이로 뒤로 이동하는 서기로서 자세의 높낮이를 유지하는지, 균형이 무너지지 않는지, 상체를 숙이지는 않는지, 앞굽이의 거리와 폭은 충분히 갖추었는지 주의하여 살펴본다.
- 바탕손이 명치선을 벗어나지는 않았는지, 눌러 막거나 팔꿈치가 펴지는지 주의하여 살펴본다.
- 앞굽이와 동시에 바탕손 안막기와 몸통지르기는 한 호흡에 이루어질 수 있도록 지도해야 한다.

19-1+2. 오른 앞굽이 바탕손 안막고 몸통지르기
- 왼 앞굽이에서 왼발을 살짝 당겨 몸의 중심을 오른발에 두고 왼 주먹은 가슴 앞으로, 오른 바탕손은 어깨높이로 허리를 틀어 당기며 준비한다.
- 오른 앞굽이와 동시에 허리를 이용하여 오른 바탕손 안막고 왼 주먹은 허리로 당겼다가 빠르게 지르기로 연결하여 연습한다.
- 왼 앞굽이에서 오른 앞굽이로 뒤로 이동하는 같은 서기로서 균형이 무너지지 않고 중심 이동을 통해 자세를 유지하여 연습한다.
- 왼 뒷굽이 손날 거들어 바깥막기에서 마지막 동작인 오른 앞굽이 바탕손 안막고 몸통지르기까지 높이의 변화가 없이 리듬 있게 연결할 수 있도록 살펴보고 지도한다.

⑪ 7장. 앞차고 몸통 안막기

채점기준			
앞차기 몸통 안막기	〈기준점〉 - 바탕손 안막기는 명치 높이다. - 몸통 안막기는 명치 높이다.	〈표현력〉 - 안막고 뒤돌아 앞차고 안막기까지	〈주요 감점사항〉 - 바탕손이 벌어지는 경우 - 앞축으로 차지 않을 경우 - 범서기가 표현되지 않는 경우

지도법

1. 왼 범서기 바탕손 안막기
2-1. 오른발 앞차기
   - 범서기에서 왼발을 펴면서 서고 오른 무릎을 가슴 앞에 탄력적으로 빠르게 끌어 올리는 연습을 한다.
   - 지면반력으로 올렸던 무릎을 탄력적으로 펴서 찰 수 있도록 앞차기를 연습한다.
   - 범서기에서 앞차기시 두 주먹은 가슴 앞에 겨룸새를 갖추고, 상체를 세워 앞차기를 한다.
   - 앞차기 이후 무릎을 접으며 지지발에 힘을 주어 몸의 중심을 유지시킨다.: 범서기는 거리와 폭이 좁아 중심 이동을 통한 자세와 균형, 안정성을 충분히 연습시킨다.
   - 왼 범서기에서 오른발 앞차고 접은 후 내려 딛는 과정에서 발을 구르지 않도록 지도한다.
   - 오른발 앞차고 접은 후 다음 동작인 몸통 안막기를 위해 오른 주먹은 가슴 앞으로, 왼 안팔목은 어깨 높이에서 허리를 틀어 동시에 몸통 안막기를 준비시킨다.
2-2. 왼 범서기 몸통 안막기
   - 왼 범서기와 동시에 허리를 회전하며 몸통 안막기를 연습한다.
   - 몸통 안막기의 안팔목이 명치선고· 몸 중심선을 지나치지 않았는지, 왼 범서기에서 왼 무릎이 가지런하지 않고 안쪽이나 바깥쪽으로 벌어지거나 치우치지 않았는지 주의하여 살펴본다.
   - 준비서기에서 왼 범서기 바탕손 안막고 오른발 앞차기 몸통 안막기까지 탄력적으로 연결할 수 있도록 지도한다.

12. 7장. 바탕손 거들어 안막고 얼굴 등주먹 앞치기

바탕손 거들어 안막기 얼굴 등주먹 앞치기	채점기준		
	〈기준점〉	〈표현력〉	〈주요 감점사항〉
	- 바탕손 거들어 안막기는 명치 높이다. - 바탕손 거들어 안막기는 허리를 사용한다. - 등주먹 앞치기는 인중 높이다.	- 거들어 안막고 등주먹 앞치기 양쪽 과정	- 등주먹 앞치기 시 거드는 팔의 등주먹이 팔꿈치에서 떨어지는 경우 - 등주먹 앞치기 시 허리를 사용하지 않고 팔만을 사용하는 경우

지도법

6. 왼 뒷굽이 손날 거들어 내려막기

7-1. 왼 뒷굽이의 왼발에서 오른발로 몸의 중심을 이동
   - 왼 뒷굽이에서 오른발로 몸의 중심을 이동하는 동시에 왼주먹은 가슴 앞으로, 오른 바탕손은 어깨높이에서 바탕손 거들어 안막기를 준비한다.
   - 바탕손 거들어 안막기 예비동작에서 허리를 사용하기 위해 오른쪽으로 허리를 당기면서 준비한다.

7-2. 왼 범서기 바탕손 거들어 안막기
   - 왼 뒷굽이에서 오른발로 중심이동을 통해 왼 범서기 자세로 연습한다.
   - 왼 범서기와 동시에 허리를 이용하여 바탕손 거들어 안막기를 연습한다.

8. 왼 범서기 얼굴 등주먹 거들어 앞치기
   - 왼 범서기에서 다음 동작인 얼굴 등주먹 거들어 앞치기를 위해 허리를 왼쪽으로 당기면서 바탕손은 왼쪽 어깨로 당기는 연습을 한다.
   - 왼쪽으로 당긴 등주먹을 허리를 회전시키며, 목표점인 인중 앞으로 등주먹 앞치기를 연습한다.
   (미트를 목표물로 허리를 회전하며 등주먹으로 실전 가격하도록 연습한다)
   - 등주먹 앞치기에서 충분히 허리를 사용해야 강한 힘을 낼 수 있다는 것을 이해시키고, 뒷굽이 손날 거들어 내려막기에서 왼 범서기 바탕손 거들어 안막고 얼굴 등주먹 거들어 앞치기까지 허리를 틀어 동작을 수행 하는지, 높이의 변화가 있는지 살펴보며 연결할 수 있도록 지도한다.

⑬ 7장. 가위막기

채점기준			
	⟨기준점⟩	⟨표현력⟩	⟨주요 감점사항⟩
가위막기	- 가위막기는 아래막기와 바깥막기의 방법을 적용하여 가슴에서 교차하여 막는다.	- 가위막기에서 가위막기까지	- 안팔목 바깥막기가 몸끝선을 벗어난 경우 - 가위막기를 등주먹 앞치기처럼 하는 경우

지도법

11. 모아서기 보주먹

12-1. 반대 가위막기
  - 모아서기 보주먹에서 몸의 중심을 낮추면, 왼 안팔목은 오른쪽 허리로 당기고, 오른 바깥팔목은 아래막기 위해 왼 어깨에 위치하며 예비동작을 준비한다.
  - 동시에 반대 가위막기에 허리를 사용하기 위해 오른쪽으로 허리를 돌려 당겨준다.
  - 왼 앞굽이와 동시에 허리를 회전하며 반대 가위막기를 연습한다.

12-1. 왼 앞굽이 가위막기
  - 반대 가위막기 이후 오른 주먹은 허리를 틀어 왼 허리로 이동하며, 왼 주먹은 아래막기 위해 오른 어깨에 위치하며 준비한다.
  - 허리를 왼쪽으로 돌려 감듯이 당겨주며, 가위막기에 허리의 힘을 충분히 사용할 수 있도록 준비한다.
  - 허리를 충분히 사용하여 아래막기와 안팔목 바깥막기로 가위막기를 연습한다.
  - 반대 가위막기에서 가위막기까지 연결하여 연습한다.
  - 오른 안팔목이 명치 높이, 오른쪽 몸 끝선(바깥선)을 지나치지는 않았는지 주의하여 살펴본다.
  - 왼 바깥팔목이 몸끝선을 지나치지는 않았는지 주의하여 살펴본다.

13-1. 왼 앞굽이에서 오른발을 당기며 두 발이 교차
  - 반대 동작도 이해하고 연습시킨다.: 동시에 두 팔목은 반대 가위막기를 준비한다.
  - 허리를 충분히 사용할 수 있도록 지도한다.

13-2. 오른 앞굽이 가위막기
  - 반대 동작도 이해하고 연습시킨다.
  - 오른 앞굽이와 동시에 반대 가위막기와 가위막기를 연습한다.
  - 왼 앞굽이 가위막기에서 오른 앞굽이 가위막기까지 허리를 충분히 사용하여 연속으로 동작을 수행하는지 살펴보고 지도한다.

⑭ 7장. 무릎치고 두 주먹 젖혀 지르기 + 엇걸어 막기

채점기준

	〈기준점〉	〈표현력〉	〈주요 감점사항〉
무릎치기 두 주먹 젖혀 지르기	- 무릎치기는 몸통 헤쳐막기한 팔을 뻗어 상대방의 머리(어깨)를 잡고 아래로 끌어 내리듯 하면서 주먹을 쥔다. - 끌어내린 주먹은 정강이까지 내린다. - 젖혀 지르기는 뒤꼬아 서기로 하며 두 주먹의 등을 위로 하여 장골능에서 시작하여 젖혀 지르기를 한다.	- 무릎치기 후 두 주먹 젖혀 지르고 엇걸어막기 후 반대편 동작까지	- 무릎치기 시 머리(어깨)를 아래로 끌어 내릴 때 주먹을 쥔 형태이거나 팔꿈치가 위로 들리는 경우(두 팔이 완전히 편 경우도 포함) - 젖혀 지르기의 지른 주먹이 늑골 위로 지나치게 올라가거나 내려가는 경우 - 젖혀 지르기 한 팔의 팔꿈치가 펴지는 경우 - 뒤꼬아서기 시 발날등이 45°가 되지 않을 경우
엇걸어 막기	- 앞에 있는 발이 왼발일 때 왼손이 아래 있어야 하며 팔목 부위를 엇걸러 막는다.		- 엇걸어 막는 부위가 손목 이거나 떨어져 있을 경우

지도법

14. 왼 앞굽이 몸통 헤쳐막기
15-1. 무릎치기
 - 왼 앞굽이에서 헤쳐 막았던 두 주먹의 손을 펴서 상대의 머리나 어깨를 잡듯이 가볍게 올린다.: 상대의 머리나 어깨를 잡았던 두 손을 아래로 끌어 내리듯 내리며 주먹을 쥔다.
 - 동시에 상체를 세우며 무릎을 바르게 끌어올려 무릎치기를 연습한다.
 - 왼 앞굽이에서 왼 지지발의 무릎을 펴며 서고 상대의 머리를 잡았던 두 손을 내리는 동시에 무릎치기가 이루어질 수 있도록 연습한다.
 - 무릎치기에서 딛는 왼발이 곧게 펴져 있는지, 두 주먹은 복사뼈 옆까지 내려서 위치하는지 주의하여 살펴본다.
15-2. 왼 뒤꼬아서기 두 주먹 젖혀지르기
 - 무릎치기 이후 서기를 유지한 상태에서 두 주먹등을 허리로 당기며 두 주먹 젖혀지르기를 준비한다.
 - 오른발을 한 걸음 반 앞으로 뛰어나가듯 내딛고, 곧바로 왼발을 당기며 왼 뒤꼬아서기를 연습한다.
 - 오른발을 내딛는 동시에 왼 뒤꼬아서기가 견고하게 이루어지는 동시에 두 주먹 젖혀지르기를 연습한다.
 - 엇걸어 아래막기를 위해 두 팔목을 왼쪽 옆구리 위로 당겨서 오른 팔목은 아래로 왼 팔목은 위로 교차하여 두며 준비한다. (엇걸어 막기시 손이 바뀌지 않도록 기술을 설명하고 이해 시킨다)
16. 오른 앞굽이 엇걸어 아래막기
 - 왼발을 물려 딛으며 오른 앞굽이와 동시에 허리를 이용하여 엇걸어 아래막기를 연습한다.(엇걸어 막기는 팔목이 교파해야 한다.)
 - 왼 앞굽이 몸통 헤쳐막기에서 무릎치기 왼 뒤꼬아서기 두 주먹 젖혀지르고 오른 앞굽이 엇걸어 아래막기까지 리듬 있게 연속으로 이루어지는지 살펴보고 지도한다.

⑮ 7장. 얼굴 등주먹 바깥치기 + 표적 안차기 + 팔꿈치 표적앞치기

채점기준			
	〈기준점〉	〈표현력〉	〈주요 감점사항〉
얼굴 등주먹 바깥치기	- 높이는 인중선으로 한다.	- 등주먹 바깥치고 표적차기 후 팔굽 표적치기까지	- 높이가 인중선에서 지나치게 벗어나는 경우
표적 안차기 팔꿈치 표적앞치기	- 표적차기는 발날등으로 찬다. - 표적차기는 얼굴높이로 차야 한다. - 주춤서기 팔굽 표적치기는 명치높이로 한다.		- 표적차기 시 표적을 만든 손이 움직이는 경우 - 팔굽 표적치기 시 시선이 진행 방향을 보지 않는 경우 - 주춤서기 시 짓찧기하듯 서는 경우

지도법

19. 왼 앞굽이 엇걸어 아래막기
20. 왼 앞서기 얼굴 등주먹 바깥치기
    - 왼 앞굽이에서 왼 앞서기로 진행하기 위해 오른발로 몸의 중심을 이동시키며 왼발을 끌어당기는 연습을 한다(지지발의 뒷꿈치가 들리지 않도록 중심이동을 통해 연습한다)
    - 동시에 얼굴 등주먹 바깥치기를 위해 오른 주먹은 가슴 앞으로, 왼 주먹은 어깨로 당긴다.
    - 허리를 회전하며 왼 앞서기와 동시에 두 주먹을 교차하여 얼굴 등주먹 바깥치기를 연습한다.
    - 엇걸어막기에서 등주먹 바깥치기까지 중심 이동과 허리를 사용하는지 살펴본다.
21-1. 오른 발날등 표적 안차기
    - 무릎을 접어 올리며 발날등으로 표적 안차고, 무릎을 접어 내릴 수 있도록 연습한다.
    - 수련자에게 표적차기는 상대의 얼굴을 왼 바탕손으로 감싸듯 잡으며, 발날등으로 안차는 공격임을 이해시킨다.
    - 표적차기가 앞차기 형태와 같이 직선으로 올려지지 않도록 주의시킨다.
    - 표적차기가 발바닥으로 차지 않도록 주의시킨다.
    - 표적차기를 과도하게 돌려차면, 이후에 팔꿈치 표적 앞치기에서 허리를 사용하기가 어려워지므로 주의하여 연습한다.
    - 표적차기 이후 몸의 중심을 주춤서기 높이로 낮추며, 표적 찼던 손을 명치 높이로 가져오고, 팔꿈치 표적 앞치기를 준비한다.
21-2. 주춤서기 팔꿈치 표적 앞치기
    - 시선은 진행 방향을 보며, 주춤서기와 동시에 허리를 회전하여 팔꿈치 표적 앞치기를 연습한다.
    - 왼 앞굽이 엇걸어 아래막기에서 등주먹바깥치고 표적 안차기 후 팔꿈치 표적 앞치기까지 빠르고 강하게 동작을 연결하여 이루어지는지 살펴보고 지도한다.

16 8장. 두발당성앞차기+몸통 안막고 두번 지르기

채점기준

	〈기준점〉	〈표현력〉	〈주요 감점사항〉
두발 당성앞차기	- 두발당성앞차기를 하고 한걸음 정도 앞으로 내려 딛는다. - 첫 번째 발을 몸통 높이 이상 차고 이어서 다음 발은 얼굴 높이로 찬다.	- 두발당성앞차기고 몸통 막고 두 번 지르기 - 첫 번째 발이 지면에 닿기 전에 이어 차야 한다. - 높이 뛰어 차는 경우를 장려한다.	- 거들어 막기에서 지르는 손을 허리에 당기지 않고 바로 지르는 경우 - 첫 번째 발이 허리 밑으로 차는 경우

지도법

2. 왼 앞굽이 몸통 바로지르기
   - 수련자에게 두발당성차기는 오른발 앞차기 이후 곧바로 뛰어 왼발 앞차기를 하는 공격임을 이해시킨다.
   - 한 걸음 정도 앞으로 내딛는 거리를 충분히 이해 시킨다.
   - 몸을 솟구쳐 오르듯 오른 무릎을 끌어 올리고, 이어 근력을 최대한 올려 왼 무릎 끌어올리기를 연습한다.
   - 두발당성차기 전, 무릎을 낮은 높이부터 연습하고 거리와 균형 감각을 익히도록 한다.

3-1+2. 두발당성앞차기
   - 주먹은 가슴 앞으로 당기면서 오른발 몸통 앞차기에 이어 탄력을 이용하여 왼발 얼굴 앞차기까지 연속으로 두발당성앞차기를 연습한다. (두 주먹이 벌어지거나 아래로 내려가지 않도록 지도한다)
   - 두발당성앞차기가 마치 나래차기의 리듬으로 이어 차는지 주의하여 살펴본다.
   - 앞으로 한 걸음 내딛는 거리와 뛰어 차는 높이를 충분히 연습해야 한다.
   - 두발당성앞차기 이후 오른발을 먼저 딛고, 왼 무릎은 접으며, 몸의 중심을 앞굽이 높이로 낮춘다.
   - 동시에 왼 안팔목을 어깨선상으로 당기고, 오른 주먹은 가슴 앞으로 가볍게 이동시켜 몸통 안막기를 준비한다.

3-3. 왼 앞굽이 몸통 안막기
   - 두발당성앞차고 왼 앞굽이로 딛는 동시에 왼 주먹은 몸통 안막기를 오른 주먹은 허리로 빠르게 당기면서 연습한다.
   - 두발당성앞차기의 공중에 띄우는 동작 이후 왼 앞굽이의 균형을 잘 잡을 수 있도록 충분히 연습시킨다.

3-4+5. 왼 앞굽이 몸통 두 번 지르기
   - 안막기에 이어 몸통 두 번 지르기는 한 호흡에서 빠르게 이루어질 수 있도록 연습한다.
   - 몸통 안막고 두 번 지르기까지 연결하여 이루어질 수 있도록 지도한다.
   - 왼 앞굽이 몸통 바로지르기에서 두발당성앞차기 후 몸통 안막고 두 번 지르기까지 균형과 정확한 보폭으로 연결할 수 있도록 지도한다.

17 8장. 외산틀막기 + 턱 당겨지르기

채점기준			
	〈기준점〉	〈표현력〉	〈주요 감점사항〉
외산틀막기	- 앞굽이는 일직선상에서 발끝이 측면 쪽으로 약간 틀어진 상태(모앞굽이 자세)	- 산틀 막고 턱 당겨지르기까지	- 두 발 모양이 마름모꼴이 되지 않을 경우 - 안팔목으로 바깥막는 주먹의 높이가 머리 위로 올라갈 경우 - 외산틀막기를 천천히 하는 경우
턱 당겨 지르기	- 온몸에 힘을 주어 서서히 지른다. - 마지막에 급하게 지르지 않는다. (8초 정도) - 주먹등을 위로 하여 가슴을 거쳐간 후 젖히며 지른다. - 당긴 손은 어깨선에 위치한다.		- 막기 후 옮겨 딛기를 하지 않고 바로 지를 경우 - 턱 당겨지르기 시 허리에서 시작하는 경우 - 턱 당겨지르기를 빠르게 하거나 또는 마지막에 끊어 치는 경우 - 당긴 손의 메주먹이 어깨선에 위치하지 않는 경우

지도법

4. 오른 앞굽이 몸통 반대지르기
5-1. 오른 모앞굽이와 외산틀막기 위한 두 주먹의 교차 동작
  - 오른 모앞굽이를 위해 오른발어 몸의 중심을 이동시켜 왼발을 오른발 쪽으로 당긴다.
  - 왼발이 오른발로 모아질 때 다음 동작인 외산틀막기를 위해 오른 안팔목은 왼쪽 허리선으로 당기고, 왼 바깥팔목은 아래 막기 위해 오른 어깨 쪽으로 당기면서 준비한다.
  - 수련자에게 산틀막기와 외산틀막기를 충분히 이해시킨다.
5-2. 오른 모앞굽이 외산틀막기
  - 왼발을 내딛으며 유에서 강으로 오른 모앞굽이 외산틀막기를 연습한다.
    (외산틀막기에서 시선이 진행방향으로 빠르게 가야 안정된 동작을 할수 있다)
  - 오른 안팔목이 왼쪽 허리에서 인중선을 스치듯 이동시켜 왼산틀막기를 하는지 주의하여 살펴본다.
  - 두 팔목의 높이와 위치, 형태가 외산틀막기에 어긋나지는 않는지 충분히 연습시켜야 한다.
  - 모앞굽이와 외산틀막기의 높이와 위치, 형태, 거리를 확인하며 연습할 수 있도록 지도한다.
    (수련자에게 안팔목이 안이나 밖으로 벌어지거나 기울어지지 않게, 거울을 바라보게 하여 연습시킨다)
6-1. 왼발 옮겨 딛으며 왼 앞굽이 서기
  - 허리를 틀어 왼발 옮겨 왼 앞굽이로 딛으며, 턱 당겨지르기를 위해 왼 주먹은 상대의 어깨선상 높이로, 오른 주먹은 명치 선상 겨드랑이 아래에서 준비한다.
6-2. 왼 앞굽이 턱 당겨지르기
  - 왼발 옮겨 딛어 왼 앞굽이와 동시에 턱 당겨지르기까지 멈추지 않고 8초정도 동작으로 진행할 수 있도록 지도한다.(지르는 주먹은 턱 높이이고 당긴 주먹은 어깨 앞에 위치한다)
  - 오른 앞굽이 몸통 반대지르기에서 외산틀막고 왼 앞굽이 턱 당겨지르기까지 강유, 완급을 통해 동작을 수행 하는지 살펴보며 지도한다.

⑱ 8장. 앞차고 지르고 바탕손 안막기

채점기준			
	〈기준점〉	〈표현력〉	〈주요 감점사항〉
앞차고 지르고 바탕손 안막기	– 앞차기는 앞축으로 목표를 향해 얼굴 높이 이상으로 한다. – 바탕손 안막기는 명치 높이이다.	– 손날 거들어 바깥막고 앞차고 지르기 후 바탕손 안막기까지	– 바탕손 안막기를 하는 손목이 펴지는 경우 – 바탕손 안막기를 하는 팔이 120° 이상으로 팔꿈치를 펴서 막는 경우

지도법

12. 왼 범서기 손날 거들어 바깥막기

13-1. 왼 앞차기
- 제자리에서 몸을 빠르게 일으켜 오른 무릎을 탄력적으로 펴주며, 왼 대퇴사두근을 이용하여 무릎을 가슴 앞까지 빠르게 접어 올리는 연습을 한다. (고무 밴드를 이용하여 무릎 끌어올리기, 끌어올린 무릎 버티기 등 다리 근력을 향상 시킨다)
- 가슴 앞까지 빠르게 접었던 무릎을 펴며 겨룸새 자세에서 왼 앞차기를 연습한다.
- 왼발의 무릎이 올라가기 전에 미리 펴져서 끌어 올리는 동작은 하지 않도록 지도한다.
- 왼 범서기에서 왼 앞차기는 지면반력의 사용보다 대퇴사두근과 오른 무릎 펴는 힘을 사용해야 하므로 충분한 근력 훈련이 필요하다.
- 왼 앞차기에서 오른 무릎을 펴고 상체를 세워 차는지 주의하여 살펴본다.
- 왼발을 차고 접은 상태에서 다음 동작인 몸통 지르기를 위해 왼 주먹은 가슴 앞, 오른 주먹은 장골능 위에서 준비한다.

13-2. 왼 앞굽이 몸통 바로지르기
- 왼발을 차고 접은 상태에서 앞굽이와 동시에 빠르고 강하게 몸통 바로지르기를 연습한다.
- 왼 앞굽이 바로지르기에서 왼손은 어깨선상으로 오른 주먹은 가슴 앞으로 가볍게 당겨 바탕손 안막기 준비한다.

14. 왼 범서기 바탕손 안막기
- 왼 앞굽이에서 오른발로 중심을 이동시켜 범서기를 연습한다. (오른발의 뒤축이 떨어지지 않도록 연습한다)
- 범서기와 동시에 오른 주먹은 장골능 위로 당기고 왼 바탕손 안막기를 교차하며 연습한다.
- 왼 범서기 손날 거들어 바깥막기에서 앞차고 지르기 후 바탕손 안막기까지 리듬 있게 연결할 수 있도록 살펴보고 지도한다.

⑲ 8장. 앞차고 뛰어앞차기 이어서 몸통 안막고 두번 지르기

채점기준

앞차고 뛰어 앞차기	〈기준점〉	〈표현력〉	〈주요 감점사항〉
	- 앞차고 바닥에 발이 닿기 전 오른발로 뛰어 앞 찬다.	- 앞차고 뛰어 앞차기 - 높이 뛰어 차는 경우를 장려한다.	- 앞발차기 시 얼굴을 차지 않는 경우 - 앞차기하고 난 뒤 반동을 주어 앞차는 경우

지도법

18. 왼 뒷굽이 거들어 아래막기

19-1. 왼발 앞차기
- 오른발로 중심을 이동시켜 왼발 무릎을 가슴 앞으로 빠르게 끌어 올리게 연습한다.
- 오른발로 중심이동과 몸을 빠르게 일으키는 속도를 이용하여 탄력적으로 앞차기를 차게 연습한다.(목표는 얼굴이다)
- 왼발 앞차기 이후 무릎을 접고, 제자리에서 뛰어오르며 오른 무릎을 가슴 앞으로 끌어 올리게 연습한다.
- 왼발 앞차기 이후 중심이 흐트러지는지를 살펴보고 지도한다.

19-2. 이어 오른발 뛰어 앞차기
- 왼발 앞차고 이어 제자리에서 뛰어오르며 오른 앞차기를 충분히 연습한다.
- 오른발 뛰어 앞차기에서 기합을 넣는지 확인한다.: 오른발 뛰어 앞차기 이후 왼발에 중심을 잡아 딛으면서 오른 무릎을 접는다.
- 동시에 오른쪽으로 허리를 감아 돌리듯 틀면서, 왼 주먹은 가슴 앞으로, 오른 안팔목은 몸통 안막기를 준비한다.

19-3. 오른 앞굽이 몸통 안막기
- 오른 앞굽이와 동시에 오른 주먹은 몸통 안막기, 왼 주먹은 허리로 당기면서 연습시킨다.
- 허리를 충분히 사용하여 몸통 안막기를 할 수 있도록 지도한다.

19-4+5. 오른 앞굽이 몸통 두 번 지르기
- 안막기에 이어 몸통 두 번 지르기는 한 호흡에서 빠르게 이루어질 수 있도록 연습한다.
- 몸통 안막고 두 번 지르기까지 연결하여 이루어질 수 있도록 지도한다.
- 왼 뒷굽이 거들어 아래막기에서 앞차고 뛰어앞차기 후 몸통 안막고 두 번 지르기까지 탄력적으로 중심을 잡고 연결할 수 있도록 살펴보고 지도한다.

20. 고려. 거듭 옆차고 손날 바깥치기

	채점기준		
	〈기준점〉	〈표현력〉	〈주요 감점사항〉
거듭 옆차고 손날 바깥치기	- 첫 발은 무릎높이, 둘째 발은 얼굴 높이로 찬다.	- 거듭 옆차고 옆은 손날 바깥치고 몸통 지르고 안막기 동작까지(양쪽)	- 첫 발이 돌려차기 형태로 차는 경우 - 첫 발을 무릎 아래로 차는 경우 - 두 동작이 연속되지 않는 경우 - 옆차기 시 한 손이 장골능(허리) 아래로 내려가는 경우

지도법

1. 오른 뒷굽이 손날 거들어 바깥막기
2-1. 옆차기
   - 뒷굽이에서 왼발로 중심을 이동시켜 겨룸새 자세에서 첫발인 오른발로 무릎 높이를 찬다.
   - 무릎높이 옆차기는 가볍고 탄력적으로 차고 가슴으로 무릎을 당기는 연습을 한다.
     (힘을 빼고 가볍게 튕겨주듯이 차고 빠르게 당겨준다)
   - 첫발을 차지 않고 들었다 두 번째 발차기만 차는 큰 실수가 나올 수 있으니 지도자는 무릎을 접어 차는 것을 주의하여 살펴본다.
2-2. 거듭 옆차기
   - 첫발을 차고 당긴 속도와 탄력성을 이용하여 그대로 거듭 옆차기를 차고 중심 잡기를 연습시킨다.
   - 수련자의 근력과 유연성을 위해 옆으로 끌어 올리기, 끌어 올려 버티기 등을 연습 시킨다.
   - 거듭 옆차기를 안정적으로 찰 수 있도록 점진적으로 지도한다.
   - 거듭 옆차기시 손으로 골반을 밀어 차는지, 중심이 흐트러지는지를 살펴보면서 지도한다.
2-3. 오른 앞굽이 목 손날 바깥치기
   - 거듭 옆차기 이후 무릎을 접는 동시에 왼발에 몸의 중심을 잡은 상태에서 왼 주먹은 가슴 앞으로, 오른 손날은 왼 어깨로 당겨 손날 바깥치기를 위한 두 손의 교차 동작을 한다.
   - 왼발에서 오른발로 몸의 중심을 이동시키는 동시에 오른 앞굽이로 손날 바깥치기를 한다.

21 고려. 앞차기 + 아금손 무릎꺾기

채점기준

	〈기준점〉	〈표현력〉	〈주요 감점사항〉
앞차고 아금손 무릎꺾기	- 시작점 : 명치 선 - 끝점 : 아래 - 반대손 위치 : 팔꿈치 - 아래 손은 팔꿈치 아래 주먹 하나 간격으로 위치한다. - 눌러 꺾기 한 손은 중앙에 위치한다.	- 앞차고 아금손 무릎꺾고 안팔목 헤쳐막기까지	- 아금손이 제대로 되지 않고, 손목이 꺾인 경우 - 당기는 손이 무릎꺾는 팔의 팔꿈치를 지나 너무 깊게 들어가는 경우

지도법

11. 왼 앞굽이 아금손 앞치기

12-1. 오른발 앞차기
- 왼발에 중심을 이동시켜 몸을 일으키며 겨룸새 자세에서 오른발 무릎을 가슴 앞으로 빠르게 끌어 올리게 연습한다.
- 왼발에 힘을 주고 몸을 일으키는 가속으로 탄력을 이용하여 앞차기를 차게 연습한다.
  (무릎이 가슴까지 끌어 올리기 전에 미리 펴지지 않도록 지도한다): 앞축이 잘 표현되었는지 주의하여 살펴본다.
- 앞차고 무릎 접는 동작이후 다음 동작을 위해 동시에 오른손은 당길 수 있도록 아래에 두며, 왼손은 명치선 왼쪽 옆에서 아금손 무릎꺾기 를 준비한다.

12-2. 오른 앞굽이 아금손 무릎꺾기
- 앞차고 접은 발이 오른 앞굽이로 지면에 닿는 동시에 아금손의 손목이 꺾이지 않도록 펴고 힘을 주어 무릎꺾기를 연습한다.
  (아금손은 아래 단전에 위치하고, 당기는 오른 손은 팔꿈치 밑에 위치한다)
- 수련자에게 아금손 무릎꺾기는 발목을 잡아당기며 아금손으로 무릎 관절을 눌러 꺾는 공격임을 이해시킨다.
- 과도한 꺾기의 동작으로 상체가 숙이지는 않았는지 주의하여 살펴본다.
- 왼 앞굽이 아금손 앞치기에서 앞차고 오른 앞굽이 아금손 무릎꺾기까지 중심이동과 균형을 잡고 연결할 수 있도록 살펴보고 지도한다.

22 고려. 앞꼬아서기 옆차기 + 아래 편손끝 젖혀 찌르기

채점기준			
앞꼬아서기 옆차기	〈기준점〉 - 옆차기와 표적 지르기 한 손을 당김과 동시에 옆 찬다.	〈표현력〉 - 안팔목 몸통 헤쳐막기부터 편손끝 젖혀 찌르기까지	〈주요 감점사항〉 - 당기는 손이 작은 돌쩌귀 형태를 취하지 않을 경우 - 시작점에서 손등이 아래 방향으로 있을 경우
아래 편손끝 젖혀 찌르기	- 옆차기한 발이 바닥에 닿는 순간 젖혀 찌른다. - 찌른 손은 단전 높이로 한다.		

지도법

17. 주춤서기 표적지르기

18-1. 앞꼬아서기 옆차기
- 주춤서기에서 오른발을 앞으로 옮겨 딛으며 오른 앞꼬아서기를 연습한다.
  (오른발이 이동시 뒤로 꼬아서 이동하지 않도록 주의 깊게 살펴본다)
- 주춤서기에서 오른 앞꼬아서기로 이동하며 왼 무릎을 가슴까지 빠르게 올리도록 연습한다.
- 주춤서기에서 오른 앞꼬아서기로 이동하며 가속을 이용하여 빠르게 옆차기를 차고 접으면서 중심 잡기를 연습한다.
- 작은 돌쩌귀 형태로 당기면서 왼 옆차고 지지발인 오른발에 몸의 중심을 두고 상체를 세워 균형을 유지한다.
- 옆차기를 차고 진행 방향이 바뀌기 때문에 몸의 중심이나 서기의 난이도가 높으므로 허리 높이의 옆차기부터 점진적으로 높이 찰 수 있도록 지도한다.
- 옮겨 디디며 꼬아서기, 꼬아서면서 무릎 올리기, 무릎 올리기면서 옆차기까지 순차적으로 연습하고 수련자의 근력과 평형성, 유연성 따라 점진적으로 지도한다.

18-2. 오른 앞굽이 아래 편손끝 젖혀 찌르기
- 옆차고 무릎을 접는 후 오른 손끝은 아래에 두고, 활시위를 당기듯 왼 손끝은 왼 가슴 옆에 두어 아래 편손끝 찌르기를 준비한다.
- 옆차고 접은 왼발이 지면에 닿는 동시에 왼 앞굽이 아래 편손끝 찌르기를 연습한다.
- 아래 편손끝 찌르기 동작에서 상체가 숙이지는 않았는지 주의하여 살펴본다.
- 주춤서기 표적지르기에서 앞꼬아서면서 옆차고 편손끝 젖혀 찌르기까지 리듬 있게 연결하도록 지도한다.

23 고려. 바탕손 눌러막고 팔꿈치 거들어 옆치기

채점기준			
	〈기준점〉	〈표현력〉	〈주요 감점사항〉
바탕손 눌러막기 팔꿈치 거들어 옆치기	- 앞서기로 바탕손 눌러막기 후 연속해서 팔굽 거들어 옆치기를 한다. - 눌러막기: 명치 높이 - 팔꿈치치기: 가슴 높이	- 바탕손 눌러막고 팔꿈치 거들어 옆차기까지	- 눌러막는 바탕손이 명치에서 벗어나거나 앞서기 이외의 서기로 하는 경우 - 눌러막기를 바탕손으로 쳐내는 경우

지도법

19. 오른 앞서기 아래막기

20-1. 왼 앞서기 바탕손 눌러막기
 - 오른 앞서기에서 왼 앞서기를 딛기 위한 두 발의 교차 동작에서 상체는 눌러막기를 준비한다.
  (오른 앞서기에서 왼 앞서기로 딛기 과정에서 다음 서기인 주춤서기로 이동을 편히 가기위해 왼발을 주춤서기 형태로 미리 틀어 놓지 않도록 한다)
 - 두 발의 교차 동작에서 아래 막았던 오른 주먹을 허리 앞으로 올리고, 왼 바탕손을 어깨높이로 세워 눌러막기를 준비한다.
 - 왼발을 내디디며 앞서기와 동시에 바탕손 눌러막기를 연습한다. (눌러막기의 바탕손이 명치 높이에 위치한다)
 - 위에서 아래로 명치의 공격을 눌러 막는 표현이 잘 되었는지, 이동하면서 눌러막기 시 앞서기가 정확하게 표현 되는지 주의하여 살펴보고 지도한다.

20-2. 주춤서기 팔꿈치 거들어 옆치기
 - 왼 앞서기에서 오른발을 내딛어 주춤서기로 딛기 위한 두 발의 교차 동작에서 팔굽 거들어 옆치기를 준비한다.
 - 두 발의 교차 동작에서 주춤서기로 이동하기 위해 왼발에 몸의 중심에서 주춤서기 높이로 낮춘다.
 - 두 발의 교차 동작에서 팔꿈치 거들어 옆치기를 위해 오른 주먹과 거든 왼 바탕손을 명치선의 왼쪽 가슴 높이에 위치한다.
 - 오른발의 앞축이 먼저 닿고, 뒷축이 닿는 동시에 주춤서면서 팔굽 거들어 옆치기를 연습한다.
 - 두 발의 교차 동작에서 몸의 중심을 잡고 있는 왼발이 먼저 틀어지지는 않는지 주의하여 살펴본다.
 - 오른 앞서기 아래막기에서 왼 앞서기 바탕손 눌러막고 중심이동을 통해 주춤서기 팔굽 거들어 옆치기까지 리듬 있게 연결하도록 지도한다.
 - 팔꿈치 거들어 옆차기 시 바탕손으로 주먹을 감싸지 않아야 한다.

24. 고려. 아래 메주먹 표적 안치기 + 손날 바깥치고 손날 아래막기

채점기준

	〈기준점〉	〈표현력〉	〈주요 감점사항〉
아래 메주먹 표적 치기	– 두 손이 머리 위에 있을 때 발을 모아 서고 두 손이 어깨선에 왔을 때 왼 주먹을 말아 쥐기 시작하여 아래 메주먹 표적치기를 한다. (8초 정도)	– 아래 메주먹 표적치기부터 아금손 앞치기(기합)까지	– 팔굽이 완전히 펴진 경우 – 아래 메주먹 표적치기 시, 치는 것이 표현되지 않을 경우
손날 바깥치고 손날 아래막기	– 두 손을 반드시 교차해야 한다. (손날이 목 높이, 몸끝선에 있어야 한다)		– 손날 바깥치고 손날 내려막기가 표현되지 않을 경우

지도법

25. 주춤서기 팔꿈치 거들어 옆치기
26-1. 아래 메주먹 표적치기 준비
 – 오른발 끌어와 모아서는 동시에 팔꿈치 거들었던 두 손을 얼굴 위로 올려 겹손의 형태를 만들도록 한다.
 – 팔굽이 완전히 펴진 겹손의 형태가 아니라 자연스러운 준비동작으로 표현한다.
26-2. 아래 메주먹 표적치기
 – 원을 그리듯 천천히 내리며 아래 메주먹 표적치기를 연습한다. (호흡을 통해 약 8초 정도로 멈추는 동작 없이 천천히 이루어진다) (천천히 수행하는 동작은 심상 훈련을 통해 호흡과 함께 초에 대한 개념을 가지도록 연습한다)
 – 아래 메주먹 표적치기는 8초정도 내리는 속도로 가볍게 치는 동작으로 완성한다.
27-1+2. 왼 앞굽이 손날 바깥치고 손날 아래막기
 – 모아서기에서 왼 앞굽이를 위해 왼 앞굽이 높이로 몸의 중심을 낮춘다.
 – 몸의 중심을 낮추고 동시에 왼 손날은 오른 어깨 위에, 오른 주먹은 왼 팔꿈치 앞에서 왼 손날 바깥치기를 준비한다.
 – 왼 앞굽이를 위해 왼발을 뒤로 내빼듯 움직이며, 몸의 회전과 서기의 틀림이 동시에 일어나도록 지도한다.
 – 진행 방향으로 시선을 돌리며 왼발을 이동시켜 왼 앞굽이와 동시에 왼 손날 바깥치기를 연습한다.
 – 바깥치기 이후 허리를 빠르게 회전하여 활시위를 당기듯 왼 손날은 오른 어깨 위에, 오른 주먹은 명치 앞으로 교차하여 손날 아래막기를 준비한다.
 – 허리의 회전을 사용하여 왼 손날 아래막기를 연습한다.
 – 주춤서기 팔굽 거들어 옆치기에서 아래 메주먹 표적치기 후 왼 앞굽이 손날 바깥치고 손날 아래막기까지 연결하고, 높이의 변화없이 허리의 회전을 사용하는지 살펴보고 지도한다.

25 금강. 몸통 손날 안막기 + 금강막기

채점기준

	〈기준점〉	〈표현력〉	〈주요 감점사항〉
몸통 손날 안막기	- 막는 손과 딛는 발은 동시에 이루어진다. - 몸통 손날 안막기 시 막는 손이 몸 중심선에 있어야 한다.	- 뒤로 물러 딛기 시 중심 이동과 - 지지하는 축의 회전이 동시에 이루어져야 한다.	- 손날 안막기가 몸의 중심선 밖에서 멈출 경우 - 손날 안막기 시 손과 발이 일직선상에 있는 경우 - 손날 안막기 한 후 손날막기한 손을 풀지 않고 (회전) 당기는 경우
금강막기	- 아래막기와 얼굴막기를 서서히 동시에 교차한다.(금강막기 시작점부터 8초 정도)	- 금강막고 큰 돌쩌귀 후 산틀막기(양쪽) - 금강막기와 시선이 동시에 끝나야 한다.	- 금강막기가 몸의 측면선을 벗어난 경우 - 당기는 발을 바닥에 끌면서 들어 올리는 경우

지도법

6. 왼 뒷굽이 몸통 손날 안막기
7. 오른 뒷굽이 몸통 손날 안막기
   - 왼 뒷굽이에서 중심을 뒤로 이동시켜 오른발 앞축으로 회전하여 오른 뒷굽이 서기로 보폭과 각도를 충분히 연습시킨다.
   - 뒷굽이 서기 시 무릎이 안쪽이나 바깥쪽으로 치우지는 않았는지, 유의하여 살펴본다.
   - 왼 뒷굽이에서 왼 주먹은 손날을 만들어 어깨높이로 올리고, 오른 손날은 주먹으로 가볍게 회전하여 들어준다.
   - 오른 뒷굽이와 동시에 왼 손날과 오른 주먹을 교차하며 왼 손날 안막기 연습한다.(손날은 몸의 중심선까지 손목은 명치선까지 올수 있도록 연습한다)
   - 몸의 높낮이의 변화가 일어나지 않도록 살펴보고 지도한다.
8. 오른 학다리서기 금강막기
   - 오른 뒷굽이에서 오른 학다리서기로 딛기 위해 왼발을 들어서 오른발 무릎 안쪽에 붙이는 몸의 중심이동을 충분히 연습한다.
   - 오른발을 틀며 오른 학다리서기로 딛는 동시에 왼 주먹은 어깨 앞에, 오른 주먹은 팔꿈치 아래 허리선에서 금강막기를 준비한다.
   - 오른 학다리서기 금강막기 시 시선은 정면에서 진행방향으로 천천히 따라가고 약 8초 정도로 금강막기를 연습한다.
     (학다리서기의 등척성 운동과 금강막기의 등장성 운동을 설명하고 이해시키면 학다리서기 금강막기에 많은 도움이 된다)
   - 학다리서기의 균형감각을 위해 보조운동으로 한발 스쿼트, 중심이동 버티기, 등을 병행한다.
   - 오른 뒷굽이에서 오른 학다리서기로 딛는 과정에서 당기는 발이 바닥에 닿지 않도록 한다.
   - 왼 뒷굽이 손날 안막기에서 오른 뒷굽이 몸통 손날 안막고 학다리서기 금강막기까지 강유, 완급에 따라 동작을 수행 하면서 몸의 균형이 깨지지 않고 연결할 수 있도록 살펴보고 지도한다.

26 금강. 큰 돌쩌귀 + 돌아 큰 돌쩌귀

채점기준

	〈기준점〉	〈표현력〉	〈주요 감점사항〉
큰 돌쩌귀	- 높이- 명치와 가슴선 중간 - 위아래 주먹이 일직선상에 놓이게 한다. - 위 손은 가슴과 주먹 하나 간격을 둔다.	- 금강막고 큰 돌쩌귀에서 산틀막기 (양쪽)	- 큰 돌쩌귀 한 위아래 주먹이 일직선 상에서 지나치게 벗어날 경우 - 위 손이 가슴과 주먹 하나 간격보다 지나치게 벗어날 경우
돌아 큰 돌쩌귀	- 주춤서기에서 중심의 높이를 변화 시키지 않고 돌아야 한다. (한 발 간 격으로 돌아야 한다.)		- 작은 돌쩌귀로 도는 경우 - 축 회전 시 제자리 회전, 또는 한발 간격 이상으로 회전할 경우

지도법

8. 학다리서기 금강막기
9. 주춤서기 큰 돌쩌귀
   - 수련자에게 큰 돌쩌귀의 쓰임을 충분히 이해시킨다.
   - 오른 학다리에서 주춤서기로 딛기 위해 오른발에 중심을 두고 왼발을 천천히 내리며 준비한다.
   - 왼발을 내밀며 주춤서기를 준비하는 동시에 오른 주먹은 오른쪽 장골능 위에, 왼 주먹은 오른 주먹 위에 반대 큰 돌쩌귀를 준비한다.
   - 주춤서기와 동시에 두 주먹의 회전과 허리 회전을 이용하여 돌려 지르며 큰 돌쩌귀를 연습한다.(먼저 돌려 지르기를 연습하고, 큰 돌쩌귀로 연습하고, 주춤서기와 동시에 할 수 있도록 점진적으로 한다)
9. 돌아 큰 돌쩌귀
   - 주춤서기에서 왼쪽으로 돌아 주춤서기를 딛기 위해 오른발을 옆으로 내디디며 한발 간격의 작은 주춤서기 형태를 준비한다.
   - 왼쪽으로 돌면서 작은 주춤서기 형태에서 두 주먹은 큰 돌쩌귀에서 반대 돌쩌귀의 형태를 준비한다.
   - 작은 주춤서기 형태에서 왼발을 180° 뒤로 당겨 내디디며, 주춤서기와 동시에 두 주먹의 회전과 허리 회전을 이용하여 돌려 지르며 큰 돌쩌귀를 연습한다.
   - 주춤서기에서 주춤서기로 돌려 딛는 서기에서 몸의 높낮이가 발생하지 않도록 주의하여 살펴본다.
   - 주춤서기에서 주춤서기까지 360° 회전하는 딛기에서 일직선상으로 이동하도록 연습시킨다.: 중심이동을 통해 주춤서기에서 주춤서기로 옮겨 딛는 서기를 먼저 연습하고 이후에 큰 돌쩌귀까지 연결하여 지도한다. (두 발이 품새선에서 벗어나지 않도록 중심 이동을 통해 발바닥에 힘이 전달 되도록 연습한다)
   - 학다리서기 금강막기에서 큰 돌쩌귀하고 돌아 큰 돌쩌귀까지 허리 회전과 중심이동을 통해 강유, 완급, 리듬으로 연결하는지 살펴보고 지도한다.: 큰 돌쩌귀 시 어깨에 과도한 힘을 주면 몸을 부자연스럽게 만들고, 기술의 완성도를 저해시킬 수 있다.

27 금강. 산틀막기

채점기준

	〈기준점〉	〈표현력〉	〈주요 감점사항〉
산틀막기	- 양 팔목이 인중 높이에 일치한다. - 허리를 이용해 발날로 짓찧어야 한다. - 발날등은 진행 방향으로 향한다. - 짓찧는 발은 지지발의 무릎 이상 올린다. - 시선은 진행 방향을 보아야 한다.	- 금강막고 큰 돌쩌귀 후 돌아 큰 돌쩌고 산틀막기(양쪽)까지	- 두 주먹이 머리 위 또는 턱 아래로 가는 경우 - 등주먹 치기 행위로 표현될 경우 - 허리를 이용해 발날로 짓찧지 않을 경우 - 짓찧기를 발바닥으로 하는 경우 - 발날등이 진행 방향으로 향하고 있지 않는 경우

지도법

10. 주춤서기 큰 돌쩌귀
11. 주춤서기 산틀막기
    - 수련자에게 산틀막기는 오른 안팔목의 얼굴 안막기와 왼 안팔목의 얼굴 바깥막기를 동시에 막는 기술임을 이해시킨다.
    - 주춤서기에서 90° 방향을 바꾸는 주춤서기로 딛기 위해 오른발을 진행방향으로 들어 왼발에 몸의 중심을 잡는 연습을 한다.
    - 짓찧기시 오른발의 뒷축을 진행방향으로 무릎 높이로 들어 안에서 밖으로 체중을 싣고, 발날로 바닥에 짓찧는 소리가 나도록 연습한다.
    - 산틀막기는 오른 안팔목은 얼굴 옆 인중 선상에서 왼 안팔목은 오른쪽 허리선상에서 허리를 회전하며 교차하여 산틀막기를 연습한다. (산틀막기시 왼 안팔목 얼굴 바깥막기 동작은 보이지 않기 때문에 거울을 보면서 정확한 자세를 반복 연습한다)
    - 허리를 이용해 발날로 짓찧기와 동시에 산틀막기를 연습한다.: 기합을 넣는지, 서기와 막기 동작의 보폭과 자세를 확인하며 주의하여 살펴본다.
    - 주춤서기에서 짓찧면서 산틀막기의 허리 사용이 어렵기 때문에 기술을 충분히 설명해 주고 짓찧기와 산틀막기를 분습법으로 나누어 연습 후 연결해서 지도할 수 있도록 한다.
    - 주춤서기 큰 돌쩌귀에서 짓찧기와 동시에 산틀막기까지 자세 및 중심이동과 높낮이의 변화없이 허리를 사용하여 수행하는지를 살펴보고 지도한다.

28 태백. 아래 손날 헤쳐막기 + 앞차고 몸통 두 번 지르기

	채점기준		
	〈기준점〉	〈표현력〉	〈주요 감점사항〉
아래 손날 헤쳐막기	- 범서기는 앞에 있는 발목을 펴고 앞축만 딛고 체중은 뒷발에 싣는다. - 아래 손날 헤쳐막기 시 손의 위치는 몸의 측면선 범위 내	- 아래 손날 헤쳐막기에서 앞차고 두번 지르고 뒤돌아 두 번 지르기까지	- 손 등이 앞을 향하는 경우 - 손날이 앞뒤 허벅지를 벗어나는 경우

지도법

0. 준비
1. 왼 범서기 아래 손날 헤쳐막기
   - 준비서기에서 왼 범서기를 딛기 위해 몸의 중심을 범서기 높이로 낮춘다.
   - 몸의 중심이 낮추는 동시에 두 손날은 가슴 앞에서 X자로 교차하여 준비한다.
   - 움직이는 발쪽의 손날이 앞으로 위치하게 X자를 만든다.: (왼발이 이동할 땐 왼손이 앞, 오른발이 이동할 땐 오른손이 앞에 위치한다)
   - 왼발을 들어 왼발 앞축이 닿으며, 오른발을 틀어 왼 범서기를 완성하는 동시에 두 손날을 회전하며 손날 아래 헤쳐막기를 연습한다.
   - 손날의 손가락이 벌어지거나, 손날의 손목이 굽혀지거나, 젖혀지지 않도록 연습한다.
   - 준비서기에서 왼 범서기는 준비서기 기준으로 딛기의 방향만 변화가 있을 뿐 두 발의 간격이 왼 범서기의 거리와 비슷하기에 제자리에서 방향만 돌려 딛는 형태로 연습한다.
2. 앞차기
   - 지면반력으로 무릎을 올려 탄력적으로 찰 수 있도록 앞차기를 연습한다.
   - 수련자의 체력(근력, 순발력, 유연성 등)의 조건에 따라 낮은 높이에서 익숙해질 때까지 정확하게 앞차기를 연습하고 점진적으로 높이 찰 수 있도록 지도한다.
   - 탄력은 다리 근력과 몸통 코어의 힘을 이용하여 허리, 고관절, 무릎, 발목, 앞축으로 전달되는 느낌으로 차야 한다.

2-1. 무릎 접기
   - 앞차고 접는 동시에 가슴에 있던 겨룸새에서 활시위를 당기듯 왼 주먹은 가슴 앞으로 가볍게 내밀고, 오른 주먹은 허리로 당기도록 지도한다.
   - 이때 몸의 중심은 지지발인 왼발에 두고 지르기를 하기 위한 두 손의 교차 동작을 리듬 있게 연습해야 한다.

2-2. 앞굽이 몸통 두 번 지르기
   - 앞축이 먼저 닿고, 뒷축이 닿는 앞굽이와 동시에 체중을 실어 두 번 지르기는 한 호흡에 빠르게 지르는 연습을 시킨다.
   - 강하게 지르는 과정에서 상체나 어깨에 필요 이상의 힘을 주어 몸의 중심이 흐트러지거나, 뒷축이 들리지는 않는지 살펴야 한다.
   - 준비서기에서 범서기 손날 헤쳐막고 앞차고 두 번 지르기까지 연속으로 지도하고, 더 나아가서 중심이동과 함께 돌아서 반대 동작까지 연결할 수 있도록 지도한다. (첫번째 헤쳐막기는 왼 손날이 앞에서 교차, 두번째 헤쳐막기는 오른 손날이 앞에서 교차한다)

29 태백. 손목 틀어 제쳐 내며 몸통 지르기

채점기준			
손목 제쳐 내며 몸통 지르기	〈기준점〉	〈표현력〉	〈주요 감점사항〉
	- 손목으로 제쳐 내어 상대방의 손목을 잡아당기며 몸통 지르기를 이어서 한다.	- 손목 제쳐 틀며 몸통 지르기 (기합)까지	- 팔꿈치가 축이 되지 않고 손목만 사용하는 경우

지도법

5. 왼 앞굽이 제비품 안치기
6-1. 손목 제쳐 내며
   - 왼 앞굽이에서 오른 앞굽이로 딛기 위해 오른발을 앞으로 내밀며 두 발의 교차 동작에서 허리를 왼쪽으로 회전시키며 연습한다.
   - 두 발의 교차 동작에서 손날 안치기의 팔꿈치를 살짝 당기며 바탕손을 인중 앞으로 세워 제쳐 틀기를 준비한다.
   - 오른 손목을 위에서 아래로, 안에서 밖으로 회전하여 손바닥으로 제쳐내기를 연습한다.
     (수련생에게 제쳐내기 기술의 설명과 사용법을 이해시키고 2명씩 짝을 지어 연습하게 한다)
   - 손목 제쳐 내기는 팔꿈치를 축으로 제쳐내는 동작을 잘 표현하도록 연습한다.
   - 왼 앞굽이에서 오른 앞굽이로 옮겨 딛는 동작에서 몸의 높낮이가 발생하지 않도록 지도한다.
   - 제쳐 내기 동작에서 두 발의 교차 시 지지발인 왼발을 미리 틀어지지 않도록 주의하여 살펴본다.
6-2. 몸통 지르기
   - 두 발의 교차 동작에서 허리 회전을 통해 제쳐내기를 하고, 오른발을 내딛으며 앞축이 먼저 닿고 뒷축이 닿는 동시에 오른 앞굽이로 몸통 지르기를 연습한다.
     (상대방을 제쳐낸 손으로 이어 상대를 잡아끌어 당기면서 지른다는 표현으로 지도한다)
   - 제비품 안치기에서 손목 제쳐 내며 몸통 지르기까지 연결하여 연습한다.
   - 제비품 안치기에서 손목 제쳐 내며 지르고, 제쳐 내며 지르고, 제쳐 내며 지르면서 기합까지 리듬 있게 허리 사용과 높이의 변화 없이 연결할 수 있도록 살펴보고 지도한다.

30 태백. 몸통 안팔목 금강막기 + 턱 당겨 지르기 + 몸통 옆지르기 + 옆차고 팔꿈치 표적앞치기

채점기준

	〈기준점〉	〈표현력〉	〈주요 감점사항〉
몸통 안팔목 금강막기	- 올려막기와 몸통 안팔목 바깥막기 동작이 동시에 이루어져야 한다.	몸통 안팔목 금강막기부터 옆차고 팔꿈치 표적치기까지	- 두 주먹이 중심선을 거치지 않는 경우
턱 당겨 지르기	- 시작점 : 가슴높이 - 끝점 : 턱 높이 (당기는 손은 어깨높이로 당긴다.		- 당기는 주먹이 어깨를 벗어나는 경우 - 당겨 지르기 할 때 당기는 손의 표현이 명확하지 않았을 경우
몸통 지르기	- 시작점 : 장골능(허리) - 끝점 : 명치선		- 지르기 주먹을 허리 쪽으로 당기지 않고 바로 지르는 경우
옆차기 팔꿈치 표적앞치기	- 옆차기와 메주먹치기 형태로 팔을 동시에 뻗어준다. - 팔굽 표적치기는 명치와 가슴선 중간으로 한다. (표적치기는 허리를 틀어친다.)		- 메주먹치기 형태를 지르기로 하는 경우 - 표적을 끌어 당겨 치는 경우 - 옆차기 시 한 손이 장골능(허리) 아래로 내려가는 경우

지도법

8. 오른 앞굽이 몸통 바로지르기
    - 기합을 넣는지 주의하여 살펴본다.
9. 오른 뒷굽이 몸통 안팔목 금강바깥막기
    - 오른 앞굽이에서 오른 뒷굽이로 옮겨 딛기 위해 왼발을 당겨, 오른발에 몸의 중심을 잡고 오른 앞축과 몸의 회전을 통해 오른 뒷굽이를 연습한다.
    - 오른발에 몸의 중심을 잡는 동시에 몸의 회전이 시작되며, 두 주먹은 오른쪽 허리선에서 안팔목 금강막기를 준비한다.
    - 오른 뒷굽이로 왼발이 닿는 동시에 두 주먹을 몸의 중심선에서 교차하여 왼 주먹은 안팔목 바깥막기, 오른 주먹은 얼굴막기로 동시에 안팔목 금강막기를 연습한다.
10. 오른 뒷굽이 턱 당겨 지르기
    - 제자리에서 오른 주먹은 당겨 가슴 높이의 오른 겨드랑이 아래에, 왼 주먹은 턱 앞에 준비한다.
    - 허리를 이용하여 왼 주먹은 어깨 위로 당기고, 오른 주먹은 턱을 지르면서 턱 당겨 지르기를 완성하고 연습한다.

11. 오른 뒷굽이 몸통지르기
    - 제자리에서 당겨 지른 두 주먹은 허리를 회전하여 오른 주먹은 가슴 앞으로, 왼 주먹은 왼쪽 장골능 위로 당겨 몸통 지르기를 준비한다.
    - 허리 회전과 동시에 제자리 몸통 지르기를 연습한다. (턱 당겨 지르기 후, 당긴 주먹이 장골능 위로 오지 않고 바로 지르지 않도록 살펴보고, 반듯이 당겨서 허리 힘으로 지를수 있도록 지도한다.)
12. 오른 학다리서기 작은 돌쩌귀
    - 오른 뒷굽이에서 왼발을 들어 작은 돌쩌귀 오른 학다리서기로 중심잡기를 충분히 연습한다. (균형이 무너지면 다음 동작 차기가 불안정해지며, 돔의 높낮이가 발생하지 않도록 반복해서 연습한다.)
13-1. 옆차기
    - 학다리서기에서 옆차기를 하며, 동시에 왼 메주먹은 메주먹치기 형태로 펴며 옆차기를 연습한다.(학다리서기에서 오른 앞축을 회전하며 왼 무릎을 끌어 올려 중심 잡기를 연습한다)
    - 옆차기 이후 무릎을 접어 당기며, 왼 바탕손은 몸통 앞으로 표적을 만들어 팔꿈치 표적치기를 준비한다.
13-2. 왼 앞굽이 팔꿈치 표적앞치기
    - 왼 앞굽이와 동시에 팔꿈치 표적앞치기를 완성한다.
    - 오른 앞굽이 몸통 바로지르기에서 왼 앞굽이 팔꿈치 표적치기까지 강유, 완급, 리듬, 중심 이동과 허리 사용, 높이의 변화 없이 연결할 수 있도록 살펴보고 지도한다.

31. 태백. 잡힌 손목 밑으로 빼기 + 얼굴 등주먹 바깥치기

채점기준

	〈기준점〉	〈표현력〉	〈주요 감점사항〉
잡힌 손목 밑으로 빼기	- 손목을 밑으로 뺄 때 왼발을 옮긴다. (시선은 그대로)	- 중심 발은 주춤서기 높이로 한다.	- 옮겨 딛지 않고 제자리에서 빼거나 발을 사선으로 앞굽이 형태를 취하는 경우 - 빼기 시 시선을 돌리는 경우
얼굴 등주먹 바깥치기	- 등주먹 바깥치기는 양손을 교차해서 관자놀이를 친다. (보조 손 안쪽 어깨선에서 시작해야 한다.)	- 편손을 거들어 세워찌르기에서 잡힌 손목 밑으로 빼고 뒤돌아 등주먹 바깥치고 지르기 (기합)까지	- 등주먹 바깥치기 형태가 아닌 막기 형태를 할 경우

지도법

20. 오른 앞굽이 편손끝 거들어 세워찌르기

21-1. 잡힌 손목 밑으로 빼기
  - 오른 앞굽이에서 오른발로 중심이동 후 뒤돌아 왼발을 옮겨 딛고 왼 앞굽이를 연습한다.
  - 왼발을 옮겨 딛어 왼 앞굽이를 완성하는 동시에 오른 편손끝의 손목을 밑으로 빼 허리의 띠 높이로 당기고, 오른 손날등은 겨드랑이 옆으로 당기기를 연습한다.
  - 잡힌 손목 밑으로 빼기에서 시선은 상대를 주시하도록 연습한다.

21-2. 오른 뒷굽이 등주먹 바깥치기
  - 뒤돌아 왼 앞굽이에서 뒤돌아 오른 뒷굽이로 돌려 딛기 위해 오른발로 중심을 이동시켜 왼발을 끌어당기는 교차 동작을 연습한다.
  - 두 발의 교차 동작에서 왼 주먹은 오른 어깨 앞으로, 오른 주먹은 가슴 아래로 교차하며 등주먹 바깥치기를 준비한다.
  - 왼 앞굽이에서 뒤돌아 왼발이 닿는 동시에 오른 뒷굽이로 오른 주먹은 장골능 위로 당기고, 왼 등주먹으로 바깥치기를 연습한다.(등주먹 바깥치기의 세부 목표는 관자놀이 이다)
  - 오른 앞굽이 편손끝 거들어 세워찌르기에서 등주먹 바깥치기까지 연결하여 연습한다.
  - 오른 앞굽이에서 왼 앞굽이, 왼 앞굽이에서 돌아 오른 뒷굽이로 딛는 동작에서 정확한 서기의 표현과 균형, 몸의 높낮이가 발생하지 않도록 충분히 연습한다.
  - 손날 거들어 바깥막기에서 편손끝 거들어 세워찌르기 후 잡힌 손목 밑으로 빼기 등주먹 바깥치고 지르면서 기합까지 중심 이동과 균형, 허리 사용, 높이의 변화 없이 연결할 수 있도록 살펴보고 지도한다.

제7장 : 어린이 태권도 교육프로그램

Ⅴ. 어린이 태권도 호신술 지도법

1. 어린이 호신술 지도법
2. 호신 능력 강화를 위한 기초체력 키우기
3. 호신술 기본 감각 향상을 위한 지도법
4. 실용 호신술 배우기

1. 어린이 호신술 지도법

1) 어린이 호신술의 이해

(1) 어린이 호신술의 정의

어린이 호신술은 성인보다 신체와 정신적 성숙이 덜 이루어진 어린이가 자기 몸을 지키는 기술을 의미한다. 일반적으로 어린이 호신술은 또래나 불량배 등이 공격했을 때 방어하는 기술로 이해하기 쉽다. 광범위한 개념은 자연재해나 화재, 교통사고와 같은 모든 위급상황에서 어린이의 몸을 지키는 기술을 포함한다. 태권도는 다양한 기술을 통하여 내 몸을 보호할 수 있는 훌륭한 무술이다. 발차기와 손기술, 그리고 꺾기 등 다양한 공격과 방어 감각이 수련을 통해 형성된다. 꾸준한 수련을 통해 좋은 몸 쓰임을 위한 토대가 마련된다.

위급한 상황을 벗어나기 위해서는 실용성이 가장 중요하다. 위급상황을 벗어나거나 상대를 제압하는데 화려함은 불필요하다. 호신술은 여러 위급상황에 대한 예방과 방어에 중점을 둔다.

(2) 태권도장 호신술 교육의 필요성

태권도장에서는 수련생에게 다양한 교육적 가치를 제공한다. 많은 지도자의 노력으로 태권도장의 교육 프로그램은 나날이 발전하고 있다. 품새, 겨루기, 그리고 기초체력의 향상과 함께 호신 능력 향상을 위한 교육이 필요하다. 태권도장에서 배운 동작을 실제 위급한 상황에서 사용할 수 있는 능력은 교육에 따라 달라진다. 태권도 품새에는 다양한 호신을 위한 동작이 포함되어 있다. 공격과 방어를 연습하는 품새의 동작은 실제로 위급한 상황에서도 사용될 수 있다. 품새 실력자도 가상의 상대가 아닌 실제 상대와 동작을 해보는 게 중요하다. 품새가 실제로 어떻게 적용되는지 한 번 연습한 사람보다는 두 번 연습해본 사람이 더 잘한다. 이때 연습은 의식적인 연습이어야 한다. 가능하면 실제와 같은 상황에서 연습해야 위급상황에 대응할 수 있는 능력이 향상된다.

호신술은 자기 몸을 적극적으로 지키려는 마음에서부터 시작한다. 남의 위급한 상황에 주변 사람이 적극적으로 개입하는 일은 드물다. 어린이 스스로 위험한 상황을 벗어날 수 있는 대처법을 알고 있어야 한다. 우리나라는 세계 여러 나라와 비교했을 때 비교적 치안이 좋은 편이다. 많은 곳에 CCTV가 설치되어 있고, 학교폭력과 어린이 안전을 위한 사회정책도 나날이 발전하고 있다. 사회적 안전장치가 점차 좋아지고 있지만, '만일'이라는 전제는 항상 존재한다. 호신술은 자신과 사랑하는 사람을 지키기 위한 보험과 같다.

호신술 연습을 통해 몸과 마음의 건강을 챙길 수 있다. 몸을 이용하여 공격하고 방어하는 동작이 인체를 고르고 건강하게 한다. 태권도와 호신술 같은 무예 수련은 어린이의 자신감 향상에도 긍정적이다. 도장에서 얻은 자신감이 수련생의 일상에 활력을 줄 수 있다.

(3) 어린이 지도 시 유의 사항

① 안전과 예의

어린이 호신술은 여러 가지 특수성이 고려되어야 한다. 호신술 교육은 안전이 기본이다. 어린 학생일수록 호신술 연습을 장난스럽게 할 가능성이 높다. 호신술 교육을 하면서 장난이나 심한 경쟁은 금물이다. 경쟁을 통해 흥미를 유발할 수 있지만, 자칫 다칠 수 있다. 지도자가 세심하게 관리해야 한다. 도장의 상황에 맞게 호신술 교육의 내용과 난이도를 조절해야 한다. 어린이는 몸의 감각 조절 능력이 성인에 비해 미숙하다. 연습 과정에서 힘 조절이 안 되는 경우가 잦다. 예를 들어 꺾는 동작에서 상대의 통증이 느껴지는 부분에서 멈춰야 하는데, 과도하게 꺾는 동작으로 인해 부상을 일으킬 수 있다.

어린이는 성인보다 인지기능이 완성되지 않은 상태이다. 짝을 이루어 함께 연습하는 경우에는 상대를 배려하고 안전하게 연습하는 마음 교육이 우선이다. 특히 이성이나 나이 차이가 많은 경우에는 상대에 대한 배려심이 더욱 중요하다. 가능하면 성별을 맞추고, 체격의 차이가 나지 않도록 한다. 배운 기술을 자랑하거나 남을 괴롭히는 데 사용하지 않도록 교육한다. 위급한 상황에서 과잉방위가 되지 않도록 정당방위에 대한 사전 교육도 꼭 필요하다.

② 복장

바른 복장은 마음가짐이다. 연습에 적합하고 깨끗한 복장을 갖추도록 지도한다. 특히 연습에 방해되는 장신구 착용은 본인뿐 아니라 상대를 다치게 할 수 있다. 수련생의 손톱과 발톱을 잘 정리하도록 하고, 청결한 복장을 입게 한다. 팔 꺾기 동작을 연습할 때 맨살을 잡으면 상처가 나기 쉽기 때문에 소매가 긴 복장(공인도복)을 입는 게 좋다.

③ 자신감을 키우는 교육

사람의 성향은 이른 시기에 형성된다. 어린 시기에 배운 운동을 통해 적극적이고 긍정적인 성향을 보일 수 있다. 어린이의 자신감 향상은 태권도 교육에 있어 매우 중요한 내용이다. 지도자의 체계적인 수련계획이 필요하다. 성공의 경험을 반복하게 하여 수련생의 자신감을 높일 수 있다. 호신술 동작이 너무 어려우면 자신감과 흥미가 떨어진다. 처음에는 기본적인 감각 키우기가 좋다. 어린이가 호신술 동작에 대한 자신감과 성취감이 생기도록 지도자의 긍정적인 피드백이 필요하다. 우수자의 시범은 호신술 교육에 큰 도움이 된다. 선배와 후배의 상호 피드백을 통해 발전할 수 있다.

(4) 어린이 호신술을 효과적으로 지도하기 위한 방법

① 간결한 동작

복잡한 호신술 동작은 실용적이지 않고 어린 수련생이 익히기 어렵다. 누구나 쉽게 익힐 수 있는 간결한 동작이 좋다. 예를 들어 급소 공격이나 손가락 꺾기는 매우 실용적인 호신술이다. 모든 동작은 기초부터 시작한다. 점차 연습의 강도와 난이도를 높인다.

② 가르치는 경험

'한번 가르치는 것은 10번 배우는 것과 같다'라는 말이 있다. 학습된 것을 다른 수련생에게 지도하면서 확실히 알게 된다. 지도자나 수련생이 시나리오를 만들어 실제 상황 같은 모습을 연출하면 흥미도 있고 동기부여가 된다. 시나리오를 만들 때 지나치게 폭력적이거나 위험한 동작이 포함되지 않도록 지도자의 관심이 필요하다. 어린이끼리 도장 밖에서의 교육은 지양한다. 지도자의 관리가 없으면 연습 중에 장난을 치거나 거칠어질 우려가 있다.

③ 수련계획표 활용

실력은 투자한 노력과 시간에 비례한다. 태권도장의 훈련과 연습에 겨루기 비중이 높으면 겨루기 실력이 향상되고, 품새 비중이 높으면 품새를 잘하는 도장이 된다. 수련계획표에는 지도자의 생각을 반영한다. 수련생의 호신 능력 향상을 위해 도장의 수련계획표(주간, 월간)에 호신술 수업을 넣는다. 역량이 강화되면 시범이나 영상을 공개하여 교육의 우수성을 알린다.

(5) 호신술의 원리

① 상대의 힘을 이용

힘은 근육의 단면적에 비례한다. 체격이 작은 어린이가 큰 사람과 힘으로 대결하면 안 된다. 상대가 밀면 당기고, 당기면 밀어야 나보다 큰 상대를 상대할 수 있다. 상대와 힘을 겨루는 상황에서는 중심을 낮게 해야 안정적이다. 민첩하게 위급상황을 이탈하는 것도 중요한 기술이다.

② 거리 조절 감각이 중요

겨루기의 경우 발차기가 높게 올라가는 수련생보다는 스텝이 능숙한 수련생이 더 좋은 기량을 보인다. 타격을 예측하고 거리 조절하는 게 중요하다. 상대와 가까운 거리에서는 박치기와 무릎차기 공격이 효과적이다. 꺾기 기술에 능숙해지기 위해서는 하체의 움직임을 통해 거리를 조절해야 한다.

③ 효과적인 몸의 움직임

덩치가 크고 근육이 많다고 주먹의 타격력과 꺾는 힘이 강한 게 아니다. 몸의 움직임이 상황에 맞게 유기적으로 움직여야 큰 힘이 생긴다. 특히 하체의 탄성과 허리의 회전력을 잘 이용하면 타격력과 꺾는 힘이 강해진다. 상황에 대응하는 적절한 움직임을 위해 지도자의 관찰과 피드백이 중요하다.

④ 지렛대의 원리를 이용

대부분의 꺾기 동작은 지렛대의 원리를 이용한다. 지렛대의 원리는 작은 힘으로 큰 힘을 내는 것이다. 지렛대를 이용해서 물건을 옮길 때는 받침점의 위치가 중요하듯, 꺾기에서도 손을 대고 꺾는 위치의 선정이 중요하다. 기술을 이해하고, 반복적인 연습으로 감각을 키울 수 있다.

(6) 호신술에 필요한 급소의 이해

어린이가 자신보다 큰 상대를 제압할 수 있는 효과적인 방법은 급소를 공격하는 것이다. 급소는 단련하기 어렵다. 상대가 눈치를 채지 않은 상태에서 순간적으로 공격하는 것을 '의표를 찌른다'라고 표현한다. 위급상황에서 벗어나기 위해서는 상대가 눈치를 채지 못한 상황에서 기술이 이루어져야 한다. 의표를 찌르는 급소 공격으로 위급상황에서 벗어날 수 있다. 상대가 예상하지 못하게 능청을 떠는 것도 기술이다.

급소는 주로 우리 몸 정중앙에 위치한다. 태권도장에서 주로 교육하는 인중, 명치, 낭심 외에도 급소의 종류는 매우 다양하다. 다양한 급소의 종류를 지도자가 먼저 알고 교육하면 좋다. 급소에 대한 이해는 품새를 익히는 데도 도움이 된다. 아는 게 힘이다. 급소 공격은 신중해야 한다. 한 번의 공격으로 치명상을 입힐 수 있다. 어린이에게 위험성을 사전에 충분히 교육해야 한다. 어린이는 성인보다 힘 조절 능력이 약하다. 상대에 대한 배려심 교육이 꼭 필요하다. 인중, 관자놀이와 같은 얼굴의 급소는 옷으로 덮혀 있는 경우가 드물기 때문에 직접적으로 타격력이 전해진다. 특히 눈은 단련할 수 없는 급소이다. 눈을 공격하는 것은 매우 신중해야 한다. 몸통과 하체의 급소는 평소에 옷으로 덮여 있기 때문에 강한 공격이 아니면 통증을 느끼기 어렵다. 타격 부위를 단단하게 만들어서 한 번의 공격으로 상대에게 충격을 줘야 한다.

(7) 안전을 위한 어린이 생활교육

① 위급한 상황에 지혜롭게 대응하는 방법

아무리 많은 호신술 연습을 했더라도 체격의 차이는 쉽게 극복하기 힘들다. 체격이 작은 어린이는 안전한 환경과 생활 습관을 만드는 게 우선이다. 가능하면 위급상황에 놓이지 않도록 생활하는 게 중요하다. 다툼이 잦은 사람은 성격 문제일 가능성이 크다. 양보하는 습관을 지니고, '참는 게 이기는 것이다'라는 마음으로 생활하도록 교육한다. 상대가 먼저 잘못했더라도 섣부른 대응은 더욱 큰 화를 부른다.

호신술에도 우선순위가 있다. 상대에게 잡혔으면 일단 벗어나는 게 우선이다. 벗어나기 쉽지 않은 상황이라면 꺾기나 누르기로 제압한다. 상대를 때리거나 급소를 찌르는 행동은 자칫 과잉 대응이 될 수 있다. 타격과 급소 공격은 최후의 수단이다. 특히 무기를 휘두르는 상대를 맨손으로 대응하는 행동은 무모한 짓이다. 안전한 거리를 확보하고 지혜롭게 대응해야 한다.

② 당당한 태도

가해자는 시각적인 판단을 통해 폭력의 대상자를 찾는다. 자세에서는 평소 생활이 나타나고, 눈빛에는 사람의 심리가 나타난다. 평소 당당하게 가슴을 펴고 다니는 습관을 지녀야 학교폭력의 피해자가 되지 않는다. 성격이 내성적인 사람은 위급한 상황에서 큰 목소리로 비명을 지르기가 어렵다. 당당한 태도와 단호한 눈빛, 그리고 소리 지르기도 훈련이 필요하다. 내성적인 성격이라면 의식적인 연습을 통해서 자신감을 키울 수 있다.

③ 안전한 습관이 중요

어린 시절의 좋은 습관이 인생을 결정한다. 안전을 위한 습관도 가능하면 어린 시절에 만들어야 한다. 안전하게 행동하는 습관이 나의 일상을 평온하게 한다.

☞ 어린이의 안전을 위한 습관 예시
  (1) 낯선 곳에는 가지 않고, 행선지를 부모님께 말씀드린다.
  (2) 늦은 시간에는 외출을 삼간다.
  (3) 찻길을 건널 때는 손을 들고 건넌다.
  (4) 안전한 대피 장소(ex- 아동안전지킴이 집, 익숙한 가게 등)를 미리 파악해 둔다.
  (5) 킥보드, 자전거 등 이용 시에는 안전 장비를 착용한다.
  (6) 친구와 다툼이 생길 경우에는 먼저 양보하는 마음을 가진다.
  (7) 높은 곳에 올라가거나 지나친 장난을 하지 않는다.
  (8) 휴대폰을 보면서 걷지 않는다.

2) 호신 능력 강화를 위한 기초체력 키우기

다양한 체력의 구성요소 중에서 호신술에 가장 필요한 체력 3가지는 근력과 순발력, 민첩성이다. 초등학교 시기는 근력의 향상보다는 운동감각이 더 좋아지는 시기이다. 무거운 웨이트 트레이닝보다는 자신의 체중을 이용한 맨몸운동이 권장된다. 호신술을 위한 체력 운동은 기술을 향상하는 데 도움이 되어야 한다. 체력을 복합적으로 향상하는 운동 프로그램을 소개한다. 태권도장에서 준비운동이나 정리운동으로 꾸준히 하면 체력 향상에 효과가 좋다.

① 엎드린 상태에서 손(주먹) 들어 올리기

- 팔과 가슴근육, 그리고 코어 근육의 힘을 강화하는 훈련이다. 주먹과 손을 이용한 동작의 힘을 키울 수 있다.

설명	
자세 및 동작 설명	- 주먹을 단단히 말아 쥐고 엎드린다. 주먹을 들어 올린 상태에서 3초간 버틴다. 좌우 교대로 반복한다.
유의점	
지도상의 유의점	- 초보자는 무릎을 대고, 주먹 대신 손바닥을 들면서 훈련한다. 점차 근력이 향상되면 운동 강도를 높여 주먹을 대고 실시한다. 정권 단련의 경우 새끼손가락이 바닥에 닿지 않도록 한다.

② 낙법을 응용한 주먹 지르기

- 측방과 후방낙법을 응용한 동작이다. 목과 배의 근력 발달과 주먹 타격력 향상에 도움이 된다.

설명

어린이 태권도 지도서

자세 및 동작 설명	- 양손을 가슴에 교차하고 앉는다. 뒤로 넘어지며 팔을 벌려 손바닥으로 바닥을 친다. 왼쪽과 오른쪽 측방 낙법을 친다. 낙법 시 시선을 아래로 향하고, 무릎은 구부린다. 일어나 앉으면서 두 번 주먹을 지른다.

유의점	
지도상의 유의점	- 뒤로 넘어질 때 뒤통수가 닿지 않아야 한다. 주먹을 지를 때 호흡을 뱉는다.

③ 버피테스트 응용

- 버피테스트에 팔굽혀펴기를 추가한 동작이다. 근력과 심폐지구력을 향상시키며, 운동량이 매우 많은 전신운동이다.

설명	
자세 및 동작 설명	- 총 8단계로 구분한다. 1. 쪼그려 앉기 → 2. 다리 뻗기 → 3. 팔 굽히기 → 4. 팔 펴기 → 5. 팔 굽히기 → 6. 팔 펴기 → 7. 쪼그려 앉기 → 8. 일어나기

유의점	
지도상의 유의점	- 지도자가 구령을 붙여서 구분 동작으로 훈련한다. 정확한 팔굽혀펴기가 어려우면 가슴을 땅에 대고 밀어낸다. 다리를 뻗을 때 뒤에 위치한 수련생과 충돌에 주의한다.

④ 사이드스텝을 응용한 지르기

- 하체의 근력과 심폐지구력, 그리고 민첩성 향상에 도움이 된다.

설명	
자세 및 동작 설명	- 몸을 돌려서 발을 옆으로 뻗으며 주먹 지르기를 한다. 자세를 낮추고, 중심은 가운데에 둔다.
유의점	
지도상의 유의점	- 속도를 점차 빠르게 훈련한다. 숙련되면 발을 옆으로 많이 뻗는다. 주먹을 다른 공격(돌려지르기, 올려지르기 등)으로 응용할 수 있다.

⑤ 스텝과 달리기를 응용한 훈련

- 수련생 간의 경쟁을 통해 민첩성을 강화하는 훈련법이다. 위급상황을 빠르게 이탈하는 데 도움이 된다.

설명	
자세 및 동작 설명	- 제자리 딛기를 하다가 지도자의 신호(구령, 호각 등)에 맞춰 발을 바꾼다. 정해진 신호에 맞춰 고깔을 치고 뒤로 돌아 빠르게 뛴다.
유의점	
지도상의 유의점	- 발목 부상이 생기지 않도록 준비운동을 철저히 하고 시작한다. 뒤로 돌 때 옆의 수련생과 충돌하지 않도록 신경 쓴다.

3) 호신술 기본 감각 향상을 위한 지도법

운동 활동에 있어서 능수능란하고 세련된 동작을 익히는 것은 아동기의 중요한 과제이다. 근육의 운동은 크게 작은 근육과 큰 근육의 움직임으로 구분된다. 작은 근육은 세밀함과 정밀함을 필요로 하는 동작에 사용되고, 큰 근육은 전신과 중요 부분의 움직임에 쓰인다. 근육의 움직임은 하나의 근육만 사용되는 게 아니다. 동작에 필요한 주요 근육 이외에 여러 가지 근육이 함께 움직인다. 위험한 상황에서 내 몸을 보호하기 위해서는 다양한 공격과 방어 감각을 키워야 한다. 태권도를 잘하기 위해서 기본동작을 배우는 것처럼, 호신 능력 강화를 위해서는 핵심 감각을 익혀야 한다.

① 공 던지기를 응용한 타격 감각 키우기

 →  →

- 스포츠 종목에 나오는 동작은 호신술에 적용이 가능하다. 공 던지기 동작은 손을 이용한 타격 감각을 키우는 데 도움이 된다. 공을 멀리 던지는 동작이 팔을 휘둘러 상대를 치는 동작과 유사하다. 손의 모양을 바꿔 상대를 치는 감각을 키울 수 있다. 일반적으로 오른손잡이는 왼손의 감각이 미숙하다. 좌우를 균형 있게 반복 연습한다.

	설명
자세 및 동작 설명	- 공을 멀리 던지듯이 팔을 휘두른다. 어깨 근육을 발달시켜 손 공격의 힘을 키우는 훈련이다. 손의 모양 바꾸면서(주먹, 손날, 손톱 세우기 등) 연습한다.

	유의점
지도상의 유의점	- 무릎을 높게 올리고, 발을 멀리 놓으면 더 큰 힘이 생긴다. 반대 손을 휘둘러서 던지는 힘을 크게 한다.

② 주먹 공격 – (가) 앞지르기

- 주먹을 단단하게 말다 쥐는 것은 타격력을 높이기 위한 첫 번째이다. 단순히 팔의 힘만으로 지르는 게 아니라 몸을 사용하여 타격하는 연습을 한다. 주먹 지르기 3가지를 기본으로 다양한 타격 연습 응용이 가능하다.

	설명
자세 및 동작 설명	- 기본자세는 한발을 앞에 두고 무릎을 살짝 구부린다. 체중을 앞으로 옮기면서 주먹을 지른다. 뒷발의 뒤꿈치가 떨어지게 하여 허리를 충분히 회전시킨다.

유의점

| 지도상의 유의점 | - 반대 손은 항상 턱을 방어한다. 주먹 지르기의 끝점이 밀리지 않도록 한다. |

② 주먹 공격 - (나) 돌려지르기

설명	
자세 및 동작 설명	- 기본자세에서 몸을 옆으로 비틀어 지른다. 상대의 턱이나 관자놀이를 타격한다.

유의점	
지도상의 유의점	- 타격면에 빗겨 맞지 않도록 한다. 팔꿈치를 들어서 전완이 지면과 수평이 되게 한다.

② 주먹 공격 - (다) 올려지르기

설명	
자세 및 동작 설명	- 기본자세에서 몸을 비틀어 상대의 아래턱이나 갈비뼈를 공격한다.

유의점	
지도상의 유의점	- 주먹이 반대편 눈썹으로 향하듯 공격한다. 주먹 지르기 3가지 중에서 수련생이 가장 어려워하는 동작이다. 천천히 자세교정에 신경 쓰며 연습한다.

③ 바깥팔목을 이용한 방어와 공격 - (가) 바깥팔목을 이용한 얼굴, 몸통, 아래막기

- 바깥막기는 상대의 공격을 방어하기 위한 효과적인 방법이다. 기본자세에서 주먹을 바깥으로 회전하여 상대를 치면서 방어할 수 있다.

설명	
자세 및 동작 설명	- 보조자가 미트로 공격하면 바깥팔목으로 얼굴을 막고 지른다. 몸통막기와 아래막기도 같은 방법으로 연습한다. 좌우를 반복하여 연습한다.

유의점	
지도상의 유의점	- 미트가 없을 때 보조자가 바른 주먹으로 공격하면 팔목에 타박상이 생길 수 있다. 손바닥이나 세운 주먹으로 공격하여 부상을 예방한다.

③ 바깥팔목을 이용한 방어와 공격 - (나) 바깥막고 지르기 4방향

경기도태권도협회

	설명
자세 및 동작 설명	– 바깥팔목으로 얼굴 막고 지른다. 왼발이 앞에 있는 경우 오른쪽으로 돌아 바깥막고 지른다. 4방향 모두 연습한다.

	유의점
지도상의 유의점	– 앞축으로 방향을 전환한다. 하체의 탄성과 중심이동, 그리고 임팩트에 신경 쓴다.

④ 타격 복합동작 – (가) 두 번 지르고 돌려차기

– 복합동작은 다양한 타격방법을 조합하여 만들 수 있다. 지도자의 창의성과 역량을 발휘하여 실전에 도움이 될 만한 복합동작 연습이 가능하다. 미트를 잡은 보조자와 교대하여 미트 잡기 능력을 키울 수 있다.

설명	
자세 및 동작 설명	– 기본자세에서 두 번 지르고 돌려차기한다. 찬 발을 앞에 둔다.

유의점	
지도상의 유의점	– 한발을 내밀어 서로 마주 본 자세에서 연습한다. 발차기할 때 거리를 잘 조절하여 미트를 잡는다.

④ 타격 복합동작 – (나) 두 번 지르기 + 피하기 + 지르기(앞, 돌려, 올려지르기)

설명	
자세 및 동작 설명	–두 번 지르기 하고, 몸을 옆으로 비틀어 상대의 공격을 피한다. 중심을 앞으로 이동하며 앞지르기(돌려지르기, 올려지르기)를 한다. 좌우 반복으로 연습한다.

유의점	
지도상의 유의점	– 피할 때 시선이 바닥을 향하면 안 된다. 속도 경쟁을 할 수 있다. 선이나 고깔을 이용하면 피하기 연습에 도움이 된다.

④ 타격 복합동작 – (다) 두 번 지르기 + 피하기 + 앞지르고 돌려차기

	설명
자세 및 동작 설명	– 두 번 지르기 하고 몸을 옆으로 비틀어 상대의 공격을 피한다. 중심을 앞으로 이동하며 돌려 찬다.

	유의점
지도상의 유의점	– 몸을 피할 때 자세를 많이 낮춘다. 중심의 이동이 원활하도록 지도한다. 숙련자는 돌려차기 다음에 뒤후리기나 뒤차기를 연결해도 좋다.

④ 타격 복합동작 – (라) 낮춰 피하고 돌려차기 + 두 번 지르기

어린이 태권도 지도서

	설명
자세 및 동작 설명	- 보조자가 손바닥으로 공격하면 자세를 낮춰 피한다. 복부를 돌려차고 얼굴을 주먹으로 두 번 지른다.

	유의점
지도상의 유의점	- 피할 때 시선이 바닥을 향하면 안 된다. 피했다가 일어나는 힘을 이용하여 돌려차기를 한다.

⑤ 발차기 감각 키우기

- 맨몸 차기를 통해 발차기 타격 감각을 익히고, 힘 조절 능력을 향상할 수 있다.

	설명
자세 및 동작 설명	- 근육이 많은 허벅지와 복부를 찬다. 상대를 밀 듯이 차서 힘을 전달하는 연습을 한다. 돌려차기, 비틀어차기, 후리기와 옆차기를 연습한다.

	유의점
지도상의 유의점	- 힘 조절에 신경 쓰면서 상대가 통증이나 불쾌감을 느끼지 않도록 한다. 숙련이 되면 발을 땅에 놓지 않고 연습한다. 목표점을 정확하게 차야 한다.

⑥ 가슴을 밀 때 꺾기 감각 키우기 – (가) 가슴을 밀 때 손날막기를 응용한 연습

- 상대가 가슴을 밀거나 잡으려고 할 때 꺾기의 기본 감각을 키우기 위한 연습 방법이다.

설명	
자세 및 동작 설명	- 상대가 가슴이나 어깨를 민다. 손날막기를 이용하여 몸을 비틀어 방어하고 꺾는다. 1. 막기(손날막기) → 2. 잡기(손목을 잡는다) → 3. 꺾기 (몸을 옆으로 돌려 상대의 관절을 수직으로 꺾는다.)

유의점	
지도상의 유의점	- 보조자가 가슴 정중앙이나 대각선 방향으로 밀게 한다. 발이 함께 움직이면서 연습한다.

⑥ 가슴을 밀 때 꺾기 감각 키우기 – (나) 가슴을 밀 때 바탕손막기를 응용한 연습

설명	
자세 및 동작 설명	- 상대가 가슴이나 어깨를 민다. 바탕손막기를 이용하여 방어하고 꺾는다. 1. 막기(바탕손) → 2. 잡기(손목을 잡는다.) → 3. 꺾기 (반대 손을 거들어 상대 손을 잡고, 팔을 겨드랑이로 제압하여 손목을 꺾는다.)

유의점	

지도상의 유의점	- 보조자가 가슴 정중앙이나 대각선 방향으로 밀게 한다. 발이 함께 움직이면서 연습하고, 꺾기 시 자세를 낮추며 힘을 준다.

⑦ 손목을 잡혔을 때 꺾기 감각 연습 4가지 - (가) 안쪽으로 꺾기

- 손목을 잡혔을 때 꺾는 방법 4가지를 미리 익혀두면 다양한 호신술에 적용이 된다.

설명	
자세 및 동작 설명	- 잡힌 손을 안쪽으로 들며, 반대 손으로 상대의 손등을 잡는다. 잡힌 손을 빼내어 상대의 손등을 잡는다. 중심이 앞으로 나가며 꺾는다.

유의점	
지도상의 유의점	- 한발 전진하며 잡힌 손을 자신의 몸에 붙여야 상대의 손이 쉽게 들린다.

⑦ 손목을 잡혔을 때 꺾기 감각 연습 4가지 - (나) 바깥으로 꺾기

설명	
자세 및 동작 설명	- 잡힌 손을 바깥쪽으로 들어 올리며, 반대 손으로 상대의 손등을 잡는다. 잡힌 손을 빼내어 상대의 손등을 잡으며 꺾는다. 발차기로 상대를 공격한다.

유의점	
지도상의 유의점	- 발이 옆으로 힘차게 나가야 상대의 팔이 쉽게 들린다.

⑦ 손목을 잡혔을 때 꺾기 감각 연습 4가지 – (다) 팔꿈치 꺾기

설명	
자세 및 동작 설명	- 손날을 이용하여 상대의 손등을 잡는다. 한발 나가며 반대 손으로 상대의 팔꿈치에 손날을 댄다. 체중을 실어 꺾는다.

유의점	
지도상의 유의점	- 잡은 손을 당기며 상대의 뒤로 돈다는 느낌으로 꺾는다. 손날이나 척골뼈를 이용하여 상대를 꺾는다.

⑦ 손목을 잡혔을 때 꺾기 감각 연습 4가지 – (라) 겨드랑이 붙여 꺾기

설명	
자세 및 동작 설명	- 잡힌 손의 아귀손을 이용하여 상대의 손목을 잡는다. 반대 손으로 상대의 손을 잡는다. 상대의 팔꿈치를 내 겨드랑이에 껴서 체중을 실어 꺾는다.

유의점	
지도상의 유의점	- 꺾기의 기본 감각 4가지 중에서 수련생이 가장 어려워하는 동작이다. 천천히 반복 연습하여 익숙해지도록 한다.

⑧ 낙법 감각 키우기 – (가) 전방낙법

- 대부분의 도장 바닥에 쿠션이 좋은 매트를 깔고 있지만, 발차기를 높게 차거나 뛰다가 넘어져 다치는 경우가 많다. 낙법을 익히면 넘어지는 상황에서 몸을 보호할 수 있다.

	설명
자세 및 동작 설명	- 앞으로 넘어질 때 하는 동작이다. 무릎을 대고 손을 삼각형 모양으로 만든다. 넘어지는 순간 고개를 옆으로 돌려 얼굴 전면을 보호한다.

	유의점
지도상의 유의점	- 넘어질 때 손바닥만 짚는 경우가 많다. 초보자는 손목과 허리, 목의 통증이 있을 수 있으니 충분히 준비운동을 하고 연습한다.

⑧ 낙법 감각 키우기 – (나) 측방낙법

	설명
자세 및 동작 설명	- 옆으로 넘어질 때 하는 동작이다. 팔과 다리를 들어 준비한다. 측면으로 팔과 다리를 동시에 떨어뜨려 충격을 분산시킨다. 고개를 들어 시선은 배꼽이나 발을 향한다.

	유의점
지도상의 유의점	- 허벅지와 팔이 평행이 되게 한다. 무릎을 세운 다리와 옆면이 닿는 다리가 서로 꼬이지 않도록 한다. 벽에 기대어 손 도양과 시선 만들기 연습을 미리하면 좋다.

⑧ 낙법 감각 키우기 – (다) 후방낙법

	설명
자세 및 동작 설명	- 뒤로 넘어질 때 하는 동작이다. 고개를 숙여 발이나 배꼽을 본다. 무릎을 살짝 구부린다. 손바닥으로 바닥을 45도 각도로 친다.

	유의점
지도상의 유의점	- 초보자는 구분 동작으로 연습한다. 뒤로 넘어질 때 뒤통수가 닿지 않아야 한다. 다리를 너무 높게 들지 않도록 한다.

⑧ 낙법 감각 키우기 - (라) 전방회전낙법

	설명
자세 및 동작 설명	- 오른발이 앞에 있는 경우 오른손 손가락이 가장 먼저 바닥에 닿는다. 팔꿈치, 어깨, 등과 허리까지 순차적으로 닿으며 구른다. 구르는 동안 고개를 숙인다. 측방낙법을 하면서 탄성을 이용해 일어난다.

	유의점
지도상의 유의점	- 단계에 맞춰 연습하면 익히기 쉽다. 1. 무릎 대고 시작해서 측방낙법으로 누워 있기 → 2. 일어나서 시작해서 일어나기 → 3. 걸어가다가 전방회전낙법 - 전방회전낙법을 배우기 전에 전방, 후방, 측방낙법을 충분히 교육한다. 특히 측방낙법 자세가 익혀져야 전방회전낙법을 잘할 수 있다.

4) 실용 호신술 배우기

어린이 호신술은 쉬워야 한다. 화려함보다 실용성이 중요하다. 호신술에 정답은 없지만, 합리적인 움직임은 있다. 다양한 상황에 효과적으로 대응하는 연습을 통해 몸을 보호하는 감각을 향상시킨다. 꾸준한 연습으로 익숙해지도록 한다.

① 손목 잡혔을 때 – (가) 한 손으로 잡혔을 때

	설명
자세 및 동작 설명	- 잡힌 손을 최대한 벌려 상대의 손 출구(엄지와 나머지 손가락이 맞닿는 부분)로 엄지손가락을 돌려 뺀다. 발이 앞으로 나가면서 빼낸다.

	유의점
지도상의 유의점	- 맨살이 아닌 도복 소매 위를 잡아서 상처가 나지 않도록 유의한다. 상대방이 힘을 강하게 주는 경우에는 상대의 주의를 다른 쪽으로 돌리고 순간적으로 뺀다.

① 손목 잡혔을 때 – (나) 양손으로 잡혔을 때 위로 빼는 법

	설명
자세 및 동작 설명	- 잡힌 손을 거들어 잡는다. 발이 앞으로 나가면서 위로 뺀다. 팔꿈치로 상대를 치듯이 뺀다.

	유의점
지도상의 유의점	- 맨살이 아닌 도복 소마 위를 잡아서 상처가 나지 않도록 유의한다. 특히 수련생 간의 힘겨루기가 되지 않도록 신경 쓴다.

① 손목 잡혔을 때 – (다) 양손으로 잡혔을 때 아래로 빼는 법

	설명
자세 및 동작 설명	- 잡힌 손을 거들어 잡는다. 발이 앞으로 나가면서 아래로 뺀다. 어깨로 상대를 치듯이 뺀다.

	유의점
지도상의 유의점	- 맨살이 아닌 도복 소매 위를 잡아서 상처가 나지 않도록 유의한다. 특히 힘겨루기가 되지 않도록 신경 쓴다.

② 발차기 방어 – (가) 돌려차기 할 때 덜미 잡아 넘기기

	설명
자세 및 동작 설명	- 돌려차기를 옆으로 피하면서 상대의 발을 끌어올려 잡는다. 상대의 목덜미를 잡고 무릎을 걸어서(낮은 후리기) 넘어뜨린다.

	유의점
지도상의 유의점	- 푹신한 바닥에서 연습한다. 넘어뜨릴 때 천천히 넘긴다. 목덜미를 잡지 않고 손을 맞잡고 연습하면 안전하게 연습할 수 있다.

② 발차기 방어 – (나) 돌려차기 할 때 몸 돌려 넘기기

설명	
자세 및 동작 설명	- 상대의 돌려차기를 옆으로 피하면서 잡는다. 한 손을 더 해 상대의 발을 더욱 견고하게 잡는다. 돌을 옆으로 회전하며 상대를 넘어뜨린다.

유의점	
지도상의 유의점	- 넘어뜨릴 때 다리를 걸면 더욱 크게 넘어뜨릴 수 있다. 큰 기술이므로 푹신한 바닥에서 안전하게 연습한다.

② 발차기 방어 – (다) 발바닥으로 밀어 찰 때

설명	
자세 및 동작 설명	- 제쳐내기 또는 아래막기를 하면서 상대의 옆으로 이동한다. 손날등으로 목을 타격하거나 뒤를 잡아서 제압한다.

유의점	
지도상의 유의점	- 상대가 밀어 차는 순간 옆으로 피하는 연습을 우선 반복한다. 뒤에서 제압하는 다양한 방법(치기, 조르기 등)을 연습한다.

③ 머리카락이 잡혔을 때 – (가) 찌르기

설명	
자세 및 동작 설명	- 상대의 겨드랑이를 손끝이나 단단한 물건으로 찌른다. 앞에서 목을 조르거나 안았을 때도 찌르기로 벗어날 수 있다.

유의점	
지도상의 유의점	- 주먹을 머리 위에 얹어 연습하면 머리카락을 잡지 않아도 된다. 발이 앞으로 나가면서 체중을 실어 찌른다.

③ 머리카락이 잡혔을 때 - (나) 손목 꺾기

설명	
자세 및 동작 설명	- 상대의 손과 팔목을 잡는다. 머리를 숙이면서 손목을 꺾는다.

유의점	
지도상의 유의점	- 한쪽 발이 옆으로 빠지면서 꺾는다.

④ 어깨동무를 했을 때 - (기) 돌아서 빠져나가기

설명	
자세 및 동작 설명	- 상대의 손가락을 벌려 꺾는다. 바깥으로 돌아서 빠져나간다.

유의점	
지도상의 유의점	- 과도한 꺾기는 부상의 우려가 있으니 조심한다. 앞축으로 민첩하게 회전한다.

④ 어깨동무를 했을 때 - (나) 뒤로 빠져서 꺾어 제압하기

설명	
자세 및 동작 설명	- 상대의 손을 잡고, 몸을 숙여 뒤로 빠져나간다. 팔을 꺾어 허리에 붙이고 오금을 차서 제압한다.

유의점	
지도상의 유의점	- 과도한 꺾기는 어깨 부상의 우려가 있으니 조심한다.

⑤ 허리띠를 잡혔을 때 - (가) 상대의 손바닥이 위를 향한 경우

설명	
자세 및 동작 설명	- 띠에 상대의 손을 고정한다. 발이 앞으로 나가며 배를 내밀어 꺾는다.

유의점	
지도상의 유의점	- 자세를 높이며 꺾어야 효과가 좋다. 수련생 간 과도한 꺾기는 팔꿈치 부상의 우려가 있으니 조심한다.

⑤ 허리띠를 잡혔을 때 – (나) 손바닥이 아래를 향한 경우

설명	
자세 및 동작 설명	- 상대의 손목을 잡는다. 몸을 옆으로 돌리면서 자세를 낮춰 손목을 꺾는다.

유의점	
지도상의 유의점	- 앞축으로 회전한다. 빠르게 몸을 회전하면 부상의 위험이 높으니 천천히 연습한다.

⑥ 멱살을 잡힌 경우 – (가) 손가락 꺾기

설명	
자세 및 동작 설명	- 손가락 꺾기는 다양한 상황에서 쉽게 할 수 있는 호신술이다. 상대의 손등을 잡고 엄지손가락을 밀어 꺾는다.

유의점	
지도상의 유의점	- 상대가 눈치 채지 못하게 손가락을 보지 않고 다른 곳을 보면서 꺾는다. 손가락 꺾기 감각을 먼저 키우는 게 좋다.

⑥ 멱살을 잡힌 경우 – (나) 손목 꺾기

설명	
자세 및 동작 설명	- 상대의 손바닥을 가슴에 붙인다. 몸을 옆으로 돌려 상대의 팔을 겨드랑이로 제압한 후 손목을 꺾는다.

유의점	
지도상의 유의점	- 멱살을 잡고 미는 경우에 기술 성공률이 높다. 익숙해지도록 보조자가 밀면서 연습한다.

⑥ 멱살을 잡힌 경우 – (다) 손바닥이 하늘을 향해 멱살 잡았을 때

설명	
자세 및 동작 설명	- 상대의 손등을 가슴에 붙인다. 앞으로 나가면서 상체를 숙여 꺾는다.

유의점	
지도상의 유의점	- 꺾기 이후에 다리를 걸어(낮은 후리기) 넘어뜨릴 수 있다.

어린이 태권도 지도서

제8장

지도자를 위한 인권교육

1. 지도자와 인권교육

2. 수련과 성교육

3. 인권침해 및 성폭력 사례

4. 어린이 태권도지도자에게 필요한 인권교육

1. 지도자와 인권교육

1) 인권에 대한 이해

지도자는 다양한 경험과 전문성에서 자신만의 노하우와 삶이 있다. 특히, 지도에 대한 각별한 생각을 갖고 있기에 지도의 영역에서 성과 중심의 지도법이 성장으로 이어져왔다. 인권에 대한 의식성장은 우리가 겪어야 할 과정이며 바람직한 방향의 중심이 된다. 의식 성장에 있어서 사람이 사람답게 사는 권리를 인권이라고 한다. 운동과 수련을 하는 인권의식이 필요한 시대를 맞이해야 한다.

태권도수련의 지도자에게는 자기극복과 성찰이 있기에 인권에 대한 남다른 의식이 존재하고 있으며 심신수련이라는 특별한 몸과 마음에 대한 이해가 높은 편이다. 다만, 가까우면 가까울수록 양극현상이 있다는 것을 명찰하고 몸과 마음을 지도하면서 정신을 더 차려야 한다.

지도자가 운동을 지도하는 동안에 체벌을 해도 어느 정도 용인이 되었으며 신체적 정신적 구속이 있어도 용서 또는 이해가 가능하다고 생각을 했기에 부모님은 용납했던 시절이 있었다.
그리고 좋은 결과를 얻었을 때 모두가 용서라는 단어에 희석시키고 또 다시 좋은 결과를 기대하며 용서할 수 없는 폭력과 함께 인권에 대해 묵인하며 지속적으로 지도자의 행동에 죄의식이 미약한 시대가 있었다.

태권도 지도자에게 인권은 수련과 같은 존재임을 다시 한 번 강조하고자 한다.

> 지도자의 인권의식이 필요한 시대이다.
> 인권은 인간이 인간답게 살아가기 위해 누구나 마땅히 누려야 할 권리
> 권리는 자유와 평등 그리고 개인의 권리, 공동체의 권리가 부여되는 당연한 보장과 같다.
> 도장에서 추구하고자 하는 인권은 수련을 통해 자신의 인권을 볼 수 있도록 도와준다.

폭넓은 인권의 주체성을 갖춰서 지도자의 인권의식을 높여보고자 한다.

인권은 인간으로서의 존엄을 유지하기 위해 필요한 기본적인 권리입니다. 인권은 인간의 가치와 존엄성이 침해되는 상황을 정의롭게 개선하려는 인간의 부단한 노력으로 형성되고 발전되어온 개념입니다.

평등한 권리를 갖는 인간의 범위도 그러한 노력을 통해 확장되었고, 인권에 대해 바라보는 시각 역시 시대적 조건에 따라 변화해왔습니다. 인권을 보호하고자 하는 의지가 국제적으로 확인된 계기는 모순적이게도 유대인을 비롯해 집시, 장애인, 성소수자 등이 나치 정권과 그 협력자들에 의해 체계적으로 집단학살당한 역사적 비극을 목도한 후였습니다. 이러한 참상이 되풀이되지 않도록 하기 위해, 유엔은 1948년 세계인권선언을 채택했습니다.

세계인권선언은 이전부터 각 나라별로 발전되어온 인권기준을 국제적인 차원에서 처음으로 집대성한 것으로, 인류 모두의 존엄과 권리에 대한 최소한의 보편적 기준을 담고 있습니다. 세계인권선언은 오늘날 사회권과 자유권이라고 부르는 다양한 인권을 포괄하고 있으며, 이후 국제사회는 유엔을 통해 사회권, 자유권, 인종차별, 고문, 여성차별, 아동, 이주노동자, 장애인, 강제실종 등 다양한 분야에 대한 국제 인권조약을 발전시켜왔을 뿐더러, 수많은 국가의 헌법에 영향을 미쳤고 각국의 기본권의 근간을 구성해왔습니다.

대한민국 헌법도 제10조에서 '모든 국민은 인간으로서의 존엄과 가치를 가지며, 행복을 추구할 권리를 가진다. 국가는 개인이 가지는 불가침의 기본적 인권을 확인하고 이를 보장할 의무를 가진다고 선언하고, 이하 제37조까지 평등의 원리, 자유권, 참정권, 사회권, 청구권 등을 규정하고 있습니다.

인권은 모든 사람은 성별, 연령, 인종, 피부색, 출신민족, 출신지역, 장애, 신체조건, 종교, 언어, 혼인, 임신, 사회적 신분, 성적지향, 정치적 또는 그 밖의 의견 등에 관계없이 인간으로서의 존엄성을 가진다는 가치에서 비롯된 것입니다. 모든 사람을 자율성을 가진 평등한 인격체로 존중하고 공정하게 대우하는 것이 인권의 바탕을 이룹니다. 인권은 매우 일상적인 개인들 사이의 관계에서부터 학교, 일터 및 공공기관 등에서 일어나는 일까지 우리 생활의 매우 다양한 면들과 관계가 있습니다.

서울대학교 인권센터 규정은 인권을 "인간으로서의 존엄과 가치 및 자유와 권리"라고 포괄적으로 규정하고 있어, 대한민국이 가입·비준한 국제인권조약 및 국제관습법, 대한민국 헌법에서 인정하는 인간으로서의 존엄과 가치 및 자유와 권리로 폭넓게 이해할 수 있습니다.
-참고자료 [출처] 서울대학교 인권센터 https://hrc.snu.ac.kr/human_rights

(1) 세계인권선언 世界人權宣言
1948년 12월 10일 파리에서 열린 제3회 국제 연합 총회에서 채택된 인권에 관한 세계 선언. 시민적·정치적 권리가 중심이지만 노동자의 단결권, 교육에 관한 권리, 예술을 향유할 권리 등 경제적·사회적·문화적 권리에 대하여서도 규정하고 있다.

(2) 세계아동인권선언 世界兒童人權宣言
복지 국제적으로 아동의 인권과 복지 향상을 위하여 국제 연합 총회에서 채택한 선언. 1959년 10월 20일 10개조를 선언하였는데, 어린이들이 보호받을 권리·교육받을 권리 등이 있음을 내용으로 한다.

(3) 국가인권위원회
모든 개인이 가지는 불가침의 기본적 인권을 보호·증진하여 인간으로서의 존엄과 가치를 구현하고 민주적 기본질서 확립을 위한 인권전담 독립 국가기관

(4) 본적 인권은 인간이 사회생활을 영위함에 있어 절대불가결한 권리.

출생과 동시에 지니게 되는 인간 고유의 권리, 즉 천부적(天賦的)인권으로서 기본권 · 인권 등으로도 표현되며, 국가의 헌법으로 보장하고 있는 기본 권리와 자유를 가리키는데, 일반 법률에 규정된 것에 우선한다.

인간으로서의 권리, 인권!

인권은 당연히 지켜져야 할 권리임에도 이를 보장하기 위해서는 특별한 제도가 필요하다. 그만큼 지켜지지 않는 곳이 많기 때문이다. 인권을 보장하는 선언에는 무슨 내용이 있는지 살펴보자.
나 너 우리 모두가 똑같이 누려야 할 권리가 있다. 인간이기에 가지게 되는 기본적인 권리
뱃속에서부터 시작되는 인권!
당신은 태어날 때부터 자유롭고 존엄합니다. _(제1조)
당신은 신체의 자유와 신체의 안전을 누릴 수 있습니다. _(제3조)
당신의 직업은 당신이 자유롭게 선택할 수 있고 그 일은 언제나 동등한 노동에 동등한 보수가 보장되며 _(제23조)
열심히 일한 당신은 정기적으로 휴가를 떠날 수 있습니다. _(제24조)
당신은 누구의 간섭도 받지 않습니다. 당신이 어디에 살 것인지, _(제13조)
당신이 어떤 의견을 가질 것인지, _(제19조)
사생활, 가정, 통신에 대해서 어떤 간섭도 받지 않습니다. _(제12조)
당신과 당신의 배우자 두 사람은 언제나 동등해야 합니다. _(제16조)
혹시 당신이 통제할 수 없는 상황 때문에 생계가 어려워졌을 때는 사회보장의 혜택을 받을 수 있습니다. _(제25조)
그리고 어떤 저녁에는 아름다운 예술에 감동하고, 과학이 발달하는 만큼 편리한 세상을 누릴 수 있습니다. _(제27조)
당신은 이 모든 권리와 자유를 누릴 자격이 있습니다.
모든 사람은 이 모든 권리와 자유를 누릴 자격이 있습니다. _(제2조)
인간다운 삶을 위한 최소한의 목록
그것은 바로,
'세계 인권 선언' 30개 조항입니다.
[네이버 지식백과] 인간이 인간답게 살기 위한 〈최소한의 목록〉 (EBS 어린이 지식e, EBS 지식채널ⓔ 제작팀, 서선정, 민재회, 김잔디, 박은애)

-참고자료 [출처] [네이버 지식백과] 기본적 인권 [fundamental human rights, 基本的人權] (두산백과 두피디아, 두산백과)

(5) 인권감수성이란?

인권감수성은 한마디로 인권문제가 개재되어 있는 상황을 인권관련 상황으로 지각하고 해석하며, 어떠한 행동선택이 가능하며 그러한 행동 선택이 관련된 당사자에게 어떠한 영향을 미칠지를 상상해보며, 인권관련 문제를 해결할 책임을 자신에게 돌리는 과정을 말합니다.
(변소현·김봉선, 장애인거주시설 종사자의 인권감수성에 영향을 미치는 요인에 관한 연구, 한국직업재활학회, 2016, 139p.)

(6) 인권의 3세대 개념

프랑스 법학자 바삭(K.Vasak)의 분류에 따른 이 개념은 국가로부터 개인의 자유를 보호하는 것뿐만 아니라 집단으로서 국가와 국제사회의 책임과 의무를 적극적으로 요구하는 것으로, 법률적 영역을 넘어 정치, 경제, 사회복지, 환경, 사회개발 등 인권의 실천영역을 확대하는 것으로, 서구적

가치의 주도와 식민주의, 지속 불가능한 경제개발에 대하여 아시아적 가치와 제3세계의 비판을 수용하는 것으로, 시대적 변화에 따른 "인권 패러다임"의 전환을 보여줍니다.

(7) 인권침해란

인간으로서 존엄을 실현하기 위해서 반드시 보장되어야 하는 최소한의 기본적 권리들을 침해하는 일을 말합니다.

기본적으로 인권에 대한 개념은 규정되어 있지만 인권침해에 대한 세부적인 규정은 고정되어 있는 것이 아니라 유동적으로 변화합니다.

인권에 대한 내용은 세계인권선언과 국제적 협약들이 구체적으로 명시하고 있고 우리나라에는 국가인권위원회법에서 자세한 내용을 규정하고 있습니다.

중앙대학교 인권센터는 대학캠퍼스에서 학교 구성원들이 아래와 같은 인권침해를 경험했을 때 돕고자 합니다.

- 차별로 인한 인권침해
  · 성별, 연령, 성정체성, 결혼여부, 신체적 조건 등을 이유로 한 차별행위
  · 종교, 사상 또는 정치적 의견을 이유로 한 차별행위
  · 사회적 신분, 학력, 장애, 가족상황, 병력 등을 이유로 한 차별행위
  · 출신 지역, 출신 국가, 출신 민족, 인종, 피부색을 이유로 한 차별행위

- 자유권을 보장하지 않은 인권침해
  · 생활과 통신, 개인정보를 함부로 간섭하는 행위
  · 종교나 신념, 양심에 따라 행동하고 의견을 자유롭게 표명할 권리를 제한하는 행위
  · 집회 · 결사의 자유, 선거권과 피선거권을 함부로 제한하는 행위
  · 징계 등에 있어 절차적 권리를 무시하는 행위

- 폭력으로 인한 인권침해
  · 기합, 체벌, 가혹행위, 구타 등의 신체적 폭력을 가하는 행위
  · 폭언, 욕설, 모욕 등의 언어적 폭력을 가하는 행위
  · 술자리에서 억지로 술을 마시게 하거나 집에 가지 못하도록 강요하는 행위

- 교육권 · 노동권을 보장하지 않은 인권침해
  · 안전하고 적절하게 교육받을 권리를 침해하는 행위
  · 합당한 노동의 보수를 주지 않거나 최저임금에 미달하는 보수를 지급하는 행위

- 직장 내 괴롭힘으로 인한 인권침해
  · 사용자 또는 근로자가 는 근로자가 직장에서의 지위 또는 관계 등의 우위를 이용하여 업무상 적정범위를 넘어 다른 근로자에게 신체적 · 정신적 고통을 주거나 근무환경을 악화시키는 행위

- 참고자료 [출처] 중앙대학교 인권센터 – 인권 침해란? (cau.ac.kr)
  https://humanrights.cau.ac.kr/human.php?mid=m03_01

인권감수성은 장애인을 이해하고 공감하고 변화를 추구하거나 실천하는 사람들의 태도를

말한다. 인권감수성은 인권의식의 뿌리이고, 출발이며 인권문제와 마주치게 되는 특정 상황에서 그 상황을 인권 관련 상황으로 자각하고 해석하며 그 상황에서 가능한 행동이 관련된 사람들에게 어떠한 영향을 미칠지 통찰하며 그 상황을 해결하기 위한 책임이 자기 자신에게 있다고 인식하는 심리과정이라 할 수 있다. 즉, 인권감수성은 일상생활에서 만나는 다양한 자극이나 사건에 대하여 작은 요소에서도 인권적인 요소를 발견하고 적용하면서 인권을 고려하는 것이라 말할 수 있다. 인권감수성이 행동으로까지 이어지려면 어떤 과정이 필요할까, 도덕심리학자 레스트(J.Rest)는 한 사람이 인권을 옹호하는 행동을 하려면, 먼저 상황을 인권관련으로 자각하고 해석하는 인권감수성 과정, 어떤 행동이 인권과 관련하여 옳고 그른지 판단하는 인권에 관한 판단력과정, 인권이란 가치를 우선시 하는 인권에 대한 동기과정, 인권 옹호 행동을 끝까지 밀고 나갈 수 있는 실행과정의 네 가지 심리과정을 거칠 때 인권을 옹호하는 행동이 이루어진다고 한다.

-참고자료 출처; 장애 인권교육과 인성교육 (brainmedia.co.kr)
https://www.brainmedia.co.kr/MediaContent/MediaContentView.aspx?contIdx=17078

2) 스포츠인권과 폭력

스포츠인권은 신체와 정신을 이용하여 다른 사람과 소통하고 배우고 가르치며 즐기는 과정에서 차별이나 (성)폭력이 허용될 수 없다.

(1) 스포츠 분야 폭력이란?

스포츠 분야 폭력은 스포츠와 관련된 시간·공간·관계 속에서 일어나는 구타, 상해 등 신체적 폭력과 모욕, 협박, 따돌림, 강요와 같은 정서적인 폭력 모두를 의미한다.

또한 지도자와 선수, 등료나 선후배 선수 사이에서 발생하는 폭력뿐 아니라 스포츠를 매개로 함께 활동하는 기관 책임자, 자원봉사자, 행정 담당자 사이에서 발생하는 폭력도 포함한다.

스포츠 분야 폭력에는 지도자와 선수 간 사전에 합의하거나 계획하지 않고 행해지는 지나친 훈련이나 자유시간 제한, 일방적으로 귀가시간 늦추기, 집단생활에 불이익 주기, 훈련으로 위장한 체벌 등도 포함된다.

(2) 스포츠 분야 폭력의 특징은?

스포츠 분야 폭력은 지도자와 선수를 포함한 스포츠 관계자들 사이에서는 '어느 정도의 폭력이나 체벌은 경기력 향상이나 선수들의 정신력 강화에 필요한 훈련의 연장이다'라고 인식되는 경향이 있다. 또한 폭력은 기량 강화를 위한 훈련의 한 형태로 위장될 수도 있다.

스포츠 분야 폭력은 운동 시간, 경기 시간, 합숙 기간, 이동 시간 등 스포츠 활동에 관련된 시간뿐 아니라 일상생활 전반에서 발생할 수 있으며, 경기장과 훈련장, 합숙소나 기숙사, 전지훈련 숙소, 이동 차량 등 스포츠 활동과 관련된 모든 공간에서도 발생할 수 있다.

스포츠 분야 폭력은 훈련을 위한 필요악으로 인식하는 '폭력의 내면화' 현상을 일으키기도 하고, 피해자가 다시 가해자가 되는 폭력의 재생산을 낳기도 한다. 그러나 스포츠 조직의 집단성과 폐쇄성 때문에 외부로 알려지기 어렵고 개인이 주체적으로 대응하기도 어렵다.

(3) 스포츠 분야 폭력의 결과는?

스포츠 분야 폭력은 피해자의 신체적 손상뿐 아니라 분노, 불안, 공포, 우울, 소외감과 같은 정서적 피해로 이어진다. 폭력 피해자는 운동선수로서의 자긍심이 훼손되어 의욕이 상실되고 운동을 포기하는 결과를 낳을 수 있다. 또 폭행이 반복될 경우 정신이상, 신체장애, 자살과 같은 심각한 행동장애를 일으키기도 하며, 만성화된 폭력은 피해자를 미래의 가해자로 만들기도 한다.

스포츠 분야 폭력은 과학적이고 합리적인 지도 체계와 방법을 찾기보다는 단기적인 경기력 향상, 정신력이나 팀워크 강화 등에 매달려 폭력과 처벌을 일상화함으로써 스포츠의 과학화와 전문화를 방해한다.

스포츠 분야 폭력은 학생선수의 경우 학업, 학교생활, 집단생활에 적응하기 어렵게 하며, 조기에 적절히 대처하지 않을 경우 운동 중단과 진로 단절을 가져와 졸업 후 사회 부적응으로 이어질 수 있다. 또한 학생선수의 잠재력과 창의력을 위축시키고 장기적인 성장 가능성을 차단한다.
-참고자료 [출처] 스포츠인권가이드라인 국가인권위원회 스포츠인권특별조사단 홈페이지 www.humanrights.go.kr

(4) 폭력성이란

어학사전에 폭력성이란 함부로 거칠고 난폭한 힘을 쓰는 성질을 뜻한다. 즉 상대의 어떠한 모습과 행동과 행위에 대하여 감정이 생기고 화를 내며, 급기야 물리적인 힘으로 상대에게 신체적 정신적 고통을 안겨준다.

개인적으로는 욕구 불만족의 자신을 구속, 집착하며 다른 사람을 집착, 구속하는 과정의 물리적 힘으로 신체와 정신적인 영향을 주고 자신도 욕구 불만족의 고통을 받는다.

(5) 폭력에 대한 이해와 폭력의 4가지 종류 분류

1. "상해, 폭행, 감금, 협박, 약취, 유인, 모욕, 공갈명예훼손, 강요, 따돌림, 강제적 심부름, 성폭력, 정보통신망을 이용한 신체, 정신 또는 재산상의 피해를 주는 모든 행동"
2. "상대방의 의사에 반하여 강압적이거나 물리적인 수단을 사용하여 자신의 의지를 관철시키고자 하는 모든 행위"
3. 신체·물리적 유형언어·심리적유형 그 외, 정서적 폭력 경제적 폭력
4. "폭력은 대화와 합의를 중요시하는 민주사회에 반하는 반사회적 행위"

폭력의 힘으로 제압 또는 저항할 수 없는 대상에게 행하는 경우에는 상대성에 따른 범죄의 가중

(6) 성폭력에 대한 이해

성폭력이란 상대방의 의사에 반하여 이루어지는 성적 언동으로 상대의 성적자기결정권을 침해하는 모든 행위. 여기에는 강간 외에도 원치 않는 신체적 접촉과 추근댐, 불쾌한 성적인 언어, 음란한 눈빛으로 바라보는 것 등 성적으로 가해지는 신체적, 언어적, 정신적 폭력이 포함된다.

*성폭력- 폭력과 협박을 동반한 간음 및 유사 강간행위, 강간, 유사강간, 강제추행, 위계, 위력에 의한 간음.
  위계, 위력에 의한 추행. 동의하에 간음, 추행, 공중밀집장소 추행, 성적목적 다중이용장소 침입, 통신매체이용, 음란행위, 카메라 등 이용촬영
  아동, 청소년 이용음란물의 제작 배포, 아동, 청소년 매매행위, 아동, 청소년의 성을 사는 행위 등
*성추행- 성적자기결정권을 침해하며 상대방의 동의를 얻지 않고 일어나는 간음 이외의 성적 가해 행위
*성희롱- 성적인 언어나 행동으로 성적굴욕감 및 수치심, 모멸감을 느끼게 하는 행위

> 자기결정권
> 헌법 제 10조가 보장하고 있는 개인의 인격권과 행복추구권에 전제된 개인의 자기운명결정권을 의미

(7) 스포츠분야 성폭력의 특징

-훈육으로 왜곡
  가해자는 성폭력을 훈련, 교육, 치료 등 스포츠와 관련된 활동이라고 왜곡하거나 혼동한다. 또 자신의 성폭력을 일상적 장난이나 친밀함의 표현이라고 주장한다.

-강자의 권력 행사
  스포츠 분야 성폭력은 위계나 성별과 같은 불평등에 기반하여 강자의 권력 행사 형태로 일어난다.

-불평등한 성별 권력
  남성 지도자의 여성 선수 성폭력은 불평등한 성별 권력 구조에서 기인하는 전형적 성폭력 유형이다.

-엘리트 스포츠 시스템 구조
  오랜 유대관계와 폐쇄적인 특성을 가지는 엘리트 스포츠 시스템이 성폭력 발생의 위험요소를 더 많이 제공한다.

-집단은폐
스포츠 공동체의 내부 결속력과 가족적 특성은 성폭력을 은폐하고 드러나지 못하게 한다.

-그루밍
  지도자가 어린 선수를 오랜 기간 감정적, 육체적으로 친밀한 관계를 형성해가는 과정에서 '성적 길들이기(그루밍)' 방식의 성폭력이 일어날 수 있다.

(8) 스포츠분야 성폭력의 사례

-훈련 중이나 쉬는 시간, 숙소 등에서 성적농담, 외모에 대한 성적 비유나 평가를 하는 행위
-성적인 유혹을 암시하는 휘파람을 불거나 응시, 몸을 훑어보는 행위

- 성이나 성적 정체성에 기반한 모욕, 괴롭힘, 별명 부르기, 혐오를 표현하는 행위
- 특정 개인에 대한 성적 사실관계의 과도한 질문, 성적 내용의 정보를 유포하는 행위
- 성적 내용을 포함한 일방적이고 불쾌한 문자나 카카오톡, 이메일, 전화, 편지 등을 보내는 행위
- 성적인 포스터, 사진 등을 훈련장, 라커룸, 휴게실, 공동 숙소 등에 게시하는 행위
- 성과 관련된 자신의 특정 신체 부위를 고의적으로 노출하거나 만지는 행위
- 상대에게 특정한 신체 부위를 보여 달라고 요구하거나 동의 없이 만지는 행위
- 훈련이나 친밀함을 가장해서 입맞춤, 무릎에 앉히기, 뒤에서 껴안기, 몸의 밀착, 귓속말, 애무나 마사지 요구 등 신체적 접촉을 제안하거나 강요하는 행위
- 뒤풀이, 식사 등에서 신체접촉, 성적농담, 춤을 추자고 하거나 술을 따르라고 하는 행위
- 지도자의 권위를 이용해 선수에게 사적인 만남이나 데이트를 강요하는 행위
- 강제적으로 성관계를 요구하거나 시도하려는 행위 등

(9) 스포츠 분야 성폭력의 결과는?

- 스포츠 분야에서 성폭력 피해를 겪을 경우 피해 당사자는 스트레스, 정신적 상처와 육체적 손상은 물론 운동이나 훈련에 지장을 받거나 운동 중단을 해야 하는 등 심각한 2차 피해를 입을 수 있다.
- 성폭력의 발생은 운동부나 조직, 해당 기관 등 스포츠 공동체의 사기를 떨어뜨리고 팀워크를 해칠 수 있으며, 행정적·법적 처리 과정에서 심각한 조직적, 경제적 손실을 야기한다.
- 중요한 것은 개인이나 조직이 어려움을 겪게 되는 이유가 성폭력 피해가 드러났기 때문이 아니라 성폭력 가해 행위가 있었기 때문이라는 점이다.

(10) 성폭력예방을 위한 지도자 행동규범

- 성폭력 예방과 대처에 대한 책임 지도자는 선수들이 안전한 환경에서 운동할 수 있도록 지원하는 책임을 진다. 성폭력이 발생하면 묵인, 간과, 회피하지 않아야 하며, 피해자를 적극 지원하고 재발 방지를 위해 최선을 다한다.
- 밀폐 공간에서 면담 금지 면담, 훈련 등 어떤 목적으로도 숙소, 차량 등 밀폐된 공간에서 지도자와 선수 둘만 있는 것을 금한다.
- 성적 농담 금지지도자는 훈련 및 사석에서 선수들에게 성적인 의미를 내포한 언어나 농담을 해서는 안 된다.
- 성적 행위 금지 지도자는 학생선수와 성적 관계를 가져서는 안 되며, 위반 시 모든 윤리적·법적 책임은 지도자에게 있다.
- 전지훈련 등 단체 여행 시 보호자 동의 필요 지도자는 경기, 전지훈련 등 단체여행 시 부모나 보호자에게 관리 책임자의 이름과 연락처, 동반자 명단, 여행 일정, 숙소 연락처, 방 배정 계획 등 구체적 정보를 알리고 보호자의 동의를 얻어야 한다.
- 학생 숙소 무단 방문 금지 선수의 방을 방문할 때는 사전에 동의를 얻어야 하며, 방에 머무르는 동안 문을 열어두어야 한다.
- 여행, 전지훈련 시 지도자와 선수 방 분리 예산 절감 등의 이유로 지도자와 선수가 같은 방을 쓰지 않는다.

- 훈련 시 신체 접촉의 금지 및 최소화 지도자는 선수와 신체적 접촉을 금하고 불가피한 경우라도 최소화해야 한다. 훈련상 불가피한 경우 그 필요성과 범위를 선수에게 설명하고 동의를 얻어야 한다.
- 성적 영상물 제공 금지 지도자는 선수들에게 성적 표현을 하거나 성적 사진, 자료 등을 보여주거나 공공장소에 게시해서는 안 된다.
- 신체나 외모에 대한 성적 언급 금지 지도자는 선수의 신체나 외모에 대해 성적 언급을 피해야 한다.
- 사적 데이트 금지 지도자는 어떠한 환경에서도 선수와 사적인 데이트를 해서는 안 된다.
- 참고자료 [출처] 스포츠인권가이드라인 국가인권위원회 스포츠인권특별조사단
  홈페이지 www.humanrights.go.kr

3) 스포츠 4대 악에 대한 이해

입시비리, 폭행, 조직 사유화, 승부조작을 지칭한다. 2014년 당시 문화체육관광부는 스포츠 4대 악을 지정하고 이의 근절을 위한 '스포츠 4대 악 신고센터'를 설치했다. 이후에도 체육계 내 비리와 악행을 근절하기 위한 스포츠 비리신고센터·클린스포츠센터·스포츠 인권센터 등이 운영돼 왔으며, 가장 최근인 2020년 8월에는 스포츠윤리센터가 설립돼 운영 중에 있다

스포츠 4대 악은 입시비리, 폭행, 조직 사유화, 승부조작을 이르는 것으로, 문화체육관광부는 2014년 이들을 스포츠 분야 4대 악으로 지목하고 '스포츠 4대 악 신고센터'를 설치한 바 있다. 이는 우리나라가 대외적인 스프츠 선진국임에도, 내부적으로는 ▷체육단체 조직 사유화 및 편파판정으로 인한 선수와 학부모의 고통 ▷선배 혹은 지도자에 의한 선수 (성)폭력 ▷공공연한 관행으로 통하는 체육계 학교 입시비리 등의 사례가 끊임없이 이어짐에 따른 것이다.

하지만 스포츠 4대 악 신고센터는 검사와 경찰을 파견하는 등 적극적으로 움직였지만, 별다른 성과를 내지 못하고 1년 여간 운영되다가 폐지됐다. 이 밖에도 체육계 내 비리와 악행을 근절하기 위한 스포츠비리신고센터·클린스포츠센터·스포츠인권센터 등이 운영되고 있으며, 가장 최근인 2020년 6월에는 스포츠윤리센터가 출범해 운영 중에 있다.

(1) 스포츠윤리센터 출범(2020. 8.)

스포츠윤리센터는 문화체육관광부(스포츠비리신고센터), 대한체육회(클린스포츠센터) 및 대한장애인 체육회(체육인 지원센터)의 신고 기능을 통합한 것으로, 체육계로부터 독립적인 지위에서 스포츠계 인권침해 및 비리를 조사하는 기구이다. 이는 2019년 1월 쇼트트랙 등 체육계 성폭력 사건을 계기로 인권침해와 비리를 근본적으로 개선하자는 취지에서 설립 논의가 시작됐으며, 이후 근거 법률인 국민체육진흥법 개정(2020년 2월 4일 공포)이 이뤄지면서 2020년 8월 공식 출범했다.(자세히 보기)

최숙현법 제정 및 시행(2021.)
최숙현법은 감독과 팀닥터, 동료 선수들로부터 가혹행위 피해를 입다 2020년 6월 26일 스스로

목숨을 끊은 고(故) 최숙현 트라이애슬론 선수 사건을 계기로 마련된 '국민체육진흥법 일부 개정법률안'을 말한다.

2020년 8월 4일 국회를 통과한 해당 법안은 ▷기존 국민체육진흥법 개정안을 강화하고 ▷재발 방지를 위한 시책 및 피해자 보호 ▷성적중심주의 문화 개선을 위한 내용 등을 골자로 하며, 2021년 2월 19일부터 시행에 들어갔다. 법안은 (성)폭력 등 폭력 지도자의 자격 정지 기간을 1년에서 5년으로 확대하고, 지도자의 (성)폭력 등 스포츠 비리를 알게 된 경우 스포츠 윤리센터에 신고해야 하는 의무 규정을 신설했다. 또 스포츠윤리센터의 기능과 권한(직권조사권, 공무원 파견요청권, 수사기관 신고·고발권, 체육단체 징계요구권 등)을 확대하고 윤리센터 조사에 비협조하는 경우 문체부 장관에게 징계를 요구할 수 있게 했다. (자세히 보기)
-참고자료 [출처] [네이버 지식백과] 스포츠 4대 악 (시사상식사전, pmg 지식엔진연구소)

(2) 스포츠 인권헌장 전문

스포츠인권에 대한 이해를 도모하기 위해서는 가장 우선적으로 스포츠인권 헌장을 이해해야 할 필요가 있다. 국가인권위원회가 스포츠인권 가이드라인 제정을 통해 선언한 헌장의 핵심 내용은 다음과 같다.

스포츠 인권헌장 전문
제1장 스포츠는 인권이다.
제2장 모든 사람은 스포츠와 신체 활동에 참여하고 누릴 권리가 있다.
제3장 스포츠는 민주 사회의 건전한 시민을 양성하는 교육의 장이다.
제4장 스포츠는 세계인의 공용어이다.
제5장 스포츠와 신체 활동은 개인의 행복 증진에 기여한다.
제6장 스포츠는 다양하다.
제7장 스포츠의 진정한 목적 구현을 위해 사회 구성원 모두 노력해야 한다.

스포츠 인권헌장은 스포츠 분야의 신체·언어적 폭력, 성폭력, 학습권 침해 등 인권침해 실태가 심각한 수준에 있어 체육정책 관계자, 지도자, 운동선수 및 시민들이 알아야 할 스포츠의 참의미와 신체활동의 사회적 역할을 천명하기 위하여 제정되었습니다.

스포츠 인권헌장은 스포츠 활동에서 누려야 하는 인권과 이를 지키기 위한 우리 사회의 노력 방향을 담고 있습니다. 즐거움과 성취감을 주는 아름다운 스포츠는 '인권'이라는 토양에서 뿌리내리고 자랄 수 있음을 잊지 말아야 합니다.

'스포츠 인권'이라는 기초체력을 키우기 위해 우리 모두의 관심과 참여가 필요합니다!
-참고자료 [출처] 국가인권위원회 스포츠인권특별조사단 홈페이지 www.humanrights.go.kr ISBN 978-89-6114-741-5 03330

스포츠공정위원회 규정	
폭력	- 징계 혐의가 인정되나 극히 경미한 경우: 1년 미만 출전정지 또는 자격정지 - 경미한 경우: 1년 이상 3년 미만 출전정지 또는 1년 이상 3년 미만의 자격정지 - 중대한 경우: 3년 이상 출전정지, 3년 이상 자격 정지 또는 영구제명

성추행 등 행위	- 경미한 경우: 3년 이상 5년 미만 자격정지 - 중대한 경우: 영구제명
성희롱 등 행위	- 극히 경미한 경우: 1년 미만 자격정지 - 경미한 경우: 1년 이상 3년 미만 자격정지 - 중대한 경우: 3년 이상 자격정지 또는 영구제명

2. 수련과 성교육

1) 수련으로 얻는 가치

수련은 인격, 기술, 학문, 소양 등 갈고 닦아서 양심을 배운다. 그렇다면 양심이 뭘까? 사람의 도리이기에 더욱 더 명료하다.
양심이 일상에서 보면 본래의 모습과 같다. 거울에 비치는 모습 그대로인 것이다.

수련하는 사람은 힘들고 어렵고 고난과 고통이 있어도 본래 이겨내고자 하는 초심을 간직하고 신념을 갖고 배우고 터득한다. 과거에는 수련을 하면 자신의 생각과 정신을 이겨내고자 수련했다고 한다. 이러한 수련의 가치는 한 가지에 몰두하여 얻은 양심이다.

수련으로 얻은 스승과 제자의 자리는 스승의 등불 위로 올라가야 하는 제자에게 더 높은 곳을 올라가는데 등불을 비춰주는 역할이며 등불이 되어주려면 존중하는 언어, 정직한 언어, 책임있는 언어, 겸손과 배려가 있는 지혜로운 언어를 갖춰야 한다.

그리고 수련으로 얻은 가치를 개인에게는 언제나 양심의 가치로 승화시키려는 노력을 끊임없이 하면서 정진해야 한다.

지도자는 수련생을 지도하면서 항상 새로운 마음가짐으로 양심을 가져야 한다. 지도자가 양심이 없다면 사회는 어떻게 되겠는가?

학교에서 학생이 컨닝을 해도 할 말이 없고 시합을 할 때 부정한 행동을 해도 할 말이 없다. 신호등을 위반하고 사람을 상해하고 도망가도 할 말이 없으며 의사가 부정한 수술을 해도 할 말이 없다. 하물며 회사에서 상사가 부정한 행위를 하고 다른 사람의 물건과 기술을 훔쳐도 할 말이 없는 사회가 된다.

양심없는 사람이 양심없는 사회를 만든다. 양심이 없는 사람으로 인하여 사회는 범죄사회의 모습을 그대로 볼 수 있다. 어려운 시절에는 양심보다 배고픔을 참을 수 없던 시절에 단순하면서 극단적인 범죄행위로 인하여 사람을 믿을 수 없는 사회공동체의 모습도 있었다.

태권도는 수련하고자 하는 사람에게 몸과 마음 그리고 정신적인 영향을 주었다.

사람이 되려면 태권도를 수련해라!

사람의 도리를 지키는 태권도를 수련하자! 라는 메시지에는 태권도정신을 통해 이겨내야 한다는 강력한 메시지가 있다. 그리고 마음을 정화하고 다스리기 위해 충효, 인내, 극기, 모범, 나눔, 봉사, 헌신, 기여, 노력, 질서, 협동이라는 마음과 정신을 위해 부단히 노력하고 성장의 밑거름으로 이어왔다. 또한 어려운 시기에 극복의 대상을 근면성실함과 꾸준함의 대명사는 부지런한 대한민국 국민성이라고 얘기할 정도이다.

외국에서 대한민국에 대해 깜짝 놀라는 문화가 있다. 배달문화가 발달한 대한민국은 우리 집 앞에 배달이 와도 다른 사람이 가져가는 경우가 거의 없다. 양심과 정직함에 감탄한다고 한다. 우리는 개인의 양심과 사회의 양심을 키워온 것이다. 이러한 시대는 지금 만들어진 것이 아니다. 외국에서 대한민국사회에 대해 무한한 신뢰를 할 수 있었던 것도 도전과 인내 그리고 지혜로운 국민성이 존재한 것이다.

성교육과 성에 대한 이해는 자신의 양심교육이다.
심신수련으로 배우고 터득하는 소중한 양심의 가치를 몸과 마음이 기억해야 한다.
낮은 자를 돌보지 않고서 높은 자가 될 수 없다고 한다. 내가 따뜻한 겨울을 보내더라도 추운 겨울을 보내는 사람을 이해하고 아끼고 따뜻한 마음의 동행이 필요하다. 내가 경험하지 않아도 역사가 경험한 교훈을 기억해야 한다.
우리의 추운 겨울을 이제 따뜻하게 감싸고 회복시키는 과정이다.
지도자는 스스로 자신의 언행에 두려워할 줄 알아야 하며 수련생을 지도하면서 태권도에서 얻은 가치를 전달하기에 항상 몸과 마음을 새롭게 다스려야 한다.
가르치는 사람은 배우려는 사람의 몸과 마음을 제압할 수 있는 힘과 저항할 수 없다는 것을 알기에 자신을 제압하는 방법으로 스스로 두려워 할 줄 아는 강력한 메시지가 필요하고 스스로 이겨내야 할 대상이 성을 이겨내는 양심을 갖춰야 한다.

학교에서 선생님이 수업시간에 학생에게 숙제를 하지 않았다고 하면서 손바닥을 펼쳐서 체벌을 한다면 과연 어떠한 반응과 과정에 따른 결과를 얻을까? 이러한 내용을 부모와 학생 그리고 선생님들이 모여서 토론을 했다.
과연, 손바닥을 펼쳐서 체벌을 해야 하는 방법뿐이었는가? 라는 부분이다. 이는 선생님의 소양에서 시작된 것이다. 자신을 갈고 닦은 소양이 체벌하는 수준이라는 것이다.
항상 자신을 돌아봤을 때 그렇게 해도 되는지 질문과 대답을 할 때 수준을 높이는 방법을 먼저 찾으려 해야 한다. 숙제를 하고 온 학생이든 숙제를 하고 오지 않은 학생이든 숙제를 잘하거나 못하거나 관계없이 선생님의 소양이 누구에게나 비춰지고 영향을 주어야 한다.
태권도장에 잘하는 수련생과 잘하려고 노력하는 수련생이 있다. 똑같은 수련생을 지도하는 마음자세와 태도의 지도법이 필요하다. 지도자의 소양이 누구에게나 적용되고 영향을 주어야 한다. 수련생을 지도하는 과정에도 수없이 많은 변화의 시간을 맞이했다. 체벌을 하는 시대와 체벌을 하지 않아도 되는 시대를 맞이하고 있다. 이는 체벌로 배운 지도자와 체벌을 하지 않아도 되는 배움의 지도자가 변하고 있는 과정이다.
아프게 배운 사람은 아프게 가르치고 기쁘게 배운 사람은 기쁘게 가르칠 것이다. 수련과 인권은 분리되어 있었으나 이제 수련과 인권은 하나인 것을 알게 된 시대이다. 아프게 배우고 수련한 사람도 이제는 아프지 않게 가르치고 수련할 수 있는 시대다.

지도자에게 준비된 소양이라는 그릇은 끊임없이 갈고 닦아야 하는 그릇과 같다. 잠시라도 갈고 닦지 않으면 녹슨 그릇으로 변해갈 것이다.
소양의 그릇에는 양심이라는 녹슬지 않게 하는 마음 밭이 잘 성장해야 한다.

양심이 있다면 두려워할 줄 알아야 한다. 거짓말을 행하거나 죄를 짓고 두려운 마음이 생긴다면 다른이의 물건을 훔쳐도 그 두려운 마음은 지워지지 않는다. 하물며 다른 사람의 성의 고통과 두려움은 몸과 마음 그리고 영혼에 상처를 주며 지울 수 없는 자기 고통이 생기게 된다. 본인 또한 그 고통의 시간이 지워지지 않는다. 그때를 생각하면 계속 지워지지 않기 때문이다.

두렵지 않는 삶을 위해 양심을 얻은 수련의 가치를 펼쳐야 한다.
사전적 의미에서 양심은 사물의 가치를 변별하고 자기의 행위에 대하여 옳고 그름과 선과 악의 판단을 내리는 도덕적 의식을 양심이라고 한다.
양심이 있는 사람과 없는 사람은 어떻게 다름과 차이가 무엇일까?
양심이 있는 사람은 지속적으로 자신을 수양하며 살아간다. 양심이 없는 사람은 자신을 해치는 죄의식이 없는 사람이다. 사람을 해치거나 괴롭히거나 참을 수 없는 모멸감, 수치심을 주거나 두려움을 주거나 일상생활을 할 수 없도록 사람의 탈을 쓴 행동을 한다.
그 중에서 성희롱, 성폭력, 성범죄는 사람의 탈을 쓰고 절대 하지 말아야 할 행동이며 수련으로 얻은 모든 가치를 한순간에 잃어버리게 된다. 또한 그 행위로 인해 평생 가책을 받고 살아가게 된다.
건강하지 않다면 운동, 식이요법 등을 통해 열심히 노력해서 건강을 얻을 수 있다. 돈이 없으면 열심히 일을 하거나 성실근면하게 돈을 모아서 새로운 터전을 만들 수 있다.
성범죄는 내 몸과 마음에 새겨진 주홍글씨와 같아서 생각으로도 지울 수 없는 영혼의 상처가 된다.

양심의 가책을 받다.
양심(良心)은 무엇인가? 인간이 사회에서 자신의 행위에 대하여 도덕적인 책임을 생각하는 감정상의 느낌을 말한다. 즉 자기 자신의 행위에 대하여, 각 개인이 스스로 그 행위에 대해 평가하는 것에서 생긴다. 양심에 대해서는 인간에게 고유한 불변적인 것인지, 또는 진화의 결과에 의해 생겨난 것인지에 대해 논의되고 있지만, 양심 그 자체가 인간에게 불변하는 것으로서 부여된 것도 아니고 또는 진화의 결과로 생겨난 것도 아닌, 사람들의 사회적 지위, 그가 받은 교육 등에 의해 형성되는 것이다. 거기에서 계급적 양심이라는 것이 이야기된다. 양심은 의무와 밀접히 연결되어 있는데, 의무를 수행할 때는 양심이 맑아지고, 그것을 거부할 때는 양심이 번뇌하게 된다. 양심은 개개인의 도덕적 성장에 있어서 중요한 요인으로 작용한다.
참고자료   [출처] [네이버 지식백과] 양심 [Conscience, 良心] (철학사전, 2009., 임석진, 윤용택, 황태연, 이성백, 이정우, 양운덕 강영계, 우기동, 임재진, 김용정, 박철주, 김호균, 김영태, 강대석, 장병길, 김택현, 최동희, 김승균, 이을호, 김종규, 조일민, 윤두병)

2) 나의 정체성과 성

(1) 나의 정체성 알기
인간의 정체성을 통해 나의 정체성을 알아본다.
내면의 폭력성을 인정하고 다스려야 한다. 내 모습을 알고 수련을 한다.
나의 정체성을 어떻게 극복할 것인가?
"생각은 행동을 낳고 행동은 인격을 낳고 인격은 운명 낳는다."
인격도야를 위해 수련을 해야 하는 이유도 내 안에 폭력성이 있다는 것을 인지한다.

내면의 폭력성을 인정(내 마음의 선과 악)하고 생각과 마음의 정지를 하며 마음 밭을 도구로 생각과 마음을 내세우지 않으면, 나서고자 하는 마음이 사라지면 폭력적인 마음은 사라진다.

왜! 선한 언행을 해야 하는지 알아야 한다.

수련을 해서 공격과 방어를 배우고 있는 과정이 나를 호신하려고 배우는 것도 공격성과 폭력성을 동시에 갖게 된다. 특히, 뜻대로 되지 않으면 폭력성은 어느 방향으로 흐를지 자신도 모를 수 있다.

언행폭력에서 성폭력은 물론, 지식폭력, 지위폭력, 물질폭력에 이르기까지 아주 다양한 폭력을 도구삼아 나타나게 된다.

몸으로 배우면 몸이 폭력의 도구가 되고 지식을 배우면 지식이 폭력의 도구가 되고 돈이 많으면 돈이 폭력의 도구가 되기도 한다.

만약, 인간의 정체성을 회복하기 위해 당신은 어떻게 해야 된다고 생각하는가?

누군가는 종교에 의지하고 또는 스스로 믿는 믿음에 의지할 방법을 찾는다. 왜! 인간성을 회복하려하는가? 라는 질문에 스스로 자문자답을 해야 한다.

서양의 소크라테스, 플라톤, 예수, 모하메드 동양의 유교, 불교, 도교, 단군교 그리고 심리분야의 프로이트, 융 등 철학적, 인문학적, 종교적인 교육지도자, 교육자를 통해서 갈구해 본다.

내 안에 있는 공격성과 폭력성 그리고 호수 안에 보이지 않는 물체의 모습처럼 내 안에도 보이지 않고 존재하는 물체가 있다는 것을 알아채야 한다.

결국, 나를 알기 위해 인간성을 회복하는 노력이 되지 않는다면 성교육은 말할 수 없다. 내 안에 폭력성이 있는데 과연 성교육으로 회복을 할 수 있을까? 스스로 돌을 던져봐야 한다.

인간의 정체성, 즉 나는 누구인가?

이 물음은 동서양을 막론하고 철학과 종교의 시작점이자 끝이다.

폭력성은 개인의 내면에서 일어나는 심리적인 상태이다. 그래서 내면의 심리를 파악할 때 폭력성을 제거할 수 있는 것이다. 즉 원인이 나에게 있다는 것을 아는 것이 중요하다. 사회문제는 곧 나의 문제인 것이다. 나의 문제를 해결하면 사회문제를 해결할 수 있는 이치를 아는 것이다.

태권도지도자는 심신수련으로 얻고자하는 양심과 인격도야의 길이 인간성회복으로 자유를 얻는 과정이며 폭력성 있는 나를 폭력성 없는 나의 정체성으로 만들어가고 자신에게 따뜻한 마음이 있다는 것과 폭력성이 있다는 것을 항상 가슴에 새기며 인성을 배우며 가르친다.

"나 자신을 알라." 나의 정체성이 인간의 정체성이라는 것을 알려주며 인간성을 회복하기 위한 심신수련을 한다.

태권도지도자는 물론, 지도자의 힘이 폭력성으로 나타날 때에는 주어진 힘을 모두 사용하며 자신의 정체성을 힘으로 나타날 때는 어느 방향으로 힘이 적용될지 아무도 모른다. 특히, 욕구의 힘으로 적용할 때에는 개인의 힘과 더불어 다른 힘까지 결합해서 파괴력이 있는 폭력성으로 나타날 수 있다.

힘이 있는 사람이 더 낮아지고 더 따뜻한 마음으로 나누고 봉사하며 영향력이 미치는 공간에 따뜻한 온기가 되어야 한다.

외면의 성공이라고 하는 면에서 세상을 지배하고 이기려는 것과 세상의 왕으로 살며 지식이라는 탁월한 원석이 있다. 또한 내면의 성공이라고 하는 면에서 나를 아는 것, 스스로의 왕으로 살며 지혜의 대물림으로 외적내적 자신을 이끄는 힘을 어디에 적용할 것인지 항상 중심에서 방향을 본다.

태권도지도자의 정체성은 수련을 통해 얻은 호신과 인격도야를 자신에게 적용하며 내면에 있는 공격성과 폭력성을 인지하고 따뜻한 마음, 낮은 자세의 겸손함과 긍휼한 마음의 행동으로 성교육을 자신에게 적용하는 선한 언행으로 자신을 다스리는 방법이 최고의 방법이다.

지도자에게 주는 인권은 자신도 보호하고 수련생도 보호해야 하는 이유를 명찰해야 한다. 그렇다면 누구를 교육할 것인가?

교육은 홍익인간의 이념 아래 모든 국민으로 하여금 인격을 완성하고 자주적 생활능력과 공민으로서의 자질을 갖추게 하여 민주국가 발전에 봉사 하며, 인류공영의 이상실현에 기여하게 함을 목적으로 한다. 〈교육법 제1조〉

(2) 인간의 정체성으로 인간성을 들여다보면서 말해보고자 한다.

정체(正體) 또는 정체성(正體性, identity)은 존재의 본질 또는 이를 규명하는 성질이다. 정체성은 상당 기간 동안 일관되게 유지되는 고유한 실체로서 자기에 대한 주관적 경험을 함의할 수 있다. 정체성은 자기 내부에서 일관된 동일성을 유지하는 것과 다른 존재와의 관계에서 어떤 본질적인 특성을 지속적으로 공유하는 것 모두를 의미한다. 어떤 대상의 인식으로서의 정체, 인간의 정체성, 기업의 정체성, 군대의 정체성, 국가의 정체성 등 다양하다. 통상 정체성이라고 하면 인간의 정체성을 말한다.[1][2][3]

인간은 성장하면서 자신이 세상 안에서 다른 사람들과 함께 '한 개인'으로서 존재한다는 자각을 한다. 정체감의 형성 과정에서 아동은 다른 사람들과는 다른 자신만의 소망, 사고, 기억, 외모 등을 가지고 있다는 자각을 한다.[4][5]

인간은 양육자나 부모와의 관계를 통해 정체성 형성을 시작하는데, 태어나자마자 보육원으로 보내진 아이도 일생에 한 번은 자신의 생모나 생부라는 존재를 자기 인생에서 정리하는 시간을 갖게 된다.[6] 에릭 에릭슨의 발달이론에서 12세부터 18세까지 청소년기에는 정체성이 형성되거나 정체성에 혼란이 오는 상황을 맞게 된다. 그 시기에 친구, 외부 집단과 접촉하면서 의미있고 풍요로운 자기 개념을 만들거나, 외부에서 맞닥뜨리는 모든 관계에서 자기가 누구인지 잊어버리는 현상을 맞기도 한다.[7][8][9][10]

자신의 존재를 규명하는 일은 누구에게나 중요하고 인간이 종교를 갖는 것도 정체성 형성과 연관이 있다. 신과의 관계 설정, 우주와의 관계 설정을 통해 자신의 존재를 설정하고 이를 통해 존재의 안정감을 유지하며 삶의 부조리나 희로애락을 처리해 나간다.[11][12][13][14][15][10]

정체성은 철학적·심리학적·사회학적으로 중요하게 다루어지는 개념이다. 인터넷의 발달은 인간의 삶에 큰 변화를 가져왔고 그로 인해 정체성 문제도 다각도로 조명되었다. 오프라인에서의 인격과 온라인상에서의 인격이 전혀 다르게 자신의 삶을 연출할 수 있게 되면서 당사자도 어느 모습이 자신의 진짜 모습인지 혼란스러워지게 되고, 사회적으로도 그 사람의 진짜 모습은 무엇인가가 탐구의 대상이 된 것이다.[16][17] 인간의 정체성과 직결되는 인공지능의 발달도 정체성 문제를 본질적 측면에서 다시금 생각하게 하는 요소가 되었다.[18][19][20][21][22]

'나의 정체는 무엇일까?'라는 질문에서처럼 정체라는 정의가 필연적으로 구별되는 또 다른 대상이 전제되어야 한다는 것은 어떤 동일성을 유지하는 개별적인 것이 다른 구별되는 존재와의 관계에서 변별되고 인식된다는 것을 의미한다고 할 때 그러한 다른 존재들 중에 속한 존재로서 개별성을 언급하는 맥락에서 많은 심리학자들이 이를 다루어왔다. 한편 이처럼 개인의 정체성을 주변 환경과 상호관계까지 확대하여 이해하는 것은 고립적이고 독립적일 수 있는 측면에 국한하는 것보다 효과적인 것으로 여겨진다.

내 존재의 의미는 나의 삶이 나에게 질문한다는 데에 있다. 한편 이것은 반대로, 나 자신이 세상에게 나의 대답을 전해준다는 것을 의미한다. 그렇지 않으면 나는 세상의 응답에만 의존하게 될 것이다. ("나는 누구인가?"라는 스스로의 질문에 답하는 것) 그것은 내 개인적인 것을 초월하는 사명으로 이는 오직 내가 전력을 다해 노력할 때에 비로소 도달할 수 있다. - 기억, 꿈, 반사상 11장 사후 생애 - P318

Here is the greatest and smallest, the remotest and nearest, the highest and lowest, and we cannot discuss one side of it without also discussing the other. No language is adequate to this paradox. Whatever one can say, no words express the whole. (Chapter 12-Late Thoughts III ,P354 MDR), 카를 융

우리 세대의 가장 위대한 발견은 인간이 마음가짐에서 태도를 바꿔 자신의 삶을 바꿀 수 있다는 것이다.'
The greatest discovery of my generation is that a human being can alter his life by altering his attitudes of mind. - 윌리엄 제임스

-참고자료
[출처] https://ko.wikipedia.org/wiki/%EC%A0%95%EC%B2%B4%EC%84%B1

지속적으로 사회는 인간의 정체성에 대한 질문과 대답을 한다. 인간성회복의 화두는 무엇일까?
내안에 있는 모습은 잔잔한 호수에 보이는 않는 물체와 같다. 인간성회복을 위해 더 내려놓고 낮아지며 작아지고 두려워하며 욕구에 대한 갈망을 줄이는 반성과 성찰을 등불삼아 욕심이 폭력성에서 어떻게 적용될 수 알아채야 한다.

태권도장에서 지도자의 정체성과 도장의 정체성을 바르게 세우기 위해 헌신하고 기여하며 누구보다 더 수련생에 대한 사랑과 성장을 준비하며 태권도를 통해 자신이 호신과 인격도야의 이유를 스스로 알아가도록 지도하는 지도자가 되려고 노력해야 한다고 생각한다.

태권도장에서 수련생을 위해 준비할 수 있는 성교육은 자신의 성을 호신하려는 방법이 첫 번째이다.
자신을 지키는 호신을 통해 서로 협력해서 도와주는 호신을 도장에서 수련생과 함께 배울 수 있도록 한다.

3. 스포츠 인권침해 및 성폭력 사례

1) 태권도장에서 인권침해와 성폭력

태권도장에서 인권침해와 성폭력은 지금까지 지켜온 자신의 수련은 물론, 갖고 있는 모든 것을 잃어버리는 과오가 되며 회복할 수 있는 방법은 차후문제가 된다.

수없이 많은 인권침해와 성폭력사례를 접하면서도 나는 괜찮아! 라고 생각하는 순간의 모든 문제와 고통은 시작된다. 또한 두려워하지 않는 힘을 갖고 있다는 자신을 두려워해야 한다. 자신이 두려울 것이 없다는 문제를 인식하지 않기에 양심을 도덕적으로 갖출 수 없는 상태가 된다. 이는 수없이 많은 힘을 갖춘 사람들에게 왜! 겸손과 낮은 자세의 봉사를 강조했는지 알아채야 한다. 더 낮은 사람과 함께 호흡하고 나누고 긍휼한 마음이 필요한 이유는 자신이 낮아졌을 때 가능한 부분이다.

수련의 힘이나 지식의 힘기나 영향력의 힘이 똑같다. 자신이 어디에서 힘을 적용하는가?

사람을 가르치는 힘으로 심신을 성장시키기도 하지만 고통과 상처를 주기도 한다.

부모님은 자녀를 키우면서 좋은 스승을 만나기 바란다는 인생의 절대 절명의 명언이 있다. 맹모삼천지교의 교육환경과 지도자를 만날 수 있는 방법을 찾는다. 대한민국은 교육환경과 지도자에 열망하는 이유가 되기도 합니다.

좋은 지도자와 심신교육환경으로 태권도지도자의 모습과 도장환경이 되었으면 합니다. 유아에서 실버에 이르기까지 태권도장이 호신과 양심을 배우는 공간이 되었으면 한다.

그러기 위해서 인권침해와 성폭력은 지도자 스스로 먼저 해결해야 할 대상이다. 사례를 통해서 한번 더 깊이있게 받아들이는 기회가 되었으면 한다.

2) 스포츠 인권침해와 성폭력사례

(1) 스포츠 인권침해 사례 : 한국 쇼트트랙 간판선수가 밝힌 '악몽 같은 4년'

지난 2018 평창 동계올림픽 개막 직전, 쇼트트랙 종목의 B 전 코치가 국가대표 A 선수를 폭행한 사실이 밝혀지며 세간에 큰 논란이 된 바가 있습니다.
당시 A 선수는 올림픽 개막을 한 달가량 앞두고 선수촌을 무단이탈했으며, 그 배경에 B 전 코치의 폭력이 있었음이 확인되어 이 사건으로 B 전 코치는 1심에서 징역 10개월 형을 선고받았습니다.

이후 열린 항소심 과정에서 A 선수는 지난 2014년 여름부터 올림픽 직전까지인 4년간 B 전 코치로부터 지속적으로 성폭행 당했다는 고소장을 제출했고, 이러한 사실을 1월 8일 SBS가 단독 보도를 통해 세상에 알리며 큰 충격을 주었습니다. 또 이를 계기로 본격적인 스포츠계 미투 운동이 시작되었습니다.

같은 피해가 더는 반복되지 않길 바란다는 결심 때문에 고소장을 제출했다는 A 선수는 2014년 첫 피해 당시 만 17세로 고등학교 2학년이었습니다.

B 전 코치의 성폭행은 이때부터 2018 평창 동계올림픽 개막 2 달여 전까지 무려 4년 동안 계속되었으며, 국제 대회를 전후한 집중 훈련 기간에도 이어졌다고 합니다.

A 선수에 따르면 초등학교 때부터 코치를 맡았던 B 전 코치의 상습 폭행과 절대적 복종 강요로 인해, 주변에 피해 사실을 알리기 어려웠고 무척이나 힘겨운 시간을 견뎌 왔다고 합니다.

이 사건을 통해 스포츠계의 성적 지상주의, 합숙 강요, 강압적 훈련 방식 등 다양한 부문의 문제가 지적되었고, 그 여파로 문체부는 차차 합숙훈련을 폐지하기로 했고, 대한빙상경기연맹은 대한체육회 관리지정단체가 되면서 많은 개선의 이야기들이 오갔습니다. 폭행과 재물손괴 사건의 항소심에서 징역 1년 6개월로 1심 보다 형량이 늘었던 B 전 코치에겐 성폭행 사건에 대한 고소가 이어지면서 10년 이상의 징역형이 더해질 수 있다는 전망이 나오고 있습니다.

- 참고자료 [출처] 스포츠 인권침해 사례 ② : 한국 쇼트트랙 간판선수가 밝힌 '악몽 같은 4년'|작성자 국가인권위원회

(2) 프로스포츠 인권침해 사례 조사

국가인권위원회 조사 결과 성인 프로 스포츠선수들의 8.2%가 거의 매일 신체 폭력을 당하고 있다고 응답했다. 신체 폭력 외에도 성희롱, 성폭력에 시달리는 선수들도 다수 존재하고 있는 것으로 조사됐다. 선수가 근로계약서 내용을 알지 못한 채 서명하거나 감독에 의해 근로조건이 일방적으로 정해지는 불합리한 관행도 포착됐다.

21일 인권위는 스포츠인권특별조사단은 전국 지방자치단체와 공공기관 소속 직장 운동경기부 선수 4,069명을 대상으로 한 인권 실태조사 결과를 공개했다.

조사 결과 15.3%가 신체적 폭력을 경험했다고 응답했다. 그 중 '거의 매일 신체 폭력을 당한다.'고 응답한 선수는 8.2%에 달했다. 폭력 피해로는 '머리 박기' '엎드려 뻗치기' 등의 신체적 폭력이 8.5%로 가장 많았다. 계획에 없는 과도한 훈련(7.1%), 손발을 이용한 구타(5.3%), 도구를 이용한 구타(4.7%)가 뒤를 이었다. 조사 대상의 3분의 1(33.9%) 이상은 욕, 비난, 협박 등 언어적 폭력을 경험한 적 있다고 답했다. 신체 폭력은 주로 운동장 혹은 체육관(73.1%)에서 발생했으며, 언어적 폭력은 훈련장과 경기장(88.7%)에서 발생했다.

특히 이번 실태조사에서 성희롱과 성폭력도 각각 309건, 52건이 보고됐다. 성희롱 피해 빈도는 학교운동부 시기보다 직장운동경기부 시기에 더 높았다. 결혼이나 임신·출산으로 이유로 대회 출전 선수 선발에서 제외되거나 은퇴를 강요당하는 경우도 있었다. 직장운동경기부 선수의 86.4%가 합숙소 생활을 하고 있는 가운데 입·퇴소와 관련해 결정권이 없거나, 후배가 집안일을 도맡아 하는 사례도 있었다.

인권위는 문화체육관광부에 인권 보호 시책과 이행방안 마련, 실효성 있는 폭력예방 교육, 표준근로계약서 도입 등을 권고했다. 여성가족부엔 스포츠 분야 모성보호 정책 수립 등을 권고했다.

−참고자료 [출처] https://www.sedaily.com/NewsView/1Z97URS8TD

(3) 태권도 관련기사를 통해 알 수 있는 인권침해 및 성폭력사례

[단독] 피해만 초등생 넷…태권도 관장 성추행에 입막음
〈앵커〉
한 태권도장 관장이 도장에 다니는 아이들을 성추행한 혐의로 붙잡혔습니다. 초등학생 4명의 피해가 확인됐는데, 관장은 부모에게 알리지 말라며 아이들 입막음도 시도한 것으로 알려졌습니다. 신용식 기자의 단독 보도입니다.
〈기자〉
경기도의 한 태권도장. 이 도장에 초등학생 두 딸을 보내던 A 씨는 지난 15일 충격적인 소식을 들었습니다.
두 딸과 또 다른 학생이 학교 상담교사에게 "태권도장 관장에게 성추행을 당했다"며 피해 사실을 털어놨다는 것입니다.
[A 씨/피해 아동 학부모 : 같이 태권도장을 다니는 친구인데 상담선생님한테 자기가 태권도 관장에게 성추행을 당하고 있다고, 저희 자매들도 같이 성추행당한 사실을 제가 알게 됐습니다.]
학부모 신고를 받은 경찰이 즉시 태권도장 관장 30대 B 씨 검거에 나섰습니다.
범죄 사실을 인지한 경찰은 이곳에서 태권도장을 운영 중이던 피의자를 잠복 끝에 체포해 경찰서로 연행했습니다.
경찰 조사 결과 B 씨는 지난 7월 두 딸 중 언니를 상대로 처음 범행을 시작했고, 얼마 지나지 않아 동생을 성추행한 것으로 드러났습니다.
범행 장소는 모두 태권도장 안이었고, 수업이 끝나고 다른 원생들을 보낸 뒤 범죄를 저질렀습니다.
B 씨는 범행 당시 아이들에게 "너희를 사랑해서 이러는 것이다", "부모님에게 알리면 난리 날 줄 알라"며 입막음까지 한 것으로 파악됐습니다.
B 씨는 이후 자매와 같은 학교에 다니는 또 다른 초등학생을 상대로도 범행을 이어갔습니다.
[A 씨/피해 아동 학부모 : 막 가슴이 심장이 계속 뛰고 불안하고 잠도 안 오고요. 계속 눈물이 나는 거예요. 그렇게 애들이 당했을 걸 생각하니까….]
B 씨를 구속한 뒤 수사를 확대한 경찰은 피해 원생 1명을 추가로 확인했습니다.
피해자는 모두 4명, 모두 13살 미만의 초등학생이었습니다.
[A 씨/피해 아동 학부모 : 아이들이 그 가해자는 꼭 엄벌을 받았으면 좋겠다. 그리고 주변에 다시 나오지 않도록 그렇게 알리고 싶다고 말해줘서….]
경찰은 최근 B 씨를 성폭력 범죄 처벌 등에 관한 특례법 위반 혐의로 구속 송치하면서 사건을 검찰로 넘겼습니다. -참고자료 [출처] SBS 뉴스 원본 링크 : https://news.sbs.co.kr/news/endPage.do?news_id=N1006990783&plink=COPYPASTE&cooper=SBSNEWSEND

(4) 태권도인권침해 및 성폭력 관련기사

※관련기사
국민일보(2016.01.15.). 성범죄자가 태권도 사범으로…도장서 초등 제자 성폭행 '징역 7년'
노컷뉴스(2017.12.26.). 태권도 국가대표 출신 감독, 입시 비리·폭행 '몸통 의혹'
뉴스1(2016.05.04.). 한인 태권도 사범, 10대 제자 성폭행 혐의로 캐나다서 기소
뉴시스 2016.12.28.). ○○시태권도협회장 술병으로 여성 폭행…경찰 수사

스포츠동아(2019.01.16.). 전 태권도협회 이사, 여중생 성폭행 의혹 '초6때부터 장소불문…'
연합뉴스(2018.09.28.)최근 5년간 스포츠 비리신고, 태권도·야구·축구 순으로 많아
연합뉴스(2019.01.22.). '고인 물' 체육계 인권침해 구습…최대규모 조사에 개선될까
중앙일보(2018.09.09.). 美태권도 명문 로페스家의 추락…장·차남 성추문 퇴출
중앙일보(2019.01.14.). "여자 선수는 가슴 크면 안 된다며 만져" 태권도도 미투
중앙일보(2019.01.18.). 지갑 털어 국가대표 키운 태권도 코치, 학생 마구 때려 입건
중앙일보(2019.06.03.). '미성년 동성 제자 성폭행' 태권도 부사범 징역 12년
핫이슈(2017.08.30.). 탈의실서 초등생 男제자 수차례 성추행한 20대 태권도 사범
KBS(2016.07.14.). 10대 원생 성폭행 태권도 관장 '징역 13년'
SBS(2018.09.09.).美 태권도 명가의 몰락…성 추문으로 형제가 영구제명
YTN(2018.05.05.). 캐나다 태권도 대표팀 한국인 코치, 성폭행 혐의로 기소돼
-참고자료
[출처] 움직임의 철학 : 한국체육철학회지. 2019, 제27권 제2호, 35-44
스포츠인권의 사각지대: 태권도선수 인권문제와 사회적 책임*
김보정 / 조선대학교 · 김지혁** / 광주대학교

> 사례를 통해 알 수 있는 방법은 수련을 통해 소양과 인격도야로 돌아가야 할 길을 자신에게 적용해야 한다는 것을 다시 한 번 되새김하게 된다.
> 태권도 수련은 다른 스포츠 종목과 다름이 있다면 자신을 성찰할 수 있는 기회와 장점이 있기에 본래의 수련 모습을 기억했으면 한다.

　2022년에도 태권도장에서는 인권침해와 성폭력 사례를 통해 알 수 있듯이 보이는 부분은 빙산의 일각이며 보이지 않는 부분에 있어서 태권도장의 인권운동 캠페인을 통해 극복해야 할 부분이 된다. 그렇지 않으면 더 큰 빙산의 일각이 들어난다는 것은 자명한 사실이다. 지금 태권도장 인권운동 캠페인을 남다른 방법으로 시작해야 된다고 생각한다.

4. 어린이 태권도지도자에게 필요한 인권교육

　인권교육은 국가를 중심으로 펼쳐지고 있다. 국가에서 준비하는 인권, 학교에서 준비하는 인권 그리고 태권도장에서 준비하는 인권교육은 같다.
　인권교육에 대한 이해와 적용이 필요하다. 고질적인 학교폭력(왕따)의 문제가 고질적으로 반복되고 있다. 태권도장에 도장폭력(왕따)이 없다고 애기할 수 없다. 세계인권선언에 나온 인권교육은 뱃속에서부터 시작되는 인권이며 당신은 태어날 때부터 자유롭고 존엄합니다.(제1조)와 당신은 신체의 자유와 신체의 안전을 누릴 수 있습니다.(제3조)에서 알 수 있듯이 평생학습으로 발달단계에서 시작되며 성인이 되어서 건강한 신체와 정신의 인권의식이 있는 사회인으로 육성한다.

1) 인권교육의 지도 포인트 5가지

그러기 위해 어린이 태권도 지도자에게 필요한 인권교육의 지도 포인트를 5가지로 준비해 본다.

(1) 존엄성

생명의 존엄성과 인간의 존엄성을 갖추며 귀하고 소중함으로 표현할 수 없는 그 이상으로 존엄성은 모든 인간은 태어날 때부터 자유로우며 그 존엄과 권리에 있어 동등하다. 인간은 천부적으로 이성과 양심을 부여받았으며 서로 형제애의 정신으로 행동하여야 한다.

실천방법으로 지도자는 수련생의 디딤돌이 되어주는 낮은 자세로 맞이한다. 지도자는 힘을 낮은 곳에 사용하는 겸손과 배려의 용기가 항상 자신이 갖고 있다는 것을 알고 자신의 높임을 두려워할 줄 알고 스스로 낮아져야 한다.

(2) 수련생의 이해

수련생은 성장을 목적으로 도장에서 수련한다. 누군가는 신체성장, 누군가는 정신성장 그리고 사회인으로 육성하기에 도움이 되는 사회성, 관계성, 영향력, 잠재력 등 성장을 목적으로 수련을 할 때 자신의 성장지표가 신체와 정신에 도움이 되는 길잡이 역할을 할 수 있는 수련생을 이해하는 준비와 능력을 갖춰야 한다. 지도자 스스로 모든 것을 해결하기보다 수련생을 이해하고 관찰과 분석으로 현상에 나타나는 결과의 원인을 좀 더 깊이있게 파악해서 한 단계 한 단계 성장의 디딤돌 역할을 하는 지도자의 지도방법이 요구된다. 수련생의 개인차를 좀 더 깊이 있게 이해해야 한다. 실천방법으로 지도록을 작성하고 면담철을 작성하면서 행동의 변화에 관심을 갖는다.

(3) 지도자의 언행

상처의 시작은 언행에서 비롯된다. 지금 언행의 대물림이 필요한 상황으로 인권교육의 지도자의 모습에 언어의 도덕성이 존재한다는 것을 받아들여야 한다. 욕을 하면 욕이 늘고 칭찬을 하면 칭찬이 늘어난다. 지도자에게 언어의 도덕성은 수련생에게 자양분과 같다.
실천방법은 하루에 3번은 칭찬과 격려를 하며 좋지 않게 했던 말을 좋게 하는 말로 변화시키는 333운동을 한다.

예를 들면, 333운동으로 언행으로 변화를 시도한다.

싸우지 마! 싸우지 마!, 싸우지 마! 라고 했더니 변했는가?

싸우면 화해해야 해! 싸우면 화해해야 해! 싸우면 화해해야 해! 했더니 변했는가?

싸우면 나도 아프다 그리고 너도 아프다. 싸우면 나도 아프다 그리고 너도 아프다. 싸우면 나도 아프다 그리고 너도 아프다. 했더니 변했는가?

(4) 봉사활동의 동행

수련은 같이 하면서 다른 목적으로 할 수 있다. 봉사는 같은 방향으로 목적을 두고 함께한다. 예를 들면 꽃을 함께 심기, 라면봉사를 함께하기, 작은 정성 함께 모으기 등 함께하는 활동으로 서로의 따뜻한 마음과 선행을 볼 수 있는 거울이 되어준다. 도장에서 할 수 있는 봉사활동으로 실천한다. 실천방법은 봉사캠페인으로 스스로 성장한 모습을 보여주고 공유한다.

(5) 리더 앤 리더십

수련생은 리더이며 리더십을 배운다. 누구에게 리더십을 발휘해야 하는가? 수련은 자신의 양심과 인격도야의 수준을 리더의 길로 만들고 리더십의 초석으로 판을 만들어준다. 이는 개인적인 성장은 물론 앞으로 어떤 사회인이 되어야 하는지 알려주는 길이다.

이러한 과정이 상호 존중하는 관계성과 미래를 인재의 잠재력, 깊이있는 이해심의 영향력, 폭넓은 사회인으로 성장하는 모습이다. 실천방법은 꿈과 용기를 세워주고 나아갈 수 있도록 동기부여를 주는 리더 앤 리더십 마스터플랜을 준비한다.

2) 삶의 기반

길을 가다가 잘 지어진 성을 보게 되었다. 그리고 질문을 했다. 윗돌과 아랫돌의 모양이 다름을 알고 나는 윗돌인가 아랫돌인가? 질문을 해 본다.

건물을 짓는 과정에서 기초가 튼튼하려면 아랫돌이 좋아야 한다. 아랫돌이 좋아야 윗돌이 잘 자리를 잡을 수 있다.

건물도 튼튼하게 짓기 위해 아랫돌이 쓸모 없어보여도 튼튼한 아랫돌을 찾는다.

아랫돌이 가장 쓸모가 있더라.

사람도 그렇다.

자신의 아랫돌은 무엇인가? 지식 · 상식 · 소양 · 양심

지식 밑에 양심이 없으면 지식은 쓰러지며 상식 밑에 소양이 없으면 상식도 무용지물이다.

그래서 지식인의 양심을 강조한 것 같다. 태권도지도자는 지식인이다.

운동도 그렇다.

운동의 아랫돌은 무엇인가? 전략 · 기술 · 기본기 · 체력

전략 밑에 체력이 없으면 전략은 무용지물이며 기술 밑에 기본기가 없으면 기술은 쓰러진다.

삶의 기반이 되는 아랫돌의 의미는 신체 · 정신건강이며 호신이라 생각한다.

신체 · 정신건강에 해를 주면 삶의 기반을 한 번에 잃어버릴 수 있다. 어린이 태권도 지도자에게 주어진 양심과 소양으로 삶의 기반이 되어 주는 아랫돌은 양심과 소양이 있는 건강한 심신의 말씨 · 행씨 · 글씨의 씨를 어린이에게 뿌려준다면 인권교육에 중요한 평생건강의 아랫돌을 준비해 주는 것이라 생각한다.

인권교육이 주는 삶의 기반은 대물림되는 것에 대한 영향력을 생각해 봐야 한다. 인권을 강조하지 않을 때와 인권을 강조할 때의 차이는 생명존중, 사람존중, 상호존중이라는 자신이 존중받고 싶으면 상대방을 존중하듯이 인권교육은 존중이라는 큰 틀에서 상호 작용하는 것과 같다. 개인의 관계성, 구성원의 관계성, 사회의 관계성에서 존중은 무시하지 않는 개인의 인권이 사회의 인권이 된다. 태권도지도자의 인권교육은 자신의 인권을 존중함에서 시작됨을 알아야 한다.

어린이 태권도지도자의 준비된 인권교육의 존중과 양심을 기대합니다.

■ 상담 및 도움 연락처

단체명	전화	단체명	전화
국가인권위원회 스포츠인권특별조사단 www.humanrights.go.kr	1331	해바라기 센터	1899-3075
스포츠윤리센터 https://www.k-sec.or.kr/front/counsel/online02.do	1670-2876 02) 6220-1376	여성긴급전화 중앙지원단	1366
학교 여성폭력 피해자 긴급지원센터	117	한국 사이버 성폭력 대응센터	02) 817-7959
학교폭력 SOS지원단 (청소년폭력예방재단)	1588-9128	디지털 성범죄 피해자 지원센터	02) 735-8994

어린이 태권도 지도서

제9장

학부모 상담

1. 태권도장의 상담이란
2. 태권도장에서 상담자가 지켜야 할 태도
3. 태권도 지도자가 알아야 할 상담 기법
4. 학년에 따른 발달과 주요 상담 내용

1. 태권도장의 상담이란?

도장에서의 상담은 수련생·학부모와 지도자 간의 의사소통 과정임과 동시에 수련생·학부모의 문제 해결 및 교육 서비스 제공을 위한 전문성과 신뢰성을 갖춘 문제 해결 통로이다. 상담이란 기본적인 의사소통의 과정이며, 비언어적 의사소통과 언어적 의사소통으로 이루어져 있다는 특징이 있다. 비언어적 의사소통이란 몸짓, 동작, 얼굴 표정, 행동, 자세 등으로 표현하는 것을 말하며, 언어적 의사소통은 말이나 글로 자기 생각이나 감정을 전달하는 것을 말한다.

상담은 전문성을 갖춘 상담자가 내담자의 문제 해결을 돕는 것으로 내담자와 상담자 간의 신뢰 분위기 속에 진행되어야 한다. 태권도장 상담을 예를 들면, 내담자는 입관 전의 원생, 수련생·학부모가 될 수 있으며, 상담자는 태권도 지도자가 이에 해당할 수 있다. 즉, 태권도 도장에서의 상담은 다양한 도장 상담 상황에 맞는 상담이론과 기법을 토대로 한 지도자의 대처가 가장 중요하다. 그러나 대부분 지도자는 본인이 그동안 경험했던 내용에 근거하여 상담을 진행하는 경우가 많다. 이는 태권도 지도자들을 대상으로 한 체계적인 상담 교육이나 매뉴얼 등의 환경이 잘 갖추어지지 않았다는 현실에서 그 이유를 찾을 수 있다.

도장은 수련의 장인 동시에 수련생 교육과 부모 상담의 장이기도 하다. 따라서 태권도 지도자들이 느끼는 도장 상담의 중요성과 필요성에 대한 요구는 계속 증대되고 있다. 도장에서 이루어지는 상담은 입관 여부를 결정하는 첫 단추이자 지속 수련(장기수련)의 결정적 계기로 작용한다.

좋은 상담자라면 내담자인 아이들에 관해 잘 알고 있어야 한다. 지도자는 시간의 경과에 따라 자연스럽게 발달하고 성장하는 아이들의 특성을 이해하고, 시기에 맞게 적절히 발달하고 있는지 유심히 관찰하고, 세심하게 알아차려야 한다. 그리고 관찰된 아이들의 변화에 관해 학부모와 원활히 소통하여 수련생의 성장을 촉진하도록 협력하는 역할을 해야 한다.

상담학에서 검증된 상담이론과 기법, 그리고 학년별 발달에 따른 주요 상담내용을 토대로 수련생의 도장 상담이 이루어질 경우 도장 선택에 결정적인 역할을 할 뿐만 아니라 수련생과 부모의 도장 만족을 높일 수 있다. 또한, 도장 상담 개선으로 상담의 효율성 증진, 도장 이미지 향상, 신규 등록 및 재등록 비율의 향상으로 인한 경영 환경 개선의 효과를 기대할 수 있다.

2. 태권도장에서 상담자가 지켜야 할 태도

내담자(수련생·학부모)와 상담자(지도자)가 낯선 사람으로 만나 좋은 관계를 형성하려면 큰 노력이 요구되며, 특히 첫인상은 모든 대면 관계에서와 마찬가지로 관계에 영향을 미치는 매우 중요한 요소이다. 상담자는 내담자의 첫인상으로부터 중요한 정보를 수집하지만, 첫인상은 내담자의 정보 중 일부분일 뿐 그것으로부터 선입견이나 편견이 형성될 수 있다는 한계와 문제를 자각하고 있어야 한다.

상담자가 생각하는 것 이상으로 내담자는 상담자보다 훨씬 민감하게 상담자를 검토하면서 관찰할 가능성이 크다. 상담자와 만나는 순간부터 자신을 진심으로 환영하는지, 좋은 사람으로 느껴지는지, 건강해 보이는지, 전문가로 보이는지, 그리고 자신에게 도움이 될 사람으로 느껴지는지 살펴볼 것이다. 한 내담자의 경우, 오랜 기간 도장 내방을 망설이면서 상담자를 관찰해 왔노라고 말하는 사례도 있었다. 상담자는 처음 찾는 내담자가 선뜻 태권도장을 노크하기 어렵고, 태권도에 대한 기대와 불안한 마음을 가지는 내담자를 헤아려야 한다.

초두효과

먼저 제시된 정보가 추후 알게 된 정보보다 더 강력한 영향을 미치는 현상이다. 인상형성에 첫인상이 중요하다는 것으로 '첫인상 효과'라고도 한다. 또한 3초 만에 상대에 대한 스캔이 완료된다고 해서 '3초 법칙', 처음 이미지가 단단히 굳어 버린다는 의미로 '콘크리트 법칙'이라고도 한다.

미국의 뇌 과학자 폴 왈렌(Paul J. Whalen)의 연구에 의하면, 우리는 뇌의 편도체(amygdala)를 통해 0.1초도 안 되는 극히 짧은 순간에 상대방에 대한 호감도와 신뢰도를 평가한다고 한다. 첫인상을 결정짓는 중요 요인은 외모, 목소리, 어휘 순으로 나타났다.

첫인상은 3초면 결정된다. 그러나 결과가 부정적인 경우 이를 뒤집는 데 200배의 정보량이 필요하다고 한다. 학부모가 태권도장을 한번 선택하고 얼마나 자주 방문하게 되는지 생각해 본다면 첫인상이 얼마나 중요한지 알 수 있을 것이다. 첫 방문에 단정한 도복과 친절하면서도 신뢰감을 주는 말투, 그리고 잘 정돈된 도장의 모습은 학부모에게는 오랫동안 도장에 대한 긍정적인 이미지를 남겨줄 것이며, 신뢰하는 관계를 좀 더 수월하게 형성하게 해주는 중요한 요소이다.

---

1) 시선

눈 접촉은 관심과 주의기울이기를 표현하는 행동이다. 연구결과에 의하면 상담자의 가까운 거리나 눈 접촉과 같은 비언어적 자세가 상담자의 공감, 따뜻함, 진지함과 같은 대인관계기술과 효율성에 대한 해석의 기초가 되는 것으로 나타났다(Sherer & Rogers, 1980). 또한 눈 접촉은 인간의 자기초점화된 주의를 향상시킴으로써 자각과정을 유도한다는 인지과정에 대한 연구도 있다(Baltazar et al., 2007). 즉, 바라보는 것은 관심의 표현이며, 내담자(학부모·수련생)는 이를 통해 자신에게 주의를 기울이고 있음을 전달받고 상담자(지도자)의 다양한 눈 표정을 통해 비언어적 메시지를 읽는다. 상담자는 눈빛에도 표정이 있음을 의식하면서 내담자를 부드럽고 자연스러운 눈빛으로 바라보아야 한다. 강렬하게 파고드는 눈빛은 부담을 줄 수 있으므로 주의해야 한다. 한 연구에 의하면 사람들은 상대방의 눈보다 상대의 입을 포함해서 다른 어떤 것을 응시하는데 57%의 시간을 할애하였다(LaPlante & Ambady, 2000). 이는 대화에 필요한 정보를 눈 이외의 표정을 통해서도 얻고자 하는 노력으로 해석되었다. 따라서 눈 접촉은 단지 눈에만 초점이 맞춰진 것은 아니며, 내담자에게 관심을 전달하고 이야기 진행을 격려하면서 동시에 내담자에 대한 풍부한 정보를 얻는 통로가 된다.

2) 개방적 자세

개방적 자세는 상담자(지도자)가 내담자(학부모·수련생)와의 상담을 받아들일 준비가 되어 있음을 나타내는 자세를 의미한다. 그런 의미에서 몸 전체가 내담자를 향해 앉는 것이 바람직하다. 반대로 등을 뒤로 기대거나 팔짱을 끼는 자세는 자신을 드러낼 생각이 없고 받아들일 생각도 없음을 표현하는 방어적인 태도로 원만한 상담관계를 형성하기 어려운 자세이다.

사실 개방적인 자세는 분명하게 정의되거나 구체적인 구조를 가지고 있다기보다 상담에 임하는 상담자(지도자)의 열린 마음을 진솔하게 전할 수 있는 자세를 의미하며, 상담자가 이런 태도로 대할 때 내담자는 자신이 온전하게 받아들여지고 있다는 느낌을 전달받게 된다.

3) 거리

인류학자 홀(Hall 1966)에 의하면, 직업적 관계를 포함하여 대부분의 상호작용이 이루어지는 사회적 공간의 범위는 약 122~366cm라고 한다. 이보다 가까운 47~122cm의 거리는 사적인 거리로 가족이나 친구들과의 대화에서 허락되는 거리이며, 46cm 이내의 거리는 친밀한 거리로 매우 친밀한 사람에게만 허용된다.

태권도장에서 입관 상담의 경우 가장 적절한 거리는 90~120cm 정도이다. 상담실은 테이블을 사이에 두고 마주 보는 경우가 대부분이지만 이 포지션은 사무적인 포지션으로 상담 분위기가 쉽게 경직될 수 있다. 내담자(학부모·수련생)는 옆자리나 대각선에 위치해 있을 때 좀 더 편안하고 친밀한 분위기를 느낀다고 한다. 평소 상담 분위기가 무겁다고 느꼈다면 내담자와의 위치의 변화를 고려해 보아야 한다. 또한 상담자가 자신의 생각을 전하고자 할 때는 왼쪽을 보여 주는 것이 더 효과적이고 오른쪽에 앉은 사람에게 더 편안함을 느끼는 심리적인 면을 잘 활용한다면 좀 더 나은 상담 결과를 가져올 수 있다.

4) 아동에 대한 배려

교육 등록을 위해 학부모 혼자 상담을 올 때도 있지만, 예비수련생과 함께 상담을 오는 경우가 많다. 학부모와 상담을 진행하다 보면 예비수련생이 지루함을 이기지 못하고 산만한 행동을 하거나 상담에 불쑥 끼어드는 경우가 있다. 이럴 경우 상담자(지도자)는 당황하여 상담을 제대로 이어가지 못하고, 학부모는 마음이 급해져 상담을 서둘러 마무리하게 될 수 있다.

상담 시 학부모와 예비수련생의 분리를 기본으로 하는 게 좋다. 이때 예비수련생을 위해 아이들이 좋아하는 사탕, 과자, 음료수 등 간식을 준비한다. 학부모와 상담이 진행되는 동안 예비수련생이 태권도에 대한 재미와 태권도를 잘할 수 있다는 자기효능감(self-efficacy) 높여줄 수 있는 태권도 수련 체험이나 태권도 소개 동영상을 시청할 수 있도록 해주어 수련 의지와 도장에 대한 호감도를 높여주어야 한다.

3. 태권도 지도자가 알아야 할 상담 기법

상담에서 내담자의 변화를 이끌어내는 데 효과가 있다고 입증된 내용이 상담이론이라면 상담기법이란 입증된 내용을 바탕으로 내담자의 문제 해결을 돕는 더욱 효과적인 방법이자 수단이다.

반영, 재진술, 직면, 해석, 자기개방, 즉시성, 정보제공 등의 다양한 상담 기법중 태권도 지도자가 상담을 하면서 꼭 알아야할 상담기법인 경청, 공감, 질문에 대해 자세히 알아보자.

1) 경청

경청은 언어적인 것을 잘 듣는 것뿐만 아니라 비언어적인 것을 잘 관찰하는 것까지 포함한다.

언어적 경청이란 단순히 내담자(학부모·수련생)가 하는 말을 빠짐없이 잘 듣는 것이 아니다. 언어적 경청은 내담자의 문제를 확인할 수 있는 언어적 자료들을 상담자(지도자)가 구조화하여 듣고 정리하는 것이다. 구조화하여 경청할 때는 다음 3가지 측면에서 내담자의 이야기를 정리할 수 있다. 내담자의 현재 경험은 어떤 것인지, 어떤 행동으로 문제 상황이 일어났고, 대처하고 있는 행동은 무엇인지, 지금 가지고 있는 정서는 어떠한 것인지 등 경험적 측면, 행동적 측면, 정서적 측면에서 이야기를 구조화하여 듣는 것이 필요하다.

傾聽

-다가갈 경   -들을 청
귀이(耳) + 임금 왕 (王) ▶ 왕의 앞에서 들을 때처럼 집중해서 들어라.
열 십(十) + 눈 목(目) ▶ 열 개의 눈으로 관찰하며 들어라.
한 일(一) + 마음 심(心) ▶ 온전히 한마음처럼 몰입하여 들어라.

3-2-1 대화의 법칙

3분간 상대방의 말을 경청하고, 2분간 맞장구쳐주고 1분간 나의 말을 한다.
-美 Foetune지 "대인관계의 성공 비법"-

비언어적 경청이란 상대의 표정, 목소리 억양, 행동, 신체 반응, 외모 등의 비언어적 행동들을 잘 관찰하는 것이다. 때에 따라서는 이 비언어적 행동들이 언어적 표현보다 더 중요한 메시지를 전해 준다. 상담자는 내담자의 말에만 의존해서는 안 되며 비언어적인 행동에 주의 집중하여야 내담자가 진짜 전하고자 하는 메시지가 무엇인지 명확하게 알아차릴 수 있다.

메라비언의 법칙(The Law of Mehrabian)

앨버트 메라비언(미국의 심리학자)은 1971년 저서 Silent Message를 통해 첫인상 결정의 법칙 또는 호감형 인간이 되는 방법에 대해 설명했다. 상대방의 인상이나 호감을 결정하는데 목소리는 38%, 보디랭귀지 즉 비언어적인 요소는 55%(표정 35%, 태도 20%)의 영향을 미친 반면 말하는 내용은 겨우 7%의 영향만 작용한다고 한다.

효과적인 의사소통에서 말투나 표정, 눈빛과 제스쳐 같은 비언어적 요소가 차지하는 비율이 무려 93%의 높은 영향력을 가지고 있다고 한다. 행동의 소리가 말의 소리보다 크다는 것을 보여 준다.

2) 공감

공감(empathy)은 내담자(학부모·수련생)가 경험하고 있는 세계 속으로 들어가서 내담자의 감정을 같이 느끼고 내담자의 삶의 틀을 통해 세계를 바라보는 것으로, 내담자의 감정과 연결된 경험이나 행동을 충분히 이해하고 전달해 주는 것이다.

대부분 사람은 자신의 마음을 타인이 어떠한 비판도 없이 있는 그대로 정확히 이해해 주기를 바란다. 내담자의 마음을 정확히 이해한다는 것은 내담자가 지각하는 방식대로 세상을 바라보며 경험한다는 것을 의미한다. 자신이 충분히 이해받고 있다고 느낄 때 상담에 대한 저항감은 크게 줄어들며, 상담자(지도자)에게 자신의 경험을 더 많이 드러낼 수 있는 용기를 갖게 된다. 또한 상담자의 적절한 공감 반응을 통해 내담자는 거울을 보듯이 자신의 경험을 관찰하고 객관적인 판단을 할 수 있다.

'열 길 물속은 알아도 한 길 사람 속은 모른다.'는 속담처럼 한 사람의 마음을 하나도 빠짐없이 정확히 이해한다는 것은 불가능하다. 상담 시 상담자는 내담자의 말뿐만 아니라 내면의 감정(기쁨, 슬픔, 분노, 걱정)과 욕구까지 이해하려고 노력하여야 한다. "저도 그런 말을 들으니 마음이 많이 아프네요." 혹은 "많이 걱정 되시겠습니다."와 같은 표현을 사용하여, 자신도 그 감정과 느낌을 공유하고 있음을 표현하여 상담 초기 단계에서 내담자의 요구와 의도를 파악하여야 한다.

3) 질문

질문은 폐쇄형 질문과 개방형 질문의 형태로 제시될 수 있다. 폐쇄형 질문은 내담자(학부모·수련생)로 하여금 "예", "아니요" 혹은 특정 정보나 분명한 답을 요구하는 형태이며, 내담자의 반응을 크게 제한하는 질문 형태다. 반면, 개방형 질문은 특정 답을 요구하기보다는 내담자가 반응할 수 있는 여러 가능성을 제시하는 질문 형태다. 개방형 질문을 통해 내담자는 자유롭게 반응할 수 있으며 그만큼 더 많은 정보를 상담자(지도자)에게 제시할 수 있다. 폐쇄형 질문과 개방형 질문 형태의 예는 다음과 같다.

질문을 어떻게 사용하는가에 따라 내담자에 대한 정보 탐색을 촉진할 수도 있고 저해할 수도 있다. 상담자가 내담자에 대해 선입관을 가지고 질문을 하다 보면, "예", "아니요"의 반응을 유발하는 폐쇄형 질문을 하기 쉽다. 하지만 일반적으로 폐쇄형 질문은 많은 정보를 얻는 데 실패하게 된다. 또한 냉정하고 차가운 말투로 질문을 계속하다 보면, 내담자는 자신이 취조받는 것으로 느껴 저항할 수도 있다. 폐쇄형 질문이 유용하게 쓰일 때는 내담자의 말을 다시 확인하고자 할 때다. "예전 도장에서 1품을 취득하였단 말이죠?", "교육비를 지난주에 통장으로 입금하셨다는 말이죠?" 등 내담자의 진술에서 중요한 정보를 다시 확인하고 강조하는 차원에서 폐쇄형 질문을 사용한다. 또한 상담에 매우 낯선 내담자는 말을 무척 꺼리는데, 이때 "태권도장에 오신 게 처음이신데 아이들의 기합 소리에 조금 놀라셨죠?" 등 내담자의 상황을 이해하는 차원에서 폐쇄형 질문을 사용할 수 있다. 하지만 내담자의 다양한 반응을 유도하려면 개방형 질문을 하는 것이 여러 측면에서 유용하다. 개방형 질문을 적절하게 사용함으로써 상담자는 내담자의 문제 상황이나 경험에 대한 구체적인 정보를 얻을 수 있고, 문제와 연관된 객관적인 사실과 내담자의 반응을 구체화·명료화할 수 있다.

4) 그 외 상담기법

'KTA 태권도장 상담 매뉴얼'에서는 다음 표와 같이 상담의 도입, 본론, 마무리로 나누고 각 단계에서 상담자가 성취하고자 하는 목표를 달성할 수 있는 상담 기법을 표현과 함께 설명하고 있다.

구분	기법	표현	설명
도입	경청	"태권도를 못한다고 생각하실만한 일이었네요"	상대의 의미나 감정까지 이해하여 적극적 반응 보이기
	공감	"~하여, 많이 속상하고 서운하셨겠습니다" "~하여, 당황스러우셨겠습니다"	상대의 생각과 감정을 공유하기
	수용적 태도	"예, 그러셨겠네요"	상대의 반응을 그대로 받아들이고 존중하기
	명료화	"~하는 거죠?" "~라는 거죠?"	질문에 대해 되묻기

본론	안심시키기	"힘든 내색하지 않고 의젓하게 잘 따라 합니다"	긍정적 정보를 제공하여 불안을 줄여주기
	반영	"버릇없는 아이로 보일까 봐 걱정하고 계신 것 같습니다"	감정과 생각들 듣고 다른 방법으로 표현하기
	바꾸어 말하기	"지금 말씀하시는 것이 ~맞죠?" "시간에 맞추어 차량 변경을 요청하시는 것이 맞으시죠?"	상대의 말을 간단하게 정리하여 의도를 구체화 시키는 방법
	칭찬하기	"도장에서 어린 수련생들을 잘 챙겨주고, 다른 수련생들과 잘 어울리며 지내고 있습니다"	상대방의 행동을 긍정적으로 인정해서 강화해 주기
	자기 개방화	"저도 부상이 있었을 때 포기할까 생각한 적이 있었습니다"	자신의 개인적인 사항을 드러내 상대에게 전달하기
마무리	진정성	"더 돌보고, 교육하도록 하겠습니다"	가식 없이 진심을 전달하기
	정보제공	"저희는 ~하고 있습니다" "특강에 따라 수련비가 다소 차이가 있습니다"	질문에 대한 답변 제공하기
	요약	"도장의 한 달 수련은 이렇게 네가지 형태입니다" "간단히 요약을 하면, 어머님 말씀은 ~이네요"	상담의 여러 대화 내용을 하나로 정리하기
	직면	"안내문은 꼼꼼히 확인해보셨나요?" "저희도 확인해보겠습니다. 어머님도 확인 부탁드립니다"	모르거나 인정하기를 거부하는 것을 받아들이도록 하는 기법 초기에는 자제하는 것이 바람직하다
	직접적 안나	"이렇게 해보시는 것은 어떨까요?" "O시부를 참여하는 것을 추천해드립니다"	안내문 전달 및 상대에게 직접적으로 전달기

4. 학년에 따른 특징과 주요 상담 내용

아이들은 시간이 지남에 따라 자연스레 성장하고 발달한다. 그런데 안타깝게도 대부분의 태권도 지도자는 학부모 상담시 아이들의 변화에 대한 정확한 인지보다는 그동안 아이들을 지도하면서 축적된 경험에 의존하는 경우가 많다. 태권도 지도자가 아이들의 연령에 따른 발달 단계를 이해하고 일상용어가 아닌 전문용어를 사용할 때 학부모는 지도자를 전문가로 인정하고 신뢰하게 될 것이다.

이 장에서는 아이들의 연령에 따른 주요 발달 사항을 이해 할 수 있도록 '신의진의 아이 심리백과'와 '신의진의 초등 심리백과'를 재구성하였으며, 주요 상담내용에 대해 적절한 상담기술을 적용해 효과적으로 대처하는 방법을 'KTA 태권도장 상담 매뉴얼'을 재구성하여 설명하였다.

1) 취학 전 6~7세

(1) 감정을 이성적으로 조절할 수 있게 된다.

6~7세가 되면 태권도장을 다닐 수 있을 정도로 머리가 무척 좋아진다. 자신이 원하는 것이 이루어지지 않을 때 화를 내거나 떼를 쓰던 4~5세 때와 달리 말로 부모나 지도자를 설득하려 하기

시작한다. 감정을 이성적으로 조절할 수 있는 능력이 생겼기 때문이다.

또한, 이때부터 제대로 된 학습도 할 수 있다. 4~5세에도 학습은 가능하지만 아이들의 감정이 널을 뛰고 논리적인 사고 능력이 완성되지 않았기 때문에 그 효과를 장담하기 힘들다. 4~5세 아이들은 태권도를 가르칠 때 틀린 것을 지적하면 금방 의기소침해진다. 아직 자아 형성이 완전하지 않아 단순히 틀린 것을 지적한 것인데도 불구하고 자기 자신에 대한 근본적인 문제 제기까지 하게 되는 것이다. 아이가 4~5세일 때에는 자칫 잘못하면 자신감을 잃을 수 있으므로 태권도를 가르치지 않는 것이 좋다.

하지만 6~7세가 되면 태권도를 가르칠 때 틀린 것을 지적해도 자아상이 흔들리지 않는다. 자신의 문제행동과 자신의 근본과는 큰 상관이 없다고 생각하기 때문이다. 그렇다고 막 혼내도 된다는 의미는 아니다. 훈육을 이해할 수 있고 자기 조절이 가능한 나이가 되었다는 뜻이다.

(2) 사회성 발달이 본격적으로 시작된다.

엄마-아빠-나 밖에 모르던 6세 전까지의 친구는 단지 옆에 있는 아이일 뿐이지만 6~7세 때의 친구는 나를 재미있게 해주고, 내가 재미있게 해줄 수 있는 아이가 된다. 자신에 대한 안정된 자아상을 갖게 되었기 때문에 다른 아이와 관계를 맺고 싶은 욕구도 생기는 것이다.

이 시기의 아이들은 엄마 아빠와 놀기보다는 친구들과 노는 것을 즐긴다. 그래서 장남감도 같이 갖고 놀고 싶어 하고, TV나 유튜브 같은 영상도 같이 보려고 한다. 아이들이 아빠가 사다 준 몬스터 피규어를 가방에 주렁주렁 달고 유치원에 가면서 즐거워하는 이유다.

아이들이 친구들과 노는 걸 즐기고 싶어 하지만 아직은 상대방 입장에서 생각하는 능력이 부족하다. 그렇기 때문에 아이들은 의견 충돌이 있을 때는 다시는 안 볼 것처럼 심하게 싸우기도 한다. 하지만 어른들처럼 감정의 앙금이 오래가는 것이 아니라 다음 날이 되면 언제 그랬냐는 듯 헤헤거리며 잘 논다. 친구들과 재미있게 노는 것이 이 시기 아이들의 지상 과제이기 때문에 싸웠다고 해도 감정을 툭툭 털고 잘 지낼 수 있는 것이다. 이처럼 이 시기 아이들은 또래 관계를 맺고 싶어 하고 또 또래 활동을 통해 많은 것을 배울 수 있는 시기이므로 반복 숙달이 아닌 놀이형 태권도 수업은 적극적으로 권장해도 좋다.

(3) 남자는 더 남자답길, 여자는 더 여자답길 원한다.

4~5세에 자신이 여자인지 남자인지 확실히 깨달은 아이들은 6~7세가 되면 놀이를 통해 자신의 여성성 혹은 남성성을 실습한다. 이 시기 여자아이들이 동화 속 공주 같은 옷을 자랑스럽게 입고, 남자아이들은 자기가 지구를 구할 것처럼 어벤져스 옷을 입고 다닌다. 남녀 구분이 명확해지는 이 시기 여자아이들에게 파란색 도복을 입히려 하거나 남자아이들에게 분홍색 도복을 입히려 한다면 '그 태권도장 극혐'이라며 도망갈 것이다.

놀이를 통해 남성성, 여성성을 실습하는 아이들은 이성 친구보다는 동성 친구와 노는 것을 더 좋아한다. 이는 자신의 성 역할을 더 강화하기 위해서다. 태권도 수업시간에 남자는 남자끼리 짝하고 싶어 하고, 여자는 여자와 짝을 하고 싶어 하는 행동을 자연스럽게 보아야 한다.(그림 참고)

(4) 규칙을 만들고 지키는 것을 좋아한다.

6~7세 아이들에게 부모나 선생님, 태권도 사범님의 말은 곧 법이다. 그동안 부모와 애착 관계를 잘 형성해 온 아이들은 부모가 정해놓은 규칙을 지키려 노력하고 성취에 기쁨을 느낀다. 이런 아이들은 유치원이나 태권도장에서도 마찬가지로 규칙을 잘 지키고 인정받기를 원한다. 아이가 규칙을 잘 지켰을 때 칭찬해주고, 칭찬스티커 등으로 보상을 해주면 효과가 더욱 커진다.

이 시기 아이들은 규칙을 지키는 것을 좋아하다 보니 때로는 경직된 모습을 보이기도 한다. 규칙이 상황에 따라 달라질 수 있다는 것을 이해하지 못하고 어떤 경우에든 규칙은 적용되어야 한다며 융통성 없이 구는 것이다. 이 때문에 지도자는 도장의 규칙을 아이들과 동등하게 지키는 모습을 보여야 한다. 그렇지 않으면 "계단에서 뛰지 말라고 하고 사범님은 왜 뛰어요?" 하는 곤란한 질문에 답해야 하는 상황이 생길 수도 있다.

☞ 취학 전 6~7세 주요 상담 내용

Q. 우리 아이 뭐든지 배우면 쉽게 그만두는데 태권도는 잘할 수 있을까요?
- ○○이가 태권도도 금방 그만둔다고 할까 봐 걱정되시나 보네요. (반영)
- 도복을 입고 다니는 형들이 멋있어 보여 태권도를 배우는 경우가 많지만, 태권도는 배운 걸 반복 숙달해야 실력이 늘기 때문에 지루함을 쉽게 느끼기도 합니다. (정보제공)
- ○○이가 태권도에서 배운 동작을 보여 주거나 도장에 관한 얘기를 할 때 관심 있게 들어주시고 격려해주세요. 그럼 ○○이도 흥미를 오랫동안 유지할 수 있을 거예요.
- 혹시 ○○이가 태권도가 재미없어 그만두려고 한다면 곧바로 그 요구를 들어주기보다는 아이가 고비를 잘 넘길 수 있도록 조금 더 격려해주세요. 어려운 고비를 잘 넘긴 경험은 아이가 다른 일을 할 때도 자신감을 갖게 하는 약이 됩니다. (직접적 안내)
- 저희에게도 미리 알려주시면 ○○이가 어려운 점이 무엇인지 파악해 적극적으로 도울 수 있도록 노력하겠습니다. (진정성)

Q. 태권도장 다녀오면 너무 힘들어하는데 괜찮을까요?
- ○○이가 집에서 태권도가 힘들다고 해서 어머니가 걱정하고 계셨군요. 아이가 힘들다고 하면

괜히 힘들게 하나 싶은 생각에 마음이 쓰이실 것 같아요. (반영, 공감)
- 도장에서는 힘든 내색하지 않고 의젓하게 곧잘 따라 하는데, 어머니께는 힘들다고 응석도 부리고 그런가 봅니다. (안심시키기)
- ○○이가 태권도 하면서 혹시 어떤 게 힘들다고 하나요? (개방형 질문, 명료화)
- 안 하던 운동을 하다 보니 근육이 성장하는 동안 피로감을 느끼는 건데요. 시간이 지나면서 피로 회복 속도도 좋아지고 체력도 함께 좋아질 거예요. (정보제공)
- 어머니께서도 ○○이가 도장 다녀와서 힘들다고 하면, '우리 아들(딸)이 힘들었을 텐데 씩씩하게 해내고 왔구나! 기특하네~'라고 말해 주시면 더 잘 이겨 낼 겁니다. (진정성)

Q. 저희 아이가 아직 어려서 그러는데 큰 형들에게 치이지 않을까요?

- 많은 도장에서 수업방식은 전체 학습 위주로 진행되다 보니 어머님처럼 어린 자녀를 도장에 보내실 때 충분히 걱정스러워 할 만합니다. (공감)
- 염려되는 부분도 있지만, 나이 많은 선배들과 함께 수련하며 사회적 성격 형성, 정서적 함양에 도움을 받는 등 긍정적인 측면도 많이 있습니다. (바꾸어 말하기)
- ○○이가 큰 형들에게 치이기보다 태권도장에 있는 형들이 ○○이의 도우미가 되어 태권도장 생활에 어려움 없이 잘 적응하도록 도와줄 수 있도록 선·후배 간의 역할에 대해 잘 일러주도록 하겠습니다. (안심시키기)

2) 초등 1학년

(1) 규칙의 내면화가 시작되는 시기

아동발달학자 피아제는 만 6~7세가 되면 두뇌가 발달하여 자신을 객관적으로 바라보면서 남의 입장에서 생각할 수 있게 된다고 했다. 즉, 아이들이 그전까지는 자기식으로 세상을 해석하며 살다가 초등학교 1학년이 되면서부터는 객관적인 것의 중요성을 알게 되고, 그것을 스스로 인정하고 받아들이기 시작하는 것이다. 그래서 학교에 가고, 공부를 할 수 있게 된다. 이렇게 사회의 일정한 틀 안에 들어가는 과정을 '규칙의 내면화'라고 한다.

학교에 들어간 아이들은 맨 처음으로 줄 서는 것을 배운다. 줄을 서면서 전체를 생각하고, 내가 줄에서 이탈하면 전체의 질서가 망가진다는 사실도 깨닫게 된다. 지금까지 '나'를 중심으로 세상을 살던 아이들이 비로소 사회라는 꽉 짜인 '틀'을 경험하는 것이다.

규칙의 내면화가 이루어지는 초등학교 1학년은 아이에게 정말 중요한 시기이다. 이때 부모나 태권도 지도자가 생각해야 할 것은 단 하나, 아이에게 외부의 규칙을 즐겁고 재미있게 받아들이도록 도와주는 것이다. 부모도 그렇고 태권도 지도자도 무조건 엄하게 다그쳐 아이를 주눅 들게 해서는 안 된다. 아이를 강압적으로 대할 경우 처음에는 기계적으로 말을 잘 듣게 할 수는 있지만 아이 마음에는 '외부의 규칙은 싫고 무서운 것'이라는 인상이 강하게 남는다. 그래서 결국 태권도에서 이뤄지는 모든 활동에 부정적으로 임하게 된다.

2) 그릇에 무엇을 담을지 생각하기보다 그릇을 크고 단단하게 하기

학교나 도장에서 작은 규칙을 지키는 과정을 통해 아이는 싫은 일도 참아내고, 더 큰 목표를 위해 노력할 줄 아는 아이로 성장한다. 규칙을 잘 지킨다는 것은 아이를 그저 예의 바르고 성실하게 키우기 위한 것이 아니라, 인생에 대한 태도를 바로잡아 인생의 그릇을 크고 단단하게 하는 작업이라고 할 수 있다.

그런데 강압적인 방법에는 부작용이 따르게 마련이다. 안 그래도 지키기 어려운 것이 규칙이다. 그러므로 규칙의 내면화 과정은 즐겁고 부담이 없는 방향이 되어야 한다. 만일 가르칠 자신이 없거나 아이 성향상 도저히 불가능하다고 판단이 된다면 때론 남다른 선택을 내릴 줄 아는 융통성이 필요하다. 규칙을 아이가 너무 힘들어할 때, 또 지도자가 그런 아이를 대하며 스트레스를 너무 받을 때는 규칙을 지켜야 한다는 원칙을 내려놓고 초등학교 1학년 동안은 아이가 학교나 도장이라는 울타리 안에 잘 들어가 주는 것만으로 충분하다는 것을 잊어선 안 된다.

(3) 경쟁과 평가보다 자신감과 긍정적 자아상 만들기

태권도장에서 수련생들끼리 경쟁과 평가를 통해 동기를 유발하고 성취감을 주려고 하는 경우가 많다. 경쟁에서 이긴 아이는 자신감이 한층 오르고 또 새로운 도전을 하고 싶겠지만 패배한 아이의 기분은 어떨지 생각해 보아야 한다. 패배한 아이는 주눅이 들어 자신감을 잃을 수 있고 태권도에 대한 흥미뿐만 아니라 근본적인 자아상에 상처가 될 수 있다. 이런 점을 고려한다면 어린 수련생에게는 경쟁과 평가 방식의 수업은 조심스럽게 활용해야 할 것이다.

태권도 지도자들이 초등학교 1학년 아이들에게 줘야 할 것은 격려와 칭찬이고, 이를 통해 아이들은 근본적인 자신감 즉 긍정적 자아상을 만들어 나갈 수 있다.

☞ 초등 1학년 주요 상담내용

Q. 저희 아이는 친구들과 잘 어울리지 못하는 것 같아요.
- ○○이가 친구들과 잘 어울리지 못하는 것 같아 걱정이시군요. (공감)
- 어머님은 ○○이의 어떤 면이 친구들과 어울리는 걸 어렵게 만드는 것 같으신가요? (개방형 질문, 명료화)
- 활달한 성격으로 이 아이 저 아이 두루 잘 어울리는 아이도 있지만 수줍음이 많으면 스트레스 상황에 대처하는 능력이 떨어지므로 한 번에 달라지기를 기대하기보다 시간이 걸리더라도 적응 기간을 길게 두어야 합니다. (정보제공)
- 여러 아이와 함께 노는 건 아직 ○○이에게 부담스러울 수 있으니 마음이 잘 맞는 한두 명의 친구들과 먼저 깊은 우정을 나눌 기회를 많이 만들어주시면 어떨까요? (직접적 안내)

Q. 인사를 잘 안 해요. 어른들을 보면 인사하라고 시켜도 잘 안 해요.
- 아이가 인사를 좀 잘했으면 좋겠는데 인사를 잘 안 해서 버릇없는 아이로 보일까 봐 걱정하고 계시는 것 같습니다. (반영)
- 아이가 대개 어떤 상황에서 인사를 안 한다고 느끼셨습니까? (개방형 질문, 명료화)
- 아이들은 사람을 만나면 인사해야 한다는 것을 생각 못 할 때도 있고 마음속으로는 인사를 하고 싶으나 인사가 나오는 데 시간이 걸리기도 합니다. 하지만 어른들의 눈으로 보면 예의 없어 보일까 봐 독촉하게 되고, 인사를 독촉하게 되면 멋쩍어서 인사를 하기 더 어려워하기도 합니다.

OO이는 도장에서는 인사 타이밍을 잡도록 잠시 기다려 주면 시키지 않아도 잘하고 있습니다. (직접적 안내)
- 그러나 어머니가 걱정하시니, 인사 타이밍을 빠르게 잡고 먼저 인사하도록 더 돌보고 교육하도록 하겠습니다. (진정성)

Q. 집중력이 부족하고 산만해서 걱정이에요.
- 아이의 어떤 행동을 보고 집중력이 부족하고 산만하다고 생각하셨는지 말씀해주시겠습니까? (명료화)
- 아직은 한 가지 과제에 오래 집중하기 힘든 나이입니다. 같은 연령대 또래 아이들 대부분은 발달과정에서 산만한 행동을 나타내곤 합니다. (정보제공)
- 하지만 자기가 좋아하는 일을 할 때는 길게 집중하기도 합니다. 주변 분들이 자꾸 산만하다고 나무라면 불안이 높아져서 더 산만해질 수 있습니다. 태권도 수련하면서 명상도 하고, 집중력 훈련도 하고, 규칙을 알고 지키는 훈련을 하다 보면 집중할 수 있는 시간이 더 길어지게 될 것입니다. (직접적 안내)
- 저희도 아이를 지켜보면서 과제에 집중하고, 스스로 자신을 조절해 나갈 수 있도록 지도하겠습니다. (진정성)

3) 초등 2~3학년

(1) 10살 버릇 여든까지 간다.

초등학교 2~3학년 아이들은 자기조절력이 발달하기 때문에 본능적인 욕구를 참고 외부에서 정한 규칙을 받아들이는 걸 좋아하게 된다. 초등학교 1학년 때는 규칙을 왜 지켜야 하는지 모르고 시키니깐 무조건 따랐다면 초등학교 2~3학년은 규칙을 지켜야 하는 이유도 알고, 규칙을 지키면서 쾌감을 느끼기도 한다.

그래서 초등학교 2~3학년은 아이의 나쁜 버릇을 고치고 좋은 습관을 더 키울 수 있는 마지막 기회라 할 수 있다. 초등학교 4학년이 되면 사고력이 발달하면서 지금까지 지켰던 모든 규칙에 대해 '왜 그래야만 하지?' 하며 따지고, 반항이 시작되는 시기이기 때문에 습관을 고치기가 어려워진다.

규칙을 정할 때는 왜 그래야 하는지 이유를 설명해야 마음이 움직이고 몸으로 실천하게 된다. 이 시기의 아이들은 "무조건 해" 하고 엄포를 놔도 듣기는 듣지만 이런 방법은 고학년이 되면 그 효과가 사라진다. 저학년 때야 사범님이 무서워서 억지로 따르지만, 고학년이 되면 자기 생각이 생겨 사범님의 지시가 부당하다고 생각되면 반항하게 된다. 물론 아이를 말로 설득해서 규칙을 지키게 하는 것은 무조건 시키는 것보다 몇 배는 힘들고 어려운 일이다. 하지만 그 효과는 오래간다. 그러므로 힘들고 귀찮더라도 규칙을 지켜야 하는 이유를 아이가 이해할 수 있도록 설명해 주어야 한다.

(2) 공격적인 남자아이, 공감적인 여자아이

이 시기 남자아이들은 여자아이들보다 에너지가 넘치고 공격적이다. 그러니 문제에 부딪히면 남자아이들은 말로 해결하기보다 주먹이 먼저 나가는 경우가 다반사다. 그래서 어려서부터 남자아이들은 공격성을 조절해주는 것이 중요하다.

　아이가 잘못했을 때 사범님이 흥분해서 소리를 지르거나 공격적인 모습을 보이면 그런 모습을 보고 답습할 가능성이 더 크기 때문에 아이들을 야단칠 때는 잠시 숨을 고르고, 도장에 정해진 규칙에 맞춰 경고나 타임아웃으로 제지하여야 한다. 또 이 시기 남자아이들은 공감 능력이 여자아이들에 비해 부족하므로 사범님이 왜 화가 났는지 이해하지 못할 수 있다. 경고나 타임아웃을 가질 때는 사실에 초점을 두고 수정이 필요한 행동에 대해 논리적으로 설명해 주어야 한다.

　여자아이들은 사범님이 인상만 써도 '에고, 사범님이 화났구나' 하며 자신의 행동을 조심한다. 여자아이들은 공감 능력이 뛰어나기 때문이다. 공감 능력이 뛰어나면 다른 사람이 자신을 어떻게 평가하는지에 예민하게 반응하고 다른 사람들을 더 많이 의식한다. 그래서 친구 관계에 지나치게 집착하고, 주변의 반응이 두려워 자기주장을 하지 않는 경우도 종종 생긴다. 태권도장에서 말 잘 듣는 아이 중 여자아이들이 남자아이들보다 더 많은 것은 여자아이 특유의 공감 능력에 기인한 것이라고 할 수 있다.

☞ 초등 2~3학년 주요 상담 내용

Q. 태권도 수련하면서 더 산만하고 난폭해진 것 같아요.
-○○이가 산만하고 난폭해진 것 같아서 어머님이 걱정되셨겠네요. (공감)
-어머님은 ○○이의 어떤 모습을 보고 산만하고 난폭해진 것 같다 느끼셨을까요? (개방형 질문, 명료화)
-새로운 동작을 배우고 몸에 익히는 기간 동안 자기도 모르게 행동으로 튀어나오기도 합니다. 또 이 시기의 남자아이들이 에너지가 넘치고 공격적이어서 자기도 모르게 몸이 먼저 나가기도 하거든요. (정보제공)
-많이 화가 나고 당황스러우실 수 있지만 화내시면서 혼내시면 공격성이 더 강해질 수 있으니 '너에 이런 행동들이 엄마가 실망이다.' 정도 얘기해주시고 조금 차분해진 다음 왜 나쁜 행동인지 구체적으로 설명해 주시면 공격성을 조절하는 데 많은 도움이 될 거예요. (직접적 안내)

Q. 한 친구로 인해 태권도 다니기 싫어해서 그만두려고요.
-그런 일이 있었군요! 어머님 입장에서 저희 도장이 충분히 관리가 잘 안 되었다고 느끼셨겠네요. 우선 저희가 미처 열지 못해 ○○이와 어머님께 미안하고, 죄송스럽습니다. (경청, 공감, 진정성)
-그 친구가 어떻게 할 때 ○○이가 불편하게 느꼈는지 말해 주실 수 있으실까요? (명료화)
-○○이도 마음의 앙금을 가지고 그만둔다면 친구 관계에 부정적인 요소로 작용 될 수 있을 거예요. 제가 그 친구가 어떤 마음으로 그렇게 행동했는지 만나서 물어보고 다시 연락드려도 될까요? (직접적 안내)

Q. 저희 아이가 너무 소극적인데 어떻게 해야 할까요?
-어머니는 ○○이의 어떤 행동을 보고 소극적이라고 생각하셨나요? (명료화)
-너무 수줍음이 많으면 아이가 살아가는데 경험의 기회가 줄어들 수 있으니 자신감을 키워줄 필요가 있습니다. (정보제공)
-태권도 수련단계를 성취하고, 교육과정 속에 지도진의 칭찬과 격려가 더해져 자연스레 변화하면서 성장할 거예요. (안심시키기)

-그렇지만 부모님이 걱정하시니, 표현하고 싶은데 못 하는 것이 있다거나, 아이 자신이 불편하다고 느낀다면 저희가 마음을 써서 더 지도해 나갈 수 있도록 하겠습니다. (진정성)

4) 초등 4~5학년

(1) 추상적 사고력 발달에 따른 규칙에 대한 의문

아이들은 10살 전후로 추상적 사고력이 급속도로 발달한다. 추상적 사고력은 눈에 보이지 않는 것들을 체계적으로 구성하는 능력을 말한다. 그전까지 아이들은 눈에 보이는 객관적인 사실만 인정하고 이야기할 수 있었는데 이제는 믿음, 인내, 자유, 평등, 행복처럼 눈에 보이지 않는 추상적 개념도 이해할 수 있게 된다.

초등학교 4학년이 된 아이들은 그동안 재미있게 지켰던 규칙에 대해 "정말일까?", "왜 그래야 하지?" 하며 의문을 품기 시작한다. 규칙을 지키며 좋아했던 것이 언제였나 싶을 정도로 모든 규칙에 대해 왜 해야 하는지 따지기 시작한다. 지능과 정서가 그만큼 발달하기 때문에 그동안 배웠던 모든 규칙과 가치에 대해 '정말일까?' 하는 의문을 품게 되는 것이다.

이런 아이들을 바라보는 사범님이 '좀 컸다고 건방져졌네!'라고 생각해 강압적으로 억누르려 한다면 아이는 더 반항할 수 있으니 '사고력이 발달해 예전보다 성장했나 보다' 하는 긍정적인 시각으로 아이들을 대하면, 사범님과 아이들의 관계에 긍정적인 영향을 미칠 것이다.

(2) 독립을 위한 반항

요즘 아이들은 성장이 빨라서 대부분 초등학생 때 사춘기를 맞이한다. 사춘기에 접어든 아이는 아주 사소한 일에도 예민하게 반응하고 충동적으로 행동하여 지도자를 놀라게 한다. 저학년 때는 도장도 잘 다니고, 사범님 말을 잘 듣던 아이가 이때가 되면 180도 달라진다. 태권도 하는 게 재미없으면 빼먹고, 대화도 안 하려고 하고, 사범님 말은 한 귀로 듣고 한 귀로 흘리기 일쑤다.

사범님으로서는 이때까지 말 잘 듣던 아이가 갑자기 하지 말라는 짓만 골라서 하니 답답하기만 하다. 초장에 버릇을 잡아야겠다는 생각에 아이를 강하게 통제하지만 그럴수록 아이의 반항은 거세진다. 이러한 상황이 반복되면 결국 사범님과 아이와의 관계가 나빠지게 되고 아이는 퇴관하게 된다.

아이가 독립적인 존재로 서려는 것을 인정하고, 아이의 말과 행동이 못마땅해도 그것이 아이의 모습이라는 것을 수긍하고 넘어가야 한다. 하지만 그렇다고 아이들의 모든 행동을 받아주라는 의미는 아니다. 일정한 선을 정하고 남에게 피해를 주거나 예의에 어긋나는 행동은 짧고 단호하게 알려주어 어디까지가 허용 가능한 범위인지 명확히 알려주어야 한다.

아이는 여전히 미성숙하기 때문에 독립하려는 욕구와 함께 세상에 대한 불안감도 함께 지니고 있다. 독립하고 싶은 마음이 강하지만 '내가 과연 혼자서 잘할 수 있을까?' 하는 자기 불안도 극에 달한 시기이다. 이때 지도자와 부모가 해야 할 일은 아이에게 이래라저래라 참견하고 싶은 마음을 접고, 아이가 언제라도 도움의 손길을 요청할 수 있도록 든든한 마음의 버팀목이 되어주는 것이다.

☞ **초등 4~5학년 주요 상담 내용**

Q. 말대답 부쩍 많아졌는데 도장에서는 어떤가요?

-말 잘 듣던 OO이가 갑자기 말대답이 많아져서 걱정이 많으신 것 같네요. (반영)
-아이가 부모 말에 꼬박꼬박 따지고 든다는 것은 거꾸로 생각하면 부모의 장단점을 파악할 수 있을 만큼 사고력이 발달했다는 것을 의미합니다. (안심시키기)
-부모 말에 따지고 드는 것이 사춘기 아이들의 자연스러운 모습이라 해도 어른들에게 무례한 태도로 이야기하는 것을 그냥 두어서는 안 됩니다. 자기주장을 하더라도 예의를 갖춰서 상대방이 기분 나빠하지 않게 해야 한다는 것을 가르쳐 주어야 합니다. (정보제공)
-"그래서 기분이 상했구나. 하지만 엄마는 이래서 그렇게 했던 것이거든. 그 부분은 이해해주었으면 좋겠어."라는 식으로 아이의 이야기를 인정하고, "네 말이 맞긴 한데, 그렇게 째려 보면서 이야기하거나 목소리를 높이면 엄마가 무척 화가 나. 그런 태도는 고쳐 줄 수 있겠니?" 라고 말해 주신다면 자신의 감정을 기분 나쁘지 않게 전달하는 성숙한 아이로 성장할 수 있을 거예요. (직접적 안내)

Q. 아무 데서나 욕을 하는데 어떻게 해야 할지 모르겠어요.
-착하기만 할 것 같은 OO이가 욕을 많이 한다니 많이 놀라고 걱정 하셨겠네요. (공감)
-아이들이 욕을 하는 이유는 부정적인 감정 해소를 통한 공격성 조절과 또래와 동질감을 느끼고, 마치 어른이라도 된 듯한 자신의 우월성을 확인하기 위함입니다. (정보제공)
-만약 아이가 욕을 조절할 줄 모르고 어른들이 있는 자리나 공공장소에서도 욕을 한다면 적절한 조치를 취해야 합니다. 욕을 조절하지 못하는 아이들은 10대 이후에도 계속 욕을 하게 될 가능성이 크므로 정말 하지 말아야 할 욕과 해서는 안되는 상황을 구체적으로 짚어주고 원칙을 정한 다음 꼭 지키게 해야 합니다. (직접적 안내)

Q. 고학년 되니 시간이 없어서 태권도 그만둬야 할 것 같아요.
-OO이가 학년이 올라가면서 학업의 비중이 많이 커지네요. 공부도 시기가 있기에 어머님의 생각에 전적으로 동의합니다. (경청, 수용적 태도)
-OO이가 평소에 열심히 하는 친구라 분명 공부 또한 잘 할 수 있을 거라는 생각이 들어요. (진정성)
-그래도 공부는 체력이 있어야 하기에 방학 기간이나 학원 적응이 어느 정도 되면 언제든 다시 보내주세요. 공부와 적절한 운동은 같이 해주면 오히려 OO이에게 좋을 거예요. (반영, 정보제공)

5) 초등 6학년 ~ 청소년기

(1) 친구가 인생의 전부

초등학교 6학년부터 청소년기의 10대 아이들은 부모보다는 친구들의 의견이나 가치를 더 중요하게 생각하면서 또래와 어울리는 시간을 많이 갖길 원한다. 반면 부모 알레르기라도 생긴 듯 부모와는 될 수 있으면 시간을 보내지 않으려 한다. 부모의 입장에서는 무척 섭섭하고 슬픈 일이지만 가까운 친구들과 관계를 맺거나 친밀함을 유지하는 능력을 키우는 것은 청소년기의 중요한 발달 과제다.

(2) 모두 나만 바라봐 - 상상의 청중

청소년기가 되면 여드름 하나에도 예민하게 반응하며 '사람들이 다 쳐다보는데 창피하게 어떻게 밖을 나가냐'며 호들갑을 떤다. '상상의 청중'은 자아 중심성 사고를 반영하는 것으로 청소년은 상상의 청중을 만들어내어 자신은 주인공이 되어 무대 위에 있는 것처럼 행동하고, 다른 사람들은 모두 구경꾼으로 생각하는 것이다. 다른 사람들이 자신을 관심의 초점으로 생각한다고 청소년들이 믿기 때문에 그들은 관중이고, 실제적인 상황에서는 자신이 관심의 초점이 아니라는 의미에서 상상적이다. 태권도 수업 중 아이에게 새로운 기술을 알려주면 친구들이 보는 것도 아닌데 혼자 부끄러워 따라 하지 못하고 삐죽대는 모습을 보이는 이유가 이런 상상의 청중 때문이다.

(3) 나는 특별해 - 개인적 우화

청소년기 특징인 '개인적 우화'는 자신의 감정과 사고는 너무나 독특한 것이어서 다른 사람들이 이해할 수 없을 것으로 생각하는 것이다. 즉, 자신은 많은 사람에게 너무도 중요한 인물이라는 믿음 때문에 자신을 매우 특별하다고 생각하는 것이다. 개인적 우화의 예로써 첫사랑을 들 수 있다. 누구도 자신과 같이 아름답고, 숭고하고, 뜨거운 사랑을 경험하지 못했을 것이며, 그 사랑이 끝났을 때에 느꼈던 하늘이 무너질 것 같은 절망감, 암담함, 비참함은 아무도 이해하지 못할 것이라고 생각한다.

또 다른 예로 청소년들이 다른 사람들은 다 죽어도 자신은 영원히 죽지 않으리라는 불멸의 신념으로 위험한 행동을 하다가 크게 다치거나 죽음에까지 이르는 것을 볼 수 있다. 그러나 청소년이 성숙해감에 따라 이러한 생각은 사회적 상호작용으로 인해 사라진다.

(4) 남자아이와 여자아이의 감정 표출 방식의 차이

일반적으로 남자아이가 여자아이보다 공격적이고 충동적이다. 왜 그럴까? 이는 뇌와 호르몬과의 관련성에서 이유를 찾을 수 있다. 감정의 뇌인 변연계에는 '편도체'라는 것이 있는데, 이는 감정을 조절하고 공포를 기억하는 역할을 한다. 남자아이가 더 공격적인 것은 바로 이 편도체가 여자아이보다 발달해 있기 때문이다. 편도체는 격한 감정이 일어나는 상황을 아주 극단적인 위기 상황으로 받아들인다. 그러면 뇌 속의 피가 파충류의 뇌로 쏠리면서 본능적으로 전투 태세에 들어간다. 편도체는 인간을 싸우거나 도피하거나 위축되게 만든다. 점차 성인이 되면서 전두엽이 발달하게 되고 생각과 이성으로 극단적이고 지나친 감정이나 행동을 조절할 수 있게 된다.

또한 청소년은 기분을 좋게 만드는 세로토닌이 적게 나오는데, 남자아이는 여자아이보다

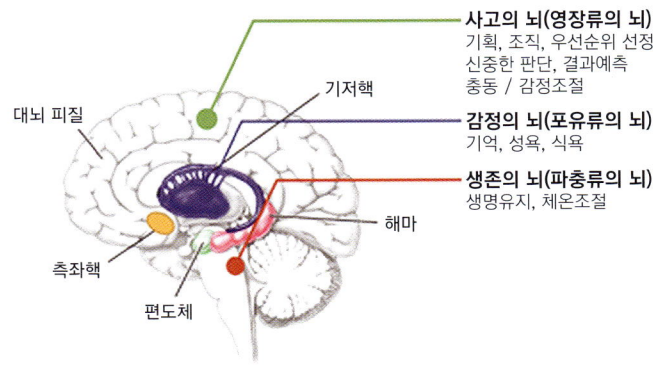

세로토닌 분비량이 더 적다. 그런 데다 공격성 및 충동성과 연결되는 남성 호르몬인 테스토스테론은 남자아이가 여자아이보다 10배는 더 많이 나오니, 남자아이가 더 공격적이고 충동적일 수밖에 없다.
 사춘기 여자아이도 공격적이고 충동적인 것은 남자아이와 비슷하지만 표현하는 방식에서 차이가 있다. 주로 여자아이들은 뒷담화나 수다로 공격성을 표출하거나 화가 나면 울어 버리는 형태로 표현한다.

☞ 초등 6학년 ~ 청소년기 주요 상담 내용

Q. 아이가 크더니 많이 우울해졌어요.
- 밝고 명랑했던 OO이가 갑자기 우울해 보여서 걱정이 많으시겠네요. (공감)
- 어머님의 OO이의 어떤 모습을 보고 우울해졌다고 느끼셨는지요? (명료화)
- 청소년기에는 호르몬 분비량의 변화로 일시적인 우울감을 호소하는 경우가 많은 게 보통입니다. (정보제공)
- OO이와 자주 대화를 나누고 OO이가 가정을 가장 편한 장소로 느낄 수 있게 만들어 준다면 지금 당장은 행복감을 느끼지 못하더라도 따뜻하고 안전한 장소가 언제든 있다는 믿음이 힘든 시기를 겪고 있는 아이들에게 안정감을 주고 한층 성장한 모습으로 안정감을 찾을 거로 생각합니다. (직접적 안내, 안심시키기)

Q. 반항하는 아이를 보면 화가 나요.
- 변덕스럽고 충동적인 청소년 아이를 보면서 몇 번씩 치밀어 오르는 화를 참기는 쉽지 않지요. (경청, 공감)
- 부모가 아이의 반항에 대해 지나치게 민감하게 반응하고, 강압적으로 그 반항 의지를 잡으려 한다면 아이는 오히려 더욱 공격적인 성향을 띠우며 비뚤어질 수 있습니다. (정보제공)
- 따뜻한 사랑의 마음을 잃지 않으려 노력하면서 '엄마는 언제나 네 편이야'라는 믿음을 심어준다면 OO이가 어른이 되기 위해 반항하면서도 어머니의 기대에 크게 벗어나는 일은 자제하려 할거예요. (직접적 안내)

Q. 나쁜 친구들과 어울려 다니는 것 같아요.
- 평소 행실이 불량한 아이들과 어울리면 혹시 친구 때문에 나쁜 길로 빠지는 건 아닌가 걱정스러우실 것 같네요. (반영, 공감)
- 어머님은 어떻게 대처하고 계시나요? (개방적 질문)
- 그렇다고 친구를 못 만나게 하면 반항심에 그 친구에게 더 집착할 수 있고요. 자기 친구에 대해 좋지 않게 이야기하면 아이들은 그것을 자신을 비난하는 것으로 받아들입니다. (정보제공)
- 친구의 부정적인 면을 조심스레 물어보고 대처할 방법을 물어보세요. 그래도 안 된다면 거리를 두는 게 어떻겠냐고 말해 주시면 걱정되는 일은 스스로 자제하고 거리를 두려고 노력할 거예요. (직접적 안내)

태권도 사범님이 꼭 알아야 할 "나-메시지" 전달법

먼저 '나-메시지'가 무엇인지 이해하려면 상대적인 개념인 '너-메시지'를 이해할 필요가 있다. '너-메시지'는 상대방인 너한테 문제가 있으니 그것을 고치라는 메시지이다. 우리도 우리 자신에게 문제가 있음을 어느 정도는 알고 있다. 물론 자신의 문제를 전혀 모르는 사람도 있지만 대개는 자신의 문제를 알고 있는 경우가 많다. 그렇다고 다른 사람이 우리의 문제를 고치라고 수없이 말해도 잘 고치지는 않는다. 아마도 기분이 상하고 간섭받는다는 느낌 때문에 불쾌감을 갖기 쉽다.

[나-메시지 구성요소]

☞ 아이의 행동   "oo이는 품새 연습 시간에 장난치느라 연습을 못 했구나."
☞ 사범님의 감정   "사범님은 oo이가 곧 다가올 승급심사에서 합격하지 못할까 봐 걱정되는데.."
☞ 끼치는 문제   "오늘 배운 걸 다시 알려줘야 하니 친구들의 즐거운 놀이 시간이 줄겠구나."

'나-메시지'는 수련생의 잘못된 행동을 고치는 데 효과적이며 수련생의 성장과 지도자와 수련생의 관계에도 긍정적인 영향을 미친다. 또한 '나-메시지'는 반항을 불러일으킬 가능성도 더 낮다. 수련생의 행동이 지도자에게 미치는 영향을 솔직하게 이야기하면 어떤 행동을 꾸짖고 나무라는 것보다는 수련생이 훨씬 덜 기분 나쁘게 느낀다. 또한 '나-메시지'는 행동을 고칠 책임이 수련생에게 있다고 느끼도록 해주기 때문에 효과적이다. '나-메시지'는 수련생이 앞으로 이러한 상황에 더 성숙하게 대처할 것이라고 믿는다는 것, 수련생이 지도자의 마음을 존중할 것이라고 믿는다는 것을 아이에게 전달하는 것이다.

어린이 태권도 지도서 [참고문헌]

제1장- Ⅰ. 어린이 태권도의 이해-강유진

- 곽성욱,임종운(2008). 태권도 수련이 초등학생의 자아개념에 미치는 영향. 한국체육교육학회지.
- 국기원(2021). 태권도 교본: 1권-태권도의 이해. ㈜명진씨앤피.
- 국가기록원 홈페이지 https://www.archives.go.kr/
- 국가법령정보센터 홈페이지 https://www.law.go.kr/
- 국기원 홈페이지 https://kukkiwon.or.kr/
- 김석련·서진교(2004). 어린이 태권도 수련 가치 구성요인에 관한 연구. 한국체육교육학회지.
- 대한태권도협회(1997). 어린이를 위한 태권도 교육수련 프로그램 개발에 관한 연구.
- 범대진(2006). 태권도 수련이 어린이의 행동 발달에 미치는 영향. 한국체육대학교 석사학위논문.
- 안정덕·박준동(2003). 어린이들의 태권도 수련과 자기가치 인식에 대한 경로분석. 한국체육교육학회지.
- 용영록·신도성(2002). 태권도 훈련이 어린이 성장에 미치는 영향. 한국레저스포츠학회지.
- 이봉(2010). 어린이 여가활동으로서 태권도재미가 수련몰입 및 지속의도에 미치는 영향. 한국여가레크리에이션학회지.
- 임귀택(2003). 태권도 수련이 어린이 정신교육에 미치는 영향. 우석대학교 석사학위논문.
- 질병관리청 홈페이지. https://health.kdca.go.kr/
- 최의창(2018). 스포츠 리터러시. 레인보우북스.
- 최의창(2007). 체육교사교육에서의 인성교육 탐색: 현황, 동향, 과제. 한국스포츠교육학회지.
- 한국보건사회연구원(2020). 저출산·고령사회 대응 국민 인식 및 가치관 심층조사.
- Peter N. Stearns(2011). 인류는 아이들을 어떻게 대했는가: 세계사 속의 어린이. (김한종, 옮김). 삼천리.

제1장- Ⅱ. 어린이 태권도 수련의 효과-오철희

- 고동영(2010). 태권도 수련이 비만아동의 건강관련체력과 혈중지질 및 혈당에 미치는 영향. 미간행 석사학위논문. 제주대학교 교육대학원.
- 고영정, 정원상, ㅇ만균(2018). 12주간의 성장과 인지기능을 강조한 태권도 프로그램이 초등학생의 체력, 성장인자 및 인지기능에 미치는 영향. 국기원태권도연구. 9(2), 199-220.
- 김무진(2005). 유아의 태권도 수련이 사회성 발달에 미치는 영향. 미간행 석사학위논문, 용인대학교 교육대학원.
- 김상웅(2008). 아동의 성격 5요인과 태권도 수련의 관계. 미간행 석사학위논문. 인하대학교 교육대학원.
- 김수현(2004). 초등학교 저학년 동요지도를 위한 놀이 활동 방법에 대한 연구. 미간행 석사학위논문. 부산교육대학교 교육대학원.
- 김용태(2016). 태권도 수련이 초등학생의 체질량 지수 및 기초체력에 미치는 영향. 미간행 석사학위 논문. 용인대학교 태권도대학원.
- 김재균(2005). 아동 놀이 영역 특성에 따른 아파트 외부 놀이공간 계획에 관한 연구. 미간행 석사학위논문. 단국대학교 대학원.
- 김정태(1995). 어린이 놀이 환경디자인. 서울기문당.
- 김형돈(1998). 연령에 따른 태권도 수련자와 비 수련자에 대한 체격, 체구성 및 체력요인의 변화에 대한 비교, 체육과학논총. 제11호.
- 문영환(2013). 12주간의 태권도수련과 영양교육이 비만아동과 정상체중아동의 건강체력, 혈중지질 및 성장관련인자에 미치는 영향. 미간행 석사학위논문. 부산대학교 대학원.
- 박미정(2006). 사춘기 조숙증의 기전 및 치료의 최신지견. 대한소아청소년과학회지. 49(7). 718-725.
- 박미정(2010). 사춘기 조숙증 여아의 체성분 분석. 대한비만학회지. 19(3). 95-100.
- 박병규(2002). 태권도 도장 이용자들의 고객만족 요인에 관한 연구. 미간행 석사학위논문. 용인대학교 대학원.
- 박숙희(2001). 뇌의 기능분화와 창의성의 관계연구. 한국교육심리연구, 14(3), 31-56.
- 백은진, 이만균(2007). 8주간의 걷기와 줄넘기 복합운동 트레이닝이 초등학생의 신체구성, 체력, 혈중지질 및 성장호르몬에 미치는 영향. 한국체육학회지, 46(6), 461-472.
- 신상미(2015). 어린이의 놀이 특징을 적용한 실외 놀이터에 관한 연구. 미간행 석사학위논문. 홍익대학교 산업미술대학원.
- 안영진(1997). 신 영유아 발달 총서. 서울: 정일.
- 양태길(2011). 아동의 신체활동과 비만요인이 뇌세포생성인자에 미치는 영향. 미간행 박사학위논문. 경남대학교 대학원.
- 유종신(2011). 유아의 태권도 참가수준과 감성지능 및 사회성의 관계. 미간행 석사학위논문. 경희대학교 테크노경영대학원.
- 윤형기(2004). 태권도 수련 어린이의 체격, 체형 및 골격성숙도에 관한 연구. 한국체육과학회지, 13(1), 697-707.

- 이동욱(2000). 어린이들의 태권도 수련이 성장발육에 미치는 영향. 미간행 석사학위논문. 건국대학교 대학원.
- 이수경(2012). 장기간 규칙적인 운동이 저성장 아동의 신체구성, 신체기능 및 성장률에 미치는 영향. 미간행 박사학위논문. 고려대학교 대학원.
- 이왕록, 정성태(2000). 실내운동과 유산소 시 복합운동에 따른 20대 비활동자의 체력변화. 대한스포츠의학회지, 18(1), 59-65.
- 이재수, 한종우, 지용석(2004). 태권도 수련정도가 유소년들의 골밀도 수준과 신체구성 변인에 미치는 효과. 한국체육학회지, 43(4), 427-437.
- 정대현, 지성애(2006). 유아의 또래 상호 작용, 유아-교사관계, 다중지능과 초등학교 적응 간의 관계. 유아교육연구, 26(3), 201-221.
- 정연택(2002). 태권도 활성화 방안에 관한 연구. 미간행 석사학위논문. 세종대학교 대학원.
- 정인태(2002). 유아태권도 교육학탐구. 서울 : 유아마음.
- 조규권(1994). 최대 트레드밀 운동 후 성장호르몬 반응. 강릉대학교 체육과학연구소논문집, 3(1). 578-598.
- 조완주, 정재환(2013). 태권도 품새 수련이 비만아동의 신체구성, 혈중지질 및 Adiponectin 에 미치는 영향. 대한무도학회지, 15(1), 67-77.
- 조치훈(2005). 태권도 수련이 초등학생의 신체발달과 인성에 미치는 영향. 미간행 석사학위논문. 경희대학교 테크노경영대학원.
- 최선아(2013). 성조숙증 여아들의 운동 참여 과정 탐색. 미간행 석사학위논문. 아화여자대학교 대학원.
- 허정석(2007). 태권도 프로그램이 정신지체아동의 운동능력, 인지기능 및 사회성 발달에 미치는 영향. 미간행 박사학위논문. 부산대학교 대학원.
- 황정택(2003). 태권도 도장의 시설운영에 의한 마케팅 전략 분석. 미간행 석사학위논문. 원광대학교 교육대학원.
- Bayley, N. (1969). The Bayley scales of infant development. N. Y. Psychological corporation.
- Borer, K. T.(1995). The effect of exercise on growth. Journal of Sports medicine, 20(6), 375-397.
- Cermak, S. A., Gubbay, S. S., & Larkin, D. (2002). What is developmental coordination disorder?. In S. A. Cermak & D. Larkin (Eds.), Developmental Coordination Disorder. 2-22.
- Coplan, R. J., & Arbeau, K. A.(2009). Peer interactions and play in early childhood. NY: Guilford press.
- Erickson, K. I., Prakash, R. S., Voss, M. W., Chaddock L., Hu, L., Morris, K. S., White, S. M., Wojcicki, T. R., McAuley, E., & Kramer, A. F.(2009). Aerobic fitness is associated with hippocampal volume in elderly humans. Hippocampus. 19(10), 1030-1039.
- Erickson, K. I., Voss, M. W., Prakash, R. S., Basak, C., Szabo, A., Chaddock, L., Kim, J. S., Heo, S., Alves, H., White, S. M., Wojcicki, T. R., Mailey, E., Vieira. V. J., Martin, S. A., Pence, B. D., Woods, J. A., McAuley, E., & Kramer, A. F.(2011). Exercise training increases size of hippocampus and improves memory. Proc Natl Acad Sci USA, 108(7), 3017-3022.
- Gallahue, D. L.(1993). Developmental Physical Education for Today's Children. I. A. : Brown and Benchmark Publishers.
- Garner, P. W. (2006). Prediction of pro-social and emotional competence from Maternal behavior in african american preschoolers. Cultural Diversity and Ethnic Minority Psychology, 12(2), 179-198.
- Hill, K., Smith, R. , Fearn, M., Rydberg, M., Oliphant, R.(2007). Physical and psychological outcomes of a supported physical activity program for older carers. J Aging Phys Act, 15(3), 257-271.
- Jee, S. H., Sull, J. W., Park, J., Lee, S. Y., Ohrr, H., Guallar, E., & Samet, J. M.(2006). Body-mass index and mortality in Korean men and women. N Engl J Med. 24, 355(8), 779-787.
- Johannsson, G., Rosen, T., & Bowaeus, I.(1996). Two years of growth hormone treatment increase bone mineral content and density in hypopituitary patients with adult-onset GH deficiency. Journal of Clinical Endocrinology and Metabolism, 81(8), 2865-2873.
- Kimm, S. Y., Glynn, N. W., Obarzanek, E., Kriska, A. M., Daniels, S. R., Barton, B. A., & Liu, K.(2005). Relation between the changes in physical activity and body-mass index during adolescence: a multicentre longitudinal study. Lancet. 366(9482), 301-307.
- Maddux, J. E., & Kleiman, E. M.(2016). Self-efficacy: A foundational concept for positive clinical psychology. In A. M. Wood & J. Johnson (Eds.), The Wiley handbook of positive clinical psychology. 89-101.
- McManus, D., Shlipak, M., Ix, J. H., Ali, S., & Whooley, M. A. (2007). Association of
- cystatin C with poor exercise capacity and heart rate recovery: data from the heart and soul study. American Journal of Kidney Diseases, 49(3), 365-372
- Molteni,R., Zheng, J. Q., Ying, Z., Gomez-Pinilla, F., & Twiss, J. L. (2004)
- Voluntary Exercise Increases Axonal Regeneration from Sensory Neurons Voluntary Exercise Increases Axonal Regeneration from Sensory Neurons, PNAS. 101(22), 8473-8478
- Morgan, W. P.(1985). Selected Psychological factors limiting performance: A mental health model. In D. H.

- Clarke & H. M. Eckert(Eds.). Limits of human Performance(70-80). Academy Papers, no. 18. Champaign, IL: Human Kinetics.
- National Institutes of Health. (1998). Clinical Guidelines on the Identification, Evaluation, and Treatment of Overweight and Obesity in Adults - he evidence report, Obesity. 2, 51S-209S. Ostrosky, M. M., & Meadan, H. (2010). Helping children play and learn together. Young Children, 65(1), 104-110.
- Piajet, J. & Inhelder, B.(1969). The psychology of the child. New York: Basic Books.
- Wideman, l., Weltman, J. Y., Shah, N., Story, S., Veldhuis, J. D., & Weltman, A.(1999). Effects of gender on exercise induced growth hormone release, Journal of Applied Physiology, 87(3), 1154-1162.
- Yusuf, S., Hawken, S., Ounpuu, S., Dans, T., Avezum, A., Lanas, F., McQueen, M., Budaj, A., Pais, P., Varigos, J., & Lisheng, L. (2004). Effect of potentially modifiable risk factors associated with myocardial infarction in 52 countries (the INTERHEART study): case-control study. Lancet. 11-17, 364(9438), 937-952.

제1장- Ⅲ. 어린이 태권도 인성교육-박종우
- 김하연(2017).「교사의 인성교육 전문성에 관한 연구」, 서울대학교 대학원 윤리교육과 박사학위논문.
- [네이버 지식백과]인성[人性](태권도용어정보사전,2011.3.1.,이경명)
- 박종기, 안재로, 김선수(2015).「인성을 키워주는 창의적 학습코칭」, 애니빅출판
- 국기원 홈페이지 https://www.kukkiwon.or.kr/front/pageView.action?cmd=/kor/information/taekwondo_mean
- 삼성의료원 사회정신건강연구소 홈페이지http://samsunghospital.com/dept/main/index.do?DP_CODE=MHI&MENU_ID=002010008
- 신창호(2019). 율곡의 학문 수련 단계와 리더십의 의미-『격몽요결』과『성학집요』의 개인 성찰과 공동체 배려를 중심으로. 율곡학연구. 40. 66-67
- [네이버지식백과]소명[calling](심리학용어사전,2014.4.,한국심리학)

제1장- Ⅳ. 어린이 태권도 교육과정-신창섭
- 김진락, 박종기, 신창섭(2016). 유소년을 위한 국기원 인성 지도자 양성 교육 지침서, 국기원.
- ㈜조선에듀케이션 조선소리봄인성연구소,
- 국기원(2021). 태권도 교본. ㈜명진씨앤피.
- 대한태권도협회(2018). KTA태권도장표준교육과정.
- 세계태권도지도자포럼(2013).
- 국기원 홈페이지 https://kukkiwon.or.kr

제2장. 수련생 지도지침
- 김종만외(2021). 움직임 이해를 위한 기능해부학. 서울: 학지사 메디컬.
- 박남희(2017). 일선 태권도장 교육과정에 따른 지도자 교수활동 내용탐색. 박사학위 논문. 경기대학교 대학원.
- 이혜선외(2017). 근육. 관절기능해부학. 서울 신흥메드싸이언스.
- 성태제외(2015). 최신 교육학개론. 서울: (주)학지사.
- 김기웅외(2007). 운동학습 심리학. 서울: 보경문화사.
- 국기원(2006). 태권도교본. 서울: 국기원.
- 신의진(2005). 어린이 문제행동. 서울: 아카데미.
- 정보인(1997). 어린이 문제행동지도. 서울: 중앙적성 출판사.
- 이성진외(1995). 행동수정의 원리. 서울: 교육과학사.
- 정진우외(1993). 그림으로 보는 근골격 해부학. 서울: 도서출판 대학서림.
- 이재학외(1988). 측정및평가. 서울: 도서출판 대학서림.
- 김경지외(1987). 태권도 지도법. 서울: 도서출판 전광.

제3장. 어린이 태권도 교육심리
- 국기원(2022). 태권도 교본. 서울: 명진씨앤피.
- 김아영(1998). 동기이론의 교육현장 적용 연구와 과제: 자기효능감 이론을 중심으로. 교육심리연구, 12(1), 105-128.
- 박문태(1992). 학습력 증진을 위한 정보처리 이론의 적용. 교육심리연구, 6(1), 223-253.
- 이명희, 김아영(2008). 자기결정성이론에 근거한 한국형 기본 심리 욕구 척도 개발 및 타당화.
- 한국심리학회지: 사회 및 성격, 22(4), 157-174.
- 임규혁, 임웅(2015). 학교학습 효과를 위한 교육심리학. 서울: 학지사.
- 임태희, 배준수, 권오정, 윤미선(2021). 스포츠 심리학. 서울: 박영사.
- Bandura, A. (1977). Social learning theory. Eglewood Cliffs, NJ: Prentice-Hall.
- Bandura, A., & Adams, N. E. (1977). Analysis of self-efficacy theory of behavioral

change. Cognitive therapy and research, 1(4), 287-310.
· Bronfenbrenner. U. (2009). The Ecology of Human Development: Experiments by Nature and Design. Cambridge, Massachusetts: Harvard University Press.
· Erikson, E. H. (1982년). The Life Cycle Completed. New York: W. W. Norton & Co.
· Freud, S. (1905). Three contributions to the theory of sex: The basic writings of Sigmund Freud. New York: Random House.
· Kohlberg, L. (1984). Essays on moral development: Vol. 2. The psychology of moral development. New York: Harper & Row.
· Maslow, A. H. (1943). A theory of human motivation. Psychological Review, 50, 370-396.
· Papalia, D.E., & Olds, S. W. (1998). Human Development(7th ed.). McGraw-Hill.
· Piaget, J. (1965). The moral judgement of the child (M. Gabain, Trans.). New York: The Free Press. (Original work published 1932)
· Vygoysky, L. S. (1962). Thought and language. Cambridge, MA: Harvard University Press.
· Weiner, B. (1985). An attributional theory of achievement motivation and emotion. Psychological review, 92(4), 548-573.

제4장. 어린이 생활 안전 지침

[논문]
· ISO 31000(2009), "Risk Management: Principles and Guidelines"
· Dekker et al(2011), "The Five-Component Model of Safety Culture"
· Wiegmann & Shappell(2003), "Human Factors Analysis and Classification System" (HFACS)
· Jang, Y. J., Kim, S. J., Kim, J. W., & Koo, J. W. (2017). Outdoor play environments and contents preferred by school-aged children: a systematic review and meta-analysis.
· Child: Care, Health and Development, 43(5), 677-690.
· Kim, H. J., & Lee, J. H. (2014). A study on the perception of outdoor risk and play behavior in children. Journal of the Korea Institute of Information and Communication Engineering, 18(6), 1326-1332.
· Tom Christoffel, Susan Scavo Gallagher(1999), "Injury Prevention and Public Health: Practical Knowledge, Skills, and Strategies", p219
· Görkem Avcı (2022), "Disaster education for school children: A qualitative case study from Turkey"

[단행본]
· 서보현, 유설화(2017), "초등학생이 꼭 알아야할 안전한 생활", 밝은미래
· 정인철(2016), "호신술, 나를 구해줘!", 미래를소유한사람들
· Susan Scavo Gallagher and Tom Christoffel(1999), Injury Prevention and Public Health: Practical Knowledge, Skills, and Strategies, p. 219
· Tinsley, B. J. (2016), "Nature-Based Learning" Paul S. Medland(2012), "Home Safety Handbook", p. 85

[기타자료]
· 국립국어원 표준국어대사전 (https://stdict.korean.go.kr/main/main.do)
· 교육부 홈페이지(https://www.moe.go.kr/)
· 학교안전정보센터(https://schoolsafe.kr/)
· "Pedestrian Safety Guide and Countermeasure Selection System" (FHWA-SA-07-006): https://safety.fhwa.dot.gov/ped_bike/tools_solve/fhwasa07006/

제5장- 태권도 수련내용과 지도법-조남도

1) KTA 태권도장 표준교육과정 소개서 2019. 대한태권도협회
2) 국기원 표준교육과정 2013. 국기원
3) 김명수, 서장원, 이광무. 새로운 교육과정 초등체육 수업 이론과 실제. 보성
4) 신성환. 태권도 지도자를 위한 도장운영 & 수련지침서. 학진북스
5) 승품,단 심사위원 연수교재. 세계태권도연수원
6) 1. 2급 태권도 지도자 연수 교재. 세계태권도 연수원
7) 도장 경영론. 경희대학교 태권도학과
8) KTA 태권도장 표준교육과정 소개서. 대한태권도협회
9) 김지원. 태권도 도장의 수업 과정과 맥락에 대한 사례 연구 2021. 고려대학교 대학원
10) 국기원. 태권도심사규정 2019. 국기원
11) 무카스. 유급자 응심할 적정한 수련기간 투표 (2011. 무카스 설문조사)
12) 손천택, 박정호(2019). 태권도 교육론. 대한미디어
13) 손천택. 태권도 표준교육과정의 개발과 과제 2013. 국기원 태권도 연구

14) 손천택. 체육교수학습론2015. 교육과학사

제6장- 어린이의 키 성장과 태권도 수련의 영향-구본호

- 박재영, 신현규, & 김영수. (2018). 24주간 규칙적인 복합트레이닝이 저신장 초등학생의 육체적·정신적 스트레스 및 키 성장에 미치는 영향 [The Effects of Regular Integrated Training for 24 Weeks on Relationship between Body and Mental Stress and Growth of Height of Short Stature Elementary School Students]. 한국발육발달학회지, 26(2), 131-136. https://doi.org/10.34284/KJGD.2018.05.26.2.131
- 박태형, & 허정석. (2009). 태권도 수련프로그램이 소아비만의 건강체력과 키 성장에 미치는 영향 [The Effect of Taekwondo Training Program on Health-related Physical Fitness and Growth of Height in Obese Children]. 무예연구, 3(2), 127-149. http://www.dbpia.co.kr/journal/articleDetail?nodeId=NODE07262146
- 박해찬, 김양수, 석순훈, & 이수경. (2014). 외반슬 아동에 대한 복합 트레이닝이 키 성장, 유연성, 하지 근기능 및 변형에 미치는 영향 [The Effects of Complex Training of Growth, Flexibility, Muscular Function and Deformation of Lower Extremity in Prepubescent with a Genu Valgus]. 한국발육발달학회지, 22(1), 29-35. http://www.dbpia.co.kr/journal/articleDetail?nodeId=NODE07024347
- 서지영, 윤인석, 신충호, & 양세원. (2006). 진성 성조숙증으로 진단 받은 여아에서 gonadotropin-releasing hormone agonist 단독치료 및 growth hormone의 병합치료 시 예측 성인키의 변화 및 성장 획득의 비교 [The comparison of predicted adult height change and height gain after gonadotropin-releasing hormone agonist and combined growth hormone treatment in girls with idiopathic central precocious puberty]. Korean journal of pediatrics, 49(3), 305-311. https://scienceon.kisti.re.kr/srch/selectPORSrchArticle.do?cn=JAKO200610103416703
- 신현규, & 김영수. (2017). 저신장 학생들의 유연성증가운동과 키 성장의 상관성 [The Relationship between Exercise of Flexibility Improve and Growth of Height in Short Stature Students]. 한국체육학회지, 56(1), 359-367. https://www.kci.go.kr/kciportal/ci/sereArticleSearch/ciSereArtiView.kci?sereArticleSearchBean.artiId=ART002195961
- 양세원, 서지영, 정혜림, & 신충호. (2007). 조기 사춘기 환자들에서 성선자극호르몬방출호르몬유도체와 성장호르몬 치료의 최종성인키에 대한 효과 [The Effect of Gonadotropin Releasing Hormone Analogue and Growth Hormone on Final Height in Children with Advanced Puberty]. Annals of Pediatirc Endocrinology & Metabolism, 12(1), 26-34. https://www.kci.go.kr/kciportal/ci/sereArticleSearch/ciSereArtiView.kci?sereArticleSearchBean.artiId=ART001325346
- 이선행, 장규태, & 김형중. (2014). 성장과 관련된 측정 수치와 예상키의 관계에 대한 연구 [The Study on Relationships between Predicted Height and the Measurements Related to Growth]. 대한한방소아과학회지, 28(1), 43-51. https://www.kci.go.kr/kciportal/ci/sereArticleSearch/ciSereArtiView.kci?sereArticleSearchBean.artiId=ART001354720
- 장호중, 신현규, & 김영수. (2019). 일반성장기 저신장 초등학생의 12개월간 맞춤운동이 체성분 변화와 키 성장에 미치는 영향 [The Effects of Change of Body Composition and Height Growth on Customized Exercise for 12 Months in Short Stature Elementary Students of General Growth Period]. 한국발육발달학회지, 27(4), 303-308. https://doi.org/10.34284/KJGD.2019.11.27.4.303
- 병용. (1998). 키의 성장 발육에 관한 인체측정학적 연구 (Anthropometric study of physical growth in height). 대한인간공학회지, 17(3), 91-101. http://www.dbpia.co.kr/journal/articleDetail?nodeId=NODE00259256
- 정은진, & 천부순. (2016). 소아의 키 성장에 대한 성장호르몬 치료효과 [Effect of Growth Hormone Therapy on Height in Children and Adolescents]. 약학회지, 60(4), 211-221. https://scienceon.kisti.re.kr/srch/selectPORSrchArticle.do?cn=JAKO201617447408213
- 최상락, 김윤영, 장은진, & 구진숙. (2019). 소아기에 있어 키성장도 비만도, 골성숙도와의 상관성 연구 [A Study on Correlation between Height Growth, Obesity and Bone Maturity in Childhood]. 대한한의학회지, 40(1), 24-33. http://www.dbpia.co.kr/journal/articleDetail?nodeId=NODE08281094
- 최형규, 김문희, & 길기범. (2010). 성장기 여학생의 복합운동프로그램이 키성장, 비만도, 근력 및 유연성에 미치는 영향 [Effects of Complex Exercise Program for Growth of Height, Obesity, Muscle Strength and Flexibility on a Girl Students]. 한국발육발달학회지, 18(1), 37-44. http://www.dbpia.co.kr/journal/articleDetail?nodeId=NODE07024184
- Ardawi, M.-S. M., Qari, M., Rouzi, A., Maimani, A., & Raddadi, R. (2011). Vitamin D status in relation to obesity, bone mineral density, bone turnover markers and vitamin D receptor genotypes in healthy Saudi pre-and postmenopausal women. Osteoporosis international, 22, 463-475.
- Ballard-Barbash, R., Friedenreich, C. M., Courneya, K. S., Siddiqi, S. M., McTiernan, A., & Alfano, C. M. (2012). Physical activity, biomarkers, and disease outcomes in cancer survivors: a systematic review. Journal of the National Cancer Institute, 104(11), 815-840.
- Baxter-Jones, A. D. G., & Maffulli, N. (2003). Parental influence on sport participation in elite young

athletes. Journal of sports medicine and physical fitness, 43(2), 250.
- Boot, A. M., De Ridder, M. A., Pols, H. A., Krenning, E. P., & de Muinck Keizer-Schrama, S. M. (1997). Bone mineral density in children and adolescents: relation to puberty, calcium intake, and physical activity. The Journal of Clinical Endocrinology & Metabolism, 82(1), 57-62.
- Bull, R., Edwards, P., Kemp, P., Fry, S., & Hughes, I. (1999). Bone age assessment: a large scale comparison of the Greulich and Pyle, and Tanner and Whitehouse (TW2) methods. Archives of disease in childhood, 81(2), 172-173.
- Edwardson, C. L., & Gorely, T. (2010). Parental influences on different types and intensities of physical activity in youth: A systematic review. Psychology of Sport and exercise, 11(6), 522-535.
- Eliakim, A., Brasel, J., Mohan, S., Barstow, T., Berman, N., & Cooper, D. (1996). Physical fitness, endurance training, and the growth hormone-insulin-like growth factor I system in adolescent females. The Journal of Clinical Endocrinology & Metabolism, 81(11), 3986-3992.
- Eliakim, A., & Nemet, D. (2010). Exercise training, physical fitness and the growth hormone-insulin-like growth factor-1 axis and cytokine balance. Cytokines, growth mediators and physical activity in children during puberty, 55, 128-140.
- Finkelstein, B. S., Imperiale, T. F., Speroff, T., Marrero, U., Radcliffe, D. J., & Cuttler, L. (2002). Effect of growth hormone therapy on height in children with idiopathic short stature: a meta-analysis. Archives of pediatrics & adolescent medicine, 156(3), 230-240.
- Fuchs, R. K., Bauer, J. J., & Snow, C. M. (2001). Jumping improves hip and lumbar spine bone mass in prepubescent children: a randomized controlled trial. Journal of bone and mineral research, 16(1), 148-156.
- Gauld, L. M., Kappers, J., Carlin, J. B., & Robertson, C. F. (2004). Height prediction from ulna length. Developmental medicine and child neurology, 46(7), 475-480.
- Guthold, R., Cowan, M. J., Autenrieth, C. S., Kann, L., & Riley, L. M. (2010). Physical activity and sedentary behavior among schoolchildren: a 34-country comparison. The Journal of pediatrics, 157(1), 43-49. e41.
- Hills, A. P., King, N. A., & Armstrong, T. P. (2007). The contribution of physical activity and sedentary behaviours to the growth and development of children and adolescents: implications for overweight and obesity. Sports medicine, 37, 533-545.
- Hind, K., & Burrows, M. (2007). Weight-bearing exercise and bone mineral accrual in children and adolescents: a review of controlled trials. Bone, 40(1), 14-27.
- Horn, T. S., & Horn, J. L. (2007). Family influences on children's sport and physical activity participation, behavior, and psychosocial responses.
- Jeong, G., Jung, H., So, W.-Y., & Chun, B. (2023). Effects of Taekwondo Training on Growth Factors in Normal Korean Children and Adolescents: A Systematic Review and Meta-Analysis of Randomized Controlled Trials. Children, 10(2), 326. https://www.mdpi.com/2227-9067/10/2/326
- Liu, H., Bravata, D. M., Olkin, I., Friedlander, A., Liu, V., Roberts, B., Bendavid, E., Saynina, O., Salpeter, S. R., & Garber, A. M. (2008). Systematic review: the effects of growth hormone on athletic performance. Annals of internal medicine, 148(10), 747-758.
- Marcovecchio, M. L., & Chiarelli, F. (2013). Obesity and growth during childhood and puberty. Nutrition and Growth, 106, 135-141.
- McFarlin, B. K., Flynn, M. G., Campbell, W. W., Craig, B. A., Robinson, J. P., Stewart, L. K., Timmerman, K. L., & Coen, P. M. (2006). Physical activity status, but not age, influences inflammatory biomarkers and toll-like receptor 4. The Journals of Gerontology Series A: Biological Sciences and Medical Sciences, 61(4), 388-393.
- Nemet, D., & Eliakim, A. (2010). Growth hormone-insulin-like growth factor-1 and inflammatory response to a single exercise bout in children and adolescents. Cytokines, growth mediators and physical activity in children during puberty, 55, 141-155.
- Pollock, N. K. (2015). Childhood obesity, bone development, and cardiometabolic risk factors. Molecular and cellular endocrinology, 410, 52-63.
- Reh, C. S., & Geffner, M. E. (2010). Somatotropin in the treatment of growth hormone deficiency and Turner syndrome in pediatric patients: a review. Clinical pharmacology: advances and applications, 111-122.
- Tanner, J., Whitehouse, R., Marshall, W., & Carter, B. (1975). Prediction of adult height from height, bone age, and occurrence of menarche, at ages 4 to 16 with allowance for midparent height. Archives of disease in childhood, 50(1), 14-26.
- Welk, G. J., Wood, K., & Morss, G. (2003). Parental influences on physical activity in children: An

exploration of potential mechanisms. Pediatric exercise science, 15(1), 19-33.
·Zakas, A., Mandroukas, K., Karamouzis, G., & Panagiotopoulou, G. (1994). Physical training, growth hormone and testosterone levels and blood pressure in prepubertal, pubertal and adolescent boys. Scandinavian journal of medicine & science in sports, 4(2), 113-118.

제7장 - Ⅰ. 어린이 태권도 기본동작 지도법-이송학
·국기원(1987). 국기 태권도교본. 삼훈출판사.
·국기원(2005). 태권도교본. 오성출판사.
·국기원(2009). 태권도 용어 정립 연구.
·국기원(2010). 태권도 기술용어집.
·국기원(2012). WTA 기본교재 : 태권도와 인문과학, 사회과학, 자연과학, 기술. 올림픽.
·국기원(2014). 태권도 경혈과 급소 연구.
·국기원(2014). 태권도 기본과 품새.
·국기원(2014). 태권도 기술구조 및 체계 분석을 통한 원천기술 개발 1단계 연구.
·국기원(2019). 태권도 용어사전.
·국기원(2020). 태권도 호신술.
·국기원(2021). 태권도 교본(5권 전집)

제7장 - Ⅱ. 어린이 태권도 품새지도법-서민학
·국기원(2005). 태권도교본. 오성출판사.
·국기원(2021). 태권도 교본(5권 전집)

제7장 - Ⅲ. 어린이 태권도 겨루기 지도법-이영모
- 태권도 수련의 어린이 교육적 가치: 태권도 수련효과의 과학적증거(Kimberley D. Lakes,2013), 국기원 승,품단 심사 총론

제7장 - Ⅳ. 어린이 태권도 시범 및 격파 지도법-김영진
·강유원, 강덕모, 김○수(2011). 학교운동부의 신(新)-운동문화 조명. 한국체육학회지, 50(3), 55-69.
·고재옥, 김승재, 지치환(2012). 태권도 시범에서 발생된 부상 발생률과 잠재적 상해위험요인. 한국사회체육학회지, 47(2), 897-908.
·곽애영, 이현정(2015). 세계태권도한마당을 통해 본 종합격파기술의 전문화 과정. 체육사학회지, 20(3), 83-95.
·곽택용(2020). 격파학결 태권도 시범. 서울: 박영사
·김동현, 권경상, 김보식(2020). 대학생 태권도시범단원의 역할갈등 탐색. 무예연구, 14(4), 137-156.
·김영욱(2011). 엘리트 사격선수의 자기관리행동과 심리기술이 수행집중력에 미치는 영향. 미간행 석사학위 논문. 목포대학교 교육대학원, 전남.
·김영진(2018). 태권도 시범경연대회의 현황 및 발전방안. 국기원태권도연구소, 9(4), 43-64.
·노정환(2006). 태권도 시범이 도장경영에 미치는 전략적 가치 및 효과에 관한 연구. 미간행 석사학위 논문, 용인대학교 대학원. 용인
·대한태권도협회(2021). 2021 태권도 격파 경기규칙.
·대한태권도협회(2023). 2023 태권도 격파 경기규칙.
·박보현, 한승백, 탁민혁(2018). 스포츠사회학. 서울: 레인보우 북스.
·방인주, 안근아(2022). 태권도 격파 경기의 부상방지에 관한 연구. 한국스포츠학회지, 20(4), 713-721.
·서성원(2021.05.24.). [현장] 시범부문 기술격파 경기 중 '부상 속출' 왜?. 태권박스.
https://http://www.tkdbox.com/
·송민규(2023). 태권도 시범단원의 일탈적 과잉동조 기제와 현상. 미간행 석사학위 논문. 한국체육대학교 대학원, 서울.
·송준한, 이승진, 전종우(2018). 대학 태권도 시범단 학생지도자의 리더십 행동유형이 단원들의 열정 및 조직이탈에 미치는 영향. 한국체육과학회지, 27(6), 41-55.
·신호철, 김종수, 차○남(2021). 고등학생 태권도 격파선수들의 자기관리가 운동지속 및 수행전략에 미치는 영향. 코칭능력개발지,23(○),73-82.
·유동현, 최천(2019). 태권도 시범경연대회 활성화에 따른 태권도 시범기술변화에 관한 연구. 무예연구, 13(4), 65-83.
·유용준, 이우만, 정구인(2016). 청소년 축구지도자들의 고용불안이 직무 스트레스에 미치는 영향. 한국웰니스학회지, 11(1), 43-57.
·이규형(1987). 태권드 수련이 어린이 정신교육에 미치는 효과. 미간행 석사학위논문 연세대학교 대학원.
·이승진(2022). 태권드 시범의 문화적 변천에 따른 특성 분석 및 발전방향 모색. 미간행 박사학위 논문. 경희대학교 대학원, 경기도.
·이용주, 신민영(2014). 대학 태권시범단원의 운동 상해에 관한 조사 연구. 국기원 태권도연구, 5(1), 119-138.
·이용주, 허재성, 김기남(2019). 대학 총장기 (배) 태권도 시범대회의 문제 탐색 및 발전에 관한 연구. 국기원태권도연구,

- 10(2), 43-61.
- 장권, 곽택용(2021). 국기원 태권도 교본5 격파/시범. 서울: 명진씨엔피.
- 장권, 방인주. (2022). 태권도 격파 경기의 개선방안 탐색. 스포츠사이언스, 40(3), 257-265.
- 정재영(2013). 태권도 뒤공중돌기 발차기의 운동역학적 비교연구. 미간행 석사학위 논문. 전남대학교 교육대학원, 광주.
- 정진호, 전정우(2021). 태권도 시범경연대회에 참가하는 학생선수들의 상해 탐색 및 개선방안. 세계태권도문화학회, 12(1), 107-124.
- 차영남, 김종수, 신호철(2020). 청소년 태권도 격파선수들의 스포츠심상능력이 경쟁상태불안과 스포츠자신감에 미치는 영향. 코칭능력개발지, 22(3),3-11.
- 하제현, 김종수, 신영애(2022). 청소년 태권도 격파 선수의 자기관리가 경쟁상태 불안에 미치는 영향. 융합과 통섭, 5(1), 1-17.
- 박태승(2016). 국가대표 태권도시범단의 시범능력 향상방안에 대한 연구. 한국체육과학회지,25(5),541-554.

제7장 - V. 어린이 태권도 호신술 지도법-고영정
- 호신술의 과학(고영정, 2021)

제7장 - VI. 어린이 태권도 품새경기 지도법-김성기
- 경기도태권도협회(2022). 태권도 지도자를 위한 국기원 승품·단 심사 총론. 경기도태권도협회.
- 국기원(2023) 국기원 홈페이지. 2023년 2월 25일 검색했음.
  https://www.kukkiwon.or.kr/front/kor/main.action
- 국기원(2022). 국기원 교본. 국기원
- 국기원(2021). 3급 국제태권도사범 연수교재. 세계태권도연수원.
- 대한태권도협회(2023). 2023 태권도 품새 경기규칙. 대한태권도협회.
- Bernstein, N. (1967). The co-ordination and regulation of movements. London: Pergamon.

제8장. 지도자를 위한 인권교육-박종우
- 서울대학교 인권센터 https://hrc.snu.ac.kr/human_rights
- [네이버 지식백과] 기본적 인권 [fundamental human rights, 基本的人權] (두산백과 두피디아, 두산백과)
- 중앙대학교 인권센터 - 인권 침해란? (cau.ac.kr)= https://humanrights.cau.ac.kr/human.php?mid=m03_01
- 장애 인권교육과 인성교육 (brainmedia.co.kr) https://www.brainmedia.co.kr/MediaContent/MediaContentView.aspx?contIdx=17078
- 스포츠인권가이드라인 국가인권위원회 스포츠인권특별조사단 홈페이지 www.humanrights.go.kr
- 국가인권위원회 스포츠인권특별조사단 ISBN 978-89-6114-741-5 03330
- [네이버 지식백과] 스포츠 4대 악 (시사상식사전, pmg 지식엔진연구소)
- [네이버 지식백과] 양심 [Conscience, 良心] (철학사전, 2009., 임석진, 윤용택, 황태연, 이성백, 이정우, 양운덕, 강영계, 우기동, 임재진, 김용정, 박철주, 김호균, 김영태, 강대석, 장병길, 김택현,최동희, 김승균, 이을호, 김종규, 조일민, 윤두병)
- https://ko.wikipedia.org/wiki/%EC%A0%95%EC%B2%B4%EC%84%B1
- 스포츠 인권침해 사례 ② : 한국 쇼트트랙 간판선수가 밝힌 '악몽 같은 4년' | 작성자 국가인권위원회
- SBS 뉴스 원본 링크 https://news.sbs.co.kr/news/endPage.do?news_id=N1006990783&plink=COPYPASTE&cooper=SBSNEWSEND
- https://www.sedaily.com/NewsView/1Z97URS8TD
- 움직임의 철학 : 한국체육철학회지. 2019, 제27권 제2호, 35-44
  스포츠인권의 사각지대: 태권도선수 인권문제와 사회적 책임*
  김보정 / 조선대학교 · 김지혁** / 광주대학교

제9장. 학부모 상담-문종휴
1) 진재성, 정문자, 박한섭, 고상현, 김윤희, 천성민, 김병준, 이유나(2019). KTA 태권도장 상담메뉴얼. 상아기획.
2) 이규미(2017). 상담의 실제 과정과 기법. 학지사.
3) 정순례, 양미진, 손재훈(2018). 청소년 상담 이론과 실제. 학지사
4) 신의진(2013). 신의진의 아이 심리백과. 웅진씽크빅
5) 신의진(2013). 신의진의 초등 심리백과. 웅진씽크빅
6) 전현민(2019). 부모 상담-아픔을 딛고 자유와 성숙으로. 학지사
7) 정재완(2015). 코칭 리더쉽 실천 노트. 매경출판사
8) 한국의약통신칼럼 (http://www.kmpnews.co.kr)
9) 네이버 지식백과 초두 효과 [Primacy effect] (상식으로 보는 세상의 법칙 : 심리편, 이동귀)
10) 박지숙(2002). 청소년기 이성관계에서의 갈등협상전략과 자아중심성과의 관계. 학위논문

편찬위원

저　　　자 | 경기도태권도협회
편찬위원장 | 김경덕 (경기도태권도협회 회장)
프로젝트매니저 | 이송학 (전략기획위원회 위원장)

[편찬위원]

제1장. 어린이 태권도 개론
　Ⅰ. 어린이 태권도의 이해: 강유진(서울대학교 박사)
　Ⅱ. 어린이 태권도 수련의 효과: 오철희(경희대 겸임교수)
　Ⅲ. 어린이 태권도 인성교육: 박종우(국기원 인성교육 교수)
　Ⅳ. 어린이 태권도 교육과정: 신창섭((주)태권블록 대표)
제2장. 수련생 지도지침: 박남희(경기대학교 박사)
제3장. 어린이 태권도 교육심리: 임태희(용인대학교 교수)
제4장. 어린이 생활안전 지침: 정인철(국기원 철학교수)
제5장. 태권도 수련내용과 지도법: 조남도(경기도태권도협회 최우수지도자상)
제6장. 어린이의 키 성장과 태권도 수련의 영향: 구본호(경희대학교 체육대학원 겸임교수)
제7장. 어린이 태권도 교육 프로그램
　Ⅰ. 어린이 태권도 기본동작 지도법: 이송학(국기원 품새교수, 국기원 교본 기본동작 집필)
　Ⅱ. 어린이 태권도 품새 지도법: 서민학(국기원 품새교수)
　Ⅲ. 어린이 태권도 겨루기 지도법: 이영모(대한태권도협회 도장경진대회 대상)
　Ⅳ. 어린이 태권도 시범 및 격파 지도법: 김영진(경희대학교 겸임교수)
　Ⅴ. 어린이 태권도 호신술 지도법: 고영정(경희대학교 겸임교수)
　Ⅵ. 어린이 태권도 품새 경기 지도법: 김성기(국기원 품새교수, 대한태권도협회 품새상임심판)
제8장. 지도자를 위한 인권교육: 박종우(국기원 인성교육 교수)
제9장. 학부모 상담: 문종휴(전략기획위원회 위원-태권도, 심리학 전공)

　자 문 : 김창환(용인 보정초등학교 교장), 홍승달(경기체육고등학교 감독)
　사 진·영상 모델 : 김도하, 최정빈, 고서진, 김초희, 김연우, 신지혜, 이주영, 김태우,
　　　　　　　　　　곽채민, 김동빈, 이승제, 박상욱
　삽 화 : 이태진, 신은빈